# 中国古代文学研究的理论与方法研讨会论文集

孙之梅　杨　栋　主　编
张倩倩　魏洪洲　副主编

齊魯書社

**图书在版编目（CIP）数据**

中国古代文学研究的理论与方法研讨会论文集 / 孙之梅，杨栋主编. --济南 ： 齐鲁书社，2020.12
ISBN 978-7-5333-4244-9

Ⅰ.①中… Ⅱ.①孙②杨… Ⅲ.①中国文学－古典文学研究－文集 Ⅳ.①I206.2-53

中国版本图书馆CIP数据核字(2020)第011528号

责任编辑：张敏敏　　陈晓萱
装帧设计：李　生　　郭　靓

**中国古代文学研究的理论与方法研讨会论文集**

ZHONGGUO GUDAI WENXUE YANJIU DE LILUN YU FANGFA YANTAOHUI LUNWENJI

孙之梅　杨栋　主编
张倩倩　魏洪洲　副主编

**主管单位**　山东出版传媒股份有限公司
**出版发行**　齊魯書社
**社　　址**　济南市英雄山路189号
**邮　　编**　250002
**网　　址**　www.qlss.com.cn
**电子邮箱**　qilupress@126.com
**营销中心**　（0531）82098521　82098519　82098517
**印　　刷**　山东新华印务有限公司
**开　　本**　787mm×1092mm　1/16
**印　　张**　27.25
**插　　页**　4
**字　　数**　605千
**版　　次**　2020年12月第1版
**印　　次**　2020年12月第1次印刷
**标准书号**　ISBN 978-7-5333-4244-9
**定　　价**　98.00元

中国古代文学研究的理论与方法研讨会
2018. 8. 25

# 目　录

# 守正出新　走自己的路

袁世硕

各位学友：

这次由山东大学文学院和河北师范大学文学院联合主办的“中国古代文学研究的理论与方法研讨会”，大家都来了。我的心情比较复杂，高兴、欣慰、惭愧、歉疚……就不再表述了，这里我先向与会的各位学友鞠一个躬，一切尽在不言中。我想还是就我们会议的主旨讲点意见，题目就是“守正出新　走自己的路”。

我于1953年从山东大学中文系毕业，留校任教，现已65年。这大半个世纪中，学习、研讨、讲授中国古代文学，用过功夫，动过思考，写过一些文章，不敢说有多少成就，也不敢说有多大的学问。相反，自己倒常常感到自己的不足——理论的不足，知识面的狭窄。俗话说“没有功劳也有苦劳”，苦劳中也就有些体会、经验，头脑变得既固执又灵活。“固执”是觉得已经走过的道路和做出的一些成果还是对的，“灵活”是觉得现在比较聪明了，读书、看别人的文章，最初是单向接受或茫然无所知，现在总是会有所知、有所疑，对于本专业的一些有争议的问题，自己常常觉得看得清楚，能够说出个所以然。所以有时候需要走出我们专业的圈子，思考一些应该属于文学批评理论的问题。近年来，屡屡听到我们同行自卑、自我矮化的言论，直观的感觉就是甚不以为然。譬如说，《文学遗产》2016年第6期发表的一篇谈中国古代文学研究的理论与方法问题的文章，其中引用了几位外国学者批评国内的研究缺乏理论，甚至说中国人研究中国古代文学并无优势的观点。《光明日报》2018年4月发表长文《古代文学研究反思》，冒头说了句“近几十年来，古代文学研究取得了丰硕的成果”，但文章的主体是指责研究的不足，开头说的所谓“成果”就一概不见了，我感到甚不舒服，也甚不认同，与我们国内的研究不相符合。与自卑同行的就是崇外，总是以为国外学者的研究都是好的，都受到我们的称扬。近年陆续出版的国外学者研究中国文学特别是中国古代文学经典的论著，几乎一致地呈现出一种回归旧说、古说的现象。《西游记》演绎的是“心学”，是悟道之书、修身之书，这是明清评点者的诠释；《水浒传》是宣扬暴力的，意思和“诲盗”是一致的；《金瓶梅》的解说从主旨到词语与张竹坡等人的评点甚为一致；《红楼梦》回归到王国维的“解脱”说。我是20世纪50年代初学习、研讨中国古代文学的，当时是强调批判继承的，区分民族精华与封建糟粕，突出文学作品的思想性，这也成为我的思维定式。对于近年来出现的这种现象，我在认识上是不赞同的，也曾写过驳论的文章。比如说《西游记》是部悟道之书，有儒、道两家的不同解说。儒家说《西游记》寓“大学之道”，儒家强调的是修心，道家强调的是修身（强身），这都不符合小说所描述的神话人生图像。任何读者都不会读了《西游记》而感到需要提升道德、成为文质彬彬的君子，更不会学会强身的办法。这些似新实旧的解说倒是引发了我对文学创作和诠释的进一步思考。令我最感兴趣的是王国维《红楼梦》“解脱”说的复活，它使我发现了王国维的解说其实还是含有深刻内涵的。依据王国维的《红楼梦》“悲剧说”，可以对《红楼梦》的写实主义做出更深刻的解说。

《剑桥中国文学史》“红楼梦”一节重复了王国维的基本观点，却极大地缩小了王国维的视野，也就是缩小了《红楼梦》的小说世界。王国维论及的《红楼梦》中许多位女子的悲剧，即鲁迅所论述的金钏的投井、司棋的撞墙、尤三姐的自刎、鸳鸯的自缢等，都被《剑桥中国文学史》抛开了，甚至连薛宝钗、林黛玉也只是被偶尔提及。这样就消解了曹雪芹说的“千红一哭，万艳同悲”的悲剧内蕴。

王国维说“解脱”有出自个人的痛苦和观他人的痛苦，前者的解脱是感性的，后者的解脱是知识的、文艺的，贾宝玉的解脱既是出自个人的，更是观他人的。所谓“知识的”就是一种对社会的认识，或者说是觉醒，这同鲁迅说的“悲哀之雾，遍披华林，然呼吸而领会者，独宝玉而已”是一致的。这便将贾宝玉形象的审美性质与小说中的其他人物区别开来，将贾宝玉认作现实中一个真实的人，就忽略了其意象性的一面。王国维说《红楼梦》人物的悲剧不是宿命的悲剧，也不是由于恶人的迫害，而是由“通常之道德、通常之人情、通常之境遇”造成的。这就将造成种种悲剧的责任归咎于当时人所奉行的伦理道德和所处的社会等级制度。这也就是现代思想家看出了《红楼梦》的深刻性。中国思想史大家侯外庐说，《红楼梦》在中国哲学思想受到挫折的时候，以文学形象执行了历史批判任务，应该是不刊之论。

坚持理论的自信、学术的自信，我们能够在中国古代文学研究方面开拓、创新、深化，走在世界的前头。

# 略论章回小说的续书

## ——袁世硕先生“中国文学史研究方法论”反刍

石　麟*

光阴似箭,回想三十三年前我们在山东大学助教进修班学习的第二个学期,袁世硕先生给我们开设了“中国文学史研究方法论”课程,具体时间是从 1985 年 3 月 11 日到 6 月 17 日,每周一和周四上午。该课程分为三大部分,共计十三章,每章专述某一方面的问题。我对这门课程极感兴趣,不仅因为这是一个有创造性的课题,此前一空依傍,更重要的是这门课程非常实用,尤其对我的胃口,因为先生所举例证大多为中国古典小说作品。在众多章节中,我最感兴趣的是第八章“文学史研究的历史比较法”。此后三十多年,我在教学实践和科研活动中,运用最多的就是此法。

要想很好地运用此法,必须具备以下四个条件:一是资料的丰富性,二是历史的流动性,三是对象的可比性,四是发展的内在性。四个条件相互结合,缺一不可。

三十三年后的今天,要想仅凭一篇万余字的文章来全面反刍袁世硕先生的“中国文学史研究方法论”课程是不可能的,即便是反刍其中某一章也不太可能。因此,我们只能“断其一指”,尽量将其中的一个具体问题讨论得透彻一些。因为袁先生在第八章中涉及“续书”问题,故本文以此为切入点。所言不当之处,请袁先生和诸位同仁多多指教。

### 一

袁先生在课堂上说:“如《红楼梦》的续书,不过是沿袭原书的人物,而根据自己的愿

* 石麟,湖北师范大学文学院教授。

望来弥补原书他们自认为之不足。还有带政治目的性的续书，如陈忱《水浒后传》、董说《西游补》，皆感时之作，是明末清初动荡现实在作者头脑中的反映，体现了作者的思想追求。另有政治倾向性的改变，如《荡寇志》《儿女英雄传》，是针对《水浒传》《红楼梦》来的。”

袁先生在这里论及《水浒传》《西游记》《红楼梦》这些小说名著的续书，并将其划分为三大类。笔者曾在1994年出版的《章回小说通论》中，专门以一节的篇幅讨论小说续书问题，基本看法如下：“大致说来，‘续书’有两种情况。一种是顺藤摸瓜，只是踏着原作的脚印走下去，结果，瓜越摸越小，水平愈来愈低。另一种情况是借树开花，借原著之大树，开自家之新花，另辟蹊径，别具手眼，结果，花越开越奇，甚至有超过原著之处。前者至为容易，因为那是懒惰者的做法；后者颇为艰辛，因为那是勤劳者的作为。”①

关于中国古代小说续书的总数，目前还缺乏一个科学的统计，但数以百计是没有问题的。尤其是章回小说名著，几乎每一部都有续书，越是受众面大的作品，其续书数量越多。因此，要想在短短一篇论文中全面介绍和研究古代小说续书问题，难度太大，本文只能以章回小说名著的续书为主，兼及其他。

《三国志通俗演义》的续书有酉阳野史《续三国演义》(《三国志后传》)、佚名《东西晋演义》、梅溪遇安氏《后三国石珠演义》、醉月主人《三国因》、珠溪渔隐《新三国志》、陆士谔《新三国》等。

《水浒传》的续书有青莲室主人《后水浒传》、陈忱《水浒后传》、俞万春《荡寇志》、西泠冬青《新水浒》、陆士谔《新水浒》、佚名《阎婆惜艳史》等。

《西游记》的续书有佚名《续西游记》、董说《西游补》、佚名《后西游记》、陆士谔《也是西游记》、李小白《新西游记》、冷血《新西游记》等。

《金瓶梅》的续书有丁耀亢《续金瓶梅》、佚名《隔帘花影》、讷音居士《三续金瓶梅》(《小奇酸志》)、慧珠女士《新金瓶梅》等。

《红楼梦》的续书有逍遥子《后红楼梦》、秦子忱《续红楼梦》、陈少海《红楼复梦》、王兰沚《绮楼重梦》、海圃主人《续红楼梦新编》、长白临鹤山人《红楼圆梦》、归锄子《红楼梦补》、嫏嬛山樵《补红楼梦》(《增补红楼梦》)、花月痴人《红楼幻梦》、云槎外史《红楼梦影》、张曜孙《续红楼梦》、吴趼人《新石头记》、南武野蛮《新石头记》、赝叟《红楼逸编》等。

其他章回小说续作主要有：空谷道人《续英烈传》、天悔生《续封神传》、清溪道人《禅真后史》、八咏楼主《蜃楼外史》、佚名《海公小红袍》、佚名《说唐后传》、如莲居士《说唐三传》《反唐演义全传》、佚名《粉妆楼全传》、佚名《五虎平南后传》、佚名《小五义》《续小五义》《续侠义传》、治逸《五续七侠五义》、萧然郁生《新镜花缘》、华琴珊《续镜花缘》、天虚我生《新泪珠缘》、佚名《续儿女英雄传》《再续儿女英雄传》、香梦词人《新儿女英雄传》、贪梦道人《永庆升平后传》，等等。更有甚者，《施公案》竟有十续之多，《彭公案》亦有八续之巨，而《济公传》到宣统年间则已有十五续。

① 石麟：《章回小说通论》，中州古籍出版社1994年版，第215页。

根据续作者的意图、续作的水平和实际意义等,可将上述作品分为以下几种情况。

第一,狗尾续貂。

第二,瓜瓞绵绵。

第三,借题发挥。

第四,旧瓶新酒。

还有一种情况,续书仅借原著之名,而内容和人物则与原著风马牛不相及,如寰镜庐主人《新水浒》、佚名《新列国志》、大陆《新封神传》、陆士谔《新野叟曝言》、林獬《新儒林外史》、婆语《新花月痕》、治逸《新七侠五义》、佚名《新儿女英雄传》、许优民《后官场现形记》、佚名《新官场现形记》、心冷血热人《新官场现形记》、陆士谔《新孽海花》、陈啸庐《新镜花缘》、叶小凤《新儿女英雄》,等等。本文对此不予讨论。

## 二

属于第一种情况的续书主要有个别的《三国志通俗演义》续书和大量的《红楼梦》续书,如《三国因》《后红楼梦》《续红楼梦》《红楼复梦》《绮楼重梦》《续红楼梦新编》《红楼圆梦》《红楼梦补》《补红楼梦》《增补红楼梦》《红楼幻梦》《红楼梦影》,以及秦子忱、张曜孙各自的《续红楼梦》等。

之所以称其为"狗尾续貂",主要是因为这些作者在续写过程中不仅没有发扬原著精神或继承原著特色,反而在思想内涵方面悖逆原著,在艺术成就方面也不可与原著相提并论。

如《三国因》根据《古今小说·闹阴司司马貌断狱》演变而来,而《古今小说》根据的又是元刊《三国志平话》。对于这个荒唐的故事,罗贯中在写《三国志通俗演义》时已经扬弃,而这位醉月山人偏要将《三国志平话》的"三案"、《古今小说》的"四案"增加到"九案",诚如萧欣桥所言:"其目的无非为三国故事中人物找全'前身',此亦即书名'三国因'之寓意。"①这样一来,就将三国时代错综复杂的各军阀之间的政治、军事、外交等方面的斗争简单归结为刘邦、吕后与众开国元勋之间的冤冤相报,极大地降低了该书的思想水平,在艺术构思方面也不能望原著之项背。

至于清代中后期的一大批《红楼梦》续书,更是每下愈况。

逍遥子在《后红楼梦》中,一方面将自己的续作伪装成曹雪芹的"原稿",一方面又让曹雪芹接受林黛玉、薛宝钗"润笔"而写成此书:"便都开看了,约费有三四万金,雪芹只得连说了几个'当不起',又笑着打了恭。"②

---

① 江苏省社会科学院明清小说研究中心,江苏省社会科学院文学研究所编:《中国通俗小说总目提要》,中国文联出版公司1990年版,第952页。

② 〔清〕逍遥子撰,韩锡铎、卜维义点校:《后红楼梦》第三十回,春风文艺出版社1985年版,第374页。

秦子忱《续红楼梦》让宝玉官翰林，并让原著中死去的诸钗复活。于是，宝玉娶宝钗、黛玉二妻，纳晴雯、紫鹃、金钏、莺儿四妾，收袭人、柳五儿二婢，八女珠环翠绕，怡红公子应接不暇。诚如郑师靖在该书《序》中所言："遂使吞声饮恨之红楼，一变而为快心满志之红楼。"①

海圃主人在《续红楼梦弁言》中说："只期真还太璞，遁迹深山；无事泪洒神瑛，抗怀仙草。箫管庆遐龄，积善之家有余庆；簪缨荣奕叶，满床之笏喜增荣。"②并在全书最后说："这便是《红楼梦》后集收元妙谛。"③

《绮楼重梦》最终写"金玉良缘"结合的"产品"小钰同时娶五个老婆："只消五夜工夫，把那些嫩蕊含葩都开成了花朵，其中鸾颠凤倒，美满恩情，不须絮说。"④该书简直荒唐得可以，如"晴雯婢借尸还魂，鸳鸯姐投胎作女""荡妖寇大显神通，受皇恩荣膺宠锡""浸水芙蓉窥玉体，临风杨柳度纤腰"⑤等，怪异描写、战事描写、色情描写在这里杂烩。

陈少海的妹妹陈诗雯从兄长的续作中看透其创作底蕴："补天何难，有情的都成眷属。"⑥因为其兄在一百回的《红楼复梦》最后声明："此书只续叙宝玉后身，重复大观园团聚金陵十二钗红楼梦。"⑦

六如裔孙在《红楼圆梦序》中也指出："长白临鹤山人所作《圆梦》一书，令黛玉复生，宝玉还家，成为夫妇，使天下有情人卒成眷属，不亦快哉！"⑧该书作者最后让仙妃告诉袭人："正十二钗都与宝玉有事的，副十二钗多与宝玉有情的。"⑨这大概可称之为"滥情人终成眷属"吧。

嫏嬛山樵一补再补《红楼梦》，究竟要补什么？他的朋友情里魔头在《菩萨蛮》词下半阕中一语道破："文奇生妙论，补尽无穷恨。缺月堕情天，芙蓉城内圆。"⑩那么，芙蓉城主又是谁呢？且看《补红楼梦》第一回贾雨村的解释："那宝玉的前身，神瑛侍者的后身，又为石曼卿，乃是芙蓉城主。"⑪而《增补红楼梦》最后一回写的是："甄士隐又赴芙蓉城，贾雨村三结红楼梦。"⑫而在此前一回，嫏嬛山樵竟然给我们展示了一张自制的巨大的贾宝

---

① 〔清〕秦子忱撰，杨力生、钟离叔校点：《秦续红楼梦》卷首，春风文艺出版社 1985 年版，第 7 页。

② 〔清〕海圃主人撰，扬华校点：《海续红楼梦》卷首，春风文艺出版社 1987 年版，第 1 页。

③ 〔清〕海圃主人撰，扬华校点：《海续红楼梦》，春风文艺出版社 1987 年版，第 409 页。

④ 〔清〕兰皋主人撰：《绮楼重梦》，北京大学出版社 1990 年版，第 311 页。

⑤ 〔清〕兰皋主人撰：《绮楼重梦》卷首，北京大学出版社 1990 年版，第 1 ~ 4 页。

⑥ 〔清〕小和山樵南阳氏撰，孙钧、卜维义等校点：《红楼复梦》卷首，春风文艺出版社 1988 年版，第 1 页。

⑦ 〔清〕小和山樵南阳氏撰，孙钧、卜维义等校点：《红楼复梦》，春风文艺出版社 1988 年版，第 1168 页。

⑧ 〔清〕临鹤山人撰，杨存田点校：《红楼圆梦》卷首，北京大学出版社 1988 年版，第 1 页。

⑨ 〔清〕临鹤山人撰，杨存田点校：《红楼圆梦》，北京大学出版社 1988 年版，第 199 页。

⑩ 〔清〕嫏嬛山樵撰，李凡点校：《增补红楼梦》卷首，北京大学出版社 1988 年版，第 5 页。

⑪ 〔清〕嫏嬛山樵撰：《补红楼梦》，北京大学出版社 1988 年版，第 3 页。

⑫ 〔清〕嫏嬛山樵撰，李凡点校：《增补红楼梦》，北京大学出版社 1988 年版，第 235 页。

玉"情人图"——金陵三十六钗。因为这个图谱文字太多,笔者曾在一篇文章中将其浓缩:

《金陵十二钗正册》:第一牡丹花薛宝钗,第二蕊珠花林黛玉,第三红梅花贾元春,第四梨花贾迎春,第五杏花贾探春,第六白藕花贾惜春,第七海棠花史湘云,第八白梅花李纨,第九李花邢岫烟,第十红莲花王熙凤,第十一芍药花薛宝琴,第十二绿梅花秦可卿。《金陵十二钗副册》:第一青莲花妙玉,第二腊梅花鸳鸯,第三兰花平儿,第四夫妻蕙花甄香菱,第五紫薇花李纹,第六丹桂花李绮,第七金桂花喜鸾,第八银桂花贾四姐,第九牵牛花贾巧姐,第十菊花尤氏,第十一含笑花尤二姐,第十二碧桃花尤三姐。《金陵十二钗又副册》:第一芙蓉花晴雯,第二合欢花袭人,第三杜鹃花紫鹃,第四水仙花金钏,第五蔷薇花玉钏,第六凌霄花瑞珠,第七荼蘼花麝月,第八秋海棠花柳五儿,第九宝相花彩云,第十山茶花彩霞,第十一木香花碧痕,第十二凤仙花秋纹。(《乱七八糟的"金陵十二钗"》)①

这些就是嫏嬛山樵一补再补的"无穷恨"。花月痴人在《红楼幻梦》中"幻"得更为大快人心:"于是幻作宝玉贵,黛玉华,晴雯生,妙玉存,湘莲回,三姐复,鸳鸯尚在,袭人未去。"②

归锄子在《红楼梦补》中也做了类似的"艺术构思"。他说:"技痒续貂,情殷附骥。……大观园内,多开如意之花;荣国府中,咸享太平之福。"③

西湖散人在《红楼梦影序》中说的一段话更有意思。他一方面批评《红楼梦》诸续作:"为绛珠吐生前之夙怨,翻薄命之旧案,将红尘之富贵加碧落之仙姝。死者令其复生,清者扬之使浊,纵然极力铺张,益觉拟不于伦。此无他故,与前书本意相悖耳。"另一方面,他又表彰《红楼梦影》"善善恶恶,教忠作孝,不失诗人温柔敦厚本旨,洵有味乎言之"。④在这个问题上,他几乎触摸到了真理的边缘,不料又失之交臂。

综观这些续作者的趣味和意旨,诚如袁先生所言:"根据自己的愿望来弥补原书他们自认为之不足。"笔者曾对此做过具体分析:

其一,不满高续《红楼梦》的悲剧结局,来一个大团圆;其二,强调封建的伦理纲常,表彰忠孝仁义;其三,借"红楼"人物,大写男女之间的欢娱;其四,宣扬因果报应,劝惩世人;其五,鼓吹消极的遁世思想。而这几点,除最后一点是扩散了《红楼梦》的消极因素而外,其余的都与《红楼》精神背道而驰。……在写作方法上,大凡神异场面的描写,大多荒诞离奇而不优美;而闺中生活的描写,则多半趣味低下、琐秽不堪。或者大发议论,或者连篇狂想;情节不能迷人,人物也缺少个性。除了某些作品尚能反映一点当时的社会生活状况而外,大都缺少审美价值。⑤

---

① 石麟:《闲书谜趣:另类中国古代小说史》,河南人民出版社 2010 年版,第 444 ~ 445 页。
② 〔清〕花月痴人撰,杨爱群校点:《红楼幻梦》卷首,春风文艺出版社 1988 年版,第 1 页。
③ 〔清〕归锄子撰,韩锡铎校点:《红楼梦补》卷首,春风文艺出版社 1987 年版,第 1 页。
④ 〔清〕云槎外史撰,尉仰茄点校:《红楼梦影》卷首,北京大学出版社 1988 年版,第 1 页。
⑤ 石麟:《章回小说通论》,中州古籍出版社 1994 年版,第 290 ~ 291 页。

## 三

第二类“续书”数量更大，如《续英烈传》《续三国演义》《东西晋演义》《后三国石珠演义》《后水浒传》《续金瓶梅》《隔帘花影》《三续金瓶梅》《红楼梦逸编》《五续七侠五义》《新儿女英雄传》《海公小红袍》《说唐后传》《说唐三传》《反唐演义传》《粉妆楼全传》《五虎平南后传》《小五义》《续小五义》《续侠义传》《续儿女英雄传》《再续儿女英雄传》《永庆升平后传》以及十续之多的《施公案》、八续之巨的《彭公案》、十五续之繁琐的《济公传》等。

此类续书以历史演义小说、英雄传奇小说、侠义公案小说为最多，而写家庭的《金瓶梅》和写市井的《济公传》也不少。它们最大的共同点是照葫芦画瓢，在“时间”上不断延续，人物形象“一蟹不如一蟹”，故事内容不断重复，基本上没有什么创新，最后是“强弩之末”，为读者所厌弃。

依照历史上朝代更迭的时间顺序“续”下去的作品如《东西晋演义》和《续英烈传》。顾名思义，《东西晋演义》写的就是“三国归晋”之后的故事，该书“起自晋武帝太康元年庚子岁四月”（西晋卷之一）①，“止于东晋安帝己未元熙元年”（东晋卷之八）②。该书写作水平与《三国志通俗演义》不可相提并论。但也有相反的情况，如《续英烈传》。该书第一回写道：

> 这朱太祖遂纳结英雄豪杰，崛起金陵，破陈友谅于江右，灭张士诚于姑苏，北伐中原，混一四海，遂承天命，即了大位。开基功烈，已有《英烈正传》传载，兹不复赘。惟即位之后，兴礼乐，立纲常，要开万世之基。后来生了二十四子，遂立长子标为皇太子，次子为秦王，三子为晋王，四子为燕王，其下诸子，俱各封王。③

因此，该书接下去就写皇家内部的自相残杀。笔者尝言：“写建文、永乐争天下事……较之《英烈传》并不逊色。且更比《英烈传》头绪简明，不似前传之驳杂也。”④

人物方面的“续”多为血亲、师承关系。如《续三国演义》写蜀国诸功臣之后裔重新起事，保北地王刘谌子刘曜。其重要角色有刘理子刘琚，刘封子刘灵、刘宣，杨仪子杨龙，刘琚子刘聪，廖化子廖全，王平子王弥，关兴子关防、关谨，李严孙李圭、李缵，张苞子张宾、张实、张敬，赵云孙赵概、赵染、赵勒，黄忠孙黄臣、黄命，魏延子魏攸、魏晏、魏颢，马谡子马守，诸葛亮后裔诸葛宣于等。作者感慨：“予怀汉亡关张后，史册不传书不备，而今表出世人看，聊泄平生忠义气。”⑤

---

① 〔明〕无名氏：《东西晋演义》，上海古籍出版社 1991 年版，第 1 页。
② 〔明〕无名氏：《东西晋演义》，上海古籍出版社 1991 年版，第 726 页。
③ 〔明〕空谷道人：《续英烈传》，宝文堂书店 1986 年版，第 2 页。
④ 石麟：《中国古代小说文本史》，中州古籍出版社 2013 年版，第 149 ~ 150 页。
⑤ 〔明〕酉阳野史：《续三国演义》第一回，岳麓书社 1994 年版，第 1 页。

乾隆间刊出的《说唐全传》分为前后两半，前半为《说唐前传》，后半《说唐后传》又分为两个部分，一是《说唐小英雄传》（《罗通扫北》），二是《说唐薛家府传》（《薛仁贵征东全传》）。其中的重要人物有秦叔宝子秦怀玉、罗成子罗通、程咬金子程铁牛、尉迟恭子尉迟宝林以及薛仁贵等。再后是《说唐三传》（《异说后唐传三集薛丁山征西樊梨花全传》），主要写薛仁贵子薛丁山的故事。再后是《反唐演义全传》，写薛丁山后裔薛刚、薛蛟的故事。此外，还有《粉妆楼全传》，写罗成后裔："名唤罗增，字世瑞，夫人秦氏所生两位公子：长名唤罗灿……叫做粉脸金刚罗灿；次名罗焜……叫做玉面虎罗焜。"①

至于《七侠五义》的续书，更是英雄后裔代代相传。"所谓'小五义'者，北侠欧阳春义子艾虎、钻天鼠卢方之子卢珍、彻地鼠韩彰之子韩天锦、穿山鼠徐庆之子徐良、锦毛鼠白玉堂之侄白芸生。……《续侠义传》一书，作者佚名，有晚清刊本。观其以五鼠之子取名珍、琬、琅、瑜、璟、琦，是既与《忠烈小五义传》略同，而又有心存异，可知其成书当在《小五义》之后。"②《五续七侠五义》又名《四续小五义》，"是由《七侠五义》的续书《小五义》《续小五义》依次数起的"③。

《后水浒传》则采取了一种特殊的"续"法：投胎转世。"杨幺及其手下三十六员干将，乃《水浒传》中三十六天罡选其十五、七十二地煞选其二十二共三十七人一一对应投胎。同时，又有相关人物或反面人物六人投胎转世。"④如："天魁星呼保义宋江，托生天柱曜星全义勇杨幺；天罡星玉麒麟卢俊义，托生天任曜星金头凤王摩……蔡京托生贺省；童贯托生董索；高俅托生夏霖；杨戬托生王豹。"⑤

至于《续金瓶梅》《隔帘花影》《金屋梦》这三种《金瓶梅》的续书，后两种均为前一种的改本，在"续"写方面也用投胎转世法，不过稍有改变。《续金瓶梅》"将《金瓶梅》中人物分为两类，一类是已死者，写其投胎转世之人；一类是未死者，径直描写。前者如西门庆投胎大财主沈家名金哥、潘金莲投胎黎指挥家名金桂、李瓶儿投胎袁指挥家名银瓶、庞春梅投胎孔千户家名梅玉、花子虚投胎为郑玉卿、陈敬济投胎为刘瘸子、孙雪娥投胎为金二官妻子，后者如吴月娘、孟玉楼、应伯爵、蒋竹山、苗青、孝哥等。两世人物交叉涉及，造成冤冤相报的故事"⑥。《小奇酸志》的作者更是突发奇想，干脆让大官人死而复活，"普静师幻活西门"⑦。还魂后的西门庆仍然贪财好色，一妻五妾：吴月娘、庞春梅（亦为还

---

① 〔清〕佚名：《绣像绘图粉妆楼》第一回，内蒙古人民出版社 1985 年版，第 6 页。

② 石麟：《中国古代小说文本史》，中州古籍出版社 2013 年版，第 350 页。

③ 江苏省社会科学院明清小说研究中心，江苏省社会科学院文学研究所编：《中国通俗小说总目提要》，中国文联出版公司 1990 年版，第 1194 页。

④ 石麟：《施耐庵与〈水浒传〉》，中州古籍出版社 2017 年版，第 366 页。

⑤ 〔明〕青莲室主人辑，郑公盾校点：《后水浒传》第四十二回，春风文艺出版社 1981 年版，第 428～429 页。

⑥ 石麟：《中国古代小说文本史》，中州古籍出版社 2013 年版，第 258 页。

⑦ 〔清〕讷音居士著，何香久校点：《小奇酸志——续金瓶梅》，花山文艺出版社 1996 年版，第 1 页。

魂)、蓝如玉(何千户遗孀)、葛翠屏(陈经济遗孀)、黄羞花(王三官休妻)。

故事情节方面最多的是将历史、英雄、神异融为一炉。如《后三国石珠演义》将神异附着于"三国"这么一个重大历史题材,历史人物"如周处、陆机、陶侃、温峤等人,都被写成战将"①。写刘渊(刘弘祖)事也大多不符史实,如其"肉球化生"一段:"只见一个小孩子,端端正正的生在他布衫之上,那肉球已不见了。刘员外明知是这肉球化生……看他手掌之内,却有'神霄子'三字。"②

"说唐"系列的续书更是神异得令人目不暇接,书中的英雄们动不动就像《封神演义》中的神仙那样"祭"起神物(如铁板、飞刀、飞钹、金钟、灵塔、魔帕、白虎鞭、震天弓、穿云箭、水火袍、捆仙索、钻天帽、入地鞋、诛妖剑、打仙鞭、混元棋盘、乾坤圈、摄魂铃、飞龙镖、追魂伞、羽翎扇、太阳枪、定阳针、连环圈、紫金尺、雌雄剑等)打击敌人。有的英雄人物会各种法术,如毒蜈蚣、大龟精、驾云、地行术、剪纸为人、葫芦火鸦、口吐白气、移山倒海等。有时候,作者们甚至让牛魔王、二郎神、孙悟空、观音菩萨、善才童子等来人间"潇洒走一回"。写到这种程度,英雄传奇简直就"续"成了神魔怪异。聊举数例:

苏文计定,把刚牙一挫,赤铜刀往周青短锏上一按,周青马退后一步,闪得一闪,却被苏文混海驹一催,纵出圈子,远了数步,把刀放下,念动真言,一手掐诀,揭开背上葫芦盖,一道青光,飞出一口三寸柳叶刀,直望唐将顶上落下来。罗通、周青等一见,心内惊慌,望后边乱退。仁贵纵上前来,放下戟,左手取震天弓,右手拿穿云箭,搭住弦上,望青光内一箭射去,一道金光冲散青光,空中一响,飞刀化为灰尘。把手一招,箭复飞回手中。恼了盖苏文,连起八口飞刀,阵阵青光散处,仁贵也便一把拿了神箭四条,望上一齐撩去,万道金光一冲,括喇括喇一声响,八口飞刀尽化灰尘,影迹无踪,青光并无一线,把手一招,收回穿云箭,藏好震天弓,执戟在手,四将才得放心,一齐赶上。③

红毛道人祭起火珠,被梨花乾坤帕收去。道人现出原形,乃是一条火龙,大火烧将出来。金定折身逃回。梨花念动真言,顷刻大水冲到,四海龙王将火龙围住,火龙不能脱逃,被梨花飞刀斩为两段,半段飞入西番,半段飞入中原,后为混世魔王。④

战不上三四合,樊梨花又念动捆仙咒,铁板真人扑身在地一滚,现出真形,张口正要吹气,樊梨花早取出八卦阴阳钟一抛,将铁板真人罩入钟内,令军士取几担烈炭来,将钟四面架起炭,放火团团烧起。铁板真人在内,急急借土遁要走。哪知此钟变

---

① 石麟:《中国古代小说文本史》,中州古籍出版社2013年版,第248页。

② 〔清〕梅溪遇安氏著,欧阳健、欧阳萦雪校点:《后三国石珠演义》第三回,巴蜀书社2001年版,第20~21页。

③ 〔清〕无名氏撰,张惠民校注:《说唐后传》第四十九回,中州古籍出版社1990年版,第438~439页。

④ 〔清〕如莲居士编次,吴文梓校点:《说唐三传》第四十七回,宝文堂书店1987年版,第266页。

化无穷，地土变成钢铁，再也遁不去了。速速火烧钟红，热气逼人，那龟精在内哀求……①

刘渊、薛仁贵、包拯都是历史人物，但作者在这些续书中将他们"异化"为神异色彩十足的英雄人物。在此基础上，又幻化出他们的战友、手下和儿孙，一个比一个英雄了得，一个比一个神奇莫测，这样的续书应该说是对原著的悖逆和反动。

至若《儿女英雄传》《施公案》《彭公案》《永庆升平》《济公传》等系列的续书，则更是不断变着法子重复自己，瓜瓞绵绵地"续"下去，让人读后味同嚼蜡。

## 四

第三类续书主要有《禅真后史》《西游补》《续西游记》《后西游记》《水浒后传》《蜃楼外史》《荡寇志》《续封神传》《续镜花缘》《阎婆惜艳史》等，最大的特点是借题发挥，当然，其意义也各不相同。

《禅真后史》乃《禅真逸史》的续书，但其内容并不延续，只是在最终点明二书人物投胎转世的关系："原来那老僧便是通玄护法仁明灵圣禅师林澹然；瞿侍郎前生便是正一五显仁德普利真人薛举；耿宪前生便是胡性定；关赤丁前生便是苗知硕。"②该书较原著之进展，乃在于将典型的英雄传奇故事向着世情、公案、佳话、神异等各个方面拓展，更重要的是不时有星星点点的思想光闪，令人耳目一新。如第六回对医与巫的认识，第十四回倡女子不守寡之论，第三十九回骂天下轻进之士，第四十二回痛骂为官者，第四十五回写强盗与百姓之关系，等等。

借题发挥在《西游记》续书三种——《续西游记》《西游补》《后西游记》中臻于极境。因为原著是一部哲理蕴含十分深刻的作品，故而我们首先看到的是三种续书在这方面的继承和发展。

刘廷玑《在园杂志》卷三有言："如《西游记》乃有《后西游记》、《续西游记》，《后西游》虽不能媲美于前，然嬉笑怒骂皆成文章。"③《后西游记》的哲理蕴含有很多层面，但最核心的则是由浅显的佛法无边到顿悟的禅宗心法。《后西游记》与原著不同，其中阻滞唐半偈等人西天求解的负面力量主要不是来自自然和人类，而是正反两方面充分体现"形而上"的哲理性心灵碰撞。唐僧师徒的命名全都意味着简明扼要、具有可操作性的"快捷方式"。唐半偈，半句偈语抵得过"唐三藏"浩瀚真经；孙履真，脚踏实地超越了"悟空"的冥思苦想；猪一戒，对乃父则是"一"以当"八"；沙致和，致力于"和"乃直指"和尚"的底蕴。还是书中佛祖一语破的："求解与求经不同。求经文字牵缠，故生多难。求解须直截

---

① 〔清〕如莲居士：《反唐演义全传》第九十四回，时代文艺出版社2003年版，第267页。

② 〔明〕方汝浩原著，邵特昂点校：《禅真后史》第六十回，人民中国出版社1993年版，第402页。

③ 〔清〕刘廷玑撰，张守谦点校：《在园杂志》，中华书局2005年版，第125页。

痛快，不可迟疑，又添挂碍。"[①]反繁琐而简明、反挂碍而畅达、反播扬而沉静、反庄严而朴素，正是南禅顿悟与世俗"佛教"的本质区别。这些被《后西游记》发挥得淋漓尽致。

《续西游记》则将深邃的佛学推广到普遍的生活哲理中。如第二回，当灵虚子变成极大之物"顶天立地横阔四隅大汉子"后，如来道："此何足为大？凡吾所言大者，外无所包。今子所变，尚在乾坤之内，非大也。"当灵虚子又变成极小之物"焦蟟虫儿"后，如来又道："此何足为小？凡吾所言小者，内无所破。今子所变焦蟟，尚有肠腑，食微尘，何以为小也。"[②]这其实就是惠施一个重要哲学命题的翻版："至大无外，谓之大一；至小无内，谓之小一。"[③]该书第三十回写"七情"与"八戒"互变："行者见八戒变了七情，便把七情喷了一口气，随变了八戒。"[④]"七情"是"妖精"，指代人类欲望；"八戒"是"和尚"，指代佛门清规。连欲望与清规都"相反相成"了，宇宙间还有什么东西不能"对立转换"？最妙的还有第二十五回，写敌方凤管妖、我方孙悟空、友方灵虚子都变成了"中间人物"陆地仙，这说明"中间人物"的活动余地是最大的，是战争中敌、我、友三方的缓冲力量。

《西游补》在哲理蕴含方面紧跟原著的"收放心"之说，如该书第十一回回末评语曰："收放心，一部大主意却露在此。"[⑤]可谓知心之论。哲理而外，此书最大的"借题发挥"就是直指现实，并透露出作者对国家命运的一种深刻而躁动的焦虑不安。该书第四回写"顷刻间，便有千万人，挤挤拥拥，叫叫呼呼，齐来看榜"[⑥]。揭露八股取士制度对士人的毒害，比《儒林外史》早了上百年。第九回又借高总判之口骂"如今天下有两样待宰相的"[⑦]。让秦桧在明末还魂，是对"崇祯五十相"的"现在进行时"声讨。最妙的是第二回模拟一位打扫金殿宫女的口吻：

> 呵呵，皇帝也眠，宰相也眠，绿玉殿如今变做"眠仙阁"哩！……只是我想将起来，前代做天子的也多，做风流天子的也不少；到如今，宫殿去了，美人去了，皇帝去了！……这等看将起来，天子庶人，同归无有；皇妃村女，共化青尘！[⑧]

《西游补》的作者董说（1620—1688）生活在明末清初，该书有"崇祯间初刊本"。[⑨]令人瞩目的是，明亡惨状在这里被董说不幸而言中，果然是"天子庶人，同归无有；皇妃村女，共化青尘！"这是一种政治预言，但又何尝不是作者那一份深沉的历史忧患意识的一种"故

---

① 〔明〕佚名著，天花才子点评，于植元校点：《后西游记》第五回，春风文艺出版社1981年版，第52页。

② 〔明〕无名氏著，〔清〕贞复居士评点，路工、田牧校点：《续西游记》，江苏文艺出版社1986年版，第8页。

③ 黄瑞云评注：《庄子本原》，湖北人民出版社2013年版，第686页。

④ 〔明〕无名氏著，〔清〕贞复居士评点，路工、田牧校点：《续西游记》，江苏文艺出版社1986年版，第206页。

⑤ 〔明〕董说：《西游补》，广东人民出版社1981年版，第63页。

⑥ 〔明〕董说：《西游补》，广东人民出版社1981年版，第20页。

⑦ 〔明〕董说：《西游补》，广东人民出版社1981年版，第46页。

⑧ 〔明〕董说：《西游补》，广东人民出版社1981年版，第10～11页。

⑨ 楼含松：《西游补前言》，见〔明〕静啸斋主人《西游补》卷首，《古本小说集成》第三辑第一二五册，上海古籍出版社1993年版，第1页。

作轻松”的艺术表现呢?《西游补》是中国古代小说所有续书中最优秀的。

另一部优秀的续书是《水浒后传》。相对于原著而言,《水浒后传》有三点值得注意:其一,继承前传“官逼民反”的套路;其二,强烈的民族意识是对前传的超越;其三,追求功名富贵的文人庸俗心态是不及前传的巨大思想落差。作者雁宕山樵陈忱在《水浒后传序》中说得明白:“嗟乎!我知古宋遗民之心矣。穷愁潦倒,满腹牢骚,胸中块磊,无酒可浇,故借此残局而著成之也。”①该书借古人之酒杯,浇胸中之块垒,借题发挥,弘扬民族意识,抒发亡国之痛,因为作者陈忱本身就是抗清志士。诚如袁先生所言:“还有带政治目的性的续书,如陈忱《水浒后传》、董说的《西游补》,皆感时之作。”

《水浒传》还有一部相反相成的续书——《荡寇志》。一般认为,该书的基本倾向与《水浒传》背道而驰,写的是朝廷对梁山好汉的暴力镇压。这固然不错,但值得注意的是,《荡寇志》前数回写陈希真父女受奸臣迫害而奋起反抗的一段,是典型的“官逼民反”。而后来陈希真等人征剿梁山,又与前传的宋江“征方腊”如出一辙。俞万春的思想充满矛盾,他主观上希望忠君报国、扫除“盗贼”,客观上又看到社会中有太多的黑暗与残暴。作者解脱矛盾心理的灵丹妙药是给忠良之士陈希真辈树立两大敌人——庙堂奸贼与绿林强盗。作者于是异想天开,编造了宋江与蔡京等人相互勾结的情节:

> 种师道便吩咐将蔡京房屋箱笼一齐封起,只将这匣子先行呈上御前。天子启匣一看,里面除陷害忠贤,鬻卖官爵,私通关节等信不计外,却有梁山书信七封。……天子降旨,将蔡京与时迁一体绑赴市曹。东京城内外民人无不称快。不一时,蔡京上前,时迁随后,两道灵魂血沥沥的不知去向了。②

奸臣之首的蔡太师与强盗之末的鼓上蚤居然成为同案犯并被一体绑赴刑场处决,这真是划时代的“笑料”,但俞万春认为这很严肃,足以造成权奸与强盗串通一气、祸国殃民的“现实”。如此,作者便达到了借题发挥的目的:既反朝中奸贼,更反山中强贼,二者均为“寇”,都在“扫荡”之列。

至于《阎婆惜艳史》,则是《水浒传》续书的另类“借题发挥”,借舞台演出而发挥艺术想象。赵明政云:“是书以《水浒传》第二十至二十二回有关婆惜情节为骨架,扩充为十二回。情节既与《水浒》多有不同,大抵根据昆曲、京剧等剧本(如《乌龙院》)等情节敷演增饰而成。文字朴素流畅,对晁盖、宋江等人均持同情、赞扬态度,对婆惜前半同情、后半贬斥,王婆形象与《水浒》亦大异。书中人物受贬斥者,仅张文远一人而已。”③这代表的是通俗文学的受众对《水浒传》相关人物的评价。

《蜃楼外史》对原著的“借题发挥”乃在于后半段写了一个女妖“阿芙蓉”,即红国“莺粟”公主:“淡淡梨花白面,轻轻杨柳细腰。本来印度是窠巢,却到中原作耗。或致倾家荡

---

① 〔清〕陈忱:《水浒后传》卷首,岳麓书社 1998 年版,第 1 页。

② 〔清〕俞万春:《荡寇志》第一百一十回,人民文学出版社 1981 年版,第 612 ~ 613 页。

③ 江苏省社会科学院明清小说研究中心,江苏省社会科学院文学研究所编:《中国通俗小说总目提要》,中国文联出版公司 1990 年版,第 1107 页。

产，每多妻哭儿嚎。能文能武是英豪，也要入她圈套。”①明眼人一看就知道是鸦片。这是《蜃楼外史》最精彩的一段寓言故事，做到了特殊切入角度与特殊表现手法的有机统一。

晚清还有《续封神传》一书。张颖、陈速概括其创作宗旨云：“是书名为续书，实做翻案文章。序文所谓‘特假《封神演义》事实，另起炉灶，将一部二十四史之忠奸，汇萃一编’云云，即是宗旨。”②

《续镜花缘》乃古代小说续书的殿后之作。该书本无创造性，只是顺着《镜花缘》写下去而已，但有侧重点，只续原著中“女儿国”一事，大写与“女儿”相关的故事，如“女子科举”“女子战神”“男扮女装”“侠女风范”“男妃男妇”“女国外战”“坤帅凯旋”“香闺歌吟”等，可算作狭隘的借题发挥吧。且以坤帅之“威美”作一脔之尝：“只见气象森严，军容威武，刀枪密密，剑佩锵锵，令人不敢逼视。两旁站立众将，中间端坐元戎，那元戎便是郡主娘娘坤蕙芳，生得眉清目秀，齿白唇红，高盘云髻，雉尾双挑，耳垂八宝金环，身穿红锦战袍，腰围玉带，下系八幅湘裙，裙下露出三寸长的大红花绣弓鞋，打扮得美丽非凡。”③

## 五

最具“变异性”的续书是第四类“新”派，如《新三国志》《新三国》《也是西游记》《新金瓶梅》《新镜花缘》《新泪珠缘》等。此外还有陆士谔、冬青各自的《新水浒》，李小白、冷血各自的《新西游记》，吴趼人、南武野蛮各自的《新石头记》等。虽然这些作品所续多为名著，但续书者不过是借名著写自身感受，让那些“小说名人”穿越到晚清社会，甚至用“旧瓶装新酒”，表达自己的政治理想和改革愿望。

先看“三国”续书。看其回目就知道它们“新”到何种程度。如《新三国志》之回目——“思自强蜀相维新”“开铁路蜀道不难”“诸葛亮造毛瑟新枪”“李尚书发起汉报馆”“开女校学界出奇闻”“缫丝厂女工起风潮”“议立宪州郡县豫备九年”④，《新三国》之回目——“筹变法鲁肃荐周瑜”“吴大帝定计维新”“乘内乱阴煽革命军”“司马昭创办国家总银行”“演新剧留学生出丑”“索车资新党现形”“医学报华佗发伟论”“武乡侯建议殖民”“便交通特创电汽车”“丞相亮再造飞机”⑤，等等。

再看笔者对两部《新水浒》之简评：

---

① 〔清〕八咏楼主述，庾岭劳人著：《足本蜃楼外史》第二十三回，中央广播电视大学出版社 1993 年版，第 274 页。

② 江苏省社会科学院明清小说研究中心，江苏省社会科学院文学研究所编：《中国通俗小说总目提要》，中国文联出版公司 1990 年版，第 1098 页。

③ 〔清〕华琴珊著，王一工标点：《续镜花缘》第二十八回，上海古籍出版社 1993 年版，第 140 页。

④ 江苏省社会科学院明清小说研究中心，江苏省社会科学院文学研究所编：《中国通俗小说总目提要》，中国文联出版公司 1990 年版，第 1134 页。

⑤ 江苏省社会科学院明清小说研究中心，江苏省社会科学院文学研究所编：《中国通俗小说总目提要》，中国文联出版公司 1990 年版，第 1135 页。

冬青《新水浒》为光绪三十三年(1907)出版,这本《水浒传》续书确实是“新”,因为梁山好汉竟然全都带上了新时代的色彩,全都具有了新时代的意识形态。这些人物,只不过具有《水浒》原著中某些最基本的信息而已,诸如姓名、绰号、上梁山前的职业等等。根据这些基本信息,他们集体“穿越”到半殖民地半封建社会的中国,而像那个时代的某些人一样去生活、去创造、去表现。无独有偶,在冬青的《新水浒》出版两年后,陆士谔的《新水浒》也于宣统元年(1909)刊行问世,这两部《新水浒》同声相应、同气相求,所表达的意念几乎一致。①

至于“西游”续书,亦可凭回目而知其大要。如《也是西游记》之回目——“吸力施能美猴王留种”“南海知心无线电丝丝入扣”“小行者初试电气车”“文明结婚小行者许嫁呆子”“小行者试演催醒术”“天昏地黑鸦片精大展神通”“电传妙语菩萨心慈”②,冷血《新西游记》之回目——“猪八戒海上改洋装”“烟妖窟师徒初受困”“听猪谈小子学时髦”“叉麻雀猪八戒谈新”③,等等。当然,也有更高层次的概括,如李小白的《新西游记》。萧相恺云:“一琴一剑斋生《评话》谓此书为‘社会小说’,是‘女学生现形记’‘官场现形记’‘教习现形记’‘选举现形记’‘警察现形记’‘嫖客现形记’‘青楼现形记’,言颇中的。”④

至于《金瓶梅》与其他小说名著的续作,亦可看回目而知内容。如《新金瓶梅》之回目——“李瓶儿演说伦理学”“潘金莲昌言平等”“典钗环夏小姐大兴女教”“衣冠禽兽力阻文明”⑤,《新镜花缘》之回目——“卞刺史地方求自治”“遇飓风偶游维新国”“诘官吏警察寻人”“妒商民学界生意见”⑥,《新泪珠缘》之回目——“代引擎拟造新水机”“订合同教授新名词”“趁心思造记声机器”“挽权利核算电灯账”⑦,等等。

最有意味的是两部《新石头记》。阿英在《小说闲谈》中说南武野蛮《新石头记》:“作者企图把宝、黛二人,灌输以新的灵魂,事实上,效果可说是全无。尤其是两国皇帝赐婚,宝黛在东京街大游三天,写得尤其荒唐之至。”⑧而吴趼人《新石头记》第四十回的一段话更足以令人耳目一新:

---

① 石麟:《施耐庵与〈水浒传〉》,中州古籍出版社2017年版,第412页。

② 江苏省社会科学院明清小说研究中心,江苏省社会科学院文学研究所编:《中国通俗小说总目提要》,中国文联出版公司1990年版,第1154页。

③ 江苏省社会科学院明清小说研究中心,江苏省社会科学院文学研究所编:《中国通俗小说总目提要》,中国文联出版公司1990年版,第1163页。

④ 江苏省社会科学院明清小说研究中心,江苏省社会科学院文学研究所编:《中国通俗小说总目提要》,中国文联出版公司1990年版,第1165页。

⑤ 江苏省社会科学院明清小说研究中心,江苏省社会科学院文学研究所编:《中国通俗小说总目提要》,中国文联出版公司1990年版,第1197~1198页。

⑥ 江苏省社会科学院明清小说研究中心,江苏省社会科学院文学研究所编:《中国通俗小说总目提要》,中国文联出版公司1990年版,第1022页。

⑦ 江苏省社会科学院明清小说研究中心,江苏省社会科学院文学研究所编:《中国通俗小说总目提要》,中国文联出版公司1990年版,第1076页。

⑧ 阿英:《小说闲谈》,上海古籍出版社1985年版,第99页。

> 从此女娲氏用剩的那一块石，就从大荒山青埂峰下，搬到文明境界灵台方寸山斜月三星洞去了。看官如果不信，且请亲到那里去一看，便知在下的并非说谎。然而必要热心血诚、爱种爱国之君子，萃精荟神、保全国粹之丈夫，方能走得到看得见。若是吃粪媚外的人，纵使让他走到了灵台方寸山斜月三星洞，也全然看不见那篇奇文。你道为何？原来那篇奇文是预备丈夫读，不预备奴隶读，预备君子读，不预备小人读。①

将《西游记》《红楼梦》的双重“精髓”装入最时髦的躯壳之中。至此，续书之“旧瓶装新酒”已经“新”到无以复加的地步，简直有点“指鹿为马”或“顾左右而言他”的意味了。

---

① 我佛山人著，王杏根、卢正言校点：《新石头记》，花城出版社1987年版，第320～321页。

# 论中国古典文学研究的三种关系

王　平*

当今世界正步入"全球化"语境的时代,中国文学是世界文学的组成部分,中国古典文学研究也应当是世界文学研究的组成部分。然而中国古典文学研究界似乎还未清醒地认识到这一点,在有些人看来,中国古典文学的价值就在于某些所谓的"特殊性",对中国古典文学所具有的人类普遍性视而不见。于是,他们紧紧抱住这些所谓的"特殊性"不放,首先强调古典文学是"古典"的,因而与现当代文学迥然有异;其次强调中国古典文学是"中国"的,因而与西方文学乃至世界文学格格不入。这样一来,无论是研究理念,还是研究方法,都不能有所创新,更谈不上与"全球化"的文学研究进行对话,这就是当今古典文学研究领域所面临的困境。如何走出这一困境是每一位古典文学研究者都应当认真思考的问题。与其他研究领域一样,中国古典文学研究也同样应当走向现代化,应当具备一种"世界心态",而不仅仅是为了追求"古典"身份的认同。我们研究中国古典文学,应当以一种现代的、开放的、世界的文学眼光去进行,这就要求我们正视和认真解决中国古典文学研究中的三种关系。只有这样,才能使这一研究领域永葆学术的青春和生命的活力。

## 一、"文学本体"研究与"非文学本体"研究

当前古典文学研究的现状迫切要求古典文学研究者首先在观念上解决"文学本体"意识与"非文学本体"意识之间的关系。所谓"文学本体"意识,就是要充分认识到中国古典文学首先是文学,其次才是中国的,再次才是古典的。因此,研究中国古典文学和研究

* 王平,山东大学文学院教授。本文原载《大连大学学报》2007年第4期,现略有改动。

中国现代文学、当代文学乃至外国文学一样，首先要确认其文学的本体属性。古典文学作品与其他文学作品一样，具有无法替代的审美价值。审美是文学自身所具有的特质。文学创作的本质职能、主要目的和根本任务就是创造审美价值。在文学的多种性质、多种功能中，只有审美是不可或缺的。正因为如此，古典文学研究也就应当把审美价值的研究放在突出位置。如果说这一点在其他文学研究领域已较好地得到解决，那么在古典文学研究领域还是一个相当大的问题。所谓审美价值既不同于认识价值，也不同于伦理道德价值，但又与两种价值密切相关，它是真、善、美的统一，是对现实世界的审美把握。要认识到古典文学不仅是一种实体性的物质存在，而且还是一种非实体性的精神存在。古典文学不仅仅是摆在我们面前的一首首诗歌、一篇篇散文、一出出戏剧、一部部小说，不仅仅是可以证实的人类行为，还是一种心理过程，是人类心灵的历史，是一种精神追求，文学作品则不过是这种精神的物质载体。当然，古典文学的审美价值有其与现代文学、当代文学及外国文学不同的内涵和表现形式，但其实现过程势必是带有情感色彩和主观感受的审美过程，与其他文学种类并无二致。如果说古典文学的审美价值有什么特殊性的话，那其特殊性就在于它要求人们以一种历史主义与现代生活相结合的态度去观照、去欣赏。

然而问题在于，古典文学虽然与现代文学、当代文学都是人类精神的产品，但由于时代久远，在审美主体与文学作品之间产生了种种隔阂。只有消除这些隔阂，才能实现古典文学的审美价值，古典文学作品的所谓“特殊性”也主要表现于此。这就需要疏通当代读者与古典文学作品之间的交流渠道，需要在充分占有文献资料的基础上，对作品进行整理、校刊、注释，以至于考证作家的生平、经历、交游，进而对作家所处时代的社会情况进行研究。训诂学、校雠学、目录学、版本学、考证学等学科传统的方法，也就成为最基本的方法。当然这仅仅是一个打基础的工作，而绝不是古典文学研究的全部。当今更重要的任务是，在此基础上，有效地挖掘出古典文学的审美价值、艺术价值。

为了挖掘古典文学作品的审美价值、艺术价值，必须对创作的全过程(从作者到作品再到接受者)有一个全面的了解。这就需要从不同的层面、不同的角度去考虑问题。而解决不同层面的问题也就需要运用不同的方法。例如，要对作品做出合乎实际的评论，必须“知人论世”。这就不仅要考察作者的生平、经历，还要论证作者的创作心理。因为在文学创作过程中，作家不仅对外界事物进行了反映，同时也对外界客观事物进行了主体的审美意识化。文学作品所反映的社会生活同时也融注了作家自己的心血、生命、意志和情感。因此，文学创作不能仅仅被看作是对社会生活的直接反映，而应该被看作是客观物质世界和主观心理世界的有机结合。在文学创作过程中，起主导作用的是文学家的创作实践活动。所以，对作家心理过程的探讨就是至关重要的了。而进行这一研究，就必须掌握和运用文艺心理学的理论和方法。

但同时我们又应当看到，在人类的精神活动过程中，文化起着重要的作用。意识的许多属性并非由先天的人性造成的，而是由外部的文化刺激引起的。文学创作作为一种精神活动，离不开思维、感觉等心理过程，但作家的思维、他为什么要有这种思维又是文化决定的。当然，作家并非总是以纯粹被动的方式受着文化的制约，他也反作用于文化。但是，作家的能动作用总要与文化发生种种关联。不错，每一位成功的作家都应有自己的创作个性，但是这一创作个性不应该仅仅归结到他的生理因素上，还应当从他所处的文化环境中去寻找原因。这就需要掌握和运用文化学的理论和方法。

从古典文学的接受者来看，古典文学有一个历史发展演变过程，运用接受美学、传播学、诠释学的理论和方法对其进行研究就显得十分必要。古典文学的创作者和接受者始终在文人与普通民众之间变换转移。大体而言，宋代之前以文人为主的文学格局造成了将诗文视为正统文学样式的观念，即所谓雅文学。宋代之后，市民阶层逐渐壮大，为适应他们的审美要求，小说、戏曲等所谓的俗文学呈现出取诗文而代之的趋势。古典文学的传播方式和传播途径也有一个发展变化过程。由于出版等原因，最初作品都以抄本的形式在社会上传播，这就难免出现讹误衍夺的现象。因此抄本虽然可贵，但不可避免地存在着一些不足之处。而且抄本费时费力，对于篇幅较长的长篇小说来说，不利于其传播。随着明代中叶造纸业、印刷业、出版业的发展，小说创作尤其是长篇小说创作出现了空前繁荣的局面。然而刻本对小说的传播虽有极大的贡献，但也因此造成了书商以获利为目的的经营动机，从而使艺术上不成熟、思想上不健康的作品大量产生，又影响了小说的审美价值和艺术价值。由此可见，促使小说发展演变的各种因素此消彼长，并不是简单地直线变化。

为了把握中国古典文学具有的独特审美特征，就必须将古典文学作品与现当代文学作品、外国文学作品做一番比较；为了认识某一作家的创作特征，又必须将其与其他作家做一番比较；为了把握某一文学流派、某一文学样式的发展演变，又必须将其与此前此后的文学流派、文学样式做一番比较，等等。这显然需要运用比较文学的理论和方法。因此，在正确观念的指导下，理论和方法必定是一个开放的体系。

所谓“非文学本体”的研究有两层含义。一是文学作为人类文化的组成部分，除了具有精神的、审美的存在形态和价值属性，还具有社会的、历史的存在形态和价值属性。古典文学是一种过去了的历史存在，因此它作为一种历史产物又具有文物价值。它运用文学的形式记录了人与自然的关系，体现了人的创造能力，勾绘了社会发展的轨迹。以古典文学为媒介，人们可以进行哲学、政治学、历史学、军事学、文字学、宗教学、人类学、民俗学、文献学等多种研究，其价值也呈现为多种形式并等待当今的人们去开发利用。例如佛教与古典文学的关系问题，已有许多学者做了有益的探讨，探讨的重点主要在于佛教对古典文学的影响。反过来看，古典文学作品也表现出明显的佛教观念，通过古典文学作品同样可以考察出当时的佛教流行情况。魏晋南北朝时期的一些志怪小说直接宣传弘扬佛教教义，后来的许多小说又把佛教观念作为表现手段，或将佛教观念作为伦理教化的辅助手段。直至明清两代，佛教的某些思想甚至成为许多长篇章回小说的创作主旨。这些作者面对变幻莫测的现实人生，找不到一种合乎理性的解释，只好用佛教的教义去说明。佛教的哲理也恰好以其虚玄空幻满足了这一要求。

二是有些作品本身就兼具文学与非文学的因素,对它们的研究当然不能仅仅局限于文学本身。例如宝卷这一讲唱形式,既有文学的成分,又有非文学的、宗教的、民间信仰的成分。不能因为作品自身的这种复杂化,就放弃对其进行研究;同样,对其进行研究也不能仅仅停留在文学的层面。再如民俗文化与古代小说的关系问题,既可以研究民俗文化对古代小说的影响,也可以从古代小说来考察民俗文化。有的学者就认识到,在研究正史极少涉及的民俗方面,小说实在是一种重要的参考资料,因而把古代小说视为民俗文化的载体而进行研究,这同样是一件有意义的工作。

## 二、"当代"意识与历史主义

实际上,不管人们承认与否,一切古典文学研究都是在当代意识下进行的。所谓"当代"意识,有这样几个含义:第一,从研究目的来看,无论是挖掘其审美价值还是其他价值,古典文学研究都是为了让今天的人们更好地接受这一文化遗产,或者让人们能够更好地欣赏优秀的古典文学作品,领略、感受到它的美,或者让人们从中获取有用的信息资料。第二,从研究的功能来看,古典文学研究既可以满足当今人们对人类自身发展历史包括人类心灵历史的认识、研究和把握的需要,还可以为当代艺术哲学和当代文学创作提供经验材料,总结归纳古典文学的发展规律,以促进当前文学的发展和繁荣。第三,从研究的观念与方法上来看,必须具备当代的研究观念、掌握当代的研究方法,古典文学研究才有可能不断取得新的成果。但是古典文学毕竟是历史的产物,是人类在过去创造出的精神产品,因此古典文学研究还必须具有一种历史主义的态度,否则就可能违背历史的事实,失去科学性。处理好两者之间的关系不仅是一个理论问题,而且是一个十分现实的实践问题。

第一,古典文学作品意义的实现有赖于理解和解释,任何时代的读者都是以一种当代的意识去解读古典文学作品的,因此导致了诠释的多样性和时代性。但所有的诠释是否都合乎作品的实际呢?是否都有合理性?这就需要用历史主义的态度去检验、去考察。一部优秀的古典文学作品往往具有十分广阔的诠释空间。但是,这种诠释空间又不是无限的和不确定的。一方面,古典文学作品一经创作出来,自身便具有了历史客观性,这种历史客观性包含这样几个因素:一是固定的文本形态,二是作品文献史料、典章制度等方面的规定性,三是作者所处社会环境的历史客观规定性。作品所表述的形象、所蕴涵的意义都无法摆脱这些因素的范围和限定。从另一方面来说,这种诠释空间能否被充分发现和挖掘,也取决于诠释者的历史知识等主观因素。

例如,学界对明清小说中几部经典作品的诠释就明显存在着"误读"或"过度诠释"现象。因此探讨明清小说创作的历史背景、作者或写定者的有关情况以及文本的客观历史规定性,就成为十分重要的问题。明清小说的文本构成十分复杂,从成书过程来看,不少作品是累积成书，因而其文本构成会受到已有故事的限定。文本的最终写定者既要受已有故事格局的限制，又要将自己的思想情感融入其中，因而文本构成呈现出复杂的情形。整体结构出于写定者之手，部分情节则源于已有故事，因此造成了整体与部分之间的差异，其文本意义也必然呈现出复杂的情形，即大故事与小故事、整体情节与部分情节、整体构思与部分内容之间的差异。从版本流传来看，由于在传播过程中出现了各种版本，不同版本之间的文本构成也有着或大或小的差异，这些差异也会导致文本构成的复杂化并影响着对文本意义的诠释。从文人独立创作的小说作品来看，由于作者丰富而复杂的思想情感要通过文本结构来表现，势必造成文本构成的复杂，文本意义与这种文本构成如影随形，密不可分。然而以往未能以历史主义的态度对待这些复杂的情况，遂造成了诠释的主观随意性。

第二，在当代意识指导下对古典文学作品的价值进行挖掘与利用，也必须具有历史主义的态度。如不少人运用政治学、管理学、人才学等方法研究《三国演义》的领导艺术、人际关系等，这种研究如果脱离特定的历史条件和历史环境，很可能会得出错误的结论。我们应当认识到，在古典文学研究的实际过程中，各种价值的发现及实现既是无止境的，又必须遵循历史主义的原则，符合基本的史实，否则就会重蹈庸俗社会学或实用主义的覆辙。更需要警惕的是，某些人打着古典文学研究的旗号，却根本不顾及学术研究的规范和要求，只有哗众取宠之心，毫无实事求是之意，这实际是对古典文学研究的一种伤害和亵渎。

再比如，将古典名著改编为影视剧是当今影视文学创作的一大特点，这不仅涉及小说与戏剧两种艺术门类相互接受影响的问题，还涉及当代意识与历史主义的关系问题。这种问题在古典文学中早已存在，总结出其规律，肯定也会对当今的改编有所裨益。从大的方面来看，小说与戏剧的相互影响首先表现在题材方面的相互袭用上。20 世纪庄一拂的《古典戏曲存目汇考》、谭正璧的《话本与古剧》、邵曾祺的《元明北杂剧总目考略》等著作为探讨这一关系提供了大量翔实的资料。而同一或同类故事题材在小说和戏剧之间的演变关系问题则更为有趣，20 世纪始终有不少学者在这方面做着细致的分析考证工作。如张寿林的《王昭君故事演变之点点滴滴》、赵景深的《董永故事的演变》、王季思的《从莺莺传到西厢记》、么书仪的《元剧与唐传奇中的爱情作品特征比较》等。从整体上看，任何戏曲改编都无法脱离特定的当代意识，但又必须遵循历史主义的原则。能否处理好两者之间的关系直接决定着创作的成功与否。

第三，“当代”意识和历史主义还表现在对某些古代文学作品的评价态度上，文学艺术创作活动是对客观世界的审美把握，与科学和伦理活动对客观世界的把握不同，它具有不可重复性和独创性。因此，许多优秀的文学作品具有永恒的艺术魅力并成为艺术的峰巅而为后人所景仰。中国古典文学中的唐诗、宋词以及《三国演义》《水浒传》《西游记》《红楼梦》《聊斋志异》等明清小说，便是后人无法企及的至境和高峰。历史是最好的过滤器和蒸馏器，经过时间的反复磨砺、淘洗，孰优孰劣，一目了然。既然这些优秀的古典文学作品已经被证实具有永恒的艺术价值，而且它们又是一个个确确实实的物质存在，我们就可以探讨其成功的奥秘所在。这种探讨不仅可以提高欣赏的水准、发现艺术美产生的规律，而且可以直接为今天的文学创作提供一份弥足珍贵的参照物。

从另一方面来看，有些作品随着社会历史环境的变化而发生着重要变化，例如道情、子弟书乃至于某些小说、戏曲等曾经在历史上盛行一时的文学形式，现在却已基本湮没无闻。这就需要用当代意识对待这些文化遗产：不能任凭其自生自灭，但也没有必要盲目地抬高其价值，而是应当尽量挖掘其中那些积极的因素，分析其衰亡的原因。不能否认，当前古典文学研究领域的确存在这样一种倾向，即把那些已经被历史淘汰了的、没有多少价值的、不入流的作品重新翻找出来，以为做出了重大发现。殊不知这些东西已经失去了生命力，并非越古老的就越有价值，有时反而会使我们的包袱越来越沉重。

第四，由于当代价值观与传统价值观发生了种种变化，因此古典文学研究的"当代"意识和历史主义态度还表现在如何对待古典文学的价值观问题上。中国传统文化重视政治伦理的实际功用，密切关注现实人生，努力摆脱宗教和神学的纠缠，这就形成了文学与政治密切相连的特点，古典文学"文以载道"的传统便与此有关。在小说领域，注重劝善惩恶、有补于世的实际功效。人物只有符合伦理道德准则且与自然、社会相统一才是美的、善的，具有明确的是非善恶形态。这使人物形象呈现出类型化的特点。尽管个别作品如《红楼梦》在一定程度上能够打破这种倾向，但并未从根本上改变当时和后来小说创作的整体价值倾向，许多作家仍然以伦理功用取代对象本体，仍然按照单一的、纯粹的道德准则来塑造人物。这说明传统文化心理中的伦理化倾向对文学创作有着极其深重的影响，同时也说明文学创作并非总是直线地向前发展。认真总结这些规律，自然会使当今的小说创作受到有益的启迪。

## 三、"全球化"语境与民族性

所谓"全球化"语境包含三层含义。一是应当认识到，中国古典文学既是中国的，也是世界的。中国古典文学与包括西方文学在内的外国文学之间当然存在着差异，但绝不是水火不相容。二是研究中国古典文学既要重视传统的方法，也要吸收借鉴西方的理论和方法。三是只有建立起顺应"全球化"语境趋势的观念，才能够更好地把中国古典文学推向世界。我们同时也应看到，中国古典文学的民族性同样十分重要，因为只有具有鲜明的民族性，才能在世界文学中占有一席之地。

关于第一点，有必要援引邓军海在《中国古典美学研究亟须解决的三个问题》①一文中提出的某些观点。邓军海引用R·威尔金森在《东方和西方："深刻"之概念》一文中的

---

① 见《光明日报》2007年2月27日第11版。

观点说:“我花了大量的时间比较了东西方思想体系中的美学观念,结果我所发现的大多是体系中的差异……但是当我比较东西方思想体系中蕴涵‘美学深度’概念的各个观念时,我所发现的却只是体系中的共同点。因而似乎存在着某种真正跨文化的经验。”“存在着某种跨越文化界限的东西,某种仅仅属于全人类的东西,某种——我们每个人都能理解的东西。”他引王国维的观点说,“学无新旧也,无中西也,无有用无用也”,“中西二学,盛则俱盛,衰则俱衰”。他又引钱锺书在《谈艺录·序》中所说:“东海西海,心理攸同;南学北学,道术未裂。”

邓军海自己则认为:“整个近现代学术史,在更大层面上是一个‘东取西学’的主动接受史,而不是一个‘西学东渐’的被动受影响史。重建中国学术的关键,不在于慷慨激昂地‘痛陈西哲东渐的结果已使中国传统思想之研究产生了严重的异化现象’,而在于平心静气地重新审视中西。”“21 世纪中国学术要超出 20 世纪,一个基本的前提就是要超越中西对立。”“在‘后’学的视野里,中国美学的价值在于其民族特殊性,他们正是要用这种民族特殊性来解构西方。这种看似积极甚至激进的学术姿态,其实是在消解中国美学本身。”“我们研究中国古代美学,不要将重点放在‘中国’上,而应当放在‘美学’上。……人类学家克利福德·格尔兹说,一切理论‘如果它们不具备普遍性,它们就不具备理论性’。只有发掘中国古代美学中的人类普遍性,中国美学才会真正拥有和西方美学对话的资格。即使我们想解构西方中心主义,也要用中国美学的人类普遍性,而不能用中国美学的民族特殊性。否则,我们解构的将是中国美学本身。”

邓军海谈的是中国古典美学的研究问题,笔者认为这同样适用于中国古典文学研究领域。对于这一问题,古典文学研究领域还存在着很大的分歧。有些人认为,中国古典文学研究领域决不能屈从“全球化”语境的趋势,一定要坚守古典文学研究的“特殊性”,似乎只有这样,古典文学研究才是真正的“学问”。还有些人则抱着一种俯就的态度,极不情愿地看待“全球化”语境的趋势。其实,无论是中国古典文学作品,还是现当代文学作品,还是外国文学作品,既然都是人类创造出来的精神产品,当然有其共同点,因此在研究理念和研究方法上也就必然有共同之处。我们的先贤为我们留下这份丰厚的文化遗产,并不是让后人当古董一样收藏起来,以矜其富或古,而是想让它们发挥应有的作用,也就是要实现它们的审美价值、艺术价值及其他价值等。

关于第二点,笔者认为必须不断发展具有中国特色的、适应新情况需要的理论和方法,不断提高古典文学研究者的理论素养。这就需要认真学习和借鉴古今中外的优秀理论成果。近些年来,学术界经常就如何借鉴吸收西方的理论和方法展开争论。龚鹏程曾指出,西哲东渐后,令研究中国传统学术者眼界大开,也是事实。中国传统思想,在西洋哲学观念、术语、理论之参照与对比之下,被看得更清楚,同样也是非常常见的。① 的确如此,我们的研究对象虽然是最富有民族特性的古典文学,但我们使用的方法并不一定非

① 参《近代思想史散论》,台湾东大图书股份有限公司 1991 年版。

要是最古老、最有民族特殊性的方法。只有尽可能多地借鉴使用古今中外的各种研究方法,才有可能更充分地彰显古典文学的民族特殊性。

尽管人们反复强调,不能照搬西方的理论和方法,但实践证明,在借鉴之初,照搬的情形总是或多或少地存在着。笔者以为,不必过多地苛求和指责。任何事物都有一个发展过程,学习借鉴西方的理论和方法也是一样,要循序渐进,要允许先有一个模仿过程。当对这种理论和方法咀嚼消化后,成熟的、符合中国实际的理论和方法也就应运而生了。更何况中国古典文学作品也是文学作品,从本质上讲,与西方文学作品在很多方面具有共同的规律。例如,小说这种文体最本质的特点是要讲述故事,于是,叙事便成为其最主要的表现方式。要探索中国古典小说的叙事艺术特征,学习借鉴西方的叙事学理论不仅是可能的,而且是必须的。或许有人会说,西方叙事学是建立在西方叙事作品基础上的,因此只适用于分析西方的叙事作品,中国应当有自己的一套叙事学理论。但一个不容忽视的事实是,任何叙事作品,无论是中国的还是西方的,无论是中国的白话小说还是文言小说,无论是长篇小说还是短篇小说,都是由叙述者、叙述角度、叙述时间、叙述逻辑、叙述结构、叙述修辞等要素构成的。可以说不同叙事作品的构成要素各有各的特点,但不能说某一部叙事作品可以将这些要素统统抛弃掉。西方的叙事学理论重在分析这些要素的深层结构和规范法则,而不是仅仅停留在对某一部叙事作品的分析上,因此,这一理论就具有了普适性。当我们运用这一理论分析中国古代小说时,就如同运用西方美学理论研究中国古典文学一样,并不存在什么生搬硬套的问题。

综上所述,"文学本体"研究与"非文学本体"研究,两者并行不悖而以前者为主;"当代"意识与历史主义的关系是相辅相成的,应当两者并重;"全球化"语境与民族性是辩证关系,两者之间并不矛盾。只有正确处理好上述三种关系,古典文学研究才会保持旺盛的发展势头,并不断有货真价实的成果出现。

# “古代文学研究反思”的反思

都刘平*

2018年4月16日，《光明日报》第13版《文学遗产》栏目发表了太原师范学院文学院张瑞君教授题为《古代文学研究反思》的文章。这篇文章对“近几十年来”古代文学研究的状况做了比较全面的回顾与反思。张教授所说的“近几十年”应指自改革开放迄今的四十年时间。张教授虽然也认为这四十年来古代文学研究“取得了丰硕的成果”，但更多的是“局限与不足”，“成果的数量惊人，而含金量明显不足”。在总结“局限与不足”时，张教授谈到了诸多方面，概括起来大致有十三种之多，涉及文学史、文学批评史、文学思想史、文学理论、文体史研究等。张教授还指出了当下书评、序跋与评论性文章只说优点不提缺点的现象，其精神无疑值得称道。其中诸如对西方文艺理论吃得不透而生搬硬套研究古代文学作品、研究者为提高自己研究成果的价值而拔高研究对象的价值等现象确实存在，应该引起我们的警醒。在文章的末尾，张教授也提出“更期盼年轻一代全面的超越”，这样的话，反思“就具有更深远的意义”。正是遵从张教授的期盼嘱咐，笔者敢于在这里就自己略为熟悉并思考过的若干问题，谈谈自己的一些不同意见，与张教授商讨，也企盼学界前辈时哲批评指正。

一、张文提出，文学史写作模式定格化，与几十年前相比变化不大。这里重点谈了两个问题，一是文学史在论述文学内部发展轨迹与外部环境的关系方面，不能令人满意，内部与外部好像“两张皮”。二是在具体的书写模式上显得程式化，主要论述时代背景、作家生平、创作分期、内容与艺术、地位与影响等。

张教授指出，中国文学史的书写模式近乎千篇一律。其实，这个问题在世界其他国家的文学研究中也同样存在，外国文学理论家也曾提出过。这个问题可以从理论和实践

---

* 都刘平，河北大学文学院讲师。

两个方面思考。从理论层面上说，模式毕竟只是一种形态、形式方面的东西，同一种模式可以有不一样的内容。二十世纪五六十年代编写文学史，习惯用阶级斗争理论作指导，分析文学发展变化与作家的阶级身份之间的关系，而“近几十年来”新出的文学史很少再用这样的理论，虽然从模式上看，两者都是试图将文学发展的内部轨迹与外部因素相结合进行阐释，但不能因模式的近似而说“近几十年来”的文学史与过去同类著作相比没有进步超越。即便就书写模式本身来说，近来寻求突破的文学史著作也不是没有，《剑桥中国文学史》试图用“文化文学史”代替过去的书写模式。至于这种新的尝试是否成功，则是另一个层面的问题。从实践层面上说，文学史编写模式相近的另一原因是受文学史自身特点的限制。在论述某作家的文学成就前，必然要先叙述他所处的时代环境及个人生平，不可能倒置过来。一个时代的文学特征大都最突出地体现在一流作家、经典作品上，“大作家一章、名作家一节”的结构安排是作家自身的文学地位决定的，而不受文学史编写者主观意愿的左右。相信无论谁编写文学史，也不会不把李白、杜甫单列一章而为唐代不知名的三四流诗人列一章。《剑桥中国文学史》试图突破过去文学史编写模式，用“文化文学史”的视角书写，然而从呈现出来的客观结果看，文学的内容不仅没有增强，反而大大减弱。如在关于李白、杜甫的章节中，花费大量笔墨叙述二人的事迹，却没有论述李、杜的诗歌特点、成就以及他们在唐代诗歌史中的地位。“文学史”是文学的历史，这样的“文学史”还是文学史吗？它已然退回到了最早将文学史写成作家传记史的老路子上了。

二、张文提出，断代文学研究一方面将研究对象框定在名家上，而“那些不被重视的作家几十年的研究也常常有不被重视的现象”；另一方面对某朝代、时段的文学内部与外部的发展变化缺乏深入的剖析。

对于断代文学史，张教授指出研究者往往将研究对象局限在名家上，而过去不受重视的作家现在依然不受重视。他认为造成这种现象的原因是研究者受“千百年来形成的经典判断标准”的束缚、限制。近来也有学者响应这种观点，提出要“悬置经典”。虽然一个时代或一种文体的文学成就一般最突出地体现在一流作家和一流作品上，但过去没有被重视而后来被发现有价值的文学家、文学作品的例子依然有，如陶渊明的影响是在宋代以后开始的，又如唐初张若虚的《春江花月夜》，今天是唐诗中的名篇，但在唐代到元代几百年的时间里，一直被冷落，它的“被发现”迟至明代（程千帆《张若虚〈春江花月夜〉的被理解和被误解》）。但这样的例子属个案，并非普遍现象。今天文学史上的经典作品是经过历史本身汰选的结果。这种结果的出现一方面是历代评论家们理解的积淀，但从根本上看，是作品自身的社会价值和文学价值决定的。历史的鉴别淘汰是不能否认的。张教授在文章中具体列举了宋诗、明诗、清诗、近代小说在这方面的突出现象，宋、明、清三代诗人数量庞大，且距离近现代时间不远，没有经历一个长时间段的历史自然淘汰选择，留存下来的作品数量远甚魏晋、唐代。但文学史研究的关注点是在继承历史批评的基础上挑选出足以代表三代诗歌发展面貌、成就的诗人及作品，进而将这种面貌、成就叙述清楚并呈现在文学史中。至于那些已经被历史遗忘的诗人作品，在历史和今天的文学史中都没有地位的作品，本身已成为历史的一部分，又有何必要把它们从尘封中挖出来，在文学史中特书一笔呢。准确地说，那些被遗忘、尘封的文学作品仅有文献的价值，而没有文学的价值，不出现在文学史上是正常的。

三、张文提出，一些编年史、年谱、作品编年即考证类的著作论文“求证精神不足”，近几十年来走上学术道路的学者“在考证的素养与能力上与前辈学者尚有一定距离”。

对于“近几十年来”考证类的论著，张教授认为“不少成果科学求证精神不足”，或在没有全面占有资料的情况下，大胆得出结论；或只采用对自己结论有利的证据，对相反的证据视而不见甚至隐瞒。张教授最后提出“近几十年来走上学术研究道路的学者在考证的素养与能力上与前辈学者尚有一定距离”的论断。其实，近几十年来，古代文学研究在考证方面的成绩是很突出的，在很多具体问题的研究上已经较过去推进很多，在一些具体研究领域超过了前辈学者。如唐代文学研究领域，著名学者傅璇琮的《唐代诗人丛考》（中华书局 1980 年版）、复旦大学陈尚君的《唐代文学丛考》（中国社会科学出版社 1997 年版），在考证唐代诗人生平方面取得了很多突破性的进展。又如南京师范大学陈美林的《吴敬梓研究》（上海古籍出版社 1984 年版）、《吴敬梓评传》（南京大学出版社 1990 年版），在考证吴敬梓生平方面，远胜胡适《吴敬梓年谱》。又如小说研究方面，山东大学袁世硕先生在蒲松龄与《聊斋志异》研究方面取得的成绩（《蒲松龄事迹著述新考》，齐鲁书社 1988 年版），是学界有目共睹的。又如廖奔的《宋元戏曲文物与民俗》（文化艺术出版社 1989 年版），利用考古发现的戏曲文物，研究宋金元时期的戏曲形态及其与民俗的关系，大大拓展了该时期的戏曲研究格局，与王国维的《宋元戏曲史》相比，提出了许多新的研究课题。河北师范大学杨栋的《元曲起源考古研究》（中国社会科学出版社 2014 年版），利用冀南出土的金元词曲，揭示了元散曲进入文人参与创作之前的民间原生形态，并由此引出宋元南戏与北杂剧成熟先后的学术热点，与前辈学者任二北的《散曲概论》、钱南扬的《戏文概论》相比，同样有推进之功。在戏曲研究领域，徐朔方的《晚明曲家年谱》（浙江古籍出版社 1993 年版），旅美戏曲学家邓长风的《明清戏曲家考略》（上海古籍出版社 1994 年版）、《明清戏曲家考略续编》（上海古籍出版社 1997 年版）、《明清戏曲家考略三编》（上海古籍出版社 1999 年版），以丰富的史料、扎实的考证为基础，在明清戏曲家生平研究方面取得了丰硕的成果。虽如此，我们不能因此就断语陈美林、廖奔、杨栋、徐朔方数位学人在“考证的学养与能力上”已超过他们的前辈胡适、王国维、任二北等。即便再过五十年，相信也没有人敢说谁在古代文史研究领域的成就超过王国维。我们只能就具体的研究对象、问题来讨论后出者的研究较此前学人的研究有无进步与创新，这也是学术自身发展规律的题中之义。脱离具体的研究问题，宽泛地说“近几十年来”的学者与前辈学者在学养与功力上存在距离，实无必要。因为学者不是“绝缘体”，他的诞生、养成都受制于他所处的历史环境。今天的学者在传统旧学的功底上很难与前辈学者媲美，这是事实，但同样应该看到，这种事实背后有着时代的烙印。

四、张文提出，对意蕴丰富的文学作品（作者以《红楼梦》举例，认为它是“一部百科全书”）的“其他意蕴的开掘明显不足”，基本上是“围绕文学论文学”。

文学作品往往包含多方面的意蕴，越是伟大的作品越具有丰富的内涵，这一点毋庸置疑。张教授在文章中举出《红楼梦》为例，认为它“可以说是一部百科全书”，包含政治、哲学、文化、宗教、历史、社会、心理等学科的表达，而“近几十年来”的古代文学研究者因“大多只在文学方面擅长”，“基本上围绕文学论文学”，对“其他意蕴的开掘明显不足”。笔者以为，像《红楼梦》这样优秀的文学作品包含丰富的意蕴，反映当时社会生活的方方面面，固然是事实，但作为古代文学研究者，在面对《红楼梦》这部书时，不去研究它的文学性，而将研究的视线拓展到更大的范围，是否有必要？进一步追问，若古代文学研究者以《红楼梦》为历史文献依据，借由它所提供的材料，研究清代中期的哲学、宗教、社会等，那么古代文学研究者与哲学、历史、社会等学科的研究者的区分何在？而且，若真以《红楼梦》为历史材料，通过它来研究当时的哲学、历史、宗教等，是不是在某种程度上贬低了《红楼梦》这部古代小说巅峰之作的价值？因为那些研究只不过是把《红楼梦》作为各自研究对象的材料而已，而对《红楼梦》做“围绕文学论文学”的研究恰恰是古代文学研究者将《红楼梦》视为目的本身。陈寅恪在《柳如是别传》中多处引述《红楼梦》的情节与人物语言，进而做出阐释，但其目的不在研究《红楼梦》本身，而是以《红楼梦》为他研究对象的材料支撑。这样的“意蕴的开掘”对《红楼梦》文学性的研究又有什么意义？虽然学术工作者的终极目标都是追求实事求是，从这个角度讲，可谓殊途同归，但毕竟研究的对象各有不同，进而引申出方法的不同，也因此划分出不同的学术门类。我们在强调跨学科研究的同时，也应该明确自己所属学科的任务、目的、特点及方法。跨学科研究的目的是借鉴其他学科的研究成果，最终目的还是更好地研究本学科，而不是“舍己就人”，忘却自身的学科定位，否则学科划分的意义与目的就不存在了。

五、张文提出，文学研究者大多自身没有文学创作的实践，分析问题不免“水中望月、雾里看花”，所得结论有“隔靴搔痒的局限”。

对于文学研究者自身是不是应该也要有文学创作的实践，古代文学批评家就已经有过讨论了。据说，程千帆先生当年招收研究生时，就要求应试者创作一首律诗。作为古代文学研究者，有文学创作的经验对理解自己研究的文学作品固然有帮助，但没有创作实践也不妨碍研究工作的进行。虽然不少古代文学批评家自身就是文学家，但也有如刘勰这样自身不大从事创作的评论家，但他依然做出《文心雕龙》这样优秀的文学批评著作。再者，古代文学除戏曲（仅限宾白）、白话小说运用当时的书面白话语外，基本上都是用文言文创作，生活在运用白话语已有百年历史的今天的古代文学研究者，倘若非要去用文言文进行创作，然后才能去从事研究，岂不是事倍功半？并且若依据这个看法，从事历史、哲学研究的学者是否也应该自己先写一部历史、哲学的著作，然后再从事历史、哲学的研究呢？文史研究更多的是一种日积月累的过程，纵然没有文学创作的实践，阅览量多了，对不同文体、手法、风格自然会有体悟，即刘勰所谓“操千曲而后晓声，观千剑而后识器”(张文也引用过此语)。

六、张文提出,从文章学的角度讲,学者的论文缺乏个性魅力,腔调“千篇一律”,呆板僵化,“一个模式,一种格调”。

与上一个问题相关联,张教授还提出“近几十年来”学者的论文从文章学的角度讲,缺乏个性魅力,腔调“千篇一律”,“一个模式,一个格调”,比不上王国维、陈寅恪、闻一多、钱锺书等前辈学者的文章有灵动性。之所以出现这种现象,张教授认为一方面是因为有些学者尤其是青年学者故作老成,甚至使用半文半白的句式;另一方面是因为不少刊物追求稳健的风格,起到了推波助澜的作用。张教授提出的问题与症结极有现实意义,应该引起我们的警戒,但我想之所以出现学术文章“似曾相识”的现象还有另一层原因,即学术文章自身的性质特点。学术论文与文学作品不同,它的基本写作范式是提出问题、排列证据、逻辑论证、得出可靠的结论。我们对学术文章的基本要求是用语准确、论证清晰,把要研讨的问题说清楚。至于手法高超、形式独特、辞藻炫目,那是作家该关注的事。如果借用古代正史的表述,前者属《儒林传》,后者属《文苑传》。像陈寅恪先生《柳如是别传》这样在学术著作中时而掺入主体的情感慨叹,甚而暂停论述的逻辑,赋诗一首,在今天怕是不太可能也似没有必要。我们评价一篇学术论文、一本著作的学术成就,主要看他是否提出了问题、问题的大小以及对问题的解决程度,而不是只看他运用的表达手法是否高超,文笔是否“灵动”。

发现问题本身已经是学术研究了,爱因斯坦甚至说“发现一个问题比解决一个问题更有价值”,陈寅恪也说过“一时代之学术,必有其新材料与新问题”(《陈垣敦煌劫余录序》,见《金明馆丛稿二编》)。正是秉承这个意旨,我们对张教授的宏文首先应该给予肯定。而学术本身又是天下之公器,非一人一家之私物,故而又对张教授在文中谈到的一些具体问题提出了自己的看法,目的是更好地研讨问题、解决问题。

# 中国民间歌谣的经典化

陈书录*

中国是一个歌谣大国,从《诗经》中的"国风"、汉乐府、南北朝民歌、敦煌曲子词到明清时调乃至当代歌谣的百花园中,绽放着一朵朵展现原生态美学的绚丽鲜花。"当代无文字,闾巷有真诗。却沽一壶酒,携君听《竹枝》。"①早在明代中期,李梦阳就认识到"今真诗乃在民间"②,晚明袁宏道将寻找"真诗"的目光由文人雅士的诗歌转向民间歌谣。民间歌谣为民众口头创作,表达民众发自内心的原始情感,为民众所喜闻乐见,是真实、自然的原生态文学,呈现出独特的通俗美学的风貌,是来自民间的鲜活的精神产品,蕴含着极为丰富的生气勃勃的原动力,也是中国文学创造活力的一个重要源泉。歌谣在口头上的不断流传中体现出鲜活的生命力,其中的精品佳作代代相传,有可能通过不同的途径逐步经典化,不断呈现出生生不息的民族精神和美学价值。

## 一、民间歌谣能否走上经典化的道路

文学作品的经典化,一般指文人创作的经得起时间考验并且在不断阅读中体现出新鲜生命力的作品,如唐诗宋词(其中虽然有民间文学,但主要以文人创作为主)中的名篇精品、《牡丹亭》《长生殿》《桃花扇》等戏曲、《聊斋志异》《儒林外史》《红楼梦》等小说。至于民间歌谣,有人则认为歌唱者以"无闻无识"的农夫山民、童稚妇孺、市井细民为主

---

* 陈书录(书禄),二级教授,南京师范大学文学院博士生导师。本文系国家社科基金重大项目"明清民国歌谣整理与研究及电子文献库建设"(项目编号:15ZDB078)的阶段性成果之一。

① 〔明〕袁宏道:《答李子髯其二》,见钱伯城笺校《袁宏道集笺校》卷二,上海古籍出版社 2008 年版,第 81 页。

② 〔明〕李梦阳:《诗集自序》,见《空同子集》卷首,明万历三十年邓云霄刻本。

体，多为俚俗，难登大雅之堂，更是难以经典化。那么，民间歌谣能否走上经典化的道路呢？

首先，以《诗》（或称“诗三百”）的经典化（称为《诗经》）为例。关于《诗经》是否是民歌的问题多有争议，现今论者一般以为风诗多为民歌，雅诗为朝廷乐章，颂为宗庙乐章。其实，风、雅两类诗中不乏民间歌谣。① 朱熹《诗集传》卷一：“风者，民俗歌谣之诗也。谓之风者，以其被上之化以有言，而其言又足以感人。”②一般认为包含有民间歌谣的《诗》的经典化发轫于孔子：“孔子出而有经之名。……《庄子·天运篇》：‘孔子谓老聃曰：丘治《诗》《书》《礼》《乐》《易》《春秋》六经。’孔子始明言经。”③又云：“经名昉自孔子，经学传于孔门。……洪迈《容斋随笔》云：‘孔子弟子，惟子夏于诸经独有书。虽传记杂言未可尽信，然要为与他人不同矣。于《易》则有《传》，于《诗》则有序。而《毛诗》之学，一云：子夏授高行子，四传而至小毛公；一云：子夏传曾申，五传而至大毛公。’”④孔子整理、编订、传授“诗三百”。到战国时代，儒家开始将《诗》与《易》《书》《礼》《乐》《春秋》并列为“六经”。孔子关于《诗》经典化的言论不少，如：“《诗三百》，一言以蔽之，曰思无邪。”⑤“兴于诗，立于礼，成于乐。”⑥“小子何莫学夫诗？诗可以兴，可以观，可以群，可以怨。迩之事父，远之事君，多识于鸟兽草木之名。”⑦也有将《诗》的首篇作为中和之美典型化的评说：“《关雎》乐而不淫，哀而不伤。”⑧汉武帝时，罢黜百家，独尊儒术，于建元五年（前136）专设五经博士，从朝廷政策上要求士人必须学《诗》《书》等，说明在儒家学派内乃至朝廷政策上大体完成了包括《诗》在内的经典化的历程。发轫于孔子的《诗经》的经典化进程主要有两条路径：一是儒学经典化，一是文学经典化。在将《诗经》文学经典化方面，最有代表性的是南朝齐梁时的刘勰。他在《文心雕龙·宗经》篇中指出：“诗主言志，诂训同书，摛风裁兴，藻辞谲喻，温柔在诵，故最附深衷矣。”⑨他还特别强调在经典化的前提下论《诗》。必须指出的是，刘勰有关《诗经》经典化的论述中包含歌谣：“逮姬文之德盛，周南勤而不怨；大王之化淳，邠风乐而不淫；幽厉昏而板荡怒，平王微而黍离哀。故知歌谣文理，与世推移，风动于上，而波震于下者。”⑩刘勰在《文心雕龙》中还强调《诗经》文学艺术的经典化，如在《文心雕龙·比兴》中指出：“诗文宏奥，包韫六义，毛公述传，独标兴体，

---

① 参见陈书录等《中国历代民歌史论》第一章第一节，经济科学出版社2017年版。

② 〔宋〕朱熹集注：《诗集传》卷一，上海古籍出版社1980年版，第1页。

③ 〔清〕皮锡瑞著，周予同注释：《经学历史》，上海书店1996年版，第23页。

④ 〔清〕皮锡瑞著，周予同注释：《经学历史》，上海书店1996年版，第33页。

⑤ 〔汉〕郑玄注，〔清〕刘宝楠注：《论语正义》卷二，上海书店1986年版，第21页。

⑥ 〔汉〕郑玄注，〔清〕刘宝楠注：《论语正义》卷八，上海书店1986年版，第160页。

⑦ 〔汉〕郑玄注，〔清〕刘宝楠注：《论语正义》卷二〇，上海书店1986年版，第374页。

⑧ 〔汉〕郑玄注，〔清〕刘宝楠注：《论语正义》卷四，上海书店1986年版，第62页。

⑨ 〔南朝梁〕刘勰著，周振甫注：《文心雕龙注释》，人民文学出版社1981年版，第18页。

⑩ 〔南朝梁〕刘勰：《文心雕龙·时序》，见周振甫注《文心雕龙注释》，人民文学出版社1981年版，第476页。

岂不以风通而赋同，比显而兴隐哉？故比者，附也；兴者，起也。附理者，切类以指事，起情者，依微以拟议。起情故兴体以立，附理故比例以生。”①以上是关于“兴”的论述。再说关于“比”，刘勰列举出《邶风·柏舟》中的“我心非石，不可转也；我心匪席，不可卷也”、《郑风·大叔于田》中的“叔于田，乘乘马，执辔如组，两骖如舞”等，作为《诗经》中“比”的典型化诗句。赋、比、兴是艺术表现手法，南宋朱熹在《诗集传》中接着刘勰说：“兴者，先言他物以引起所咏之词也。……赋者，赋陈其事而直言之者也。……比者，以彼物比此物也。”②可以说，中国诗歌艺术表现手法——赋、比、兴的典型化渊于《诗经》。当然，《诗经》的艺术的典型化，不仅仅是赋、比、兴，还有形象化、相反相成的艺术辩证法等，如刘勰《文心雕龙·物色》篇中有包括歌谣在内的形象化的论述：“故灼灼状桃花之鲜，依依尽杨柳之貌，杲杲为出日之容，瀌瀌拟雨雪之状，喈喈逐黄鸟之声，喓喓学草虫之韵；皎日嘒星，一言穷理，参差沃若，两字穷形；并以少总多，情貌无遗矣。”③《小雅·采薇》是展现相反相成的艺术辩证法的典型：“昔我往矣，杨柳依依。今我来思，雨雪霏霏。”明清之际的王夫之在《姜斋诗话》中评论这四句诗说：“以乐景写哀，以哀景写乐，一倍增其哀乐。”④这是将《诗经》中相反相成的艺术辩证法典型化的范例。

上古歌谣在《文心雕龙》中也被典型化。刘勰《文心雕龙·章句》云：“寻二言肇于黄世，竹弹之谣是也。”⑤其中所说的“黄世”指黄帝时代。远古时期的部落联盟首领——黄帝是中华民族的始祖，他带领人类由野蛮时代迈向文明时代。“竹弹之谣”指《弹歌》，又名《断竹歌》：“断竹续竹，飞土逐肉（宍）。”⑥这是一首古老的猎歌，“二言”句的四句八字，语言质朴而内涵丰富，从现存的资料来看，可称为中国民间歌谣的开山之作。刘勰在《文心雕龙·乐府》篇中指出：“至于涂山歌于候人，始为南音；有娀谣乎飞燕，始为北声。”⑦其中所说的《候人歌》载于《吕氏春秋·音初》：“禹行功，见涂山之女。禹未之遇而巡省南土。涂山氏之女乃令其妾候禹与涂山之阳。女乃作歌，歌曰：‘候人兮猗！’”⑧《候人歌》是中国有史可查的第一首恋歌，全诗只有四个字，其中两个字是语气助字，显得情意绵长而醇厚。以上是说“南音之始”。再说“北声之始”。《吕氏春秋·音初》：“有娀氏有二佚女，为之九成之台，饮食必以鼓。帝令燕往视之，鸣若谥隘。二女爱而争搏之，覆以玉筐，少选发而视之，燕遗二卵，北飞，遂不返。二女作歌一终，曰：‘燕燕往飞。’实始作为北音。”⑨虽然刘勰在《文心雕龙·乐府》篇中很少对两汉乐府民歌做具体评述，但南朝

① 〔南朝梁〕刘勰著，周振甫注：《文心雕龙注释》，人民文学出版社 1981 年版，第 394 页。
② 〔宋〕朱熹集注：《诗集传》卷一，上海古籍出版社 1980 年版，第 1、3、4 页。
③ 〔南朝梁〕刘勰著，周振甫注：《文心雕龙注释》，人民文学出版社 1981 年版，第 493 页。
④ 〔清〕王夫之著，戴鸿森笺：《姜斋诗话笺注》卷一，人民文学出版社 1981 年版，第 10 页。
⑤ 〔南朝梁〕刘勰著，周振甫注：《文心雕龙注释》，人民文学出版社 1981 年版，第 376 页。
⑥ 〔清〕沈德潜选：《古诗源》，中华书局 1963 年版，第 21 页。
⑦ 〔南朝梁〕刘勰著，周振甫注：《文心雕龙注释》，人民文学出版社 1981 年版，第 64 页。
⑧ 〔汉〕高诱注：《吕氏春秋》卷六，上海书店 1986 年版，第 58 页。
⑨ 〔汉〕高诱注：《吕氏春秋》卷六，上海书店 1986 年版，第 59 页。

齐梁时沈约所著《宋书·乐志》中有些载录,宋朝郭茂倩所编《乐府诗集》中的《相和曲辞》《杂曲歌辞》《鼓吹曲辞》等亦多有收录。以后经过长久考验,其中《上邪》《江南可采莲》《东门行》《妇病行》《孤儿行》《陌上桑》《孔雀东南飞》等成为两汉乐府民歌中的经典名篇,影响深远。例如传唱于河北隆化县一带的民歌《小白菜》:“小白菜,叶叶黄,三岁两岁没了娘,有心跟着爹爹过,又怕爹爹娶后娘。娶了后娘三年整,生个弟弟比我强。弟弟吃干我喝稀,弟弟吃面我喝汤,弟弟上学把书念,我在南山放牛羊。白天听着蝈蝈叫,夜晚听着山水响,有心跟着山水去,又怕山水不回乡。”①这首民歌与《孤儿行》有异曲同工之妙。之后,南北朝民歌中的《子夜歌》《子夜四时歌》《华山畿》《西洲曲》《敕勒歌》《木兰诗》等,敦煌曲子词《菩萨蛮》(枕前发尽千般愿)、明代民歌中的《分离》(“要分离,除非是天做了地;要分离,除非是东做了西;要分离,除非是官做了吏。你要分时分不得我,我要离时离不得你。就死在黄泉也,做不得分离鬼”②)等亦有异曲同工之妙,均是在逐步典型化中的民间歌谣的精品。徐朔方、孙秋克在《明代文学史》中评论说:“它(《分离》)以一连串现实生活中不可能发生的事情设誓,一泻无遗地表现了发誓者对爱情执著不渝的追求。无论是在精神还是在艺术形式上,它都是汉乐府诗《上邪》、唐代无名氏[菩萨蛮]‘枕前发尽千般愿’两首民歌在明代的翻版。”③

考察中国民间歌谣典型化的过程说明中国民间歌谣与文人创作的精品一样,也能逐步走出一条经典化建构的道路。

## 二、民间歌谣经典化的主要途径

文人作品多为士大夫创作的雅文学,民间歌谣多为“无闻无识”的草野之民传唱的俗文学。二者的经典化同中有异,民间歌谣经典化的主要途径大致有三。

一是民间传播中的经典化。“好一朵茉莉花,好一朵茉莉花,满园花开香也香不过它,我有心采一朵戴,看花的人儿要将我骂。好一朵茉莉花,好一朵茉莉花,茉莉花开雪也白不过它,我有心采一朵戴,又怕旁人笑话。好一朵茉莉花,好一朵茉莉花,满园花开比也比不过它,我有心采一朵戴,又怕来年不发芽。”④《茉莉花》的曲词较早见于清乾隆年间钱德苍编选的《缀白裘》第六集卷一杂剧《花鼓》中,其曲调名《花鼓曲》:“好一朵茉莉花,好一朵茉莉花,满园花开赛不过了他。本待要采一朵带(戴),又恐怕看花的骂。本

① 中国民间文学集成全国编辑委员会等:《中国歌谣集成·河北卷》,中国 ISBN 中心 2004 年版,第 120 页。

② 〔明〕冯梦龙编述:《挂枝儿》欢部卷二,见《明清民歌时调集》(上),上海古籍出版社 1987 年版,第 63 ~ 64 页。

③ 徐朔方、孙秋克:《明代文学史》,浙江大学出版社 2006 年版,第 484 ~ 485 页。

④ 中国民间文学集成全国编辑委员会等:《中国歌谣集成·江苏卷》,中国 ISBN 中心 2004 年版,第 201 页。

待要采一朵带(戴),又恐怕看花的骂。”①《茉莉花》的曲谱(《鲜花调》工尺谱)较早见于清代道光年间的《小慧集》中。《茉莉花》(鲜花调)流传于江苏、山东、河北、江西、山西、甘肃、辽宁、黑龙江等地,而且英国的约翰·贝罗在1804年出版的《中国游记》中收载了《茉莉花》的歌谱,世界著名歌剧大师、意大利作曲家普契尼在《图兰多特》(于1924年完成)中将《茉莉花》曲调作为该剧的主要音乐素材之一。《茉莉花》显然是具有国际意义的典型化民间歌谣,其典型化的力度大大超过了某些文人作品。这首《好一朵茉莉花》在中国及世界其他各地广为传播,是中华文化的一个象征,也是中国民歌经典化的一个象征。

民间歌谣往往活在口头上,其经典化也往往见之于口头传播过程中。歌谣传唱典型人物中最有名的是民间女歌手刘三妹:

> 新兴女子有刘三妹者,相传为始造歌之人。生唐中宗年间,年十二,淹通经史,善为歌。千里内闻歌名而来者,或一日,或二三日,卒不能酬和而去。三妹解音律,游戏得道。尝往来两粤溪峒间,诸蛮种类最繁,所过之处,咸解其言语。遇某种人,即依某种声音作歌,与之倡和,某种人奉之为式。尝与白鹤乡一少年登山而歌,粤民及徭、僮诸种人围而观之,男女数十百层,咸以为仙。七日夜歌声不绝,俱化为石。土人因祀之于阳春锦石岩。岩高三十丈许,林木丛蔚,老樟千章蔽其半,岩口有石磴,苔花绣蚀,若鸟迹书。一石状如曲几,可容卧一人,黑润有光,三妹之遗迹也。月夕辄闻笙鹤之音。岁丰熟,则彷佛有人登岩顶而歌。三妹今称歌仙。②

显然,刘三妹是中国古代最著名的民间“歌仙”,在一定的意义上说,似乎可与文人“诗仙”李白相媲美。二十世纪六十年代根据广西壮族民间传说改编拍摄的电影《刘三姐》中就有刘三妹的影子,深受亿万观众的欢迎,是民歌在当代传播的一个典范。传说中刘三姐(刘三妹)所唱的《采茶歌》(有文人加工的成分)也具有某种经典意义:“(众姐妹唱)三月鹧鸪满山游,四月江水到处流,采茶姑娘茶山走,茶歌飞上白云头。草中野兔窜过坡,树头画眉离了窝,江心鲤鱼跳出水,要听姐妹采茶歌。采茶姐妹上茶山,一层白云一层天,满山茶树亲手种,辛苦换得茶满园。春天采茶采抽茶芽,快趁时光掐细茶,风吹茶树香千里,盖过园中茉莉花。哟依哟。采茶姑娘时时忙,早起采茶晚插秧,早起采茶顶露水,晚插秧苗伴月亮。哟依哟。(刘三姐唱)采茶采到茶花开,漫山接岭一片白,蜜蜂忘记回窠去,神仙听歌下凡来哟依哟。”③

二是下情上达中的经典化。《春秋公羊传注疏》卷一六“宣公十五年”何休注云:“男女有所怨恨,相从而歌,饥者歌其食,劳者歌其事。男年六十,女年五十无子者,官衣食之,使之民间求诗。乡移于邑,邑移于国,国以闻于天子。故王者不出牖户,尽知天下所

---

① 〔清〕钱德苍编选,汪协如校:《缀白裘》第六集,中华书局1940年版,第48页。

② 〔清〕屈大均:《广东新语》卷八《刘三妹》,中华书局1985年版,第261页。

③ 《刘三姐对山歌全集》,见 http://www.360doc.cn/article/2253729_506839204.html。

苦;不下堂,而知四方。”①汉乐府民歌以及南朝民歌中一些歌谣的经典化,便是走的这一途径(南朝与汉代一样设有乐府机构②)。清代屈大均在《广东新语》卷一二《采诗歌》中指出:“古者男年六十,女年五十,无子者,官衣食之,使采诗。邑移于国,国以闻于天子。”③由此可见,中国古代重视民间歌谣“观民风达下情”乃至“达下情而宣上德”④的资政作用。如唐代的《吉州民为刺史张偎歌》,以歌谣的方式将张偎善政惠民的业绩“民歌路谣,冀闻京师”⑤,从而在“达下情而宣上德”的过程中逐步走向经典化。

三是文人参预中的经典化。相对而言,民间歌谣的创作者与传唱者典型化的自我意识不太强,而文人参预在民间歌谣典型化建构中发挥着不可替代的作用。早期文人参预民间歌谣经典化的,除了孔子等人,最著名的是季札。《左传·襄公二十九年》记载了一段季札对《诗·国风》的评论:

> 吴公子札来聘……请观于周乐。使工为之歌《周南》、《召南》,曰:“美哉!始基之矣,犹未也。然勤而不怨矣。”为之歌《邶》、《鄘》、《卫》,曰:“美哉,渊乎!忧而不困者也。吾闻卫康叔、武公之德如是,是其《卫风》乎?”为之歌《王》,曰:“美哉!思而不惧,其周之东乎?”为之歌《郑》,曰:“美哉!其细已甚,民弗堪也,是其先亡乎!”为之歌《齐》,曰:“美哉,泱泱乎,大风也哉!表东海者,其大公乎!国未可量也。”为之歌《豳》,曰:“美哉,荡乎!乐而不淫,其周公之东乎?”为之歌《秦》,曰:“此之谓夏声。夫能夏则大,大之至也,其周之旧乎?”为之歌《魏》,曰:“美哉,沨沨乎!大而婉,险而易行,以德辅此,则明主也。”为之歌《唐》,曰:“思深哉!其有陶唐氏之遗民乎?不然,何忧之远也。非令德之后,谁能若是?”为之歌《陈》,曰:“国无主,其能久乎?”自《郐》以下无讥焉。⑥

从先秦季札观礼到汉代的《毛诗序》,从南朝梁刘勰《文心雕龙》中的《明诗》《乐府》到唐代刘禹锡的《竹枝词序》,宋元明清各代的歌谣理论批评者更是名家辈出,如苏轼、陆游、朱熹、杨维桢、李东阳、李梦阳、王廷相、杨慎、李开先、王世贞、吴国伦、王世懋、赵南星、胡应麟、冯梦龙、李贽、徐渭、袁宏道、江盈科、钟惺、谭元春、王士禛、赵翼、王廷绍、华广生、杜文澜、刘毓崧、黄遵宪等,还有叶盛的《水东日记》、陆容的《菽园杂记》、郎瑛的《七修类稿》、何良俊的《四友斋丛说》、顾起元的《客座赘语》、沈德符的《万历野获编》、李斗的《扬州画舫录》、屈大均的《广东新语》等书中的有关论述,展示了文人参预民间歌谣典型化的

① 〔清〕阮元校刻:《十三经注疏》,中华书局1980年版,第2287页。

② 参见王运熙《汉魏两晋南北朝乐府官署沿革考略》,见《乐府诗论丛》,古典文学出版社1958年版。

③ 〔清〕屈大均:《广东新语》卷一二,中华书局1985年版,第363页。

④ 〔清〕刘毓崧:《古谣谚序》,见杜文澜辑、周绍良校点《古谣谚》卷首,中华书局1958年版,第1~2页。

⑤ 〔唐〕皇甫湜:《吉州刺史厅壁记》,见《全唐文》卷六八六,清嘉庆内府刻本。

⑥ 《春秋左传集解》卷一九,上海人民出版社1977年版,第1120~1121页。

轨迹。其中具体事例之一是明代中期力倡“真诗乃在民间”①的李梦阳。李开先《词谑》中“词谑”之“时调”条记录道：

有学诗文于李崆峒(李梦阳)者，自旁郡而之汴省。崆峒教以：“若似得传唱【锁南枝】，则诗文无以加矣。”请问其详。崆峒告以：“不能悉记也，只在街市上闲行，必有唱之者。”越数日，果闻之，喜跃如获重宝，即至崆峒处谢曰：“诚如尊教。”何大复(何景明)继至汴省，亦酷爱之。曰：“时调中状元也！如十五《国风》，出诸里巷妇女之口者，情词婉曲。有非后世诗人墨客操觚染翰、刻骨流血所能及者，以其真也。”②

李梦阳、何景明等“酷爱”明代民歌《锁南枝》。其中的一首唱道：

傻酸角，我的哥，和块黄泥儿捏咱两个。捏一个儿你，捏一个儿我。捏的来一似活托，捏的来同床上歇卧。将泥人儿摔碎，著水儿重和过。再捏一个你，再捏一个我。哥哥身上也有妹妹，妹妹身上也有哥哥。③

冯梦龙编述的《挂枝儿》(欢部)作《泥人》，文字有些不同：“泥人儿，好一似咱两个，捻一个你，塑一个我，看两下里如何？将他来揉和了重新做，重捻一个你，重塑一个我。我身上有你也，你身上有了我。”④徐朔方、孙秋克在《明代文学史》中指出：“第一首流传极广。据沈德符《万历野获编》卷二五《时尚小令》，早在成化、弘治年间，‘今所传泥捏人、鞋打卦、熬䯼髻三阙(笔者按：疑当作“阕”)，为三牌名之冠’。‘泥捏人’当即这一首《泥人》。陈所闻《南宫词纪》卷六中的《汴省时曲》[锁南枝]与此曲大同小异，但描写更细腻，情调更热烈，大概是同一个题材异地传唱出现的差异。……这支时曲以天真质朴的童趣来表现深挚纯美的爱情，散发出新鲜的泥土气息，所以感人至深，累世传唱，具有经久不衰的艺术魅力。”⑤所谓“累世传唱，具有经久不衰的艺术魅力”，就是说开始走向民间歌谣典型化的道路。

## 三、民间歌谣经典化的价值取向

民间歌谣的经典化离不开一定时代人们的价值取向，离不开一定主体的价值立场、价值态度，离不开接受主体阅读、传播中的新鲜生命力。这种价值取向在文人与民间当然有雅、俗之别，但又不仅仅是雅、俗之别，主要体现在认识价值、历史价值、美学价值上，尤其是认识美学价值方面。

---

① 〔明〕李梦阳：《诗集自序》，见《空同子集》卷首，明万历三十年邓云霄刻本。

② 〔明〕李开先：《词谑》，见卜键笺校《李开先全集》(修订本)，上海古籍出版社 2014 年版，第 1552 页。

③ 〔明〕李开先：《词谑》，见卜键笺校《李开先全集》(修订本)，上海古籍出版社 2014 年版，第 1553 页。

④ 〔明〕冯梦龙编述：《挂枝儿》卷二《欢部》，见《明清民歌时调集》(上)，上海古籍出版社 1987 年版，第 66 页。

⑤ 徐朔方、孙秋克：《明代文学史》，浙江大学出版社 2006 年版，第 484 页。

胡应麟在《诗薮》中指出:“汉乐府杂诗,自郊祀、铙歌、李陵、苏武外,大率里巷风谣,如上古《击壤》、《南山》,矢口成言,绝无文饰,故浑朴真至,独擅古今。”①“绝无文饰”“浑朴真至”就是汉乐府及南北朝民歌的主导风格。如《孤儿行》:

孤儿生,孤子遇生,命独当苦!父母在时,乘坚车,驾驷马。父母已去,兄嫂令我行贾。南到九江,东到齐与鲁。腊月来归,不敢自言苦。头多虮虱,面目多尘。大兄言办饭,大嫂言视马。上高堂,行取殿下堂,孤儿泪下如雨。使我朝行汲,暮得水来归。手为错,足下无菲。怆怆履霜,中多蒺藜。拔断蒺藜,肠肉中怆欲悲。泪下渫渫,清涕累累。冬无复襦,夏无单衣。居生不乐,不如早去,下从地下黄泉。春气动,草萌芽。三月蚕桑,六月收瓜。将是瓜车,来到还家。瓜车反覆,助我者少,啖瓜者多。愿还我蒂,兄与嫂严,独且急归。当兴校计。乱曰:里中一何譊譊,愿欲寄尺书,将与地下父母,兄嫂难与久居。②

这首诗写孤苦伶仃的孤儿被兄嫂虐待,痛不欲生。其中以“父母已去,兄嫂令我行贾。南到九江,东到齐与鲁”等写行动,以“愿还我蒂,兄与嫂严。独且急归,当兴校计”等写对话,以“居生不乐,不如早去,下从地下黄泉”等写内心独白,多用白描的手法,语言质朴自然。此外,还有《木兰诗》“松快而质”③;“《孔雀东南飞》质而不俚,乱而能整,叙事如画,叙情若诉,长篇之圣也”④。这些乐府民歌在典型化的过程中,均显示出浑朴质实、清新自然的美学价值取向。

“歌谣数百种,子夜最可怜。慨慷吐清音,明转出天然。”⑤口出真声、清新自然是南朝乐府民歌最显著的美感特色。南朝民歌中的《子夜歌》《华山畿》《读曲歌》等,最为流行,动人心弦。如《大子夜歌二首之二》:

丝竹发歌响,假器扬清音。不知歌谣妙,声势出口心。⑥

将《大子夜歌二首》对读,更可以发现“慨慷吐清音,明转出天然”(即口出真声、清新自然)的特色。显然,浑朴质实、清新自然是中国民间歌谣主要的美学价值之一,也是中国民间歌谣典型化的主要价值取向之一。在歌谣经典化的过程中,具有相对权威的文学史中的认同往往起着重要作用。现当代文学史家撰写的“文学史”如刘大杰的《中国文学发展史》、郑振铎的《插图本中国文学发展史》及《中国俗文学史》、游国恩等主编的《中国文学史》、中国科学院文学研究所中国文学史编写组所编《中国文学史》、郭预衡主编的《中国文学史》、袁行霈主编的《中国文学史》、章培恒和骆玉明主编的《中国文学史新著》等,均促进、深化了人们对民间歌谣经典化的认识。其中,刘大杰的《中国文学发展史》完成

---

① 〔明〕胡应麟:《诗薮》内编卷六,上海古籍出版社 1958 年版,第 105 ~ 106 页。

② 〔宋〕郭茂倩编:《乐府诗集》卷三八,中华书局 1979 年版,第 567 页。

③ 〔明〕谭元春:《古诗归》卷一四,《续修四库全书》第一五八九册,第 508 页。

④ 〔明〕王世贞:《艺苑卮言》卷二,见罗仲鼎校注《艺苑卮言校注》,齐鲁书社 1992 年版,第 84 页。

⑤ 〔宋〕郭茂倩编:《大子夜歌二首》,见《乐府诗集》卷四五,中华书局 1979 年版,第 654 页。

⑥ 〔宋〕郭茂倩编:《大子夜歌二首》,见《乐府诗集》卷四五,中华书局 1979 年版,第 654 页。

和出版的时间较早，上卷成于1939年，下卷成于1943年，先后交中华书局印行。此后经过多次修改，这里以上海古籍出版社1982年版为例。刘大杰谈到《诗经》时说："《诗经》的文学特色，在于通过高度的艺术形式，反映了现实生活和人民的思想感情。它有比兴，有寄托，有内容，风格朴素自然，音调和美，保持了民歌的特色。"①又如刘大杰评论两汉乐府民歌，举出了《江南可采莲》《战城南》《十五成军行》《东门行》《妇病行》《孤儿行》《上山采蘼芜》《艳歌行》《陌上桑》《有所思》《上邪》等典型作品。《上邪》唱道："上邪！我欲与君相知，长命无绝衰！山无陵，江水为竭，冬雷震震夏雨雪，天地合，乃敢与君绝。"刘大杰在《中国文学发展史》中评论说："在极其质朴的语言里，迸发着热烈的感情。海枯山烂，指天为盟，反复的描绘，曲折的倾吐，大胆的呼号，表现出男人已经变心，女子欲绝不能绝，欲忘不能忘的矛盾苦痛的心境。比起文人笔下那些故作伤感的情诗来，要真实动人得多。语言参差不齐，全无修饰，然又充满着表达情意的力量。"②中国科学院文学研究所中国文学史编写组所编《中国文学史》指出，南朝乐府民歌几乎百分之九十以上都是情歌，这些民间情歌的特点是"朴质健康"③。该书又说："在非情类的'清商曲辞'中还有两首赞《子夜歌》的诗，叫做《大子夜歌》。歌中一则说'慷慨吐清音，明转出天然'，再则说'不知歌谣妙，声势出口心'。指出《子夜歌》是心声倾吐，本色天然，真正道着了民歌的特点。"④郭预衡主编的《中国古代文学史》论及隋唐歌谣中的"敦煌曲子词"时指出，"风格明快质朴，语言爽直俚白，比喻丰富生动，不事雕饰，则是它们的共同特色"，尤以《鹊踏枝(叵耐灵鹊多瞒语)》等为典型。⑤ 袁行霈主编的《中国文学史》特别指出"明代民歌创作的繁荣"，引用明人卓人月所说"我明诗让唐，词让宋，曲让元，庶几《吴歌》、《挂枝儿》、《罗江怨》、《打枣竿》、《银绞丝》之类，为我明一绝耳"，说明民间歌谣有可能建构在唐诗、宋词、元曲之外的文体经典；还指出其美学价值上的取向是浑朴质实、清新自然，"李开先称其'语意则直出肺肝，不加雕刻，情尤足感人'(《市井艳词序》)"⑥。毋庸置疑，中国民间歌谣的风格丰富多彩，有清婉，有刚劲，有激越，有悲壮，有慷慨，有粗犷，有俏丽，有风趣，也有柔靡等，但主导风格是来自田野里巷中的民众创造的浑朴质实、清新自然的美学风格，这也是其典型化的主要价值取向，先秦两汉魏晋南北朝如此，唐宋元明清及现当代也是如此。

中国民间歌谣的经典化中还包含着认识价值和历史价值等取向。顾颉刚曾经说："歌谣、唱本及民间戏曲，都不是士大夫阶级的作品。中国向来缺乏民众生活的记载；而

---

① 刘大杰：《中国文学发展史》，上海古籍出版社1982年版，第61页。

② 刘大杰：《中国文学发展史》，上海古籍出版社1982年版，第206页。

③ 中国科学院文学研究所中国文学史编写组编写：《中国文学史》，人民文学出版社1962年版，第251～252页。

④ 中国科学院文学研究所中国文学史编写组编写：《中国文学史》，人民文学出版社1962年版，第255页。

⑤ 郭预衡主编：《中国古代文学史》(二)，上海古籍出版社1998年版，第461～462页。

⑥ 袁行霈：《明代民歌》，见《中国文学史》(第四卷)，高等教育出版社2003年版，第243～244页。

这些东西却是民众生活的最亲切的写真，我们应当努力地把它们收集起来才是。”①原生态民间歌谣“是民众生活的最亲切的写真”，有其特殊的认识价值，展示了不同时代生机勃勃的社会生活。我们应该将那些沉睡在国内外各个图书馆、散落在民间的歌谣发掘出来、激活起来，并不断推动其典型化的进程。“闻道民谣须柱史，随车何日慰来苏。”②民谣与历史以及民生苏息密切相关。归有光在《沈次谷先生诗序》中指出：“率口而言，多民俗歌谣，悯时忧世之语，盖大雅君子之所不废者。”③“悯时忧世”的民间歌谣显然有“存史”的作用，不能废弃，不能顾此（正史）失彼（野史）。“抑今人想见上古之陈于太史者如彼，而近代之留于民间者如此，倘亦论世之林云尔”④，民间歌谣中的野史与史官所记正史的视角有时大相径庭，甚至背道而驰，因而以民间歌谣等“留于民间者如此”的野史具有独特的价值——对“陈于太史者如彼”的正史有印证、补充、修正的作用，所以“论世”者绝不能忽视民间歌谣以野史补正史的价值⑤。这种情况也作用于传唱者、听者及阅读者，在重视民间歌谣美学价值取向的同时，也重视民间歌谣的认识价值与历史价值取向，这也是中国民间歌谣经典化进程中不可忽视的因素。

必须指出，大多出于无名氏之口的民间歌谣带有草野性、俚俗化的倾向，其经典化带有某些自发性、不经意性，较之文人雅士作品的典型化更加艰难，传承那些民间歌谣中经得起时间考验并且不断散发出新鲜生命力的作品同样艰难，其典型化建构的进程任重而道远。

---

① 顾颉刚等辑，王煦华整理：《吴歌·吴歌小史》，江苏古籍出版社1999年版，第683页。

② 〔明〕张凤翼：《感民谣作》，见《处实堂续集》卷五，明万历刻本。

③ 〔明〕归有光：《沈次谷先生诗序》，见周本淳校点《震川先生集》卷二，上海古籍出版社1981年版，第30页。

④ 〔明〕冯梦龙：《叙山歌》，见刘瑞明注解《民歌集三种注解》下册《山歌》卷首，中华书局2005年版，第317页。

⑤ 参见陈书录《中国民歌价值的多元性》，载《江苏社会科学》2015年第5期。

# 袁世硕先生古代文学研究的理论品格

杜广学*

袁世硕先生，山东大学终身教授，博士生导师；1929 年生于兖州，1949 年考入山东大学，师从著名学者冯沅君教授，毕业后留校任教，主要从事明清文学的教学与研究；著有《孔尚任年谱》《蒲松龄事迹著述新考》《文学史学的明清小说研究》《敝帚集》等，主编《中国文学史》（面向 21 世纪课程教材）第八编、《中国古代文学作品选》、《蒲松龄志》、《王士禛全集》等，发表七十余篇功力深厚、新见迭出的论文。这些学术论著以及由此产生的学术见解、学术思想已经在当代文史学界产生了广泛的影响，必将在学术史上留下浓墨重彩的一笔。

作为驰誉海内外的杰出学者，袁先生对古代文学研究现状有着自己的看法："关于文学史实，即对作家的生平事迹、作品的写作年代、本事、版本方面的考察、辩证，比重较大，而对作品的思想内蕴、艺术特征的阐释、评论方面，论著数量不小，精深者却不多。"①反观袁先生的专著和论文，既有细密精微的考证，又有深刻独到的阐释，考证最终为阐释服务，使得袁先生的古代文学研究具有鲜明的理论品格，诚可谓"精深"矣。这种理论品格主要是如何取得的？表现在哪些方面？又给我们什么启示？本文拟对这些问题进行探索。

## 一

袁先生认为："在整个的知识结构中，理论因素是带有方向性、最有活力的因素。"②

---

* 杜广学，首都师范大学文学院博士后。

① 袁世硕：《文学史和文学理论的双向交流》，载《社会科学战线》1998 年第 5 期。

② 袁世硕：《治学经验二谈》，载《烟台大学学报（哲学社会科学版）》1991 年第 3 期。

他把理论因素的地位和作用看得非常重要，表现出了强烈的理论意识。袁先生的理论意识不但强烈，而且持久。他在其不同的人生阶段对当时的不同理论进行了深入研读与探究，以强化理论思维、提升理论素养。

在大学以及毕业后的几年里，袁先生对马克思主义哲学研读甚勤。在大学阶段，由于课程设置，袁先生便学习了马克思主义哲学和政治经济学等课程。毕业后，袁先生留校，担任著名学者冯沅君的助教。当时，山东大学校长是马克思主义者华岗教授。他每个星期都向全校师生讲授马克思主义哲学。他每次讲完之后，都把讲稿整理并发表在校报上。这极大地激发了全校师生学习马克思主义的热情。袁先生在学校的统一布置下学习了一遍"辩证唯物主义和历史唯物主义"。后来，我国拟实行学位制。袁先生就找来了一份在苏联攻读博士学位必读的马克思主义著作篇目，照着这份篇目，又学习了若干著作。

经过这样的细致研读，袁先生对马克思主义哲学有了具体的认识，较为深入地掌握了一些基本的理论原则，学术思想非常活跃，对古代文学研究界有争议的问题做了自己独特的思考，提出了有广泛影响力的学术观点。马克思主义哲学之于他学术研究的重要作用，袁先生体会甚深。他说："我常常想到，我的这些文章如果还可以算作些许的成就，那么这些许成就的获得，应当说是得力于学习了一些马克思主义，有了一点理论思维。"①他还说："我回顾自己写的几篇自感有点意思的文章，明显地是受惠于年轻时选修过哲学课。"②他甚至专门撰写《加强文史专业研究生马克思主义理论思维的培养》(《学位与研究生教育》1991 年第 6 期)一文对马克思主义哲学加以提倡。

袁先生运用马克思主义基本原理，对《西游记》《红楼梦》等名著研究中许多众说纷纭的问题提出了自己独到的见解。这也使袁先生意识到"做文学史研究有必要学习、掌握些文学理论，学点哲学，提高理论素养"③。他于是又读了不少西方文学理论名著，对西方阐释学和接受理论更是下了很大的功夫。对于伽达默尔的《真理与方法》一书，袁先生说，最感兴趣、受启示最多的是其中的第二部分，尤其是关于诠释中的"前见""视域""视域融合""历史距离"的正负效应等问题的论述，他说："这些论述使我在对中国古代文学作品诠释活动中遇到的一些理论上说不甚清楚的问题，获得了可以说得较为清楚的新思路和理论上的参照点。"④这些著作还给袁先生的思考提供了一些理论基点。接受美学有一个最基本的观点，就是"接受多样性"，一部作品可以有不同的理解诠释，这是开放的，具有多种多样的形式。袁先生在此基础上进一步思考："多种解释有没有正确和不正确之分呢?"经过细致研究，他得出结论："我认为主要是有正确的、有接近正确的、有不正确

---

① 袁世硕：《治学经验二谈》，载《烟台大学学报（哲学社会科学版）》1991 年第 3 期。

② 王小舒：《"老于橘柚识甘酸"——袁世硕教授访谈录》，载《文艺研究》2007 年第 2 期。

③ 王小舒：《"老于橘柚识甘酸"——袁世硕教授访谈录》，载《文艺研究》2007 年第 2 期。

④ 袁世硕：《加达默尔文艺作品存在方式质疑——读〈真理与方法〉札记》，载《文艺研究》2006 年第 2 期。

的。”他认为对文学作品的诠释要“接近正确、大体正确”①。

袁先生对这些西方风行一时的理论不但接受，而且进一步融合，真正做到“分析、消化、吸收、扬弃”。他说：“我们对西方的文学批评理论，既不能完全排斥，有的也包含着对文学创作和文学发展符合客观实际的认识，但更不能盲目地完全接受，特别不能赞同其中的谬误和偏颇学说。”②袁先生对阐释学和接受理论沉潜日久，便发现了“其中的谬误和偏颇学说”，先后公开发表了两篇文章——《加达默尔文艺作品存在方式质疑——读〈真理与方法〉札记》、《接受理论的悖论》（载《文史哲》2013 年第 1 期）。尤其是后者的发表，在学术界引起了很大的反响。接受理论被视为当代中国传播最广、影响最深的西方文学理论。向这样的“权威”发起质疑和挑战，是需要何等的勇气！正如李衍柱教授所说：“一位年逾八旬的学者，竟以锐敏的学术眼光、宽广的学术视野，破门而出，向姚斯、伊泽尔、费什三位世界级的接受美学大师发出挑战。这是中国文学史家第一次旗帜鲜明地向世界接受美学的学术挑战。”③

缪钺先生说王国维：“其心中如具灵光，各种学术，经此灵光所照，即生异彩。”④如果说叔本华哲学是王国维心中的“灵光”，那么马克思主义哲学、西方文学理论就是袁先生心中的“灵光”。中国古典小说中有争议的问题，“经此灵光所照”，无不显示症结所在。袁先生洞悉问题症结，运用科学方法，得出极具说服力的结论，推动了古代小说研究的进程。

## 二

袁先生持续地关注和研读马克思主义哲学、西方文学理论，极大地提高了自身的理论素养，使得袁先生的古代文学研究带有鲜明的理论品格。

### （一）借助理论，解决疑难问题

综观袁先生的中国古代小说研究，大多不着意于思想意义的阐释和艺术价值的判断，而是重在从历史的联系、比较中把握文本的最基本特征，揭示出文本构成、人物塑造的实际情况，从而探求文学发展的演变规律，而这一切，在很大程度上得力于马克思主义哲学，尤其是历史唯物主义的基本原则。正如袁先生所说：“我回顾自己写的几篇自感有点意思的文章，明显地是受惠于年轻时选修过哲学课，受惠最深的是读过恩格斯晚年写

① 《耄耋长者挚情讲人生，甲子岁月淳厚山大情——“讲人生”山东大学名师系列访谈实录》（第二期）。

② 袁世硕：《加强文史专业研究生马克思主义理论思维的培养》，载《学位与研究生教育》1991 年第 6 期。

③ 郭震旦：《〈文史哲〉刊文挑战西方接受美学》，载《中华读书报》2013 年 3 月 6 日。

④ 缪钺：《王静安与叔本华》，见《诗词散论》，陕西师范大学出版社 2008 年版，第 82 页。

的一批关于历史唯物主义的通信，里面论述了意识形态各部门发展演变的动因、常规、转化的错综形态等问题。”①他的《〈红楼梦〉的思想倾向及其性质问题》《漫谈孙悟空和〈西游记〉的时代特色》《贾宝玉心解》等论文就是这方面的代表作。

20 世纪 50 年代中后期，在《红楼梦》讨论的热潮中，《红楼梦》思想倾向的性质问题众说纷纭。据袁先生归纳，大致有三说：农民说、市民说、封建地主阶级的叛逆说。孰是孰非，难以定论。袁先生在《〈红楼梦〉的思想倾向及其性质问题》一文中便运用历史唯物主义原理，考察文本的思想内容、贾宝玉的性格所表现出来的思想倾向、曹雪芹的个人思想、社会意识形态的发展和社会经济发展的微妙关系等，最终得出结论：《红楼梦》的思想倾向实质上是具有启蒙主义性质的。这种启蒙主义的思想归根结底是城市发展的产物。这篇论文回答了《红楼梦》思想倾向的性质问题，虽然不敢说彻底解决，但绝对可称得上是“一家之言”，令人信服。

《西游记》的前七回写孙悟空与神佛对抗，而后面的主体部分又写孙悟空在西天取经过程中皈依神佛，两者之间存在巨大反差。学者对这一问题的分析阐释分歧极大，却未能做出合理的解释。袁先生独辟蹊径，依据马克思主义经典作家关于意识形态发展的继承性和经济作用两种因素的论述，从小说题材来源和小说产生时代的文化思潮的双重影响，分析了《西游记》的整体与细部、说教与意趣相矛盾，科学地解开了这部小说的内在矛盾之谜。

《贾宝玉心解》是就《红楼梦》研究中一个带有根本性的争议问题而发的。袁先生认为，从事实行迹的角度说，贾宝玉不等同于曹雪芹，“自传说”是不对的；而从性情心迹的角度说，贾宝玉是书中小说化了的曹雪芹，这是对“自传说”的否定之否定。这个小说人物既有现实人的一面，又有文学创作特许的意象化的一面，具有一定的象征性。这种阐释既辩证，又贴近《红楼梦》的实际，使其中一些“囫囵不可解”的内容得到了合理的解释。

袁先生借助马克思历史唯物主义基本理论，研读中国古代小说，批判旧说，建立新说，取得了突出的成就。而且随着文学理论的发展和认知方式的增多，袁先生对文本特征的把握还具有逐步深化的特点。这主要反映在研究《红楼梦》的一系列论文中，如《〈红楼梦〉在中国现实主义文学发展中的地位》《论〈红楼梦〉的现实主义》《贾宝玉心解》三文。

袁先生在《〈红楼梦〉在中国现实主义文学发展中的地位》中从几个不同的角度，探讨了《红楼梦》对中国古代小说艺术传统的继承和发展，尤其是对现实主义艺术的发展和贡献，从而认为：“《红楼梦》不仅是中国古代小说艺术的最高峰，而且是中国古代现实主义的新高峰。”②在前文的基础上，袁先生又写了《论〈红楼梦〉的现实主义》一文，进一步探讨了《红楼梦》现实主义的特点，即十足的真实性、有机的完整性、严格的客观性，还指出

---

① 王小舒：《“老于橘柚识甘酸”——袁世硕教授访谈录》，载《文艺研究》2007 年第 2 期。

② 袁世硕：《文学史学的明清小说研究》，齐鲁书社 1999 年版，第 280 页。

这三个特点决定了《红楼梦》具有鲜明的艺术特色——朴实、自然、真切、深刻。这两篇文章使我们深入理解了《红楼梦》具有现实主义特征的一面，而《贾宝玉心解》一文又揭示出《红楼梦》还具有意象化和诗化的一面，从而使我们对《红楼梦》最基本的艺术特征有了全面的认识。

### (二)提升理论，丰富文论宝库

古往今来，很多理论家重视从具体的作品中提升理论。金圣叹批点《水浒传》，建立了中国最早的较完整的小说理论；巴赫金研究陀思妥耶夫斯基的小说，抽象出了“复调说”和“对话”理论。袁先生也很重视这一点，他说：“解析、诠释文学史上的作家作品，理解认识的深化，也可以提升出理论来，至少可以说是为文学理论的丰富、深化提供素材和依据。”①他的《〈金瓶梅〉平议》和《〈聊斋志异〉志怪艺术新质论略》就是这方面的典范。

众所周知，《金瓶梅》是从《水浒传》里抽取一段情节加以放大、扩充而写成的，但发生了意义重大的转变。袁先生在《〈金瓶梅〉平议》一文中，将《金瓶梅》置于中国长篇小说的历史演变中，阐明了其得失：其所得是从写英雄豪杰行侠抗恶转向写世俗琐屑的人情事态，贴近了生活，丰富了描写手段；其所失是丢弃了早期的与恶抗争的英雄主义精神和描写人事所用的夸张色彩和因素。他由此总结出了一条文学发展演变的规律：在文学历史的长河中，文学作品的内在诸因素在发展中不是齐头并进，而是此消彼长的。

鲁迅对《聊斋志异》有一个经典的评价：“用传奇法，而以志怪。”②随着研究的深入，袁先生对此论断产生了怀疑。他在《〈聊斋志异〉志怪艺术新质论略》一文中，把《聊斋志异》和六朝志怪小说与唐传奇进行细致比较，发现《聊斋志异》的“志怪”已成为文学表现的方法和手段，故事情节作为小说思想内蕴的载体，就带有了形式的性质。这使它摆脱了六朝志怪小说的窠臼，冲破了唐传奇的模式，开创了一个崭新的创作境界。袁先生由此升华出一个理论：在文学的历史发展进程中，内容和形式是可以互化的，不是绝对的。

程千帆先生提出了古代文论研究要用“两条腿走路”的主张：“从理论角度去研究古代文学，应当用两条腿走路。一是研究‘古代的文学理论’，二是研究‘古代文学的理论’。前者是今人所着重从事的，其研究对象主要是古代理论家的研究成果；后者则是古人所着重从事的，主要是研究作品，从作品中抽象出文学规律和艺术方法来。”③上述袁先生所从事的显然是“古代文学的理论”研究，这种工作更困难，也更有意义。这种从具体文本中抽象出带有普遍意义的规律和理论的研究，对促进古代文论研究的深入、丰富古代文论宝库都具有十分重要的意义。

---

① 魏旭、黄文璇、孙晓晓：《袁世硕教授访谈录》，载《中国研究生》2010 年第 10 期。

② 鲁迅：《中国小说史略》，上海古籍出版社 2006 年版，第 135 页。

③ 程千帆：《闲堂诗学》，辽海出版社 2011 年版，第 62 页。

## 三

对于当前古代文学研究存在的重大问题，南京大学张伯伟教授有很好的论述："今日中国文学研究（不限于古代文学研究）存在的两大问题，即文学本体的缺失和理论性的缺失。……理论性的缺失，指的是两种情形：一是以文献学代替文学，将艺术作品当作历史化石，或者用所谓'科学的'方法，比如统计、定量分析、图解等，追求文学研究的'实证性'和'技术化'；一是生硬地搬贩西方理论，生吞活剥地运用于中国文学研究之中，使得研究工作不免沦为概念游戏。"①袁先生数十年来潜心于古代文学研究的实践及其著述所彰显出的理论品格，对解决古代文学研究存在的"理论性的缺失"问题具有重大的启示意义，值得学界深入思考、总结学习。

袁先生的文学史研究以对作品的思想内蕴、艺术特征的阐释评价为归宿，是真正的以文学为主体。

袁先生对考证的地位有这样的认识："在文学史研究中，考证是从属于文学史的基本任务，即有助于历史地解析、评论作品，建构文学的历史系列，展示文学发展的历史面貌，可以说是文学史研究的基础工作。"②意思就是考证应该为阐释服务，其归宿在于阐释作品。他的代表作《蒲松龄事迹著述新考》一书是纯考证性的论著，但其考证绝不繁琐，没有离开文学史研究的宗旨，每一条考证都有助于对作品的正确理解。如袁先生考察蒲松龄和顾青霞的关系，发现蒲松龄对年轻貌美、才艺不凡的顾青霞的感情非同一般，甚至有"付与可儿吟与听"的亲昵失态的诗句。如果到此为止，这条考证就没有太大意义。但是袁先生把蒲松龄的这段感情历程和《聊斋志异》中的《娇娜》《白秋练》联系起来，发现这两篇小说中的女主人公有顾青霞的影子，寄托了作者对顾青霞早逝的哀思。可见《聊斋志异》中的一些篇章和蒲松龄的生平经历有密切关系，这说明《聊斋志异》并不全是听来的奇闻异事，至少有部分作品是蒲松龄根据自己的生活经验编织的故事，蕴含了蒲松龄的身影和心迹，于是鲁迅"用传奇法，而以志怪"的经典论断便不完全准确。可以说，《蒲松龄事迹著述新考》一书也蕴含着值得回味的理论色彩。

袁先生对西方理论决不"生搬硬套""生吞活剥"，而是把理论辨析和作品阐释相结合，努力做到融会贯通。

袁先生对此有着明确的认识："文学界对西方近代文学理论流派的引进使文学理论和文学史研究活跃起来，但也存在着囫囵吞枣、不加分析地盲目接受的现象。近年文学理论界提出要改变以西以新为上的理论倾向，但不能只是笼统地提倡，更实际的做法应

---

① 张伯伟：《陶渊明的文学史地位新论》，见《程千帆先生百年诞辰纪念文集》，凤凰出版社 2013 年版，第 295～296 页。

② 袁世硕：《文学史与考证学》，载《西华师范大学学报（哲学社会科学版）》2003 年第 5 期。

当是对一些有影响的西方文学理论论著做些认真的研究分析。理论还得靠理论研讨去说服，由此还可以使理论得到深化，有所发展。”①他是这样说的，更是这样做的。20 世纪 90 年代初，袁先生在教学中提到了罗曼·英加登的文学理论名著《文学艺术作品》，把他的“四层次说”和刘勰的“六观说”进行比较研究，并结合具体作品展开分析，指出了“四层次说”对阐释作品的益处及不足②。他深入研读了伽达默尔《真理与方法》和接受美学的经典著作，写出了《加达默尔文艺作品存在方式质疑——读〈真理与方法〉札记》《接受理论的悖论》两篇论文，把相应的理论思考融入古代文学尤其是明清小说的研究中。我们研读袁先生的古代文学研究论文，便可发现没有对西方文学理论“生搬硬套”“生吞活剥”的现象，而是融会贯通，妙合无垠。

近几年来，袁先生依然关注着文学研究的新进展，依然不断地推出新的研究成果。《剑桥中国文学史》（上卷）于 2013 年译成汉语，引入国内。袁先生很快就加以研读，“摊开的《剑桥中国文学史》页眉上夹了密密的便签笔记”，并做出了自己的评价：“我个人认为这部文学史并无太大创见，从某种程度上说，它的叙述方式和内容甚至并未超过国内上世纪三四十年代时的成就。”③这种“活到老，学到老”的献身学术的精神令人动容！

综上，袁世硕先生重视理论，孜孜以求地研究理论，有着很强的理论素养。他把理论辨析和作品阐释相结合，做到了融会贯通，这使得他的古代文学研究具有鲜明的理论品格。袁先生的古代文学研究实践对我们读书治学具有重要的启示作用。

---

① 郭震旦：《〈文史哲〉刊文挑战西方接受美学》，载《中华读书报》2013 年 3 月 6 日。

② 参看冯仲平《袁世硕先生学术思想管窥》，见《中国文学史理论研究暨袁世硕先生执教六十周年学术研讨会论文集》。

③ 张清俐：《袁世硕：望之俨然　即之也温》，载《中国社会科学报》2013 年 10 月 28 日。

# 中国古典诗歌“以酒解忧”抒情传统的形成

陈斯怀*

酒之于中国古人的生活和文学，是一个备受关注的老话题。不管是研究酒的沿革、工艺、运用等，还是探讨它与文人和文学的关系，现有的著述数量都十分可观，似乎已到“题无剩义”的程度。关于酒，较重要的研究有王赛时的《中国酒史》，该书以朝代为序，全面梳理酒从远古至清代在社会生活中的存在状况，翔实分析历代酒的风貌①；孙机的《中国古代物质文化》对酒的种类和演变、酒器的使用等也有精练的概述②。至于酒与文学的关系，从鲁迅和王瑶阐述酒与魏晋文人的深刻联系开始，引发后来者对上至《诗经》饮酒诗，下至历代酒与诗、酒与文人等问题的多方探讨。③ 由于酒精的刺激会让人产生兴奋感，酒几乎天然具有行乐与解忧的功能，正是这种习以为常的认知，使人忽略关于“以酒解忧”的抒写在古代中国有一个历时的呈现过程。而且，因为行乐本身就已蕴含解忧的可能，“以酒解忧”的独立性很容易被行乐遮蔽，确切而言，以酒行乐与以酒解忧这两者在取向和立足点上是不同的，已有研究对此缺乏自觉的辨析意识。考察早期文献，可以发现“以酒解忧”在中国古典诗歌中有一个从少到多、由简单到复杂且逐渐构成一种抒情传统的过程。这种传统的形成，既涉及饮酒从礼仪等公共空间向私人日常生活空间的扩展，又与个体意识的变化和文学对私人日常生活的关注等密切相关。学界尚未就此进行

---

* 陈斯怀，河北师范大学文学院副教授、硕士生导师。

① 王赛时：《中国酒史》，山东大学出版社 2010 年版。

② 孙机：《中国古代物质文化》，中华书局 2014 年版。

③ 鲁迅：《魏晋风度及文章与药及酒之关系》，见《鲁迅全集》（第三卷），人民文学出版社 2005 年版。王瑶：《文人与酒》，见《中古文学史论》，北京大学出版社 1998 年版。扬之水：《诗经名物新证》（修订版），天津教育出版社 2007 年版。万伟成：《从建安、正始到东晋的酒诗演进——陶渊明范式的建立及其意义》，载《江西社会科学》2006 年第 11 期。

清楚的梳理和阐释,本文试揭出这个问题,对中国古典诗歌“以酒解忧”抒情传统的形成历程展开梳理,并探究其形成机制。

## 一、先秦诗歌“以酒解忧”抒情传统的萌发

目前所见最早抒写“以酒解忧”的是《诗经》,分别见于《周南·卷耳》和《邶风·柏舟》。前者二、三章云:

陟彼崔嵬,我马虺隤。我姑酌彼金罍,维以不永怀!

陟彼高冈,我马玄黄。我姑酌彼兕觥,维以不永伤!①

后者首章云:

泛彼柏舟,亦泛其流。耿耿不寐,如有隐忧。微我无酒,以敖以游。②

《毛序》认为《卷耳》写的是“后妃之志”,表达后妃想辅佐君子“求贤审官”,《毛传》《郑笺》《孔疏》基本在这个主旨下对此诗进行解释。③ 按照这种解释,《卷耳》二、三章都有三个“主语”,“陟彼崔嵬,我马虺隤”的“我”指“我使臣”,“我姑酌彼金罍”的“我”指“我君”,而“维以不永怀”的主语是省略的抒情主体“我”——后妃。诗歌的意思便是臣子行役在外,勤劳艰险,君王当知酌酒加以慰劳赏赐,我因此不须总是这么担忧。如此,饮酒者和怀忧者不是同一个人,诗中所写就不是饮酒解忧。这样解诗,一章之中主语跳跃太大,意思的转折也过于迂曲,而且与《卷耳》全诗感念远人的内容不合。南宋朱熹《诗集传》即调整《毛序》以来的说法,认为这是“后妃以君子不在而思念之,故赋此诗”④。他把诗中所有的“我”都理解为后妃自己,二、三章即写后妃托言要登山眺望,前往追随君子,却无法成行,只好酌酒宽慰自己、消解忧思。清代戴震《杲溪诗经补注》又提出《卷耳》是“感念于君子行迈之忧劳而作也”,二、三章描写的对象是君子,诗中的酌酒是“愿君子且酌以解其忧劳也”。⑤ 尽管朱熹和戴震的理解存有分歧,但他们都把二、三章的主语视为同一人,将酌酒和排解内心忧思的主体统一起来,建立因果关系,这是更顺理成章、更符合语境的训释。

相比之下,《邶风·柏舟》首章“以酒解忧”的意思基本不会引起歧义。《毛传》释后两句为“非我无酒,可以敖游忘忧也”,《孔疏》继而引申为“非我无酒,可以敖游而忘此忧,但此忧之深,非敖游可释也”。⑥ 诗中既言及酒的解忧功能,又刻意以此功能在具体事

---

① 〔汉〕毛亨传,〔汉〕郑玄笺,〔唐〕孔颖达疏:《毛诗正义》,北京大学出版社 2000 年版,第 45 ~ 47 页。

② 〔汉〕毛亨传,〔汉〕郑玄笺,〔唐〕孔颖达疏:《毛诗正义》,北京大学出版社 2000 年版,第 134 页。

③ 〔汉〕毛亨传,〔汉〕郑玄笺,〔唐〕孔颖达疏:《毛诗正义》,北京大学出版社 2000 年版,第 44 ~ 49 页。

④ 〔南宋〕朱熹:《诗集传》,上海古籍出版社 1980 年版,第 3 页。

⑤ 〔清〕戴震撰,张岱年主编:《戴震全书》(二),黄山书社 1994 年版,第 10 ~ 12 页。

⑥ 〔汉〕毛亨传,〔汉〕郑玄笺,〔唐〕孔颖达疏:《毛诗正义》,北京大学出版社 2000 年版,第 134 ~ 135 页。

件上的失效来凸显忧虑之深。此诗主旨也存在不同说法，但从诗中"忧心悄悄，愠于群小。觏闵既多，受侮不少"①的表达看，其忧愁乃因为为小人所怨、遭到伤害而产生，这一点应该没有疑义。虽然有如上两篇作品涉及"以酒解忧"的内容，但这个抒情向度在《诗经》酒诗中十分隐微，《诗经》涉酒篇目超过全书六分之一，基本上渲染的都是以酒行乐。奇怪的是，与《诗经》同为先秦诗歌经典的屈宋楚辞作品本多忧愤之词，却也没有以酒解忧的抒情内容。即便把范围扩展到整个先秦文献，在大量与酒相关的记载中，似乎也找不到另外明确涉及以酒解忧的记载，这是很令人意外的现象。

"以酒解忧"的抒情内容既已在《诗经》中出现，为什么在先秦漫长的时间里却一直隐而未彰？这与酒在先秦社会生活中的使用情况密切相关。不妨先留意一下《周南·卷耳》和《邶风·柏舟》写的是哪个阶层的生活。朱东润的《国风出于民间论质疑》根据毛诗、鲁诗关于诗歌作者的判断，认为《柏舟》的作者"属于统治阶级，其诗非民间之诗"，又"由其自称之服御仆从而可知者"，指出《卷耳》作者"为大夫以上之人"，"其为统治阶级无疑"。② 程俊英和蒋见元在《诗经注析》中也说《卷耳》"诗中写她丈夫上山有马、有仆，饮酒用金罍、兕觥，可见夫妇都是贵族"③。就是说，这两首诗中的酒都出现在上层社会，如果扩展范围，不难看到《诗经》其他涉酒诗篇通常是写君臣之间、贵族之间的宴饮，酒主要为上层社会所用。考察先秦文献，一方面可看到商代以来饮酒风气相当流行，以至于出现不少反思饮酒危害的言论④；一方面又可注意到饮酒者多出自上层社会，春秋及其前这种状况尤为明显。钱剑夫《大酺考》论及上古礼制即谓："古制，无故不得饮酒，必有祭祀，享其馂余，于是得有酒脯，故名曰'酺'。"⑤先秦时粮谷生产不易，而酒如《黄帝内经》所说是"水谷之精，熟谷之液"⑥，帛书《十问》也说"酒者，五谷之精气也"⑦，它是一种奢侈品。即便是对于作为酒的主要消费者的上层社会成员而言，饮酒也不像后世那样普遍而日常，而是主要发生在祭祀、朝聘、盟会、庆功、婚嫁、送别、贵族间的宴会等场合。这类场合几乎都是带有礼仪性质的公共空间，酒主要起到娱神、祝福、游乐的作用，私人情感与个性化体验不易在这样的情境中表现，忧愁通常不便放置到这种礼仪式的公共空间进行排遣。以酒解忧的方式即便已存在于当时的社会生活中，它也为主流的礼仪色彩浓厚的公共空间饮酒行乐等所掩盖，很难进入诗歌领域成为抒情内容。

但是，饮酒空间在先秦社会也并非一成不变，大约在春秋末期至战国，随着士人阶层

---

① 〔汉〕毛亨传，〔汉〕郑玄笺，〔唐〕孔颖达疏：《毛诗正义》，北京大学出版社 2000 年版，第 136～137 页。

② 朱东润：《诗三百篇探故》，云南人民出版社 2007 年版，第 7～19 页。

③ 程俊英、蒋见元：《诗经注析》，中华书局 1991 年版，第 9 页。

④ 陈斯怀：《酒与〈诗经〉的游之精神》，载《文史哲》2013 年第 4 期。

⑤ 钱剑夫：《大酺考》，见《中华文史论丛》1984 年第 4 辑，上海古籍出版社 1984 年版，第 59 页。

⑥ 〔清〕张志聪集注，方春阳等点校：《灵枢集注》，见《黄帝内经集注》，浙江古籍出版社 2002 年版，第 311 页。

⑦ 裘锡圭主编：《长沙马王堆汉墓简帛集成》（陆），中华书局 2014 年版，第 149 页。

的崛起以及社会经济等因素的变化，饮酒阶层扩大，酒的使用开始向私人日常空间拓展。王赛时《中国酒史》认为这段时期“饮酒生活已经很放松，人们冲破了周王朝礼制的种种束缚，倾向自由化生活，反映在饮酒方面也表现更加随意”，同时酿酒业已推向市场，酒肆兴起。① 然而，他举以说明饮酒更为随意的事件是《晏子春秋》记齐景公饮酒、《史记》载齐威王召淳于髡饮酒、《说苑》记吴王欲从民饮酒，这些都是由王侯主导的事例，无法观察到普通士人的情况。实际上，成书于战国末的《吕氏春秋》在这方面提供了更好的例子。《吕氏春秋·孝行览》记庄子出行，留宿故人之家，“故人喜，具酒肉，令竖子为杀雁飨之”②，这件事也见于《庄子·山木》，但没有提到酒。《吕氏春秋·仲冬纪·当务》写分别居于东西城郭的两位“齐之好勇者”，“卒然相遇于途”，遂相约饮酒，抽刀割自己的肉下酒，“至死而止”。③ 事虽荒诞，可能只是虚构，但也足以折射一时的生活信息。《史记·刺客列传》又记：“荆轲嗜酒，日与狗屠及高渐离饮于燕市，酒酣以往，高渐离击筑，荆轲和而歌于市中，相乐也，已而相泣，旁若无人者。”④这些都可看出战国时期酒的流通已向普通社会阶层扩展，饮酒的空间也逐渐拓展到朋友或路人之间的私人日常生活中。私人日常空间礼仪约束的减少有利于个人情感的宣泄，如荆轲在饮酒后的悲喜无常就尤为显著，这给“以酒解忧”抒情传统的兴起提供了条件。

## 二、汉魏诗歌“以酒解忧”抒情传统的兴起

汉魏时期，诗歌中“以酒解忧”的抒情现象有所增加，特别是在表述上变得更为明确。相关主要作品有汉乐府《善哉行》《西门行》、《古诗十九首·青青陵上柏》、《李陵录别诗·嘉会难再遇》、宋子侯《董娇饶诗》、曹操《短歌行》《气出倡》等。

深感人生多艰、生命短暂，故以酒解忧，是这类诗歌抒发的重要内容。曹操的《短歌行》是此中名篇，标志着“以酒解忧”抒情传统在汉魏的兴起。在这首希望“天下归心”的诗中，由于时不我待的生命紧迫感，曹操在诗歌开头即说：

> 对酒当歌，人生几何？譬如朝露，去日苦多。慨当以慷，忧思难忘。何以解忧，唯有杜康。

诗中还有一句：“忧从中来，不可断绝。”⑤壮心不已的曹操一方面将忧思置于时间的脉络中，揭出对人生短暂的焦虑；一方面又把它放到“天下”的视野里，希望能够像周公那样收揽人才，平治天下。其忧虑之沉郁被置于生命的“短”和天下的“广”的时空交汇之中，显得惊心动魄。“以酒解忧”在如此诗境里凝成一种慷慨苍茫的意象，在中国古典诗歌史上

---

① 王赛时：《中国酒史》，山东大学出版社 2010 年版，第 32 ~ 33 页。

② 〔战国〕吕不韦著，陈奇猷校释：《吕氏春秋新校释》，上海古籍出版社 2002 年版，第 835 页。

③ 〔战国〕吕不韦著，陈奇猷校释：《吕氏春秋新校释》，上海古籍出版社 2002 年版，第 603 页。

④ 〔汉〕司马迁：《史记》，中华书局 2014 年版，第 3067 页。

⑤ 逯钦立辑校：《先秦汉魏晋南北朝诗》，中华书局 1983 年版，第 349 页。

留下了深刻的印迹。他的游仙之作《气出倡》写游仙过程伴有宴乐歌舞，诗中也有涉及饮酒解忧的内容：

河水尽不东流，解愁腹饮玉浆。①

玉浆既是神仙的饮品，也代指美酒②。黄节《汉魏乐府风笺》解释“河水”一句说：“谓河水有时而竭，喻年寿有时而尽也。全篇言乐，惟此句之下言愁。”③玉浆在诗中出现，功能正是解愁。作为神仙的饮品，饮玉浆可得长生而解年寿有时而尽之愁，代指美酒又适用于诗中的宴乐场合，能够排遣关于人生短暂的忧虑。同样是游仙题材，汉乐府《善哉行》也有诗句云：

欢日尚少，戚日苦多。何以忘忧，弹筝酒歌。④

诗中一方面企慕神仙的不死与遨游，一方面又如此句所说，当意识到人生多艰时，饮酒是忘却忧愁的途径之一。这种有感于人生苦短而想借酒消愁的抒情方式，同样见于汉乐府《西门行》。《西门行》写人生短暂而多忧，要及时行乐，诗中说：

何能愁怫郁，当复待来兹？酿美酒，炙肥牛，请呼心所欢，可用解忧愁。⑤

明确以饮酒作为解忧的手段。《青青陵上柏》《董娇饶诗》、曹丕《大墙上蒿行》、曹植《当来日大难》也大体可归入此类有感于生命短暂、以酒解忧的范围。

有所不同的是系于李陵名下的《嘉会难再遇》，这是一首赠别诗。全诗为：

嘉会难再遇，三载为千秋。临河濯长缨，念子怅悠悠。远望悲风至，对酒不能酬。行人怀往路，何以慰我愁。独有盈觞酒，与子结绸缪。⑥

眼前的离别将使嘉会难再，诗中反复表达的是由此引发的悲愁。心情烦闷以致本来能够行乐和解忧的酒竟一度喝不下去，但最终还是只能通过酒来传递彼此的情谊，抚慰悲愁之心。这种以悲情为基调的饮酒送行成为汉末魏晋时期兴盛起来的赠别诗的重要抒情方式，其中就不乏“以酒解忧”的内容。曹植《送应氏诗二首之二》即写道：“亲昵并集送，置酒此河阳。中馈岂独薄，宾饮不尽觞。爱至望苦深，岂不愧中肠。”⑦深情厚谊是此种场合特别强调的内容，因为有情，所以不舍，饮酒在此刻既是离别前最后的欢会，又是疏解别愁的途径。这与主要载于《诗经》的先秦送别诗明显不同，《诗经》的饮酒送别与祖道仪式关系密切，带有浓厚的礼仪特征，关注的重心不在离别之悲和私人性的情感。《诗经》

---

① 逯钦立辑校：《先秦汉魏晋南北朝诗》，中华书局 1983 年版，第 345 页。

② 《楚辞·招魂》有“瑶浆蜜勺，实羽觞些”和“华酌既陈，有琼浆些”，东汉王逸释“瑶浆”和“琼浆”为“玉浆”。姜亮夫《楚辞通故》引王逸章句并解释说：“瑶浆言酒之色如瑶玉也，与琼浆言酒色如朱玉之色者。造词全同，瑶字虚用。”详见《姜亮夫全集三·楚辞通故（第三辑）》，云南人民出版社 2002 年版，第 136～137 页。

③ 黄节：《汉魏乐府风笺》，中华书局 2008 年版，第 102 页。

④ 逯钦立辑校：《先秦汉魏晋南北朝诗》，中华书局 1983 年版，第 266 页。

⑤ 逯钦立辑校：《先秦汉魏晋南北朝诗》，中华书局 1983 年版，第 269 页。

⑥ 逯钦立辑校：《先秦汉魏晋南北朝诗》，中华书局 1983 年版，第 337～338 页。

⑦ 逯钦立辑校：《先秦汉魏晋南北朝诗》，中华书局 1983 年版，第 454 页。

中即便是最重视离情渲染的《邶风·燕燕》，它的落脚点最终还是归于赞美远行者的德行，而且诗中没有出现酒。

汉魏诗歌关于"以酒解忧"的抒写出现在相对日常的饮宴生活中，饮酒者的身份呈现出普泛化的面貌。战国以来饮酒阶层扩大，酒的使用空间向私人日常生活拓展的趋势在汉魏得到延续和推进，这为时人以酒排遣忧愁提供了社会环境。典型例子如：《史记·高祖本纪》记刘邦在秦末任底层士吏，常从王媪和武负贳酒；《曹相国世家》写相舍附近吏舍有人经常饮酒歌呼；《郦生陆贾列传》载陆贾轮流住宿儿子们家，所值之家要提供酒食；《司马相如列传》记司马相如与卓文君经营酒垆；《汉书·扬雄传》写扬雄素贫而嗜酒；桓谭《新论·祛蔽篇》谈到自己夜坐饮酒；辛延年《羽林郎》写胡姬当垆卖酒；《列仙传》虚构的酒客、女丸等于市上卖酒；竹林七贤等正始士人的纵酒。如此挂一漏万的列举，已多少能反映汉魏社会的饮酒风气。

更引人注意的是，上述诸诗都是东汉以来的诗歌，特别是在汉魏之交，而西汉诗歌处于缺席状态。[①] 饮酒社会空间的拓展为现实生活中以酒解忧提供途径，为个人情感的抒发创造环境，但未必直接反映到诗歌领域，这是一个需要较长时间积累和转变的过程。有两件事透露了此中消息，一是《汉书·东方朔传》有"销忧者莫若酒"之说，这是东方朔对酒的解忧功能的充分认识；一是《汉书·外戚传》写班倢伃"退处东宫，作赋自伤悼"，赋中有"顾左右兮和颜，酌羽觞兮销忧"一句。[②] "以酒解忧"在西汉已出现更为自觉清晰的表述，但它在诗歌中呈现兴起之势要到东汉。究竟是什么因素推动这一变化？留意汉魏诗歌"以酒解忧"的抒情内容，不难发现它们主要与时光易逝、人世无常的生命意识或者个体化的情感体验相关。士的个体自觉使得个人的性情与内心获得空前的关注，诗歌作为抒情的重要媒介，相应地对人的生命本身、对个体的情思给予更加丰富的歌咏。本已酒风盛行的社会，酒的解忧功能日渐获得真切的体验和认知，再注入这样对个体生命和性情的关切，自然激发作诗咏歌之时对"以酒解忧"情怀的抒写。

## 三、晋宋诗歌"以酒解忧"抒情典范的确立

随着酒的使用向私人日常生活空间的扩展以及士人个体意识的增强，中国古典诗歌"以酒解忧"的抒情传统在东汉逐渐兴起，到晋宋之时，这个传统正式形成。特别是陶渊明和鲍照两位喜欢抒发"以酒解忧"之情的诗人相继出现，分别构成风格迥异的"以酒解忧"的抒情典范。

---

① 黄节《汉魏乐府风笺》认为《善哉行》是东汉作品。萧涤非《汉魏六朝乐府文学史》将《善哉行》《西门行》定为东汉之作。王运熙《汉代的俗乐和民歌》论《西门行》为东汉之作。《青青陵上柏》通常被视为东汉中后期作品，木斋在《古诗十九首与建安诗歌研究》中甚至认为它是曹植所作。系在李陵名下的《嘉会难再遇》等赠别诗一般被认为是伪作，逯钦立在《汉诗别录》中证其为东汉末年士大夫所作。

② 〔汉〕班固：《汉书》，中华书局 1962 年版，第 2852、3985 ~ 3987 页。

东晋葛洪在《抱朴子外篇·酒诫》中批评饮酒之风，假设时人责难说："消忧成礼，策勋饮至，降神合人，非此莫以也。"①"消忧"已是当时社会流行的关于酒功能的理解。干宝《搜神记》撰神怪之事，写汉武帝东游被怪物挡道，东方朔请以酒灌之，怪物消失。东方朔解释说："此名为患，忧气之所生也。此必是秦之狱地，不然，则罪人徒作之所聚。夫酒忘忧，故能消之也。"②前引《汉书》载东方朔说"销忧者莫若酒"，此处显然是引申其忘忧的功能，认为酒甚至能够消解忧患之气形成的怪物，其解忧作用之强大可谓深入人心，这可视为晋人观念的投射。刘琨写给卢谌的信中谈到国破家亡、亲友凋残，自己感到哀愤交集、百忧俱至，"时复相与举觞对膝，破涕为笑，排终身之积惨，求数刻之暂欢"③。这是满腔忧愤、惨淡心情，借助饮酒寻求短暂的排遣。诸如此类对酒的解忧作用的认识，基本还是在汉魏以来的延长线上。诗歌领域存在与此相似的现象，像石崇《赠枣腆诗》"消忧以觞醴，娱耳以名娼"，张载《霖雨诗》"何以解愁怀，置酒招亲类"④，陆机的饯别诗中以酒解忧的内容等，也大体是汉魏以来传统的赓续。

代表晋宋新现象的主要是"独酌"成为饮酒生活的重要方式。《世说新语·任诞》篇记："阮宣子常步行，以百钱挂杖头，至酒店，便独酣畅。虽当世贵盛，不肯诣也。"⑤酒店是一个公共空间，但阮修是个人前往，独自酣饮，属于独酌无疑。更加典型的是私人生活空间的独酌，《世说新语·任诞》篇记王子猷雪夜访戴安道的逸事，有个细节："王子猷居山阴，夜大雪，眠觉，开室，命酌酒，四望皎然。因起彷徨，咏左思《招隐诗》。"⑥这是在个人居所，又是夜里醒来，是很私人化的空间。"命酌酒"显示喝酒现场不止王子猷一人，但酌酒者是被命令的，只是伺候他喝酒。他起而彷徨咏诗，进而想起戴逵，前往造访，都暗示他没有对酌者，《晋书》写到这件事就直接表述为"独酌酒咏左思《招隐诗》"⑦。最显赫的例子是陶渊明，他有诗题即作《连雨独饮》，《归去来兮辞》也写到"引壶觞以自酌，眄庭柯以怡颜"，而组诗《饮酒》序言自述写作背景，有"偶有名酒，无夕不饮，顾影独尽，忽焉复醉"。陶渊明在诗中还多次写到独酌的状态，如《停云》"静寄东轩，春醪独抚"，《时运》"挥兹一觞，陶然自乐"，《和郭主簿二首之一》"春秫作美酒，酒熟吾自斟"等莫不如是。⑧

晋宋流行起来的独酌风气真正彻底地突破了礼仪式、交际式的饮酒方式，把酒渗透到最为个人化的私人日常生活空间。这在很大程度上改变了古人的生活形态，对此后的

① 杨明照：《抱朴子外篇校笺》（上），中华书局1991年版，第589页。

② 王根林等校点：《汉魏六朝笔记小说大观》，上海古籍出版社1999年版，第359页。

③ 逯钦立辑校：《先秦汉魏晋南北朝诗》，中华书局1983年版，第851页。

④ 逯钦立辑校：《先秦汉魏晋南北朝诗》，中华书局1983年版，第645、741页。

⑤ ［南朝宋］刘义庆著，［南朝梁］刘孝标注，余嘉锡笺疏：《世说新语笺疏》，中华书局2007年版，第866页。

⑥ ［南朝宋］刘义庆著，［南朝梁］刘孝标注，余嘉锡笺疏：《世说新语笺疏》，中华书局2007年版，第893页。

⑦ ［唐］房玄龄等：《晋书》，中华书局1974年版，第2103页。

⑧ 逯钦立校注：《陶渊明集》，中华书局1979年版，第161、86、11、14、60页。

文学面貌产生深远的影响。即以最直观的方式而言,至少,南北朝诗歌抒写“独酌”场景或心境的内容变得较为常见,沈炯、陈叔宝、陆瑜等甚至都直接写有《独酌谣》,陈叔宝一人就写了四首。以晋宋时期而言,独酌显然加深时人对饮酒生活的体验,他们对酒的抒情功能也有更为充分的感受,如此环境下,先后出现陶渊明、鲍照这两位以诗抒写“以酒解忧”情思的典范。这主要表现为两位诗人涉及以酒解忧的诗篇数量较多,并且能够多面而深刻地传达诗人的生活和内心世界,形成独特的风格。

陶渊明的酒诗是学界研究热点之一,不管是对其酒诗进行分类,还是探讨他的饮酒目的,“以酒解忧”都已被不同程度论及。逯钦立《关于陶渊明》一文对陶诗所写以酒解忧内容的讨论最显重要。这篇文章因为时代烙印而对陶渊明有过于严厉的批评,但逯氏分析陶渊明的酒诗,既注意其历时性,把陶渊明的饮酒生活划分为三个阶段,又注意其反映的思想情调有别,将它们分为四种类型。后来关于陶渊明酒诗的各种研究,大多没有真正超越逯氏的讨论。逯钦立所分陶氏酒诗四类的最后一类就是以酒解忧。他认为:

> 陶渊明最后一类饮酒诗,是反映消极颓废人生观的东西。这类东西为数较多,代表着他的主要写作倾向。其突出特点,可以用四个字来概括:“以酒消忧”。陶渊明把酒的“消忧”(或者“忘忧”)作用看得很高。他曾经说:“酒能祛百虑”(《九日闲居》),“酒云能消忧”(《形影神》),“试酌百情远”(《连夜独饮》)。这都是他的经验谈。①

陶诗此类直接表达以酒解忧的诗句还有不少,像《游斜川》“中觞纵遥情,忘彼千载忧”,《饮酒二十首之七》“泛此忘忧物,远我遗世情”,《己酉岁九月九日》“从古皆有没,念之中心焦。何以称我情,浊酒且自陶”等皆是。② 逯氏将以酒消忧视为陶渊明酒诗写作的主要倾向和突出特点,可见抒发“以酒解忧”之情在陶诗中占有重要地位。他还指出陶渊明饮酒诗篇提及的忧虑主要有下列几类:有忧虑虚度光阴、悲叹功名不成的,有忧虑儿子不肖的,有忧虑人生无常、要求及时行乐的,最后一种所占比重最大。③ 本来,酒与忧虑同时在诗中出现未必就是以酒解忧,但在陶渊明这里,他确实经常以诗表达通过饮酒消解人生的各种愁闷和忧虑。钟书林在《隐士的深度:陶渊明新探》中以“晚年饮酒之微观”为题分析陶氏晚年与酒的关系,书中举陶诗各种以酒消愁的内容为例,以之说明:从四十一岁到五十岁左右这一时期,他饮酒主要是浇愁,其次才是逃避政治迫害。④ 陶诗以酒解忧涉及人生多种忧愁,陶渊明对此有深刻而复杂的体验,他正是借此表达自身面临的种种人生困境和超越的努力。

陶诗的“以酒解忧”有其自身的特点,它映现出陶渊明生命中某种紧张状态,在诗中

---

① 逯钦立校注:《陶渊明集》,中华书局 1979 年版,第 242 页。按:《连夜独饮》应是《连雨独饮》之误。

② 逯钦立校注:《陶渊明集》,中华书局 1979 年版,第 45、90、83 页。

③ 逯钦立校注:《陶渊明集》,中华书局 1979 年版,第 243 页。

④ 钟书林:《隐士的深度:陶渊明新探》,中国社会科学出版社 2015 年版,第 17 页。

构成一种内在的张力。不管是对时世的失望、对个人际遇的不满,还是对时间飞逝和人事变幻的焦虑,都真实透露出陶渊明面临的困境。因困境而生忧,又不断以酒自解,他确乎找到了解脱和安顿之道。但是,这种生命状态显然不是平直前进的,并非在某个时刻解决所有困境,从此决然无忧,而是一个反复"消忧"的过程。这种紧张感和动态使得陶诗在自然平淡的整体风格下流转着孤独、烦闷、焦灼等不平之气,从而构成陶诗引人入胜的内在张力。万伟成讨论建安至东晋酒诗演进,把陶渊明的酒诗归为"平淡格",认为它们属于"旷达酣适"模式。① 这种认识强调的是陶诗对酒的形而上意义的追寻,相对淡化了"以酒解忧"的内容。如果注意陶诗抒写以酒解忧的情况不在少数,而且涉及生活的多个方面,还是应该重视其"平淡"背后的诸种忧虑。陶诗抒写"以酒解忧"之情是纳众忧入平淡,平淡自然之中蕴含不平。陶诗之充满生机,这是其中一端。

鲍照年辈稍晚于陶渊明,他对陶氏怀有敬慕之意,写过一首《学陶彭泽体》。诗云:"长忧非生意,短愿不须多。但使樽酒满,朋旧数相过。"②特别表达与陶渊明饮酒生活的共鸣。鲍照诗歌也经常涉及酒,"以酒解忧"是其重要抒情内容。他的《代阳春登荆山行》《拟阮公夜中不能寐》《赠故人马子乔诗六首》《酒后》《拟行路难十八首》《月下登楼连句》等诗,都明确述及以酒解忧。鲍照抒写的以酒解忧同样包括多个方面,呈现出其生活和内心的丰富。《代阳春登荆山行》写春天登山过程和眺望所见,最后结以"遇物虽成趣,念者不解忧,且共倾春酒,长歌登山丘"③。景物虽然不乏趣味,却无法消解心中的忧愁,唯有以酒相劝勉,借助酒兴,歌呼登高,排遣愁绪。《赠故人马子乔诗六首之五》写朋友之间彼此心志坚贞,不负平生情义。诗中云"凭楹观皓露,洒酒荡忧颜"④,要借酒冲刷掉怀友伤时的心情。《酒后》先感慨时光流逝,继而引出"自非羽酌欢,何用慰愁旅"⑤。时间不会停滞,而人亦在奔走的旅途之中,身处这种漂移不定的时空而感到彷徨怅惘,只能通过酌酒行乐来消解。《月下登楼连句》带有游戏成分,是与王延秀、荀原之等人合作,鲍照写了起首四句:"髣髴拂月光,缤纷篁雾阴,乐来乱忧念,酒至歇忧心。"⑥抒写的是朦胧摇曳的月夜景致使人快乐,心中的烦忧不知不觉之间已被搅散,与同僚的闲饮也让愁虑的情绪得以止息。

但这些还不是鲍照诗歌"以酒解忧"的个性化体现,真正代表他个人面貌的是以酒解忧反倒引发更加烦乱的心情,这与陶诗的以酒解忧而趋于平静迥然不同,彼此构成两种互异的"以酒解忧"的抒情取向。《拟阮公夜中不能寐》以"漏分不能卧,酌酒乱繁忧"起

---

① 万伟成:《从建安、正始到东晋的酒诗演进——陶渊明范式的建立及其意义》,载《江西社会科学》2006年第11期。

② 〔南朝宋〕鲍照著,丁福林、丛玲玲校注:《鲍照集校注》,中华书局2012年版,第346页。

③ 〔南朝宋〕鲍照著,丁福林、丛玲玲校注:《鲍照集校注》,中华书局2012年版,第223页。

④ 〔南朝宋〕鲍照著,丁福林、丛玲玲校注:《鲍照集校注》,中华书局2012年版,第551页。

⑤ 〔南朝宋〕鲍照著,丁福林、丛玲玲校注:《鲍照集校注》,中华书局2012年版,第627页。

⑥ 〔南朝宋〕鲍照著,丁福林、丛玲玲校注:《鲍照集校注》,中华书局2012年版,第651页。

始，而以“伫立为谁久？寂寞空自愁”结束。① 诗歌写失眠的时候本想通过饮酒疏解忧虑，谁知道反而搅动心境，引发更为持久的寂寞繁乱的情怀。他的名作《拟行路难十八首》中有两首尤其需要注意：

写水置平地，各自东西南北流。人生亦有命，安能行叹复坐愁！酌酒以自宽，举杯断绝歌路难。心非木石岂无感？吞声踯躅不敢言。

君不见枯籜走阶庭，何时复青著故茎？君不见亡灵蒙享祀，何时倾杯竭壶罂？君当见此起忧思，宁及得与时人争。人生倏忽如绝电，华年盛德几时见？但令纵意存高尚，旨酒嘉肴相胥宴。持此从朝竟夕暮，差得亡忧消愁怖。胡为惆怅不能已？难尽此曲令君忤。②

第一首以泻水平地，纵横漫衍，流向无方，兴发个体的命运和人生际遇也是各有定分、纷繁无端、无从自主。个人所能做的就是借酒消愁，自我宽慰，但人心善感，忧愤百端，又岂是饮酒可解。本来用以解忧的酒完全浇不透心中的块垒，世路艰难无可告诉，反而激起勃发的悲郁之情。第二首接连以两个“君不见”直揭物故人死，不会再有生机，不会再有人世的享乐，事实如此触目惊心，从而引出年华易老、人生短暂的忧思，这是一种无力对抗时间的生命紧张感。解决之道即纵心所欲，高尚其志，通过日夜不休的饮宴来消释内心的焦灼恐惧。“差得”二字用得很妙，即便是纵酒作乐也只是略微能够达到解忧的效果而已，不是真的变得无忧无虑。不管是面对不寐难眠、寂寞烦忧，还是世路艰险、人各有命，还是时光如电、生命无常，鲍照都酌酒以对，希望酒的解忧功能足以驱散内心的忧愁。可惜酒不如愿，愁上加愁。鲍照在诗中抒发“以酒解忧”之情，呈现的却是心潮簸荡的忧烦，形成一股忧愤险急之风。

## 结　语

中国古典诗歌从《诗经》开始就大量描写饮酒生活，但是“以酒解忧”的内容经历了漫长的过程才在诗歌领域兴起，最终构成一种抒情传统。先秦时期，“以酒解忧”的抒情传统在《诗经》中萌发。《周南·卷耳》抒写以酒排遣与行旅相关的愁绪，《邶风·柏舟》则说酒虽可解忧，却无法消解诗人为群小所怨与伤害引起的深忧。此后，直到东汉才再次看到诗歌“以酒解忧”抒情内容的出现，而且在汉魏之交呈现兴起之势。这段时期，诗歌抒写的饮酒欲解之忧主要是由生命短暂、居世多艰引发的焦虑以及离别时的悲愁。至晋宋时，“以酒解忧”已成诗歌的重要内容，涉及生活的多个方面。陶渊明和鲍照多次在诗中以之抒写个人的生活和内心体验，呈现为两种风格迥异的典范，古典诗歌“以酒解忧”的抒情传统得以确立。至少有两大因素对这一传统的形成起到重要的影响作用：一是饮

① 〔南朝宋〕鲍照著，丁福林、丛玲玲校注：《鲍照集校注》，中华书局2012年版，第342页。
② 〔南朝宋〕鲍照著，丁福林、丛玲玲校注：《鲍照集校注》，中华书局2012年版，第668、689页。

酒阶层从春秋末期至晋宋日渐扩大,酒的使用由礼仪等公共空间向私人日常生活空间拓展,晋宋流行的独酌是其极致的形态。饮酒的日益普遍和私人化突破礼仪等的制约,为酒与个人生活和情感的契合,以及与之相应的抒写提供了条件。二是随着东汉魏晋士人个体自觉意识的兴起,个体生命和性情得到前所未有的关注,作为抒情重要媒介的诗歌与此呼应,对个人的生活和情感体验给予更多的表现。酒风弥漫的社会,加上诗歌对个人生命和日常生活的关切,以酒解忧的情怀自然成为重要的抒写内容。中国古典诗歌"以酒解忧"的抒情传统由先秦至晋宋既已形成,晋宋之后中国社会的饮酒风气又一直长盛不衰,世人对"以酒解忧"的生活和诗歌抒写也就变得习以为常。

# 《文选》注中的《诗经》学研究述论

赵棚鸽*

对于《文选》注中的《诗经》学问题,古人早已有所关注。唐李匡乂《资暇集·非五臣》云:

> 曹植《乐府》云:"寒鳖炙熊蹯。"李氏云:"今之腊肉谓之寒,盖韩国事馔,尚此法。"复引《盐铁论》"羊淹鸡寒"、刘熙《释名》"韩羊韩鸡"为证寒与韩同。又李以上句云"脍鲤膗胎鰕",因注诗曰:"炰鳖脍鲤。"五臣兼见上句有脍,遂改"寒鳖"为"炰鳖",以就《毛诗》之句。①

李匡乂以为,对于曹植诗中的"脍鲤"一词,李善在前文已引《小雅·六月》"炰鳖脍鲤"释之,其广引《盐铁论》《释名》所释乃为"寒鳖"一词,二者之间并无关联。但五臣以为曹植所用这两个词语均出自《毛诗》,只是字有不同,遂改曹植之"寒鳖"为《毛诗》之"炰鳖","以就《毛诗》之句"。此处五臣注自是妄改,但从另一个角度考虑,五臣注实乃将《诗经》视为不二法典,所世文字有所不通,直以《诗经》为标准改之,这是一个值得注意的现象。

宋唐庚《文录》曰:

> 谢玄晖诗云:"寒城一以眺,平楚正苍然。"平楚犹平野也。吕延济乃用"翘翘错薪,言刈其楚",谓楚木丛,便觉意象殊窘。②

此虽又是批评五臣注,但同样说明《文选》注中的《诗经》学问题引人注目。

---

* 赵棚鸽,洛阳理工学院人文与社会科学学院副教授。本文系教育部2016年度人文社会科学研究青年项目基金"《文选》注中的《诗经》学研究"(项目编号:16YJC751040)、河南省2015年度社科规划一般项目"《文选》注与《诗经》关系研究"(项目编号:2015BWX019)阶段性成果。

① 〔唐〕李匡乂:《资暇集》,《丛书集成初编》本,商务印书馆1939年版,第5页。

② 〔宋〕唐庚:《文录》,《丛书集成初编》本,商务印书馆1936年版,第5页。

古人对《文选》注中的《诗经》学问题讨论仍有很多，但我们以为，这一问题真正得到广泛关注乃始于20世纪初。20世纪上半叶"选学"虽被新派视为"妖孽"，但研究从未中断，《文选》注仍受到诸多学者的广泛关注，《诗经》的地位也非常突出。1949年到1965年，《文选》研究基本处于停滞期，成果很少。1979年之后，《文选》研究复苏，《文选》注中的《诗经》学问题重新进入研究者的视野。21世纪以来，《文选》注中的《诗经》学专题研究异军突起，成果丰硕。中国台湾及日本学者仍多努力坚持朴学理路，涉《诗》研究亦较为深广。总体而言，百年来《文选》注中的《诗经》学问题研究主要集中在以下四个方面。

## 一、文字校勘

《文选》版本复杂，文字校勘一直是重要工作。高步瀛多有贡献，如《两都赋序》"或以抒下情而通讽谕"李善注："《毛诗序》曰：'吟咏情性，以讽其上。'"高步瀛云：

> 《毛诗序》"讽"作"风"。《释文》曰："风，福凤反。"与李注讽音读同。"风"即"讽"之通借字。①

这就明确指出李善注所引《毛诗序》之"风"与《两都赋序》"通讽谕"之"讽"为通假字，同时又对李善注进行校勘。此类现象甚夥，后文多有涉及。

普暄云：

> 《北征赋》"睹牛羊之下来"句，注引《诗》曰："日之夕矣，牛羊下来。"按《诗》实作"羊牛"，今作"牛羊"，盖即后人不识语倒之例，而误乙之者也。②

所引之诗出自《王风·君子于役》，《毛诗》各本均作"羊牛"，但此注中李善及李周翰均引作"牛羊"，胡克家云：

> "牛羊"当作"羊牛"，此因正文云"牛羊"，因依以改注耳。凡引古但取义同，不嫌语倒，善每知此，各本皆非。③

胡氏认为《文选》注语误为李善有意为之，普暄则认为乃后人误移。

骆鸿凯更以以李匡乂寒鳦之辨为代表的考据学为研治《选》学的重要途径：

> 研治选学，厥涂有二。李匡乂《资暇录》，辨寒鳖与芳莲。……此考据家之所有事也。④

在骆氏看来，研究《文选》不外乎考据和词章两条途径，而考据一端，李匡乂所论寒、鳦问题不仅时间较早，且涉及《毛诗》，极具代表性，故以之代一种类型。

程先甲《选学筦窥》⑤详校《文选》引经文字，得《毛诗》异文56条、《韩诗》18条，未分

---

① 高步瀛著，曹道衡等点校：《文选李注义疏》，中华书局1985年版，第14页。
② 普暄：《胡克家文选考异叙例》，载《女师学院季刊》1935年第2期，第5页。
③ 〔清〕胡克家：《文选考异》卷二，见〔南朝梁〕萧统编《文选》，中华书局1977年版，第873页。
④ 骆鸿凯：《文选学·叙》，中华书局1937年版，第1页。
⑤ 程先甲：《选学筦窥》卷一，载《制言月刊》1939年第55期。

家数《诗》12条，可谓引《诗》校勘集成之作。

《毛诗序》"哀窈窕，思贤才"，祝白文云：

李善注"哀"盖字之误，"哀"当为"衷"，谓中心念之也。未埆。按上文云："忧在进贤，不淫其色。"又按《鲁诗》云："后夫人鸡鸣佩玉，去君所，周康王后不然，故诗人叹而伤之。"《后汉·皇后纪序》亦云："康王晏朝，关雎作讽。"则"哀"字不误可知。①

对于《诗序》中之"哀"字，李善之前已多有争论。郑玄云："'哀'盖字之误也，当为'衷'，'衷'谓中心恕之。"②郑玄认为"哀"为"衷"字之误。孔颖达则认为："毛无破字之理，故知从'哀'之义。"③孔颖达认为"哀"字无错。由此可知，李善乃弃孔颖达意而用郑玄意，祝白文反对此说，又用孔疏意，且证据更为丰富。

《东都赋》"躬览万国之有无"，王礼卿云：

注云："有无，谓风俗善恶也。"六臣本"躬"作"窮"。李周翰曰："窮，尽也。览尽万国土物之所有无。"考《毛诗·邶风·谷风》："何有何亡？黾勉求之。"传云："有谓富也。亡谓贫也。"笺云："有，求多；亡，求有。"汪龙《毛诗异义》云："笺正申说传贫富之义，富益求多，贫则求有也。"赋义盖本《诗传》，谓亲视诸国之贫富也。风俗善恶，不得谓之有无，善注疑误。翰谓土物之所有无，意近而未核。"躬"作"窮"训"尽"，亦非。姜皋曰："按《群经音辨》卷三：鞠窮，容谨也。窮，音弓。郑康成说：礼，鞠窮如也。今本作躬，盖古声借字。若躬览，似宜作躬。"是也。④

王氏认为班固盖本《诗传》，谓亲视诸国之贫富。而风俗善恶，不可用有无相称，李注有误。李周翰改"躬"为"窮"，训为"尽"，同样不确，"窮"古亦作"躬"，二字为古声借字，故"躬"字无误。

唐钞本《文选集注》的重现使《文选》校刊得以长足发展，《诗经》的相关问题也随之推进。邱棨鐊云：

有诸刊本妄改讹误，而《集注》独存善本原貌，为未经改窜之本者：……"遭夏人之乱"，此卷夏字与《毛传》合，诸宋刊本沿五臣误本妄改为狄字。《集注》今案云："五家本夏为狄。"证据彰彰，可解千载之谜也。⑤

这就是说，五臣本曾改"夏"为"狄"，宋刊本均沿五臣本作"狄"。《大雅·公刘》"笃

---

① 祝白文：《文选六臣注订伪》，见南江涛选编《文选学研究》，国家图书馆出版社2010年版，第569页。

② 〔汉〕郑玄笺：《毛诗》卷一，《四部丛刊初编》本，上海书店1989年版，第3页。

③ 〔汉〕毛亨传，〔汉〕郑玄笺，〔唐〕孔颖达疏，〔唐〕陆德明音释：《毛诗注疏》，上海古籍出版社2013年版，第27页。

④ 王礼卿：《〈选〉赋考证》，见俞绍初、许逸民主编《中外学者文选学论集》，中华书局1998年版，第607～608页。

⑤ 邱棨鐊：《唐写本〈文选集注〉第九十八卷跋——〈文选集注〉为唐写本再证》，见俞绍初、许逸民主编《中外学者文选学论集》，中华书局1998年版。

公刘”,《毛传》云:“公刘居于邰,而遭夏人乱,迫逐公刘。”①郑玄亦作“夏人”,《文选》各本作“狄”确有误,《文选集注》出而证据坐实。

森野繁夫云:

> 对干宝《晋纪总论》(集注本卷98)“故其《诗》曰:‘克明克类,克长克君。’”集注本李注作了“《毛诗·大雅》文也”的注解之后,又引《大雅·皇矣》郑笺:“郑玄曰:‘照临四方曰明。类,善也。勤施无私曰类。教诲不倦曰长。庆赏刑威曰君。’”但刊本李注则举《左氏传》(昭公二十八年):“《左传》曰:‘勤施无私曰类。教诲不倦曰长。庆赏刑威曰君。’”由于《皇矣》郑笺是根据《左氏传》,所以刊本李注引用《左传》或许是正确的。②

他认为集注本李善注引《郑笺》释明、类、长、君,刊本李善注却引《左传》释类、长、君。郑玄乃据《左传》而言,属晚出之意。因此,刊本李善注应是正确的。

但森野繁夫又云:

> 曹植《求通亲亲表》(刊本卷37):“妃妾之家,膏沐之遗。”“(刊)《毛诗》曰:岂无膏沐。”集注本李注此处没有引《毛诗》,但在《钞》中,却有:“《诗》云:岂无膏沐,谁适为容。”这种情况,可以认为:改订者看见《钞》引用了《诗》“膏沐”句,便利用此来补充了李注。③

刊本李善注引《毛诗》,集注本李注此处没有引《毛诗》,但《文选钞》中有《毛诗》,且文字又有不同。森野繁夫认为这是后世的改订者看到了《文选钞》所引《诗》句,遂用之补充李善注。

金少华《古抄本〈文选集注〉研究》④亦属此类,其中凡有涉及《诗经》之处,皆出己意,值得关注。

综上可见,《文选》注中的《诗经》文字问题一直受人关注,前辈时贤的研究既有据《文选》校《诗经》者,也有据《诗经》校《文选》者,这些研究都给我们的工作提供了有益的借鉴。

## 二、义理阐发

注释的最终目的在于明义,《文选》注引《诗》的义理问题也是百年来诸多学者所关注

---

① 〔汉〕毛亨传,〔汉〕郑玄笺,〔唐〕孔颖达疏,〔唐〕陆德明音释:《毛诗注疏》,上海古籍出版社2013年版,第1609页。

② 〔日〕森野繁夫:《关于〈文选〉李善注——集注本李善注和刊本李善注的关系》,见俞绍初、许逸民主编《中外学者文选学论集》,中华书局1998年版,第1006~1007页。

③ 〔日〕森野繁夫:《关于〈文选〉李善注——集注本李善注和刊本李善注的关系》,见俞绍初、许逸民主编《中外学者文选学论集》,中华书局1998年版,第1013页。

④ 金少华:《古抄本〈文选集注〉研究》,浙江大学出版社2015年版。

的问题。束皙《补亡诗·南陔》"彼居之子,色思其柔",李善释"居"为未仕者,黄侃《文选平点》云:

"居"当读"其",此用诗文耳,居无别义。或言彼居二句,当在眷恋二句下,其说非也。①

"彼其之子"于《诗》中凡14见,"其"皆无实义,黄侃如此转训,文意显然比李善注更胜一筹。

颜延之《秋胡诗》"嗟余怨行役,三陟穷晨暮",李善注引《毛诗》"陟彼崔嵬,陟彼高冈,陟彼砠矣"。刘盼遂认为:

《诗·魏风·陟岵》篇序曰:"陟岵,孝子行彼思念父母也。"诗曰:"陟彼岵兮,瞻望父昔。父曰:'嗟予,子行役,夙夜无已。上慎旃哉,犹来无止。'陟彼屺兮,瞻望母兮。母曰:'嗟予,季行役,夙夜无寐。上慎旃哉,犹来无弃。'陟彼冈昔,瞻望兄昔。兄曰:'嗟予,弟行役,夙夜必偕。上慎旃哉,犹来无死。'"颜诗实用《魏风》此篇,李注引《周南·卷耳》,辞纵合而意违也。②

颜延之《秋胡诗》乃将前代广为流传的秋胡戏妻的故事用诗的形式重新叙述。全诗共九章,其中第三章写秋胡新婚别离后的征途艰辛,"嗟余怨行役,三陟穷晨暮"即此章之开篇。秋胡新婚即别,行役中思念亲人之情自是无比浓郁,因此从亲情的角度进行注释更为合理。且首句"嗟余"与"嗟予"音义均较为接近,所用典故当为《魏风·陟岵》无疑,李善有误。

王融《永明九年策秀父五首》其二曰:"朕式照前经,宝兹稼穑。"刘盼遂认为:

《诗经·大雅·桑柔篇》:"稼穑维宝。"元长正引此文。且所谓万(笔者注:当为"前")经,亦斥《诗经》言也,善注引范子《计然》书,殊未塙。③

此处同样应是李善有误。王融在文中已云"前经",用不可称经的范蠡《计然》一书来注,自是不妥。刘盼遂所言甚有见地,"宝兹稼穑"源于《桑柔》"稼穑维定"颇为明显。

《西都赋》"乘茵步辇",李善注引《汉官仪》曰:"皇后婕妤乘辇,余皆以茵,人舆以行。"叶屦工云:

"茵"即《诗·秦风》"文茵畅毂"之"茵",注:"文茵,虎皮也。"——或系氍毹之类。清代皇帝,召幸妃嫔,犹沿此制,并由内盥裸而后进御焉。正孚所谓"余皆以茵"之说也。④

诗出《秦风·小戎》。叶氏指出李注于此并不清晰,遂进一步引《诗》之释以补之,并以当世之例以证前制。

---

① 黄侃:《文选平点》,中华书局2006年版,第185页。
② 刘盼遂:《文选校笺》,载《文哲月刊》1935年第1卷第1期。
③ 刘盼遂:《文选校笺》,载《文哲月刊》1935年第1卷第1期。
④ 叶屦工:《文选读余》,载《学风》1936年第6卷第5期。

《离骚》“朕皇考曰伯庸”，李善用王逸注云：“父死称考。伯庸，字也。屈原言我父伯庸体有美德。”五臣注全同。但祝白文认为这种说法并不正确，因为：

刘向《九叹·逢纷篇》云：“伊伯庸之末裔兮，谅皇直之屈原。”既云末裔，则伯庸为其远祖可知。按之经典，皇考不专属父称。《祭法》云：“大夫立三庙，曰考庙，曰王考庙，曰皇考庙。”郑玄注：“皇考，曾祖也。”又《诗·周颂·雍篇》“假者皇考”，此禘太宜之乐章尤足为远祖之明证，足征刘说之有据也。①

他认为《离骚》“朕皇考曰伯庸”李善及五臣注皆有问题，皇考非指父亲，乃指远祖，《周颂》“假者，皇考”，此禘太祖之乐章即明证。

束皙《补亡诗》“嗷嗷林鸟，受哺于子”，李善注：“《毛诗》曰：‘相彼反哺，尚在翔禽。’”《文选考异》云：“毛字误，各本皆同，无以订之。”李审言于此云：

予友泰州高尔庚云：“相彼反哺，尚在翔禽”二语见庐谌《赠刘琨诗》。近人蒋清翊谓李注“《毛诗》曰”下脱“鸿雁于飞，哀鸣嗷嗷”。庐谌《赠刘琨》曰十六字，似为有理。惟束皙与庐谌俱西晋人，束年较庐为先，未必束用庐语。崇贤自言诸引文证皆举先以明后，又或引后以明前。此引庐诗，或由后以明前，而传写漏夺，失其例语，致令疑者不一，姑存是说，以俟续考。②

他认为束皙《补亡诗》“嗷嗷林鸟，受哺于子”注引《毛诗》“相彼反哺，尚在翔禽”不确，此二语见庐谌《赠刘琨诗》，也可能是传写漏夺。这一论证直接开启了20世纪学界对此问题的不断讨论。

孙钦善认为李善注极为详尽地指出《文选》作品有的属于套用或化用《诗经》语句，如曹植《朔风诗》“昔我初迁，朱华未希。今我旋止，素雪云飞”，李注：“《毛诗》曰：‘昔我往矣，杨柳依依。今我来思，雨雪霏霏。’”③宋绪连认为典故有语典和事典之别，李注阮籍《咏怀》其二“感激生忧思”三引《卫风·伯兮》，兼包二者。④ 王宁等指出谢惠连《雪赋》“其为状也”一句，李注连用《毛诗》句子，使读者明了这一系列词语都是形容大雪盛密之貌。⑤ 这些均是从修辞角度对《文选》注进行义理阐发。

由上可见，关于《文选》注的义理讨论，多有助于《诗经》学深入发展。

---

① 祝白文：《文选六臣注订伪》，见南江涛选编《文选学研究》，国家图书馆出版社2010年版，第548页。

② 李审言：《选学拾沈》，载《制言半月刊》1939年第49期。

③ 孙钦善：《论〈文选〉李善注和五臣注》，见赵昌智、顾农主编《李善文选学研究》，广陵书社2009年版，第23页。

④ 宋绪连：《从李善的〈文选〉注到骆鸿凯〈文选学〉——〈昭明文选〉研究管窥》，见赵昌智、顾农主编《李善文选学研究》，广陵书社2009年版，第260页。

⑤ 王宁、李国英：《李善的〈昭明文选注〉与征引的训诂体式》，见赵昌智、顾农主编《李善文选学研究》，广陵书社2009年版，第44页。

## 三、三家《诗》研究

《诗》有四家,除《毛诗》外,齐鲁韩三家《诗》也常被《文选》注征引,但因问题较为复杂,后世多不明确,遂成重要问题。高步瀛为说明《两都赋序》"奚斯颂鲁"李注引《韩诗》而不引《毛诗》的原因,首先征引王文考《鲁灵光殿赋序》等数种文献资料,并加己案,推论班固评《诗》语多本《七略》实为《鲁诗》,而知三家《诗》同;又据《毛诗正义》证"奚斯作颂"韩、毛之不同;再据《后汉书》等以证"薛君"乃薛汉,"薛夫子"乃其父薛方丘。① 遍引古书,功底扎实,启发良多。

陈琳《为袁绍檄豫州》"欲以螳螂之斧御隆车之队"句,刘盼遂指出:

> 隆亦车也。《诗·大雅·皇矣》"与尔临冲",毛传云:"临,临车也。冲,冲车也。"陆氏《释文》引《韩诗》"临冲"作"隆冲"。临、隆一声之转,故得通用。陈孔璋所用,殆本诸《韩诗》矣。②

他认为"御隆车之队"的"隆"即"车"意,《经典释文》即引《韩诗》作"隆冲"。

司马迁《报任少卿书》"适足见笑而自点",叶瀫工云:

> 《说文》:"点,黑也。"《广雅》:"点,污也。"即今之污点字,与"玷"别。"玷"为玉缺之意,或作"刮"。《诗》"白圭之玷",《韩诗》作"刮"。今之缺点字,当用此字。再与"污点""缺点"之相对者曰"优点",是直引伸为标识之意。不然,既优矣而犹曰"点",无乃失前修正名之意乎?!③

他认为的"点"非"玷",前者即今之污点,后者为玉缺之意,《诗》"白圭之玷",《韩诗》作"刮",即今之缺点。

《两都赋序》"成康没而颂声寝"句,王礼卿云:

> 班氏世习《齐诗》,此言康王有颂,必有所本。……《齐诗》久佚,而班赋明言康王有颂,知齐家于此二诗必有显述,而班氏据之,其言为有征也。李注但释成、康二王名,及颂之义,而不能确解何为"康颂"。④

他认为班氏世习《齐诗》,《齐诗》久佚,而班赋明言康王有颂,知齐诗必有显述,而班氏据之,其言有征。李注只释成康二王名及颂之义,而不能确解何为成康。

《西都赋》"制同乎梁邹",王礼卿云:

> 注云:"《毛诗传》曰:古有梁邹,梁邹者,天子之田也。"案所引传乃《鲁诗传》,章怀引亦作《鲁诗》,"邹"作"驺"。"驺"、"邹"字通。毛字传写误。本书《魏都赋》张

---

① 高步瀛著,曹道衡等点校:《文选李注义疏》,中华书局1985年版,第16~17页。

② 刘盼遂:《文选校笺》,载《文哲月刊》1935年第1卷第3期。

③ 叶瀫工:《文选读余》,载《学风》1936年第6卷第5期。

④ 王礼卿:《〈选〉赋考证》,见俞绍初、许逸民主编《中外学者文选学论集》,中华书局1998年版,第584~585页。

载注引《鲁诗》，亦作“驺”，“天子”下有“猎”字……此言制同梁邹，谓猎田之制，用《鲁诗》也。下言“历驺虞”，则谓蒐田以时，用《毛诗》也。故彼注引《毛诗序》曰：“驺虞、蒐田以时，仁如驺虞也。”说驺虞诗恉，三家与毛微异。①

他认为李善注所引《毛诗传》当作《鲁诗传》，一则《后汉书》注也作《鲁诗》，二是文中“邹”字乃《毛诗》传写有误所致，当作《鲁诗》中之“驺”字。

王礼卿又云：

四家诗文字或异，训义或殊。唐时《毛诗》盛行，三家惟《韩诗》尚存，故李氏徇本文所用者，引《诗》则分冠韩、毛，引训诂则区称毛苌薛君，以示作者明所祖述。②

此乃总结规律之言，见识深刻。

由上可见，《文选》注中的三家《诗》问题百年来也一直受到学人的关注。只是这一问题较为繁琐，学界对今文《诗》学的关注更多停留在汉代，因此《文选》注中的三家《诗》研究成果并不十分突出，还有待进一步深入发掘。

## 四、《诗经》专题研究

《文选》注与《诗经》关系的专题研究近十年不断出现，渐成风气。范春义在《〈文选〉李善注诗义例发微》中分析李陵《与苏武诗》注时指出：

“绸缪”李善注曰：“《毛诗》曰：‘绸缪束薪。’毛苌曰：‘绸缪，缠绵之貌也。’”李善所引见《诗经·唐风》之《绸缪》篇……历史上人们确实是把《绸缪》这首诗作为关乎爱情的诗歌来看待的，尽管在美刺问题上有所争论。……有趣的是“绸缪”一词另见于《诗经》之《豳风·鸱鸮》：“迨天之未阴雨，彻彼桑土，绸缪牖户。”……在这里，运用的是“绸缪”的本义，是一种捆绑的动作，也与鸟的家庭生活有关，但与前者比较看来，与人们爱情联系的紧密程度不如前者，所以李善选择了前者。……由此，我们可以看出，李善根本就是把这首诗歌作为情诗来看待的，而不是真的看作是李陵写给苏武的作品。在这里，“嘉会”的注释里面就包含着自己对诗歌主题以及诗歌性质的判断。③

他指出，李陵诗中的“绸缪”一词，《诗》中有二，《豳风·鸱鸮》所用为本义，《唐风·绸缪》所用为引申义，李善选择后者，是把这首诗作为情诗来看待。通过内容取舍来探讨李善注释之意，是较为合理、值得借鉴的方法。

刘永峰的《李善〈文选注〉引诗考》以胡刻本《文选》为底本，详细辑录李善注《文选》

---

① 王礼卿：《〈选〉赋考证》，见俞绍初、许逸民主编《中外学者文选学论集》，中华书局1998年版，第608～609页。

② 王礼卿：《〈选〉注释例》，见俞绍初、许逸民主编《中外学者文选学论集》，中华书局1998年版，第660页。

③ 范春义：《〈文选〉李善注诗义例发微》，载《船山学刊》2008年第2期。

引《诗经》条目，共有四大部分。一是引诗著述考，得出李善《注》共引《诗经》著述 16 种。二是引《诗》考，考查出《文选注》引诗 1493 次，涉及 274 篇；引诗序 181 次，涉及 73 篇；引逸诗 17 次，涉及 7 种典籍。三是引诗体例分析，根据训释对象的不同，分为释典故、释名物、释词义、明语法、作题解五类。四是《诗经》异文研究，将异文分作字异、句异、义异三类。① 该文论述得颇为详尽，资料参考价值较高。

程苏东在《〈文选〉李善注征引〈韩诗〉异文研究》中指出：

> 《文选》李善注的特色之一，是广泛征引唐前古籍解释字句典故，这其中就包括了现已亡佚的《韩诗》，因此，《文选》李善注成为我们了解《韩诗》面貌的一个重要途径。然而，由于自宋代以来《文选》迭经翻刻，异文丛出，这又给我们认识《韩诗》带来了不少障碍。由于《韩诗》原本今不存，仅凭李善注中征引的片言只字，对于这些异文很难做出判断。②

在此前提下，该文通过研究《文选注》引《诗》的体例，分析其选择引《毛诗》还是《韩诗》的理由，与范春义所用方法较为接近，有一定的参考价值。

黄桂香的《〈文选〉李善注引〈毛诗〉考》③限于篇幅，仅以《两都赋》《二京赋》李注为考查对象，通过李善注有解释字义及出处、说明句义的背景等类型的分析，得出李注既有严谨精到的一面，也有误引意违的一面，颇有启发意义。

马昕《〈文选〉李善注引〈毛诗〉异文研究》④以敦煌本、《文选集注》等唐写本《文选》为研究对象，认为《文选》李善注引《毛诗》异文的研究价值有四：一是反映南北朝《毛诗》写本之特点，为《毛诗》提供校勘依据；二是为三家《诗》研究提供借鉴；三是为总结《文选》李善注引书体例提供依据；四是为《文选》的版本研究提供佐证，对我们的工作启发良多。

杨艳琼的《〈文选〉李善注引三家〈诗〉考》对李善《文选》注所引《齐诗》《鲁诗》进行了考证，又对李善所引《韩诗》进行了辑佚与研究，其中引《薛君韩诗章句》47 条，引《韩诗》附《薛君韩诗章句》42 条，单独引《韩诗》29 条、《韩诗序》2 条、《韩诗内传》5 条、《韩诗外传》75 条，共计 200 条。⑤ 该论文资料翔实，论证充分，可资借鉴之处甚多。

洪文婷在《李善〈文选〉注引〈毛诗序〉析论》中指出，李善注引《毛诗序》初步串连出齐梁以前《诗序》流传的简单网络。⑥

李光先在《〈文选〉李善注京都赋引诗考论——以卷一班固的〈两都赋〉李善注为例》

---

① 刘永峰：《李善〈文选注〉引诗考》，兰州大学 2008 年硕士学位论文。

② 程苏东：《〈文选〉李善注征引〈韩诗〉异文研究》，载《信阳师范学院学报（哲学社会科学版）》2009 年第 5 期。

③ 黄桂香：《〈文选〉李善注引〈毛诗〉考》，载《黄石理工学院学报》2009 年第 3 期。

④ 马昕：《〈文选〉李善注引〈毛诗〉异文研究》，载《文献》2013 年第 2 期。

⑤ 杨艳琼：《〈文选〉李善注引三家〈诗〉考》，华中师范大学 2013 年硕士学位论文。

⑥ 洪文婷：《李善〈文选〉注引〈毛诗序〉析论》，见《第十一届文选学国际学术研究讨会会议论文集》，2014 年。

中指出,《文选》李善注引诗文献来源有五种,即《毛诗序》、《毛诗》、《韩诗》、汉诗(李陵诗)、《左传》所引《逸诗》;引诗中风、雅、颂均有涉及。他还将引诗的作用分为五类:一是解释句子,二是解释词语,三是注出及解释典故,四是注明赋文引诗的出处,五是注出赋文中《诗经》词句的出处并连带引出毛苌的解释。他认为引诗中出现的异文多是音同字异,对意义影响不大。① 虽所据资料有限,但有一定独到的见解,值得参考。

李金坤在《风骚诗脉与唐诗精神》中从词句、事典和比兴等角度分析《文选》李注引《诗》的文学精神②,其思路颇有可资借鉴之处。

综上可见,《文选》注与《诗经》关系密切这一事实,历代学人多予以认可,但研究成果相对薄弱,多数成果仅偶有提及,还有一部分成果为期刊论文,篇幅较为短小。以上研究成果既给我们提供了宝贵的可资借鉴的材料与经验,又给我们留下了深入研究的空间。

---

① 李光先:《〈文选〉李善注京都赋引诗考论——以卷一班固的〈两都赋〉李善注为例》,载《牡丹江教育学院学报》2015 年第 1 期。

② 李金坤:《风骚诗脉与唐诗精神》,中国社会科学出版社 2015 年版,第 84 ~ 101 页。

# 论钱锺书在《诗经》学上的贡献

边家珍*

西汉初年，大毛公毛亨为《诗三百》作《诂训传》，小毛公毛苌承其学，称其传本为《毛诗》；东汉郑玄为毛诗作《笺》，又作《诗谱序》，畅其微旨；至唐孔颖达因毛、郑而作《疏》，并申其说，遂成《毛诗正义》这部《毛诗》学史上影响深远的经典性著作。钱锺书先生的《管锥编·毛诗正义》远绍毛、郑诸人，是现代《毛诗》学研究方面不可多得的重要著述①。大概因其熔铸经史的文言札记式写作方式不易为研究者所董理，笔者在中国期刊网上检索到的20世纪90年代以来的专题研究者竟不超过5人，论文不足10篇，应当说这与钱先生在《毛诗》学上的杰出贡献是极不相称的。兹不揣谫陋尝试论之，以就正于方家同好。

## 一、对若干重要的《诗》学问题予以辨正

钱先生《管锥编·毛诗正义》虽只着重选取《毛诗正义》中的郑玄《诗谱序》及《风》《雅》诗章共计60则，但已涉及不少重要的《诗》学问题，所论皆富有启发性。

### 1. 论“诗”之含义

现存文献关于“诗”之含义的解说，最早见于《尚书·虞书·舜典》：“诗言志，歌永言，声依永，律和声。”《尚书正义》孔传曰：“谓诗言志以导之，歌咏其义以长其言。”②钱先生引郑玄《诗谱序》之语：“然则诗有三训：承也，志也，持也。作者承君政之善恶，述己志

---

* 边家珍，山东大学文学院教授、博士生导师。

① 《管锥编》是钱锺书先生于二十世纪六七十年代陆续写作而成的，初版于1979年，此后数次修订再版，其中《毛诗正义》见于第一册，约8万字。

② 〔清〕阮元校刻：《十三经注疏》，中华书局1980年版，第131页。

而作诗,所以持人之行,使不失坠,故一名而三训也。”[①]“诗有三训”的意思是,“诗”字有三个含义,即“承”“志”“持”;诗人既可以“承君政之善恶”,也可以“述己志”,还可以“持人之行,使不失坠”。此处孔《疏》当是有取于《文心雕龙·明诗》篇所立志、持二义而又有所拓展。在孔颖达所阐释“诗”之“承”“志”“持”三训中,钱先生认为“志”“持”二解“未尽底蕴”,有进一步申说的必要。

先说“志”:孔《疏》引《春秋说题辞》“思虑为志”为解,以为诗人“述己志而作诗”,只就“志”本身而讲“志”,钱先生认为是不够的。他认为既是解“诗”,就不可忽略或者说漏掉此“志”所具有的外发、发泄的特点:“《关雎序》云‘诗者,志之所之,在心为志,发言为诗’,《释名》本之云‘诗,之也;志之所之也’,《礼记·孔子闲居》论‘五至’云‘志之所至,诗亦至焉’;是任心而扬,唯意所适,即‘发乎情’之‘发’。”[②]也就是说,钱先生认为,训“诗”为“志”,不可不明此“志”非静态之志,是具有类似于“发乎情”之“发”的特点的“志”,是“志之所之”之“志”。这一看法无疑是深刻的,道出了诗人之“志”与普通意义上的“志”的区别。

再说“持”:“《诗纬含神雾》云‘诗者,持也’,即‘止乎礼义’之‘止’;《荀子·劝学》篇曰‘诗者,中声之所止也’,《大略》篇论《国风》曰‘盈其欲而不愆其止’,正此‘止’也。”“盈其欲而不愆其止”,杨倞注曰:“好色,谓《关雎》乐得淑女也。盈其欲,谓‘好仇’、‘寤寐思服’也。止,礼也。欲虽盈满,而不敢过礼求之。此言好色人所不免,美其不过礼也。”由此可以看出,钱先生认为“持”即止乎中道、止乎礼义之“止”,是诗人之情志的自觉收敛。“非徒如《正义》所云‘持人之行’,亦且自持情性,使喜怒哀乐,合度中节,异乎探喉肆口,直吐快心。《论语·八佾》之‘乐而不淫,哀而不伤’;《礼记·经解》之‘温柔敦厚’;《史记·屈原列传》之‘怨诽而不乱’;古人说诗之语,同归乎‘持’而‘不愆其止’而已。”[③]“夫‘长歌当哭’,而歌非哭也,哭者情感之天然发泄,而歌者情感之艺术表现也。‘发’而能‘止’,‘之’而能‘持’,则抒情通乎造艺,而非徒以宣泄为快有如西人所嘲‘灵魂之便溺’(seelisch auf die Toilene gehen)矣。”[④]钱先生还曾说,“古希腊人谓诗文气涌情溢,狂肆酣放,似口不择言(as if frenzied),而实出于经营节制,句斟字酌”;“诗人亦尝自道,运冷静之心思,写热烈之情感(Faisons des vers émus très froidement)”[⑤],亦是申说此意。凡此,也正如朱光潜在讲“心理的距离”说时所指出的:“就我说,距离是‘超脱’;就物说,距离是‘孤立’。从前人称赞诗人往往说他‘潇洒出尘’,说他‘超然物表’,说他‘脱尽人间烟火气’,这都是说他能把事物摆在某种‘距离’以外去看。反过来说,‘形为物役’,‘凝滞于物’,‘名缰利锁’,都是说把事物的利害看得太‘切身’,不能在我和物中间

---

① 钱锺书:《管锥编》(一),生活·读书·新知三联书店2008年版,第99页。
② 钱锺书:《管锥编》(一),生活·读书·新知三联书店2008年版,第99页。
③ 钱锺书:《管锥编》(一),生活·读书·新知三联书店2008年版,第99~100页。
④ 钱锺书:《管锥编》(一),生活·读书·新知三联书店2008年版,第100页。
⑤ 钱锺书:《管锥编》(三),生活·读书·新知三联书店2008年版,第1879页。

留出'距离'来。"①要之,钱先生对《诗谱序》孔疏训"诗"为"志""持"之义做了进一步发挥,认为诗人情感之"发"与"止"、"之"与"持"相反相成,都是十分必要的,这既是对传统《诗》学尤其是创作论方面的一个发明,也当有助于读者理解《毛诗正义·诗谱序》孔《疏》"诗有三训"的含义。

2. 论"风"之含义

《诗经·国风》中的"风"字,就其本义而言,当与男女之情有关。《春秋左传正义·僖公四年》孔疏引服虔云:"风,放也。牝牡相诱谓之风。"②《诗大序》说:"风,风也,教也;风以动之,教以化之。……上以风化下,下以风刺上。"孔《疏》谓:"微动若风,言出而过改,犹风行而草偃,故曰风。……《尚书》之'三风十愆',疾病也;诗人之四始六义,救药也。""三风十愆"语出《尚书·伊训》:"惟兹三风十愆,卿士有一于身,家必丧;邦君有一于身,国必亡。""三风十愆"指三种恶劣风气及其滋生的十种罪愆。具体说来,三风十愆包括巫风(舞、歌),淫风(货、色、游、畋),乱风(侮圣言、逆忠直、远耆德、比顽童)。钱先生阐发孔疏之义说:"《韩诗外传》卷三:'人主之疾,十有二发,非有贤医,不能治也:痿、蹶、逆、胀、满、支、隔、盲、烦、喘、痹、风。……无使百姓歌吟诽谤,则风不作。'《汉书·五行志》中之上:'君炕阳而暴虐,臣畏刑而柑口,则怨谤之气发于歌谣,故有诗妖。'二节可相发明。"③这里的意思是,《韩诗外传》所谓"风"症,《五行志》所谓"怨谤之气",亦即孔《疏》引《尚书》"三风十愆"之"风",言"疾病"。《韩诗外传》所言"歌吟诽谤",《五行志》所谓"发于歌谣",亦即孔《疏》所谓"四始六义",言"救药"。钱先生借助《韩诗外传》与《汉书·五行志》中的材料,妥帖地阐发了孔《疏》中的"疾病"与"救药"之义。在上述理解的基础上,钱先生又进一步指出:"是故言其作用(purpose and function),'风'者,风谏也、风教也。言其本源(origin and provenance),'风'者,土风也、风谣也(《汉书·五行志》下之上'夫天子省风以作乐',应劭注'"风",土地风俗也'),今语所谓地方民歌也。"④这里是说,孔《疏》谓"风"为"疾病",与《诗》的产生即本源相关;谓"风"为"救药",与《诗》的风谏、风教作用相关。由此看来,"疾病"与"救药"是一而二、二而一的关系。

3. 论"诗""乐"之关系

诗三百本用之于庙堂,是有乐谱而可以配乐歌唱的。《左传·襄公二十九年》记吴公子季札于鲁国观周乐之事甚为翔实,因而"诗""乐"关系问题亦为历代《诗经》研究者所重。《诗大序》云"情发于声,声成文,谓之音",孔《疏》谓:"哀乐之情,发于言语之声……依人音而制乐。若据乐初之时,则人能成文,始入于乐。若据制乐之后,则人之作诗,先须成乐之文,乃成为音。……设有言而非志,谓之矫情;情见于声,矫亦可识。若夫取彼素丝,织为绮縠,或色美而材薄,或文恶而质良,唯善贾者别之。取彼歌谣,播为音乐,或

① 朱光潜:《文艺心理学》,安徽教育出版社 1996 年版,第 22 页。
② 〔清〕阮元校刻:《十三经注疏》,中华书局 1980 年版,第 1792 页。
③ 以上引文均见钱锺书《管锥编》(一),生活·读书·新知三联书店 2008 年版,第 101 页。
④ 钱锺书:《管锥编》(一),生活·读书·新知三联书店 2008 年版,第 101 页。

词是而意非，或言邪而志正，唯达乐者晓之。……诗是乐之心，乐为诗之声，故诗乐同其功也。”[①]钱先生称孔《疏》上述论诗乐之言为“精湛之论”，“前谓诗乐理宜配合，犹近世言诗歌入乐所称‘文词与音调之一致’（die Wort – Ton – Einheit）；后谓诗乐性有差异，诗之‘言’可‘矫’而乐之‘声’难‘矫’”[②]。

就孔《疏》所言诗、乐的“配合”或者说“一致”的问题，钱先生的阐释涉及《诗》学史上关于“郑声淫”的争论问题。《论语·卫灵公》记孔子之言曰：“放郑声，远佞人。郑声淫，佞人殆。”杨伯峻注释说：“‘郑声’和‘郑诗’不同。郑诗指其文辞，郑声指其乐曲。说本明人杨慎《丹铅总录》，清人陈启源《毛诗稽古篇》。”[③]也就是说，孔子只是说“郑声淫”，并不意味着“郑诗（《郑风》）淫”。钱先生引戴震《戴东原集》卷一《书〈郑风〉后》云：“凡所谓‘声’、所谓‘音’，非言其诗也。如靡靡之乐、涤滥之音，其始作也，实自郑、卫、桑间、濮上耳。然则郑、卫之音非郑诗、卫诗，桑间、濮上之音非《桑中》诗，其义甚明。”钱先生就此评论说：“厥词辨矣，然于诗乐配合之理即所谓‘准诗’者，概乎未识，盖经生之不通艺事也。……声之准言，亦犹舞之准声。夫洋洋雄杰之词不宜‘咏’以靡靡涤滥之声，而度以桑、濮之音者，其诗必情词佚荡，方相得而益彰。不然，合之两伤，如武夫上阵而施粉黛，新妇入厨而披甲胄，物乖攸宜，用违其器。”[④]钱先生强调声调风格与歌词的联系是有道理的。当然，在注重联系的同时，也应当看到诗之声调与诗之内容的区别。声音的轻重缓急固然关乎诗歌所反映内容的刚健与阴柔，但不能完全反映诗歌内容的正邪、贞淫之倾向，因为中正和平之音也可以是轻缓柔婉的。《郑风》中的《缁衣》《女曰鸡鸣》诸篇，表达夫妇之和睦、家庭生活之乐趣，颇与“二南”诸篇相似，很难用“涤滥之声”“情词佚荡”完全概括之。

关于诗、乐的差异，钱先生还从真伪的角度切入，对孔《疏》“有言而非志，谓之矫情；情见于声，矫亦可识”诸语予以阐释：“意谓言词可以饰伪违心，而音声不容造作矫情，故言之诚伪，闻音可辨，知音乃所以知言。盖音声之作伪较言词为稍难，例如哀啼之视祭文、挽诗，其由衷立诚与否，差易辨识；孔氏所谓‘情见于声，矫亦可识’也。《乐记》云‘唯乐不可以为伪；乐者心之动也，声者乐之象也’；《孟子·尽心》‘仁言不如仁声之入人深也’……谭峭《化书·德化》‘衣冠可诈，而形器不可诈，言语可文，而声音不可文。’皆以声音为出于人之至真，入于人心之至深，直捷而不迂，亲切而无介……古希腊人谈艺，推乐最能传真像实（the most ‘imitative’），径指心源，袒裼衷蕴（a direct, express image）。”[⑤]钱先生在此以中外相关论说来印证孔颖达的见解，颇得相互发明之效果。

---

① 钱锺书：《管锥编》（一），生活·读书·新知三联书店 2008 年版，第 105 页。
② 钱锺书：《管锥编》（一），生活·读书·新知三联书店 2008 年版，第 106 页。
③ 杨伯峻译注：《论语译注》，中华书局 1980 年版，第 164 页。
④ 上引均见钱锺书《管锥编》（一），生活·读书·新知三联书店 2008 年版，第 106 ~ 107 页。
⑤ 钱锺书：《管锥编》（一），生活·读书·新知三联书店 2008 年版，第 108 ~ 109 页。

## 二、指出《毛诗正义》的差失谬误

钱先生自谓"非敢好谤前辈,求免贻误来学"①。《管锥编·毛诗正义》中有不少地方辨析《传》《笺》《疏》之差失谬误,有理有据,颇令人信服。

对于《传》《笺》《疏》承袭《小序》而失当之处,钱先生时有驳难。如《周南·卷耳》篇《小序》谓"后妃"以臣下勤劳、"朝夕思念"而作此诗,《传》《笺》恪遵无违,钱先生说:"其说迂阔可哂,'求贤'而几于不避嫌!朱熹辨之曰'其言亲昵,非所宜施',是也。"②关于朱熹的"亲昵"之说,清人方玉润曾申之曰:"念行役而知妇情之笃也","(一章)因采卷耳而动怀人念","下三章皆从对面着笔,历想其劳苦之状,强自宽而愈不能宽"③。钱先生所断甚是。又如《卫风·淇奥》篇《小序》谓"美武公之德也",孔《疏》曰:"武公杀兄篡国,得为美者,美其逆取顺守;齐恒、晋文皆以篡弑而立,终建大功,亦其类也。"钱先生以为属附会之谈,"按姚范《援鹑堂笔记》卷六引《正义》此节而斥之曰:'说经者固如是乎!'方东树按语:'此唐儒附会,回避太宗、建成、元吉事耳。'"④再如《桧风·隰有苌楚》"夭之沃沃,乐子之无知。……乐子之无家,乐子之无室",郑《笺》:"知、匹也,于人年少沃沃之时,乐其无匹配之意。'无家'谓无夫妇室家之道。"孔《疏》:"谓十五六时也。"钱先生指擿郑、孔之误道:"按《序》:'思无情欲者',注疏胶泥此语,解'知'为知人事、通人道,如《孟子·万章》'知好色则慕少艾'之'知',甚矣其墟拘墨守也!《荀子·王制》篇'水火有气而无生,草木有生而无知,禽兽有知而无义',即此处'无知'之意。……此诗意谓:苌楚无心之物,遂能夭沃茂盛,而人则有身为患,有待为烦,形役神劳,唯忧用老,不能长保朱颜青鬓,故睹草木而生羡也。室家之累,于身最切,举示以概忧生之嗟耳,岂可以'无知'局于俗语所谓'情窦未开'哉?"⑤所言甚是。

笺注不当者,如《小雅·楚茨》"先祖是皇,神保是飨",毛《传》"保,安也",郑《笺》"鬼神又安而享其祭祀"。钱先生谓"毛、郑皆误;'神保'者,降神之巫也。《楚辞·九歌·东君》'思灵保兮贤姱',洪兴祖注'说者曰"灵保、神巫也"';俞玉《书斋夜话》卷一申其说曰'今之巫者,言神附其体,盖犹古之"尸";故南方俚俗称巫为"太保",又呼为"师人","师"字亦即是"尸"字'。'神保'正是'灵保'"⑥。所言甚是。又如《邶风·静女》篇:"自牧归荑,洵美且异;匪女之为美,美人之贻。"毛《传》云:"非为其徒说美色而已,美其人能遗我法则。"孔《疏》谓:"言不美此女,乃美此人之遗于我者。"钱先生直斥注疏"谬

---

① 钱锺书:《谈艺录》,中华书局1984年版,第266页。

② 钱锺书:《管锥编》(一),生活·读书·新知三联书店2008年版,第116页。

③ 〔清〕方玉润撰,李先耕点校:《诗经原始》,中华书局1986年版,第77~78页。

④ 钱锺书:《管锥编》(一),生活·读书·新知三联书店2008年版,第153页。

⑤ 钱锺书:《管锥编》(一),生活·读书·新知三联书店2008年版,第218页。

⑥ 钱锺书:《管锥编》(一),生活·读书·新知三联书店2008年版,第258页。

甚”,“诗明言物以人重,注疏却解为物重于人,茅草重于姝女,可谓颠倒好恶者”①。

再如《邶风·柏舟》篇:“我心匪鉴,不可以茹。……我心匪石,不可转也;我心匪席,不可卷也。”毛《传》:“鉴所以察形也,‘茹’,度也。”郑《笺》:“鉴之察形,但知方圆白黑,不能度其真伪,我心非如是鉴。”孔《疏》:“我心则可以度知内之善恶,非徒如鉴然。”由此可以看出,郑《笺》、孔《疏》皆释“度”为“忖度”之“度”。钱先生说:“信如毛、郑、孔所释,则石可转而我心不可转,席可卷而我心不可卷,鉴不可度而我心可度,‘不可以茹’承‘鉴’而‘不可以转、卷’则承‘我心’,律以修词,岨峿不安矣。”根据文义,有理由对释“茹”为“忖度”之“度”提出怀疑。钱先生解“茹”为“纳”,不仅有文献依据,且显示出前后表达方式的一致:石可转而我心不可转,席可卷而我心不可卷,鉴可容善恶美丑种种影像而我心不可容。为了避免曲解《传》义,钱先生又补充道:“毛传所谓‘度’,倘不作‘余忖度之’解,而如《管子·七法》之‘施也、度也、恕也,谓之心术’,作度量宽弘解,则与韩诗所谓‘容’之义契合,即今语之‘大度包容’也。”②即便如此,他对《笺》《疏》的批评仍是可以成立的。

## 三、从文艺鉴赏角度论析《诗经》的艺术表现手法

钱锺书先生自谓“雅喜谈艺”③,郑朝宗先生亦称《管锥编》“实际致力的是‘诗心’、‘文心’的探讨”④。从《管锥编·毛诗正义》的内容来看,钱先生对“诗心”的探讨主要体现为对《诗经》艺术表现手法的发微与总结,其荦荦大者有以下数端。

**1.“借口代言”法**

《周南·卷耳》一诗共四章,每章都有“我”字,而首章显系妇人口吻,后三章则是征人口气,历来聚讼纷纭。或以为是妇人念夫行役,闵其劳苦之作;或以为是行役之人思念家中妻子之作。钱先生指出,“作诗之人不必即诗中所咏之人,妇与夫皆诗中人,诗人代言其情事,故各曰‘我’。首章托为思妇之词,‘嗟我’之‘我’,思妇自称也……二、三、四章托为劳人之词,‘我马’、‘我仆’、‘我酌’之‘我’,劳人自称也;‘维以不永怀、永伤’,谓以酒自遣离忧”⑤。所谓“代言其情事”,是说《卷耳》的作者以第一人称的口吻出现,分别代拟诗中人物自咏自唱。这种方法与作者以第三人称叙写相比,显然能更充分地表现人物的个性及心理特征。

《鄘风·桑中》是咏唱歌者与心爱的女子约会的诗,共三章,每章分别提到一个女子

---

① 钱锺书:《管锥编》(一),生活·读书·新知三联书店2008年版,第148页。

② 以上引文均见钱锺书《管锥编》(一),生活·读书·新知三联书店2008年版,第133~134页。

③ 钱锺书:《谈艺录》,中华书局1984年版,第1页。

④ 郑朝宗:《研究古代文艺批评方法论上的一种范例——读〈管锥编〉与〈旧文四篇〉》,见田蕙兰等选编《钱钟书杨绛研究资料集》,华中师范大学出版社1997年版,第378页。

⑤ 钱锺书:《管锥编》(一),生活·读书·新知三联书店2008年版,第116~117页。

的名字（“孟姜”“孟弋”“孟庸”），但约会地点完全相同（“期我乎桑中，要我乎上宫”），解诗者或谓讽刺淫乱，或谓自状其丑。钱先生指出：“设身处地，借口代言，诗歌常例。貌若现身说法（Ichlyrik），实是化身宾白（Rollenlyrik），篇中之‘我’，非必诗人自道……人读长短句时，了然于扑朔迷离之辨，而读《三百篇》时，浑忘有揣度拟代之法（Prosopopeia），朱熹《语类》卷八〇解道：‘读《诗》且只将做今人做底诗看’，而于《桑中》坚执为‘淫者自状其丑’，何哉？”①“借口代言”四字，可谓理解本诗创作手法的一把钥匙。孙作云先生在《诗经恋歌发微》中指出，《桑中》与祀高禖有关（“高禖”是管理人间生育的女神），说“这首诗的背景，就是在举行桑林之社的祭祀时唱的。……从这首诗里，可以推知当时的祭祀聚会情形”②。此说可为钱先生“借口代言”法之旁证，试想，如果是在男女聚会的节日上，诗人模拟恋爱者的声腔口吻而歌唱，一唱三叠，以表达对与会男女的美好祝愿，是完全可能并且非常自然的。

钱先生提出的“借口代言”法不仅有助于理解《卷耳》《桑中》等篇的内容，而且有助于认识后世曲艺、戏剧中常用的“代言”法的文学渊源。弹词中的“白”、戏剧唱词中的“我”，都是代言。明天启间王骥德《曲律》卷二《论家数》云：“夫曲以模写物情，体贴人理，所取委曲宛转，以代说词。”③崇祯间孟称舜于《古今名剧合选序》中也说，戏曲作者须“化身为曲中之人”，设身处地，代人物立言，“忽为之男女焉，忽为之苦乐焉，忽为之君主仆妾、佥夫端士焉”④。依钱锺书先生之论，我们完全可以说《诗经》在创作实践上已发其端。

**2.“话分两头”法**

分析《卷耳》诗时，钱先生又拈出一法，即“话分两头”法：“……男女两人处两地而情事一时，批尾家谓之‘双管齐下’，章回小说谓之‘话分两头’。”钱先生又解释说，章回小说之“话分两头”，如《红楼梦》第五四回王凤姐仿“说书”所谓“一张口难说两家话，‘花开两朵，各表一枝’”便是。⑤《卷耳》“话分两头”法的诗学意义在于，它能让接受者与作者一样心骛八极、视通万里，同时看到在不同地点发生的事因两相对照而产生强烈的艺术效果。俞平伯先生《葺芷缭衡室读诗札记》评论《卷耳》说：“采耳执筐明非征夫所为，登高饮酒又岂思妇之事。此盈彼绌，终难两全。惬心贵当，了不可得。我索性把它说为两橛罢。”⑥又说：“当携筐采绿者徘徊巷陌，回肠荡气之时，正征人策马盘旋，度越关山之顷。两两相映，境殊而情却同，事异而怨则一。由彼念此固可，由此念彼亦可；不入忆念，

---

① 钱锺书：《管锥编》（一），生活·读书·新知三联书店2008年版，第150～151页。

② 孙作云：《诗经恋歌发微》，见《诗经与周代社会研究》，中华书局1966年版，第305～306页。

③ 中国戏曲研究院编：《中国古典戏曲论著集成》（四），中国戏剧出版社1959年版，第122页。

④ 〔明〕孟称舜：《新镌古今名剧合选》卷首，明崇祯年间刻本。

⑤ 上引均见钱锺书《管锥编》（一），生活·读书·新知三联书店2008年版，第117页。

⑥ 俞平伯：《葺芷缭衡室读诗札记》，见顾颉刚编著《古史辨》（第三册），朴社1931年版，第457页。

客观地相映发亦可。所谓向'天涯一样缠绵，各自飘零'者，或有当诗人之恉乎？"①所谓"把它说为两橛"，亦即钱先生所讲的"话分两头"法。西方文学亦有"话分两头"之例，钱先生举例说："《名利场》中写滑铁卢大战，结语最脍炙人口：'夜色四罩，城中之妻方祈天保夫无恙，战场上之夫仆卧，一弹穿心，死矣'（Darkness came down on the field and the city：and Amelia was praying for George，who was lying on his face，dead，with a bullet through his heart）。"不过，钱先生又不无自豪地说，"话分两头"法"要莫古于吾三百篇《卷耳》者"②。

谈及《卷耳》"话分两头"法对后世文学创作的影响，钱先生列举了不少例子，如王维《陇头吟》："长安少年游侠客，夜上戍楼看太白。陇头明月迥临关，陇上行人夜吹笛。关西老将不胜愁，驻马听之双泪流；身经大小百余战，麾下偏裨万户侯。苏武身为典属国，节旄落尽海西头。"少年楼上看星，与老将马背听笛，人异地而事同时，形成鲜明的对照，动人肺腑。又如《红楼梦》第九十八回"却说宝玉成家的那一日，黛玉白日已经昏晕过去，当时黛玉气绝，正是宝玉娶宝钗的这个时辰"，亦远绍《卷耳》之遗意。③

**3."推己忖他"法**

《魏风·陟岵》是征人行役、思念父母之作。其首章曰："陟彼岵兮，瞻望父兮。父曰：'嗟予子行役，夙夜无已！上慎旃哉，犹来无止。'"郑《笺》云："孝子行役，思其父之戒。"孔《疏》谓："我本欲行之时，父教我曰……"钱先生认为，注疏说是征人望乡而追忆临别时亲戚之叮咛，"说自可通。然窃意面语当曰'嗟女行役'；今乃曰'嗟予子（季、弟）行役'，词气不类临歧分手之嘱，而似远役者思亲，因想亲亦方思己之口吻尔"。钱先生又概括地说，《陟岵》这种写法是"分身以自省，推己以忖他"；"我思人乃想人必思我"④。诗歌所特有的因素是创造的想象，在诗人那里，"寂然凝虑，思接千载，悄焉动容，视通万里"⑤，并不是什么难事，如《豳风·东山》描述戍卒回乡途中想象妻子因思念自己而长吁短叹的同时打扫屋子，期盼着丈夫的归来，与《陟岵》颇相似。钱先生又说："古乐府《西洲曲》写男'下西洲'，拟想女在'江北'之念己望己……据实构虚，以想象与怀忆融会而造诗境，无异乎《陟岵》焉。"⑥

关于《陟岵》"推己忖他"法对后世创作的影响，钱先生认为可分为两种，一种是"或在此地想异地之思此地"，如王建《行见月》"家人见月望我归，正是道上思家时"；白居易《江楼月》"谁料江边怀我夜，正当池畔思君时"；龚自珍《己亥杂诗》"一灯古店斋心坐，不是云屏梦里人"。一种是"或在今日想他日之忆今日"，如温庭筠《题怀贞池旧游》"谁能

---

① 俞平伯：《葺芷缭衡室读诗札记》，见顾颉刚编著《古史辨》（第三册），朴社1931年版，第457页。

② 上引见钱锺书《管锥编》（一），生活·读书·新知三联书店2008年版，第118～119页。

③ 上引见钱锺书《管锥编》（一），生活·读书·新知三联书店2008年版，第117～118页。

④ 上引见钱锺书《管锥编》（一），生活·读书·新知三联书店2008年版，第192～193页。

⑤ 〔南朝梁〕刘勰：《文心雕龙·神思》，见周振甫注《文心雕龙注释》，人民文学出版社1981年版，第295页。

⑥ 钱锺书：《管锥编》（一），生活·读书·新知三联书店2008年版，第193页。

不逐当年乐，还恐添为异日愁"；朱服《渔家傲》"拚一醉，而今乐事他年泪"；吕本中《减字木兰花》"来岁花前，又是今年忆昔年"。要之，"一施于空间，一施于时间，机杼不二也"①。需要略加说明的是，《陟岵》之"推己忖他"法与前述《卷耳》之"话分两头"法是有所不同的，"话分两头"法重在人异地而事同时的对照，而"推己忖他"法突出的是作者心理上的遥思与感通，用钱先生的话说，"言远隔而能感通（telepathy，ESP），虽荆燕两地，仍沆瀣一气，非《卷耳》谋篇之旨"②。

4. **心理夸张法**

《卫风・河广》是一位住在卫国的宋人思归不得的诗。其第二章说："谁谓河广？曾不容刀。谁谓宋远？曾不崇朝。"郑《笺》："小船曰刀，作'舠'。"钱先生说："解为刀、剑之刀，亦无不可；正如首章'一苇杭之'，《传》'杭、渡也'，《笺》'一苇加之，则可以渡之'，亦极言河狭，一苇堪为津梁也。……《卫风・河广》言河之不广，《周南・汉广》言汉之广而'不可泳思'。虽曰河、汉广狭之异乎，无乃示愿欲强弱之殊耶？盖人有心则事无难，情思深切则视河水清浅；歧以望宋，觉洋洋者若不能容刀、可以苇杭。"所言甚是。钱先生又总结性地说："盖文词有虚而非伪、诚而不实者。语之虚实与语之诚伪，相连而不相等，一而二焉。是以文而无害，夸或非诬。"也就是说，《河广》中的心理夸张是为了表达一种强烈的主观愿望，"西洋诗中情人赴幽期，则海峡可泳而度，不惜跃入（leap'd lively in）层波怒浪"③。

于现实中不可能的，于诗歌中则是正常现象，"高文何绮，好句如珠，现梦里之悲欢，幻空中之楼阁，镜内映花，灯边生影，言之虚者也，非言之伪者也"④。这也正如刘勰所说："文辞所被，夸饰恒存。虽诗书雅言，风格训世，事必宜广，文亦过焉。是以言峻则嵩高极天，论狭则河不容舠，说多则子孙千亿，称少则民靡孑遗……辞虽已甚，其义无害也。"⑤因此，钱先生不无调侃地说："苟有人焉，据诗语以考订方舆，丈量幅面，益举汉广于河之证，则痴人耳，不可向之说梦者也。不可与说梦者，亦不足与言诗，惜乎不能劝其毋读诗也。唐诗中示豪而撒漫挥金则曰'斗酒十千'，示贫而悉索倾囊则曰'斗酒三百'，说者聚辩……一若从而能考价之涨落、酒之美恶，特尚未推究酒家胡之上下其手或于沽者之有所厚薄耳！"⑥将文学回归到文学，用诗家眼光来读诗、解诗，是钱先生的一贯主张。诗人的心理夸张属于"虚写"，如果硬要把它"坐实"，辨河汉之广狭，考李杜之酒价，那肯定是要闹笑话的。

---

① 上引见钱锺书《管锥编》（一），生活・读书・新知三联书店2008年版，第192～195页。

② 钱锺书：《管锥编》（一），生活・读书・新知三联书店2008年版，第119页。

③ 上引见钱锺书《管锥编》（一），生活・读书・新知三联书店2008年版，第164～166页。

④ 钱锺书：《管锥编》（一），生活・读书・新知三联书店2008年版，第166页。

⑤ 〔南朝梁〕刘勰：《文心雕龙・夸饰》，见周振甫注《文心雕龙注释》，人民文学出版社1981年版，第404页。

⑥ 钱锺书：《管锥编》（一），生活・读书・新知三联书店2008年版，第164～165页。

**5. 以动衬静法**

《小雅·车攻》是一首写周宣王会同诸侯田猎的诗。其第七章有云："萧萧马鸣，悠悠旆旌。"毛《传》："言不谨哗也。"钱先生诠释说："毛传径取后章'之子于征，有闻无声'，以申前章之意，捎彼注兹耳。《全唐文》卷七〇九李德裕《文章论》引其从兄翰喻文章高境曰'千军万马，风恬雨霁，寂无人声'，可以移笺毛传。"[①]所言甚是。方玉润《诗经原始》亦云："'马鸣'二语写出大营严肃气象，是猎后光景。"[②]从艺术手法上说，"萧萧马鸣，悠悠旆旌"二句巧妙地运用了以动衬静的手法，钱先生谓此"即心理学中'同时反衬现象'(the phenomenon of simultaneous contrast)。眼耳诸识，莫不有是；诗人体物，早具会心。寂静之幽深者，每以得声音衬托而愈觉其深；虚空之辽广者，每以有事物点缀而愈见其广"；"《陆象山全集》卷三四《语录》'"萧萧马鸣"，静中有动；"悠悠旆旌"，动中有静'，亦能窥二语烘衬之妙"。[③] 动与静二者存在着某种辩证关系，相违而又相依，一方的适量存在能使另一方更加突出，此即所谓"烘衬之妙"。

谈到《车攻》"萧萧马鸣，悠悠旆旌"二句对后世的影响，钱先生举杜甫《出塞》"落日照大旗，马鸣风萧萧"，谓"乃演申《诗》语"。钱先生又称赏苏轼《宿海会寺》"纨如五鼓天未明，木鱼呼粥亮且清，不闻人声闻履声"，以为能生发"有闻"而"无声"之旨，"语遂超妙"。另外，谢贞《春日闲居》"风定花犹落，鸟鸣山更幽"，杜甫《题张氏幽居》"伐木丁丁山更幽"，苏轼《观棋》诗"谁欤棋者，户外屦二；不闻人声，时闻落子"，陆游《乍晴泛舟至扶桑埭》"数家茅屋门昼掩，不闻人声闻碓声"等，亦正同一机杼。[④]

**6."移情"法**

《邶风·静女》是以男子的口吻写幽期密约的诗。其末章云："自牧归荑，洵美且异；匪女之为美，美人之贻。"毛《传》："非为其徒说美色而已，美其人能遗我法则。"孔《疏》："言不美此女，乃美此人之遗于我者。"钱先生认为《传》《疏》之言"谬甚"，"诗明言物以人重，注疏却解为物重于人，茅草重于姝女，可谓颠倒好恶者。'女'即'汝'字，犹《桧风·隰有苌楚》'乐子之无知'，或《艺文类聚》卷四三引宁戚《扣牛角歌》'黄犊上坂且休息，吾将舍汝相齐国'……卉木无知，禽犊有知而非类，却胞与而尔汝之，若可酬答，此诗人之至情洋溢，推己及他"。[⑤] 钱先生认为"女"即"汝"，是对荑草而不是对女子的称呼，"匪女之为美，美人之贻"句的意思是，之所以觉得你这株荑草美，是因为你是美人赠送的。诗人对草木之类的"物"也可以呼"尔"唤"汝"，如同人、物之间可以对谈。钱先生又进一步发挥此意道："我而多情，则视物可以如人(I–thou)，体贴心印，我而薄情，则视人亦祇如物(I–it)，侵耗使役而已。《魏风·硕鼠》'三岁贯女'，'逝将去女'；《书·汤誓》'时日曷

---

① 钱锺书：《管锥编》(一)，生活·读书·新知三联书店2008年版，第232页。

② 〔清〕方玉润撰，李先耕点校：《诗经原始》，中华书局1986年版，第368页。

③ 上引见钱锺书《管锥编》(一)，生活·读书·新知三联书店2008年版，第232~234页。

④ 上引见钱锺书《管锥编》(一)，生活·读书·新知三联书店2008年版，第232~233页。

⑤ 钱锺书：《管锥编》(一)，生活·读书·新知三联书店2008年版，第148页。

丧,予及女皆亡',此之称'汝',皆为怨词。盖尔汝群物,非仅出于爱昵,亦或出于憎恨。要之吾衷情沛然流出,于物沉浸沐浴之,彷彿变化其气质,而使为我等匹,爱则吾友也,憎则吾仇尔,于我有冤亲之别,而与我非族类之殊,若可晓以语言而动以情感焉。梁玉绳《瞥记》卷二考'尔汝'为贱简之称,亦为忘形亲密之称。呼人既然,呼物亦犹是也。"①此段申说辨析,持之有故,言之成理,颇有说服力。

称群物为"尔"或"汝",正所谓"以我观物,故物皆著我之色彩"②;物既有类似我的色彩,那么就可视为"另一个人"那样对待之。又,《文心雕龙·物色》篇谓"春秋代序,阴阳惨舒,物色之动,心亦摇焉。……流连万象之际,沈吟视听之区……目既往还,心亦吐纳。春日迟迟,秋风飒飒。情往似赠,兴来如答"③。钱先生就此曾说,"'心亦吐纳'、'情往如赠',刘勰此八字已包赅西方美学所称'移情作用'(Law of imputation, Einfühlung)"④。《静女》篇之"尔汝群物"无疑是"移情作用"在《诗经》中的生动体现,也成为后世诗词移情法之滥觞。

要之,钱先生以其特有的审美眼光,或着眼于诗篇的整体结构,或着眼于诗人之创作心理与独特的表达方式,或着眼于读者接受的效果,对《诗经》的艺术表现手法加以剖析与归纳,妙论叠出,超越前贤,受到读者的广泛赞誉。

## 结 语

钱先生学贯中西,长于汇通,在《管锥编·毛诗正义》中征引了大量的相关资料,借助于多方比较观照,无论是对重要《诗》学问题的讨论,还是对注疏差失谬误的判定,都令人信服。他对《诗经》艺术手法的论析与总结,对于秦汉以后历代诗歌艺术的分析与鉴赏也不无启示意义。《管锥编·毛诗正义》在现代《诗经》学史上理应占有重要的一席之地。

---

① 钱锺书:《管锥编》(一),生活·读书·新知三联书店 2008 年版,第 148 ~ 149 页。

② 王国维:《人间词话》,上海古籍出版社 2008 年版,第 1 页。

③ 〔南朝梁〕刘勰著,周振甫注:《文心雕龙注释》,人民文学出版社 1981 年版,第 493 ~ 494 页。

④ 钱锺书:《管锥编》(三),生活·读书·新知三联书店 2008 年版,第 1869 页。

# “思与境偕”是“情景交融”吗？

## ——基于司空图诗歌创作的考察

孙学堂*

司空图的“思与境偕”说在当代文学批评史、美学史乃至文艺理论界产生了巨大影响。人们联系《二十四诗品》的诗美观，将其解释为“情景交融”，视为古典审美“意境论”的代表学说，并将其普遍应用于各种文艺评论。然《二十四诗品》的真伪受到质疑后，考察司空图的艺术追求应更多结合其创作倾向。根据司空图诗歌创作的特征，笔者认为不应该把“思与境偕”阐释为“情景交融”。

## 一

司空图《与王驾评诗书》评王驾诗“五言所得，长于思与境偕，乃诗家之所尚者”①。对于“思与境偕”较权威的解释是“情景交融”，如王运熙、顾易生主编的《中国文学批评通史·隋唐五代卷》指出：“思与境偕，是说诗人的情思和外界的境相结合，大致上也就是情景交融之意。”②祖保泉先生也认为：“‘思与境偕’，用今天的话来说，即是诗人在创作过程中，必须使自己的思想、感情和自己所描绘的客观事物、环境完全融合，成为主观与

* 孙学堂：山东大学文学院教授、博士生导师。本文是国家社科基金重大项目“易代之际文学思想研究”（项目编号：14ZDB073）的阶段性成果。

① 祖保泉、陶礼天笺校：《司空表圣诗文集笺校》，安徽大学出版社2002年版，第190页。以下引司空图诗文均据此版本。

② 王运熙、顾易生主编：《中国文学批评通史三·隋唐五代卷》，上海古籍出版社1996年版，第677页。该书还用“情与景偕”来代替司空图本人“思与境偕”的说法。

客观完全和谐的统一体。显然,这与后人常说的'融情于景,情景交融'没有实质性的区别。"①

学界重视"思与境偕"说,显然是把它视为司空图核心的艺术追求和论诗主张,而不仅是将其视为司空图对朋友(王驾)之诗的个别评价或当时一般论诗者所推崇(诗家之所尚)而司空图本人并不热衷的论诗主张。虽然司空图在这里说"五言所得",但五言和七言并无不可逾越之界限,故今人讨论这一理论命题时也从未限定在五言范围内。可以说,学界一般认为"情景交融"是司空图诗学思想的核心内容之一。

诗歌鉴赏中所说的"情景交融"所指十分广泛。因为除纯粹的叙事或说理外,"作诗不过情景二端"②,"交融"二字并无比率大小之约束。写景者如谢灵运"云日相辉映,空水共澄鲜",不能说没有感情,因为"一切景语皆情语也"③;写意者如梅尧臣"野凫眠岸有闲意,老树着花无丑枝",有感情也有景物,谓其"情景交融"也无可辩驳。因此人们把"情景交融"进一步分为"寓情于景""缘情写景"等多种类型。"情景交融"概念的广泛运用也是"思与境偕"说在当代产生广泛影响的重要原因。

但考察中国诗史的发展历程,论及"情景交融"又是以盛唐诗、大历诗为典范④,其特点是在直观的形象中融入浓烈的情思,形成浑融的意境氛围,给读者以直接的感染力。盛唐诗、大历诗的内容和情思也有多种多样之差别,如高适不同于王昌龄,王维的送别题材不同于禅意山水,李白诗、杜甫诗汪洋浩瀚,已非"情景交融"所能概括,但有不少佳作还是具有情景融合的特点。总之,判定"情景交融"的主要标准是是否以意境氛围打动人心,这个标准近似于王国维所说的"不隔"。大历之后,韩孟、元白或重主观、尚怪奇,或尚实、尚俗、务尽,以至宋诗"尚意","以议论为诗",都背离了"情景交融"的表现方式。

从《二十四诗品》看,司空图提倡的是"唐音",尤其是王维、韦应物那种清淡自然的诗风,正是"情景交融"的类型。翁方纲说:"唐诗妙境在虚处……而盛唐诸公,全在境象超诣,所以司空表圣《二十四品》及严仪卿以禅喻诗之说,诚为后人读唐诗之准的。"⑤今人张少康说:"他赞美王维、韦应物的诗是'澄淡精致,格在其中',其实这也正是他诗歌的艺术风格特征。"⑥从这样的角度看,司空图是追求"情景交融"的。

---

① 祖保泉:《司空图诗文研究》,安徽教育出版社 1998 年版,第 61 页。

② 〔明〕胡应麟:《诗薮》内编卷四,上海古籍出版社 1979 年版,第 63 页。

③ 王国维著,滕咸惠新注:《人间词话新注》,齐鲁书社 1986 年版,第 47 页。

④ 参看蒋寅《走向情景交融的诗史进程》,载《文学评论》1991 年第 1 期。本文论及象征、拟人手法也多受该文启发。但该文对盛唐诗歌未臻情景交融之境的评说并未被学界普遍接受,陈铁民等先生有商榷文章,如《情景交融与王维对诗歌艺术的贡献》,载《中国文化研究》2001 年第 3 期。

⑤ 〔清〕翁方纲:《石洲诗话》卷四,见郭绍虞编选《清诗话续编》,上海古籍出版社 1983 年版,第 1428 页。

⑥ 张少康、刘三富:《中国文学理论批评发展史》,北京大学出版社 2005 年版,第 377 页。该书还认为司空图的诗善于写情绘状,而清新自然;淘洗熔炼,而不落人工痕迹;淡中有浓,朴处见华,含蓄蕴藉,富有"韵外之致"。

然而也有人发现司空图的诗作与《二十四诗品》所论反差较大。翁方纲说:"司空表圣在晚唐中,卓然自命,且论诗亦入超诣。而其所自作,全无高韵,与其评诗之语,竟不相似。此诚不可解。"①宋育仁说他"纵横议论,蕴藉变衰,已启宋元末派"②。谢无量《中国大文学史》说他和方干都受张籍、贾岛和姚合的影响,"源于此三人而远开宋人诗体"③。今人刘宁女士也认为:"司空图所处时代的诗歌风气与他本人的创作追求,都与盛唐诗歌,特别是作为盛唐意境理论之创作典范的王维一派山水诗有了明显不同。"④从这样的角度看,司空图的艺术追求与"情景交融"存在相当距离。

因为《二十四诗品》的真伪受到了质疑,考察司空图的艺术追求应更多结合他的诗歌创作。虽然他的创作成就不高,但应该能够反映出他的审美倾向。历史上也多有创作成就不高但创作和理论批评倾向大都一致的诗论家。比如严羽,李东阳批评他"所论超离尘俗,真若有所自得,反覆譬说,未尝有失。顾其所自为作,徒得唐人体面,而亦少超拔警策之处"⑤。"少警拔"是才情不足,严羽诗师法盛唐的倾向是明显的。明代的前后七子也一样,虽然他们的诗作大都缺乏艺术感染力,但宗法汉魏盛唐的倾向与理论主张一致。如果司空图在理论上强调"情景交融",在创作上也必然有所体现。

## 二

但翻阅司空图现存的全部诗歌⑥可知,其大多数诗作偏离了情景交融的表现方式。《有感》:"灯影看须黑,墙阴惜草青。岁阑悲物我,同是冒霜萤。"灯影昏暗,故不觉胡须已白;墙阴稍暖,其草较他处偏青。可人生的暮年同自然界的冬天一样到来,我与物都像严霜逼促下的萤火,生命即将燃尽。"冒霜萤"是比喻,含不甘就死的抗争意味;不愿承认须白、不愿看到草枯,也具有相似的不甘之心;但规律不可违拗,掩饰总属徒劳。诗意很深刻,但是从对比和思考中得来,表达则落于"言筌",因而直露。《狂题十八首其十五》:"昨日流莺今日蝉,起来又是夕阳天。六龙飞辔长相窘,更忍乘危自着鞭。"后人多理解为

---

① 〔清〕翁方纲:《石洲诗话》卷二,见郭绍虞编选、富寿荪校点《清诗话续编》,上海古籍出版社1983年版,第1395页。

② 宋育仁:《三唐诗品》,转引自陈伯海主编《唐诗汇评》,浙江教育出版社1995年版,第2749页。

③ 谢无量编辑:《中国大文学史》卷七,中华书局1940年版,第51页。谢氏的结论除了基于诗风的判断外,还借助了这样一个推理:江西诗派受苏轼影响,而苏轼推崇司空图。可见他说的"宋人诗体"主要指江西派诗风。

④ 刘宁:《唐宋之际诗歌演变研究:以元白之元和体的创作影响为中心》,北京师范大学出版社2002年版,第243页。

⑤ 〔明〕李东阳:《麓堂诗话》,见丁福保辑《历代诗话续编》,人民文学出版社1983年版,第1371页。

⑥ 据祖保泉先生考察,今所见司空图诗是明代胡震亨辑本,可能有较大散佚。其绝句辑自《万首唐人绝句》,也未必完全可靠。但现存诗作至少为我们认识司空图的艺术追求提供了部分可靠样本。

"戒好色自戕者"①,盖以为流莺、蝉喻歌女。其实流莺可以象征春天,蝉则代表秋天,第一句谓春秋代序、时光荏苒,第二句"夕阳天"喻暮年。"六龙飞辔"是时光流逝,"自着鞭"可以理解为自寻烦恼。《扇》:"珍重逢秋莫弃捐,依依只仰故人怜。有时池上遮残日,承得霜林几个蝉。"秋扇是自喻,"遮残日"或喻自己忠贞②。比喻、象征本是塑造"情景交融"之境的常用手法,但司空图这些诗是用比喻和象征来说理、表意,而非抒写情感。

司空图诗中显直的议论很普遍。《退居漫题七首其六》:"努力省前非,人生上寿稀。青云无直道,暗室有危机。"《退居漫题七首其七》:"燕拙营巢苦,鱼贪触网惊。岂缘身外事,亦似我劳形。"《偶书五首其五》:"掩谤知迎吠,欺心见强颜。有名人易困,无契债难还。"《漫书五首其三》:"海上昔闻麋爱鹤,山中今见鹿憎龟。爱憎止竟须关分,莫把微才望所知。"这些诗都不讲含蓄,近似后世通俗小说中的"劝世"诗或警世格言。《华清宫》:"帝业山河固,离宫宴幸频。岂知驱战马,只是太平人。"讽玄宗不知居安思危,是史论。《力疾山下吴村看杏花十九首其十二》:"造化无端欲自神,裁红剪翠为新春。不如分减闲心力,更助英豪济活人。"谓阳春用情于裁红剪翠,何不分力于拯救生民,议论正而不免近腐。《漫书二首其二》:"小蝶尔何兢,追飞不惮劳。远教群雀见,宁悟祸梯高。"从翩然起舞的蝴蝶想到它接下来可能面临的不测。后来黄庭坚的《蚁蝶图》之立意与之相似。这些诗都是"尚意"的,而不是"重意境"的。

司空图诗中有两类诗抒情性较强,一类是写花开花落、人生易老之感触,另一类是咏柳绝句。其中某些作品可以归入"情景交融"的范畴,但与盛唐诗、大历诗那种擅长塑造意境氛围的诗作相比,仍然显得主观性太强。

感春悲秋之作在司空图诗作中属于最具有感染力的作品。《漫书二首其一》:"剩欲逢花折(疑当作'坼'),须判冒雨频。晴明开渐少,莫怕湿新巾。"《退居漫题七首其一》:"花缺伤难缀,莺喧奈细听。惜春春已晚,珍重草青青。"情感浓烈,可以说是直抒胸臆,也可以说是表现了一个爱花、惜春的诗人形象。《力疾山下吴村看杏花十九首其十九》"昨日黄昏始看回,梦中相约又衔杯。起来闻道风飘却,犹拟教人扫取来。"由"始看"到"又约",到"闻道"和"犹拟",四句诗在一个叙事性框架中层层推进,把伤春惜花之意表现得深婉细腻。这些诗侧重主体感受之传达,并无写景之成分。相似的还有《村西杏花二首其一》:"薄腻力偏羸,看看怆别时。东风狂不惜,西子病难医。"以羸病垂死之西施喻花,且把伤春惜花比为生死"怆别",又从反面写,谓东风不知怜香惜玉,表现手法之深曲已与唐末五代词之手法相近。这类诗需让读者反复咀嚼,不是以直观形象和情感氛围感发人心,因此也不是典型的"情景交融"的作品。

咏柳绝句属于司空图诗作中最有"神韵"的作品。如《杨柳枝寿杯词十八首其三》

---

① 〔宋〕罗大经:《鹤林玉露》卷四甲编,中华书局 1983 年版,第 72 页。

② 该诗之象征义可做多种诠释,此处参考祖保泉、陶礼天笺校《司空表圣诗文集笺校》,第 128 ~ 129 页。

“便帆轻拂乱莺啼”、《杨柳枝寿杯词十八首其八》“乱萤飞出照黄昏”，用烘云托月之法写隋堤柳色和深秋残柳，都善于传神写照。《杨柳枝寿杯词十八首其九》云：

客泪休沾汉水滨，舞腰羞杀汉宫人。狂风更与回烟帚，扫尽繁花独占春。

第二句中的“舞腰”与第三句中的“帚”比喻形容柳干、柳枝的形状，都是直观的，可以视为诗中写景的成分。第二句中的“羞杀汉宫人”在比喻的基础上再用对比映衬法，思力深了一层；合看第三句与第四句，“帚”又成为狂风给“与”柳条、让它“扫尽繁华独占春”的武器，这样所咏之柳就成了斗士。思力愈深，诗歌的意涵愈加丰富，用皎然《诗式》的话说，可称“两重意已上，皆文外之旨”①。该诗感情敞亮，情味隽永，堪称“情景交融”的佳作。但这样的诗作在司空图诗中实在太少了。《白菊三首其三》（实际是写秋柳）云：“为报繁霜且莫催，穷秋须到自低垂。横拖长袖招人别，只待春风却舞来。”为柳代言，谓繁霜不必相欺，我暂时隐忍，顺时而动，待明年春来依旧华茂。我们也可以视之为“寓情于景”，但只有“横拖长袖”（喻风中柳姿）可勉强视为写景，但放在咏柳诗中，其特点主要还是主观性强。

司空图也有写景诗，其特点是写实性强，缺乏浓烈的情思。如《闲步》：“几处白烟断，一川红树时。坏桥侵辙水，残照背村碑。”写远近不同的乡村图景。该诗及苏轼称赞的《独望》都是写实的，并无动人的情思。《涔阳渡》：“楚田人立带残晖，驿迥村幽客路微。两岸芦花正萧飒，渚烟深处白牛归。”景物可谓如画，且“客路”二字透出一点游子思乡的况味。从描画楚田中的人开始，写到驿站、村落、芦花，最后聚焦于渚烟深处款款归来的白牛，整诗的基调还不是抒情，而是写生。《王官二首其二》：“荷塘烟罩小斋虚，景物皆宜入画图。尽日无人只高卧，一只白鸟隔纱厨。”第三句写诗人自己的散淡，增强了抒情写意的意味，但结尾聚焦在纱厨外的白鸟，又转为写实。

苏轼说“作诗火急追亡逋，清景一失后难摹”②，道出了“写生”之难。司空图似乎对此早有会心。《秋景》：“景物皆难驻，伤春复怨秋。旋书红叶落，拟画碧云收。”意谓刚在红叶上题字，它就落了；要把碧云画下来，它却收了。或许基于这样的认识，司空图善于捕捉动态的细节。如《杨柳枝寿杯词十八首其十三》：“絮惹轻枝雪未飘，小溪烟束带危桥。邻家女伴频攀折，不觉回身罥翠翘。”此诗与刘禹锡著名的《和乐天春词》相似，但刘诗次句“深锁春光一院愁”强化了抒情氛围，而此诗四句都是写实。女子的头饰不小心被柳枝挂住，这个细节不算好的“写景”，却是不错的“写生”。好的写景不但如在目前，而且要寓情于景，耐人寻味；而写生却不必定有情思之贯注。③《偶题》：“水榭花繁处，春晴日

---

① 〔唐〕皎然著，李壮鹰校注：《诗式校注》卷一，人民文学出版社 2003 年版，第 42 页。

② 〔宋〕苏轼：《腊日游孤山访惠勤惠思二僧》，见《苏轼诗集》卷七，中华书局 1982 年版，第 318 ~ 319 页。

③ 钱锺书《谈艺录》比较陆游和杨万里说：“放翁善写景，而诚斋擅写生。放翁如画图之工笔；诚斋则如摄影之快镜，兔起鹘落，鸢飞鱼跃，稍纵即逝而及其未逝，转瞬即改而当其未改，眼明手捷，踪矢蹑风，此诚斋之所独也。”（中华书局 1984 年版，第 118 页）这可以帮助我们分辨此诗与刘禹锡《和乐天春词》的差异。

午前。鸟窥临槛镜，马过隔墙鞭。”时间是春光明媚的中午，地点在花繁水静的亭榭，栏杆上的鸟在欣赏自己的倒影，忽然墙外有人骑马路过——诗人看到了他举起的马鞭。此诗从抒情看，并无佳致；从写生说，则颇有意趣。

## 三

既然司空图诗作中只有极少数作品体现了“情景交融”，大多数诗作都有很强的主观性，那么关于他所提倡的“思与境偕”的解释，便需要修正，除非坚持认为司空图眼高手低、追求情景交融却无法做到。

“思”与“境”代表诗歌创作中的主观和客观因素，“偕”强调二者统一，这是没有问题的。但笔者以为，将“思”解释为“情思”（或谓情感、“思想感情”）不一定对，至少不全面。“思”其实可以解释为“思考”（动词）和“想法”（名词）。在人的心智活动中，“情思”主要属于感性的、直觉的层面，情思的表现以直观、通透、动人为上乘，最好能让读者沉浸在诗人塑造的意境氛围中，忘却文字的存在，即所谓“不著一字，尽得风流”。而“思考”与“想法”则是在直觉思维的基础上经过“转念一想”，从而比“情思”增加了知性和理性的成分。在诗中表现“想法”则应以深婉、曲折、意涵丰富为要务。

司空图诗更能体现出司空图对“思考”和“想法”的重视。这还得从其诗“写生”的特点谈起。在观察和捕捉变动的景物时，他有时表现出孩童般天真活泼的想法。如《偶诗五首其一》：

闲韵虽高不炫才，偶抛猿鸟乍归来。夕阳照个新红叶，似要题诗落砚台。

“偶抛猿鸟”与“乍归来”是两层意思，说自己离开家乡是暂时的，现在又回来了。“似要题诗”显然不是说自己（因为说自己不可用“似”字），那么指的是什么呢？只有“夕阳”。夕阳照在新鲜的红叶上，似乎要在上面题诗。题诗当然要用墨，于是它又照到了砚台上。其实，诗人捕捉到的画面是夕阳照着红叶，随着它的西沉，很快又照到了砚台。诗人却曲曲折折地生出如此新奇的想法来。这样的想法当然已非孩童观物之天真状态，而是模仿儿童的思维方式，是一种新奇巧思。

这种拟人的写法在司空图诗里还有不少。《南至四首其一》：“却恨早梅添旅思，强偷春力报年华。”早梅触发了诗人的旅思和春兴，在表达时却透过一层，说战乱之后的早梅“强偷春力”来“报年华”，便含有战后百废待兴（“春力”不足，需要“强偷”）、诗人本无心赏春（对时光变化毫不留心，需要早梅来“报”）等更复杂的意思。而春的气息还是由早梅透露出来，诗人又强烈地感受到了，“兴”的表现便更加曲折而强烈。《王官二首其一》：“风荷似醉和花舞，沙鸟无情伴客闲。”荷叶、荷花在大风中摇摆，诗人说它们喝醉了，一个伴着另一个起舞；诗人觉得鸟本应聒噪，现在人与鸟各自悄然，不聒噪的鸟便似“无情”，而这种无情恰是用来衬托自己的悠闲。在诗人的笔下，人与物极为和谐，却不是人的情绪消融在宁静的大自然中，不是人去感受宁静的气氛，而是自然万物都被赋予了人的情意，与诗思一道活跃了起来。

拟人本来也是创造情景交融之境常用的手法，但司空图用拟人手法有两个特点，一是不一定将拟人句的意趣贯穿至前后的诗句中，二是常带谐趣。这两个特点都破坏了拟人句有可能形成的“情景交融”的氛围。上举“却恨早梅”二句虽曰“却恨”而赏春之兴不浅，而其前二句是“今冬腊后无残日，故国烧来有几家”，很是悲感；“风荷似醉”二句甚为闲散，而后两句是“总是此中皆有恨，更堪微雨半遮山”，又颇觉凄苦。在一首诗中出现意趣的前后变化，而不是通篇塑造一个完整的意境氛围，正是司空图诗的一个重要特点。七律《重阳山居》：“诗人自古恨难穷，暮节登临且喜同。四望交亲（一作四座宾朋）兵乱后，一川风物笛声中。菊残深处回幽蝶，陂动晴光下早鸿。明日更期来此醉，不堪寂寞对衰翁。”有人评曰：“中二连皆言寂寞，第六尤变化。”①这话说对了一半，颈联是富有动态的景物描写，不像是烘染寂寞之情，更像是承起第二句的“喜”字。《争名》中的第二联云：“穷辱未甘英气阻，乖疏还有正人知。荷香浥露侵衣润，松影和风傍枕移。”意趣也是跳跃变化的。胡震亨说司空图“篇法未甚谙，每每意不贯浃，如炉金欠火未融”②，正是以“情景交融”为准绳来批评司空图诗意趣的跳跃变化。祖保泉认可胡震亨之论，举司空图《即事九首其五》：“落叶频惊鹿，连峰欲映雕。此生诗病苦，此病更萧条。”谓前两句和后两句没有联系；又举《杂题》：“孤枕闻莺起，幽怀独悄然。地融春力润，花泛晓光鲜。”谓“前两句属冷色，后两句属暖色”③，也是不解司空图作诗意趣跳跃之特点。

司空图拟人写法的另一特点是诙谐，可求之以浅趣，而难求之以深情。《华阴县楼》：

丹霄能有几层梯，懒更扬鞭耸翠霓。偶凭危楼且南望，不劳高掌欲相携。

前两句写县楼地势之高，第二句说自己骑马（或驴）快到顶的时候已经很疲顿，“懒更扬鞭”了，而县楼还高耸在“翠霓”中。后两句是登上县楼之后，看到先前遥不可及的远峰就在眼前，诗人于是诙谐地想象这“高掌”欲来与我携手，而我却念及攀爬途中的艰难生气地拒绝了：“不劳您的大驾！”“不劳”二字读断，“高掌欲相携”五字连读。

《杏花》：“诗家偏为此伤情，品韵由来莫与争。解笑亦应兼解语，只应慵语倩莺声。”第三句同“亦应解笑兼解语”，说杏花的妙处不在幽独，而在于其“解笑”和“解语”，与诗人之间有默契的交流。诗人欢笑花也笑，谓之“解笑”可也；诗人要与杏花对谈，谓之“解语”也未尝不可。但无论如何，杏花不会说话！末句说杏花不是不说，而是懒得说，让花间的流莺代它说。该诗其实是写听流莺、赏杏花，却写得曲曲折折，富有活泼诙谐的意趣。再如《山鹊》：“多惊本为好毛衣，只赖人怜始却归。众鸟自知颜色减，妒他偏向眼前飞。”山鹊因羽毛美丽而被世人弹射，因此“多惊”；因羽毛美丽而得到人的爱怜，因此才能存活。众鸟都妒忌它，而它偏偏在众鸟眼前飞来飞去。其实本是一只山鹊在一群鸟前飞

① 〔清〕钱牧斋、何义门评注：《唐诗鼓吹评注》卷九，河北大学出版社 2004 年版，第 500 页。

② 〔明〕胡震亨：《唐音癸签》卷八，古典文学出版社 1957 年版，第 67 页。

③ 祖保泉：《司空图诗文研究》，安徽教育出版社 1998 年版，第 55 页。

舞，诗人用曲折新巧的思致，写出了如此活泼的趣味。

这样的诗可能别有寄托。比如可否将《华阴县楼》中的“丹霄”理解为社会上层，将“不劳相携”理解为作者晚年的坚意不出？《秋燕》：“从扑香尘拂面飞，怜渠只为解相依。经冬好近深炉暖，何必千岩万水归。”作无寄托看亦佳，燕子懂得与主人依依相伴，主人向燕子款款叮咛，希望它在冬日依旧相随。而祖保泉、陶礼天则认为“此诗有寄托，似可肯定”。自然物象都被作者别样的思致“人化”了，是别有寄托还是单纯表现作者与物和谐的“透脱”胸襟，只有作者自己知道了，但不同读者可以从中读出不同的“理趣”。

司空图诗中亦庄亦谐的趣味并不止于用拟人手法处。《雨中》：“维摩居士陶居士，尽说高情未足夸。檐外莲峰阶下菊，碧莲黄菊是吾家。”第一句故意重复“居士”二字，给读者一种“夸”的感觉，第二句便马上说这“未足夸”。第三句把莲峰菊花排比而出，第四句再重复一过，加强“夸”之语气——维摩居士有碧莲，陶居士有黄菊，我则兼有碧莲黄菊，足见得比他们有“高情”！前面说陶、王“未足夸”，是为衬起自己的“足夸”，这显然不是严肃的抒情，陶、王何曾“夸”过？“莲峰”和“碧莲”一字之同，被诗人抓住故作狡狯而已。《寺阁》：“昔岁登临未衰飒，不知何事爱伤情。今来揽镜翻堪喜，乱后霜须长几茎。”也并非真的“堪喜”，而是调侃。《力疾山下吴村看杏花十九首其六》：“浮世荣枯总不知，且忧花阵被风欺。侬家自有麒麟阁，第一功名只赏诗。”该诗实在是以谐谑之笔抒愤激之感。七律《退栖》《华下》《书怀》都有亦庄亦谐的特点。诗人不是一本正经地正面抒情，使读者于诙谐之中总觉别有意在。这是一种“化直为曲”的表现手法。

上举诗歌中曲折的思致，是否可以解释为“思与境偕”的“思”？不是情思、情绪、思想感情，而是与常人不同的想法。从观物方式到思维方式，再到表达方式，司空图诗都与寓情于景、借景抒情的盛唐诗、大历诗不一样。与情景交融、注重意境氛围、以感性和直觉“感发”读者的诗相比，司空图的诗总是多了“转念”“思考”所产生的“想法”，读者也必须经过“转念”“思考”方能领会其言外之意。

## 四

也有学者把司空图所说的“思”理解为“艺术思维”“艺术想象”或“构思”。如张少康先生说，“思与境偕”不仅说明艺术思维是与具体物象相结合的，而且是和某种特定的外在境界相联系的。① 朱立元先生说司空图“强调审美观照中心与境的契合。一旦艺术家的灵感、想象与外界境象达到契合无间，就可创造出优美的意境”②。“艺术思维”“艺术想象”或“构思”所指都比较广泛，可能包含我们上文所说的“思考”与“想法”。但

① 张少康、刘三富：《中国文学理论批评发展史》，北京大学出版社 1995 年版，第 379 页。

② 朱立元主编：《美学大辞典》（修订本），上海辞书出版社 2014 年版，第 205 页。

他们都把司空图的“思与境偕”追溯到刘勰所说的“神思”，即所谓“神与物游”，便将其纳入了强调主客观统一的理论框架。如杨明先生说：“构思时客观境界常浮现于想象中，其诗遂能做到情思与境界、主观与客观相交融。”①因此，这些学者仍然都把“思与境偕”归结到情景交融的意义上。而我们这里说的“思考”“想法”，虽然不能离开“客观境界”，但更强调主观性，更强调诗人从特殊立场、独特角度对客观物象和外在境象的主体性观照。

司空图较好的五言律诗也都写得深曲细密，不侧重外在境象的逼真，而更注重表现自我的心理活动和精神世界。如王夫之《唐诗评选》选录的《下方二首其二》：

昏旦松轩下，怡然对一瓢。雨微吟足思，花落梦无憀。细事当棋遣，衰容喜镜饶。溪僧有深趣，书至又相邀。

首联和尾联侧重叙事，比较疏朗，营造了一个“怡然”的氛围。中间两联所涉及的客观境象是微雨、落花、棋、镜，但每一句意都或远或近地“离开”了客观境象，也都“离开”了首联和尾联所营造的“怡然”氛围，体现了诗人更复杂的心理活动：(1)“雨微”句一作“雨微吟思足”，一作“雨微春未足”，或经多次修改。从对偶看，“雨微吟足思”与下句对偶最切，字字顿挫。吟诗可以“俯拾即是”、随意吟咏，诗人却说要“思”，要“足思”，要多多思考②，于是这句的重点不再是“微雨”(客观物象)，也不是“雨微”(描述雨的质感，主体性有所增强)，而是作者面对“雨微”所进入的冥想状态。相比之下“雨微春未足”则偏重客观境象。(2)“花落”句表现的重点也不是“落花”(客观物象)、“花落”(主体性增强)，而是“花落”时节的“梦”(主体的)，尤其是“梦”的“无憀”(不足凭)，虽然这一句用语很自然，但也是一字一转，层次深曲。(3)“细事”句表述的重点不是下棋本身。下棋是闲适的，而作者说因下棋便不去管琐细的小事。考虑“遣”字的深意，这里的“细事”似非琐屑闲事，很可能是家国忧患所引起的内心不平，自己对家国忧患无力回天，这种不平也就如同闲事。忧闷无益，只好靠下棋来排遣，写的是深刻的心理活动。③ (4)“衰容”句明显不是写自己照镜子，而重点在镜子不明，看不到自己如何衰老。这仍然是细腻深曲的心理活动。考虑到魏征那段著名的言论——“夫以铜为镜，可以正衣冠；以古为镜，可以知兴替；以人为镜，可以明得失”④，镜子能“饶”(饶恕)或有更复杂的深意。诗人说的是“喜”，表现的却是深深的“忧”，言在此而意在彼，读者必须思之方得。然而整诗的基调以及给人的感觉是轻松的。王夫之评曰：“幽细有度，庶几哀而不伤，怨而不怒者矣。表圣忠孝情深，尤为韶令。”⑤如果不明这种曲折的深意，只看首尾所表现的“怡然”“深趣”，当作一首情景交融的抒情诗来读，便失之太浅，也无法理解船山所说的“哀而不伤，怨而不

---

① 傅璇琮主编：《中国诗学大辞典》，浙江教育出版社 1999 年版，第 39 页。

② “思”字含义比较复杂，这里似也包含“伤感”之意。

③ “当棋遣”，也可以解释为视同观棋，犹杜甫所谓“闻道长安似弈棋”。

④ 〔后晋〕刘昫等：《旧唐书》卷七一，中华书局 1975 年版，第 2561 页。

⑤ 〔清〕王夫之：《唐诗评选》卷三，见《船山全书》(第十四册)，岳麓书社 1996 年版，第 1043 页。

怒”和“忠孝深情”了。

司空图自鸣得意的五言诗句都锤炼得很细密,正如刘宁所说,语言的刻意锤炼以及新奇巧思的运用,极大地强化了诗人所要表达的某种特定意味,而艺术形象的自然直观之趣则受到一定的削弱。读者需要沿着作者的刻意引导去品味诗歌的言外之意。① 也就是说,诗的“言外之意”常常不来自外在境象本身,而是来自作者的“吟思”,是作者经过“思考”“转念”而赋予物象的。比如他喜用“侵”字,如“草嫩侵沙长”(《早春》),“山苗侵烧痕”(《上陌梯寺怀旧僧二首其二》),“坏桥侵辙水”(《闲步》),“伏溜侵阶润”(《春中》),“陂痕侵牧马”(《即事九首其一》),“笑看妆台落叶侵”(《洛中三首其一》),“荷香浥露侵衣润”(《争名》)等。与他自己的“四时无奈雪霜侵”(《杂题二首其二》)相比,上述用“侵”字的诗句都是锤炼得来,不够自然。本非物象之间相“侵”,这“侵占”之意是作者赋予物象的,是主观的,体现了诗人的想法——“思”。他还常用“带”字,他在《与李生论诗书》中自举“马色经寒惨,雕声带晚饥”为得意之作,下句若读作“雕声/带晚/饥”,句法结构与上句相同,而“带”字连接了声音意象和时间意象,则较险;若读作“雕声/带/晚饥”,意谓雕声带着傍晚的饥饿,语义比较自然,而句法结构又与上句参差不对。其他如“日带潮声晚”(《江行二首其二》),“楼带猿吟迥”(《杂题九首其四》),“带”字都用于连接空间意象和时间意象,都很有“张力”。在夕阳的光辉中听到潮水声,在高高的楼上听到猿啼,作者用了“带”字,岂不是“苦思”“转念”而得?

## 五

司空图说王驾“五言所得,长于思与境偕”,但王驾现存作品很少,五言诗并无佳作,其流传最广的诗是七绝《雨晴》:“雨前初见花间蕊,雨后兼无叶里花。蛱蝶飞来过墙去,却疑春色在邻家。”②全诗兴而兼比,既是伤春,又寓感喟人事盛衰、讥刺世态炎凉之意,曲折而活泼的思致蕴于形象之中,但并非靠情景交融之意境氛围直接感发读者。前两句用对比法,第三句写蝴蝶来而复去之过程,第四句的“疑”即由蝴蝶之来而复去“转念一想”生出,本身就是一个带有推理性的思维活动,因而读者也要想一想始得其趣。诗也写得诙谐俏皮,以曲折新巧的思致见长,与司空图的许多绝句风格相似。由此诗大体可以推知,司空图赞王驾所擅长的“思与境偕”并非情景交融。

唐末存在一种赏识形似之言的风气,如《北梦琐言》记卢延让为公卿所赏的诗句“狐冲官道过,狗触店门开”“饿猫临鼠穴,馋犬舐鱼砧”“栗爆烧毡破,猫跳触鼎翻”,其特点是写僻境而十分逼真,以至于不避卑琐,因此有人笑他“得力于猫儿狗子”③。这样的诗

---

① 刘宁:《唐宋之际诗歌演变研究:以元白之“元和体”的创作影响为中心》,北京师范大学出版社2002年版,第243页。

② 中华书局编辑部点校:《全唐诗》卷六九〇,中华书局1999年版,第7918页。

③ 〔五代〕孙光宪撰:《北梦琐言》卷七,中华书局1960年版,第59~60页。

句写外境逼真,可以说"直致所得,以格自奇"①,但缺乏对客观境象的独特观照与艺术化处理,所以诗句也就缺乏主体性意涵,从而流于"形而下"的层次,缺乏"象外之象"。这可以代表一种特重写"境"而忽视"思"(当然也包括情思)的倾向。即使是著名诗人(如罗隐、杜荀鹤、李山甫等)的诗作,其意象和语言的特点在于贴近生活、现成不费力,能够给人以较强的感官刺激,但深思和锤炼不够。罗隐诗流传较广者如"今朝有酒今朝醉,明日愁来明日愁"(《自遣》)之类,用语太过直白,论者谓"带粗豪气"。杜荀鹤诗,言情如"心火不销双鬓雪,眼泉难濯满衣尘"(《下第东归道中作》),写景如"涧底松摇千尺雨,庭中竹撼一窗秋"(《夏日留题张山人林亭》),咏物如"顾主强抬和泪眼,就人轻刷带疮皮"(《伤病马》),注重感官刺激,初看惊人,但缺乏隽永之意味。

在一般人特重"境"而相对轻视"思"的时代风气下,司空图所说的"思与境偕"未必是强调艺术表现中主客双方的平衡,而很可能是出于对过于切中物状的时代风尚之反拨,强调诗人"思考"和"想法"的重要性,要求诗人借外在境象来表现主体的、精神的世界。与盛唐、大历"情景交融"的诗风相比,司空图更多继承了韩孟诗派重主观的倾向。关于他受韩孟诗派影响的具体表现,以及他的诗学在唐宋转型时期所代表的理论高度和时代特色,也需要结合其创作予以重新考察,这些问题笔者将另文探讨。

---

① 语见司空图《与李生论诗书》,学界对"直致所得,以格自奇"的理解也存在很大差异,"格"解释为人格、风格不等,笔者倾向于将其解释为司空图所说的"格状",即今所谓"状貌"或"样子"。

# 泰山形象的流衍

## ——以泰山赋为中心

姜维枫*

“泰山岩岩，鲁邦所詹”，这是《诗经·鲁颂·閟宫》对泰山崇高庄严气象的描摹，也是泰山较早的文学形象。泰山入赋，首见于宋玉的《风赋》：“夫风生于地，起于青蘋之末。……缘泰山之阿，舞于松柏之下。飘忽淜滂，激飏熛怒……”泰山恢宏雄奇的形象借助“乘凌高城”“翱翔于激水”的“大王之雄风”，在《风赋》中若隐若现。汉司马相如的《封禅文》以汉大赋所特有的沟通天人的恢宏气度正面铺写了泰山封禅。司马相如之后，泰山崇高巍峨的庄严形象、封禅大典恢宏威仪的皇家气魄与赋体文学宏阔俯仰的结构、铺张扬厉的手法以及博富绚丽的辞藻等体式特征完美结合，泰山亦成为族群、国家、政权、文化认同的象征。然而随着后世朝代的兴替隆衰和非汉族统治族群的奄有中原，泰山形象所承载与传达的内容与指向均处在厘替与流衍之中。本文以历代泰山赋作为考察的客体，拟梳理泰山形象的流衍特征，并尝试寻找出泰山形象流衍的原因。

## 一、神本位与政本位的流衍与交融

泰山、封禅、赋体文学三者结合，始自汉司马相如的创作。古帝先王为何封禅？为何选择封泰山禅梁父？赋泰山与颂封禅，两者为何以赋体文学为载体？这是本文开篇要说明的问题。

对于前两个问题，班固已于《白虎通略》中说明：“王者易姓，受命而起，必升封泰山

* 姜维枫，山东大学文学院在读博士生，山东农业工程学院人文学院教授。

何？教告之义也。始受命之时，改制应天，天下太平，功成封禅，以告太平也。所以必于泰山何？万物所交代之处，必于其上何？因高告高，顺其类也。故升封者，增高也。下禅梁甫之山，基广厚也。刻石纪号者，著己之功绩，以自效也。天以高为尊，地以厚为德。故增泰山之高以报天，附梁甫之址以报地。明天地之所命，功成事遂有益于天地。"①古帝封禅，通常会在两种情形下进行——王者易姓之际与天下太平之时；选择泰山封禅，是因为泰山为"万物所交代之处"；封于泰山之高，禅于梁甫之厚，乃帝王期以封禅沟通天人，显示其统治的合法性、祈愿国祚永续。至于赋体文学与泰山封禅相结合，并出现在汉代则可以说是水到渠成之事，封禅泰山的帝王气象与汉代大一统的国家气象及汉大赋宏阔俯仰的结构、铺张扬厉的手法以及博富绚丽的辞藻等体式特征是最完美的结合。正如刘勰所言："观相如封禅，蔚为唱首。尔其表权舆，序皇王，炳元符，镜鸿业，驱前古于当今之下，腾休明于列圣之上；歌之以祯瑞，赞之以介邱，绝笔兹文，固维新之作也。"②

封禅泰山源于原始社会时期东夷部落对自然山川的崇拜，早期帝王的"封禅""巡狩"等活动均赋予泰山较原始的"神本位"色彩。司马迁《史记·封禅书》曾言："《尚书》曰，舜在璇玑玉衡，以齐七政。遂类于上帝，禋于六宗，望山川，遍群神。辑五瑞，择吉月日，见四岳诸牧，还瑞。岁二月，东巡狩，至于岱宗。岱宗，泰山也。"如果说虞舜巡狩东岳尚存有上古先民的山灵崇拜心理，有祈求"山神"以护佑先民的意味，从而将泰山涂上"神化"色彩的话，那么处在司马相如与班固的时代，他们记录、劝说帝王"封禅"泰山已逐渐体现出泰山形象由"神本位"向"政本位"的过渡。司马相如在其《封禅文》的结尾部分强调："披艺观之，天人之际已交，上下之情允洽。圣王之德，兢兢翼翼。故曰于兴必虑衰，安必思危。是以汤武至尊严，不失肃祗，舜在假典，顾省厥遗，此之谓也。"司马相如在历述古帝先王具有神化色彩的封禅时，已意识到"王政"的重要性，故其列举汉武帝恩德和祥兆空前在先，继之以天人感应之说阐说天子应承续封禅之祥兆，帝王治国要崇德慎行、居安思危。刘勰对封禅也有较理性的认知，在《文心雕龙·封禅》篇开头即引用《录图》与《丹书》所记之言，以表达封禅在沟通天人之时，不能一味依赖"神"，强调了"人"——帝王——"至德""戒慎"的重要性："《录图》曰：潬潬嗚嗚，棼棼雉雉，万物尽化；言至德所被也。《丹书》曰：义胜欲则从，欲胜义则凶；戒慎之至也。则戒慎以崇其德，至德以凝其化，七十有二君，所以封禅矣。"③汉魏六朝时期，泰山、封禅、赋体文学三者已经成为记录铺写象征"大一统"精神的封禅大典的最稳固与最佳组合，作家们借赋泰山、封禅而颂帝王国家，泰山赋俨然成为表达主流意识形态的政治符号。泰山形象有如"正位"之"北辰"，其在沟通天人之际发挥着"神本位"与"政本位"的双重作用，随着时代发展，泰山如"正位北辰"的国家形象的象征意义已渐渐大于单纯的山川神灵的象征意义。

① 〔明〕查志隆：《岱史》卷六，《续修四库全书》第七二二册，第452页。
② 〔南朝梁〕刘勰著，范文澜注：《文心雕龙注》卷五，人民文学出版社1958年版，第394页。
③ 〔南朝梁〕刘勰著，范文澜注：《文心雕龙注》卷五，人民文学出版社1958年版，第393页。

唐代帝王依然延续封禅的古礼,唐高宗曾于麟德二年(665)十月至次年二月率文武百官以及天竺、波斯、高丽等各国使节酋长封禅泰山,唐玄宗于开元十二年(724)十月率百官、贵戚及外邦客使封禅泰山。玄宗曾以一首五言古诗《登封喜雪》来表达封禅的心情:"日观卜先征,时巡顺物情。风行未备礼,云密遽飘霙。委树寒花发,萦空落絮轻。朝如玉已会,庭似月犹明。既睹肤先合,还欣尺有盈。登封何以报,因此谢功成。"在这首诗中,玄宗指出封禅乃"顺物情"和"谢功成"。值得注意的是,封禅后,玄宗于开元十三年封泰山神为"天齐王",从封号名称可见玄宗以泰山"齐天"的想象,其中隐然流露出"神化"泰山的色彩。唐代没有直接以"泰山"或"岱山"等命名的赋作,但以"封禅""请封禅""劝封禅""再劝封禅""封祀"等命名的"表""议""颂"等文体的作品颇多。这一方面说明唐人封禅泰山的作品依然上承汉魏六朝遗风,另一方面说明赋体文学深刻影响了"表""议""颂""记"等应用文书的创作,如长孙无忌、魏征、骆宾王等人均有封禅之作遗世。这些作品均以封禅为主题,内容关涉泰山,可以被看作广义的泰山赋,袁爱国先生主编的《全泰山赋》也是采用了广义泰山赋的概念,将以上诸家作品收录在编。

唐代的泰山赋以李白的《明堂赋》为代表作,以泰山象征国家,自信超然、吐纳从容、雍容大度。较前代泰山赋作,李白的《明堂赋》在内容方面不再拘囿于封禅颂圣的主旋律,而是境界大开、格局宏阔,叙写出唐初至盛唐之世国家内外之治、开放融合的文化气象。开篇首先追溯了李唐王朝的开国历史:高祖创元、太宗廓宇、高宗绍兴拓统、天后勤劳辅政、高宗钦明克昌;继之写明堂"壮不及奢,丽不及素"的建筑风格,以及"冠百王""烛万象""势拔五岳,形张四维"的包容万象特征。作者以明堂象征国家,写明堂建置"俨以太庙,处乎中央。发号施令,采时顺方",既能承华夏正统,"采殷制,酌夏步",而又受万邦之瞻,"九夷五狄,顺方面而来奔",写出了大唐盛世的辉煌气象和唐王朝"一视华夷"的族群与国家观念。在赋前的序文中,作者言"昔在天皇,告成岱宗,改元乾封。经始明堂,年纪总章",泰山—明堂—国家,作者以泰山象征国家,于赋文中处处表现融合"华夷"的盛世气度与和谐万方的政治气象,如"使山泽无间,往来相望""千里鼓舞,百寮赓歌""恩鸿溶兮泽汪濊,四海归兮八荒会"。李白的《明堂赋》想象奇伟,表达自由奔放,气格明朗壮大,可谓赋家性格与赋文风格完美结合的上乘之作。在赋的结尾处,作者以议论之笔再次摹绘出圣主政化从容、万川汇聚的气象:"若群云从龙,众水奔海。此真所谓我大君登明堂之政化也。岂比夫秦赵吴楚,争高竞奢。结阿房与丛台,建姑苏及章华。"李白还以"辞"文做点睛之笔,描绘出华夷融合、国家一统、荐才举贤、国祚永祀的图景:"镇八荒,通九垓。四门启兮万国来,考休征兮进贤才。俨若皇居而作固,穷千祀兮悠哉!"虽然李白的《明堂赋》展现了泰岱明堂钟灵毓秀之神奇,但李白在作品中并不迷恋山川神灵的护佑,而是从圣主是"人"而非"神"即帝王"政本位"的角度,突出表达圣主"以孝治天下""夕惕若厉""惧人未安""无远不察""下明诏,班旧章。振穷乏,散敖仓"的为政之道。李白于赋中所呈现出的这种自信与去华夷之防、接纳外来文化的心态是唐代执政者与士人的普遍观念。唐太宗曾言:"自古皆贵中华,贱夷、狄,朕独爱之如一,故其种落皆依朕如父母。”①玄宗朝的李华也说：“国朝一家天下，华夷如一。”②泰山融合华裔一家的形象在后世的泰山赋中还有接续。

泰山形象由“神本位”到“政本位”的流衍，在宋代出现一点逆转。宋代崇文抑武，疆域不断缩水，景德元年宋真宗与辽国签订澶渊之盟，每年向辽国提供大量岁币，宋真宗为打压朝中权臣、树立自己的威权，接受王钦若的建议——封禅泰山，以夸示夷狄、威震四海。大中祥符元年(1008)十月，宋真宗自汴京出发，东封泰山，继之封泰山神为“天齐仁圣王”，后改为“天齐仁圣帝”。王旦于大中祥符二年七月所作《大宋封祀坛颂》是对此次封禅的记录。自古帝王除在王朝易姓之际封禅以表达沟通天人、奉天承运的统治合法性之外，均在太平盛世时封禅以报成功，真宗朝的封禅则成为帝王夸饰虚假太平的道具，盛世而封禅演化为封禅而盛世的虚假因果逻辑。宋真宗企图借泰山的“神本位”来美化自己的“政本位”，无疑是一场假借封禅泰山以“神化”自己、虚构美好“政治图景”的丑陋闹剧。宋范仲淹的《明堂赋》是一篇风格简省平易的文赋，读来爽朗亲切。作者在赋中写明堂春夏秋冬四时万物的“荣”“繁”“清”“静”，写明堂以“揖让而治天下”为其精神、以“礼乐”为大本，写明堂之道“天下齐于无体，和于无声……但渊渊绵绵，无反无偏。浸淳泽以咸若，乐鸿化于自然”，体现了儒道合一的思想。范仲淹的《明堂赋》也强调“皇德”的重要性，体现封禅泰山继续向“政本位”发展：“皇德不隆，胡取乎合宫？故夫明堂之设也，天子居之，日慎日思。思之何也？万微存乎消息。慎之何也？兆灵系之安危。”在赋的结尾处，范仲淹再次表达了天子“受天之禧”而当“与天下宜而已”的君民同乐的理念，也重塑了泰山在宋代赋中的形象。

## 二、由族群国家之正统到正统地位的逐渐消解与转移

自秦汉以来，泰山作为族群与国家形象已无可置疑，而族群与国家形象主要借助封禅泰山得以体现。换言之，泰山与封禅相结合是元代以前泰山赋无可争议的主题。泰山象征华夏或华裔一家的族群与国家观念，封禅、封禅泰山等一系列主流观念在元代以前的泰山赋创作中从未被质疑。但在元明清三代，泰山的国家形象与地位、帝王的“封禅”与“封禅泰山”开始出现变化并受到质疑。

元明两朝泰山赋的共同点是承认泰山的国家形象，但由于元明两朝统治者所属族群不同，所以泰山形象的文化意义有所不同，下文将分析。对于封禅或封禅泰山，元明两朝基本持否定态度，具体而言，元明两朝否定或质疑的是“封禅”本事，至于封禅哪里，不是元明人所关注的。然而上述问题在清代泰山赋中出现了变化，无论是泰山的国家形象还

---

① 〔宋〕司马光编著，〔元〕胡省三音注：《资治通鉴》卷一九八《唐纪十四》“太宗贞观二十一年(六四七)”条，中华书局 1956 年版，第 6247 页。

② 〔唐〕李华：《寿州刺史厅壁记》，见袁行霈主编《中国文学史》第二卷，高等教育出版社 2003 年版，第 216 页。

是封禅本事或封禅泰山等行为，在清代泰山赋中均出现了不同于历代泰山赋的表达。

元代泰山赋以文赋为主，但因为元代统治者是以非汉族身份入主中原实现南北一统的，所以元代泰山赋的内容较前代出现了变化，元代泰山赋中的泰山形象亦令人耳目一新：其一，泰山以“中华正朔”的形象出现；其二，元人对“封禅”有较理性的认知，自元代开始，历代崇尚“封禅”的观念在泰山赋中开始逐渐消解。

郝经（1223—1275），元初名儒，1256年受诏于忽必烈，1260年赴南宋议和，被权臣贾似道秘密囚禁16年。1274年宋崩溃之际，郝经被救，于第二年七月去世。作为政治家，在“华夷之辨”的问题上，郝经推崇四海一家，主张天下一统，认为“能行中国之道，则中国之主”，主张“以夏变夷”，推动国家统一。

> 今主上（忽必烈）在潜，开邸以待天下士，征车络绎，贲光丘园，访以治道，期于汤、武。岁乙卯，下令来征，乃慨然启行。以为兵乱四十余年，而孰能用士乎？今日能用士，而能行中国之道，则中国之主也。①

> 故礼乐灭于秦，而中国亡于晋。已矣乎！吾民遂不沾三代、二汉之泽矣乎。虽然，天无必与，惟善是与；民无必从，惟德之从。中国而既亡矣，岂必中国之人而后善治哉？圣人有云，夷而进于中国，则中国之苟有善者，与之可也，从之可也，何有于中国于夷？故苻秦三十年而天下称治，元魏数世而四海几平，晋能取吴而不能遂守，隋能混一而不能再世。以是知天之所兴，不在于地而在于人，不在于人而在于道，不在于道而在于必行力为之而已矣。②

郝经于引文中所言之“中国”意指中原汉族地区，“中国之道”即儒家孔孟之道。郝经认为“能行中国之道，则中国之主”，“夷而进于中国，则中国之苟有善者，与之可也，从之可也，何有于中国于夷？”中国之主非必汉族或华夏血脉，只要能施行“中国之道”——孔孟儒家之道——者即可为中国之主。郝经的“华夷一家”论让我们想到了唐代的“国朝一家天下，华夷如一”的“中华”国家观，郝经的“华夷一家”论和“以夏变夷”论在其《泰山赋》中也有表现。

郝经的《泰山赋》是文学史上第一篇以“泰山”命名的泰山赋作。作品开篇铺写了泰山超卓独尊的国家地位，“中维岱宗，独尊而雄，盘踞万古，莫与比隆”；泰山在“纷纭交错”的群山之中“纯粹中正，崇高溥博”；而“孰如兹山，中华正朔”之句更是直接表达了元代社会文化多元和多民族一统的“中华”国家与族群观念。泰山“高蹈磊落”，“衮冕黻斑，朱弦疏越。纯粹中正，崇高溥博。大哉乎联延九重，郁如深宫，岿其中峰，见天子之雍容……”，被塑造为“中华正朔”的国家形象。在此，以泰山为代表的儒家文化成为融合中华文化而又超卓中正的象征。其次，郝经在《泰山赋》中主张天子施德政、倡仁爱礼仪治国的“王道”思想，“建极启元，衣冠礼乐。天宇夷而皞皞，王道裕而绰绰”，“有如是之神。

---

① 李修生主编：《全元文》卷一二二，江苏古籍出版社1999年版，第103～104页。

② 李修生主编：《全元文》卷一二八，江苏古籍出版社1999年版，第259页。

储胥溢泽，蒸为桑土。衣被天下，民无寒苦。……有如是之仁。既高而大，又神而仁。……续大皞之统，萃奎璧之真……胥泽其民，尧、舜其君。德与山高，名与山尊”。作者推尊中华一统，承续儒家文化：“续大皞之统，萃奎璧之真。”继李白在《明堂赋》中隐然勾勒出“华夷一家”的泰山形象之后，郝经的《泰山赋》在赋史上第一次清晰地塑造了泰山作为“中华正朔”的多民族认同的“华夷一家”的国家形象。

明代由汉族帝王统治，泰山仍是独尊寰宇的形象。万历年间，谭耀勾画出明代的泰山形象：“环区中而山者万不啻也，岳为最。环区中而岳者五不啻也，岱为最。故曰岱宗。盖自黄虞氏而下，靡异号云。以故自昔受命而兴者，靡不有事于岱。”①谭耀概括出自黄帝虞舜以来，泰山代表国家地位的形象没有改变。明代泰山赋中，泰山作为国家形象的代表亦毋庸置疑。如苏志乾《岱山赋》写泰山“胚胎元命，兼总群仙”“不求而自足，不召而咸从”；释慧秀的《岱宗赋》颂扬泰山“拓址绵邈，四方是詹。仰绝云汉，俯穷夷裔”；陈琏的《登泰山赋》盛赞泰山“巍乎高哉”“群山之宗”“广也无朋，高也无匹”；范守己的《泰山赋》写泰山“接钧天而邻帝都”“神岳之大，而显化育之元机”；马一龙的《泰山赋》（又名《午后锁院脱泰山稿赋》）写泰山“独立万仞之颠，可以玄览委顺之化，一瞬宇宙，芥子乾坤，刍狗万物，睥睨昆仑”；杨应奎的《岱宗赋》写泰山“元气以造端兮，祖万物而通灵……处震地以始交代兮，长群岳之峥嵘”，杨应奎使用了班固所说泰山为“万物所交代之处”的故典，肯定了泰山超卓独尊的国家形象。

元明两朝肯定泰山超卓独尊的国家形象，但对历代帝王以封禅泰山来沟通天人、取得所谓奉天承运的合法统治权则基本持质疑或否定态度。前述元代郝经在其《泰山赋》中没有谈到封禅，其不再将封禅作为塑造泰山国家形象工具的态度已了然。历史上，论“封禅”之“是非”并非自元代始。汉司马彪曾言：“夏少康、周宣王，由废复兴，不闻改封。光武欲因孝武故封，而梁松固争，以为必改。乃当天意既封之后，未有能福，而松卒被诛死。虽罪由身作，盖亦诬神之咎也。且帝王所以能大著于后者，实在其德加于人，不闻其在封矣。”②司马彪对帝王借封禅以求天下无事的行为提出质疑，认为国祚延续是因为帝王之德能加于民而不在于封禅。南朝梁许懋则直接从封禅本事之荒诞不经的角度对封禅加以否定：

> 春，正月，辛巳，上祀南郊，大赦。时有请封会稽、禅国山者，上命诸儒草封禅仪，欲行之。许懋建议，以为：“舜柴岱宗，是为巡狩。而郑引《孝经钩命决》云：‘封于太山，考绩柴燎；禅乎梁甫，刻石纪号。’此纬书之曲说，非正经之通义也。舜五载一巡狩，春夏秋冬周遍四岳，若为封禅，何其数也！又如管夷吾所说七十二君，燧人之前，世质民淳，安得泥金检玉！结绳而治，安得镌文告成！夷吾又云：‘唯受命之君然后得封禅。’周成王非受命之君，云何得封太山禅社首！神农即炎

① 〔明〕查志隆：《岱史》卷六，《续修四库全书》第七二二册，第423页。

② 〔明〕查志隆：《岱史》卷六，《续修四库全书》第七二二册，第460～461页。

帝也,而夷吾分为二人,妄亦甚矣。若圣主,不须封禅;若凡主,不应封禅。盖齐桓公欲行此事,夷吾知其不可,故举怪物以屈之。秦始皇尝封太山,孙晧尝遣兼司空董朝至阳羡封禅国山,皆非盛德之事,不足为法。然则封禅之礼,皆道听所说,失其本文,由主好名于上,而臣阿旨于下也。古者祀天祭地,礼有常数,诚敬之道,尽此而备,至于封禅,非所敢闻。"上嘉纳之,因推演懋议,称制旨以答请者,由是遂止。①

"若圣主,不须封禅;若凡主,不应封禅",许懋对封禅的认识可谓远卓。元明两代对封禅持理性的认知态度。杨维桢(1296—1370)在《封禅赋》中借用许懋之言,直书"圣主不封禅,而凡主之不应兮",对封禅加以否定,指出封禅本事之不经:"(封禅)由人主之好名,纷佞臣之逢欲。故劳民而张费,贻一时之惨毒。崇封降禅,其祀兮何志?泥金涂玉,其秘兮何辞?上不足以格皇穹,下不足以福蒸黎,不过夸诩功德,而为长生不死之祈者乎?"此外,杨维桢在《泰元神策赋》中以欲抑先扬的笔法,再次对封禅之荒诞加以嘲讽:"甲午灾林光之门,乙酉焚柏梁之台。祥瑞未至,咎征频来……而又何必论秦穆之锡而昌,汉武之增而授者也。"

郝经在《泰山赋》中不言"封禅"而言"中华",杨维桢在《封禅赋》中专言"封禅",却是以不同于前代赋文借封禅以虚饰太平盛世的方式对"封禅"的荒诞不经、徒好名阿旨加以否定。郝、杨二人前后相续,基本上框定了元朝泰山赋尚实、大一统的整体格局。除郝、杨二人的泰山赋之外,元人的泰山赋尚有唐肃的《日观赋》、梁思立的《岱宗赋》、梁斯立的《汶篁赋》等均肯定泰山的国家形象,对封禅加以否定。唐肃(1331—1374),元末明初人,他在《日观赋》中写汉征和四年,武帝亲耕钜定,返驾泰山,封禅既毕与东方大夫的对话,在叙写君臣的问答中表达了泰山"山惟岳尊,岳惟东最"的独尊地位,以泰山象征帝王"居高察卑"一览众山小,而文中的东方大夫则委婉地表达了帝王"德化"而民方能乐康的愿望。作者在赋的结尾勾画出"收远讨之疲兵,罢求仙之淫祀。大开明堂,垂拱而治"的儒家治国理念。梁思立的《岱宗赋》依然以岱为宗,开篇颂赞"据中原而至尊……居五岳之雄长,巍然为众山之宗主",继之写历代君王徒炫封禅,侈铭功而颂德,曲解尧舜之巡狩,封禅徒荒唐而无益。梁思立更深刻地指明"秦皇汉武之封禅适足为泰山之羞",历代帝王行封禅弃文教,有如楚人买椟还珠之举,而足为万代之式、方今应效法者应为"唐虞之肆觐",倡导圣皇御世行"德治""文教""望秩之礼",如此方能"裨泰山巍然永镇乎亿万年之封疆!"梁思立的《岱宗赋》仍不脱儒家以文德治国教化尚实的根本,与郝经以夏变夷、中华一统的思想相一致。

明代泰山赋承元代余绪,将泰山独尊地位与帝王封禅行为相分离。从内容表述看,除肯定泰山五岳"独尊"的地位以及钟灵毓秀之品格外,承元代对"封禅"理性认知的余

① 〔宋〕司马光编著,〔元〕胡省三音注:《资治通鉴》卷一四七《梁纪三》"武帝天监七年—八年(五〇八—五〇九)"条,中华书局1956年版,第4589~4591页。

绪。但或许是经过历史的长久沉淀，明赋否定封禅的言辞要远比元赋平和，乃至于偶尔会流露出“登封弗续”的遗憾。如苏志乾《岱山赋》用笔蕴藉婉曲，与之前或同时代赋泰山之作直接否定封禅不同，作者只是在描摹封禅之后以“管仲之所不必谏，长卿之所不必书者也”加以收束，并在赋末以“时圣道琡，盛孰涯兮”来表达盛世无边非封禅之功，实有赖正确理政道路的观点。文章在铺叙之间对封禅大典之瑰丽壮观不无歆慕之情：“此亦天下之玮丽壮观也。尔其皇风载融，帝道郅里……穆穆蔼蔼，清宁康泰。埒造化而受功，德二仪而跻大。一人有庆，兆民共赖……”释慧秀的《岱宗赋》在简短地颂扬泰山“拓址绵邈，四方是瞻。仰绝云汉，俯穷荒裔”之后，以近七百言铺写泰山之峰、峦、石、泉、洞、峪、松、柏、卉、果、药、鸟、兽、谷、豆。与元代作者直接否定封禅不同，作者在此表达了对封禅弗续的遗憾：“无怀之禅既阙，轩辕之鞅不臻。玉简森茫，金泥销缩。墟秦汉之遗踪，悼登封之弗续。”作者在赋末借“乱”文表达了对大明的自豪与自信：“鸿惟我明，秩号当只。遣告当只，国运昌只。我赋且歌，思不忘只。”这是元代泰山赋中所无。范守己，万历二年进士，其《泰山赋》以神话传说写泰山缘起，铺排泰山奇妙丰富的景观（岭、石、峪、泉、洞岩）、阔大的气象，“接钧天邻帝都”，为斯世之块垒；泰山物产丰富，“神岳之大，化育元机”；天帝之孙玉女元君以查斯土，“修真之士，踵踵继至”。作者又议论历代“封禅”，认为“封禅”是取媚青帝、贻羞天孙，徒令山灵蒙耻、东皇见厌，表明当世的态度和做法是“革号称神，崇禋饰宇，拒封禅之邪说，新岳麓之庙庑”，于是“宗伯祠官，寅清一志”“缗钱积委，朽索狼藉。国帑籍之，以宽民力”，以致“缙绅先生，烟霞野老”均可“畅逸志于绝峰，奋玄思于远岛”。马一龙（1499—1571）的《泰山赋》（又名《午后锁院脱泰山稿赋》）征引丰富、典实繁密，对泰山物态的铺叙描摹可谓繁杂丰茂，犹如一部博物志。作者肯定黄帝柴望巡狩，对秦始皇封禅踵武邀功的行为表示否定，“溯黄帝建图兮，春狩柴望而辙东；胡吕政徼福兮，封禅踵武以为功”；对于当今朝政，借孔子感叹苛政猛于虎之典，赞当朝“嘉明时以绝苛，叹往政于泣嫠”；对执政者统治的合法性表示认可，“泰祖昆仑”“迈迹于古今”“重光于唐虞”；还表达了一些执政理念，如统一之“六合为家”、明德之“天德胙明”。杨应奎的《岱宗赋》盛赞岱宗性情之宁静刚强：“性得乾坤之静兮，质全刚强之禀资。”他否定封禅之“何陋儒之荒唐于纬书兮，太史公立言之不经”，于结尾发出“自非内完而中固兮，焉能应接乎众妍”的感叹。

明代泰山赋对封禅的否定除延续前代的余绪之外，与太祖皇帝对封禅的理性认知紧密相关：

> 磅礴东海之西，中国之东，参穹灵秀，生同天地，形势巍然。古昔帝王登之，观苍海，察地利，以安民主。祝曰泰山，于敬则致，于礼则宜。自唐始加神之封号，历代相因至今。曩者，元君失驭，海内鼎沸，生民涂炭。予起布衣，承上天后土之命，百神阴佑，削平暴乱，正位称职，当奉天地、享鬼神，以依时统一人民，法当式古今。寰宇既清，特修祀仪。因神有历代之封号，予起寒微，详之再三，畏不敢效。盖神与穹同始，灵镇一方，其来不知岁月几何。神之所以灵，人莫能测，其职受命于上天后土，为人

君者何敢预焉！惧不敢加号，特以“东岳之神”名其名。依时祭神，惟神鉴之。①

朱元璋的意思是：古今帝王崇祀泰山，以表达崇敬之情，于礼可也。但人不能推测神灵，人君不敢妄揣神意。朱元璋的言辞又分明传递出其作为布衣皇帝对自己能力与才智的自信——神意难测，封禅而何！生活于万历年间的谭耀则再次传递出有明一代对封禅的理性认知：“然而秦汉之事，君子讳之。惟我明一切屏绝封禅，矫诬之说，置弗道，而诸所行望祀之礼，珪币登祝之数，名爵之称，又皆一洗近代讹谬而还古初。是自古有事于岱者，七十二君不啻也，我明为最。”②值得注意的是，泰山在元代郝经的《泰山赋》中是作为统一的多民族国家的“中华正朔”形象出现的，但在明人的观念中，泰山则是“华夏”族群或汉民族国家“中国”形象的代言，以朱元璋洪武十年八月祭泰山辞为例。

洪武十年岁次丁巳八月丁未朔，皇帝谨遣曹国公李文忠、道士吴永舆、邓子方，致祭于东岳泰山之神曰：

朕荷上天后土之眷命，蒙神之效灵，以致平群雄，息祸乱，君主黔黎于华夏，统控蛮夷，于今十年，中国康宁。然于神之祀，若以上古之君言之，则君为民而祷，岁有春祈秋报之礼。于斯之际，有望于神而祭者，有巡狩于所在而燎瘗者。今予自建国以来，十年于兹，国为新造，民为初安，是不得亲临所在而祀神也。特遣开国忠臣李文忠、道士吴永舆、邓子方以代予行，奉牺牲祝帛于祠下，以报效灵。自今以后，岁以仲秋诣祠致祭，惟神鉴之。尚飨。③

在此，“华夏”与“蛮夷”对举，君主“黔黎于华夏，统控蛮夷”，方得“中国康宁”。

泰山、封禅、赋三者的稳固组合在清代出现了进一步分离。清代没有封禅赋，清代的泰山赋与元明两朝的一致之处是均否定封禅，但不同的是，清赋否定的不是“封禅”而是“封泰山”。清代泰山形象的整体走向：其一，泰山得以被歌颂，但颂泰山也并非从泰山象征的中华正统的角度来歌颂；其二，泰山成为颂圣的载体，借泰山颂圣是从帝王关心民瘼、巡省四方的角度出发的；其三，泰山的神圣、宗主地位被逐渐消解淡化并被长白山取代，这一点仅从清代分别以“泰山”和“长白山”命名的赋作数量的悬殊对比中即可管窥：清代以“泰山赋”命名的赋作仅有两篇，而以“长白山赋”命名的赋作达十篇之多。总之，在清代，历代借泰山颂圣（从统治的合法性和“中华正朔”的角度加以歌颂）已逐渐被借长白山颂圣取代。

高士奇（1643—1702）的《登岱颂》以康熙二十三年（1684）康熙帝登泰山为背景与载体，实则是一篇皇帝赞。作品写康熙否定封禅：“先是廷臣请上尊号，弗许；至是请行封禅，又弗许。请举巡狩之典，亦弗居。”而否定封禅的逻辑是康熙帝不欲以封禅巡狩省观等事劳累百姓：“勿以省观所至，劳我兆民。”作品塑造出康熙帝“以览谣俗，咨利病焉”

---

① 见〔明〕查志隆《岱史》卷七，《续修四库全书》第七二二册，第469~470页。
② 〔明〕谭耀：《岱史旧序》，见〔明〕查志隆《岱史》，《续修四库全书》第七二二册，第423页。
③ 见〔明〕查志隆《岱史》卷七，《续修四库全书》第七二二册，第470页。

“缅稽岱宗”“成民是念”的“古今之罕遇”的帝王形象，而泰山成为夸耀帝王形象的背景。陈梦雷（1650—1741）的《泰山赋》以康熙四十二年（1703）康熙帝南巡为背景，记录了康熙帝的问俗观风望秩。作品开篇写泰山为五岳之宗“奠神区于震位，统岳镇以称宗”，继之写泰山“俯万壑”“卑千山”之雄姿与历代传写泰山之人“宜应劭之焦咽，羡太白之飞扬”“李相遗篆堪搜……许公留颂谁读”；之后将前圣后王与当今帝王对待封禅的不同取向加以对比，“前圣尊为三公，爰举怀柔之祀；后王侈言封禅，以希帝座之通。我国家二仪共泰，六合攸同，抚百神而受职，措万国于时雍。乃陋秦汉之不经，修时巡之大典。岁上元之甲子，七萃环乎玉辇；既问俗以观风，爰望秩之是展”。读下去会发现，以上内容全是为康熙帝南巡济兖旱灾、圣心悯恻做铺垫：

维时济兖之墟，阳侯做慝，妇子嗟其干止，闾阎苦于粒食。乃下土之恫瘝，荷圣心之悯恻；沛赐复之隆恩，广养恬之大德。比户乐其含哺，黔黎安其作息。时则千村拜赐，万井心欢。天子圣明之颂，上达霄汉；君王万岁之愿，高彻层峦。从此卜圣寿与乾坤并永，鸿基与泰岱同安。又何俟刻玉祈年于封中之壤，嵩呼致祝于石室之坛也哉！

这一段赋文兼有记史、颂圣、否定封禅的作用。如再与《圣祖实录》中的文字对比，作者创作此赋的主旨便愈加明晰：

（康熙四十二年）上驻跸长清县界首铺，壬申，谕大学士马齐，昨夜大风，南村失火，朕遣大臣侍卫扑灭之，小民遭此，深为可悯，著传谕巡抚布政使察明被灾房数，并议作何行赏之处。大学士马齐遵旨，令巡抚王国昌等察明，并议每被火房一间，赏银三两。奏入，得旨，专委地方官行赏，小民未必尽沾实惠，著交近御侍卫海青等监视散给。上登泰山还，驻跸泰安州。谕户部，朕甲子己巳两次南巡，路经东省，见民生丰裕，士庶乐利。近来，淮黄告成，朕不辞远涉，减从轻装，待旦而兴，夜分乃寐。再经齐鲁，存问民生休戚，似不及甲子己巳。朕深憯怛，如恫瘝之在抱也。若闾阎蓄积有余，即遇有水旱亦不致困苦。今特加恩蠲恤……

赋中的“济兖之墟，阳侯做匿，妇子嗟其干止，闾阎苦于粒食”即《圣祖实录》中的“昨夜大风，南村失火”，赋中的“乃下土之恫瘝，荷圣心之悯恻”即《圣祖实录》中的“朕深憯怛，如恫瘝之在抱也”。两相对比，作者赋泰山而以圣祖关心民瘼、蠲免灾民赋税的史实为落脚点，泰山形象亦由山川之“神灵”而逐渐流衍为人间之“圣主”，泰山成为圣主关心民生故实发生的大背景。曾于乾隆十五年（1750）知泰安县的周藩创作的《泰山赋》一改康乾时期泰山赋奉颂之风，文辞间没有过多的阿谀逢迎。文章除了否定七十二代之君封禅，认为是“陋习相沿”“徒喜功而好大”，亦对前代借“天书与灵芝”以沟通天人而达成奉天承运、皇权天授持冷静的态度，称扬当今帝王以“省方”来“宣德达情”。作为一任地方官，他在《泰山赋》中借前哲“叹苛政而心恻”婉转地表达了欲“思成民”又“惧蚊负而旷厥官”的责任与担当。他在文章结尾又借自古文人“登高以啸”以其文辞彪炳后世，谦虚地表达了自己希冀借此赋见知于后人的愿望。

同元代一样，作为非汉民族统治的王朝，清代亦否定封禅泰山，但不同的是元代泰山赋中的泰山是“中华正朔”之代表，依然是元代国家与中华族群的正宗代表与根基。然而，在清代泰山赋中，泰山不再是作家歌颂的前景，已退为帝王怀柔恤民、励精图治形象的背景。文人语焉不详的描述让泰山形象变得模糊起来，从整体上看，在清代泰山赋中，泰山不再以国家正朔的形象出现，那么清代主流社会去哪里寻找其统治的合法性象征呢？康熙皇帝的《泰山山脉自长白山来》可做解释：“古今论九州山脉，但言华山为虎，泰山为龙。地理家亦仅云泰山特起东方，张左右翼为障总，未根究泰山之龙于何处发脉。朕细考形势，深究地络，遣人航海测量，知泰山实发龙于长白山也。”①再翻阅清代的《长白山赋》，我们会发现原来清代关于封禅的想象均隐于《长白山赋》中，尽管清代皇帝未曾明言封禅何山，但清代赋家已在《长白山赋》中替清帝完成了封禅长白山的想象。鉴于篇幅，仅举清初尤侗和晚清周沐润的《长白山赋》为例。

尤侗（1618—1704）的《长白山赋》开头以颇似史诗之笔，写太祖太宗开国入关定鼎中原，继之歌颂祖宗功德“祥发于兹”；中间写长白山的地理位置以及康熙帝派人到长白山寻祖之事，歌颂帝王“揆文奋武”“敦孝道”；最后写群臣纷纷进言，以议论之笔劝谏帝王封禅：

> 以是封禅，又何让于七十二君乎！古之封禅者，皆封泰山，禅梁甫。云云亭亭，不可胜数。而臣独谓百年不同时，千里不同土。天地循环，各从其主。惟兹长白，启我列祖。肇基王迹，削平险阻。崇德报功，允宜首举。曷不骖龙虬，御风雨。陈圭璋，考钟鼓。泥金介丘之巅，刻石流沙之浦。猗与那与！此天下之壮观，朝廷之笃祜也。且齐有长白，号为肃然。古之王者，犹受禅焉。彼培塿其有典，矧高高而弗虔乎？上乃沛然改容，咨嗟良久，曰：呜呼，予一人曷敢当此！三后在天，实式凭之。可令掌故，悉奏其仪。庶几太平玉烛，然后从事于斯。

从引文的文学描述中可见，清帝对封禅长白山并未否定，而是沛然感动、沉思良久，欲待太平盛世再事封禅。

周沐润（1809—?），道光十六年（1836）进士，其《长白山赋》认为大清发祥于长白，而长白为泰岱所宗，“大清受命，长白发祥”，“盖泰岱乃寰中之望，而长白为泰岱所宗”。

清代统治者终于在长白山找到了其统治的根基与合法性依据。至此，泰山在前代泰山赋中代表国家形象的作用已完全由长白山取代。究其原因，一言以蔽之，清代文化与清代政治始终处于不统一的矛盾状态，有清三百年以泰山为代表的汉族文化始终是清代文化的主体，但满族文化一直挟政治优势发挥着主导。概言之，在元明清三代泰山赋中，泰山形象呈现出由代表“中华正朔”或“华夏正朔”的国家正统到国家正统形象逐渐消解与转移的变化趋向。

---

① 见《圣祖仁皇帝御制文》，清康熙雍正武英殿刻本。

## 三、由神圣化到平民化的转向

纵览历代泰山赋，秦汉至宋元，泰山赋多以“封禅”“东巡”“明堂”“祭岱宗”“登封”“岱宗”等为题，题材内容多关乎歌颂帝王封禅东巡等宏大的历史叙事。泰山历经辞赋家们不断地累积铺写与踵事增华，逐渐形成了其堂皇正大、仰不可及的神圣形象。笔者在前文的叙述中已大量征引、分析这些铺写的文字，此处不再赘录。泰山赋创作至明代逐渐出现了更多世俗化的表达。作家们一方面在继续思考封禅与反封禅等关乎国家历史的宏大主题，一方面开始将泰山作为创作个体登临观览名胜、反思国家时局、表达自我风度气格等的客体加以观照，如明陈琏的《登泰山赋》、姚绶的《岱宗密雪图赋》，清蒲松龄的《秦松赋》、汪郷的《一览众山小赋》、赵国华的《奉命祭东岳赋谨序》、尹序谐的《齐鲁青未了赋》、无名氏的《石敢当赋》等辞赋。这股潺潺流淌的辞赋创作溪流也在以另外的视角逐渐形塑着泰山形象，使得泰山走下神坛并走向民间。

明朱元璋的《岱山高》用了大量篇幅来描摹赞颂泰山风景：

> 岱山高兮，不知其几千万仞。根盘齐鲁兮，亦不知其几千百里。影照东海兮，巍然而柱天。益于民庶兮，兴云吐雾，神龙出乎其间。降祥则甘露垂于松柏，佳岁则滂沱遍于厚坤。冬则寒风时出，岩壑杂然而有声，百川林薮森然而如雷。坤之所载，世之山首岱山也。至如旸谷之东方，或登峰顶，时闻天声万籁，岱山之高也哉，柱天之势，其可云乎！俄而风生万壑，云起诸峦，隐隐雷动百川，倏忽电掣，万里长虹，此岱山之神至也。至则威灵百备，神之造化如此。少时，风静云收，电敛雷息，又百川之清泰，其岱山尤其高哉！其苍松也，始天地而生，倚丹崖而长；松之所以长，(千)寻不比；丹崖所以高，万仞何量。盖由太古之岁月，以至于今，苍松扫丹崖而莓苔不秀，丹崖映苍松而五色交辉。猿啼云树之杪，鹤并日观之东，雕鹗盘旋乎深谷，虽扶摇不可得而升峰。於戏！登泰山而小天下，越大海而眇江湖，信哉！①

此文虽不以“赋”名，但赋体文学特征明显，可归入辞赋文学。作为帝王的朱元璋在文章中虽借描摹泰山风景以表达帝王龙庭不同凡响的声势气象，但从创作主体的视角对泰山的风神雷电、苍松丹崖等景致做出了富有个性化的描摹，“寒风时出，岩壑杂然而有声，百川林薮森然而如雷……俄而风生万壑，云起诸峦，隐隐雷动百川，倏忽电掣，万里长虹……少时，风静云收，电敛雷息，又百川之清泰”，呈现出与明代之前赋体文学不同的表达特色。

明陈琏的《登泰山赋》与前期及同期擅长敷陈夸饰封禅或反封禅之作不同。尽管文章开头也盛赞泰山“巍乎高哉”“群山之宗”“广也无朋，高也无匹”，感慨“仙可遇而不可求，道可悟而不可学”，表达对求仙学道、期存长生永世的否定，“孰能违正理，越天常，而

---

① 见〔明〕查志隆《岱史》卷七，《续修四库全书》第七二二册，第469～470页。

超冥漠也邪”，但作者能于短小的篇章中，对自己登临泰山之季节物态、心境加以细致描摹，记述自己登岱的感悟，抒发吊古凭今的情感，予人亲切细腻真实之感，具有抒情小赋的特征，如云：

维时季秋，金气始肃；天风号寒，响振林木。倏阳光之熹微，渐华星之烨煜。嬉游已契乎夙心，栖息喜安乎幽独。爰假榻于洞房，喜清梦之方熟。

姚绶（1422—1495），元末明初人，工诗文，善书画，其《岱宗密雪图赋》创作于明成化十八年（1482）。《岱宗密雪图》为元末明初著名书画家王蒙（号黄鹤山樵）“阅九寒暑，始克告完”之作，姚绶曾重金收藏此画，珍爱至极，然不久因家中失火，遂痛失此画。姚绶在《岱宗密雪图赋》中记录了《岱宗密雪图》的创作技法、收藏的经历和自己创作此赋的意趣：

在昔黄鹤山樵，为州郎官。高古意趣，付之笔端。阅九寒暑，始克告完。由点染之神妙，度布置之艰难。前保有者，宛丘后人。什袭爱护，缣墨如新。洞物情之靡常，齐理数之屈信。慨楚弓之得失，扩襟抱于无垠。粤维云东，仙馆所峙。其中虚明，储古图史。壬寅卯月，爰记得此。喜而作赋，貂续先士。为岱宗以敷陈，寿作者于不死。

此赋用笔最多处是将《岱宗密雪图》作为写景山水画作加以呈现：

谷风扇而春绿，海日生而朝红。涧壑纷乎其争流，嵫崦蔚乎其相通。披丰草之委翳，蔼嘉木之菁葱。故于景也，宜有密雪。云同一色，霰集维业。欻尔飘扬霏微，零乱激烈。颠崖扑簌，流泉明灭。仆夫旋其役车，室人塞其傍穴。尔乃牛羊下来，飞鸟回绝。乃冈乃巘，高平莹洁。乃纪乃堂，迂远昭晰。皎长风之玉树，凝大块之琼屑。若夫庙貌孔硕，朱甍飞翚。晃素光之玲珑，荡清景之依稀。羌若堕梨花于夜径，沾柳絮于春衣。金城澹而失色，银海眩而生辉。

姚绶因自己没有到过泰山“嗟攀跻之罔由”而遗憾，只能“托绘事以纵观”。尽管如此，作者能纯粹从抒情主体个人的观感出发而进行极富个性化的描写，弱化了泰山历代踵事增华的单一形象，使泰山形象冰清玉洁如临风玉树，使泰山形象极富个性化的士人意趣。

清代部分泰山赋沿着明代泰山赋中的这一脉络继续前行，给胶着板滞的泰山形象增添了灵活生动之气。作者铺叙描写泰山的景物，抒发个体观览登临之乐并由此生发人生之趣，或借赋泰山景致表达自己高蹈磊落的士人情怀，或借泰山抒发自己关怀家国的忧患意识。清代布衣赋家的两篇辞赋颇具代表性。清初蒲松龄的《秦松赋》借秦始皇所封“五大夫松”的传说描摹秦松，以歌咏士大夫高蹈磊落的风度与气节，“其盘根错节，雪饱霜经”“始得此苍柯磊落”，秦松于春夏之时，不以美炫；秋冬之季“清标独耸，大盖孤垂，意挺挺而自若，似无喜而无悲”。作者对秦松在自是自足的自我成就之中“阻风雨于二陵”乃“恩承上意”得以赐爵受官似乎不无歆羡之情，但最终通过一梦而惊寤：“秦虽以我为大夫，我固未尝为秦大夫也。为鲁连之乡党，近田横之门人，高人烈士，义不帝秦。秦皇何君？而老于是臣!”这表现出高人烈士不屑为秦皇之臣的谡然之气。此赋中的泰山因秦松而具有了高人烈士孤标傲世、高蹈磊落的气质。

嘉道年间汪郯(1772—?)的创作又为泰山形象增添了名士风度。汪郯中年浪迹江淮，或许是因为其特殊的经历，他的《一览众山小赋》在众多泰山赋中别具一格。文章中充溢着作者的自信自负与洒脱：“浣花翁富有篇章，尤精格律。圣语无双，天才第一。诗含绝世之姿，赋擅摩空之笔。高凌汉魏，岂四杰所能攀；上薄风骚，讵六朝之可匹。虽亦兼收并纳，浑将万象包罗；要之造极登峰，不羡诸家撰述。”面临泰山，作者亦不再是诚惶诚恐、如临深渊。在作者眼中，泰山由仰不可及、沟通天人的圣山而渐次成为“任我流连，恣人延揽”的平民之山。汪郯写日观峰“但见如篸卓立，似髻低弯；轻浮黛影，乱簇烟斑”，纯为实景描摹，“如篸卓立”“似髻低弯”两处的比拟也均采用日常所见之物。作者继写心中之景，将华山、嵩山与泰山比较，“纵是华山如立，嵩山如卧，不任孤攀。昔也作嵯峨之势，今也归部娄之班”，两岳与泰山相较，则“此一如观水气之空蒙，断推沧海；望云光之缥缈，须让巫山也”，泰山有“一览众山小”之雄峙气象，“问域内其谁参，信天下之亦小”。作者通过描摹与议论表达了对个体精神、气度、学识与道德的追求，“谢迹尘中，耸身如表。眼低纷纷，胸间了了”。在“礼”与“精神”二者之间，作者推扬“体立而精神生”，强调“取法乎上，故余不足观”，于是作者“象外移情”“行边启悟”“慷慨吊古”，由眼前景到胸中情再到笔下句，最终作者在“翡翠含毫”“蔷薇浣露”的自负之外，以“莫不吟少陵之诗而切泰山之慕”之句结尾，表达了对少陵诗与泰山的敬慕之情。虽然语言有夸张，但已脱尽康熙朝泰山赋夸耀恭迎的阿逢之态，抒情写景回复平静与平民心境，更多表达了自身的追求和自信以及对古人的尊崇，使得此赋在自信、流畅、洒脱之外又增加了端庄之气，也使泰山形象兼具端庄与通脱之气。

光绪年间纱帽作家赵国华的《奉命祭东岳赋》令人耳目一新。据赋前序文，此赋创作于光绪十七年(1891)，就文章立意与作者的创作态度而言，此赋之风格与传统泰山赋以颂奉为主调的风格迥异。此赋全篇亦不以“夸饰”“恭颂”为要，主要写人事朝政、律令之是非颠倒。作者痛下针砭，感慨世路江河日下：

> 舍律令而不用，充私言于公庐。官转徙以为利，直更代而吹嘘。态百出而莫穷，事一致而忘污。罪乞请而可贷，死无故而忽苏。溃公钱于阱穴，豢盈路之鼷狐。召寅缘之四至，聚游手而不驱。长风气之狙诈，坏人生之廉隅。

此种手法与汉大赋之通篇美圣德褒帝王颂国事、只在赋末摅下情之讽谕的“曲终奏雅”“劝百讽一”不同。此赋可谓“讽百劝一”，主要篇幅用以揭露社会、官场、世情之丑恶，曲终反而转为“有一于此，神明必诛”的劝谏表达。此赋因“奉命祭东岳”而作，作家在赋末依礼表达了柴望钜典非自己所能而祈愿借此为民请命“祈丰降康”无待于语的拳拳衷心。据《大清畿辅先哲传》记载，“国华才思明决，操守廉俊……十七年，署按察使，甫数月，判决钦谳三十余事。其行政不苛。而独深恶纵弛以为宽大，饰巧辞出人罪者。……

最以时俗卖恩为大耻"①,这一记录正与该赋一致。

此外,清代泰山赋中尚有尹序谐的《齐鲁青未了赋》和佚名人士的《石敢当赋》等值得一观。尹序谐生卒生平不详,此赋虽则短章,然齐鲁人文胜迹、岱宗气象混茫,尽收眼底。作者围绕"青未了"行文,将"青"字与一系列的词类连属,如"青远""青低""青冥""青霭""青入""青浮""青绕""青迷""青连""青环""青视""青接""青青"……从而营构出一幅绵亘无尽的"青未了"画卷。读此赋直令人满目生青,似有青岱绕屋、林泉清泠、溽暑生凉、舒心解颐之感。该赋展现了泰山的清雅气质。佚名人士的《石敢当赋》采用问答体,赋末联系现实,写边境扰攘,耐人深思:"方今边陲,鬼方猱狝;犯我属国,纷飞羽檄。烈士赳桓,不辞锋镝;彼恶敢当,请以御敌。"泰山因石敢当而增添了英武凛然之姿。晚清时期,国势日衰,泰山赋的创作因之不振。

---

① 徐世昌:《大清畿辅先哲传》下册,北京古籍出版社 1993 年版,第 860 页。

# 《全元文》收龚开文勘正

李世中*

龚开《宋江三十六赞》是研究古典小说《水浒传》者必读之文，所作文天祥、陆秀夫二传为《宋史》本传之所本，世人对其书画创作成就也评价甚高。虽然龚开以其多方面的艺术成就和入元后矜节不仕的高尚气节为当世所重，但后世对其生平行事知之甚少。龚开的文集便成为知其人论其世的重要依据。

龚开存世之文除《全元文》①所据冒广生辑《楚州丛书》本《龟城叟集辑》②外，尚有鲍廷博辑《知不足斋丛书》本《四朝闻见录》③《宋遗民录》④等可资参照。鲍廷博作为著名的藏书家、出版家，其辑录刊刻的《知不足斋丛书》，以底本精良、校对精严，历来颇受称赏，值得引起重视。

冒广生辑《楚州丛书》本《龟城叟集辑》因底本选择不精，部分文章已非原貌，如录自乾隆《淮安府志・艺文志》⑤的《陆君实传》字句颠倒、脱文等不乏其例。又《全元文》编者对《龟城叟集辑》直录不校，且未征核冒广生所据原本，故在冒广生辑本的基础上又添诸多讹误。

考虑到如上情形，有必要综核现存诸本，对《全元文》所收龚开文做一番勘正，以期求得一个文字可信的版本。因勘正所涉篇目讹误繁多，故以条列的方式呈现，首列文章篇目，次列文中相关字句，然后述其纰缪之处，殊乖论文体例，不得已也。

---

* 李世中，山东大学文学院博士研究生。

① 李修生主编：《全元文》（五），江苏古籍出版社1999年版。

② 〔宋〕龚开：《龟城叟集辑》，见冒广生辑《楚州丛书》，1922年刻本。

③ 〔宋〕叶绍翁：《四朝闻见录》，《知不足斋丛书》（二），中文出版社1980年版。

④ 〔明〕程敏政：《宋遗民录》，《知不足斋丛书》（十），中文出版社1980年版。

⑤ 乾隆《淮安府志》，《续修四库全书》第七〇〇册。

## 一、龚开小传辨误

记述龚开生平的文献较多①,但内容多疏略。《全元文》于龚开文前列有小传,颇便于使用者检视,但在辑校、排印等方面尚存在一些问题。

1.“景定间为两淮制置司监管官”

“监管官”应为“监当官”。查《宋史》,宋代并无“监管官”职名。《宋史·职官志》有“监当官”条,述其职能为“掌茶、盐、酒税场务征输及冶铸之事”②。冒广生辑《龟城叟集附录》此处亦误。

2.“《龟城叟集附录》王撍《题龚开唐马图诗并序》”

此处“王撍”应为“吴玉撍”,诗序题目当为“《题龚浚唐马图诗并序》”。

按《楚州丛书》本《龟城叟集附录》,此条材料开头曰“玉撍又有《题龚浚唐马图诗并序》……”,而前一条材料是关于“吴玉撍《山阳耆旧诗·高士题画瘦马卷》”的。可见此处“玉撍”应指“吴玉撍”,并非刻印错误。《全元文》编者径改为“王撍”,失于轻率。吴玉撍,字藉五,清代古文字和考古学家,其于文学方面有抄本《山阳耆旧诗》等留世。《清史稿》赞其著述学识“非俗儒剽窃所能彷彿也”③。

又吴玉撍序云“浚,圣予先生子也”,“前人画谱画录及历代收藏鉴赏家题跋辨证亦无一语及浚者,然浚既日以背受纸,供乃父涂抹,目濡耳染,当亦无不善为画之理,断纨零素,或尚有流落人间者,未可知也”;又诗曰“儿向床前背纸惯,画马应与乃翁乱”。显然,吴玉撍认为其所题《唐马图》可能是龚浚之作。

3.“今存如皋昌广生疚斋辑《龟城叟集辑》一卷”

“昌广生”显为“冒广生”之误。

## 二、《题大令保母帖诗序》

《全元文》收《题大令保母帖诗序》乃据冒广生《楚州丛书》,辑自《四朝闻见录》。鲍廷博辑《知不足斋丛书》中亦有《四朝闻见录》,可予参照。

1.“又其文与《苏文忠乳母志》,后世知其为苏子之乳母,‘尚勿毁也’之语相近,故疑者愈甚”

此句应断为“又其文与苏文忠《乳母志》‘后世知其为苏子之乳母,尚勿毁也’之语相近,故疑者愈甚”。苏文忠即苏轼,有《保母杨氏墓志铭》一文,文曰“百世之后,陵谷易位,

---

① 参见王德毅等编《元人传记资料索引》,中华书局1987年版,第2194～2196页。

② 〔元〕脱脱等:《宋史》,中华书局1977年版,第3983页。

③ 赵尔巽等:《清史稿》,中华书局1976年版,第13178页。

知其为苏子之保母,尚勿毁也”①。

2.“古之君子所自树立,皆能自必,惟其自信自必,故人亦许而与之,传之后代”

据《知不足斋丛书》本《四朝闻见录》,“皆能”后脱“自信”二字,是。

3.“周公谨、鲜于伯几各藏墨本,谓是于古砖上抚拂得之”

今存各本“抚”均作“橅”,通“模”。“橅拂”意为拓印。

4.“余谓大令名迹有即,遂传古今,疑似正,何容深辨”

断句误,“即”“古今”后不应断开,应为“有即遂传,古今疑似”。

查《知不足斋丛书》本《四朝闻见录·附录》,末句为“何庸深辨”。② 细察文意,近来发现的王献之《大令保母帖》与苏轼的《乳母志》部分字句相近,因此有人质疑《大令保母帖》为后人伪作,在龚开看来,这种质疑是不必要的。“何容深辨”意为“不许深辨”,语意已改变,当以“何庸深辨”为是。

## 三、《宋江三十六赞序》

此文叙宋江三十六人事早于《水浒传》,历来颇受研究者重视。龚开此文最早见于周密《癸辛杂识》,今存津逮秘书本、学津讨原本等可予参照。《全元文》中的《宋江三十六赞》正文并未紧列在《宋江三十六赞序》之后,而是采用了冒广生辑本的次序,将其置于龚开所撰其他序跋文之后,颇不便于利用。

1.“餘年少时壮其人”

“餘”,应为人称代词“余”。

2.“及异时见《东都事略中书侍郎侯蒙传》有书一篇”

“东都事略”应加书名号,“书”各本均作“载”。故此句标点应以“及异时见《东都事略》中载侍郎《侯蒙传》有书一篇”为宜。

3.“然其识趣超卓,有过人者”

“识趣”他本作“识性”,是。察此句文意,是表达宋江等人智识、品性有过人之处而非智识、爱好品位有过人之处。

4.“混江龙李俊”条“武皇雄尊,自惜神臂”

“雄尊”,津逮秘书本、学津讨原本、《四库全书》本均作“雄争”。

5.“黑旋风李逵”条“□行之中,遇尔亦凶”

冒广生《楚州丛书》本此处为“□行之中”。按:据“玉麒麟卢俊义”条有“风尘太行”,“船火儿张横”条有“太行好汉”,“神行太保戴宗”条有“敢离太行”,故“黑旋风李逵”条此处文本阙字当补以“太”字为宜。“凶”,为“凶”之异体字,罕见。

---

① 〔宋〕苏轼撰,孔凡礼点校:《苏轼文集》,中华书局1986年版,第473页。

② 〔宋〕叶绍翁:《四朝闻见录》,《知不足斋丛书》(二),中文出版社1980年版,第1125页。

6."小旋风柴进"条"风有大小,黑恶则俱"

"俱",津逮秘书本、学津讨原本均作"惧",是。用"惧"字,意为黑恶之风无论大小,都令人惧怕。

## 四、《辑陆君实挽诗序》

《全元文》收《辑陆君实挽诗序》注明出处为《淮安艺文志》,经查,确切出处为乾隆《淮安府志·艺文志》。《宋遗民录》亦录有此文。《宋遗民录》今存明嘉靖程威刻本①和清鲍廷博辑《知不足斋丛书》本②。与之相较,《淮安府志·艺文志》对相当一部分字句做了删改,已非文章原貌。

1."哀亡,朋友之至情"

程威刻本,"哀亡"一作"哀死";《知不足斋丛书》本夹注曰"一本作'挽歌,哀亡之至情'"。

2."因能事而至情"

"至情"前脱漏一"寓"字,应为"因能事而寓至情"。《知不足斋丛书》本《宋遗民录》于"寓"下注曰:"一作'发'。"

3."知与不知皆为流涕"

"流涕",程威刻本和《知不足斋丛书》本均作"出涕"。

4."尝求其说于太史公传赞"

据程威刻本和《知不足斋丛书》本,句前应脱漏一"故"字。

5."曰否,不然"

程威刻本和《知不足斋丛书》本均作"曰否,不然也",是。

6."夫李将军,英特伟杰人也"

"英特伟杰",程威刻本和《知不足斋丛书》本作"英伟杰特",是。该词在文中出现两次,冒广生辑本前作"英特伟杰",后作"英伟杰特"。

7."时人哀之尚无间于亲疏久近"

据程威刻本和《知不足斋丛书》本,"亲疏久近"下脱"之别"二字。

8."而况舍生就义,为万世立纲常,绝无而仅有者乎"

"为万世立纲常",程威刻本和《知不足斋丛书》本均作"为万世纲常立本";"绝无而仅有者乎",程威刻本作"而绝无仅有之事乎",《知不足斋丛书》本作"绝无而仅有之事乎"。

9."是故大中之道也"

---

① 〔明〕程敏政辑:《宋遗民录》,《四库全书存目丛书》史部第八八册,齐鲁书社1996年版,第519~520页。

② 〔明〕程敏政辑:《宋遗民录》,《知不足斋丛书》(十),中文出版社1980年版,第6385~6386页。

“故”，程威刻本和《知不足斋丛书》均作“固”，是。

10.“仆自泉南回浙西，闻公死事，悲悼不胜，将以诗吊，惧传闻之失实也”

据程威刻本和《知不足斋丛书》本，句前脱一“往”字，往日之意；“悲悼不胜”后脱“情”字，“将以诗吊”后脱“而不敢轻为”一句。

11.“又念公之事在人心”

程威刻本和《知不足斋丛书》本作“又自惟念公之事在人心”，“自惟”即“自思”，与“自念”语意重复，存一可也。

12.“在天下后世，顾欲成一己之私，非也”

“成”，程威刻本和《知不足斋丛书》本作“存”。“非也”，程威刻本和《知不足斋丛书》本均作“非是”。

13.“其亦庶乎其可也”

据程威刻本和《知不足斋丛书》本，此句下脱漏“诗无先后次第，至则登载，惟公出处大略已见鄙文”。

14.“或曰厓山败时，公位右丞相，云枢密使，非也”

《知不足斋丛书》本为“或曰厓山败时，公位右丞相，枢密使非也”。按：黄溍有《陆君实传后序》云：“故传所登载殊弗能详，至公之官位为丞相为枢密使，亦且贰其传而莫能定，因字称之曰君实而不爵，盖阙疑也。”①

15.“虽揆席本兵，皆一时外物，不足为公之重轻，既二其传，孰为之定名”

此句有脱漏。“虽揆席本兵”，程威刻本和《知不足斋丛书》本均作“虽然揆席本兵”。“不足为公之重轻，既二其传”，程威刻本和《知不足斋丛书》本均作“不足以为公之重轻，既贰其传”。“孰为之定名”，程威刻本作“孰为定名”。

16.“壬辰三月”

据程威刻本和《知不足斋丛书》本，“壬辰三月”后脱“二十八日，淮阴龚开序”。

## 五、《题为韩蕲王孙亦颜作清凉居士图》

“有躯貔貅洗河洛之志”

结合常识，参以《宋史翼》②卷三五引卢熊《苏州府志》相关文字，“躯”当为“驱”。陆游《醉中作》诗中有“安得熊罴十万师，蹴踏幽并洗河洛”，旨趣相近。

## 六、《天马图跋》

冒广生本于题下注明出处为《铁网珊瑚》。名为《铁网珊瑚》的著作有数种，冒氏所据

---

① 〔明〕程敏政辑：《宋遗民录》，《知不足斋丛书》（十），中文出版社1980年版，第6384页。

② 〔清〕陆心源辑撰：《宋史翼》，中华书局1991年版。

《铁网珊瑚》乃明赵琦美编订的十六卷本，又称《赵氏铁网珊瑚》①。《珊瑚木难》②卷六亦有此文。

1.“道人野姓如天马，欲摆青丝出帝閒”

“姓”应为“性”，“閒”应为“闲”。姓氏无所谓野，“闲”有栅栏的意思，习指马厩。冒广生《楚州丛书》本误将“性”刻为“姓”，用“閒”来替作“闲”，误。

2.“既又念此句、此马终无出路”

“此句、此马”联结甚密，不宜断开。

## 七、《人马图跋》

《人马图跋》见于《赵氏铁网珊瑚》③卷一二。《珊瑚木难》④卷六亦有收录。

1.“雪巘褚先生为士友戴祖禹□马”

此处阙字，文渊阁《四库全书》本《赵氏铁网珊瑚》《珊瑚木难》均作“画”。据今人韩进、朱春峰《铁网珊瑚校证》校勘记，国家图书馆藏常熟归氏旧藏旧抄本《铁网珊瑚》亦阙字；国家图书馆藏朱存理《珊瑚木难》稿本阙字作“取”，但字旁标圈，有存疑之意。仇远在为马臻《霞外诗集》⑤所作序文中曾言及“乡有雪巘褚先生者，博学卓行之士也……虚中从之学，尽得其微妙”；龚开在为《霞外诗集》所作序文中提到“明年来归，志道出往来吟卷及手画《桑乾》《龙门》二图，仆幸得一见”，可见马臻颇精于绘画，那么“博学卓行”的褚雪巘作为马臻的老师，想必也是精于绘画的。综合来看，首句阙字，当参文渊阁《四库全书》本补上“画”字为宜。

2.“因忆敖器之，评曹孟德诗云：‘如幽燕老将，气韵沉雄。’”

敖器之即敖陶孙(1154—1227)，字器之，号臞庵，福清人，有《臞庵集》⑥。“敖器之”后不宜断开，应为：“因忆敖器之评曹孟德诗云：‘如幽燕老将，气韵沉雄。’”

## 八、《中山出游图跋》

《中山出游图跋》辑自《赵氏铁网珊瑚》，并见于《清河书画舫》⑦卷十。《知不足斋丛书》本《宋遗民录·附录四》亦辑有此文。

---

① 〔明〕朱存理撰，赵琦美编：《赵氏铁网珊瑚》，文渊阁《四库全书》本。

② 〔明〕朱存理：《珊瑚木难》，文渊阁《四库全书》本。

③ 〔明〕朱存理撰，赵琦美编：《赵氏铁网珊瑚》，文渊阁《四库全书》本。

④ 〔明〕朱存理：《珊瑚木难》，文渊阁《四库全书》本。

⑤ 〔元〕马臻：《霞外诗集》，文渊阁《四库全书》本。

⑥ 昌彼得等编：《宋人传记资料索引》，鼎文书局1990年版，第2685～2686页。

⑦ 〔明〕张丑：《清河书画舫》，文渊阁《四库全书》本。

1.“岂有不善真书而能作草书者”

《清河书画舫》和《宋遗民录》作“岂有不善真书而能作草者”。

2.“在昔善画墨鬼,有姚颐真、赵千里”

“姚颐真”应为“姒颐真”。《宋人传记资料索引》载:“姒颐真,南阳人。画墨鬼晕淡有功,黄庭坚尝跋之。”①

3.“妹子扶杖披襟赶逐”

“扶杖”,《清河书画舫》《宋遗民录》作“持杖”。“扶杖”显年迈之态,不若“持杖”贴合人物实际。

4.“譬之书,犹真行之图也”

“图”,《赵氏铁网珊瑚》《清河书画舫》《宋遗民录》均作“间”。原文以书法譬论画道,“真行之间”即“在楷书与行书之间”,中和状。

## 九、《陆君实传》

《陆君实传》题下注明辑自《淮安艺文志》,即前述乾隆《淮安府志·艺文志》。与《宋遗民录》收录的《陆君实传》相比,《淮安府志·艺文志》校对不精,文本舛误甚夥。兹据《宋遗民录》程威刻本②和《知不足斋丛书》本③,参以明丁元吉辑《陆右丞蹈海录》④清康熙十二年王乃昭抄本,校正如下。

1.“父母携抱避地南东”

“避地南东”,《宋遗民录》《蹈海录》《淮安府志·艺文志》均作“避地南来”。按:传文陆君实原籍楚州盐城,三岁时随父母徙居京口,正是“避地南来”。

2.“年十五应卿举”

“卿举”当为“乡举”之误。乡举,亦称乡贡,指宋代州府举行的科举中式。

3.“是时,殿撰章子美炎居京口”

“章子美炎”应为“章子美琰”。章琰,字子美,号立庵,润州人。⑤

4.“君实尝敛板扣辕”

《知不足斋丛书》本《宋遗民录》作“君实当敛板辕贺”,是。又程威刻本《宋遗民录》作“君实当饮□□□”。《蹈海录》《草莽私乘》⑥作“君实当敛板辕和”。

---

① 昌彼得等编:《宋人传记资料索引》,鼎文书局1990年版,第1499页。

② 〔明〕程敏政辑:《宋遗民录》,《四库全书存目丛书》史部第八八册,齐鲁书社1996年版。

③ 〔明〕程敏政辑:《宋遗民录》,《知不足斋丛书》(十),中文出版社1980年版。

④ 〔明〕丁元吉辑:《陆右丞蹈海录》,《四库全书存目丛书》史部第五五〇册,齐鲁书社1996年版。

⑤ 昌彼得等编:《宋人传记资料索引》,鼎文书局1990年版,第2078页。

⑥ 〔元〕陶宗仪编:《草莽私乘》,《四库全书存目丛书》史部第八七册,齐鲁书社1996年版。

5.“而同年进士钱淳甫直孙于制使有连姻”

“钱淳甫直孙”应为“钱淳父真孙”。《宋人传记资料索引》载:“钱真孙,字淳父,安庆桐城人。”①《元史》载至元十二年钱真孙以城降元事②。

6.“淳甫与君实能自植”

据《宋遗民录》,“植”后脱一“立”字。

7.“不欲挠拂其志,驯以举格,改合入官”

应断为“不欲挠拂其志驯。以举格改,合入官”,意为“因为举制变革,可以去做官了”。

8.“分拟诸房公事,机无不举”

据《宋遗民录》,“机”应为“职”,是。

9.“君实仍以机宜在行”

《知不足斋丛书》本《宋遗民录》“在行”作“佐行”,意谓陪行左右,是。

10.“君实与亲友朝暮见”

据《宋遗民录》,此处句下脱漏“不以前疏为少,后密为多”,如此,句意更为完整。

11.“金字牌命制使往维扬,用乙夜绝江,小驻瓜洲”

据《宋遗民录》和《蹈海录》,“制使”前有“李”字。另断句宜为“金字牌命李制使往维扬用,乙夜绝江,小驻瓜洲”。乙夜,即二更时分。

12.“君实恬然无自献之意”

《宋遗民录》《蹈海录》《淮安府志·艺文志》皆无“然”字。

13.“兼淮安东路提点刑狱公事”

“淮安东路”应为“淮南东路”。《宋史·地理志》曰:“淮南路。旧为一路,熙宁五年,分为东西两路。”③宋室南渡后,淮安隶于淮南东路。淮安为府,不得称路。

14.“既无台治,亦无公使供给,以故多制垣,上介兼领”

“制垣”后不应断开。“制垣”为宋代制置司别称④。

15.“世杰若不可,相公意亦当如此”

断句应为:“世杰若不可相公意,亦当如此?”传文叙张世杰对陈宜中专断行事、“动辄令台谏排论人”表示不满,故出以愤激之语。

16.“君实端笏盛服如立太古班”

“太古班”,《蹈海录》作“文右班”,程威刻本《宋遗民录》作“文石班”,《知不足斋丛书》本《宋遗民录》作“右文班”,当以“文右班”为是,意指“左右文武”恪遵官员上朝秩序。

17.“至于朝衣揾泪”

---

① 昌彼得等编:《宋人传记资料索引》,鼎文书局1990年版,第4081页。

② 〔明〕宋濂等:《元史》,中华书局1976年版,第160页。

③ 〔元〕脱脱等:《宋史》,中华书局1977年版,第2178页。

④ 龚延明:《中国历代职官别名大辞典》,上海辞书出版社2006年版,第425页。

《宋遗民录》《蹈海录》《淮安府志·艺文志》均作“至以朝服揾泪”,是。

18.“君实随时裨补”

“随时”,《宋遗民录》《蹈海录》《淮安府志·艺文志》作“随宜”,是。“宜”意为适当、不违制。

19.“号哭拜幼君陛下不可再辱”

《宋遗民录》《蹈海录》作:“号哭拜幼君曰:‘陛下不可再辱。’”

20.“或谓仆合疏一传”

“合”,《宋遗民录》《蹈海录》均作“盍”,应该、应当之意。

21.“死节有赵公相望”

据《宋遗民录》和《蹈海录》,“赵公”后有脱漏,应为“死节有赵公师旦,至行有徐节孝先生,今吾君实得与赵公相望”。

22.“此君实岂有愧于节考”

据《宋遗民录》和《淮安府志·艺文志》,此句应为“此君实宁有愧于节孝”。

23.“然则传其可以不作乎?朋友之言,岂可以不怀”

据《宋遗民录》,此句应为:“然则传其可以不作,朋友之言其可以不怀?”

24.“不能使潜德幽光浮于传节”

“传节”,《知不足斋丛书》本《宋遗民录》作“伟节”,是。

25.“东南如晋阳者”

《知不足斋丛书》本《宋遗民录》作“东南如晋阳可走者”,意思更为完整。

## 十、《宋文丞相传》

《全元文》收龚开《宋文丞相传》辑自《草莽私乘》。《知不足斋丛书》本《宋遗民录》亦有此文,兹参校如下。

1.“长而字曰天祥”

《宋遗民录》“字”后有“之”字。

2.“宋瑞入京行进士门生谢礼”

《宋遗民录》“进士门”后无“生”字。

3.“吴丞相潜再相入内,都知事董宋臣主迁幸”

断句误,“入内都知”不应断开。董宋臣为宦官,职入内都职司。《宋史·职官志六》:“入内内侍省有都都知、都知、副都知……”①《宋遗民录》“入内都知”后无“事”字,故断句应为“吴丞相潜再相。入内都知董宋臣主迁幸”。

4.“王言先呈稿于权臣而后行”

---

① 〔元〕脱脱等撰:《宋史》,中华书局1977年版,第3939页。

《宋遗民录》作“王言多先呈稿于权臣而后行”。

5.“宋瑞径行且无所避忌”

“避忌”,《宋遗民录》作“忌避”。

6.“以轻兵护出境,听所之经维扬,不见纳”

“听所之”后应断开。“纳”,《宋遗民录》作“内”,互通。

7.“至梅州,进银青光禄大夫,领旧职,乃经略江西”

“乃”,《宋遗民录》作“仍”,是。“梅州”,《宋史·文天祥传》亦作“梅州”,《知不足斋丛书》本《宋遗民录》作“福州”。细察龚开此文中所述文天祥行迹,先是由泰至通州,后至温州,再经剑州、汀州。剑州、汀州皆位于今福建境内,福州亦属福建。而梅州则已远至广东,空间跳跃太大。又“经略江西”,文天祥显然不会在远至广东的梅州经略江西。下文又述文天祥“五月,入赣州会昌县”,文天祥从福建跳至广东再回转江西的可能性极低。故依文中此处所述事实,地点当是福州。

8.“其九月,丁母忧”

《宋遗民录》作“丁齐魏国太夫人忧”。

9.“张元帅遣都镇府石嵩管押宋瑞北去”

“都镇府”,《宋遗民录》作“都镇抚”,是。

10.“二王在南,中立以存宗庙社稷”

宜在“中”后断开。

11.“若将三宫走,亦是忠臣。不走,出城与伯颜一战”

“亦”,《宋遗民录》作“尔”,“伯颜”后有“丞相”二字,是。

12.“被执以来,欲引而无闲”

据《宋遗民录》,“引”后脱一“决”字。

13.“谨南乡再拜以死”

“乡”当为“向”之误。

14.“惟其义尽,所以仁至”

“所以”,《宋遗民录》作“是以”。

15.“因求得腾本,取其始末为传”

“腾”,《宋遗民录》作“誊”,是。

16.“宋将亡,两淮重镇居西者无议焉”

“焉”,《宋遗民录》作“为”,是。

17.“一身在朝,拥将相虚位”

“虚位”,《宋遗民录》作“虚名”。

18.“似者尚可取监,况身亲之”

据《宋遗民录》,“监”为“鉴”之误。

## 十一、《霞外诗集序》

此文为龚开为马臻《霞外诗集》所作序文,《全元文》失收。从此文可窥见龚开之交游情况与文学志趣。今据文渊阁《四库全书》本《霞外诗集》①补入。中华续道藏《武林玄妙观志》卷四亦有此文。

大德辛丑,嗣天师张真人如燕主行内醮,玄教名流并翼然景从,王子繇、马志道在焉。明年来归,志道出往来吟卷及手画《桑乾》《龙门》二图,仆幸得一见随喜。居顷之,遂以所作《霞外》诸诗,俾为之序。仆既叹羡有加,因之又念雪巘翁极父师之教,至此而玉其成。且行卷所存,多礼乐光华之典据,后之君子录名山故事,尚于兹有考,二者皆当表著而复计。忖自车书混一、南北通辕,干名逐利者,去来几何?人尝试使之述周汉之遗迹、大川乔岳之势状与城郭人民之今若古。或者漫不知省,必待诗人采掇,归之笔下,如好音嫭色动人观听,一何异哉!然后知先王之泽先民情性不逐有形而弊,而事事物物见之声文气韵,万古可一息辨也。合是为序,要非窾言,抑孝友德,履诗之根本也。志道宁亲于家庭,甘旨如意;领弟于精庐,意爱无斁;交往朋从,久敬弗替。而于仆也,又以翰墨游戏相与无间,其何说之词?为诗若干首,古今体制具在,而驯雅如其人,览者自见。

淮阴龚开圣予甫序于西湖客舍,时年八十一。

## 小　结

龚开文散见于诸书,无专集存世,赖有后世如冒广生辈拾掇成集,虽曰未备,亦足称赏。又有《全元文》集成一代之文,堪称盛举,惜乎体大,难称精审。校书颇耗心力,笔下误难免,眼下误更甚,行文句读亦难免时见分歧,但《全元文》所收一人之文的讹误便如此之多,不能不令人侧目。

今据所见诸本,勘正补阙龚开文如前,冀为《全元文》之修订,略尽绵薄之力。

① 〔元〕马臻:《霞外诗集》,文渊阁《四库全书》本。

# 元初名臣王恽翰苑任期考

姜学科*

翰林国史院是元世祖即位后合前代翰林学士院和史馆(国史院)为一而设的新机构,又称翰苑、玉堂、銮坡,地位十分重要,正如元人危素所说:"窃稽前代代言之官、纂修之职,皆号为清华之地,国朝合而为一,势严而事重。"①翰苑文臣们负责草拟诏旨、纂修国史和充当顾问,为元初政治和文化建设做出了重要贡献。王恽(1227—1304),字仲谋,号秋涧,谥文定,卫州汲县(今河南卫辉)人。《元史》卷一六七有传,其子王公孺为之撰《大元故翰林学士中奉大夫知制诰同修国史赠学士承旨资善大夫追封太原郡公谥文定王公神道碑铭》(下文简称《文定王公神道碑铭》),是元世祖和成宗时期一位非常重要的词臣,他一生三次入职翰林国史院,最终官至翰林学士,去世后更被追封为翰林学士承旨。作为元初翰苑名臣,王恽不仅积极履行词臣职责,在职务制作方面出力甚多,还献言献策,尽心竭力为朝廷分忧,同时与同僚密切交流,是元初翰林国史院的重要参与者。

相对于元初其他人来说,有关王恽翰苑经历的记述资料是比较丰富的。此外,他还笔耕不辍②,于在职期间及赋闲之际写下了大量作品,对翰林国史院做了较为全面的记录。他今存《秋涧集》100卷,包括诗文词曲77卷与《承华事略》《守成事鉴》《中堂事记》《乌台笔补》《玉堂嘉话》五种23卷,其中有不少关于翰林国史院的诗文和专著。专著类既有专题性著作,又有综合性著作。尽管如此,王恽在翰林国史院的任期问题仍然有值得探讨的地方。

王恽久居台宪和翰苑,其子王公孺在《秋涧先生大全集后序》中称父王恽"五任风宪,三

---

* 姜学科,齐鲁师范学院文学院讲师。

① 〔元〕危素:《翰林国史院经历司题名记》,见《危太朴文集》卷三,《元人文集珍本丛刊》第七册,台湾新文丰出版公司1985年版,第412页。

② 〔元〕王恽著,杨亮、钟彦飞点校:《王恽全集汇校》附录,中华书局2013年版,第4485页。

入翰林”[①],但对于王恽三入翰林国史院的任期,王公孺所撰《文定王公神道碑铭》与宋濂等据《文定王公神道碑铭》所撰的《元史·王恽传》的相关记载都相对简略,甚至出现了一些错误。为了更好地认识王恽在翰林国史院的经历与作为,今结合其他史料对其翰苑任期加以考察。

## 一、第一次任期

元世祖即位当年(1260)五月建元中统,“稽列圣之洪规,讲前代之定制……内立都省,以总宏纲;外设总司,以平庶政”[②],仿效前代中原王朝设立了一系列从中央到地方的机构,中统二年(1261)五月设翰林院,翰林学士承旨王鹗建议扩充为翰林国史院,并保举人才入职,中书省官员是其中一个重要的来源,时任详定官的王恽即被选中。他是由东平入中书省任职的,而且是最早进入翰林国史院的东平文人。《元史·王恽传》云:

> 中统元年,左丞姚枢宣抚东平,辟为详议官。时省部初建,令诸路各上儒吏之能理财者一人,恽以选至京师,上书论时政,与渤海周正并擢为中书省详定官。二年春,转翰林修撰、同知制诰,兼国史院编修官,寻兼中书省左右司都事。[③]

这段记载有三个问题,第一,王恽最初的中书省职务不是详定官而是掌记,温海清最早发现并讨论了这个问题,认为王恽中统二年春才转为详定官[④],其实,当年六月十一日参与高丽使臣宴会时,王恽还自言为“掌记”[⑤],而七月二十七日转任翰林修撰时的职务为详定官[⑥],因此,中统二年六月之后,他由掌记转任详定官。第二,王恽进入翰林国史院任职的时间“二年春”有误,因为此时该机构尚未设立,他在《玉堂嘉话序》中云:“其年(中统二年)秋七月,授翰林修撰、同知制诰、兼国史院编修官。”[⑦]七月入职才与翰林国史院设立的时间相符。第三,王恽成为翰苑文臣之后所兼职务当为中书省左司都事,“右”系衍文,如他在《玉堂嘉话序》中云:“再阅月,蒙二府交辟,不妨供职,兼左司都事。”[⑧]总之,王恽第一次进入翰林国史院任职的时间为中统二年七月,职务为翰林修撰、同知制诰,兼翰林国史院编修官,当年八月起兼任中书省左司都事。

值得一提的是,王恽对自己到翰林国史院任职的具体日期有不同的说法,其诗歌《开平晚归》自注云:“七月一日授翰职。”[⑨]而《中堂事记》卷下则云:“(中统二年七月)十八

① 〔元〕王恽著,杨亮、钟彦飞点校:《王恽全集汇校》附录,中华书局2013年版,第4485页。
② 〔明〕宋濂:《元史》卷四,中华书局1976年版,第65页。
③ 〔明〕宋濂:《元史》卷一六七,中华书局1976年版。
④ 温海清:《王恽中统初年的身份问题》,载《中国史研究》2010年第2期。
⑤ 〔元〕王恽著,杨亮、钟彦飞点校:《王恽全集汇校》卷八二,中华书局2013年版,第3402页。
⑥ 〔元〕王恽著,杨亮、钟彦飞点校:《王恽全集汇校》卷八二,中华书局2013年版,第3417页。
⑦ 〔元〕王恽撰,杨晓春点校:《玉堂嘉话》,中华书局2006年版,第39页。
⑧ 〔元〕王恽撰,杨晓春点校:《玉堂嘉话》,中华书局2006年版,第39页。
⑨ 〔元〕王恽著,杨亮、钟彦飞点校:《王恽全集汇校》卷一五,中华书局2013年版,第660页。

日戊寅，翰林国史院保雷膺与恽充本院属官。”[①]二者所载相互抵牾，《中堂事记》是王恽在中书省的当值日录，相对比较可靠。按照流程，王恽先被保奏为翰林官员，之后由朝廷下旨令其入职。《中堂事记》还有关于其入职的具体记载，该书卷下“（中统二年）七月廿七日”云：“前大名路宣抚司幕官雷膺，前东平路宣抚司同议、权详定官王恽同日授翰林修撰。”[②]据此可知，王恽于中统二年七月二十七日才正式成为翰林国史院的一员，他随即作《授翰林修撰同知制诰兼充国史院编修官谢中书省启》，写作时间为“中统二年秋七月廿九日”[③]。

对于王恽何时离职，《元史·王恽传》和《文定王公神道碑铭》都没有说明，反而直接叙述其至元五年(1268)任监察御史一事，这很容易让人误以为王恽此前一直担任翰林修撰。其实不然，他中统三年(1262)即离职，其《故吏部尚书高公祭文》自云：“惟中统壬戌之春，恽以事累，退耕于垄亩者再罹寒暑。”[④]中统壬戌即中统三年，这年春天王恽因受人牵连而被罢官。至于受何人何事所累，他显然不愿意多提，因此其现存作品中都没有明确叙述。而联系当时的政局和王恽这一时期的作品，我们可以判断出，连累他的当是中书平章政事王文统。中统三年春天，王文统因女婿李璮谋反被杀，许多人受到牵连，他自此被朝廷定性为叛臣，明代所修《元史》亦将他收入《叛臣传》，但从《秋涧集》反映出的信息看，王文统在王恽眼中是一位能臣，王恽还转引杨果等人的评价说：“王文统材略规模，朝士罕见其比。”[⑤]由此可以推断，王恽在中书省任职期间与王文统关系较为密切，因此亦在受牵连之列。蔡春娟的《李璮、王文统事件前后的王恽》[⑥]一文对此有较为全面的分析。可以说，王恽刚刚起步的仕途被这一意外事件截断了。他在为史天泽作的挽词中说：“既而以事诖，得公辨明免归。”[⑦]据此可知，尽管受王文统牵连而被罢官，但因史天泽为之辩解，王恽并未获罪，只是回到了卫州。

从中统二年(1261)七月到中统三年春，王恽在翰林国史院任职不足一年，正逢元世祖汉法推行的肇始期和翰林国史院的设立期，他在《玉堂嘉话序》中云：“方帝泽鸿庞，赉及四海，诰命宣辞，颇与定撰。”[⑧]除了参与诏书的撰写，王恽还见证了翰林国史院的设立和运作过程，并做了记录，这些内容于至元二十四年(1287)被王恽写入《中堂事记》，是有关元代翰林国史院设立和运作的宝贵资料。

---

① 〔元〕王恽著，杨亮、钟彦飞点校：《王恽全集汇校》卷八二，中华书局 2013 年版，第 3412 页。

② 〔元〕王恽著，杨亮、钟彦飞点校：《王恽全集汇校》卷八二，中华书局 2013 年版，第 3417 页。

③ 〔元〕王恽著，杨亮、钟彦飞点校：《王恽全集汇校》卷六八，中华书局 2013 年版，第 2942 页。

④ 〔元〕王恽著，杨亮、钟彦飞点校：《王恽全集汇校》卷六三，中华书局 2013 年版，第 2733 页。

⑤ 〔元〕王恽著，杨亮、钟彦飞点校：《王恽全集汇校》卷八一，中华书局 2013 年版，第 3380 页。

⑥ 蔡春娟：《李璮、王文统事件前后的王恽》，载《中国史研究》2007 年第 3 期。

⑦ 〔元〕王恽：《故开府仪同三司中书左丞相赠太尉谥忠武史公挽词并序》，见《王恽全集汇校》卷二七，中华书局 2013 年版，第 1314 页。

⑧ 〔元〕王恽撰，杨晓春点校：《玉堂嘉话》，中华书局 2006 年版，第 39 页。

## 二、第二次翰苑任期

自翰林国史院离职后，王恽主要在家乡卫州闲居，这期间曾被史天泽的侄子史枢聘至东平。至元五年(1268)七月，元廷设御史台，王恽在高鸣等人的保举下出任监察御史，期满后升为平阳路总管府判官，后又奉命到河南考核儒士，至元十三年冬天回到京城，次年再任翰职。他在《玉堂嘉话》中自述云："至元十四年丁丑岁春二月庚申朔，复授翰林待制，是日赴院供职。"①由此可见，他第二次进入翰林国史院是至元十四年二月初一，职务为翰林待制。

第二次翰苑任期到何时呢？《元史·王恽传》云："（至元）十四年，除翰林待制，拜朝列大夫、河南北道提刑按察副使，寻改置诸道制下，迁燕南河北道。"②这里说得过于简略，让人觉得王恽任翰林待制不久即转为提刑按察副使。③ 其实，王恽此次任期有一年多。《文定王公神道碑铭》云："（至元）十四年授翰林待制。奉训大夫鹿庵大学（士）方执文衡，屡称其文章精妙。明年秋，选授朝列大夫、河北河南道提刑按察副使，改除燕南。"④据此可知，王恽于至元十五年(1278)秋才转任地方提刑按察司职务，具体时间当为九月，《元朝名臣事略》引徐世隆所撰墓碑云："（至元）十五年秋九月，翰林承旨和鲁忽孙、前中书左丞张文谦奏请：'状元藩邸旧人，嘉言善猷，于国多所裨益。今已云亡，在典礼宜有封谥。'诏特赠谥曰文康。"⑤此封赠宣敕即由王恽所拟，题为《翰林学士承旨王公制》，收入《秋涧集》卷六八《翰林遗稿》，既然如此，那么王恽直到至元十五年九月才离开翰林国史院。

从至元十四年二月算起，王恽第二次在翰林国史院任职达一年半时间，职务为翰林待制。此时，元代翰林国史院制度已经比较完备，王恽在任期内代拟了不少诏书，还与王磐等人切磋文学。同时，正值江南平定，宋室的礼器、书籍陆续运达，王恽得以与同僚一起观摩。这些经历成为他后来写作《博古要览》《书画目录》《宫禽小谱》《玉堂嘉话》等翰苑专著的重要来源。

## 三、第三次任期

自至元十五年(1278)秋起，王恽历任河南河北道、山东西道提刑按察副使，至元二十

---

① 〔元〕王恽撰，杨晓春点校：《玉堂嘉话》，中华书局2006年版，第42页。

② 〔明〕宋濂等：《元史》卷一六七，中华书局1976年版，第3933页。

③ 《元史·王恽传》脱一"河"字，王恽由翰林待制转任为河北河南道提刑按察副使，以下文《文定王公神道碑铭》所言为准。

④ 〔元〕王恽著，杨亮、钟彦飞点校：《王恽全集汇校》附录，中华书局2013年版，第4443页。

⑤ 〔元〕苏天爵辑撰，姚景安点校：《内翰王文康公（王鹗）》，见《元朝名臣事略》卷一二，中华书局1996年版，第240页。

一年因病辞归，至元二十六年又任福建闽海道提刑按察使，次年返乡。至元末年为朝廷召至京师，第三次进入翰林国史院任职，《元史·王恽传》云："（至元）二十八年，召至京师。二十九年春，见帝于柳林行宫，遂上万言书，极陈时政。授翰林学士、嘉议大夫。"①王恽第三次入京的契机是朝廷征召耆旧，《文定王公神道碑铭》云："（至元）二十八年，朝廷以耆宿来征。明年二月，谒见世祖皇帝于柳林行宫。蒙慰谕久之。继上万言书，条陈时政：……上嘉纳焉。授翰林学士、嘉议大夫。与议政事……"②所载与《元史·王恽传》大同小异，皆言王恽至元二十八年至京师，次年春天觐见元世祖并被授予翰林学士，其实，他到京师和觐见元世祖的时间都应推后一年。

王恽被征召至京师的实际时间当为至元二十九年（1292）。《元史·程钜夫传》："（至元）二十九年又召钜夫与胡祗遹、姚燧、王恽、雷膺、陈天祥、杨恭懿、高凝、陈俨、赵居信等十人，赴阙赐对。"③《元史·胡祗遹传》亦云："（至元）二十九年，朝廷征耆德者十人，祗遹为之首，以疾辞。"④这都说明朝廷此次征召的时间是至元二十九年，并非《元史·王恽传》和《文定王公神道碑铭》说的至元二十八年。王恽《老子衍义序》亦云："壬辰冬，予应聘至都。"⑤该序记载得更为具体，他至京师的时间是壬辰年即至元二十九年冬天，《琅山（廿九年冬十月廿九日北上过保塞马上赋）》⑥等作品便是北上途中所作。

觐见元世祖是在至元三十年（1293）。王恽《朝谒柳林行宫二诗并叙》云："至元癸巳二月四日，臣膺、恽，臣文海、俨、居信，朝谒春水行宫于泸曲之柳林。"⑦至元癸巳即至元三十年。此次觐见之后，王恽上万言书，《文定王公神道碑铭》云："明年二月，谒见世祖皇帝于柳林行宫，蒙慰谕久之。继上万言书，条陈时政。"⑧元世祖很欣赏王恽所言十六事，遂再次授予他翰苑职务，因此，王恽第三次进入翰林国史院任职的时间是至元三十年，职务为翰林学士。⑨ 自元世祖至元三十年（1293）到成宗大德七年（1303），王恽担任翰林学士长达十余年，这是其翰林职务乃至整个仕途的巅峰时期。他在任职期间积极履行翰苑职能，草拟诏书、奉诏作碑文、修史、献言献策，对元初文化建设贡献颇多。

关于王恽第三次离开翰林国史院的时间，史料中存在的问题更大。《元史·王恽传》云："（大德）二年，赐钞万贯。乞致仕，不许。五年，再上章求退，遂授其子公孺为卫州推

---

① 〔明〕宋濂等：《元史》卷一六七，中华书局 1976 年版，第 3935 页。

② 〔元〕王恽著，杨亮、钟彦飞点校：《王恽全集汇校》附录，中华书局 2013 年版，第 4444 页。

③ 〔明〕宋濂等：《元史》卷一七二，中华书局 1976 年版，第 4017 页。

④ 〔明〕宋濂等：《元史》卷一七〇，中华书局 1976 年版，第 3993 页。

⑤ 〔元〕王恽著，杨亮、钟彦飞点校：《王恽全集汇校》卷四二，中华书局 2013 年版，第 2016 页。

⑥ 〔元〕王恽著，杨亮、钟彦飞点校：《王恽全集汇校》卷五，中华书局 2013 年版，第 164 页。

⑦ 〔元〕王恽著，杨亮、钟彦飞点校：《王恽全集汇校》卷二一，中华书局 2013 年版，第 1040 页。

⑧ 《元史·王恽传》"见帝于柳林行宫，遂上万言书"（见〔明〕宋濂等《元史》卷一六七，中华书局 1976 年版，第 3935 页）所言不确，让人觉得在柳林行宫即上此万言书。

⑨ 夏令伟：《〈元史·王恽传〉勘误》，载《内蒙古农业大学学报（社会科学版）》2010 年第 2 期。

官，以便养，仍官其孙笥秘书郎。大德八年六月，卒。”[①]《文定王公神道碑铭》所记与之同。陈俨《故翰林学士秋涧王公哀挽诗序》却说：“内翰秋涧公谢事之明年，终命于家，春秋七十八，实大德甲辰六月辛丑也。”[②]该序言明王恽去世是其致仕的第二年，换言之，王恽的致仕时间为大德七年（1303）。袁国藩的《元史札记》一文对这个问题首先进行了考辨，宋福利在《王恽年谱》中亦持相同观点。我们认为袁先生的观点是十分可取的。

综上可知，王恽是元初翰林国史院文人中极为重要和特殊的一位，其三入翰苑的经历贯穿了元世祖中统、至元三十余年间并延伸到了成宗元贞和大德年间。尽管史料中关于其生平和出处经历的记载存在不少问题，不过，由于在史书及他人记述之外，还有其《秋涧集》百卷可供参考，因此关于王恽三入翰林国史院的任期，能通过对比不同材料得出相对可靠的结论。而通过钩稽文献，我们能确定的曾在元世祖中统、至元三十余年间担任过翰苑词臣者有七十余名，而这一时期其他材料不足的翰苑文臣之生平经历不明确、不完整之处更多，这就提示我们要细读既有材料并努力挖掘新材料，这样才能将元初更多翰苑文臣的基本情况考察清楚。

---

① 〔明〕宋濂等：《元史》卷一六七，中华书局1976年版，第3935页。

② 〔元〕王恽著，杨亮、钟彦飞点校：《王恽全集汇校》附录，中华书局2013年版，第4546页。

# 《昌谷集注》宋琬序作者新考

鲁　慧*

《昌谷集注序》是李贺研究中极为重要的一篇文献，几乎言李贺者必言《昌谷集注序》，言《昌谷集注序》者必言宋琬，认为这就是宋琬之作。笔者为一探究竟，追根溯源，多方查阅文献，发现学人所引此篇大多源于清人王琦所编《李贺诗歌集注》或《李长吉歌诗汇解》，如郭预衡主编的《中国古代文学史长编》、陶尔夫的《李贺诗歌的童话世界》等。但无论是《李贺诗歌集注》抑或《李长吉歌诗汇解》，其所收录的文章最早皆源于姚文燮的《昌谷集注》一书。然经笔者考证，此文并非宋琬本人创作，而是清初散文名家王猷定的代笔之作。

王猷定（1599—1662）①，字于一，号轸石，江西南昌人，《碑传集》《清史列传》《国朝先正事略》均有传；明末清初之际颇有文名，"开清初散文风气之先"②，前半生过着富家子弟的生活，后半生四处漂泊、贫困不堪，曾一度靠鬻文为生。王猷定著有《四照堂集》十六卷，其中文集十二卷、诗集四卷。

## 一、另篇《昌谷集注序》

另篇《昌谷集注序》见于清康熙二十二年（1683）王玑刻王猷定《四照堂文集》卷二。为便于比较，兹将此文与姚氏所收、署名宋琬之文迻录如下：

---

＊ 鲁慧，哈尔滨学院文法学院讲师。本文系国家社科基金重大项目"清代诗人别集丛刊"（项目编号：14ZDB076）阶段性成果。

① 关于王猷定生卒年，现在学界尚无定论，杨剑兵撰写的《王猷定生卒年考辨》一文认为王猷定生于1599年，卒于1662年，考证较为翔实，可从。

② 罗宗阳：《开清初散文风气之先的王猷定》，载《南昌大学学报（人社版）》2002年第4期。

| 王集《昌谷集注序代》 | 姚集《昌谷注叙》① |
|---|---|
| 尝读韩愈三上宰相书，为之感愤流连。士何不幸而生元和之时哉！李贺厄于谗，不得举进士。愈作讳辩，可谓爱贺矣。然谗者百，爱者一，是爱不胜谗也。古今仇才者，首上官子兰，而成屈子以千古未有之离骚，则爱者且千万人，谗何伤？贺才学骚者也，而处时不同。德宗猜忌用人，不信宰相。宪宗，英主也，裴度为相。当贺七岁，愈与皇甫湜深器之。及愈为御史，在贞元十九年，而贺年二十有三矣。数上封事，何难一荐之度？而考之史，卒无闻焉。何欤？或曰：“中原时当用兵，无事儒生，而叔文之党方锢天下贤士大夫，不使登进，即愈一身，一贬山阳，再贬潮州。躬之不恤，何暇为贺？逮后为彰义行军司马，用其文而已。而贺适以是年死，岂不悲哉？”或曰：“贺之厄于谗，宜也。屈子悼宗国之亡，其忧大，故其辞蹙。贺当平世，何至哀愤楚激，呕心作诡谲之辞，以致忌者投诗溷厕，斯已过矣！”<br>曰：非也！贺，王孙也，所忧宗国也。和亲之非也，求仙之妄也，藩镇之专权也，阉宦之典兵也，朋党之衅成，而戎寇之祸结也，以区区陇西奉礼之孤忠，上不能达之天子，下不能告之群臣，惟崎岖驴背，托诸幽荒险涩诸咏，庶几后之知我者。而世不察，以为神鬼，悠谬不可知。其言既无人为之深绎，而其心益无以自明，不亦重可悲乎！故余以为屈子之谗在一时，而贺之谗在终古。何者？世不尽爱贺也。即有能传其诗如杜牧者，可谓爱贺矣。然犹以为理所未及，虽爱亦谗也。<br>贺死，无注贺诗者，元李孝光、张昱辈迄明初李长史竞工其体而不明其心。山阴徐渭、曾益虽注，多所未备。龙眠姚文燮曰：“世多以诗注诗，而不知本于骚。又以骚注诗，而不知本于史。”斯注传可以教天下之言诗者矣，岂独有功于贺也哉？盖姚子为穿札古今之学，考证务求精核，不为影响凿空之论。故贺诗虽最密，如参元璩植，应有莫知其解者，而姚子一一传之，如灯取影，不失累黍。呜乎！是真能爱贺者。今而后，贺其免于谗乎，即以之继愈辩，可也。 | 尝读韩愈《三上宰相书》，为之感愤流连。士何不幸而生元和之时哉！李贺厄于谗，不得举进士。愈作《讳辨》，可谓爱贺矣。然谗者百而爱者一，是爱不胜谗也。古今仇才者，首上官子兰，而成屈子以千古未有之《离骚》，则爱者且千万人，谗何伤？贺才学骚者也，而处时不同。德宗猜忌，用人不信宰相。宪宗英主也，裴度为相。当贺七岁，愈与皇甫湜深器之。及愈为御史，在贞元十九年，而贺二十有三矣。数上封事，何难一荐之度？而考之史，卒无闻焉。何欤？或曰：“中原时当用兵，无事儒生，而叔文之党方锢天下贤士大夫不使登进。即愈身一贬阳山，再贬潮州，躬之不恤，何暇为贺？逮后为彰义行军司马，用其文而已。而贺适以是年死，岂不悲哉！”或又曰：“贺之厄于谗，宜也。屈子悼宗国之亡，其忧大，故其辞蹙；贺当平世，何至哀愤楚激，呕心作诡谲之辞，以致忌者投诗溷厕？斯已过矣！”<br>曰：非也！贺，王孙也，所忧宗国也，和亲之非也，求仙之妄也，藩镇之专权也，阉宦之典兵也，朋党之衅成而戎寇之祸结也。以区区陇西奉礼之孤忠，上不能达之天子，下不能告之群臣，惟崎岖驴背，托诸幽荒险涩诸咏，庶几后之知我者。而世不察，以为神鬼悠谬不可知，其言既无人为之深绎，而其心益无以自明，不亦重可悲乎！故余以为屈子之谗在一时，而贺之谗在终古。何者？世不尽爱贺也。即有能传其诗如杜牧者，可谓爱贺矣，然犹以为理所未及，虽爱亦谗也。<br>贺死，无注贺诗者。元李孝光、张昱辈，迄明初李长史，竞工其体，而不明其心。如山阴徐渭、曾益虽注，多所未备。龙眠姚经三曰：“世多以诗注诗，而不知本于骚。又以骚注诗，而不知本于史。”斯注传可以教天下之言诗者矣，岂独有功于贺也哉！盖姚子为穿札古今之学，考证互求精核，不为影响凿空之论。故贺诗虽最密，如参元璩植，应有莫知其解者，而姚子一一传之。如灯取影，不失累黍。呜呼！是真能爱贺者，今而后贺其免于谗乎？即以之继愈辨，可也。 |

① 署名宋琬之文有《昌谷注叙》和《昌谷集注序》两个题名，但内容皆一致。王琦等注《李贺诗歌集注》所收篇名为《昌谷注叙》，较为完整，此处所引据此版本；清乾隆宝笏楼刻本《李长吉歌诗汇解》所收篇名则为《昌谷集注序》，马祖熙据王琦《李长吉歌诗汇解》补编，篇名为《昌谷集注序》，但正文后半部分阙。至于为何出现此种情况，限于篇幅，笔者将在他文专门探讨，本文则统称为《昌谷集注序》。

比照阅读二文，可以发现：(1)标题。王猷定之文题名为《昌谷集注序》，且题目后明确标有一“代”字，以示此篇是他代人所写；宋琬之文题名为《昌谷注叙》。(2)内容。除个别字词略有出入，如宋文多一“而”字，王文多一“年”字、“一”字等无伤大雅的差别外，其他文字内容皆一致。

同名的两篇文章有如此高的相似度，且作者有二，显然不是文思巧合所致那么简单，原创者一定只有一人。据笔者统计，王猷定《四照堂文集》共收录了十二篇代笔之作，这些文章的题目后面都明确标有一“代”字，如《赠张侍元先生序代》《马制台予告还朝序代》《寿少司马李公序代》《宋遗民广录序代》等，以示此篇代他人创作。其中有些文章直接以他人口吻叙述，较好辨别。如《宋遗民广录序代》一文开篇即言：“程簧墩辑谢皋羽、郑所南十一人诗文传于世，题曰《宋遗民录》。李子读而广之。”显然是直接以李长科①之口吻在写作。而有些文章未在文中直接点明，这就需要后人仔细辨别、考证。据此，可以基本判断《昌谷集注序》是代他人所写。另，此序以宋琬之名广为流传，因此，可以推断出此序为王猷定代宋琬创作。那么，此序的流传情况怎样？何时创作？王猷定代宋琬创作的其他证据有哪些呢？笔者将进一步探讨。

## 二、《昌谷集注序》流传情况考释

《昌谷集注序》在流传过程中分别出现了署名为宋琬和署名为王猷定的两个版本，为便于说明，笔者将分别予以考察。

### (一)署名为宋琬的版本

检阅有清一代宋琬文集，未发现其中收录有《昌谷集注序》。其中包括清康熙五年(1666)刻本《安雅堂文集》、清康熙三十八年(1699)宋琬之子宋思勃刻本《重刻安雅堂文集》和清乾隆三十一年(1766)刻本《安雅堂未刻稿》。如果说清康熙五年(1666)刻本《安雅堂文集》将此篇遗漏尚可理解，那么后面的几个刻本都没有收录此篇就无法让人理解了。

清康熙三十八年(1699)，宋琬之子宋思勃刻本《重刻安雅堂文集》收录了宋琬许多之前从未面世的文章，其中还包括几篇宋琬代他人创作的文章，如《贺范师相次君秋捷序代》《贺张举之季君秋捷序代》《重刻太上感应篇序代》《高夫人六十寿序代》等，文集前分别有宛平王熙、张重启、云间周金然、虞山严虞惇、武乡程康庄、吴下尤侗、吴门宋既庭等人的序言，从所收序言数量、质量来看，宋思勃为此次重刻《安雅堂文集》做了大量全面、

---

① 李长科，一名盘，字小有，李春芳之曾孙。两中副榜，与弟李嗣京、李乔皆以文名传天下，时称“淮南三李”。参见郭馨馨《明末清初李长科世系、著述考述》，载《苏州大学学报(哲学社会科学版)》2010 年第 5 期。

细致、缜密的工作，加之宋思勃本人亦“工为文，能守先生（宋琬）之学”①，所以他所收文章也一定是经过认真筛选和考量的。既然他如此重视此次父亲文集的重刻工作，那么说他漏收了在当时已产生广泛影响的《昌谷集注序》，显然是不合情理的。

清乾隆三十一年（1766），由宋琬之孙宋末年刊、曾孙宋宁宜与宋宁宣校订的刻本《安雅堂未刻稿》新收录了多篇宋琬之文，其中仅代其父宋应亨创作的就达近十篇之多，如《朱月槎诗序代先大夫作》《重修福昌院碑文代先大夫作》《养冲刘公墓志铭代先大夫作》《祭迟之莱侍御文代先大夫作》等，当然还包括代其他人创作的文章，如《张螺浮奏疏序代冯中堂作》《孝廉宋夏玉墓志铭代》《宋宗玉先生诔代》等，足见搜罗之广，可是此次刊刻本仍未收录《昌谷集注序》，不能不令人心生疑惑。

更加令人费解的是，2003 年出版的辛鸿义、赵家斌点校之《宋琬全集》仍未收录此篇。而 2007 年 8 月出版的马祖熙标校的《安雅堂全集》则将此篇作为“补遗”收录。这也是笔者首次在宋琬文集中发现《昌谷集注序》，但遗憾的是，此文后半部分缺失，且在文后注明“据王琦《李长吉歌诗汇解》首卷补”，这就证明文章的最终来源仍是姚文燮的《昌谷集注》一书，而非宋琬文集。

作为宋琬的子孙，他们完全有理由将宋琬之文纳入自己所刊刻的宋琬文集中，但是宋思勃也好，宋末年也罢，他们均没有将流传颇广的《昌谷集注序》收入其中，其中缘由只有一个，那就是他们心知肚明——此篇不是宋琬亲笔之作。

### （二）署名为王猷定的版本

与有清一代宋琬文集未收录《昌谷集注序》形成对比的是，王猷定的《四照堂集》均收录此篇并流传至今。典型的如清康熙二十二年（1683）王玑刻本《四照堂文集》、清道光十九年（1839）瑞州府凤仪书院刻本李祖陶《四照堂集文录》、民国时期《豫章丛书》本《四照堂集》等。王玑在《四照堂文集·序》中写道：

> 辛酉春，汉卓来栾，予留之署中。尽出其尊人文集示余，余读未竟而发叹曰：“嗟乎！士君子怀瑾握瑜而甘遁世无闷若先生者，可谓贤矣。以先生之才，何难倾动一世？而顾以穷老寡合客死他乡，岂不可慨也？”……今既读先生文，而使之不传，不于古人有深愧乎？因捐俸亟命付梓，以成汉卓之志，且用以慰数十年向慕之心，而余与于一先生神交为不虚矣。②

由此可见，该刻本是根据王猷定之子王汉卓提供的其父遗稿整理付梓，具有很强的权威性和可靠性。

李祖陶还在《昌谷集注序》文末高度评价此文：“妙论！长吉得此为不死矣，只爱谗二

---

① 王熙：《重刻安雅堂诗文集序》，见〔清〕宋琬著、马祖熙标校《安雅堂全集》，上海古籍出版社 2007 年版，第 828 页。

② 〔清〕王玑：《四照堂文集》，清康熙二十二年刻本。

字颠倒通篇，每拈一解、转一境，皆为寻常屐齿之所不到。”[①]他在《四照堂集文录引》中说：“《四照堂集》者，南昌王于一先生之所著也。往，予在京谒汪瑟庵先生，相与论吾乡古文，不数魏叔子，而称于一《四照堂集》。”[②]他认为王猷定的古文成就在“清初散文三大家”之一的魏禧之上，由此可以看出他对王猷定《四照堂集》的高度认可。

王猷定为文向不走寻常路，《国朝二十四家文钞》将其列于首位。“轸石文不沾窠臼，独写性灵，其心花之所结撰，往往情文相生、沁人肺腑，而骨节姗姗、风神奕奕，读者有餐霞吸露之思焉。”[③]《昌谷集注序》得到学人广泛认可的原因之一就是它“颇有不同之处”，能够“谈到李贺苦心深处”。[④] 这一观点与王猷定在读完姚文燮《昌谷诗注 · 自序》时“文字透彻，痛快！真长吉知己也”[⑤]的评语不谋而合，与王猷定为文“不沾窠臼”的风格多有相似，因此，《昌谷集注序》完全有可能出自王猷定之手。

## 三、《昌谷集注序》创作时间、过程及时代背景考释

### （一）创作时间、过程考释

虽然写作者没有在《昌谷集注序》中写明创作时间，但可以从其他文献中略窥一二。姚文燮《昌谷集注 · 凡例四则》云：“庚子冬，是帙已付剞劂。蒋太史虎臣与余游会稽，谬为推许……”[⑥]陈二如《重刻昌谷集注序》云：“庚子，(《昌谷集注》)曾刻诸吴门。”[⑦]钱澄之《重刻昌谷集注序》云：“姚子注昌谷集成，予既为序之。友人携其稿刻诸吴门，吴下为之纸贵。”[⑧]由是可知，姚氏《昌谷集注》于顺治十七年(1660)首次刊刻于吴门，且此次刊刻工作赖有友人帮助，方得以完成，并在当时产生很大的影响。是年冬天，姚文燮在会稽(今绍兴)与蒋超等人同游。姜承烈在为《昌谷集注》所作的序言中这样写道：“今冬来游会稽，(姚文燮)出所注《昌谷集》示余，余受而卒业……姚子谓余曰：‘少陵、乐天、昌谷，其诗同而人辄轩轾之。’余初疑其言，及读是注，而乃信姚子之大有得也。”[⑨]由此可见，是年冬天，姚文燮在游会稽(今绍兴)之时，将其《昌谷集注》出示于姜承烈，姜承烈读之，深

① 〔清〕李祖陶：《四照堂文录》，《续修四库全书》第一六六九册。

② 〔清〕李祖陶：《四照堂文录》，《续修四库全书》第一六六九册。

③ 徐凤辉：《国朝二十四家文钞》，1923 年版，第 1 ~ 2 页。

④ 西北大学《唐代文学》编辑组：《唐代文学》第一期，西北大学学报编辑部 1981 年版，第 39 ~ 40 页。

⑤ 见《清代诗文集汇编》第一〇六册，上海古籍出版社 2011 年版，第 84 页。

⑥ 〔唐〕李贺著，〔清〕王琦等注：《李贺诗歌集注》，上海人民出版社 1977 年版，第 387 页。

⑦ 〔清〕陈二如：《重刻昌谷集注序》，见〔清〕王琦等评注《三家评注李长吉歌诗》，上海古籍出版社 1998 年版，第 193 页。

⑧ 〔清〕钱澄之：《重刻昌谷集注序》，见〔清〕王琦等评注《三家评注李长吉歌诗》，上海古籍出版社 1998 年版，第 195 页。

⑨ 〔唐〕李贺著，〔清〕王琦等注：《李贺诗歌集注》，上海人民出版社 1977 年版，第 382 页。

受启发，遂作此序。

值得说明的是，顺治十七年（1660），宋琬任职宁绍台道，与王猷定私交甚好。在《安雅堂诗》作成之际，宋琬曾携其集请王猷定为之作序：

> 庚子秋，予客武林（今杭州）。宋公荔裳分守越东，携其近诗，使为之序。予既老，寡言辞，且见天下之言诗者多退而学道，夫己不言诗而为人序诗，不可。及东渡，越之人士喜公至，欲刻其诗者争恐后。予居怪山垂六十日，未有以报。会大雪，公载酒邀同人咏诗千峰阁。予栩栩觉囊习不自禁，狂歌忽作，乃为序。①

怪山（塔山）、千峰阁皆在绍兴境内，塔山东麓上有千峰阁。② 据此可知，王猷定本年离开杭州到绍兴，居住在怪山（塔山），得宋琬相邀。

是时，二人过从甚密③。王猷定被宋琬视为知己，随意出入宋琬府邸，“按察使东鲁宋公琬尤为知己，晨夕出入不限时刻”④。宋琬因族子宋一炳诬告第二次被逮入狱之时，他尚和王猷定在一起：

> 是年冬，于一疽发于项，喘喘然将死，拿一小艇诀余于塘栖，曰：“余不幸遘罹虐疾，而吾子且有家祸，命也，奈何！然吾死则委骨于陆氏子，如不讳，亦有如斯人可托七尺者乎？”因相对哽咽，不能一语而别。甫食顷，缇骑骤至，予仓皇就逮，不复知于一消息。⑤

由此可见二人当时的亲近程度。朱彝尊《黄子久浮岚暖翠图》载：“顺治十有七年冬十一月朔，寓山阴之箪醪河，饮于莱阳宋公之廨……是日，南昌王猷定于一、长洲宋实颖既庭、金坛蒋超虎臣、仁和陈晋明康侯、吴江叶燮星期同观。”⑥由此可知，顺治十七年（1660）冬天，王猷定曾在宋琬住处，与朱彝尊、宋实颖、蒋超、陈晋明、叶燮等人集会唱和。姚文燮是否参加尚不得而知，但结合前面的材料，可以推测本文所探讨之《昌谷集注序》亦当作于该年。

综合以上材料可以推断，顺治十七年（1660）冬天，姚文燮《昌谷集注》刻成之时，他恰与友人游于会稽，适逢宋琬在此地做官，他将自己的新著《昌谷集注》呈给宋琬看，请其作序。此时，正是王猷定居于宋琬府邸且与宋琬朝夕相处、“晨夕出入”之际，加之王猷定当时籍籍文名，宋琬请王猷定为自己代笔是完全有可能的。

---

① 〔清〕王猷定：《安雅堂诗序》，见江西省高校古籍整理领导小组整理《豫章丛书》（集部十一），江西教育出版社 2007 年版，第 36 ~ 37 页。

② 雍正《浙江通志》卷四五，文渊阁《四库全书》本。

③ 汪超宏：《宋琬年谱》，人民文学出版社 2010 年版，第 143 页。

④ 〔清〕韩程愈：《王君猷定传》，见江西省高校古籍整理领导小组整理《豫章丛书》（集部十一），江西教育出版社 2007 年版，第 218 ~ 219 页。

⑤ 〔清〕宋琬：《陆际明先生墓志铭》，见辛鸿义、赵家斌点校《宋琬全集》，齐鲁书社 2003 年版，第 154 页。

⑥ 〔清〕朱彝尊：《曝书亭集》，《四部丛刊》本。

## （二）时代背景考察

明末清初之际，产生了大量遗民，他们中有许多人颇有文学才华，但受到时局因素的影响，生活艰难，不得不靠鬻文为生，甚至代他人创作，如后来广为流传的明末之际的戏剧作品《绿牡丹》即揭露了明末代笔之风的泛滥。① 诗坛名宿王士禛题赠的许多诗篇均出于其门人之手，并非本人直接创作：

> 渔阳先生题赠诗篇，多出门下士手笔，亲书复少。是册稿本，标题乙亥为康熙三十四年，官少司农时所作。余尝得先生赠汪钝翁手书诗□，笔法正与此同。是册有端楷数篇，尤为难得，识者可不宝诸？咸丰丁巳秋八月，元和后学韩崇谨记。②

当然，这只是冰山一角。潘承玉教授曾直截了当地指出，不少南明遗民散文经典的荣光已被他人窃占。③ 翻检清人文集，不难发现，明末清初之际，几乎每位文人都有代他人创作的文章，这其中甚至不乏一些女作家，如才女王端淑即有《代睿子赠画师徐象九》《赠张子美学宪代》《嵘邑吴亮工父母太翁昆老以现任司训太君李母双寿代》等文。朱则杰教授就曾考证出不少代笔事实，如清初顾有孝所辑《闲情集》中署名王士禄之序实际上是朱鹤龄所作；屈大均所辑《广东文选》（兼收诗歌）卷首第一篇广州知府刘茂溶序，实际上是屈大均本人代作④；收在毕沅《苏文忠公生日设祀诗》中的小序实际上是由洪亮吉代笔⑤，等等。如前所述，宋琬文集中也收有许多代他人创作的文章，无论基于何种原因，这在当时的文坛都是一种极为普遍的现象。大环境如此，王猷定代宋琬创作也就不足为奇。

## 结　语

特殊的历史际遇，代笔之风的盛行，导致许多文章真实的作者逐渐被历史湮没，并遭到长期讹传。不可否认，宋琬为清初诗文名家，但综合以上材料，可以确认至今广为流传的署名为宋琬的《昌谷集注序》确非他本人所作，而是由王猷定代笔。王猷定才是《昌谷集注序》的真正作者，这同时也可以解释为什么之前的《宋琬文集》都没有将这篇序收录其中了。

---

① 何宗美：《明末清初文人结社研究》，南开大学出版社 2003 年版，第 276 页。

② 〔清〕王士禛：《渔洋山人乙亥文稿》，稿本。

③ 潘承玉：《南明文学研究》，中华书局 2012 年版，第 247 页。

④ 朱则杰：《清诗考证》，人民文学出版社 2012 年版，第 608 页。

⑤ 朱则杰：《毕沅"苏文忠公生日设祀"集会唱和考论》，载《江南大学学报（人文社会科学版）》2014 年第 2 期。

# 黄宗羲的变风变雅理论探论

刘　畅*

变风变雅理论最早出自古人对《诗经》的阐发。“正”与“变”是一组相对相生的批评概念,并且随着时代的推移,文学批评中“正”与“变”的内涵不断得到扩充与发展,不断地适应不同时代文学批评的要求,逐步成为古代文学批评中的一个核心话语,为历代文学家所阐释。黄宗羲的变风变雅理论继承了传统正变论中变的合理内核,又立足于时代背景之上而剔除其中的保守思想,既顺应了时代需要,又是一次理论开拓。

## 一、变风变雅理论的发展脉络

变风变雅这一概念最早见于《毛诗序》中:

> 至于王道衰,礼义废,政教失,国异政,家殊俗,而变风、变雅作矣。国史明乎得失之迹,伤人伦之废,哀刑政之苛,吟咏情性,以风其上,达于事变而怀其旧俗者也。故变风发乎情,止乎礼义。发乎情,民之性也;止乎礼义,先王之泽也。①

《毛诗序》是典型的政治解诗,强调诗歌与时代政治的密切关系。《毛诗序》产生在汉武帝“罢黜百家,独尊儒术”之后,当时黄老的无为思想已不占统治地位,儒家思想越来越受人重视,将文艺作为政教宣传工具的思想也越来越高涨,这就是《毛诗序》产生的历史背景,因而《毛诗序》中充满了诗教思想。

毛亨在《毛诗序》中指出,“王道既衰,政出诸侯,善恶在于己身,不由天子之命,恶则

---

* 刘畅,山东大学文学院博士研究生。

① 〔汉〕毛亨传,〔汉〕郑玄笺,〔唐〕孔颖达疏:《毛诗正义》,北京大学出版社2000年版,第16～18页。

民怨，善则民喜，故各从其国，有美刺之变风也”①。这说明变风变雅即社会动荡之际、政治黑暗及道德沦丧之时发生的，充满了怨刺，多表现在对统治阶级表示讽刺与不满的诗歌中，刺就是变。这不符合儒家“诗教”的基本原则，所以必须要以“发乎情，止乎礼义”为前提加以限制，就是要符合温柔敦厚的诗教原则。而正（即美为正）作为与变相对举的概念，指歌颂太平、赞美统治者的作品，这种作品符合封建统治的需要，所以在文学为政教服务思想的影响下，变最终是要归正的。孔颖达在《毛诗正义·诗序疏》中指出“然则变风、变雅之作，皆王道始衰，政教初失，尚可匡而革之，追而复之，故执彼旧章，绳此新失，觊望自悔其心，更遵正道，所以变诗作也。以其变改正法，故谓之变焉”②。朱自清也概括总结过“王道旧俗即为正，变改正法即为变；颂美正法旧俗者为正经，通过诗歌希望能够达到于事变而怀其旧俗者为变风变雅”③。文学与政教捆绑在一起，并且文学为政治服务，所以正与变的高下十分明显。

《诗经》塑造了一正一变即一美一刺两种文学形态，其中以正以美为尊，为正统，为主流，构成了文学史流变的脉络，也奠定了后世文学发展演化的基本路径。以正为尊确立了中国文化的主流意识，但也使文学发展呈现出模拟之弊，朱东润先生指出“后人作诗，自命为正，力避其变，乃一见人作诗，稍变古貌，辄动色相戒，自有数之论师以外，咸不敢为变体张目，以致造成吾国文坛因袭模拟之风气，此亦蔽也”④。

从魏晋南北朝开始，文学走向自觉，文学理论也飞跃前进。变风变雅理论从最初的经学理论走向普遍的文学理论。无论是变还是与之相对的正的概念都发生了变化，变的地位得到了明显提高。正已不再专指服务于政教、为统治者歌功颂德的作品，而是泛指符合儒家经典传统的作品；变已不再专指怨刺的作品，而是泛指一切在学习经典基础上的创新。正与变不再是品评作品高下的原则了。刘勰在《文心雕龙·序志》中强调要“酌乎纬”“变乎骚”，将符合儒家经典规范的《诗经》和异乎儒家规范的楚辞共同纳入“文之枢机”，共同作为中国文学正与变的两大源头。刘勰还在《文心雕龙·通变》篇中进一步指出，“通”为继承，为正；“变”为革新，变源于对正的继承，变不可背离正，二者统一方为通变。正与变的观念已从温柔敦厚的诗教束缚中脱离出来，文学与政治的关系明显松动。

唐代，皎然在《诗式》中进一步继承发展刘勰的“通变论”，提出了“复变论”，专从诗歌领域研究继承与创新的关系，经学的控制进一步减弱。“作者须知复、变之道，反古曰复，不滞曰变。若惟复不变，则陷于相似之格，其状如驽骥同厩，非造父不能辨。能知复、变之手，亦诗人之造父也。……复忌太过，诗人呼为膏肓之疾，安可治也。……夫变若造

① 〔汉〕毛亨传，〔汉〕郑玄笺，〔唐〕孔颖达疏：《毛诗正义》，北京大学出版社 2000 年版，第 17 页。

② 〔汉〕毛亨传，〔汉〕郑玄笺，〔唐〕孔颖达疏：《毛诗正义》，北京大学出版社 2000 年版，第 17 页。

③ 朱自清：《诗言志辨》，见《朱自清说诗》，上海古籍出版社 1998 年版。

④ 朱东润撰，陈尚君整理：《中国文学批评史大纲》（校补本），上海古籍出版社 2016 年版，第 14 页。

微,不忌太过,苟不失正,亦何咎哉? ……后辈若乏天机,强效复古,反令思扰神沮。"①皎然首先肯定"变"即创新是文学发展的必经之途,"惟复不变",文学创作会陷入"相似之格",从而阻碍文学的前进。其次,他还注意到复变的程度问题,继承与创新都要有一定的限度。继承不能太过,创新也不能太过,"强效复古"不利于文学创作,变太过会使文章失其正。正与变只要适当,不失其正,都是值得提倡的。正与变的优劣高下之分已不存在,正与变即继承与创新的关系进一步完善。

宋代,变风变雅理论出现了普遍向经学复归之势,以正变论作品高下的观点复兴,朱熹是这方面的代表。他以《诗经》为例解说变风变雅,"凡诗所谓风者……惟周南、召南亲被文王之化,以成德而人皆有以得其性情之正,故其发于言者乐而不过于淫,哀而不及于伤,是以二篇独为风诗之正经。自邶而下,则其国之治乱不同,人之贤否亦异。其所感而发者有邪正是非之不齐,而所谓先王之风者于此焉变矣。若夫雅颂之篇,则皆成周之世朝廷郊庙乐歌之辞,其语和而庄,其义宽而密,其作者往往圣人之徒,固所以为万世法程而不可易者也。至于雅之变者,亦皆一时贤人君子闵时病俗之所为,而圣人取之,其忠厚恻怛之心,陈善闭邪之意,尤非后世能言之士所能及之"②。朱熹强调的是诗歌创作要"乐而不淫,哀而不伤""得性情之正",这是对温柔敦厚的诗教观的复归。清代庞垲说得更加浅显明了,"合于礼义者,为得性情之正,于诗为正风正雅;不合礼义者,即非性情之正,于诗为变风变雅。圣人存正以为法,存变以为戒"③。宋代程朱理学大盛,文学受经学影响更加明显,变风变雅理论受到温柔敦厚诗教思想的束缚,而变又成为正之下需要调和的观念了。

明代,以时代论正变大兴,同样存在着对经学思想一定程度的复归现象,正与变与时代的兴衰挂钩,盛世的作品为正为优,衰世的作品为变为次。最具代表性的是高棅的"四唐论"。他将唐诗分为初唐、盛唐、中唐、晚唐四段,认为"初唐之渐盛","盛唐之盛","中唐之再盛","晚唐之变","晚唐变态之极"④,认为四唐诗的产生是受时代盛衰的影响,盛世之诗多赞美为正,衰世之诗多怨刺为变,以时代盛衰论作品高下。初唐为正始,是唐诗形成之期;盛唐为正宗,为大家辈出和唐诗正式形成的时期;中唐为接武,为唐诗的继续发展之时;晚唐为正变乃至"变态之极",晚唐的诗风与唐诗的整体气象、情韵发生了很大变化。"四唐论"的提出使正与变完全和时代的盛衰融为一体。高棅不仅以时代定品次,具体在初、盛、中、晚各个时期中又分为正始、正宗、大家、名家、羽翼、接武、正变、余响,正变高下论仍然贯穿当中。值得注意的是,无论是五言古诗还是七言律诗,杜甫都在"大家"中,而非"正宗"。"正宗"的诗往往指盛唐之诗,体现盛唐气象,形式完备,内容雅正,

---

① 〔唐〕皎然著,李壮鹰校注:《诗式校注》卷五,人民文学出版社 2003 年版,第 330 页。

② 〔南宋〕朱熹:《诗经传序》,见《诗经集传》,上海古籍出版社 1987 年版,第 1 ~ 2 页。

③ 〔清〕庞垲:《诗义固说》,见郭绍虞选编、富寿荪校点《清诗话续编》,上海古籍出版社 1983 年版,第 728 页。

④ 〔明〕高棅编选:《唐诗品汇》,上海古籍出版社 1988 年版,第 8 ~ 9 页。

而杜甫处于唐代由盛转衰之时，其诗多反映社会动乱和民生疾苦，不属于“正”的范围，反而与充满怨刺的变诗接近，故而难以跻身“正宗”行列。这正是经学思想在诗论中的体现。

俗话说“国家不幸诗家幸”，每当朝代末期，诗风一变，充满变风变雅的作品是时代的体现和反映，是真实社会状况、人民心态的反映，不给予这些诗作应有的地位，会使诗歌丧失真实性与抒情性，会使诗歌创作陷入矫揉造作的状态中。

以时代论正变的另一弊端是难免会产生格必代降的思想，这也是明代文人的主要思想之一。袁中道就说过“三百篇之不能不汉魏也，汉魏之不能不六朝也，六朝之不能不三唐也，三唐之不能不宋元也，变化日新，而其气日薄”①。苏伯衡也曾明确表示：“盛唐之诗，其音岂中唐之诗可同日语哉？中唐之诗，其音岂晚唐之诗可同日语哉？……文之日降，譬如水之日下，有莫之能御者……自李唐一代之诗观之：晚不及中，中不及盛。”②这种思想的盛行不仅极大地贬低了变诗，否定了文学创新，而且必然导致文学复古论的盛行和模拟之风的猖獗，不利于文学的进步。

总之，文学的每一次发展与前进都离不开继承与创新，“正”与“变”是贯穿文学发展的永恒主题，每一个时代的正变理论都有其时代必然性，与每个时代的政治、经济、文化分不开，且进步意义与缺憾同时存在。黄宗羲的变风变雅理论是在继承传统正变观念尤其是变风变雅观念的基础上，结合明清易代之时的时代需求，剔除其中的经学束缚（包括温柔敦厚的束缚、格必代降观念以及正变优劣之论），继承变风变雅的怨刺传统，充分肯定变风变雅作品的价值和意义，这是民族斗争的需要，也是文学观念的一次开拓。下面具体论述黄宗羲的变风变雅理论。

## 二、黄宗羲的变风变雅理论

黄宗羲的变风变雅理论充分继承了传统变风变雅的怨刺内核，又充分考虑到时代的需求，在明清易代的社会大背景下，适应了时代的需要，顺应了历史的潮流，是一次理论性开拓。

概括起来，黄宗羲的变风变雅理论大致包括以下几点。

首先，黄宗羲摆脱了经学的束缚，重归正变无高下之论，给予变风变雅极高的地位，并强调变在明清易代之际有其必然性。

> 《风》自《周南》、《召南》，《雅》自《鹿鸣》、《文王》之属以及三《颂》，谓之正经；懿王、夷王而下讫于陈灵公淫乱之事，谓之变《风》、变《雅》：此说诗者之言也。而季札

---

① 〔明〕袁中道著，钱伯城点校：《珂雪斋集》卷一〇，上海古籍出版社1989年版，第467页。

② 〔明〕苏伯衡：《苏平仲文集》卷四，见吴文治主编《明诗话全编》（一），江苏古籍出版社1997年版，第183页。

听诗，论其得失，未尝及变。孔子教小子可群可怨，亦未尝及变。然则正变者，亦言其时耳，初不关于作诗者之有优劣也。①

黄宗羲认为正与变只是因为时代氛围不同而产生的，正、变之间不存在优劣之分。他认为孔子在论《诗》时就不存在以正变论诗之优劣的问题，甚至像李白、杜甫这样公认的大家，其诗作也得益于变，“李诗得变风之体，杜诗的变雅之体”②，而正变优劣论只是后人的一种误解。

文学史上最典型、最激烈的正变优劣之分就是唐宋诗之争。自南宋开始有唐宋之争以来，人们大多以唐为正，认为宋诗是唐诗之变，并且地位与价值都不及唐诗，甚至有宋元无诗的观点。而黄宗羲没有加入争辩的任何一个阵营，而是对正、变之间无优劣的观点进行回应，“诗不当以时代而论，宋、元各有优长”③。不仅如此，黄宗羲还看到了变之后的文学创新精神。历来人们说宋诗是变唐的，而明诗是学唐的。黄宗羲却认为宋诗之所以为宋诗是因为“善为唐”，是因为宋代诗人能够“心游万仞，沥液群言，上下于数千年之间，始成其为一家之学，故曰善学唐者唯宋”④。与之相对的是明诗的“不善学唐”，“公安欲变之以元白；竟陵欲变之以晚唐；虞山求少陵于排比之际。皆其形似，可谓之不善学唐者”⑤。宋诗之变唐诗的成功之处在于宋人继承唐人的创新精神，能够自成一家，而明诗之变的失败之处在于只求表面的相似，“皆其形似”，“实禘何（景明）而郊李（梦阳），祖李（攀龙）而宗王（世贞）”⑥，诗歌创作被几位诗坛宗主模式化了。由此可知，黄宗羲看重的不是正与变本身的优劣，而是其背后的创新精神。

正变不仅不存在优劣之分，甚至在特殊的时代中，“变”还能发挥出独特的作用。黄宗羲引用韩愈的话加以说明：“韩子曰：‘和平之音淡薄而愁思之声要妙，欢愉之辞难工而穷苦之言易好。’”⑦在国破家亡、民不聊生的时代中，怨刺之言比淡泊之音更具有感染力和启发性。“向令《风》《雅》而不变，则诗之为道，狭隘而不及情，何以感天地而动鬼神乎？”⑧在兵火倥偬的动荡中，面对国家、民族的危难，如果仍然墨守“哀而不伤”“怨而不怒”的风雅正经，那么所抒发的情感就失去了最起码的真实性，久而久之，人们就会变得麻木，为作诗而作诗，株守在个人的小圈子里而不关心国家天下，诗之道就会逐渐衰落，国家和民族也会丧失前进的动力，所以黄宗羲的变风变雅理论不仅为变风变雅的作品正名，而且为易代之际人们真实情感的表达提供了理论支持，具有时代必然性。

---

① 〔清〕黄宗羲著，沈善洪主编：《黄宗羲全集》（第十册），浙江古籍出版社2005年版，第45页。

② 〔清〕黄宗羲著，沈善洪主编：《黄宗羲全集》（第十册），浙江古籍出版社2005年版，第84页。

③ 〔清〕黄宗羲著，沈善洪主编：《黄宗羲全集》（第十册），浙江古籍出版社2005年版，第48页。

④ 〔清〕黄宗羲著，沈善洪主编：《黄宗羲全集》（第十册），浙江古籍出版社2005年版，第57页。

⑤ 〔清〕黄宗羲著，沈善洪主编：《黄宗羲全集》（第十册），浙江古籍出版社2005年版，第58页。

⑥ 〔清〕黄宗羲著，沈善洪主编：《黄宗羲全集》（第十册），浙江古籍出版社2005年版，第57页。

⑦ 〔清〕黄宗羲著，沈善洪主编：《黄宗羲全集》（第十册），浙江古籍出版社2005年版，第45页。

⑧ 〔清〕黄宗羲著，沈善洪主编：《黄宗羲全集》（第十册），浙江古籍出版社2005年版，第45～46页。

其次,变风变雅的诗文是应"时"而生的。

黄宗羲在《陈苇庵年伯诗序》中指出"然则正变云者,亦言其时耳"①。黄宗羲认为变是与"时"密切相关的。所谓"时"又分两种。"时"一方面指的是时代与社会之"时"。"是故汉之后,魏、晋为盛;唐自天宝而后,李、杜始出;宋之亡也,其诗又盛:无他,时为之也。"②魏晋之时、唐安史之乱时、南宋末年都是历史上典型的乱世。诗歌与国家民族命运、时代精神、社会现实紧密相连,乱世当中,国家的衰落、社会的黑暗种种巨变都是变诗产生的原因(外部原因之一)。"时"另一方面指的是"一人之时","即时不甚乱,而其发言哀断,不与枯荄变谢者,亦必逐臣、弃妇、孽子、劳人、愚慧相倾、惛算相制者也,此则一人之时也"③。即使生活在和平年代中,个人生活境遇的不顺、人生经历的苦难也会成为变诗产生的原因(外部原因之二)。"若身之所历,目之所触、发于心著于声、迫于中之不能自已,一倡而三叹,不啻金石悬而宫商鸣也。"④而乱世、遭遇生活困境等外部条件的变化会使人的心境和情感发生变化,受此"迫于中之不能自已"的情感的驱使而创作的诗歌是国仇家恨和内心苦痛的体现,具有变风变雅精神,可见感情的变化是变诗产生的内部原因,也是直接原因。充满变风变雅精神的诗作在黄宗羲笔下是应时而生的,大可与国家民族命运相连,记录时代精神;小可与个人的景况、心境相关,直抒胸臆,表达真实性情。这是文学发展的自然规律的体现。

黄宗羲所处的明清易代之时也是乱世。国破家亡的危机始终笼罩着人们,人们的情感汹涌鼓荡,相比太平盛世,多了一份梗概之气和激越情怀,在这样的情况下,变风变雅的诗作就会成为人们抒怀、怨刺的首选。而黄宗羲在这样的时代背景下倡导变风变雅理论,不仅为人们表达情感扫清了障碍,使记录现实、饱蘸血泪的作品能够应运而出,而且激励当时和后世的诗人们敢于将批判现实的精神寄寓于诗歌创作中、敢于针砭时弊。黄宗羲的变风变雅理论解放了人们为诗教束缚的思想,使人们敢于表达哀与怨、愤与恨,使这段特殊的历史以及特殊历史背景下的精神状态真实地保存在诗歌中。

第三,黄宗羲扩大了温柔敦厚的外延,并将变风变雅的诗文归入其中。黄宗羲对温柔敦厚提出了自己的新看法:

> 彼以为温柔敦厚之诗教,必委蛇颓堕,有怀而不吐,将相趋于厌厌无气而后已。若是则四时之发敛寒暑,必发敛乃为温柔敦厚,寒暑则非矣……其人之为诗者,亦必闲散放荡,岩居川观,无所事事而后可;亦必茗椀薰垆,法书名画,位置雅洁,入其室者,萧然如睹云林、海岳之风而后可。然吾观夫子所删,非无《考槃》、《丘中》之什厝乎其间,而讽之令人低徊而不能去者,必于变风变雅归焉。盖其疾恶思古,指事陈情,不异薰风之南来,履冰之中骨,怒则掣电流虹,哀则凄楚蕴结,激扬以抵和平,方

---

① 〔清〕黄宗羲著,沈善洪主编:《黄宗羲全集》(第十册),浙江古籍出版社2005年版,第45页。
② 〔清〕黄宗羲著,沈善洪主编:《黄宗羲全集》(第十册),浙江古籍出版社2005年版,第46页。
③ 〔清〕黄宗羲著,沈善洪主编:《黄宗羲全集》(第十册),浙江古籍出版社2005年版,第46页。
④ 〔清〕黄宗羲著,沈善洪主编:《黄宗羲全集》(第十册),浙江古籍出版社2005年版,第30页。

可谓之温柔敦厚也。①

在黄宗羲看来,变风变雅也属于温柔敦厚的一种,而所谓的"怀而不吐"方为温柔敦厚是后人的一种曲解。黄宗羲以孔子为例解释温柔敦厚。孔子删《诗》删去的只是像《考槃》《丘中》这样的作品,并没有删去充满怨刺的变风变雅之作。明人焦竑也认同这一点,"吾观尼父所删,非无显融膴厚者厝乎其间,而讽之令人低徊而不能去,必于变《风》、《雅》归焉,则诗道可知也"②。所以黄宗羲得出结论,"疾恶思古,指事陈情"和"怒则掣电流虹,哀则凄楚蕴结"的作品也在温柔敦厚的范围内,黄宗羲扩大了温柔敦厚的外延,将充满变风变雅精神的诗作归入其中,也是出于时代的需要。明清易代之际,面对国破家亡的惨痛局面,浅斟低唱已不足以表达亡国之痛和英雄失路的悲壮,"怒则掣电流虹,哀则凄楚蕴结,激扬以抵和平",才是人们真实情感的流露,才是抒发家国之思的最好方式。"疾恶思古,指事陈情",才能真实记录下这段充满血泪的史实,才能记录一个个为国家、民族而抛头颅洒热血的英雄,才能激励后来者不畏困难、奋勇前进。如果仍然坚持"怀而不吐"的中庸之道,坚持所谓传统的"风雅正道",只会使诗歌失去情的真实性,"向令《风》《雅》而不变,则诗之为道,狭隘而不及情,何以感天地而动鬼神乎?"③在不同的时代环境、社会氛围中,应该选择不同的诗歌表达之法。

黄宗羲对传统的温柔敦厚进行重新阐释,是对传统的温柔敦厚普遍界说的一次突破。他一方面将情解放出来,使感情的抒发摆脱传统"诗教"理念的束缚,让情成为一种不得不发的感情,宣泄内心的真实情感,只有这样,诗歌才具有解放思想、振奋人心的作用。另一方面,他赋予了诗歌以史的作用,使诗歌能够记录下易代的社会动荡和人们的精神世界、能够记录一段宝贵的斗争史和精神史。黄宗羲扩大了温柔敦厚的外延并将变风变雅的诗文也纳入其中,让诗歌与国家、社会紧密相连,并且为当时甚至后世人们的诗歌创作提供了更加开放的理论指导。

第四,变风变雅在诗歌创作中的体现则是出现了许多"不平则鸣"和充满"元气"("阳气")的作品。

夫人生天地之间,天道之显晦,人事之治否,世变之污隆,物理之盛衰,吾与之推荡磨砺于其中,必有不得其平者,故昌黎言物不得其平则鸣,此诗之原本也。④

黄宗羲在变风变雅理论中肯定了韩愈的"不平则鸣"说,认同将内心的"怨"与"怒"用文学的形式表达出来。

"诗可以怨"最早由孔子提出(见《论语·阳货》),但孔子在"怨"情表达上有一个限定条件,就是要"发乎情,止乎礼仪"。"怨"不能表达得太过,要"怨而不怒",要"哀而不

---

① 〔清〕黄宗羲著,沈善洪主编:《黄宗羲全集》(第十册),浙江古籍出版社2005年版,第90页。

② 〔明〕焦竑:《雅娱阁集序》,见李剑雄点校《澹园集》卷一五,中华书局1999年版,第155页。

③ 〔清〕黄宗羲著,沈善洪主编:《黄宗羲全集》(第十册),浙江古籍出版社2005年版,第45~46页。

④ 〔清〕黄宗羲著,沈善洪主编:《黄宗羲全集》(第十册),浙江古籍出版社2005年版,第470页。

伤”，所以与其说是“怨”，不如说是牢骚。同时，抒发“怨”的目的在于“伤人伦之废，哀刑政之苛，吟咏情性，以风其上”①。规谏、讽劝统治者以达到政治目的，才是“怨”的目标，“怨”是出于政治需要的。司马迁否定“怨”的政治性，将“怨”拉回个人生活中。他的“发愤著书”理论缘于自己的不幸遭遇，在此基础上，联系历史上受到相似遭遇的“受害者”，这是一种带有反抗精神的文艺理论，是古代知识分子在险恶的政治环境中寻求的精神出路。“盖文王拘而演《周易》；仲尼厄而作《春秋》；屈原放逐，乃赋《离骚》；左丘失明，厥有《国语》；孙子膑脚，《兵法》修列；不韦迁蜀，世传《吕览》；韩非囚秦，《说难》《孤愤》；《诗》三百篇，大抵圣贤发愤之所为作也。此人皆意有所郁结，不得通其道，故述往事、思来者。……思垂空文以自见。”②韩愈的“不平则鸣”是黄宗羲在阐述自己变风变雅理论时特别提到的，对黄宗羲的理论有极大的影响。韩愈认为“大凡物不得其平则鸣”③，不仅是人，草木风水都可以鸣不平。韩愈在司马迁理论的基础上，将“不平则鸣”的适用对象进一步扩大，由人扩大到天地万物。由此可见，从孔子到韩愈，“怨”的适用范围在不断扩大，而黄宗羲立足于明清易代的特殊时代背景，将“不平”的范围由万物特别集中于国家民族上。“至于学道之君子，其凄楚蕴结，往往出于穷饿愁思一身之外，则其不平愈甚，诗直寄焉而已。”④穷饿愁思多属于个人的不平，“穷饿愁思一身之外”就是以天下为己任，心怀天下，以国家、民族之性情为性情，“不平”更多的是对国破家亡之际家国情怀的抒发。

关于充满“元气”（“阳气”）的作品，黄宗羲特别看重易代亡国遗民的诗文，认为这些作品充满愤慨不平之气，是由天地阳气激发而生成的风雷之作。关于“元气”（“阳气”），黄宗羲有一个界说，“夫文章，天地之元气也。元气之在平时，昆仑旁薄，和声顺气，发自廊庙，而鬯浃于幽遐，无所见奇；逮夫厄运危时，天地闭塞，元气鼓荡而出，拥勇郁遏，坌愤激讦，而后至文生焉。故文章之盛，莫盛于亡宋之日”⑤。“元气”在平时虽然并不突显，但是到了“厄运危时”，“元气”之作就会发挥出重要作用。“元气”之作指充满着爱国情怀、反抗意志的作品。这些作品像一声炸雷，唤醒了困于“厄运”中的人们，表达出人们的心声，激励人们奋勇前进，所以黄宗羲才认为乱世中出“至文”，这些“至文”正是变风变雅精神在诗歌中的体现。这样的“至文”、这样的“元气”之作在亡国遗民作品中比比皆是。黄宗羲的弟弟黄宗会就是其中一例。“泽望之为诗文，高厉遐清。其在于山，则铁壁鬼谷也；其在于水，则瀑布乱礁也；其在于声，则猿吟鸛鹤欻且笑也；其在于平原旷野，则蓬断草枯之战场，狐鸣鸱啸之芜城荒殿也；其在于乐，则变徵而绝弦也。”⑥因为泽望是一个

---

① 〔汉〕毛亨传，〔汉〕郑玄笺，〔唐〕孔颖达疏：《毛诗正义》，北京大学出版社2000年版，第17页。

② 〔汉〕司马迁：《史记》，中华书局1959年版，第3300页。

③ 〔唐〕韩愈著，马其昶校注、马茂元整理：《韩昌黎文集校注》，上海古籍出版社1986年版，第233页。

④ 〔清〕黄宗羲著，沈善洪主编：《黄宗羲全集》（第十册），浙江古籍出版社2005年版，第470页。

⑤ 〔清〕黄宗羲著，沈善洪主编：《黄宗羲全集》（第十册），浙江古籍出版社2005年版，第32页。

⑥ 〔清〕黄宗羲著，沈善洪主编：《黄宗羲全集》（第十册），浙江古籍出版社2005年版，第12页。

"劲直而不能屈己,清刚而不能善世"①的人,所以面对亡国易代的悲剧,他选择将内心的"孤愤"喷薄而出,选择"彷徨痛哭于山颠水澨"以抒发孤愤,因而形成了"高厉遐清"的风格,可谓变的典型,黄宗羲称之为"文人之一变"②。其实这不仅是泽望一个人的选择,有骨气的志士都不愿屈服于现实而隐藏自己的声音,所以这就是"故文章之盛,莫盛于亡宋之日"的原因,这就是社会动荡时多变风变雅之诗文的原因。

黄宗羲对像泽望所作的这样充满变风变雅精神的"至文"给予了极高的评价:"虽然泽望之文可以弃之,使其不显于天下,终不可灭之,使其不留于天地。其文盖天地之阳气也。阳气在下,重阴锢之,则击而为雷;阴气在下,重阳包之,则抟而为风。商之亡也,《采薇》之歌,非阳气乎?然武王之世,阳明之世也,以阳遇阳,则不能为雷。宋之亡也,谢皋羽、方韶卿、龚圣予之文,阳气也,其时遁于黄钟之管,微不能吹纩转鸡羽,未百年而发为迅雷。"③在国破家亡的非常时期,人们的感情像雷、像风一般汹涌而出,凝结在诗歌中,使诗歌充满变风变雅精神,即使因为当时的环境而无法"显于天下",但是这种充满力量的作品以及作品中的情感与精神是不会被磨灭的。因为这些作品能够引起有相同遭遇的人的共鸣,激发出他们的爱国情怀。一旦越来越多的人拥有了相同的精神与情感,就会像"迅雷"一样,对当时的社会产生巨大的作用,这也是黄宗羲将这种精神力量称为"元气"("阳气")的原因。

黄宗羲的变风变雅理论是对传统变风变雅理论的一次开拓,是立足于时代背景、结合民族精神对传统诗教理论的一次有力冲击。黄宗羲的变风变雅理论为所谓的"消极"的"情"正名,让人们可以自由地抒发"怨"与"怒",让特殊时代下人们心中涌动的感情可以喷发而出,有利于将我们宝贵的民族抗争史、奋斗精神和民族心路历程保存在充满"变风变雅"的诗文中。黄宗羲的变风变雅理论为乱世中的人们抒发家国之思、亡国之痛扫清了障碍。由于真挚的感情可以不受阻碍地倾泻而出,所以诗情得以与国家、民族命运密切联系在一起。变风变雅在黄宗羲这里已成为国破家亡之际抒发家国情怀和进行反抗斗争的理论武器,已与时代精神、民族情感融为一体。这为当时甚至后世人们的创作提供了理论支撑和积极的指导作用。

文学的发展离不开继承与创新,只有勇于变,敢于挑战传统,又不摒弃传统,才会进步。中国文学正是在不断反思中一步步走到今天的,变的思想过去需要,今天仍然需要。

① 〔清〕黄宗羲著,沈善洪主编:《黄宗羲全集》(第十册),浙江古籍出版社2005年版,第12页。
② 〔清〕黄宗羲著,沈善洪主编:《黄宗羲全集》(第十册),浙江古籍出版社2005年版,第12页。
③ 〔清〕黄宗羲著,沈善洪主编:《黄宗羲全集》(第十册),浙江古籍出版社2005年版,第12页。

# 孤臣碧血遗民泪

## ——读《侯岐曾日记》

周绚隆*

明朝亡国分两个阶段，性质也略有不同。北都之亡，亡于李自成农民军之手；南都之亡，亡于清兵之手。清人入主中原，一开始在北方并没有遇到太大的抵抗，故而一路挥师南下，势如破竹，但在江东南遭遇了意想不到的抗拒。不过抵抗者没有统一的领导，且缺乏必要的训练，面对训练有素且装备精良的武装入侵者，虽然英勇抗击，但最后都以失败告终。

民众的抵抗招来了征服者残酷的报复。对于抵抗最激烈的扬州、江阴、嘉定等城市，征服者在攻克之后，都下令屠城。这对于历史亲历者而言，都是挥之不去的阴影，即使在清初文禁森严的背景下，也有不少文字流传了下来，比如王秀楚的《扬州十日记》、韩菼的《江阴城守纪》、许重熙的《江阴城守后纪》、朱子素的《嘉定屠城纪略》和无名氏的《研堂见闻杂录》《吴城日记》等，为后人了解这一段历史提供了重要的材料。

嘉定的正式抵抗是顺治二年（乙酉，1645）七月初四日结束的。城破以后，守城的主要领导人明弘光朝通政司左通政侯峒曾和进士黄淳耀均以身殉职，从死者甚众，其中就有侯峒曾的两个儿子侯玄演、侯玄洁和黄淳耀的弟弟黄渊耀。《嘉定屠城纪略》对这次守城的前后经过记载甚详，而相关的正史对这些战事往往一笔带过，只记录了一些主要人物的名字。

历来史家只重视对重大事件的著录和重要人物的介绍，平凡的生命在多数人笔下都被压缩成了数字，更多的时候甚至都进不了统计数字中。所以，当事人的个人记述对补

---

* 周绚隆，人民文学出版社编审。

充历史的细节、还原历史现场、弥补正史记载的不足具有重要价值。在这个意义上，侯峒曾胞弟的《侯岐曾日记》可以说接续了《嘉定屠城纪略》的书写，而其内容的丰富性及其体现的现场的真实感要远远高于后者。它从私人的立场，以一个家族的遭遇，向我们展示了易代之际江南社会的变化和遗民的复杂心态，以及新政权在建立之初在政策制定、执行上的随意性和对下级官吏约束的失控。后两点在某种程度上又加剧了遗民对新政权的疏离。

嘉定县在明代属南直隶苏州府管辖。侯氏祖上本姓杨，宋代自燕北（战国时属上谷郡）南迁，世居嘉定诸翟。其远祖道升因表兄侯守常无子，且年岁倍长，被抚为嗣。上谷侯氏之名缘此而来。道升累传至尧封，于隆庆五年成进士，官至监察御史，迁福建参政，其族遂显。尧封孙震旸，万历三十八年成进士，官吏科给事中，有直声。震旸育有三子，即峒曾、岷曾、岐曾，其中峒曾、岷曾为孪生，兄弟三人少负才名，时有“江南三凤”之誉。但岷曾不寿，二十一岁未婚而亡。峒曾于天启五年成进士，初授南京兵部主事，后出为江西提学参议，累迁嘉湖道左参政。弘光时，召为通政司左通政，未赴。岐曾则蹭蹬场屋二十年，仅得为国子监生。峒曾、岐曾各有三子，峒曾子玄演（字几道）、玄洁（字云俱）、玄瀞（字智含），岐曾子玄汸（字记原）、玄洵（字文中）、玄泓（字研德），皆夙承家学，世有“上谷六龙”之目。

顺治二年七月，嘉定守城战打响以后，侯峒曾率二子入城负责防务，侯岐曾则奉母及家人乡居避兵。城破以后，他曾带着家人至松江府避难月余。据侯玄汸《月蝉笔露》载：“乙酉之变，奔云间逾月而返。”事定以后，家人次第返回，分寄于诸翟各庄。侯岐曾亦从此隐身乡间，断绝寻常往来。经过数月的舐血疗伤，从顺治三年正月初一开始，他以日记的形式不间断地记录下了自己每天的经历。对于写日记的初衷，他在《自序》中有明确交代：“乙酉以前，予止有出书稿，诗文、杂撰，附入其中。乙酉以后，家遭覆荡，身陷其间。岁时阅历，却非耳目恒遘，为宜札记，以备后人稽考。且前此世务倥偬，日不暇给，今则坐卧斗室，翻幸流光多暇，犹得与笔墨作侣也。日纪断自丙戌始，称‘丙戌’者，亦犹义熙以后，止纪甲子云耳。……执笔为新天子纪年，敬俟南都克复之后。”义熙为东晋安帝司马德隆年号。义熙以后，刘裕篡位，陶渊明誓不与其合作，其诗文纪年止书甲子，不用年号。侯岐曾借此明志，以遗民自誓。其日记起自丙戌正月，终于丁亥（顺治四年，1647）五月初十。次日，他因藏匿陈子龙连染被逮，十四日被杀于松江。

这部日记除记录自己的日常起居、家人的应酬往来，以及与官府的交涉、与密友的私会外，还保留了许多书信的底稿，使我们对许多事件的前因后果有了比较全面的了解。

## 一

从这部日记中可以看出，惊魂初定的侯岐曾自觉地承担起了奉母抚孤的责任。正月二十八日是他的生日，这天，他在日记中感慨：“痛念予同母六人，庶妹一人，昨岁犹存其三。忽遭邑难，吾兄吾妹同日沉渊，今孑然惟吾在耳。于吾君则为残黎，于吾亲则为遗种，敢不勉留仰事俯育之身，冀睹少康、光武之事。”侯震旸有女四人，分别嫁给了丁汝翰、须世征、张肇楫、金德开。明朝覆亡前，只有最小的女儿金氏尚在世，嘉定城破之前，她回到城里侯氏府中，后与长兄一同投水自尽。在二月二十二日给表弟杨廷枢的信中，侯岐曾向其表白心迹：“奉母母在，保孤孤全，此或忍死之身可为吾弟告者。”他在给王瑞国（字子彦，太仓人）的信中亦云：“伍大夫流离脱祸，孔文举亦不轻徇兄。彼其苟全，良自有为。”他在四月初三给亲家顾咸正（字端木，号弦斋）的信中则直言：“至弟生趣已尽，止为侍母全孤，留此残生。”

侯岐曾深知，这个家庭再也承受不起意外的打击了，所以行事格外小心。在日常生活中，他几乎谢绝了一切应酬。正月二十七日，老友苏渊（字眉声）来访，他“概谢剥啄，直辞去”。二十八日，徐时勉（字克勤）、陆敏行（字逊修）相访，亦“并名柬却返”。二月初七，徐时勉、张鸿磐（字子石）再访，“再辞之”。直到十一日，才因母亲“传谕勿蹈不恭”，而给诸人回信致谢。正月十七日，他还给在城中与官府斡旋的仆人朱国俊写信，告诉他：“要说我真病真危，即日呜呼哀哉。此语务使官府闻之。吃紧！吃紧！吃紧！”他在三月十六日给朱大经（字经甫）的信中说，他居处“荒江斗室，即家人不使知之”。这基本是实情。他在次日给长子侯玄汸的信中又提醒道：“国俊谓吾家出入，须防耳目。”他在十九日给许自俊（字子位）的信中也说：“弟往来无定所，所至阖户养疴，家人都不使知。”为了避免朋友误会，三月二十五日，他不得不令长子侯玄汸“遍觅克勤、子石、佑公（陆其贤），为言我必不能破揖客之戒”。关于这样做的原因，他在二月二十二日给杨廷枢的信中解释说：“吾家祸重如山，时时恐蹈危机。处境微异，敛迹略同，总非‘乱离’两字足以概之。”

本年六月二十六日，因侯峒曾的夫人李氏突然病故，城中亲旧欲相约赴吊，但侯岐曾也一概辞谢，其中一个理由就是“诛求日甚，藏迹恐不深，吊唁相及，颇关耳目”（七月十三日日记）。他在七月十三日给沈皇玉（字玉汝）的信中，形容自己是“以惊弦之鸟，迹类处堂之燕”。他在十月初三给张采的信中更明确地说：“当此之时，一二懿亲契友，惟以废绝往来为真往来，此乙酉七月四日以后自盟然也。比来尚有以太平物色施及寒庐者，弟几欲挥刀相向，宁可做一场人命耳。至今年六月，复遭先嫂恭人之变，弟保孤之责愈重矣，而诛求之累亦愈惨。”

为了隐迹，也为了保密，从顺治元年秋开始，侯岐曾与个别至交暗通往来，除严防耳目外，还普遍采取改易姓名的办法。顺治三年正月十三日记云：“端哥原名完淳，今易名炤。先是瑗公依予虬江陈房，已改姓黄，名志华。时唯恐声迹少露，朝夕密通往来，止裁竹纸一小幅，缄题必呼‘黄老’。予则久号‘半生道人’矣。遭变来，道义至交远近略尽。其仅存者，俱改易姓名，如张采为山衣道人，姚宗典为虞文身，杨廷枢为庄复。”二月初一，他又云：“更姓易，名之。‘杨’为本姓，今从旁；‘之’连上读，义取屡迁。易□而□，又有厚望焉。侄云：‘易从日月，更是光复之兆。’”顺治四年四月二十六日，因陈子龙逃亡至嘉定，侯岐曾在设法安置、保护的同时，为了联络时保密，二十七日起呼陈子龙为“车公”（因其号“铁符”),呼负责接待的仆人侯驯为“川马”。他在五月初二日给陈子龙信的末尾则嘱其“有报章约尔后相通,姓从妫,名从瓠,字大樽”。除了这些有具体说明的,在实际书信往来过程中,还有一些称呼仅限于在小范围内使用,如姚宗典又称虞废文,其书信中多次提到的“废老”即此人,杨廷枢又称中道人,等等。

## 二

侯岐曾以仰事俯育为己任,想以戴发之身隐迹乡间。但其家为本邑望族,声名久著于外,且胞兄因殉城又为敌于新朝,所以在清政权的地方行政机构建立起来后,他们毫不意外地成了被打击的对象。他撑住其间,勉力应对,身心俱疲。他首先要面对的,就是官方对侯峒曾守城案的处理。前朝忠臣即新朝的罪人。籍没家产和追缴租税是他不得不全力应对的问题,这关系着全家数十口人未来的生计。顺治二年二月二十二日,他给申绍芳(字维烈,号青门)写信说:“自冬春之交,叠奉抚院籍没两檄。”同日,他在给杨廷枢的信中又说:“始而李督追租,既而土抚籍产,日异月新,朝更夕改。乃今皮穿骨尽,翻似习为固然。”

此时,清政权正在江南和两湖用兵,前线供应非常紧张。顺治二年冬天,湖南前线曾出现过军队“数月无饷,枵腹难堪”①的情况。洪承畴总督江南军务,身兼招抚地方和督理粮饷之责,却对湖南的危急无力相助。他在给朝廷的题本中写道:“江南新经归附,各府俱驻有提督总兵,官兵日支本折钱粮,所费甚多。江宁又有满汉大兵,所用折色银两与粮料草束,无不催派于各府,臣等昼夜催办,心力竭尽,势不能再有余饷可以分应楚中。”从这份题本反映的情况看,为部队筹措粮饷乃当时各级政府的头等大事。而大乱之后,地方残破,民生凋敝,征粮的主要对象自然是世家大族,而以负固抗命开罪于新朝的侯氏更无幸免的理由。

清政府入关之初,在北方进兵比较顺利,以致对江南的形势明显估计不足,在政策制定上表现出较大的随意性②。其中最明显的就是攻占南京以后,由于对局势过于乐观,急切地推行剃发令,激起了江南民众的强烈反抗,经过多次血腥的屠戮,才控制住局面。另外,对于新收复的地区,如何处理参与过抵抗的人,朝廷似乎并没有制定出统一的政策,没有颁布明确的法令。笔者为此查阅了相关文献,也请教过一些清史专家,都没有发现相关的政策文本。这无疑给基层政府处理此类问题提供了较大的伸缩空间,同时也给各层官吏借机敲诈打开了方便之门。

侯岐曾当然也知道这种政策上的模糊性。他的应对之策是分别向督抚和县令行贿,同时打点一些重要的胥吏,希望通过他们尽量减轻处罚。他在顺治三年正月十一日给朱

---

① 《江南总督内院大学士洪承畴题本》,见《明清史料·甲编》第二本,1930 年版,第 138 页。

② 魏斐德的《洪业——清朝开国史》对此有详细的讨论。

子功的信中说:“抚檄不过求益耳,何须复弄此机关耶！邑主处已有所进,即蒙批付诸房,许再申请。食言不肥,或者免夫。然必得贤昆与上边讲定,庶下边便于举事。切祷！切祷!”时任江宁巡抚的是土国宝,山西大同人,原为明朝总兵,顺治元年降清后以原官录用,随军渡江,平定了江南苏州、松江等地,被破格升用为江宁巡抚。此人行伍出身,生性残暴贪酷。顺治八年因“贪酷病民”被议处,畏罪自尽。任吴淞总兵的李成栋本为李自成部将,后随高杰降明,又降清,随清军平定江南,颇多战功。此人生性残忍,江阴屠城、嘉定屠城皆其所为;后因不满清廷封授,降南明永历政权,兵败而死。任嘉定县令的杨之赋为湖北应山县人,明朝贡生,从《侯岐曾日记》记述的情况看,此人亦极其猥琐贪婪。这封信的收信人是朱子功,是侯岐曾比较信赖的中间人,其兄与巡抚衙门一冯姓胥吏关系比较密切。从信的内容看,侯岐曾最初判定巡抚所下的籍没之檄,其实是向他进一步索贿的信号,同时他也通知朱子功,对县令杨之赋已做了打点,故希望通过其兄进一步做好巡抚的工作,希望能够通过上下联手,免除籍没。但是他这次显然打错了算盘,也看错了对象。他的行贿最终被证明无异于肉包子打狗,非但未达到目的,反而吊起了对方贪婪的胃口,给自己带来了无穷的麻烦。在此后近一年半的时间里,他几乎每日都在设法筹钱,上下打点,最终并没有免于籍没的厄运。

从前后文字看,在《侯岐曾日记》开始记录这一事前,他的行贿行为其实已经持续了一段时间。对象当然并不只是巡抚和县令,还有吴淞总兵李成栋。正月十四日记云:“朱俊携文侯(侯鼎旸,侯孔鹤子)书至,知督府恶缘未了,吾母为之烦乱。”次日,他不得不“促侄速至,商都督处善后事宜”;十六日,即遣老仆管科和朱俊前往吴淞。他同日给许自俊(字子位)去信,商及斥产(卖地)之事,并表达了对未来的担忧:“督府一案,触之多变,引之愈长。芮(蚋)蜂有毒,何况虎豺,将来恐不止于劫财而已。”

不断的打点很快使他陷入资金紧迫的困境。从正月二十三日即不得不遣家人朱国俊向太仓告急,并于二十六日借得王国瑞(字子彦,王世贞弟世懋孙)300两银子,二十八日即交付老仆管科拿去“献赇”。二十六日,他第一次卖掉了十七亩田地(他在日记中云,此“当为斥产始事”),此后其日记中就不断有关于“斥产”的记载。他在五月二十三日给内侄张懿实(字德符)的信中说,“迩日寒家八口幸而苟存,只为此时尚有产可斥耳,然亦难言之”。除了籍没和追租两项未定的支出,新的征讨名目一直在不断增加。二月初三,“管科说军属诬告各家占荡,又添一费。又催输粮甚紧”。类似的征索后面还不断出现,难以一一列举。

主动的行贿姑且不论,还有来自各方的敲诈和需索,完全是赤裸裸的。前云已贿赂县令处,但其实并未能让其满意。故县令处于二月初二提出必欲“取盈”(要凑足整数)。同邑沈宏之(字茂之),崇祯末曾为冯铨幕宾,入清后入土国宝幕,此时亦以籍没为由,公然索贿,通过身边人传语:“不敢奢望,只以一年租事相酬足矣。”(三月初七)侯岐曾闻讯叹道:“租事,谓每亩五钱也。纵使幸而获济,立斥产应之,千金装亦难卒办,况必不济乎?然而事势至此,难于坐待。”经过一番商议,侯氏许以500两之数,且以“杯铛数件”、侯“母钗环四事”为礼相报(三月初八)。次日“知沈处立议,半千之外,又须益贰”,明确要700两。三月十八日,沈宏之曾许诺将“缓颊于涿州、虞山两相公”,其中“涿州相公”指时任弘文院大学士兼礼部尚书的冯铨,“虞山相公”指时任礼部右侍郎的钱谦益。沈宏之虽然没有兑现这种口头的承诺,但始终没有忘记那700两之数。五月三十日,他派女婿上门索要这笔费用。侯岐曾连叹:“异哉! 异哉!”他采取了半推半就的态度,“推者,彼实无勋;就者,防其肆蛰”。关于取租一事,李成栋原牌所批为“征七免三”。但五月初三,巡抚土国宝忽发新檄,要“追索全租”。三十日,“李督到县,飞票责取全租”,经承书吏只好以原牌所批据实相告,提督一时无话可说。但第二天,老仆管科即拿着提督的三张飞票,来说“张胥迫我行贿于督府”。

尽管侯氏为了免于籍没而费尽周折,但仍然未能幸免。二月初四,有巡抚胥吏传语:“田房变价,近已奉旨,不便下边挽回矣。”闻讯后,他给侄子侯玄瀞写信说:“到底不脱籍没,从前心力尽付东流,不待言矣。”次日,他给三子玄泓又说:“籍没究竟不免……黏天波浪,未知所底。回思瑗公(夏允彝)一步紧一步之语,可为寒心。兴作明知太早,今又不能议辍,奈何? 奈何?”前期的努力不但没有奏效,既虚掷金钱无算,又让各级衙门看透了他们急于免祸的惶遽心理,从而使自己在进退两难的尴尬境地越陷越深。他在给申绍芳的信中说:“中外关合,难可挽回,想主者未便明言耳。”

籍没之信是二月初十正式传来的。按照官府的说法,要先报田产,再报房产。当日“主者恐喝之言,无所不至。赇已献而未收,其意可知”。三月初七,官府勘田结束,初报应征田价为3100两。初十,典史闵有义带人勘房,十四日批出应收房价为3600两。次日,侯岐曾在给女婿顾天逵的信中忍不住感叹道:“寒家祸患日深一日,从此遂有饥寒之虑。”为了给全家的未来留点生路,他不得不采取措施,通过与闵有义周旋,设法瞒报和藏匿一些田产和房屋。其日记中有这样一段文字可以说明当时的情形:“张玄至,说汪房暗报事。付与朱子功一札,谢其兄弟之勤劬,兼嘱周旋于闵尉。”他同时试着讨价还价:“宅既不得自主,装修尚可容载出否?”

巨额的罚没之数让侯岐曾感到身入涸泽、愁苦难言。他在给王国瑞的信中说:“自籍令一下,惟与藐孤痛哭相对,从此枯鱼之肆矣!”在进退维谷之际,他只能一条路走到底,一面继续分头打点,一面托人说情,试图通过做官府的工作,使籍没之事有所转圜。前面提到的沈宏之索贿事就发生在这样的背景下。侯岐曾的努力不能说没有发挥作用,但也只是把结案的时间推迟了,中间使费的增加则是他没有料想到的。

第一次可能的转机出现在顺治三年二月中旬。这次出手相助的是侯玄演的岳丈姚宗典。姚宗典与时任嘉定知县杨之赋熟识。他于十四日至龙江,十六日入城,十七日傍晚将侯氏的贿金送予县令,十八日又与县令酬酢一番,二十日再裁书县令(宜有进一步嘱托),二十二日“邑宰回函已发”,二十三日即起行还家,临行前被侯岐曾“再嘱留邑主一函”。姚宗典的斡旋固然不可能改变籍没侯产的决定,但至少使索贿必欲“取盈”的县令暂时放缓了对侯家的压迫。侯岐曾在二十五日给玄瀞的信中说,姚宗典这次来的效果,

“其最易见者,收告示寝关说两件”。他在给杨廷枢的信中,也满怀感激地说:“若非虞兄只手护持,其能续二十口如丝之命乎?”

第二次转机出现在四月初。三月初八,在给抚院和沈宏之分别进贡的同时,侯岐曾递了一份陈情的呈稿,后改为士民公呈。到四月初二,接朱茂昭来信云公呈已批发。初四,“管科传土抚批呈,遂有‘免变’二字”。至此,江宁巡抚衙门关于取租、籍没之令似已被一并收回。他在十九日给杨廷枢的信中说:“孱孱藐诸,一丝九鼎,幸而得全于籍令(籍没令),兼得全于髡令(剃发令)。”他在五月二十五日的信中又说:“亩租籍没二令并下,支吾数月,幸得二令俱收。”接到巡抚的批呈,为防督府衙门从中作梗,他于四月十二日亲自拜访了许自俊,“为防吴淞后患,再致丁宁”。另外,为了尽快平息事态,他还得抓紧讨得县里的回文。十四日,诸友人为替侯家说情,“拉庠友谒杨令,几及百辈”。然而好景不长,四月二十七日,嘉定城中发生叛乱。不久,杨之赋离任。在离开前,他没有放过侯家。五月十九日,他通过张姓胥役传话:“侯家事,包它申文干净,但须助我行赀。”侯岐曾经与母相商,“恐它日起炉做灶,转贻后悔”,便“再检斥产银半佰”,授管科送交。但二十一日清晨,“管科叩门,道昨所囊金,大不满乞儿之意。对胥役云:‘这送你们都不够。’又亲对管科云:‘你家事大,若付掌印手,最少千金。今吾已荡尽,前日汝家送我的,俱化为乌有了。此时随分金犀等器物,皆可助我用。难道我要与你家完局,你家反不理会?只索抛去便了。’”没有办法,侯岐曾只得与长子各竭所有,并将寡媳夏淑吉给其孤子侯檠所存的婚礼聘金一并充用。二十三日午后,朱国俊“自城奔至,道乞儿无厌已极,贿已收而复加,其声尚尔嗃嗃”。二十四日,县中申文终于批出,但因知县欲壑未满,批的是“照详”(按申文详细查勘),而非“照验”(按申文简单验证),还是留了点尾巴。至此,数月的努力似乎没有白费,他也终于好像能松口气了。

无奈事不遂愿,仅仅过了几天,到六月初九,朱茂昭从苏州赶回,即通知说“批详有异”。紧接着,他便接到县中的传票,“产、租两案,俱十分严切,又绝不顾前批‘免变’二字矣”。这令侯岐曾异常惊骇。此后督府即严加追逼,威胁再迟交付,即要捉拿家属。形势急迫,为解燃眉,他只能设法求其缓催。经过多方吁求,到十九日,管科从城中回来,“说督府暂尔支吾,许宽限一月,然又费多金矣”。接着催租令下,差人上门,初定双日一比,后改二、八日一比,就连衙门吏胥也劝他们不要再试图吁免,省得浪费金钱。其时“取租未已,粮务又急”(七月初二),“租、粮二者,署官皆亲比严拿,万分无姑缓理”。所以,他决定与孤侄“倒橐完全租,斩此一结”。此时唯一的希望是能够在租额中抵扣粮银,尽量减轻负担,但也未能如愿。二十七日,管科来说“署令钱粮一日一比,本家尚悬二佰,责偿须臾,几于手足无措矣”。这期间,除了追逼钱粮,“诛求之令不一而足,如察附郭地,察军荡田,有专官坐邑”督促,另外还有散甲费和摊派的人参费(此容后叙)。八月初七,朱国俊拉泪手禀,凡“新旧粮、散甲、附郭诸要节,数日内必得数百金,而籍没之费不与焉”。明代规定凡秀才以上的乡官士绅均不纳粮当差(根据级别减免的额度不同)。顺治二年四月二十六日,为了抑制故明绅衿,朝廷下令将前代乡官监生等名色全部革除。“一应地丁钱粮，杂泛差役，与民一体均当。朦胧冒免者治以重罪。”其日记中提到的粮务和承差之事，应即发生在这种背景下。

在万般无奈的情况下，八月初八日，夏完淳决定出手相助，代其向李雯（字舒章）求情，飞笔写下了那篇情文并茂的《与李舒章求宽侯氏书》。李雯为松江府华亭县人，早岁入几社，与陈子龙等为至交，入清后任弘文院中书舍人，此时还乡葬父，正在华亭。夏完淳在信中说清廷“其于死国，并许承家。一见金台之令，再有石城之移。岂意桀犬必诛，殷顽不赦。……乃执事者称奉密旨”。他又说侯氏“两奉移文，俱遵免变。朝三暮四，昨是今非。昔何为而蠲末，今何道而苛严”，地方政府“胥吏之徒贿赂为政，朱提充囊”。以上都是有实指的。李雯在接信后不仅“发书流涕，许必援手”，而且三天后即派其弟李霙和蔡谦（字服万）来到嘉定，看望了侯岐曾一家。这对侯氏一家多少算是个安慰。由于李雯的关说，十九日“知媚灶得力”，租事“已停征矣”。

但侯岐曾知道，凭着已有的经验，停征并不等于免征。所以这期间，他还曾试图求助于钱谦益。钱谦益于本年六月以疾乞假，朝廷准其驰驿回籍（常熟）。他与江宁巡抚土国宝有一定交往（《牧斋集外诗》中有《赠土开府诞日》三首，即为给土国宝祝寿作）。十一月十一日，与钱谦益关系密切的张鸿磐（字子石）从苏州回信，说钱谦益虽然“到处用情，但一呈不便手致。然其微意，亦谓守城殉节者籍，乃彼中划一之法。此呈虽进，未必肯批行耳”。

这期间，县中情形稍有变化。县令杨之赋去职，继任者唐瑾为河南光州人，顺治三年进士。光绪《嘉定县志》后来将其列入“名宦”，并云其到任后抚循流亡，“遇士大夫有礼”，有善政。这在日记中也有一定的反映。他对前朝忠臣表示出了尊重的态度，让侯岐曾紧张的心情有了一定的纾解。当然，这里边也有钱谦益说情的作用（十月十七日的日记云：“管科自城来，说衙门人述虞山与署印方相接时，致嘱侯、黄甚力。”）。十一月初八，新任县令发出告示，提出要“防忠裔之鱼肉”，其中还有称侯岐曾为“宦族名士”等语，使其深感“牧之功于我大焉”。十一日，县令送来了优恤告示和个人名帖，并约与侯玄瀞相见。侯岐曾立即求诸相知代为陈谢。

但是这一切并未能使征索的步子放缓。其实可以想见，一个知县对此类事并无最终决定权，而且他似乎也有难言之隐。十九日，抚院变产取租牌忽至。二十日，县中出票要取三年租。友人陈周俶（字义扶）决定遍约诸孝廉公觐，集体为其说情。二十六日，“公觐已毕，当事颇不走做”，虽有口头许诺，但对家属揭帖并未批发。二十九日，“又出签催报租额”。这其实已显出了唐瑾在此事上左右为难的处境。但处于煎迫中的侯岐曾对此并不理会，他对唐瑾的评价是“其词虽极婉转，而手段亦辣”。更令人不解的是，官府的态度总是前后矛盾、反复变化。比如，十二月初八，张懿实为侯家事专程跑到苏州，索回了免租牌，但是当日即听说县令亦从苏州回县，“惟闻催科严切而已”。才过了三天，到十二日，抚院的追租牌复至。夏完淳抨击的“朝三暮四，昨是今非”的政策态度，至此丝毫没有改变。

迁延至顺治四年正月,局势总算明确了,也证明从前的努力已尽付流水。二十五日,虽然已花费不赀,但苦苦等来的刑部咨文不但要没收田房,还要"并查家伙"。三月初六,侯岐曾致书张懿实说:"昨见府票及县单,大骇。今晨见抚牌,益骇。觑破机关,只是一条门路,亦似不难相应。但今征币币穷,求金金尽,寒心销骨,乃在于此。"四月二十四日,他听说巡抚已经批回籍没之事,但每亩地又横加一两银子,心下感叹道:"此四十两者,设令旦晚取盈,吾知削雪成银,必有异人授以异术矣。空手攒眉,亦有何补。独前此无限膏脂,断送鼠穴,曾不收分寸功,不由不裂眦填膺耳。"次日,侄玄瀞入城对付籍没之事,侯岐曾回顾一年多来的种种经历,感到"步步伤心",不觉伏枕泪下。五月初十,即陈子龙被捕当日,侯岐曾的长子玄汸还前往城中,准备以籍没之数向县中报告,闻讯后才携玄瀞迅速外逃。

## 三

前面谈到,侯岐曾因身肩重任,于覆巢之下勉力支撑,故凡举事皆极为谨慎。他出身于以忠孝传家的仕宦之族,且身负国仇家难,在顺治元年七月初四以后忍辱负痛,一直期待着明朝光复的消息。这从他日记《自序》最后"执笔为新天子纪年,敬俟南都光复之后",以及更名"易之"时侄子所谓"'易'从日月,更是光复之兆"等语,可以看得很清楚。五月十六日,他听说夏完淳居无定所,即与夏淑吉商议,邀其来槎头同居,并致书云:"然披览新诗,句句光明洞彻,此宫音也,岂谓于变徵得之,定为公子复国之兆。"所以其日记中凡有南明军队获胜和地方武装举事的消息,他都十分称快,但凡这类事件遇挫,则分外沮丧、失望。

顺治三年二月初二,他听说"南都有未剃发者数十人,密图内应,事露伏诛,遂有义兵四五千人围城,今已被敌歼尽",不由得感叹:"可为痛哭者此也。"他虽然屏迹乡间,断绝一般应酬,但在与一二至交密通消息时,却不断打听所谓的"上流消息"。他在二月二十一日给杨廷枢的信中,就交代他"有远信,请以密传为期"。所谓"远信"其实就是来自南明鲁王和唐王政权的信息。四月初二,他给刚从明朝延安推官任上辗转回乡的亲家顾咸正(字端木,号弦斋)去信说:"兹特先驰一介叩首,百凡情话,都未暇及,惟欲一询西北情形。齐豫秦晋间,何处有反正之机?或口授大鸿,详悉见报,尤妙也。"大鸿为顾咸正长子,名天逵,娶侯岐曾次女。

然而征服者毫无人性的残酷杀戮也让他不得不格外小心。所以他于二月二十二日去信提醒杨廷枢说:"吾弟名告于斗,处处宜防物色。吾家祸重如山,时时恐蹈危机。"他又说:"《泣血录》一帙在虞兄处,乞留意。此等语不敢浪传笔墨,一见即毁之。"二月二十一日,昆山丘民瞻跟他索要嘉定死难者名单。他写完即感叹:"然此等笔墨,此时实未便流传也。"他于回信中一再叮嘱:"承问,略具一纸,以俟史笔发挥,元稿仍望掷还。……况此何时?可浪传此等笔墨乎?"四月十九日,他又给杨廷枢去信说:"寒暄都废,只欲讨大事消息。前札所言甚略，殊令愦愦。兹下里所闻，孤侄已有详报，不赘陈。草野所祝，惟勿以生机转滋杀运，而未敢为末劫生灵信也。”这里的“大事消息”不言自明。但他也确实害怕为求“生机”（光复）而招来“杀运”。

由此可以看出，侯岐曾对明朝的光复始终有着强烈的期待，但又不敢采取实际的行动。顺治三年以后，侯氏与抵抗力量仅有的一次联系，就是玄瀞上表鲁王，为父陈情。在此事件中，侯岐曾最多只是个赞助者，并未挂名。他唯一付诸实践的，是在通海案发后，在陈子龙亡命的过程中，不顾个人安危，冒死相助，并最终招致杀身之祸。但其性质与联络海上和举兵起义完全不同。

侯岐曾埋身乡间、戒断往来以后，与外面世界的联系主要限于昆山和吴县一带。一是因为这两地与嘉定相邻，距离较近。二是因为侯氏的亲戚主要在这一带，如妹夫丁汝翰、表弟杨廷枢、亲家顾咸正、女婿顾天逵和玄演的岳丈姚宗典等，其中杨廷枢与南明鲁王政权暗中有联系，侯玄瀞上疏陈情走的就是这个通道。

侯玄瀞上表之事初见于顺治三年二月二十五日侯岐曾给他的信中：“所寄疏稿情文相生，波委云属，无可商量处。并《些词》、尺牍二稿，皆吾销愁物也。此疏授文初，转致维斗，嘱以百分慎密，想无他虑。”前面讲过，姚宗典为祭吊殉城的峒曾父子、替侯氏向县令杨之赋求情，二月十四来到嘉定。他似乎带来了一些有关海上政权的信息。侯玄瀞上表当由此引起。在姚宗典二十三日离开嘉定前，侯岐曾分别给杨廷枢、丘民瞻（字天民）、申绍芳（字维烈，号清门）、王国瑞（字子彦）、顾天逵写了一封信，述及自己的境况。他在给杨廷枢的信中曾问道：“遗孤宜具陈情一疏否？”由此看来，侯玄瀞的陈情疏应是在姚宗典走后写成的。从其日记以后的记述看，侯岐曾对此事非常谨慎，一直下不了决心往外送。他甚至还在给侄子的这封信末，下意识地叮嘱：“吾侄紧闭双扉，勿露声影可矣。”

三月二十七日，顾天逵来信，“为言龙种面授语，闽浙似合似分”，随信还附了隆武皇帝给顾咸正的授爵诏书。五月二十八日，复“得端木札，及陈情一段，亟付侄商之”。当日，他即给玄瀞札云：“吴门诸札尚阁吾几，适陶蝉（按，为顾氏仆）至，得端老一函，为斗老（按，杨廷枢）寄语云，特送看。疏稿应即寄否，惟自酌行，因吾于此每极详重故也。”从其意分析，顾咸正和杨廷枢皆有意劝玄瀞上疏陈情，为父请恤。次日，侯岐曾分别致书顾咸正和杨廷枢，表达了自己的担忧。他给顾咸正书云：“弟以为今日传某忠臣予恤，明日传某名士拜官，此至危至危之事，将来无数杀机尽在此中。以故陈情一疏，弟每凛凛持之。至如家兄之事，所云日光月华、雷轰电烈，非待口说而后彰，亦不争迟速于旦晚也。鄙夫所见，向来如此，然正未敢执臆断以误当机。况亲翁所云无误，是真实无误者，以故遗孤斗胆相托，直欲一介专驰中道人许。”他给杨廷枢书亦云：“正怅恨间，忽端老传拜爵之音，又转示陈情之便，如久病乍苏，为之慰快。然区区所见，每谓吾辈处龙潭虎窟中，凡极幸处，皆极危处，以故并遗孤一疏，凛凛持之。今事机又万不可待，特托端老觅急足驰上。百凡委曲，尽在遗孤寸楮中。仆不缕缕，惟望筹其万无一失而已。”

六月十七日，顾咸正来信，“累累数千言，大都策中兴之必可期”，针对侯岐曾信中的担忧，力劝其勿过于畏慎，并告诉他顾天逵将不日泛海，为其陈情。这让侯岐曾心中燃起了不小的希望。他回信解释说："弟今日所处与兄不同，兄虽出万死一生之余，而此身既全，自当理前事以启后图。弟则覆巢遗卵，除却奉母全孤而外，暂不敢萌它妄想。而又亲见彼法之加刃于我，一步紧一步。设使目前幸无大衄，则其操立。忠义诸家，不云暗接白腰，则云显通闽海。而忠义诸家，举事如戏，实亦有可蹑寻，则其一举手间，何异于扫尘烁冻哉。"他对顾天逵计划中的这次壮举，致信称赞说："吾甥此行忠孝之理具备，声名之算亦长。"为了表示郑重，他对少子玄泓说："大鸿此行，直当以陈情相托，吾父子定须亲往。"为此，他特意给随鲁王在舟山的同乡好友周陈俶（字义扶，后于本年十月十五回里）修书一封，道其"愿睹汉官威仪，然后瞑目"，并以玄瀞的拜表和顾天逵陈情之事相托，求其襄助。二十一日，他再次致信顾咸正，提醒"大鸿行后，亲翁必宜亟图它徙。……而最吃紧者，尤在谢绝往来，使人莫知其处"，还给顾天逵送去盘费以助行李。但到二十九日，顾天逵行计中沮，放弃了渡海的计划。

到七月二十六日，新的机会出现了。当日，有一王哨长来访。其人自云去岁在嘉定守城过程中，曾被指为须明征同党被缚，赖侯峒曾察其冤得获释。须明征为须世征从兄弟，为人无行，不为乡里所容，后广招家丁，拥众自重。在嘉定守城过程中，须明征因被怀疑窝藏奸细，被乡兵捕杀，死状甚惨。其手下家丁，悉被剪除。王哨长自称往来舟山，遇隆武兵部主事陈素（字澹生），入其幕中，现特潜至苏松一带进行联络。此人还谈到了许多时事。其实王哨长名谢尧文，钱海岳《南明史》卷三二说他是嘉定人，"诸生，尝坐事系狱，峒曾救之，来往舟山，授游击"。从日后事态的发展看，陈子龙通海事败，即此人行事不密所致。此事且留待后文交代。

从《侯岐曾日记》看，顺治三年八月，顾咸正来到嘉定，日与侯岐曾聚谈，令侯岐曾焦迫的心情多少得到了一些慰藉。他感叹说："予私幸平生水乳，验之岁寒松柏，真称无负。而吾友靡靡愈索，每叹吾道非耶！今日留此一俊人，颠沛中亦可无憾矣。"另外，玄瀞的陈情疏已经上达。他于二十二日记云："是时闻越中恩命，银台赠兵部尚书，谥襄烈。"

对侯岐曾来说，整个夏天，抚、督两处对籍没和取租之令旋下旋收的行为，以及县令的勒逼、胥役的诈索，让他精疲力竭。除了不停地鬻田以应付目前，他开始迫切地期待光复的消息。官府的无度盘剥不断加剧着他对新政权的疏离，使他越来越把希望寄托在南明海上力量上。七月二十八日，他听说"街巷喧传南都好音，便呼酒与大鸿一醉"。次日，他又说："亦冀吉音非伪，催科可望渐宽。"但现实总是事与愿违。这令他不得不采取别的办法。九月初六，彭志古（字子上）来，"知有海上之行"。初七，鲁王使者约顾咸正至松江相会。初八，顾咸正缮写书疏，"专为澥南之举，且拟怂恿存古一往"。侯岐曾为设酒食，"使诸君得面相谘画"。其态度明显变得积极起来了。

十月二十三日，王哨长（即谢尧文）复来。二十五日，"智含所寄，今日已就。哨长别去"。王哨长此来，似专为收取有关文书。而侯玄瀞之所寄亦当是给南明海上力量的信函。十一月十五日，缠绵病榻已两个多月的侯岐曾给陈周俶写信说："弟看此世界，万万不能一朝居,所谓只争蚤晚耳,明智人必见到此矣。”他在当日给倪长玗的信中问:“近事可得闻其要领否?闽事吉凶,昊东(张若羲)处必有确闻。”二十二日,他听夏完淳说清兵在福建受挫,山东有李广生起义,京报十七日不能通达,在振奋之余不禁发叹:“若问吾家祸事,如燃眉之不可待,真乃远水不救近火也!”十二月初四,张懿实刚为侯家索得免租牌。但到十二日,“晚闻抚院追租牌复至”。侯岐曾忍不住惊呼:“嗟乎,由今之道,尚能一朝居乎?”二十日,他抱病给顾咸正作书云:“弟今所急者,澥上一说客耳。齐方(张纪,顾咸正内弟)既敛尽少年粗豪,一意大事,亦能办此否乎?近则得一人索务公与深谈,云间既有反正之机,便能作先事之举否?正恐不独云间非其人,并务公亦非其人,如何?如何?”务公姓戴,名之俊,吴江人,明诸生,为杨廷枢弟子,早年曾入复社。戴之俊于顺治二年举兵太湖,兵败后降归吴胜兆,渐得信任,暗中劝其反正,并积极联络海上,图谋举事。侯岐曾闻讯后,在走投无路的情况下,决定与其联络。他的目的不过是解自己的燃眉之急。

顺治四年除夕,他梦见大雨淹过了庭院的台阶,俄而又白日高照,醒来后不由得自问:“大事当不远乎?”过去的一年对他来说是极为难熬的,当然期待新的一年里情况能有所改变,而改变的唯一希望就是光复的到来。他没有放弃与戴之俊联系的打算,正月十一,顾咸正“将行未行”,他“邀之再一款话,且以齐方所肩底事切嘱之”。此后,各类小道消息不断传来,有好有坏,真假难辨。二月二十四日,甚至有消息说史可法已经攻下了淮安。他于二十七日记云:“淮上一报,传说未真。却见□报:闽齐大坏,赣州亦破,江楚又未可知,愤懑欲绝!”这一消息应该是真的,但他并不愿相信。三月十八日,顾咸正突然来说:“六飞(按,即‘六骓’‘六蜚’,指皇帝)无恙,邸报难凭,即在粤不在闽之说亦讹也。史道林(按,史可法)生存是真也,今主兵山东。”他听后心想:“果若所言,天下事何不可为耶!”颇感振奋。事实上,隆武帝早在上年八月二十八日即已被杀。

更为麻烦的是,他们依赖的海上信使王哨长于三月十九日被清兵柘林游击陈可俘获。侯岐曾对此毫不知情。二十日,因天气变化异常,他还不无期待地说:“春雷百日阴,殆先为之兆耶?”二十二日,他正与家人团聚一室,忽有苏州人钦浩和徽州人吴鸿送来消息,说王哨长被逮,已“供出多人,如顾如夏,俱不免,马兵即日至矣”。惊愕之余,他们多少有点不信。但两人言之凿凿,“且云柘弁不得自主,即日申吴督”。经与顾咸正、龚元侃(字得和,侯岐曾三女婿)、玄瀞商量,只得赶紧设法求助于戴之俊。中间人则选定了经常往来松江的张鸿磐。

二十四日,钦、吴离去,虽然朋友们揣其情形,觉得应是个骗局。但侯岐曾已成惊弓之鸟。他说:“囤局已不可堪,在身当者并不敢以为囤局耳。”此时外边已流言沸腾,人心惶惶。他们不得不开始考虑逃避的问题了。为了安全,侯岐曾与两子连夜剃了头发。他感慨说:“盖至此日,始不得为戴发之氓也。予与两儿亦重经剪裁,伤哉!”当晚,孙和鼎(字九实)来,坐实了钦、吴传递的消息。侯岐曾因此彻夜未眠。第二天一早,即举家外逃。二十六日,张鸿磐从松江回信,告以当日“差官已将发,务公力为营救,幸而得免”,随信还附了戴之俊的手札。这场意外总算有惊无险。

二十七日一早，侯玄泓与玄瀞特往松江向戴之俊申谢，并处理善后。他在给戴之俊的信中，满怀感激地说："顾施未侔于大造，则杯酒皆浮；感不切乎性命，则文章等伪。几有不劳媒介，不费颊舌，一旦死而生之，骨而月（按，即'肉'）之，如今日老盟翁之于寒家者乎！"他说自己一年多来"不意创痛未苏，诛求叠起，既坐悲泉苦水，又苦骇浪惊涛"；提到顾咸正，则说他是"千古快人，半生苦节，三秦七载，九死一生，尚未肯韬锋挫锷，其意有余，其谋弗固，不肖知其所以召殃矣"。接着，他不无悲愤地问："煌煌新国，亦何苦力驱此等人，必使登山赴海耶?"高度紧张过后，心情一旦放松，顿有"如天之福，不知当何消受"之感（二十八日）。三十日，张鸿磐再为顾咸正事自松江回，带来戴之俊手信云："弦老差官已报命，从此不更遣，都付雪净矣。"侯氏所送的谢礼亦被一并却回。

经此一变，侯岐曾再次谨慎了起来。面对这些行事粗疏的同仁，他开始有了惧怕的感觉。四月初三，根据次媳夏淑吉的口述和夏完淳的信可知，"云间如有尅日奇举"，他自问道："真耶幻耶？主者岂未戒于漏师耶？我惟为之慄慄。"初五，顾咸正至，酌于玄瀞东斋。侯岐曾"借骇浪初平，告之以帷灯匣剑"，而顾咸正则"自许百炼精钢，誓不退转矣"。两人性格之不同，至此呼之欲出。初六，"泓探信于平南（按，夏完淳堂兄弟），报语直忧师老而溃"，侯岐曾感到"慄慄更当何如"。初七，"远近喧传吴督即日反正，初以为耳语，今以为街谈矣"。他感到"可疑可骇，姑以不见不闻消之"。这段时间，他密切注视着松江那边的动静，但无奈消息一直不准。他最担心的是吴胜兆反正的"声迹襮扬既久，三尺童子亦知设备。且白下重兵，容知旦晚不至，岂不可忧可危?"（据十三日给顾咸正的信）在各种真假消息的陪伴下，他忐忑地过了五天。十八日，侯岐曾终于等来了吴胜兆兵败被俘的消息。

此后，形势即越变越糟。二十六日，因大兵聚集松江，"一时谣言将兴大狱"，陈子龙和夏之旭仓皇逃至嘉定王庵侯岐曾处。次日，侯岐曾决定担负起掩护的责任。他说："今即以季布为朱家，以张俭为鲁国，万事委运，何暇沾沾计祸福哉!"五月初二，侯岐曾得知西山被屠、杨廷枢被抓，感到灾祸不远，而"为之皇皇"。他明白清廷将穷治此事，借机清除三吴一带潜在的抵抗力量，因为"彼以为不除此属，天下终不得太平"（五月初二致陈子龙信）。

五月初三，他在给许自俊的信中解释了自己艰难的处境："虫沙风鹤，日来步步惊心，不意又有东方之事也。……如昆如松，一时偶集，皆由平日气谊缠绵，并非招之使至。一经装饰，动成祸形，可以类推而得之。"初五，玄汸长子出生，有贺者说："此田文、王镇恶之故事也。"侯岐曾私叹道："然田文愿高其户，而予惟愿卑其庐；镇恶愿封万户侯，而予惟愿作田家子。若问沧海横流，只此颂祷已为过望矣!"初六，因嘉定已不安全，他把陈子龙转托给了顾天逵。初八，顾氏仆陶蝉来告，有人泄露了陈子龙曾藏身恭寿庄（侯氏田庄）的消息，大兵将洗劫恭寿。这一消息令侯氏举室惊恐、通宵警戒。但当晚无事。次日，陶蝉再来，仍持原说。初十，侯岐曾已感到形势不妙，给陈子龙捎信说："弟为大兵将入瞟境，闻多所征捕。寒家实万分极危,然不暇自计,而亟望吾翁择其所安。”这不幸成了他的绝笔。

## 四

历史剧变不可避免地会给亲历者的身心造成多方面的影响。大难初平的侯岐曾在乱后苟活的日子里,除了面对亲人丧亡的伤痛、官府盘剥的折磨和光复消息久盼不至的失望与忧惧,还要面对局势变化对家庭亲情和社会环境造成的冲击。这也常常让他内心难以平静。

首先,嘉定城破以后,他们一夜之间成了新政权治下的罪犯家属。身份的巨大落差让他一时难以适应,惟以谢绝往来为自处之策。顺治三年正月初五,他在日记中写道:“予自遭家国奇变,判年于兹,勿复问人间世矣。”此即这种境况的写照。以侯峒曾为代表的忠烈之士虽然曾经让人感动,但历史的这页一经翻过,便成了忌讳的话题。嘉定屠城给民众造成的直接伤害难免会使幸存者中的一些人对忠臣们当初的决策和举措表示质疑。毕竟在对待生命的态度上,人们的选择是不可能一致的。《嘉定屠城纪略》记载了这样两个细节,很能说明问题。一是嘉定城破之前,城中传来李成栋劝降的榜文,说如果有人开门投降,“誓不杀一人”。有人向负责城防的侯峒曾、黄淳耀等提议说现在大势已去,诸公应该为满城百姓考虑。结果,黄淳耀“怫然,推案痛哭”,侯峒曾等亦悲不自胜,但都拒绝接受。“方城破时,西门尚未有兵,城中男妇悉西走,街路俱为乱石所阻,困顿颠踬,仅乃得达。号哭求启关,淳耀坚握锁钥不听。其同榜进士王泰际适至,为百姓请命,语甚哀恳,不从。复以年谊动之,淳耀大怒曰:‘若欲献城,君盍自为之,我顷刻死人,不知年谊。’”另一个例子是,参与守城的张锡眉在听说城破以后,对友人说:“宜速死。”友人则回答道:“城破之原不由我辈,空死何为?君若独断于心,无所不可。”可见在一些人的心目中,忠孝和尽节并不是完全画等号的。对于普通民众来说,他们最初响应抵抗,更多的可能是因为一时义愤和出于对眼前安全的考虑,并不像侯、黄诸人那样有精神意念的支撑。在接受了血的教训以后,无辜被裹挟的民众对他们会有怎样的评论,今天已无法探明究竟了。因为我们能看到的,实际上都是与他们有共同价值追求的人的记述。但对侯岐曾来说,他不可能免于这种道德上的压力。可惜的是他在日记中对此只字未提,是有意回避,还是切身的痛苦让他无暇顾及这类问题呢?

侯岐曾在形势变化后对周围人态度的敏感,在其日记中还是有所流露的。顺治三年二月初八,他写道:“有龚贤者,感予旧恩,馈鱼酒甚侈。风雨周旋,谁谓慕义不出于匹夫耶!”小人物的一番举动似乎给了他难得的温暖。而到十一日晚,他正在饮酒,忽然听到外面鼓吹沸天,经打听才知道有人家庆祝新秀才进学,其老母龚氏闻讯“为之累欷”。他特别加注:“城中俗谣云:‘白马紫金牛,骑出万人羞。’”他对这些积极投靠新政权的人表达了不满。但不满改变不了世界,该发生的还得发生。八月初五,他更愤懑地写道:“今之高门鼎贵、甘心从事者，惟知妻子田庐是守，且俨然自称保家之主矣。嗟乎，安知彼祖宗不含忸于地下哉！”随着局势的逐渐稳定，人们对新政权的态度在发生变化，对昔日忠义之家的态度也有些微妙起来。四月十四日，有人为帮助侯氏缓解诛求压力，拉庠友一起拜谒了县令杨之赋。但对当日来看他的人，侯岐曾并没有全见，因为他感到大家有了“异同之嫌”。

总之，死者已矣，活着的人仍然要面对生活的变化。这种变化不仅发生在周围的社会，也发生在侯氏宗族内部。顺治三年二月初三，他给祖叔侯兑旸（字公羊）去信商量取租事，说：“目前此局，据李批止征本名，据土檄仍连通族。诸宗老昔嫌过急，今又嫌过弛。侄与遗孤惟力肩公费，分文不以相累。倘因公费不及，翻作袖手之观，万一遂至决裂，侄不敢复受埋怨也。”从信中所言看，侯氏之难多少还连累了本族的其他家庭。而随着籍没之令的颁布，宗族成员又对一些产业的归属提出了疑问。这不免让身处逆境的侯岐曾倍感伤情。三月十八日，他有书致“三老相公”（似当为侯鼎旸、侯艮旸、侯兑旸）说：“所谕汪店房，相传几十载，闻为子久叔（按，名益旸）舍来，不意叔翁处更有一段渊源也。侄辈从来视财利如粪土，况现经籍没，视产业益如飘风。今此房叔翁既频动此念，侄辈自应婉转从命。但不言于华盛之时，而言于丧亡之后，实万万难堪。吾伯兄忠节三百年所希有，仍望吾宗各以孝弟廉让风励后贤，不欲明德宗老有此举动也。”

外部的变化尚可听之任之，家庭内部的问题则是无法回避的。首先是儿媳中出现了三个寡妇，这些苦命的年轻女子都面临着人生何去何从的问题。第一个做出选择的是侯岐曾的二儿媳夏淑吉。她于顺治三年三月初十剃发出家，时已守寡抚孤八载。不久，两个侄媳姚妫媮（玄演妻）、龚宛琼（玄洁妻）亦受其影响，相率礼忏，并于四月十四同时披剃。十五日，侯岐曾“从泾南至陈园，见两头陀，宛如梦中蘼芑，却不敢复道悲感矣”。

另外，由于侯岐曾兄弟此前没有分家，家人日用皆由其平时统一安排。在侄媳削发以后，外边渐渐有了不利于他的传闻。虽然他在日记中没有明言具体情由，但似乎是与财产有关。此事给他精神上造成了不小的伤害。消息最初传来是在四月二十四日，当天玄汸、玄泓告诉他“吴门果有奇谗”，但他认为自己“礼仪不愆，何恤人言”，没打算理会。二十九日，他收到姚宗典的来信，信中似乎亦提到了类似的问题。这下他坐不住了。五月初四，他去探视生病的龚宛琼（法名慧明），顺便与姚妫媮（法名慧净）畅谈了一次。他于当日记云：“两日为废文札中云云，方知向来谗口已远播吴门，可痛可畏！我平生于骨肉间事，岂惟不欲告诸门外，并不欲告诸门内，至此虽不欲自剖白而不可得矣。”五月二十五日，他再次致书杨廷枢，托其向姚宗典说明本末：“平生骨肉间事，未尝有一句两句费分疏剖白者。意谓处治处乱虽异，信心信理则同。岂知人类既为犬羊，人心别一鬼蜮。迩有不根之言入废老之耳，察之不止嚼肤，殆将销骨矣。郁闷之极，几谓不得不置一辩。徐而思之，此何情势，岂是吾辈争执是非之时。况使废老疑我于平生则可，如其信我于平生，何止疑我于一旦。……仆自遇变以后，刻刻将死字钉在额门。尚有何事费处置，乃至不能处置一二谗夫耶？”当日，他八十一岁的乳母正好来访，老人家疲病不堪，但他因心绪烦乱，只检赠一衣即打发其离去。他对此感慨说："今吾与乳母明知向后勿复相见矣，而意思都觉淡然，此非情有厚薄也。"

眼看着官府诛求不断，祖业即将荡尽，侯岐曾逐渐放弃了两兄弟不分产的立场。六月二十三日，他"痛愤诛求理极，从前臣力已竭，从后将何协助？即杯铛数十器，亦为诛求之用，耗荡过半矣。今则涓滴万不足填江河，惟分授子侄及嵑孙，庶几犹存先世遗泽也。因毕呼至恭庄，如书画等一二长物，务使倾筐倒箧乃已"。这可以看作是分产的开始。

九月初五，他正式与侄玄瀞析产。当日，"板舆奉母而东"，为析产做准备。"至则悬襄烈遗像一哭。为祖宗梳风沐雨所贻，一旦身丁覆败，以有分析之举。而襄烈与余，真所谓儿无恒父，至今不忍言分，又不忍不言分，此所为摧肝欲绝也。"十月二十九日，在商议为玄瀞求婚盛氏时，他"趁男女齐集，遂为三分之举"，田产每户平均"止及贰佰"亩，这令他深感"悲痛之甚！惭惶之甚！"经过不停的斥产和献赇，祖宗所遗至此已所剩无多了。他不禁自问："除籍数外，予与智含各得七百五十，又细分之，能有几何？"十一月初七，"智含同再生（姚妫媮法号）、妙指（龚宛琼法号）来，亦为三分之举。再生、妙指各授贰佰亩"。

《侯岐曾日记》记录的日常生活当然不止以上这些内容，但在易代之际对当事人造成较大冲击的主要是这几个方面。其所提到的另外一些细节，虽然有的只是一带而过，却有利于弥补正史书写的不足等。比如他在顺治三年二月二十九日给侯兑旸的信中说："自城来者云，彼近设清发道，以五等定罪。"他提到了剃发令下达后的具体执行情况。他在三月初一的日记中还特别记下了五等定罪的标准："一寸免罪；二寸打罪；三寸戍罪；留鬓不留耳，留发不留头；又顶大者与留发者同罪。"这可以说是关于清初剃发的重要史料。

另外，他在八月初一的日记中写道："褚元携人参一缄来，乃青溪令称奉旨求鬻于绅氓。吾家分得半觔，应输值十五金有零。此亦一新闻也。"第二天又记道："城信来，亦言鬻参事，吾家父子几派四觔。今图领一免三，又有数金杂费，而三十二金正价，不待言矣。"这件事情的背景是，清兵下江南以后，为了筹集军费和粮饷，除从新征服的地区征取赋税外，还强行推销东北的特产人参，以增加中央政府的收入。人参本来是女真与汉族之间传统的贸易项目，在明代就已持续多年。入清以后，满洲贵族凭借军事力量再次把贸易范围扩大到了江南。据江南总督洪承畴顺治三年十二月给朝廷的揭帖说，他于顺治二年九月内奉圣谕发人参到江宁易卖①。但最初的定价过高，遂上奏朝廷，将价钱减至每斤三十二两。即使如此，"向来各章京等每日在于江宁开设市肆，晓谕发卖，并无士民人等承买。各章京甚为告苦"。洪承畴亦觉"苦无调停之术"。他向朝廷报告说："职等屡次公议，欲分发各府州县，使各印官转卖，恐至摊派科敛，大滋扰害，甚非皇上爱恤民生至

① 见《明清史料·甲编》第六本，1931年版，第506页。

意。”①关于清廷在江南鬻参之事，王宏志在其《洪承畴传》里已有论述，但《侯岐曾日记》从当事人的角度为此提供了新的佐证，而且还揭穿了洪承畴所谓皇上“爱恤民生”而不准“摊派科敛”的谎言。

其实，从历史的角度看，侯氏作为地方望族，在清兵南下的时候，若不能主动归顺，遭受打击是必然的，只是侯岐曾作为当事人，还看不破这一层意思。陈子龙在为宋琬之父宋应亨写的《莱阳吏部宋公殉节纪事》中说过：“士大夫居乡党，无城社之责。然天下郡县一旦有事，非借巨室之力，有司者谁与共守?”陈子龙已经讲明了这个道理。清政府当然明白，世家大族在地方上，如果肯合作的话，对官府的统治常能起到补充和调剂的作用；若不肯合作，则是主要的反对力量。在明政权瓦解以后，江南的几次抵抗都是由这类有影响力的家族首领发起的。所以在清政府看来，要想彻底征服江南，必须拿这些有过抵抗行为的世家大族开刀，从军事和经济两个方面，使其完全丧失对地方事务的影响力。夏完淳在文章中提到的执事者在籍没侯产时称奉有密旨，绝不会是空穴来风。

2016 年 10 月 16 日草成

---

① 见《明清史料·甲编》第二本，1930 年版，第 148 页。

# 曾燠扬州题襟馆考述

高政锐*

曾燠(1759—1831),字庶藩,号宾谷,江西南城人,清中叶著名诗人、学者。他初任两淮盐运使期间,标举风雅,奖掖后进,广交天下诗客。其中最为人称道的,就是建立了题襟馆。这是此前扬州盐官(如曹寅及卢见曾等)都未做到的。题襟馆为往来扬州的文士提供了生活和居住场所,也是曾燠公务之余与宾客诗酒唱和之地。自曾燠到达扬州后,扬州的文人雅集变成了常态,这种雅集主要是在题襟馆中进行的。可以说,题襟馆是乾隆五十八年后扬州文学发展的载体,题襟馆内的任何一种生活状态,如观花、饮酒、品味美食等,都会催生诗人的创作。题襟馆优美的环境和充裕的物质条件,使宦游扬州的文人处于较佳的生存状态中。他们由此也迎来了创作的旺期。

## 一、"题襟"源流考略

"题襟"一词不见于先秦典籍,亦不见于汉魏六朝诸贤文集。《新唐书·艺文志》载有段成式、温庭筠等人的《汉上题襟集》十卷。《汉上题襟集》是以"题襟"命名的一部文集,这是较早出现"题襟"一词之处。题者,书写也;襟者,襟怀也。"题襟"即抒写襟怀、表达情志之意,是文人意绪的诗意表达。晚清文人姚华在《论文后编·目录下》对"题襟"有清楚的剖析,"既而用宏于题襟,途广于赠答,语妙书工,旁开藻饰,镌崖锓木,涣衍寰区,巨可及于江山,琐亦周于厕溷"。由此可见,抒写襟怀、表达情志是建立在文人唱和基础上的。《汉上题襟集》属于文人唱和总集。《文献通考》卷二四八《经籍考七十五·总集》云:"《汉上题襟集》三卷,陈氏曰:'唐段成式、温庭筠、崔皎、余知古、韦蟾、徐商等唱和诗

* 高政锐,大庆师范学院文学院副教授。

什,往来简牍。盖在襄阳时也。'"①由此可知,"题襟"即在多人唱和中,文人对襟怀、理想的描摹和表现。清人汪师韩《诗学纂闻》亦云:"诗有数人倡和因继而汇为一集者,白香山与元稹、刘梦得有《还往集》《因继集》……段成式、温庭筠、崔皎、余知古、韦蟾、徐商诸人之《汉上题襟集》是也。"②可以说,"题襟"一词是在多人唱和结集且需以之命名的背景下出现的。曾燠在扬州主编的《邗上题襟集》即属此例。

至清代,文人诗歌中的"题襟"在诗酒之交的过程中有所升华,多指友朋之间的深情厚谊。清初著名诗人钱谦益《和东坡西台诗韵六首之二》云:"肝肠迸裂题襟友,血泪模糊织锦妻。"《和东坡西台诗韵》共六首,为钱谦益在狱中所作,"题襟友"与"织锦妻"相对,且以"肝肠迸裂"修饰,"题襟"已超越了文人间诗酒唱和的普通关系,上升为一种友朋间的生死之交。曾为两淮盐官的曹寅有《程藁堂至诗以慰之》一诗,亦云:"暂止题襟泪,江乡近若何。"此诗表达了友朋之间的离别之情,其中的"题襟"蕴含着对往昔美好生活的追忆。

翻检曾燠幕府中诸多幕宾的诗作,多有言及"题襟"者,这自然与题襟馆中的文事活动密切相关。有的诗人在此基础上,以"题襟"代指"朋友",表达了对题襟馆生活的诚挚怀念。王芑孙在《真州院斋坐雨有怀题襟》一诗中云:

> 雨雨风风到此时,堕阶红惜海棠枝。遥闻旌旆方行部,好为江山与赋诗。官局恼人如恶酒,私衙留客似残棋。飘然一钵空云水,挂塔随缘我自嗤。

王芑孙在乾嘉诗坛颇有诗名,与曾燠交往甚密。他在任真州书院教习期间,于嘉庆元年曾抵扬州小住,两淮盐运使南城曾燠邀芑孙饮于题襟馆,并出示袁枚所赠宋文天祥绿端石蝉腹砚,嘱为赋诗。③ 往来于题襟馆中的其他诗人,如吴嵩梁、吴锡祺等,亦与王芑孙过往甚密。《真州院斋坐雨有怀题襟》一诗便是对题襟馆短暂生活的感怀之作。"题襟"固然有"题襟馆"之意,但其诗作流露出的人生失意、自怨自叹的情怀,分明是对朋友的一种倾诉,"遥闻旌旆方行部,好为江山与赋诗"是对题襟馆诗酒生活的追忆。与其说"题襟"是指扬州题襟馆这一建筑,不如说是指题襟馆中往来唱和的文人友朋。他们观花饮酒,赋诗赏石,过着谈笑风生的快意生活。这实是难得的友朋聚会。所以,王芑孙的"有怀题襟",更多的是在怀念以曾燠为中心的题襟馆友朋。

## 二、《邗上题襟集》的刊刻与题襟馆的建立

《邗上题襟集》刊刻于乾隆五十八年十月,收录了曾燠与其幕宾的诗酒唱和之作。它的刊刻与题襟馆的建立有着重要关系。曾燠幕府的幕宾王文治有《宾谷来扬州,一时名

① 〔元〕马端临:《文献通考》,中华书局1986年版,第1954页。

② 〔清〕汪师韩:《诗学纂闻》,见《历代诗话统编》(四),北京图书馆出版社2003年版,第531页。

③ 眭骏:《王芑孙年谱》,华东师范大学出版社2010年版,第216页。

士倡和成帙，择其尤者锓版以行，题曰〈邗上题襟集〉，兹复于衙斋西北隅筑题襟馆以实之，为赋二首》诗。从诗题上看，《邗上题襟集》刊刻在前，题襟馆修筑在后，而且题襟馆的建立是受到了《邗上题襟集》的影响，使文人雅集不仅有题襟之名，而且有题襟之实。王文治诗共两首，其一云："汉上题襟事，骚坛喜再闻。古今虽异地，贤哲自为群。邗水秋风渡，平山日暮云。长空飞雁影，聊复点斜曛。"①该诗清雅而有韵味，把曾燠的扬州文事活动与温庭筠、段成式等人的汉上题襟相对比，彰显了《邗上题襟集》刊刻与题襟馆建立的前后相继的历史联系。

关于曾燠扬州题襟馆的建立，史载颇多。钱泳《履园丛话》载：

> 南城曾宾谷中丞以名翰林出为两淮转运使者十三年。扬州当东南之冲，其时川、楚未平，羽书狎至，冠盖交驰，日不暇给，而中丞则旦接宾客，昼理简牍，夜诵文史，自若也。署中辟题襟馆，与一时贤士大夫相唱和，如袁简斋、王梦楼、王兰泉、吴谷人、张警堂、陈东浦、谢芗泉、王葑町、钱裴山、周载轩、陈桂堂、李啬生、杨西禾、吴山尊、伊耐园，及公子述之、蒲快亭、黄贳生、王惕甫、宋芝山、吴兰雪、胡香海、胡黄海、吴退庵、吴白庵、詹石琴、储玉琴、陈理堂、郭厚庵、蒋伯生、蒋藕船、何岂匏、钱玉鱼、乐莲裳、刘霞裳诸君时相往来，较之《西昆酬倡》，殆有过之。②

叶衍兰《清代学者象传》云：

> 性爱才，宏奖风流惟恐不及。前后居扬州十余年，其地当水陆之冲，帆樯来往如织。先生为辟题襟馆于邗上，公余之暇，与宾从琴歌酒宴，无间寒暑，海内名流归之如流水之赴壑。③

郭麟《灵芬馆诗话》云：

> 扬州自雅雨以后数十年来，金银气多，风雅道废，曾宾谷都转起而振之，筑题襟馆于署中，四方宾客，其从如云。今所传《邗上题襟集》是已。④

张维屏云：

> 宾谷都转处淮扬靡丽之区，而澹于嗜欲，公事余闲时与宾从赋诗为乐，辟题襟馆于署后，周植花木为唱和之所。屈指官斯土者，自国朝以来无虑数十辈，而若风吹网，所过无闻。独宾谷挟其纵横跌宕之才，以雄视乎当世，令人爱慕，比于香山、六一、玉局诸老，不其伟与？⑤

以上材料能充分说明题襟馆对扬州文坛的巨大影响。此外，这些材料也流露了关于题襟馆的若干重要信息。其一，往来于扬州的文人众多，题襟馆聚集了乾嘉之际大量的

---

① 〔清〕王文治：《梦楼诗集》卷二四，《续修四库全书》第一四五〇册，第601页。

② 〔清〕钱泳撰，张伟点校：《履园丛话》（上），中华书局1979年版，第215～216页。

③ 〔清〕叶衍兰、叶恭绰编：《清代学者象传合集》，上海古籍出版社1989年版，第248页。

④ 〔清〕郭麟：《灵芬馆诗话》，《续修四库全书》第一七〇五册，第378页。

⑤ 〔清〕李桓辑：《国朝耆献类征初编》卷一九二，《清代传记丛刊》第一五六册，明文书局1985年版，第521～522页。

文化名流，他们觥筹交错，诗酒相连，互为影响，共同推动了清代文学的发展。其二，曾燠的个人文学雅好、爱才好士的性格及两淮盐运使的重要地位是题襟馆得以建立的重要原因。曾燠少年颖慧，诗文创作颇佳，“童从宦，都下耆宿见其诗文，多折行辈与论交”①。早期的广泛交流为他领导扬州文坛走向兴盛打下了坚实的基础。清中叶，扬州因盐而兴，而盐官的物质待遇极其丰厚，其中不乏崇尚奢靡者，而曾燠能够热心于文事，在公务之余与宾客唱和，是难能可贵的。所以，尚小明将曾燠幕府认定为诗人幕府是有依据和道理的。其三，题襟馆居住环境优美，为诗人的往来唱和提供了适宜的场所。王芑孙的《题襟馆记》曾记载，题襟馆前后种植花草树木，并且蓄养了五六只白鹤。扬州素以园林名闻天下，居所环境的优美也是文人对诗意生活的追求之一，自然环境同人文环境一样，对人的熏陶是潜移默化的。题襟馆“周植花木”，幽静淡雅，是文人宴集的理想场所。这在客观上会对文人的创作起到推动作用。其四，曾燠因题襟馆雅集而影响极大，时人不仅把他和王士禛、卢见曾相比，甚至比拟于唐宋时期的文坛巨擘白居易、欧阳修和苏轼。这自然是溢美之词，但也表明了曾燠不可替代的文坛领袖地位。

题襟馆的风流雅事不仅令居于题襟馆的士人感怀、留恋，也令没有来扬州的人赞赏不已。当时宦游京师的著名诗人法式善有《曾宾谷运使》一诗。其诗云：

> 梅花阴薄山吐月，官阁吟声时未歇。十年饱看蜀冈云，一竿梦钓西溪雪。王扬州后卢扬州，谁能一字一缣酬。题襟馆大亦如舟，孤寒八百来从游。

法式善在诗中勾勒了曾燠在扬州十余年的行藏，并赞扬了他对孤寒之士的眷顾。从这里也可以看出，题襟馆的文事活动不仅对游历扬州的诗人产生了重要影响，对扬州以外的其他风雅之士也产生了重要影响；题襟馆已经成为扬州文坛的一个文化符号。在曾燠的主导下，扬州文学生态通过题襟馆这一有效媒介，继续向良性方向发展。

## 三、题襟馆文事活动述略

在曾燠主政两淮盐业的数十年间，题襟馆以各种名目举行的文事活动从未停歇，扬州文人的创作由此渐入佳境。简而言之，题襟馆的文事活动包括如下几个方面，迎来送往的宴集，为前贤文人庆寿，对奇石等文物的妙赏，消寒的雅会以及对戏剧的观赏与品评等。下面择其要述之。

### （一）送别活动及创作

在乾嘉文坛上，曾燠以爱才好士著称。在曾燠担任两淮盐运使的十多年间，往来于扬州的文人众多，而曾燠皆能以诚相待，迎来送往，不废礼数。这种迎送的宴会往往成为赋诗的重要场所。宴会期间多有佳作产生。曾燠《赏雨茅屋诗集》卷二二有《送人之淮浦

① 〔清〕包世臣：《艺舟双楫》卷七下，道光年间刻本。

书寄频伽》一诗：

君到淮阳郡，为寻老复丁（频伽题所居曰老复丁庵）。吟多愁不减，酒薄睡常醒。寂寂题襟馆，迢迢槜李亭。一从江上别，杨柳几回青。

该诗为送别之作。频伽即郭麐，曾于嘉庆六年游历扬州，与曾燠相见甚欢，亦作文对题襟馆加以褒扬。钱泳的《履园丛话》中有一份很长的文人名单。这一名单记录了往来于曾燠题襟馆的文人，其中确有郭麐的名字。此诗作于曾燠在扬州的后期。当时，郭麐已离开扬州赴浙江。对于这个昔日诗酒相连的老友，曾燠在诗中表达了对他的深切怀念之情，思念之中有一种落寞和感伤。这虽是一首小诗，表现手法及所用意象也比较平常，但感情真挚，颇有诗味。

曾燠对来扬文人的深情也深深感染了题襟馆的宾客。吴嵩梁在离开扬州后，曾作《京口舟中寄宾谷运使》一诗，描述了自己的生存状态，对题襟馆的生活不无追忆之感。其诗云：

别君题襟馆，三换霜与星。思君岂不劳，对酒云为停。江湖二十年，飘若风中萍。劳人故多病，安神求茯苓。衰亲况寡欢，念别先涕零。膝前一杯水，膳抵兰陔馨。吾发亦渐白，名山谁乞灵。才华悔虚掷，稍稍温旧经。以此百念灰，终岁柴门扃。卧看香苏山，江南无此青。

吴嵩梁是在题襟馆居住时间最长的文人之一，曾先后两次居于题襟馆。第一次是乾隆五十八年，并参加了九峰园秋禊，数年后离开。第二次是在嘉庆六年（1801），至少在题襟馆居住了一年。吴嵩梁第二次到扬州时，曾燠有《喜兰雪至》一诗，颇能体现两人的情谊。其诗云："渡江诗递到，君尚在人间。才子天宜惜，忧端我乍删。音书三岁少，风雪一身孱。转复愁多病，迎门审旧颜。（屡有传君死耗者，故云）。"曾燠在扬州多次听人言及吴嵩梁的死讯，突然见到他，颇有"才子天宜惜"之叹，惊喜之情溢于言表。翻检《香苏山馆诗集》，吴嵩梁言及题襟馆的诗歌颇多。据此可以看出，他对题襟馆的雅居生活是极留恋的。与清代大多数沉沦下僚的士人一样，吴嵩梁晚年的生活状态颇不佳，年老多病，友朋分离，才华虚掷，意绪难平。以此反观吴嵩梁在题襟馆中的生活则易知，居于题襟馆的那段日子或许是他人生最畅快的岁月之一。他的《别题襟馆》一诗则是一个明证。其诗云：

园花一千树，同植而殊科。灼灼桃李英，袅袅寄生萝。蕙兰有本性，松桂无改柯。地气讵或偏，荣悴如君何。我如瘦梅树，生意苦不多。移根自幽磵，冰雪方峩峩。苦寒守孤芳，南枝笑蹉跎。病蕊傥一花，亦感春风和。

送别是中国古代诗歌中的一类重要题材。文人的送别诗大多表现对别离的不舍，对友朋的思念。吴嵩梁的别离诗则对此有所超越。他将自身沉重的生命历程蕴含于诗中，把宏大的人生体验与个体的人生离别相对接。其诗歌呈现的是一种更复杂的悲凉意绪，不仅包含着别离的感伤，更蕴含着他人生的落寞和对孤寒之身的无法排遣之情。题襟馆的雅致生活与离开题襟馆后的现实际遇形成了鲜明对比，越发使得这种悲凉意绪深厚而阔大。

## （二）消寒的文人雅会

扬州题襟馆中有史料可查的部分文人集会属于消寒的雅会。文人参加这种雅会时往往会创作作品。嘉庆年间的藏书家王端履在《重论文斋笔录》中云："嘉庆甲子、乙丑间，同人岁为消寒雅集，集必征文考献或出新意定为觞政，不能者罚以巨觥。"这种行为颇似王羲之的兰亭之会，所谓消寒只是表象，实质则是文人间的诗酒交流，借创作来抒发情志。清代文人的生活是雅致而富有情趣的。他们将日常生活的基本状态融入创作之中，使生活得以诗化。他们的作品也是对生活的能动反映，是对生活的真诚记录或歌吟。

曾燠在题襟馆的消寒消暑会上，吟咏颇多。其吟咏形式多样且题材较繁复，有的诗歌则是对理想的讴吟。曾燠《长至后四日，题襟馆消寒，小饮会者十四人。以"刺绣五纹添弱线吹葭六管动飞灰"分韵得纹字》一诗云：

> 记得分笺写冻云（去年消寒会分赋雪诗），又看呵砚散冰纹。天涯岁月怜新鬓，汉上风流仿旧闻。诸道久劳横海将，五溪犹驻伏波军（时方捕海盗，湖南苗匪亦未平）。不能雪夜从擒贼，空策书生翰墨勋。

曾燠所处的时代是康乾盛世末期，各种社会矛盾凸显出来，正如他在诗歌中所自注的，海盗猖獗，湖南少数民族的起义此起彼伏，歌舞升平的盛世背后隐藏着重重危机。这自然不是曾燠所能解决的。在他的视域里，温庭筠及段成式的汉上唱和固然值得崇尚，但他更追羡汉代的伏波将军马援，因此以天下为己任的"士"的精神在其诗中得到了充分彰显。这在乾嘉道的士人群体里是很少见的。

在题襟馆的消寒雅会中，文人多创作咏物诗。咏物诗肇始于屈原的《橘颂》，此后即成为文人乐于创作的题材之一。曾燠创作有《销寒集题襟馆分咏》组诗，分别吟咏了寒芜、寒篷、寒寺、寒庖、寒笛、寒鸡。这种咏物诗的创作多以呈才为目的，少有诗人的真情实感，咏物更多地体现为诗歌创作的手段。如曾燠《铁箫吟消寒席上赋》云：

> 我得南星铁如意，狂歌水仙愁击碎。世间何物堪倚声，竹管匏笙不能吹。铁崖尝豢双铁龙，雌龙入海招其雄。千年干镆两俱化，至今怒吼吴江风。玉鸾也复无消息，曾照广陵秋月白。广陵锻工摹影来，白鸾毛羽今变黑。芜城雪后风正饕，寒冰一条吾手操。弹指连珠五星见，当头明月三天高。便欲招呼箫史辈，翩然彩凤同游翱。元云之曲应天籁，世俗丝管空啁嘈。如意从今得朋庆，以之按拍声相应。池上蕤宾方响飞，江东高唱铜琶竞。此际官梅有芳信，吹彻箫声花欲迸。君不见道人铁脚诵南华，宰相铁心能赋花。

该诗极尽描摹之能事，把铁箫的形态及声音描摹得惟妙惟肖，体现了文化的张力。咏物诗的文学内核在于"不即不离"，或者说是"若即若离"，即在咏物的过程中，既要描写物体的基本特征，又要在此基础上有所升华，使诗歌有所蕴含、有所讽谏。以此标准来衡量曾燠的《铁箫吟消寒席上赋》，很容易发现这首诗是缺少情感与寄托的。实际上并非曾燠没有寄托，相反，他是一个对生活、社会、官场都有深入思考的人，他只不过是没有在咏物诗中渗透自己的意绪。咏物诗在此成为诗人刻意创作的一种手段或工具，在大多数情况下并不是诗人的有感而作。

在题襟馆的消寒雅会中，除了吟咏襟怀和呈才负气类的创作，更多的是文人对日常生活的诗意表达。这种诗意表达蕴含着诗人对现实的深刻思考。曾燠《赏雨茅屋诗集》有《寒芜》一诗。其诗云："浛浛黄云近复遥，荒荒白草自飘萧。平田乍有孤鸿起，大道横来万马骄。频转尘沙风不定，暗沾衣履雪初消。明春绿遍经行处，忘记前村野火烧。"这也是一首咏物诗，却与《铁箫吟消寒席上赋》不同。诗中充满了萧索与惆怅之情，寒芜即冬日的野草，对它的吟咏隐含着诗人现实生活中的诸多际遇，或者说是包含着诗人思想深处的诸多隐忧。细品此诗，它与阮籍的《咏怀诗》颇类似。曾燠被清人张维屏称为"热官冷做"之人，"'热官冷做'是一种特有心态，构成这种心态的基因乃是宦海中人对时势运会的潜在感知"。曾燠的隐忧是不无道理的。两淮盐业在他晚年任两淮盐政使期间已衰敝不堪，他因无力回天而受到了道光皇帝的申饬，曾经的二品大员最终竟以五品京堂候补的身份卒于京师。①

## （三）对名砚、奇石观赏的文事活动

作为一个以诗文著称的地方官员，曾燠对名砚、奇石等具有浓厚人文意象的物品十分感兴趣，每有所得，则召集题襟馆宾客赏玩、赋诗。如前文所述，九峰园秋禊也是因为得到一枚兰亭春禊砚而举行的。王芑孙于嘉庆元年访扬州，曾与曾燠共赏文天祥的绿端石蝉腹砚，二人皆有诗作。曾燠在以这些名砚或奇石为吟咏对象时，往往会产生林泉之志。他有《石琴以诗遗小砚山次韵奉谢》诗二首，云：

> 缥缈峰皴孤，玲珑窍吹万。下临紫石潭，波影骇龙噀。救我书田荒，夜来雨三寸。
>
> 君已恋泉石，云程息九万。（石琴不赴公车）我犹困风尘，归耕无下潠。一诵小山篇，幽期托方寸。

这是两首赠答诗，诗中的"石琴"即詹肇堂，曾参加九峰园秋禊，后居于题襟馆中。第一首是对砚台外形的生动描摹，从形状、色彩及用途着眼，比喻生动，联想丰富。一块普通砚台在这首诗中被赋予了鲜活的生命力。第二首则是在此基础上的引申，"我犹困风尘，归耕无下潠"是清代士人普遍具有的归隐之思，"下潠"典出于陶渊明。陶渊明有《丙

---

① 《清史列传·曾燠传》载道光六年四月皇帝上谕，曰：朕以曾燠前在两淮盐运十余年，又历任巡抚、藩司，特命以二品顶带补授盐政，期资整顿。朕御极之初，已将每年玉贡折价银两，免其交纳，并免节年玉贡余银一百六十余万两。迨曾燠抵任后，又奏请将商捐未解银五百十四万两全行豁免，其余随时奏请调剂，无不加恩俞允。原冀从此认真清厘，庶盐务日有起色，且令久于其任，俾得从容办理。乃曾燠在任四年有余，并未能设法整饬，一味因循了事，若稍有天良之人，断不致此！著以五品京堂候补，以示薄惩。

辰岁八月中于下潠田舍获》一诗，诗中有"遥谢荷蓧翁，聊得从君栖"一句，归隐之意极明。

曾燠的这种隐逸情怀是有原因的。清代士人始终在仕与隐中徘徊，江湖上的文人固然追求入仕，而他们一旦进入仕途，又以归隐为念。他们以归隐为念与各自的人生际遇有关，但更是为了缓解官场上的压力。在清代，陶渊明已经成为一个文化符号，他所代表的隐逸精神和"不为五斗米折腰"的行为力量一直感染着广大士人。于是，陶渊明成为清代文人极力尊崇的前贤。曾燠《赏雨茅屋诗集》卷一二载有其和陶诗《岁暮和渊明次韵》。其诗云：

> 日日观日驭，曲阿必虞泉。四时会岁暮，老至余何言。知命宜乐天，但苦人事繁。省躬多不逮，竭虑恒有愆。知叟笑愚公，颓龄欲移山。安能如岁运，明旦春复还。渊明浩荡人，不宜为俗缠。抚己亦增慨，素颜思盛年。常年饮屠苏，每饮情屡迁。若为后视今，把盏心茫然。

曾燠此时的心态是复杂的。面对时间的流逝，他既为公务人事所困扰，又因无所适从而忧虑。他认为"渊明浩荡人，不宜为俗缠"，却终究没有摆脱世俗的决心，这也是清代士人的普遍心态。所以士人在进行文事活动时，时时产生归隐之志，是对他们想做而又无法实现的隐逸思想的一种慰藉。

题襟馆中观砚、赏石的文事活动体现了清代士人雅致的生活状态，具有鲜明的文化意义，对传承文化、记录和保存文物具有重要作用。曾燠《赏雨茅屋诗集》卷四《黄石斋先生断碑砚歌》云：

> 衢州尺土非其有，湖州片石藏谁手？此是黄公不转心，百年未与秦灰朽。残砖断碣公摩挲，爱他妙墨存东坡。东坡文字得迁谪，公亦危言婴祸罗。抱璞区区成一哭，墨花深染蛮烟绿。幕府勤劳玉带生，孤臣心迹桥亭卜。公之前辈王文成，一段碑曾题驿丞。（王文成有墨妙亭碑一片，题曰驿丞署，尾砚盖谪龙场时所得。）盘错偶然成利器，鼎钟因得共勋名。石友遭逢亦何定，乌乎经济需时命。我朝褒谥黄忠端（高宗纯皇帝钦定胜朝殉节诸臣，录黄公蒙赐，谥忠端。），当日平台斥为佞。

该诗前有诗序，曰："坡公题《墨妙亭诗》断碑一片，广三寸七分，长三寸四分。存十六字，凡四行，一行曰'吴越胜事'，一行曰'书来乞诗'，一行曰'尾书溪藤'，一行曰'视昔过眼'。以背面作砚，右偏之上刻'断碑'二隶字，下刻'道周'二字，印篆左偏刻竹垞铭，曰：'身可污，心不辱。藏三年，化碧玉。'为八分书。予得之广陵市上。"曾燠吟咏的是黄道周的断碑砚，黄道周是明末学者、书画家，因抗清殉难。

曾燠的吟咏及题序涉及很多重要问题。其一，曾燠在诗中对黄道周及断碑砚命运的感叹也包含着对自身命运的深刻感知。"石友遭逢亦何定，乌乎经济需时命"虽包含着一种宿命感，实际却是对命运无法把握的慨叹。其二，黄道周的断碑砚在清中叶为曾燠所得，这种记录是极有价值的，使得此砚的流转有迹可寻，后此砚为清后期戏剧家黄钧宰（约1826—1895）所得。黄钧宰在《金壶七墨》"断碑砚"条下曰："家兄仲勤以千钱购断碑砚一方，背镌十六字，书法遒劲。平列四行，第一行曰'吴越胜事'，次行曰'书来乞诗'，再次曰‘尾书溪藤’,曰‘视昔过眼’。即售者亦不辨为何语。他日读坡公《墨妙亭诗》,适与前字相合心焉,疑之。及阅《秋雨盦随笔》,乃知为黄公石斋之砚,所刻果是苏诗。曾宾谷都转尝得之广陵市上,并载右偏有道周篆印,左有竹坨铭语。均剥蚀不可辨,以黄氏故物历今二百余年,仍归吾家,可喜也。”坊间尚存黄道周的断碑砚,只是未经权威专家鉴定真伪。但依据黄钧宰“均剥蚀不可辨”的记录,此砚可能系伪造。目前不知真砚尚存否。

## 四、题襟馆与扬州文人的生存状态

因居于题襟馆中的文人大多为寒士,曾燠依靠两淮盐业庞大的经济资源,为他们提供了居所和日常生活资源,使他们的创作和生存都进入了较佳状态。

### (一)曾燠的经济实力与寒士的生存状态

由于个体生命际遇、出身条件及人生追求的不同,特别是科考命运的不同,清代士人的生存状态是千差万别的。但就某一个社会阶层而言,如行走于江湖的布衣群体,他们具有一种普遍的人生志向和共同的人生追求,对贫寒的抗争、对人生的思考、对痛苦的宣泄构成了他们悲凉的人生底蕴。清代中叶,一部分下层寒士已经贫乏得不能自存,依附官宦势力已经成为生存的常态。这种行为使得文人能够聚拢到一起,同声相和,同气相求。文人的基本生存得到了保证,文人的创作也就有了向上的空间,但这有与其所处幕府之幕主的提倡有关。清人钱泳说:“诗人之出,总要名公卿提倡,不提倡则不出也。如王文简之与朱检讨,国初之提倡也。沈文悫之与袁太史,乾隆中叶之提倡也。曾中丞之与阮宫保,又近时之提倡也。”生存上的保障与创作上的支持使这些寒士得到了暂时的安歇,亦使他们的生存状态进入佳境。曾燠在扬州修筑的题襟馆就是为寒士提供这种生存状态的一个场所,正如法式善所说,“题襟馆大亦如舟,孤寒八百来从游”。

曾燠的题襟馆聚集了嘉道时期几乎所有重要的诗人,尤以寒士居多。这些寒士若没有官宦可依靠,则生存堪忧。郭麟在《樗园销夏录》中记录了他求馆之遭遇:

> 庚戌岁,余游金陵,将求一馆,以为负米之养。当路贵人皆素相识者,曾莫为力。旅食几半载,困而归。中寄家书,不敢明言,恐诒老母忧。典衣寄银,云出自馆谷,或不足。

这是发生在乾隆五十五年的事,以郭麟之才求一馆尚不可,可见在清中叶,寒士的生存环境是极差的。郭麟于嘉庆六年来到扬州,进入曾燠题襟馆,并与陆继辂、乐钧为文酒之会,当年典衣寄银之事如过往云烟,不复存在了。

为游历于扬州的文人提供良好的生活环境需要庞大的经济支撑,在扬州,只有担任两淮盐运使的曾燠能够做到这一点。据澳大利亚学者安东篱考证,在十八世纪的大多数时间里,盐运使实际上是该城(扬州)以及扬州府最有权势的官员。其衙署占据了新城的好几条街道,里面除了他自己,还有四名署官、十名吏目,以及大量编外人员。曾燠担任两淮盐运使时，其养廉银为每年2000两，而在乾隆初年时，两淮盐运使的养廉银曾高达每年6000两。曾燠的养廉银虽然比前任低，但仍很可观。题襟馆的重要幕宾乐钧曾云："东南财赋重盐差，金多最足征风操。"清人李兆洛(1768—1841)曾对文人游幕及扬州经济的富庶有所描述：

邗上当雍正、乾隆间，业盐策者大抵操奇赢，拥厚资，矜饰风雅以市重，一时操竽挟瑟，名一艺者寄食门下，无不乘车揭剑，各得其意以去。至嘉庆时而盐贾亟亟，自顾不暇，无复能留意翰墨。①

李兆洛虽然以两淮盐商为考察对象，但足以看出乾隆年间，扬州经济富庶，文人往来众多，文事极其繁荣。值得注意的是，在十八世纪末十九世纪初的嘉庆朝，即在曾燠担任两淮盐运使期间，扬州盐业已在走下坡路，从扬州盐商的情况和曾燠的养廉银数量可以看出这种趋势。尽管如此，曾燠仍然占据着庞大的经济资源，虽然他已无力像卢见曾那样举行大规模的虹桥修禊，但建立题襟馆，为往来于扬州的文人提供片瓦之居，是没有问题的。

## (二)题襟馆文人的生活意绪与人生思考

居于题襟馆中的文人，其表面生活是快意的，充满了轻松与愉悦。这与曾燠爱才好士有关，也说明文人对官宦的依附已经相当稳定。从心态上看，他们对彼此之间的主客关系是认可的。但从思想深处看，一时的轻松与快意无法消除内在的困顿与不堪，无法使他们对自身人生的忧患释怀。重要的文人雅集自然需要赋诗，即使一次偶然的美食，也会让诗人诗兴大发并浮想联翩。吴嵩梁《食黄獐同宾谷都转赋》诗云：

将军射生致佳贶，使者召客开官庖。黄獐作脍美无匹，缕金细切堆盘高。题襟馆外冻云合，积雪成海铺银涛。今夕何夕不痛饮，孤负二分明月寒梅梢。君不见羊羔美酒党太尉，美人如花共沉醉。又不见残杯冷炙杜陵客，牛肉一饱死亦得。我生幸未沟壑填，老饕赋就空馋涎。文章自喜亦何用，聚散无端真可怜。明日雪晴雕满天，诸公射猎临甘泉(山名)。彩旗十丈翻云烟，劲弓怒发三獐连。热血一斗饮马前，壮哉且赋城南篇。

吴嵩梁在诗中对黄獐美食做了精致的描摹，"黄獐作脍美无匹，缕金细切堆盘高"，写出了题襟馆宾客饮食的奢华，时值寒冬，室外云低雪积，室内则温暖如春，面对此情此景，惟有痛饮才能一展胸怀。但黄獐与美酒只能使人感到一时的快意，诗人的人生创痛在酒后表现得更加分明。吴嵩梁在诗中用了两个典故。第一个典故是宋人党进，世传："陶谷学士，买得党太尉家故妓……妓曰：'彼粗人，安有此景，但能于销金帐下，浅酌低唱，饮羊羔酒耳。'陶默然愧其言。"第二个典故是诗圣杜甫，言其"牛肉一饱死亦得"。一富贵一贫穷，一官宦一文人，两相对比，可以看出吴嵩梁酒后的人生意绪，正所谓"文章自喜亦何

① 〔清〕李兆洛：《养一斋文集》，道光二十九年刻本。

用,聚散无端真可怜”。曾燠题襟馆只能给文人提供一时的居身之所,至于人生的坎坷与困苦、个人理想的张扬与实现,还需要他们自己去处置。

洪亮吉与王芑孙都作过《题襟馆记》,但洪亮吉并未参加题襟馆的唱和,所以他的《题襟馆记》在描写题襟馆诗酒生活的同时,主要是对曾燠主持风雅的赞誉。王芑孙的《题襟馆记》却蕴含着个人的深刻思考,其文结尾曰:

昔班孟坚氏记丞相客馆,自公孙宏以后废为车库马厩,其事盖亦人世废兴之常然,余考之,竟汉世未有能复者。矧此区区题襟一馆,固前转运使之车库马厩也,既由车库马厩而为今日之馆,奚遽不由馆而复为异日之车库马厩?以天地无终极视之,盖其为车库马厩之日长,而其为题襟馆之时暂也。然而以宾谷为之,则题襟馆之在天地间,将必不以车库马厩为存亡。夫有其不与车库马厩为存亡者,则题襟之馆不可以无图。而余之记题襟馆,又何可无言也哉?于是乎书。①

王芑孙的视野是宏阔的,他把题襟馆放在时间与空间的坐标轴上,推演题襟馆的兴衰,对题襟馆能否永恒存在的思索实际上是对文人命运的极大关注。类似于题襟馆一类的文人馆舍的兴衰是文人命运好坏的晴雨表。西汉公孙弘的丞相官舍在公孙弘去世后,即沦为车库、马厩,文人自然没有了栖身之所,那么题襟馆的命运又会如何呢?当个体命运面对历史兴衰时,个人的不平、悲叹乃至仇怨都变得平淡,这或许是理性意识对人生的积极作用。

王芑孙对曾燠的标举是有道理的。题襟馆自建立后,一直到曾燠离开扬州,始终接纳着往来的宾客,承载着扬州文学的兴衰。题襟馆成为众多往来于扬州文人生命旅程中的一个驿站,并作为一个文化符号,永远停留在他们的意识里。

① 〔清〕王芑孙:《惕甫未定稿》,《续修四库全书》第一四八一册。

# 清代曲阜孔氏圣裔女诗人论略

石 玲*

清代是女诗人辈出的时代，赵实在孔祥淑《韵香阁诗草·弁言》中称，“我朝二百余年，举天下闺阁中之能诗文者，不下数千辈”①。胡文楷的统计是“数逾三千”②。虽然无法准确统计具体的数字，但清代女性诗文作者之多，超越了前此任何一个朝代，这是不争的事实。

在清代数以千计的女性诗人中，有这样一个特殊的创作群体，她们有圣人孔子的血统，具有良好的文化素养，在地理分布上呈现出以山东曲阜和浙江桐乡等地居多（出于历史原因，孔氏在宋末形成了山东曲阜的“孔氏北宗”和浙江衢州的“孔氏南宗”）的特点。这些女诗人主要包括曲阜的孔丽贞、孔璐华、孔淑成、孔祥淑、孔印兰和浙江桐乡的孔传莲、孔广芬、孔继坤、孔继瑛、孔素瑛、孔昭蕙，等等。本文将要讨论的是“祖庭”曲阜阙里孔氏后裔中女诗人的诗歌创作，主要包括孔丽贞、孔璐华、孔淑成、孔祥淑等人的诗歌创作。

曲阜孔氏圣裔女性诗人的作品和生平资料散见于各种别集、选集、总集及方志中。笔者在搜集、整理、分析相关资料的基础上，尽可能勾画出这些女诗人的生平活动，论述她们的诗歌创作特色及其内在的文化成因，以加深和拓展人们对孔府这个文化世家的了解和认识。

孔丽贞是清代曲阜孔氏圣裔女诗人中时代较早、辈分较高的一位，大致生活于康熙时期。孔丽贞（生卒年不详），字蕴光，孔子六十八代嫡女孙。父亲孔毓埏为六十六代衍

---

* 石玲，山东师范大学文学院教授、博士生导师。

① 〔清〕赵实：《韵香阁诗草·弁言》，见孔祥淑《韵香阁诗草》，清光绪十二年刻本。

② 胡文楷编著：《历代妇女著作考·自序》（增订本），上海古籍出版社 1985 年版，第 5 页。

圣公孔兴燮次子、六十七代衍圣公孔毓圻之弟，五经博士。换言之，孔丽贞的祖父和伯父均曾袭封“衍圣公”名号。归历城戴文谌，早寡，以节赐旌。工诗画。著有《藉兰阁草》《鹄吟集》（未见）。《山东通志》、清卢见曾《国朝山左诗钞》、清孔宪彝辑《阙里孔氏诗钞》、清汪启淑《撷芳集》、清恽珠辑《国朝闺秀正始集》、徐世昌《晚晴簃诗汇》等均选录她的诗作，胡文楷的《历代妇女著作考》亦论及孔丽贞。

从笔者掌握的有关孔丽贞的生平资料、诗作及《藉兰阁草自序》等来看，孔丽贞的人生并不幸福，更准确地说，起码在出嫁不久丈夫过世后，其心境就相当冷寂，苦与哭成为其生活的常态。对于她的诗作，与她同命相怜的颜氏［即颜小来，曲阜颜光敏之女，嫁孔兴焯为妻，亦早寡，与孔丽贞交厚］曾有【点绛唇】《题孔蕴光女史藉兰诗后》一词，准确地总结了她诗歌“凄”“悲”“冷”的特点：

黄鹄吟余，声声字字俱呜咽。素心凄绝，鸾镜悲残缺。点笔窗间，树树鹃啼血。冰心洁，冷如寒雪，皎似天边月。

陈芸《小黛轩论诗诗》亦注意到孔丽贞诗歌悲伤的基调。陈芸以“堤边芳草自枯荣，触目伤心孔丽贞”来评价孔丽贞的创作，同时还摘录了她的诗句加以佐证：“《芳草曲》有‘去年离别今年青，今年芳草去年折’及‘几度徘徊不能去，情移目触心为惊’之句。”①

孔丽贞在《藉兰阁草自序》中也以“苦”“悲”来概括自己的诗作：“人世之苦，亦莫此为极，形诸墨沈者，亦遂易喜为悲矣。情随事迁，意缘境移，不信然乎哉！至若往来于历山泺水，徘徊于绣户红窗，偶有吟咏，无不可于悲乐间分之，此小集之大概也。”②

那么究竟是什么使得孔丽贞的心境与诗歌凄如“鹃啼血”“冷如寒雪”？究其生平可知，她的“声声字字俱呜咽”大多缘于至亲之人的离去，兄长、丈夫、幼弟、父母相继离世，“生死魂难聚”，她经历的是四十多年的嫠妇夜哭。

孔丽贞出身名门，贵为衍圣公府小姐，是六十六代衍圣公的孙女、六十七代衍圣公的侄女，但这样的身份并没有给她带来荣华富贵，她在嫁给历城戴文谌一年后即守寡。在“三纲五常”的封建时代，她的“早寡”最终“以节赐旌”，注定了其人生的冷寂与悲苦。

我们通过孔丽贞的诗作不难看出，她与丈夫相处虽短但还是有感情的。更值得我们注意的是，圣裔的身份是一把双刃剑，孔丽贞虽身为圣裔，然而妇德是不容挑战的，换句话说，她做节妇是别无选择的——不管是出于自愿还是出于无奈。丈夫哪怕已经死去，但也是她作为女人独一无二的主人。她的哭泣既是对亡夫的思念，更是未亡人为生命所作的挣扎。她在《哭亡夫》中写道：

亲老妾心悲，哭君无尽期。月圆分镜日，雨滴断肠时。生死魂难聚，幽明路已岐。纵为华表鹤，留语复谁知？

---

① 〔清〕陈芸：《小黛轩论诗诗》卷上，见《清代诗文集汇编》第七九一册，上海古籍出版社 2010 年版，第 214 页。

② 〔清〕孔丽贞：《藉兰阁草自序》，见卢见曾《国朝山左诗钞》，乾隆二十三年德州卢氏雅雨堂刻本。

明知“幽明路已歧”即阴阳两隔，明知“留语复谁知”即无法诉说衷肠，可她作为活生生的一个人，表达的是“雨滴断肠时”的无尽孤独。她以诗作寄托苦闷愁苦，因命运的悲苦而触目伤心。她的诗作任凭感情的驱动而没有任何矜持与矫情。选本多选其《暮春怀刘氏表姊》一诗，将此诗视为其代表作：

闲庭梧影静，曲径落花铺。地僻微风响，天空片月孤。新诗怀旧侣，短楮寄长途。不识清宵立，犹思小阁无。

梧影落花、缺月孤零皆因那寒透肌骨的冷寂。然而孔丽贞毕竟是孔丽贞，是圣裔，是大家闺秀，是工于诗画的才女，具有相当高的文化素养。《癸卯清和读玉峰书城叶夫人诗即步其韵》一诗是其日常生活的写照：

卜宅临江志自伸，柴门常闭不知春。汲泉瀹茗全抛俗，绕舍栽蔬未是贫。曲径花铺鹤梦稳，茅斋雨过燕泥新。只怜落落无俦侣，同调难逢我辈人。

闭门而居，以泉水沏茶洗去尘世的烦恼，绕舍栽蔬打发无聊的时光。虽离群索居、落落无俦，却依然超凡脱俗。其《中秋对月》不仅意境超拔，而且对仗工稳，颇见功力：

玉宇无尘万籁幽，卷帘一派暮烟浮。飞飞归燕方辞社，寂寂寒蛩已报秋。桂蕊迎风香满袖，桐阴绕座月当楼。世情争似清虚好，不染人间半点愁。

孔丽贞的诗作主要表达自己内心的孤独与凄冷，多悲苦哀怨之声。这种吟唱反映的是作者生命的挣扎和对爱的渴望，诗歌意境愈是凄冷，诗人内心愈是炽烈。这样的挣扎和渴望在提倡三从四德的封建时代绝非只属于孔丽贞一人，但作为圣裔的孔丽贞以自己独有的方式展开青春与生命的独舞，伤感、真实而优雅。

孔子七十三代嫡孙女孔璐华的人生与诗歌则呈现出另一种情形。孔璐华（1777—1832），字经楼，山东曲阜人，七十一代衍圣公孔昭焕的孙女、七十三代衍圣公孔庆镕的女兄，著名经学家阮元之妻（乾隆六十年由毕沅做媒，为阮元继室），诰封一品夫人。她著有《唐宋旧经楼稿》七卷。《重修扬州府志》、清孙殿起《贩书偶记》、清蔡殿齐辑《国朝闺阁诗钞》、清恽珠辑《国朝闺秀正始续集》等均选录其作品。陈芸的《小黛轩论诗诗》、胡文楷的《历代妇女著作考》亦论及孔璐华。

孔璐华无疑属于封建时代幸运的女性。她出身于圣府贵族门第，身为衍圣公嫡孙女兼衍圣公女兄，在孔府内部的尊贵自不待言，娘家在社会上的地位相当优越；又嫁于名臣、学问家阮元为妻（阮元为嘉庆、道光间名臣，著名经学家，曾提督山东学政，先后任浙江巡抚、湖广总督、两广总督、云贵总督等），夫贵妻荣。而尤为难能可贵的是，她与丈夫琴瑟和谐，夫唱妇随，夫妻间有着共同的情趣和爱好。所有这些使得孔璐华的人生不仅富贵富足而且富有风雅。

孔璐华的诗歌创作得益于家学的哺育、丈夫的影响以及自然景物的触发。她自幼诵读《毛诗》，受到诗礼传家风气的熏陶，但她真正从事诗歌创作在很大程度上是因为受到丈夫阮元的影响。她曾这样描述自己的为诗之路：“幼年读《毛诗》，奈不能颖悟，笔性颇拙，兼又多疾。先君见此怜之曰：‘愿汝能学礼，不必定有才。吾家世传诗礼，能知其大义即可矣。'……于归后,夫子喜言诗,始复时时为之。又因宦游浙江,景物佳美……得诗转多。"①她幼年时读《毛诗》不得甚解,因为其父注重的是达理而非诗才。阮元长她十余岁,人生阅历丰富,文学修养深厚(他在1793年至1795年提督山东学政期间,就曾写下赞美济南名泉的诗篇)。从孔璐华的自序中可以看出,阮元的"喜言诗"对妻子的影响是相当大的。

孔璐华的诗作因生活的美满而呈现出从容安闲的特点。随祖母(其祖母为衍圣公孔昭焕的夫人)阙里迎驾、寓居衍圣公孔庆镕(其弟)公邸等圣人家的尊荣、丈夫为官之地的风物人情、夫妻间的别离相思等是其诗歌的主要表现内容。如其《借居冶山弟公邸补种花树偶成》一诗:

> 虚庭自幽敞,依依百笏宽。我家汤沐宅,借居聊盘桓。堂前有古槐,绿阴影团栾。我亦爱花木,橐驼种此间。新槐出檐际,垂柳拂栏干。紫藤杂丁香,还倚竹数竿。海棠最嫣姹,桃李何攒攒。虽未成老圃,因之忆杏坛。春深雨渐多,日日对花看。待得三五载,群卉皆可观。出游已十载,复来住长安。开轩惟把卷,恬然心共闲。

此诗描述了随丈夫阮元宦游十年后回曲阜娘家种花栽树富贵安闲的心境。再如《随祖母阙里迎驾恭纪》一诗:

> 箫韶风暖净尘沙,缥缈炉烟吐绛霞。凤辇曾停携半袖,玉音重问赐名花。千章宝炬春光晓,十里旌旗泗水斜。何幸随亲同被泽,皇恩优待圣人家。

此诗写随祖母曲阜迎驾时的情形,礼乐旌旗,场面宏大热烈,描绘了内心升腾的荣幸之感。这样的题材在闺秀诗人中只属于孔璐华这样的圣人之后。

《广东节署新建学海堂》一诗描写的是丈夫在广州新建学堂一事,体现了她出于圣裔的文化使命感而对丈夫兴教育人行为的高度认同和由衷赞赏:

> 主人羊城节钺久,案牍终朝不释手。余暇偶登越秀峰,择得一峰辟数亩。略加修筑有堂台,海阔天空眼乍开。夏木千章梅百树,登临遥望兴悠哉。紫澜翠岛摇清目,雨过风生凉满竹。四面窗纱日影微,云树相连满天绿。非为闲游设此堂,为传学业课文章。从今佳士多新作,万卷收来翰墨香。主人素爱研经史,欲美民风莫如此。更助香膏催读书,岭南他日留遗址。吾家尼山虽最高,无此海天好山水。

显然,孔璐华对主人(丈夫)修建学堂一事非常理解和赞同,丈夫的举动就是她的心愿,她欣喜地描述了在越秀峰所建学堂凭海临风、郁郁葱葱的壮观美景,联想到故园曲阜尼山的地位虽然至高,却不曾拥有如此的海天好山水。她对"主人素爱研经史,欲美民风莫如此"的赞美,甚至让人读出她对丈夫的崇拜之情。这种文化上的高度认同感,让我们看到了他们精神追求的趋同和夫妻间心灵的高度契合,这简直是可遇而不可求的。自幼受诗礼文化熏陶的孔璐华遇上文化素养极为深厚的阮元,才能让如此高度的理想境界成为现实。

---

① 见〔清〕孔璐华《唐宋旧经楼诗稿》,清刻本。

丈夫阮元身为官员，公务在身，夫妻不免有时别离，孔璐华用诗歌记录了她的相思之情、孤独之感以及挂牵之心，如《忆外书寄滇南》：

拟入京华共旧林，不期滇海久分襟。锦囊但觉新诗少，白发还愁旧病深。万里江湖难放棹，一楼风雨独停琴。致君珍重无多语，惟把丹心答帝心。

从中可见夫妻感情甚笃。在“致君珍重”之时，不忘济天下、报君恩的使命，这就是圣裔女诗人孔璐华。

孔璐华出身优越，生活美满，又随夫宦游各地，见闻较广。其诗格雍容安闲，从容舒畅，具有一种圣人家特有的富贵与大气。

孔淑成（生卒年不详），字叔凝，曲阜人，大致生活于嘉庆、道光年间。博士孔广肅之女，少时曾随祖父任黔中，归颜士银。母以子贵，以子官主事而封安人。早卒，遗诗十九首，有《学静轩草》。《山东通志》《柳絮集》《国朝闺秀正始集补遗》《小黛轩论诗诗》等选录了其作品。

孔淑成英年早逝，诗作数量不多，加之丈夫地位不显，流传并不广泛。《小黛轩论诗诗》选其《吟栗树歌》。《国朝闺秀正始集补遗》也仅选录其《侍母点消寒图》一诗。其诗云：

堂上传呼停绣襦，慈萱看此掌中珠。鹤眠积雪三三径，猩点消寒九九图。月影清如今夜好，梅花香似去年无。眼前索笑随舅妹，博得欢颜韵不孤。

此诗取材于家庭生活，其中的“月影清如今夜好，梅花香似去年无”两句描绘了月影梅香，写得较好。

孔祥淑（1847—1886），字齐贤，曲阜人，孔子七十五代女孙，是曲阜孔氏圣裔女性诗人中成就最高的一位。从辈分上讲，前面所述的孔璐华是她的祖姑母。她少时即随父亲蔼亭先生宦游蜀、黔，多得江山之助，后适浙江巡抚刘树堂，年甫四十而卒。她著有《韵香阁诗草》。《韵香阁诗草》有清光绪十二年（1886）刻本、光绪十五年（1889）刻本（在光绪十二年刻本的基础上增加了吴汝纶序）传世，收录其诗作近千首。《昆山胡氏书目》、恽珠辑《国朝闺秀正始续集》、陈芸《小黛轩论诗诗》等选录了其作品。当代胡文楷的《历代妇女著作考》、李灵年与杨忠主编的《清人别集总目》等亦论及孔祥淑。

孔祥淑为女中奇才，颇有女中豪杰风范，为人作诗具有一种大丈夫之气。苕溪生《闺秀诗话》对孔祥淑及其诗歌创作做出这样一番评价：

孔氏所著《韵香阁诗草》中近古体近千首，均苍遒高华，洗尽脂粉之气，真闺阁中仅见之才。盖夫人生于曲阜，为元官氏嫡裔，家学渊源，又随观察宦游万里，故其发为诗歌，迥异凡响，非寻常女子纤靡巧丽之音所能望其项背。①

应该说，这个评价十分中肯。孔祥淑的诗歌苍劲雄健、气势不凡，在闺阁诗人中实为罕见。我们还可以从《韵香阁诗草》邹振岳序、赵实弁言、孔祥淑的丈夫刘树堂所作之《孔

---

① 〔清〕苕溪生：《闺秀诗话》卷二，上海广益书局1926年版，第7页。

夫人家传》,以及其胞弟孔祥桢的诗作等中印证这一评价。

孔祥淑的雄奇豪健一方面得自她的秉性,她自小就不是一个闺中弱女子。刘树堂在《孔夫人家传》中云,祥淑六岁即与兄弟从师而学,七岁时“诸兄学诗,夫人(即孔祥淑)亦诗,诸兄学文,夫人亦文”。先生对她说:“尔读书不过记名姓耳,不似尔弟兄博取科名也。”她随即反驳:不科名即不读书耶?晓义理何分儿女耶?令先生抚几称奇。①一个七岁的女孩敢于大胆反驳塾师,有着女子读书虽不能博取科举功名但可以通晓义理的见识,实在是不凡之辈。难怪她的丈夫刘树堂在《孔夫人家传》中称其为女中奇才:“夫古今得奇才难,得奇才于妇人尤难,不意于齐贤夫人见之。”这么一个奇女子又喜欢涉猎经世之书,其胸襟自非一般闺阁诗人所能比肩。她的胞弟孔祥桢在诗中这样描述她:

抱负真如大丈夫。经经纬史展鸿图。更维名教冠篇首,合比班昭女诫无。

才华岂尽属男儿,偶得真成绝世奇。阁贮韵香诗百八,名编合续旧经词。

运筹内政济时功,学问经纶一卷中。体格浑无闺阁气,远宗正始语羞同。②

在她的弟弟看来,其姊的抱负、才华、学问经纶、诗歌体格等皆丝毫不让须眉。

孔祥淑的雄奇豪健还得自她的人生阅历。她少时就随父亲宦游秦蜀滇各地,“十岁随先岳蔼亭公赴河南开归道任,服阕量移云南迤东道”③。其胞弟孔祥桢注意到了这种经历对其人生与诗歌创作的影响。他在为怀念姐姐所写的十二首绝句的第三首中写道:

长途随侍历清尘,蜀道秦关阅几春?少小纵观天下事,工诗多在宦游人。④

孔祥淑自幼喜欢涉猎经史,少时随父亲宦游,小小年纪就有“纵观天下事”的机会;长成后嫁刘树堂观察,又随其宦游万里,所以其人生视野远远超出一般闺秀。事实上,这种独特的“蜀道秦关”的人生阅历,是她见识超凡、其诗歌气势宏大的重要成因。

孔祥淑“贤且才”,作品足有可传,其豪杰风范在闺阁诗人中实为罕见。从创作题材上看,其创作题材与一般闺阁诗人的创作题材有所不同,“其佐夫助子之篇居其半,咏史者复居其半,若夫描山画水绘景写情仅十之二三而已”⑤,咏史题材的比重较大。

孔祥淑一扫女子诗歌的纤巧,其诗作境界雄浑开阔,这主要体现在她的咏史之作与题咏山川之作上。如其《三峡观瀑布》云:

奇峰秀削插当面,晓起凌虚天一线。轰轰震谷雷乍鸣,重岩陡转飞白练。如烟如雪势奔腾,大珠小珠满地溅。碧潭千尺窈而深,响滴铜壶漏传箭。蛟龙不作尘不

① 〔清〕刘树堂:《孔夫人家传》,见孔祥淑《韵香阁诗草》,清光绪十二年刻本。

② 见《韵香阁诗草》后所附《先姊于庚午岁于归,桢方九龄,今春因选拔入都,道出保阳欢聚廿余日,报罢复回甫经半月便成永诀,抚今追昔,勉成十二截以当一哭》。

③ 〔清〕刘树堂:《孔夫人家传》,见孔祥淑《韵香阁诗草》,清光绪十二年刻本。

④ 〔清〕孔祥桢:《先姊于庚午岁于归,桢方九龄,今春因选拔入都,道出保阳欢聚廿余日,报罢复回甫经半月便成永诀,抚今追昔,勉成十二截以当一哭》,见孔祥淑《韵香阁诗草》,清光绪十二年刻本。

⑤ 〔清〕赵实:《韵香阁诗草·弁言》,见孔祥淑《韵香阁诗草》,清光绪十二年刻本。

染，皎洁水光澈底见。静观顿使道心清，日暮云封犹眷恋。

此诗描绘三峡瀑布，既有“如烟如雪势奔腾”的巨大声势，又有“大珠小珠满地溅”的局部特写，而碧潭之水“皎洁水光澈底见”，又能使人清心静观，临飞瀑而得静心，在动与静中表现景与境的转换。再如她的《巴东舟中》：

猿啼两岸夕阳催，江上何人赋落梅。山影漫随烟霭去，钟声时杂雨风来。鸟穿叠嶂阴云合，舟入重岩石壁开。到此蓬莱知不远，我今新自蜀东回。

一个“催”字将西沉夕阳、两岸猿啼抛闪在飞舟的行进中，驶过烟霭漫随的山影，耳畔传来雨风中的钟声，而舟入重岩，穿行于重岩叠嶂之中，读之即有身临其境之感。

孔祥淑的咏史之作更是遒劲有力。如《读史》组诗，她一口气就写了十八首，兹选其一：

鸿蒙判天地，清辉并日明。仪型孚万国，端由内化成。早朝警永巷，失德误倾城。法戒昭古鉴，尚论贵持平。燕私苟不忝，千载流芳声。

时间纵深感强，空间无限寥廓，漫天日月清辉。诗作境界雄阔，具有很强的张力。

即使是在写给丈夫的诗中，孔祥淑有时也能摒除脂粉之气、儿女情长。她虽为女流之辈，却有着开阔的眼界与胸怀，在这些时候，她更像丈夫的挚友。且看其《偶感寄外四首》：

茫茫宦海浩无边，几度扬帆风得先。俯瞰江河渐日下，挽颓方不让前贤。

天骨开张冀北空，九方不遇转无功。从知济世安民略，尽在通权达变中。

帝力浑忘击壤歌，纷纷报最竟如何。为培元气无他术，吏不相侵政不苛。

锄奸尚猛政从宽，为报君恩称职难。待到功成身便退，好依红树钓江干。

宦海挽颓、通权达变、为政不苛、功成身退……这样的政治志向与韬略，“不几愧须眉，而羞巾帼之彦耶！”①难怪《闺秀诗话》云：“佐使君子万民，真不愧为才女、为贤妇也！”②她的离别诗也独具一种别样的进取心，如《留别》：

携手河梁上，滔滔水不波。盈觞愁未解，折柳劝徒歌。红日离时短，青山别后多。相思期努力，莫负夕阳过。

斟满的美酒不能消除心中的离愁，折柳枝留不住远行的脚步，就让相思之情化为加倍的努力，莫负飞逝的时光。

孔祥淑不愧出身于“文章道德圣人家”，不仅是“才女”，而且还是“贤妇”。儒家伦理在其深层精神结构中占据相当重要的位置。其诗作中有《训子》《训女》《训子侄》一类的篇什，“训子女于严正”，如《训子侄》云：

巍巍山怕愚公移，养正从知圣所基。但使就将勤补拙，古人端合是吾师。

孔祥淑还有一些“描山画水绘景写情”的从容悠闲的诗作。这类诗作如行云流水，如

---

① 〔清〕邹振岳：《韵香阁诗草序》，见孔祥淑《韵香阁诗草》，清光绪十二年刻本。

② 〔清〕苕溪生：《闺秀诗话》卷二，上海广益书局1926年版，第8页。

《偶成》：

性本难偕俗，山川系梦思。心闲事不扰，知命乐奚疑。开轩时远眺，白云出岫迟。悠悠布天际，林深鸟不知。静观真自得，欲问复何之。

寄情山水云林，寻求心灵的宁静。《雨后即事》描写雨后清新明丽的风光：

雨歇杨林渡，东郊尽把犁。青溪千鹭饮，红杏一莺啼。树色随帆近，波光入户低。三春无限好，两岸夕阳西。

《华阴道中》则轻松明快：

柳拂秦关道，云山过几重。前村知不远，花外一声钟。

《口占》一诗是那么悠然惬意：

偶然散步到东篱，可爱蔷薇映水池。更有多情双燕子，一年一度一相思。

孔祥淑英年早逝，在四十岁时即撒手人寰，的确令人惋惜。但无论是从创作数量还是从创作成就上看，孔祥淑无疑是曲阜孔氏圣裔女诗人中最为突出的一位。

在历代统治者对孔子创立的儒家学说认同、接受并利用的过程中，孔子的地位显著提高，而孔府这个圣人家族也得到格外优待。孔子在历朝历代政治地位的稳定性成就了孔府这个中国历史上唯一的“世袭罔替”的贵族世家。“夫帝王之姓有时而易，定鼎之区有时而改，独孔子之阙里则与天地而长存。”①在标榜尊孔崇儒的清代，身为圣人之后（包括女性圣裔）还是颇有优越感和尊贵感的。

作为女性圣裔，这些女诗人出身不凡，自幼饱读诗书，但这并不意味着她们就能够超越当时的社会文化系统。在一个男权主导的社会体系里，她们的社会地位和其他女性一样，是完全依附于男性的。

美国学者在论及中国古代妇女生存状况时指出，妻子的地位不仅取决于她丈夫的地位，还取决于她娘家的声望，更有甚者，女人作为妻子和母亲的命运还取决于她孩子的经济状况与社会地位。② 这是十分切合中国封建时代的国情的。一个女人的地位与命运并不能由她自己主宰。丈夫的地位、娘家的声望、子孙的成就决定着一个女人的社会地位。首先，老祖宗孔子赋予这些孔氏圣裔女诗人不同寻常的血统——自然的、文化的。对于她们来说，娘家的声望与生俱来。其次，她们又因门当户对的联姻观念而嫁给或有文化或有功名地位的男子，所以丈夫及孩子（后代）的地位都会对她们的人生产生重要影响，进而影响到她们的诗歌创作，甚至还影响到她们诗歌的传播与评价。笔者所接触的有关选本在介绍作者生平时，往往会着眼于以上这些方面。譬如，《国朝闺秀正始集》卷五“孔丽贞”名下云：“博士毓埏女，戴文谌室。以节赐旌。”③孔丽贞的父亲孔毓埏是五经博士，

---

① 〔清〕龚鼎孳：《阙里广志序》，《四库全书存目丛书》史部第八〇册，齐鲁书社1996年版。

② Walter H. Slote and George A. Devos, *Confucianism and the family*, Albany: State University of New York press, 1998.

③ 〔清〕恽珠辑：《国朝闺秀正始集》，清道光十一年红香馆刻本。

丈夫是历城文人戴文谌(因去世太早,功名不显),自己则"以节赐旌",因为丈夫守节而获旌表。《国朝闺秀正始续集》卷七这样介绍孔璐华:"衍圣公庆镕女兄。大学士阮元室。诰封一品夫人。"①也就是说,孔璐华是衍圣公孔庆镕的姐姐,在娘家的身份非一般圣裔所及,又因为嫁给大学士阮元为妻而"诰封一品夫人"。而孔淑成则以子官主事而封安人……因此,这些孔氏圣裔女诗人虽然沾老祖宗的光,但也无法摆脱封建时代妇女的从属地位。

虽然上述曲阜孔氏圣裔女诗人的人生经历不同、诗歌创作特色各异,但从精神深处看,她们身上都体现出孔府家族文化的特质。生而为圣裔,儒家道德伦理规范从她们呱呱坠地之时就注定是其精神与行为的规范,已深深地融入她们的血脉之中。正如米夏埃尔·兰德曼所说,我们不仅生而就具有我们自己的作为个体的天赋,而且同时也被投入已由我们的祖先积累起来并传给我们的"外部装置"中。除了我们自己所具有的主观精神之外,我们从祖先那里接受了客观精神的礼物。正如伦理规范的情形那样,我们被迫为所有领域中的先已内在的规范所引导。② 对于孔氏圣裔而言,这种"外部装置"的作用更加明显,道德的使命是生来就被赋予的。"夫子之教,盖统德功于言之中,合而一之,非分而二之。故于孔氏为诗人最难也。"③纵观曲阜孔氏圣裔女诗人的生平与创作,纲常伦理意识亦是她们精神与人格构成的基础。

孔氏圣裔女诗人强烈的道德规范意识是其最鲜明的文化基因。这种文化基因来自孔子。当然,孔子的影响远不仅仅局限于他自己的家族。只是这种文化基因赋予孔氏圣裔女诗人以相当鲜明的印记。一般而言,清代许多女诗人的感性色彩较重,视域更多局限在感情或者家庭生活等方面,而孔氏圣裔女诗人更多的是自觉地"统德功于言之中",追求个体感性心理欲求与社会理性纲常伦理的统一。显而易见,上述女诗人中在这方面最典型、最自觉的当属孔祥淑。

在孔祥淑看来,纲常伦理无处不在,所谓"纲常弥宇宙"(《咏史》),因此其诗歌的诗教色彩比较浓厚。邹振岳的《韵香阁诗草序》充分注意到了这一点:"孔子删诗,开卷六篇皆歌咏后妃之德,齐家先于治国,王化起于闺门。……今读景韩观察夫人之诗,而益信夫人圣裔也。未嫁而孝于父母,既嫁而敬于翁姑,持家以俭,御下以慈,训子女以严正,凡女道妇道之宜尽者固秉性所自。……读夫人之诗,不几愧须眉,而羞巾帼之彦耶!夫人以上智之姿,又承大圣人之家学源远流长,温柔敦厚,其得力于诗教者深矣。"④邹振岳也明确指出了孔祥淑对源远流长的圣人家学的继承。她的《咏史》组诗、《训子》、《训女》、《训子侄》等无不体现了诗教的用心。此外,孔璐华在写给丈夫表达思念的情诗中,也不忘表达"惟把丹心答帝心"(《忆外书寄滇南》)的劝勉。道德规范意识既赋予孔氏圣裔女诗人

---

① 〔清〕恽珠辑:《国朝闺秀正始续集》,清道光十六年红香馆刻本。

② 〔德〕米夏埃尔·兰德曼著,张乐天译:《哲学人类学》,上海译文出版社 1988 年版,第 218 页。

③ 〔清〕朱锦琮:《阙里孔氏诗钞十四卷序》,见孔宪彝辑《阙里孔氏诗钞》,清道光曲阜孔氏刊本。

④ 〔清〕邹振岳:《韵香阁诗草序》,见孔祥淑《韵香阁诗草》,清光绪十二年刻本。

以强烈的责任感，也使得她们的诗歌有时过于凝重板滞而缺少生活气息。

清代曲阜孔氏圣裔女诗人的诗歌创作体现了温柔敦厚与典雅守正的家族文化精神与传统。孔子是其家族文化精神的缔造者，孔氏圣裔“尤承先圣学诗之训”，“阙里家庭世世皆当学诗，更为家教矣”，因此学《诗》是圣裔们（包括女性圣裔）的必修功课。孔璐华幼年时读《毛诗》，孔祥淑六岁即与兄弟一起从师学诗学文……在这个过程中，她们既受到儒家诗教“经夫妇，成孝敬，厚人伦，美教化，移风俗”观念的熏陶，也在审美活动中自觉不自觉地受到《诗经》范式的引领，体现出温柔敦厚的风貌。

由于深厚的家学渊源，曲阜孔氏圣裔女诗人具有很高的文化素养，她们有的还工于书画。她们的诗歌格调高古，典雅守正。譬如，孔丽贞嫁后不久即寡居，精神苦闷，感情沉寂，但她依然“汲泉瀹茗全抛俗”，不失贵族风范，在孤寂中仍保持“曲径花铺鹤梦稳，茅斋雨过燕泥新”（《癸卯清和读玉峰书城叶夫人诗即步其韵》）的审美心态；孔璐华的诗具有一种从容安闲的富态；孔祥淑的诗体现了孔祥淑深厚的文史学养，“描山画水绘景写情”的诗作亦悠然娴雅、清新典丽。

总之，清代曲阜孔氏圣裔女诗人在创作内容方面承袭家族传统，“不语怪、力、乱、神”，发乎情，止乎礼，以道德伦理统摄个人的心理诉求，“统德功于言之中”是她们诗歌最大的特色。这些女诗人的诗或凄苦素雅，或从容安闲，或苍劲雄健，尽显古朴典雅之风范。

# 江湜三次入闽与闽派诗学新变

孙之梅*

严羽的《沧浪诗话》以苏黄、江西诗派为批评对象，提出了"兴趣""妙悟"的诗歌审美观，开启了宗法汉魏、盛唐的复古诗学。这一诗学不仅成为元明清复古派的理论根基，也确立了福建持续数百年的区域诗学传统。然而诗歌史的发展峰回路转，清末光绪年间，以闽人为中坚的同光体兴起，宗法苏黄，推崇江西，区域诗学发生了新变，这一转变同样引发了全局性的诗风变迁。如此重要的诗史环节不能不引起文学史研究的重视。从区域诗学的角度观察，这种转变始于何时？有哪些人对此产生过作用？本文所论江湜虽是吴人，但由于有三次客闽的经历，对闽地的诗学新变产生过深远的影响。

## 一、江湜三次入闽与其诗歌创作

江湜（1818—1866），字持正，又字弢叔，别署龙湫院行者，苏州人。24岁时为诸生，后三次乡试不中。家贫，无田园庐舍，道光二十三年（1843）获得太学贡生的资格后，不得不"饥躯流转，席藁茹荼，终其身不获一日安"①，先后入山东、福建学政幕。咸丰七年（1857），纳赀为从九品候补浙江县丞，居于清朝官阶最低一级，在官场备受屈辱。咸丰十年（1860）二月，太平军攻陷杭州，江湜死里逃生，回到苏州，携弟出逃，其父母及妹皆在苏州陷落时死难。乱后，其生计刚刚有序，诗集刊行，诗名在福建、江浙大起，却又病卒，临命题碣曰："清故诗人江弢叔之墓。"

在江湜困窘穷途的48年间，福建算得上他的福地，表丈彭蕴章是他的贵人。道光二

---

* 孙之梅，山东大学文学院教授、博士生导师。

① 〔清〕黄华：《江弢叔先生传》，见《伏敔堂诗录》附录二，上海古籍出版社2008年版，第451页。

十六年，彭蕴章出任福建学政，邀请江湜佐幕，历时 20 个月。这是他第一次入闽。咸丰三年，李联琇入闽任学政，邀江湜佐幕，第二年辞幕，但仍留于闽，直到咸丰六年九月才返苏。此为第二次入闽。咸丰十年二月，江湜时为转运使缪梓的从事。杭州失陷，江湜逃出杭州。四月，江南大营溃散，江湜携弟投靠永嘉县令徐之鉴。咸丰十一年秋，永嘉有土寇之变，他逃往福州，直至同治三年离开，这是江湜第三次入闽。

三次入闽在江湜的诗歌创作道路上异常重要，其诗风基本是在三次入闽期间形成的。《伏敔堂诗录》所收诗歌始于道光十八年(1838 年，时 21 岁)，《集道堂外集诗》所收诗与《伏敔堂诗录》大致相同①，第一首《述怀》有“作赋学干时，草牍拟收名。蹉跎垂十年，进趣嗟无成”的诗句，作者 11 岁入塾读八股文，十年后正是 21 岁。②

江湜好友刘泳之《归实斋集》卷三《弢叔出示新诗书此赠之》叙及其青年时期的诗学宗趣，云：“自君居甫里，苦句续晨炊。不掩天随趣，能吟东野诗。”《归实斋集》卷九《集道堂诗集叙》云：“弢叔居甫里，诗人陆鲁生之所隐也。其风俗秀野，水土之美，若与古未远。里中有沈山人诗华者，隐于田间，以耕稼自给，能为歌诗，齿长于弢叔，岁时相往来，辄以‘小友’呼之。山人学泉明，弢叔学东野，每于昕夕间相析疑义……久之，浮所有得，以东野骨干寒俭，不足尽其才，去而学昌黎，昌黎诗昌明博大，文质矫健……汪君彦石，弢叔之师也，诗文皆规韩，兼治训诂小学，弢叔欲尽传其学。”③这两段话表明了江湜的诗学宗趣。此外，我们还需弄清两个问题：其一，甫里指何地？其二，江湜在甫里居住到何时？

诸祖耿《江弢叔先生年谱》制江湜室庐所在地名表，江湜 10 岁到 20 岁前居于甫里(或云江村、甫里塘)，24 岁居于城南，20 岁到 24 岁之间无考。《归实斋集》提到甫里的陆鲁望。鲁望，即唐代诗人陆龟蒙之字。陆龟蒙，吴县人，隐居于甫里，有“甫里先生”之号。江湜的父亲常年在吴县潘家教塾，据诸祖耿《江弢叔先生年谱》“道光十三年癸巳”条考，疑甫里是江湜外家所在地。《集道堂外集诗》卷二最后一首诗《酬吴江徐冶伯丈》云：“我年十二三，便解爱杜李。日暮里塾归，咿唔秋灯里。父执时谈诗，倾耳不能已。枫庄沈山人，见熟尤所喜。先生亦间来，踉跄不成礼。是时先生家，僦屋我甫里。……小友既许侪，讨论从今始。”江家租赁的显然是吴江徐冶伯在吴县的庐舍。江家是何时离开甫里的呢？《集道堂外集诗》卷二之《移居》诗云：“一卧沧江晚，移居逼岁除。此身原逆旅，何处是吾庐?”由此可知，道光十九年岁末，江家移居城南，此时江湜 22 岁。

关于刘泳之与江湜的交往情况，《集道堂外集诗》卷二中的《续五君咏序》云：“去秋

---

① 《集道堂外集诗》收诗两卷，包括道光十八年(第一卷)、道光十九年(第二卷)的诗作。《集道堂外集诗》应该是江湜编《伏敔堂诗录》时绌落的诗作，左鹏军君用力钩沉，使之面世，从中寻绎江湜早年诗歌创作的信息。

② 左鹏军整理的《伏敔堂诗录·集道堂外集诗》卷二第一首题目为《己丑立夏日宿元挈斋中时练兄卧病城西》，己丑为道光九年，时作者 12 岁。考之《伏敔堂诗录》，作者与顾元挈(挈亦作“洯”)交往始于道光十九年；再，其从兄练飞卒于此年，因此己丑应为己亥。

③ 〔清〕诸祖耿：《江弢叔先生年谱》，见《伏敔堂诗录》附录四，上海古籍出版社 2008 年版，第 499 页。

于元挈(杨白,字元洁)座得交彦冲刘七。”刘彦冲即刘泳之字。江、刘相交于道光十八年秋季。刘泳之《集道堂诗集叙》与江湜《酬吴江徐冶伯丈》均提到沈山人。《续五君咏·沈山人(谨学)》云:“小友许卫宾,视我犹后辈。”沈山人,名谨学,字诗华。从年辈上看,沈山人属于江湜的父执。江湜《读沈山人诗感赋序》云:“山人遗诗,有《贫况》一首云:‘遮穷讳苦亦徒然,欲诉还休更可怜。昨夜举家聊啜粥,今朝过午未炊烟。强颜且去赊升米,默计都无值一钱。谁信先生谁不信,御寒无被已三年。’词意凄恻,读之令人不欢。因思山人殁已四年,其家益寒馁,可念愧窘甚,无以计之也。”由此可见沈氏穷困之况。江湜于甫里时期,融入了吴县一个诗人群体。这一群体中有江湜的老师汪献玗(字月生)、江湜的父执沈谨学(字诗华)、好友杨白(字元洁)以及刘泳之。这个小群体基本都是寒士,他们各有擅长,守贞固穷,“同为枯槁沉溺士,及我幽忧憔悴人”(《闻沈刘二君之丧哭之逾日作二诗志哀》)。

江湜22岁之前,宗法孟郊、韩愈。其师汪献玗《点定江生湜近诗》指出:“江生不谐世,俗流恣嘲诮。吾特亟称之,重之有坚操。操行固所契,文章更同调。业治三家诗,探源得流造。为诗溯韩孟,毕力求其肖。冥搜刿肝肾,往往入奥窔。”①对照韩愈《贞曜先生墓志铭》评论孟郊诗“刿目鉥心,刃迎缕解,钩章棘句,掏擢胃肾”之语,江湜得其三昧。江湜诗刻意学孟,大到诗心,小到意象,如其《古道》:

> 古道不可辟,古心难独鞭。古道荆棘阻,古心名利牵。何时遗世俗,耕荒遇丰年。志远行不到,流光倏已迁。少颜镜里失,出山无还泉。孟郊无干泪,至今润诗篇。乃知阮泪达,不如孟泪贤。

韩愈称赞孟郊“孟生江海士,古貌又古心。尝读古人书,谓言古犹今”(《孟生诗》),“行古道,处今世”,“混混与世相浊,独其心追古人而从之”(《与孟东野书》)。孟郊诗中充斥着“古心”“古义”等冠之以“古”字的词语。江湜学习孟郊的古道古心,抓住了神髓。再如《不寐》诗:“黠鼠案上来,饮砚尽我墨。……虫吟识秋苦,星流想风疾。”该诗意象、意境脱自孟郊《吊卢殷十首之一》:“故书穷鼠啮,狼藉一室间。”《惊瘦》“寄口文字中,求肥计反拙”,出自孟郊《叹命》“本望文字达,今因文字穷”。其《五君咏》取唐元和、长庆间五位诗人咏之,所咏首位诗人即孟郊。《移居》诗直以孟郊自比:“直看孟东野,家具少于车。”江湜入幕济南期间所作《泛舟大明湖登历下亭遥望华不注》《岱庙》《登岱》《曲阜谒先师庙堂并观故宅敬赋五十韵》《曲阜杂诗四首》等诗,笔墨翻澜,议论矫健,不负早年沾溉韩愈诗风。

江湜青少年时期揣摩诗艺十余年,但走出苏州,还是没有充分的自信。他在《伏敔堂诗录自序》中云,道光二十四年,入殷寿彭学政幕,“作《泛舟大明湖》以下诸诗,窃自喜,秘诸行箧,虽同舍不与观”②。道光二十六年冬,入彭蕴章学政幕入闽,仍然没有向人出示自

---

① 见《伏敔堂诗录》附录三,上海古籍出版社2008年版,第469页。

② 见《伏敔堂诗录》附录二,上海古籍出版社2008年版,第452页。

己的诗作。直到入幕后的第二年，由于彭蕴章"喜言诗，始呈前作"。彭蕴章大为吃惊，评价其诗云："盘硬昌黎句，翻新山谷诗。两贤生异代，只手在今兹。刮目三年学，倾心一字师。梦中谁授笔，使尔冠当时。"①可见江湜入闽后在诗歌创作上不仅宗法韩孟，还刻意学习黄庭坚。其《山谷觞字韵诗有"天教兄弟各异方，不使新年对举觞"之句岁暮客中甚念两弟和韵寄与各一首》用山谷韵拟山谷句。彭蕴章指出了江诗的路数，但没有揭示其深微之处。因此，江湜作《彭表丈屡赏拙诗抱愧实多为长句见意》以夫子自道：

笋舆篾舫两年间，苦调劳歌不尽删。岂可向人献穷状，更令读者损欢颜。旅怀伊郁孟东野，句律清奇陈后山。他日无成还志短，诗名幸与二君班。

入闽以后，江湜诗歌宗法的对象由韩孟扩展到江西诗派。尤其是孟郊的"伊郁"之怀、陈师道的"清奇"句律深契其心。

江湜入闽前后的诗歌有明显不同。入闽前以描写寒士的贫穷窘困处境为主，如："典及琴书计更非，一寒渐受物情讥。三间屋底无薪火，十月风前有葛衣。为学讵能亲货殖，上书绝意到京畿，便怀七十二奇策，难救残年八口饥。"（《贫况效沈山人体》）个中情景令人心酸。该诗以直接描写的手法呈现出单纯的情景。入闽后，诗人经年累月地奔走衣食，忍受思亲念乡的痛苦。其诗不直接抒写思亲之苦和贫困处境，而是描写附着在书信上的情感体验，接到家书，"灯前一读百叹息，泪与空檐雨同滴"；继而悬想父母对自己书信的期盼，"音书此时不到家，老亲听之思天涯。掷珓问卜愁转加"；又写其困穷，"风霜雨雪饥渴冻"，"劳惫忧愁疾病痛"（《龙岩州除夕醉后赋长句三首时将赴漳泉诸郡》），层层递转，曲折深透。

咸丰十年太平军陷苏州，江湜携一弟逃往福建，数月后得到父母与妹妹殉难的消息，痛彻心扉，赋《志哀九首》。其诗风从此一变，由之前的穷愁羁旅之思转而以哀痛为主调。"余生悲故里，同治纪元年。乱到心中地，晴看意外天。……何处堪容哭？将声达下泉"（《壬戌元日登乌石山归后有作三首之一》）；"如能衔木石，先筑望乡台。枯眼泪还堕，断肠吟更哀。天伦生处缺，鬼趣死前来"（《立春日作二首之二》）；"四海无家身也轻，直须痛饮对刀兵。诗人自古经离乱，酒国何年不太平"（《同前韵一首代友人答》）；"携手归何处？殊方且寄身。联床亦惨戚，歧路更悲辛"（《与八弟小别二首之二》）。同治二年，失散的两个弟弟携家眷由上海入闽与他团聚。见到亲人之喜触发的是让人不能承受的哀痛之情。江湜因此赋《后哀六首》，《后哀六首》与《志哀九首》同为江湜太平天国时期的代表作，两组诗可谓这场社会大动乱中百姓命运的缩影。失去了父母、家园，这种无根的沉哀浸透到了江湜咸同之际的许多诗中。徐世昌《晚晴簃诗话》评论道："内悼身世，上念庭闱，彷徨郁勃，发为危苦之言，要亦有不能自已者。"江湜的赏音者符兆纶以三峡猿声形容其经历家难后的诗（《以近诗呈雪樵丈，承见示，以为三峡猿声，听之头白，以小诗奉

① 〔清〕彭蕴章：《题弢叔诗稿》，见《伏敔堂诗录》卷五《彭表丈屡赏拙诗抱愧实多为长句见意》附录。诗题诗句与彭蕴章《松风阁诗钞》均有异。

答》)。江湜由初次入闽的“伊郁”之怀、“清奇”句律至第三次入闽的“断肠”之情、“危苦”之词,至此江湜蜕去东野、后山、退之、山谷痕迹,而成自己之面貌。

清人对名山大川的观察认识及其表现功能都有所拓展,山水诗创作进入了又一高涨期。诗人们或长于描写某一区域的山水,或长于描写某一类山水。清代诗人关于山水的审美已进入很高的层次。江湜三次入闽,有两次在学政幕中,奔走于福建各郡县。他常以观赏风景、斟酌诗句来打发无尽的旅途与寂寞的长夜,“心兵一夜排笔阵,白到东方也不知”(《困溪舟中二首》),“自信十分不解事,尚贪一路好看山。心期当代知交外,人老编年诗集间”(《涂中书意》)。福建山区的自然景色与山民的生活场景是江湜诗歌的重要描写对象,山区的阴晴变化、日月升沉、云来雾去,诗人往来途次,信手拈来,莫非妙境。江湜笔下的山家生活场景,绚烂明净的色彩、自然静谧的风度与山家盎然野趣相得益彰,和谐而又不失奇崛,美妙而不失粗砺。如“树走百根穿古壁,猪生八子助丰年”(《憩田家有作》),情景自然,奇崛奡兀。《道中即事》写山野百姓卖饼、种菜、捞鱼,俗人俗趣,生动真切。《村暮》诗描写霞边人语声、哞哞而来的归牛、竹树间炊烟缭绕、隐约的远山与依光而迁的飞鸟,还有前来投宿的行人,呈现出一幅内容丰富、声色兼具、远近高低错落的村暮图,显示了江湜在山水诗创作方面融汇唐宋、自成一格的创造力。

江湜的诗被人评论为“用笔能辗转不穷,屈曲透达”①;“曲折洞达,写难状之隐,如听话言”②;“兀奡戍削,以瘦成其坚”③。有人说“阅江弢叔遗诗,哀语使人不欢,危语使人毛戴”,“意主生铲,吐弃凡艳,有木落秋空之气”。④ 也有人说江湜诗“逮后诗境益熟,渐趋平易,遂大类诚斋、石湖手笔,因此未免间有率滑之语”⑤。钱仲联先生概括为:“戛戛生新,以昌黎、山谷为骨干,而出以白傅、诚斋之貌。”⑥总之,江湜受东野、山谷、后山的影响,于三次入闽期间形成了瘦硬、坚挺、洞达、曲折的诗歌创作风貌。

## 二、诗学形成与人生角色转换

江湜的诗学形成与人生角色转换也是在三次入闽期间完成的。

对于一个有成就的诗人而言,除了学养、际遇,天分也是不可或缺的。江湜科场蹭蹬,功名无成,却在诗歌创作上独有悟解。《伏敔堂诗录自序》回忆道:“忆束发受书之日,先君举藏书见付,辍举业读之。十余年间,于学无不窥,然迄无成;独词章稍有心悟,而于

---

① 〔清〕叶廷琯:《蜕翁所见诗录感逝集》,见《伏敔堂诗录》附录三,上海古籍出版社 2008 年版,第 471 页。

② 金天羽:《答苏戡先生书》,见《清诗纪事》三,凤凰出版社 2004 年版,第 2671 页。

③ 徐世昌:《晚晴簃诗汇诗话》,见《清诗纪事》三,凤凰出版社 2004 年版,第 2671 页。

④ 谭献:《复堂日记》,见《清诗纪事》三,凤凰出版社 2004 年版,第 2671 页。

⑤ 〔清〕叶廷琯:《蜕翁所见诗录感逝集》,见《清诗纪事》三,凤凰出版社 2004 年版,第 2671 页。

⑥ 钱仲联:《梦苕盦诗话》,见《清诗纪事》三,凤凰出版社 2004 年版,第 2672 页。

诗学之尤力。道光癸卯，年二十六，始游京师。时则已遍参古人之制，得其各自成者，而益有悟焉。”①江湜遍读群书，于词章别有心悟，表现出独特的文学天赋和对诗歌创作由衷的喜爱；“遍参古人之制”，使他具备了褒贬古今的眼界与识力；“得其各自成者”，表明他对诗歌路数的确定是根据自己的秉性、境遇以及审美爱好做出的理性选择。江湜22岁时批评当时的诗坛：“方今词苑杂，波颓靡所止。牙伶及俳优，不顾通人耻。甚者唱宫商，衣冠盗疑似。”（《酬吴江徐冶伯丈》）他对陈陈相因、优孟衣冠之风表示不满。江湜在25岁时明确了自己的诗歌追求：“特走一路如此僻，力扫肥皮厚肉流。荦确崎岖有佳处，空群正待拔其尤。”②他要走一条有别于时人的僻路，“荦确崎岖”既形容他的诗歌审美，也形容走这条僻路要面临的艰辛。何谓“肥皮厚肉流”？咸丰二年（1852），江湜作《雪亭邀余论诗即为韵语答之》，比较深入地做了回答：

近人浪为诗，以古障眼目。徒看山外山，更住屋下屋。五六百年来，作者少先觉。工拙虽自殊，要是一邱貉。吾生有半解，得之十年读。感君抱虚怀，未敢矢弗告。请以书喻诗，其理最明确。君看颜与柳，结字务从俗。二王有旧体，竟若高阁束。再变为米颠，又诃颜柳恶。大言蔑羲献，其气何卓荦。惩弊稍规前，亦有赵荣禄。最后董思翁，更诋赵书熟。由来技艺精，必自立于独。变古乃代雄，誓不为臣仆。又观于释氏，达摩来天竺。教外开别传，三藏成糟粕。后分为两宗，南北如相角。又后莲池师，复不讲语录。但念阿弥陀，证佛乃更速。诗亦宜有之，论诗只此足。

他在诗中批评明清以来的模拟复古诗风，认为在古人那里讨诗，无异于屋下架屋、山外看山，五六百年来的诗有工拙之别，而无质地之异。他又以书法史、佛教史的变迁提出“由来技艺精，必自立于独。变古乃代雄，誓不为臣仆”的诗学宗旨。苏州是明清复古派的重镇，明有高启，清有沈德潜，特别是沈德潜以诗受知于乾隆皇帝，恩荣无比，其诗学一时成为“君学”，对苏州诗坛的影响尤为深刻。江湜所说的“力扫肥皮厚肉流”主要指这种诗学的种种弊端。《卓峰草堂诗钞序》是现存江湜深入阐述其诗学观的珍贵文献。他以“文章之道，与天地气运俱新。诗为有韵之文，本人心之动，而趋于新也尤速”为理论依据，认为宋之苏、黄、杨、陆，以逮金之元遗山、元之虞道园，“博求而约取，深思而捷得，汩汩乎发其中之所有，不求与古人异而自不能以强同焉耳”，为“数百年中诗与天地气运俱新”之数君子。而明之高启“学而不自成”，前后七子“作益不究观乎古今文字之通”；清之沈德潜重蹈其辙，编选了一系列“别裁集”以宣扬其诗学，造成的直接后果是“后生承学之士，目不见古诗之全，乐其说之可以欺时而掩陋，且速成也”，“句准而字仿之，合万喙为一声”③。江湜跳出苏州人的圈子，站在诗歌史的高度，宏观评定，高屋建瓴。

---

① 见《伏敔堂诗录》附录二，上海古籍出版社2008年版，第451～452页。

② 〔清〕江湜：《校读毛生甫（岳生）休复居诗题二诗见意》，见《伏敔堂诗录》，上海古籍出版社2008年版，第12页。

③ 见〔清〕符兆纶《卓峰草堂诗钞》卷首，同治元年刻本。

摆脱“肥皮厚肉”的窠臼，寻求“自立于独”的道路，是江湜诗学观的核心。其《近年》诗云：“近年手创一编诗，脱略前人某在斯。意匠已成新架屋，心花那傍旧开枝。”他说自己的诗“脱略前人”，可以流传后世。他的学生顾洁模仿其诗。他针砭道：“顾生学我诗，已得皮与骨。然我有神髓，彼固不能夺。我论作文字，毋若工人然。工人执规矩，乃定方与圆。曷观古圣人，方圆出其手。方且制规矩，以与工人守。愿生契造化，勿以我作师。妙悟而实证，自心生好诗。”（《顾洁见寄近诗皆效拙体漫写一首却寄》）效法别人只会成为一种“工人”，而不能与造化相契，“自心生好诗”才是诗歌自立的根基。

咸丰三年，江湜第二次入闽佐学政幕，其间，与李联琇论诗。黄华《江弢叔先生传》云：“咸丰癸丑，重入闽中李小湖学使幕。先生与论诗辄不合，逾岁辞去。”①据黄华所述，江湜辞幕似与论诗不合有关系。事实不至于如此，李联琇于咸丰五年北上入觐，曾与江湜告别，江湜作《小湖来告别》诗，又作《柬小湖》。《柬小湖序》云：“小湖入觐有日，旋奉旨视学江苏。湜，苏人也，少尝有当世之志，名在苏之郡学。既三应乡举不遇，今病矣，不复自振。明年届试期，当以游学自解，实不敢援朋友之爱，滥窃品题。此区区所守，惟知己谅其非矫耳。又去冬倦于襄校，辞去幕席，今亦不能免从。盖积劳既久，而性之疏懒者然也。”李小湖任福建学政尚未到期，朝廷又委派其视学江苏，李小湖考虑江湜是苏人，并没有介意江湜去年的辞幕，邀请江湜入江苏学政幕，示意会对江湜奖掖品题，提高其知名度，促成其下一次乡试中式。江湜经历了三次乡试失利，他本来对科举考试就不以为然，曾作诗云：“我怜应举士，百岁如市巷。利达耀其前，病以躁心中。”（《赠朱稚莘》）“时人之才吾所哀，哀尔官样文章馆体字，中有白发星星来。……斯时岂无英特人，脱乎科举之绳墨，窥见学术之涯津？”（《同邑盛艮山（树基）年少才美不徒以科目望之以一诗为赠》）此时的江湜已经确认了自己的诗人身份，认为科举只会有害于自己的诗才。有人要改行从事举业，他写诗劝阻云：“使汝胸罗举子业，早应梗断五言诗。”（《平湖杨二酉以装潢为业为小诗往往可诵近欲舍业为举子之学予惧其害于诗也作二诗示之》）此外，江湜赋性清高，为了自己所厌恶的功名而依靠权势者的声气、扬诩，非其自尊所能容忍，于是他拒绝了李联琇的美意。李联琇离职前，曾与江湜论诗。江湜在《小湖以诗见问戏答一首》中表述了自己的观点：

> 江子喜作诗，李子辱问之。有问无不答，率尔陈其词。词曰诗者情而已，情不足者乃说理。理又不足征典故，虽得佳篇非正体。一切文字皆贵真，真情作诗感得人。后人有情亦被感，我情那不传千春。君诗恐是情不深，真气隔塞劳苦吟。何如学我作浅语，一使老妪皆知音？读上句时下句晓，读到全篇全了了。却仍百读不生厌，使人难学方见宝。此种诗以人合天，天机到得写一篇。写时却忆学时苦，寒窗灯火二十年。二十年学一日悟，乃得真境忘蹄筌。江子说诗未云足，李子掉头不心服。曰君之诗欠官样，只是山歌与村曲，让君独吟在空谷。

---

① 见《伏敔堂诗录》附录二，上海古籍出版社2008年版，第449页。

江湜针对李联琇诗的用情不深、填塞书袋与官样等特点，提出了情真、语浅的观点。李联琇显然并不认同这一观点，说江湜诗不能成为官方提倡的诗风，只是空谷独吟。殊不知江湜早年立志要“力扫肥皮厚肉流”，他所反对的诗正是李联琇所中意的“官样”诗。后人对江湜的诗学看得更清楚，叶廷琯总结道：

弢叔之言诗以情为主，而归于一“真”字，又其意欲独立门户，不肯步人后尘，……故其所为诗不假雕饰，纯用白描。骨肉朋友之怀，死生离别之感，言之颇觉沉著痛快。其才力亦允然有余，用笔能辗转不穷，屈曲透达。在吾吴数百年来诗家中，洵足别开生面，自副所言。至其于古人宗派，评之者或以为专法昌黎、山谷，然亦时有似东野、后山处，逮后诗境益熟，渐趋平易，遂大类诚斋、石湖手笔，因此未免间有率滑之语，此其生平作诗大略也。①

从江湜诗风的源流正变看，他由韩孟、黄陈入手，最终脱略痕迹，形成自己情真而不流于淫，语浅而不流于俗，诗意锻炼精纯，描写多用白描，风格沉着痛快、曲折洞达的风貌。从区域诗学的角度看，他“别开生面”，实是对吴地数百年间复古诗学传统的反抗。

近代，宋诗派为诗坛主流，这主要是针对光宣及民初而言，而在道咸年间，杜、韩、苏、黄基本上是空谷足音，更遑论韩孟诗派中的孟郊以及宋诗中陈、杨、陆等。金天羽在《答苏戡先生书》中指出了江湜诗学的难能可贵：

著诗至嘉、道间，渔洋、归愚、仓山三大支，皆至极敝，文敝而返于质，曾文正以回天之手，未试诸功业，而先以诗教振一朝之坠绪，毅然宗师昌黎、山谷，天下响风。弢叔其时一穷薄儒素耳，与文正无声气之接纳，创坛坫于江海之上，独吟无和。吴中文采绮靡，弢叔独以清刚矫浓婥。文正于涩謷中犹涵选泽，微为气累。弢叔曲折洞达，写难状之隐，如听话言。

江湜以一介“穷薄儒素”，与京师代表诗风新动向的曾国藩无声气之交接，竟然独自向吴地“文采绮靡”的诗学传统发起反抗，“以清刚矫浓婥”，较之曾国藩犹涵选泽更为难得。

邵祖平《无尽藏斋诗话》就江湜所处的时地，言其诗学之难得：

盖自乾、嘉诸诗老倡为格调性灵诸说，高者式李杜，低者学元白，枝者入于温李，诗学末流至如舒铁云、陈云伯辈者，方之如女，盖无正色矣。弢叔生丁道、咸之间，毅然学昌黎、山谷于举世不为之日，其识已超乎流俗矣。此以时言之，难能者一也。弢叔苏州人。苏州诗人卓然自见者甚少。陆鲁望虽号赡博，其诗实不免纤猥，殆其俗之软美为然欤？而弢叔独杰然异众，其成就虽不甚大，然已非苏州人所敢望矣。此以地言之，难能者又一也。②

---

① 〔清〕叶廷琯：《蜕翁所见诗录感逝集》，见《伏敔堂诗录》附录三，上海古籍出版社 2008 年版，第 471～472 页。

② 邵祖平：《无尽藏斋诗话》，见《清诗纪事》三，凤凰出版社 2004 年版，第 2672 页。

在举世不为昌黎、山谷之日，在格调、性灵为诗坛正宗的苏州，江湜能杰然异众、独树坛坫，不仅与京师的宋诗动向桴鼓呼应，而且向吴地“肥皮厚肉”的“官样”诗学传统发起挑战；又通过三次入闽，给闽地注入了异质诗学资源。

随着江湜诗学观念的确立和诗歌成就得到苏、浙、闽诗坛的认可，其人生角色的定位也发生了转换。江湜出身寒素，其家族希望通过一二有为子弟改变命运。道光十九年(1839)，江湜颇有才华的从兄江水(字练飞)病卒。江湜《哭从兄练飞六首之一》云：“吾宗久衰替，支少不成族。”“衰薄更颠连，秋林无荣木。”“仰维吾兄贤，持为宗祏福。”苏州名门望族聚集，江家把改变寒素的希望寄托在江湜与江水身上。江水有才有志有修养，“终是莫邪剑，韬光不爽豪。挺身贫贱中，可折不可挠。矫志洵不群，龊龊岂所曹”(《哭从兄练飞六首之二》)。兄弟二人“相期敦朴学，经术饰吏治。词赋止荣身，未足疗时弊。即今偶蹉跌，造物亦深至。健行取诸乾，迍贱敢自弃”(《哭从兄练飞六首之三》)。他们确立的人生目标是学习经术，步入仕途，振兴家门，“饰吏治”“疗时弊”。兄长的过世无疑加重了江湜的使命，《岁暮感怀三首之二》云：“何期比年来，家运剧凋弊？阿兄抱奇才，一瘦竟成瘵。深为门户伤，兼悼平生契。”《岁暮感怀三首之一》云：“少长逼饥寒，揣摩希禄仕。澹泊诚未能，趋营亦自耻。”三次乡试的失败、江家的困窘状态使江湜常纠结于自己人生角色的选择。他羡慕农家生活的自足稳定，感慨是儒冠剥夺了自己与家人的快乐，“游宦不成饥可虞，曷若翁家善菑畬”(《峄县有作》)。“野人当户看秋实，行客停舆感岁华。吾洵不如老圃甚，樊迟为计似非差。”(《停舆偶成三韵》)功名无望，生计困窘，穷途无路，所以江湜常常怀疑自己对人生角色的定位是一种错误。

使江湜获得快慰与自信的是词章之才。未走出苏州前，欣赏他文学才华的，一个是上文提到的沈诗华，一个是他的从兄练飞，还有一个有地位的人，那就是吴县的潘曾沂。江湜《潘功甫先生见赏拙诗赋呈二首之一》云：“寻常不入时人眼，正有高怀许尔狂。”他走出苏州后，第一次远行到了京师。那里冠盖如云、名人聚集，让清高自尊的江湜产生了很大的心理压力。但是在“长安不易居，几草乞米帖”的艰难中，也会有“惟余文字雄，不受声利压。高歌动鬼神，俗物生谤讟”的快感(《得月生先生书因寄五十韵代柬》)。上文说彭蕴章是江湜的贵人，除了邀请其入幕，也为困于科场、窘于谋生的江湜提供了一条求生的道路，于咸丰七年(1857)出资助其捐得从九品的官职①。更重要的是，在江湜第一次入闽期间，彭蕴章成了他诗才方面的知音。《松风阁诗钞》卷一一、一二两卷是彭蕴章在任福建学政期间所作的诗，和江湜有关的诗有九题。《题弢叔集道堂诗卷》准确揭示了江诗的宗趣渊源，说江诗可以“冠当时”，还提出给江湜的诗集作序的要求。以彭蕴章在政坛、诗坛的地位，如此青眼于江湜诗歌，无疑给了江湜从未有过的信心，提升了江湜在闽地的影响。

在第一次入闽佐幕期间，他遍走福建各郡邑，写下了许多山水佳作，自信“胸中奇气

---

① 王韬《瀛壖杂志》云：“同邑江弢叔湜，出先君子门下……尝至京师，依其戚彭相国，相国赠以俸钱五十万，乃循例纳粟为县尉。”见《伏敔堂诗录》附录二，上海古籍出版社2008年版，第472页。

走入笔，笔下天机来动人”（《答子长》）。回乡后，他的诗引起了江苏地区诗坛的注意。咸丰二年，江湜受人之聘往松江小住。松江的龙鼎邀请江湜校订其诗集，他们有了文字往来，龙鼎对江湜评价甚高，“就读我丛稿，绝叹曰奇才。吴中固多士，领袖惟君哉”（《寓斋杂诗五首之二》）。《伏敔堂诗录自序》叙及这一段经历云：

> 及咸丰壬子在乡，薄游华亭，屡过青浦熊苏林。一日，留诗四册而去。翌日苏林以书复曰：“诗自苏、黄以后，难乎为作者。君笔力挽回七百年矣。”……后里中有传，苏林近诗，皆效拙体。是岁有同郡盛艮山以诗来见。艮山幼负“圣童”之名，读其诗亦惊绝。欲更进之，为摭利病，艮山亦立悟，急请余诗，归读十日，自焚所作二百首，而来告曰：“诗在君矣。吾前为古人所蔽，几自误。今悟矣，悟矣！”自是艮山学诗益苦。明年复见告曰：“吾学君诗，终为君掩，舍君则仍为古人役。求所谓自得者，无有也。吾且治他业，以此事让君矣。”艮山天挺异材，苏林学博才富，二君于文学空一世，而见推如此，余盖稍稍自信云。

华亭的熊苏林、苏州的盛艮山对江诗的推崇，说明江湜“墙外开花”香到了墙内，引起了江苏诗坛的关注。

第二次入闽佐幕的经历使江湜对自己人生角色的定位愈加明晰。他以诗人自许，寻诗写诗成为他生活的中心。《涂中书意》云：“自信十分不解事，尚贪一路好看山。心期当代知交外，人老编年诗集间。”《去麻沙五十里得诗遣兴》云：“麻沙里下雨初晴，又去寻诗走一程。风物独须闲客赏，云溪全是化工成。”《重游龙岩洞次旧韵》云：“倚岩回望一州开，手拂前题落旧苔。山水待诗诗待我，故应千里独重来。”《重登延平使院楼有怀》云：“别来兵革驱穷士，乱后乾坤索好诗。”正因为他明确了自己的诗人身份，所以他才拒绝李联琇的邀请，表明功名对他完全丧失了诱惑。

江湜融入了福建诗人群体，由于有诗名，常常为诗所累。《省缘》云：“省缘犹以诗为累，习静多蒙客见原。”突然间成为诗人，诗人自己都感到奇怪。《忽受》诗言新的人生角色带给他的喜悦：“圣朝未合有遗民，僻性由来太率真。忽受诗人好名目，殆将不负百年身。”《自题诗卷》表达自己成为诗人的自豪：“将诗酬造物，不意却惊人。此实无他巧，我惟自写真。初心惭道德，小技枉精神。异日身名外，空留纸上尘。”《独坐》诗静思自己人生角色的阴差阳错：“自心还自惜，灯照独愁时。尽吐诗人语，谁邀后世知。百年看铸错，一集悔抽思。”

由“揣摩希禄仕”“经术饰吏治”的人生追求到“长吟独笑思身世，聊托诗人伯仲间”的人生定位，江湜在第二次入闽期间完成了人生角色的转换，他为此感到自信、自豪。咸丰末，苏州、杭州沦陷，江湜凭借着前两次入闽建立的人脉与声誉，得以乱后余生，继续自己的诗人生涯，写下了反映乱世寒士的悲歌。

## 三、江湜与闽地诗人的诗学互动

江湜三次入闽，与当地诗人的交往逐渐深入。第一次入闽期间，江湜的中心工作是奔走各地庠序，而文字往来依然以苏州的故人为中心。据江湜诗中的记录可知，与他交往的闽地诗人主要有林昌彝、王叔兰和杨庆琛，其中与杨庆琛的交往值得注意。

杨庆琛（1783—1867），原名际春，改名庆琛，号雪茮（也作雪椒），晚号绛雪老人，福州人。嘉庆二十五年进士，官至光禄寺卿。道光二十三年致仕归里，有名进士与名诗人之称，著《绛雪山房诗钞》《续钞》。在江湜归里时，杨庆琛曾前往送行。江湜作《将归过候杨雪茮先生（庆琛）承作诗送别词意殷拳翌日发舟至洪山桥赋此寄答》诗，叙及他们的交往："主人爱我有奇抱，谓我盍谒弘农公。公时在里谢时事，自提诗律追宗工。门前热客亦何有？但有踽踽寒儒踪。欣然揖我屈行辈，见许词笔森才锋。"到福建不久，彭蕴章就携其拜谒前辈诗人杨庆琛，杨庆琛屈辈与其交往，称许其才华。

江湜第二次入闽，从咸丰三年秋到咸丰六年九月，历时三年余，头年佐李联琇学使幕，据黄华《江弢叔先生传》云，一年后辞幕入巡抚徐清惠幕。这期间，江湜与闽地文人的往来明显多于第一次。与其交往的文人可以分为两类：一是福建的土著文人，一是客居福建的文人。前者主要有林昌彝、林直、梁鸣谦、王叔兰等，后者主要有李联琇、陈偕燦、符兆纶等。

江湜以自己的诗学与福建文人互动，相对于老辈，新生代的诗人更容易接纳，梁鸣谦就是如此。梁鸣谦（1826—1877），字礼堂，闽县人，咸丰九年进士，曾任礼部主事。梁鸣谦比江湜小 9 岁，读过江湜诗，作《读江弢叔集有作》。其诗云："今代江弢叔，论才古已稀。安心作初祖，随手泄天机。""妙觉可无佛，斯人应不肥。须眉惜未睹，欲梦恐还非。"梁鸣谦肯定江湜为一代诗才，称赞他的诗有开创之功。梁鸣谦的评价深得江湜之心。江湜回应道："若持邪意见，难与读诗文。言外能通悟，人间复有君。圣朝方办贼，吾道不求闻。尚喜怀奇士，相知迥出群。"（《梁君礼堂（鸣谦）读拙诗有作见怀遥答其意》）在此次入闽期间，江湜的诗歌流传很广，"忽受诗人好名目"，但当地诗坛并没有深入的评价。闽人秉持的诗学传统与江湜的诗学大异，所以自然难于成为赏音者。梁鸣谦的评论是江湜第二次入闽最大的收获，江湜在福建有了知音。咸丰五年，闽地诗人结成南社①，梁鸣谦、林直均是成员。这一年，江湜纳妾，南社诗人集体前往祝贺，江湜有《杨豫庭（叔怿）子恂（仲愉）林子鱼廉叔（秉汉）两昆仲梁礼堂同过敝寓见贺新纳姬人》诗。其诗云："不笑先生客次贫，同来南社五诗人。"这种人情往来正表明了新一代福建诗人对江湜的认可和推崇。

江湜与客居闽地的江西诗人的切磋更多。首先是上文提到的学政李联琇。李联琇（1820—1878），字季莹，号小湖，别号好云楼主人，江西临川人。道光二十五年进士，选翰林院庶吉士，散馆授编修，充国史馆，官至内阁侍读学士、国子监祭酒。他在任江苏学政期满后，因病乞请开缺，主讲南京惜阴书院。李联琇有《好云楼初集》二十八卷、《二集》十六卷。江湜到福建不久，李联琇与江湜互读对方的诗作，江湜作《读小湖近诗》《小湖许观

---

① 见陈庆元主编《谢章铤集》附录一《谢章铤年谱》引用《龚易图自定年谱》"咸丰五年"条，吉林文史出版社 2009 年版，第 775 页。

近诗即有诗见贻答其意奉呈四首》。江湜辞幕后，他们曾痛快论诗；李联琇离开福建，江湜又作《小湖来告别诗》《柬小湖》。李联琇虽不是闽人，但他是学政，对学风诗风都有较大的号召力。江湜意气堂堂论诗，无疑会产生震动。

江湜在第二次入闽期间不仅得到闽地南社诗人的推崇，还遇到了他诗人生涯中又一个志同道合的知音——符兆纶。符兆纶（1805—1865），字雪樵，号卓峰居士，江西宜黄人。道光十二年举人，历任福清、屏南、建阳知县，有《卓峰草堂诗钞》《梦梨云馆诗钞》。江湜与符兆纶是纯粹的诗人赏音之交。从咸丰四年开始交往，到同治四年符兆纶病卒，十余年间，江湜与其唱和之作有近二十题。他同情符兆纶的际遇，理解他的性格，欣赏他的诗歌。如《校读符雪樵丈（兆纶）近诗》云："官与诗孰重？惟君早辨之。他年传一集，此日罄千思。志士心原在，时人笑可知。南台春酒杓，且及我同持。"江湜认为在官与诗之间，诗更有价值，鼓励符兆纶专心做诗人。符兆纶家在建阳，江湜前去拜访，其《晤雪樵丈谈次有作》云："大江左右两诗人，傲物非真懒是真。出处都难容我辈，文章各已累终身。"江湜在此诗中感慨身世，自信他们是大江左右最好的诗人。同治元年，两个老友乱世重逢，符兆纶赠诗云："忍住饥寒尚赋诗，天涯相见此何时。"庆幸乱世还有江湜这样不畏流离颠沛、把赋诗当作"千秋事重"的诗人。两个命运多舛、际遇困窘的诗人在乱世飘零，把诗歌作为生命的支撑。共同的诗歌理念使他们在诗国里相互扶持。江、符还多次校读对方的诗集。江湜《雪樵丈见示近诗奉柬二首》写他们同病相怜、同气相求、同声相应，"天岂独穷我，人尝欲杀君。有诗堪送日，何事不浮云"，"秋能声众寂，我辈亦吟诗。天籁还人籁，君知与我知。平生今已矣，后世孰传之"。在两个诗人的精神境界里，有诗足矣，一切皆是浮云。

江湜在《伏敔堂诗录自序》中论及他们诗集刊刻的情况云：

> 是秋（咸丰十一年）永嘉有土寇之变，余携诗重来福州。老友符雪樵丈相见惊喜，慰劳外，即问诗稿存否。为述前事，雪樵笑曰："吾无县印，不忧贼至，独不可为徐君竟其志乎？"然雪樵视仲水尤窘，余诺之而难于相累，则为螺洲陈氏授经，以束修所得若干金，反助雪樵。越数月而十五卷之刻以成，时同治元年壬戌三月也。

同治二年（1863），江湜《续录自序》云："《伏敔堂诗录》十五卷，编至去年三月。自三月以至岁除，又得诗九十五首。今携示雪樵，雪樵叹曰：'哀至矣！后数百年，当有读此诗而吊君者，其续刊以俟。'遂刊为《续录》第一卷。续此有作，当以次编至尽年而止也。"江湜的诗集，从初集到续集，都是在符兆纶的关注鼓励下问世的。同治四年，符兆纶缠绵病榻，临终前写给江湜二诗。江湜得到凶问后，即赋《得雪樵丈凶问并传来临终二诗次韵寄挽不能尽怀》二首，百感交集，叙写生平性情："君性不谐世，途穷并无径。永矢刚直肠，懒与物相竞。"江湜评符兆纶诗歌："独挥健笔锋，力战古人胜。千首诗必传，呜呼亦天命！"江湜又写两人的相知："独我交最深，千里远伤逝。"两个客居诗人用他们的诗歌风貌与诗学观念给道咸年间的福建诗坛带来了新风，"力扫肥皮厚肉流"，涤荡的正是闽派诗学传统中空套肤阔的弊端，为清末闽派诗的崛起扫清了障碍。

第三次入闽从咸丰十一年(1861)秋避乱逃难到福州,到同治三年(1864)春离开,历时将近三年。此次入闽期间,仍有人激赏江诗,如吴鸿谟(字仪吉)称赞江诗"虹光未许蒿莱埋,呵护知有鬼神使。天其以是扫淫哇,贼火不敢圭瓒毁"(《酬吴仪吉(鸿谟)见赠之作》题下注)。江湜的诗集在杭州被太平军攻陷时流落,是一个朋友发现并拯救出来的。吴鸿谟庆幸江诗如虹光一样从风尘中跃出,肯定其有"扫淫哇"的诗学价值。但是江湜在第三次入闽期间,与闽地诗人在互动中发生了冲突。《伏敔堂诗录》卷一五《答谢枚如见赠即以送别》云:

恨人此日属流离,彩笔探怀渐不奇。旧是江郎传有赋,新交谢客最能诗。即看着屐留诗别,又我销魂作赋时。越岭溪行无限好,囊中山水想方滋。

谢枚如,即谢章铤(1820—1903),福建长乐人。他是张际亮之后闽地的诗坛翘楚,咸同年间重振闽词旗鼓,聚红词榭成清末重要词派。《赌棋山庄词话》亦是重要的论词著作。从诗中"新交"句知,他们是初次相见;由"留诗别"知,此诗也是送别诗。《谢章铤年谱》"同治元年条"云:"春,将往延平府永安县。""去年秋,江湜因避兵复来闽,寓螺洲陈氏处,为之授经。本年,与章铤遇,章铤有诗赠之。江湜亦有诗回赠,因章铤将游永安,乃并以此诗赠别。"江湜在《答谢枚如见赠即以送别》诗后附录谢章铤原诗。原诗云:

已是十年思一见,每从刘向话高名。那知烽火流离日,忽有云龙上下情。天地倘容吾辈活,文章肯傍古人行。萧萧江水围孤馆,遥夜应难百感平。

第二句注云:"余同年炯甫盛称君。"诗中的刘向代指刘炯甫。江湜《上元月夜访梁礼堂作》的最后两句云:"只算余生为太乙,照他刘向记吾曾?"其中的刘向也是指刘炯甫。刘炯甫(1805—1880),名存仁,炯甫其字,福建闽县人,有《屺云楼集》。谢章铤在咸丰二、三年间通过刘炯甫知道江湜,十年后两人终得聚首。但这一次聚首并不愉快,谢章铤在《与梁礼堂书》中叙述了原委,反映出江湜与闽地诗学的冲突。谢章铤云:

江君弢叔评仆诗曰:"阁下有盖代之才,而未免为明人、国初人所囿,须先药以山谷。"仆闻斯言,踌躇终夜。夫弢叔与仆相见,不过一二次,毅然作此语。无论其见解之确,即其爱我,可谓至矣。得友如此,所宜铸金事之瓣香奉之者也。然揆之鄙见,窃有不解。欲质之弢叔,恐负其惓惓之意;欲默而息,又私心有所不尽。鄙吝是终身自弃也。故敢略陈之左右,幸为我婉询弢叔,其必有所以引伸而教我者。

仆于诗本无师承,少时肄业沈归愚《唐诗别裁》,亦尝效之,然于心毫无把握。稍长,流览诸家。窃谓《诗三百篇》皆圣贤不得已之作,非不得已,则必无诗矣。得不得已之旨者,惟子建、少陵为最。故于二家之诗,有志焉。明诗则未尝有所倾倒,国初亦未尝有所向往。若宋诗于性尤为不近。山谷《内外集》亦尝屡观之,然终始不知其所以美。即坡公,亦觉其言尽,意尽,总不能于心无间也。惟陆放翁、陈后山性情尚为敦挚耳。至近日之学宋诗者,大抵粗头乱服,自谓秀骨天成。然自仆论之,非颓唐,即蹇涩耳。

谢章铤秉承当地诗学传统,宗法汉魏盛唐,与明代复古派、清代格调说一脉相承,对宋诗好感甚少。江湜与谢章铤交往未深,便不客气地对谢诗加以贬驳。值得玩味的是,谢章铤没有把信写给介绍他们相聚的刘炯甫,而是写给梁礼堂。个中原因是针对梁礼堂对江湜的推崇,而且南社诗人群体接受了江湜带进来的异质诗学,这不能不让老辈诗人懊恼。谢章铤在信的结尾嘱咐梁礼堂"可询弢叔,则询之。不可询,则姑置之,勿辨"①。"询"只是借口,实际上是用自己的理论教育新生代诗人。

同治五年(1866),江湜病逝,谢章铤作《怀弢叔》诗,在诗前小序中提到江湜自作挽联:"天赋清才,不登中寿;诗追变雅,自许古人。"他在诗中注云:"弢叔极訾明七子,与余不合。"从序到诗,仍能感到谢章铤对江湜对其诗的贬驳不能释怀。谢章铤不喜欢江湜的个性,不喜欢江湜的诗学,甚至暗示正是江湜的个性与诗学导致江湜不及中寿。谢章铤高寿,不知他看到光绪年间同光体兴起以及闽人奉江湜为圭臬的现象会有何感想。

## 四、江湜与闽派诗新变

福建地处东南沿海,三面环山,东临大海,在中原文化高度发达的汉、唐,闽地文学尚未开展。陈庆元先生在《福建文学发展史》中指出,从地理上看,福建远离中华民族文化母体黄河流域和政治文化中心长安、洛阳,进出道路险峻,影响和限制了中原文化的辐射。西晋末年永嘉南渡、唐代安史之乱、南宋占都临安,都给中原文化与福建文化的沟通带来了机遇,促成了福建两宋时期文学的繁荣。② 陈衍《补订闽诗录后》梳理闽地诗史云:"余维文教之开,吾闽最晚。至唐始有诗人。唐末五代,中土诗人时有流寓入闽者,诗教乃渐昌。至宋而日益盛。若……严沧浪、刘后村、谢皋羽辈,或主持坛坫,转移风气,或独开派别,历久弥新,虽眉山、双井、剑南之雄,未能使掩缛而韬映也。"③南宋严羽与《沧浪诗话》的影响尤为深远,一方面是闽北人"盛传宗派"④,另一方面是对全国诗歌风气的转移,不仅左右了福建数百年宗唐复古的诗学走向,也奠定了全国性复古诗学的理论基础。明代闽派诗大放异彩,《明史·文苑传》云:"闽中善诗者称十才子,鸿为之冠。"钱谦益《列朝诗集小传》勾勒明代闽派诗人,张以宁"以雄丽树帜";林鸿"独唱鸣唐诗"⑤,"凡闽人言诗者,皆本鸿"⑥;高棅学唐诗,"摹其色象,按其音节",其《唐诗品汇》把闽派诗学观推向了全国,使闽派诗学成为有明一朝的主流诗学。钱谦益感慨:"自时厥后,弘、正之衣冠老杜,嘉、隆之矉笑盛唐,传变滋多,受病则一。"⑦清代诗学呈多元的势态,但是宗法

---

① 陈庆元主编:《谢章铤集》,吉林文史出版社2009年版,第17页。
② 陈庆元:《福建文学发展史》,福建教育出版社1996年版,第11~12页。
③ 陈衍撰,陈步编:《陈石遗集》,福建人民出版社2001年版,第511页。
④ 陈庆元:《福建文学发展史》,福建教育出版社1996年版,第222页。
⑤ 〔清〕钱谦益:《列朝诗集小传》,上海古籍出版社1983年版,第180页。
⑥ 〔清〕钱谦益:《列朝诗集小传》,上海古籍出版社1983年版,第143页。
⑦ 〔清〕钱谦益:《列朝诗集小传》,上海古籍出版社1983年版,第180~181页。

汉魏盛唐者仍然是很强劲的一支，其领袖沈德潜对闽派诗欣赏有加，《明诗别裁集》云："闽中诗派以子羽（林鸿）为首，宗法唐人，绳趋尺步……然终是正派。"陈衍反思道："闽派盛于明，非盛唐之诗不读，及钟伯敬入闽，竟陵体风行，稍有学中晚唐宋人者。有清初叶犹然，至沈归愚唐诗、明诗、国朝诗三《别裁》集出，海内奉为圭臬，闽人又专为通套盛唐诗矣。"①从严羽到明代闽派，虽然竟陵派的传入带来小小变异的插曲，但是沈德潜的格调说重新加固了福建人的诗学传统。

从南宋到清末的数百年间，福建诗坛一直宗唐诗学。光绪年间，闽派诗人学孟郊、贾岛，学苏黄，学梅尧臣、王安石、陈师道、杨万里，把宗宋宗黄贯彻到底，把乡贤严羽作为批驳的对象。这个转弯是从哪里开始的？近代诗歌研究的开拓者汪辟疆先生在《近代诗派与地域》一文中，专设"闽赣派"一节，从地理、文化以及诗学承传等方面解释区域诗风之特点。他从地理与文化展开言，"闽赣二省，地既密迩……且文化开展，并在唐后，而皆大盛于天水一朝。文士摅怀，有深湛之思，具雄秀之禀，所谓与山川相发者非耶"。他从诗学承传言，"闽赣派诗家，实以宋人为借径"。② 江西是江西诗派的根据地，由于闽赣毗邻，因此晚清闽派走宋人路径，显然与江西有关。这种说法的说服力显然不强。陈庆元先生在《福建文学发展史·绪论》中就对此表示疑议："闽派与同光派中的赣派如陈三立等虽然都借径宋诗，但观点和风格不尽一致，汪国垣将闽赣归为一派，如果从借径宋诗这一点来说是无可非议的，但一定要从地域因素（两省毗邻）找原因，就比较勉强，因为闽赣地理条件相差较大。论赣派上溯到宋代江西派黄山谷固无不可，论闽派上溯黄山谷则是有点不伦，因为宋代闽人严羽对江西派极为不满，一部《沧浪诗话》主要是为江西派而发。"他认为应该从闽诗自身发展找源头，可以上溯到明末清初以及林昌彝的变唐为宋。

除了汪辟疆与陈庆元两位先生的思路，陈衍认为林寿图在福建诗学转变中有标志性的意义，云："道咸以来，何子贞（绍基）、祁春圃（寯藻）、魏默深（源）、曾涤生（国藩）、欧阳磵东（辂）、郑子尹（珍）、莫子偲（友芝）诸老，始喜言宋诗。何、郑、莫皆出程春海侍郎（恩泽）门下，湘乡诗文字，皆私淑江西，洞庭以南言声韵之学者，稍改故步；而王壬秋（闿运）则为《骚》、《选》、盛唐如故。都下亦变其宗尚张船山、黄仲则之风，潘伯寅、李莼客诸公，稍为翁覃溪。吾乡林欧斋布政（寿图）亦不复为张亨甫，而学山谷。嗣后樊榭、定盦，浙派中又分两途矣。"③他又在《近代诗钞》中云："嘉道以来，则程春海侍郎、祁春圃相国……不规规于王文简（士禛）之标举神韵，沈文悫（德潜）之主持温柔敦厚，盖合学人诗人之诗二而一之也。"④"始喜言宋诗"的诸老其实又分两辈。程恩泽与祁寯藻是"诸老"中的上辈，他们影响了何、郑、莫、曾，影响了湖南的诗风，进而影响了京师诗风的变迁。陈衍认为福建诗人的变化从林寿图开始，林寿图在京师与王少鹤、孙琴西、邵位西、龙翰臣诸公

---

① 陈衍著，郑朝宗、石文英校点：《石遗室诗话》，人民文学出版社 2004 年版，第 235 页。

② 汪辟疆：《汪辟疆说近代诗》，上海古籍出版社 2001 年版，第 24 ~ 25 页。

③ 陈衍著，郑朝宗、石文英校点：《石遗室诗话》，人民文学出版社 2004 年版，第 4 页。

④ 陈衍：《近代诗钞》上，商务印书馆 1961 年版，第 1 页。

游，同治二年外放陕西，其诗风大变。所谓"欧斋先生少慕张亨甫，中年以后学山谷，《黄鹄山人集》前后颇不相类"①。陈衍由林寿图追溯到了同治初年。后来，陈衍的学生黄曾樾在反思福建诗教之变迁时云："道、咸之间，程侍郎、祁相国以杜、韩、白、苏倡于京师，为世宗仰，而八闽诗人，尚株守其乡先辈摹仿成法。同、光而还，郑海藏、陈听水、陈木菴三先生出，以宛陵、半山、东坡、放翁、诚斋诸大家为宗。同时江右陈散原先生，力祖山谷。于是数百年来之为诗者，始一变其窠臼，大抵以清新真挚为主，海内推为同光派。"②他认为八闽诗风之变始于陈书、陈宝琛、郑孝胥和陈衍。闽诗变迁下延到光绪中期。这些说法或从地缘或从区域诗学承传或从某些有影响的诗人着眼，都不失为一种有益的探讨，但是江湜三次入闽所带进去的异质诗学资源则尚未引起特别注意。

诗学影响是一种比较抽象微妙的东西，如果能在薪火相传的链条中有一个"代兴"式的大诗人，观察起来就容易得多；但诗学影响所及若仅有空间的宽度而没有大名的提升，则常常被人忽略。江湜对闽派诗学的影响应该就属于这种情况。我们从上文的梳理中看到，江湜在第三次入闽期间与南社诗人有较多的诗学交流，梁鸣谦从古今代变的高度评价江湜，但遗憾的是我们尚未掌握资料以说明这些诗人是如何传承江湜诗学的以及这种承传与光绪年间的陈宝琛、郑孝胥、陈衍诸人有无交集。抛去这些行迹的考索，诗歌理念的承传则是显而易见的。汪辟疆在《近代诗派与地域》一文中勾勒流变云："其直接影响于同光者，尤以春海、子尹、太初、弢叔四家为著。程郑二氏，学术淹雅，诗则植体韩黄，典赡排奡，理厚思沈，同光派诗人之宗散原者，多从此入。江陈二家，人情练达，诗则体兼唐宋，清拔澹远，富有理致，同光派诗人之学夜起者，又多借径。此二派者，发轫于道咸，而大盛于同光，逮于今日，流风未沫，此道咸间诗人之荦荦者也。"③汪辟疆认为影响同光时期诗人的主要有程恩泽、郑珍、陈沆、江湜四人。学习陈三立者多从程恩泽、郑珍入手，而学习郑孝胥者多从陈沆、江湜入手。汪辟疆在梳理诗学渊源时指出，江湜在闽派诗学流变中是不可或缺的。

江湜与郑孝胥的相通之处在哪里？首先，他们的宗法对象相同。江湜从孟郊、韩愈入手，郑孝胥走了与江湜相似的路径。陈衍《海藏楼诗叙》叙述其诗歌创作历程云："君诗始治大谢，浸淫柳州。乙酉归自金陵，访余于西门街。则亟称孟东野。诣君案有手钞东野诗四册，题五言古数章于上，有精语，足资诗学。"④《石遗室诗话》又云："苏戡三十以前，专攻五古，规抚大谢，浸淫柳州，又洗练于东野。"郑海藏"五言佐以东野"。林纾说其"古体取径江谢，合响贞曜"⑤。孟郊是他们共同的"借径"。其次，他们的诗学风格类似。

---

① 陈衍著，郑朝宗、石文英校点：《石遗室诗话》，人民文学出版社 2004 年版，第 235 页。

② 黄曾樾：《陈石遗先生谈艺录序》，见钱仲联编校《陈衍诗论合集》，福建人民出版社 1999 年版，第 1016 页。

③ 汪辟疆：《汪辟疆说近代诗》，上海古籍出版社 2001 年版，第 10 页。

④ 陈衍撰，陈步编：《陈石遗集》，福建人民出版社 2001 年版，第 508 页。

⑤ 林纾：《海藏楼记》，见《海藏楼诗集》附录三，上海古籍出版社 2003 年版，第 549 页。

江湜早年善言穷途困窘;遭遇乱离,善言哀。因此谭献说江湜"哀语使人不欢,危语使人毛戴"①。"兀奡成削,以瘦成其坚"②、"幽秀峭挺"③、"诗力深透"④等都是人们对江湜诗歌的评价。陈衍认为郑孝胥是"最工于哀挽者","多惘惘之作"。其诗风"凄戾绵邈之音,往往使人神往"。"专以精思锐笔,清练而出。"⑤陈宝琛称其诗"幽峭凄厉"⑥。沈曾植直接把郑孝胥称为"清奇僻苦主"⑦。我们从这些评论中可以看出江、郑二人诗风之相类。陈衍以"变风变雅"解释郑孝胥的诗风,但是这种"变风变雅"为何没有凸现于其他区域,而偏偏出现在福建的郑孝胥身上?更重要的是不仅郑孝胥的诗风与江湜的诗风相类,而且郑孝胥在指导后学时常把江湜作为入门的经典诗人,俨然成为江湜开拓的诗学传递者,正如汪辟疆所云"同光派诗人之学夜起者,又多借径"。郑孝胥《陈叔通属题江弢叔墨迹》云:

> 拔可梅泉皆善诗,闻我说诗必称善。近日独推伏敔堂,笔力精深语能浅。诗境尤难在逼真,落落江君去人远。拔可初示缺后卷,未知所终意不满。梅泉诣市立得之,异哉江君神所遣。叔通复示江笔迹,逸气票姚纷照眼。诗中颇自矜其书,忽来此卷手中展。斯人冥冥想颠倒,急觅知音苦难缓。名心未死深可哀,文字沈埋谁解返?

拔可、梅泉是李宣龚和周今觉,都是郑孝胥的诗弟子。从诗中可知,由于郑孝胥对斯人斯诗颠倒思之,称为知音,启发了拔可、梅泉的"独推"。陈声聪《兼于阁诗话》卷三"今觉庵"条讲周今觉,云:"梅泉诗谓服膺江弢叔,实亦不甚似。有《题陈叔通所藏江弢叔手书诗卷》云:'诗文遭乱例穷蹇,善作苦语凄心脾。中兴开山几巨手,巢经秋蟪胥伦魁。伏敌幽潜晚始出,异军突起张偏师。并时熊、盛亦健者,敛手籍、湜推昌黎。'"⑧周今觉梳理清末诗歌流变,认为"中兴开山"级的诗人有郑珍、金和,而把江湜与唐代诗风转变中之韩愈类比,把熊苏林、盛艮山与皇甫湜、张籍类比。如此推崇江湜,那郑孝胥处于何种位置?周今觉显然认为乃师的诗风是由江湜开辟的,郑孝胥只是"借径",不具备"开山"之资格。

江湜生前将诗歌视为名山事业,其诗学终于在其死后有了承传者——清末最有成就的诗家郑孝胥,而郑孝胥正是来自江湜的福地——福建。关于江湜与同光体闽派诗学的联系,汪辟疆称为"借径",郑孝胥对斯人的"颠倒"以及周今觉与李宣龚的"独推"都足以说明江湜在同光体闽派诗学中的地位。

---

① 谭献著,范旭仑等整理:《复堂日记》,河北教育出版社2001年版,第43页。

② 徐世昌:《晚晴簃诗汇诗话》,见《清诗纪事》三,凤凰出版社2004年版,第2671页。

③ 由云龙:《定厂诗话》,见《清诗纪事》三,凤凰出版社2004年版,第2672页。

④ 陈衍:《石遗室诗话》,见《清诗纪事》三,凤凰出版社2004年版,第2671页。

⑤ 陈衍:《石遗室诗话》,见《海藏楼诗集》附录三,上海古籍出版社2003年版,第552~553页。

⑥ 陈宝琛:《郑苏龛布政六十寿序》,见《海藏楼诗集》附录三,上海古籍出版社2003年版,第546页。

⑦ 沈曾植:《〈涛园诗集〉序》,见《海藏楼诗集》附录三,上海古籍出版社2003年版,第548页。

⑧ 陈声聪:《兼于阁诗话》,上海古籍出版社1985年版,第167页。

# 钥匙抑或迷障？

## ——论中国古典诗词的“现代性”阐释

王 赫*

以西方诗学为试纸检测中国古典诗词的成分，对古典诗词做出再解释，发掘中国诗歌自身的“现代性写作”传统，为现代新诗正名，是江弱水先生在《古典诗的现代性》一书中的大胆探索。半个世纪以来，受海外华裔传统辞章学者的启发，借西方诗论重新评估中国古典诗词，揭示部分古典诗词现代化特色的研究方法，早已在国内研究者中引起了广泛的关注与论争。引入“现代性”概念阐释古典诗词，固然能为古典文学意义的考量打开新的空间；在视界融合的维度上进行理论创新，也不失为一种新鲜别致的方法。然而这种抽掉了时间意识与历史语境的“现代性”，究竟能在多大程度上揭示古典诗词的本质精神，是值得审度的。探究古典诗词现代阐释的正确方法，以端正的态度应对文化身份认同的焦虑，亦是题中应有之义。

### 一、概念：不可复制的时间意识与无法架空的历史语境

从“失语症”问题的发现到“现代转换”口号的提出，20 世纪以来的几代中国学人都在试图摆脱一种焦虑，即对西方学术话语大量充斥中国学界的不满与担忧。在理论方面，基于实现文论民族化的热切愿望，中国古代文论话语的重新阐释和转型自 20 世纪初即已开始。然而这一现代转换又往往借助西方文论这一中介。钱锺书著《谈艺录》，“颇采‘二西’之书，以供三隅之反”①；朱光潜曾指出应当通过比较西方诗作品和诗理论，来

---

* 王赫，山东大学文学院博士研究生。

① 钱锺书：《谈艺录·序》（补订本），中华书局 1984 年版，第 1 页。

探讨中国诗的长短①。通过观察论者对具体文本的分析可知，近些年来，西方文论话语在诸多论者笔下层出不穷，引发争议。对叶嘉莹先生以西方诗论解读吴文英词的现代化特色，小说家高阳曾提出质疑："用一把欧美名牌的钥匙，怎能开得中国描金箱子上的白铜锁？"②

要实现"现代转换"，在中西的对话与交汇中进行审视是一个不可或缺的环节，在与异质文化的碰撞之下更易发现新的视点，使传统文化的活力在不断的再解释过程中被激发，照亮当下的时代。而其中的关键在于"度"。把握度的关键则在于对古典文学的全面审视与深刻体悟，以及研究者在转型期的心态。从西方理论视角切入考察古典文学中的问题，有时胜义纷披，古典诗词中确有部分作品将惯常的说教目的悬置，在反映与模仿的功能之外另辟蹊径，形成多元样态，迥异于大部分内涵指向明确且语意连贯的古典文本。但因此就将这种新异冠以"现代性"之名，生硬地拼凑出中国的"现代性写作"传统，则是一种"失度"的表现。

现代性汇集了现代社会各个方面的问题，成为近代以来整个文化界讨论的热点话题，在社会转型期尤为突出。在西方，"现代性"的概念错综复杂，歧义丛生，但作为其基本前提的时间意识与历史语境是不可回避的。江弱水意识到"现代性""委实是一个刻舟求剑的愚蠢的用词"③，故而特意将前提抛掷，摆脱干扰，只提取其艺术品质方面的内涵。诸多探讨古典诗词现代性的论者也是这样处理的。但是这样仍然不能避免逻辑的混沌，因为即使仅从美学层面考虑，此词的内涵也绝非如此单纯。

美学现代性理论家波德莱尔首次提出美学上的"现代性"概念："现代性就是过渡、短暂、偶然，就是艺术的一半，另一半是永恒和不变。每个古代画家都有一种现代性，古代留下来的大部分美丽的肖像都穿着当时的衣服。他们是完全协调的，因为服装、发型、举止、目光和微笑(每个时代都有自己的仪态、眼神和微笑)构成了全部生命力的整体。这种过渡的、短暂的、其变化如此频繁的成分，你们没有权利蔑视和忽略。"④这一理论的独特之处在于它包含一种时间意识。"每个古代画家都有一种现代性"，并非指古代画家也具有当今人们所说的美学现代性，而是指每个时代的画家各自具有其所处时代、所经历生活的"新颖性"——"现代性广义地意味着成为现代(being modern)，也就是适应现时及其无可置疑的'新颖性'(newness)"⑤。时代不可复制，"现代性"并非一个内涵永恒不变

---

① 朱光潜：《诗论·抗战版序》，见《朱光潜美学文集》(第二卷)，上海文艺出版社1982年版，第4页。

② 高阳：《莫"碎"了"七宝楼台"！——为梦窗词敬质在美国的叶嘉莹女士》，见《高阳说诗》，辽宁教育出版社1998年版，第133页。

③ 江弱水：《古典诗的现代性》，生活·读书·新知三联书店2010年版，第3页。

④ [法]波德莱尔著，郭宏安译：《现代生活的画家》，见《波德莱尔美学论文选》，人民文学出版社1987年版，第485页。

⑤ [美]马泰·卡林内斯库著，顾爱彬、李瑞华译：《现代性的五副面孔：现代主义、先锋派、颓废、媚俗艺术、后现代主义》，商务印书馆2002年版，第337页。

的抽象概念,而是各个历史时期的艺术家在他们所经历的独一无二的时代中表达其现时感受。这种种现时感受承载着特定的思想,以特定的言说方式表现出来,各具特色而变化频繁,但都能与时代环境协调,是美的,因而具有长久不衰的生命力。在这种理论观照下才可以说“浪漫主义是美的最新近、最现时的表现”①,当19世纪欧洲文学从古典主义的清规戒律中挣脱出来走向浪漫主义时,对自由的执着追求与对感情的热烈表现就成为最新鲜的风景。卡林内斯库指出司汤达所理解的浪漫主义就是一种“当代生活意识”、一种“最直接意义上的现代性意识”,而非一个特定时期、一种特殊风格,所传达出的是强烈的时间意识,是波德莱尔现代性理论的雏形。② 江弱水在其著作绪论中引用“每个古代画家都有一种现代性”的说法支撑自己去时间意识的现代性观点,是对波德莱尔理论的误解。江先生也误解了福柯的说法。福柯所说的“把现代性看作一种态度而不是历史的一个时期”③,也是要求把握现时性,与波德莱尔的观点有异曲同工之处。

“只有在一种特定时间意识,即线性不可逆的、无法阻止地流逝的历史性时间意识的框架中,现代性这个概念才能被构想出来。在一个不需要时间连续型历史概念,并依据神话和重现模式来组织其时间范畴的社会中,现代性作为一个概念将是毫无意义的。”④中国传统农耕文化影响下的时间观是循环式的,呈现出追求稳定的、封闭的圆形形态的特点,天人合一、因果轮回的佛道思想将宇宙万物置于周而复始的周期内,历史事件被认为是可重复上演的,人们由此形成尊古的历史观。海洋文化影响下的西方性格更为精密、激进,犹太教—基督教文化生成连绵有序且包含无限可能性的直线矢量时间观,并为启蒙主义所承袭。时间观念具有文化特征,其内在实质是人的差异,通过风俗和行为等具体表现出来,文艺创作也是其中一个方面。波德莱尔沉浸于“现在”,用创造性的想象表现现代性,追求“现在的美”。他倡导的颓废美学认为历史发展会由颓废走向衰微以至终点,仍然基于典型的线性时间观。速度是现代性时间观念的一个显著特征,波德莱尔就强调了这种变动频繁的瞬时性。

摆脱现代性的时间意识时,历史语境也就一同被搁置。不同历史背景下产生不同质的文学,所谓超越时代的杰作也有其继承性和局限性,本身无法脱离历史语境而被架空,甚或正因表达了对跳脱其历史环境的强烈渴望而获得存在的意义。从19世纪前半期开始,作为文明史阶段的现代性与美学的现代性之间产生了长久的分裂:前者是工业革命与资本主义引起的社会巨变的产物,它推崇理性,追求进步;后者则拒斥激情,以反叛的

---

① [法]波德莱尔:《一八四六年的沙龙》,见《波德莱尔美学论文选》,人民文学出版社1987年版,第218页。

② [美]马泰·卡林内斯库著,顾爱彬、李瑞华译:《现代性的五副面孔:现代主义、先锋派、颓废、媚俗艺术、后现代主义》,商务印书馆2002年版,第45页。

③ [法]福柯:《何为启蒙》,见杜小真编选《福柯集》,上海远东出版社1998年版,第534页。

④ [美]马泰·卡林内斯库著,顾爱彬、李瑞华译:《现代性的五副面孔:现代主义、先锋派、颓废、媚俗艺术、后现代主义》,商务印书馆2002年版,第18页。

姿态出现。“但在它们欲置对方于死地的狂热中，未尝不容许甚至是激发了种种相互影响。”[①]现代性将人们从窒息的空间中解放出来，使人们得以置身于更开放的但同时也具有前所未有的复杂性与不确定性的境地，失去精神容器而无法重建信仰体系的人们因此感到扭曲和破碎。

可见，时间与空间是现代性不可或缺的前提，也是讨论现代性诸问题的两个重要维度。即使说使用“现代性”一词是“必要之恶”[②]，仍然有失严谨。钱锺书的“东海西海，心理攸同；南学北学，道术未裂”[③]乃通才灼见，但他并不随意使用含混的名目，每每细究内涵。他评论沈启无编《近代散文钞》，指出以“冰雪小品”为书名更妥当，“至少可以不用‘近代’那种招惹是非的名词”[④]；论诗也只言明“有古人而为今之诗者，有今人而为古之诗者，且有一人之身搀合今古者”[⑤]，“中国诗里有所谓‘西洋的’品质，西洋诗里也有所谓‘中国的’成分”[⑥]这样的事实，将古今中外诗歌作为一个艺术门类整体地看待。

## 二、因革：精神气候与理念外壳下的语言编码

不妨在对比杜甫、李贺、周邦彦等诗人作品与其他诗人作品的基础上，从精神气质、艺术理念、语言形式等方面进行分析，印证中国古典诗词并不存在“现代性写作”传统。

### （一）精神气质

诗人的精神气质会投射于诗歌中，从而使诗歌呈现出不同的精神气质。王国维所言“客观之诗人”需多阅世以丰富材料，“主观之诗人”不必多阅世以存真性情[⑦]，即有此意。

杜甫诗歌素被誉为“诗史”，寄寓着困顿于时代洪流和社会漩涡中感时伤世的深怀。滞留夔州时期，漂泊、孤独、老病加剧了杜甫内心的沉郁悲怆，气蟠胸臆，故其诗作呈现出内转的倾向，在艺术上更加精妙。江弱水详析这一时期的《秋兴八首》，认为这组“冥想

① ［美］马泰·卡林内斯库著，顾爱彬、李瑞华译：《现代性的五副面孔：现代主义、先锋派、颓废、媚俗艺术、后现代主义》，商务印书馆 2002 年版，第 48 页。

② 黄维樑指出江弱水《古典诗的现代性》一书使用“现代性”这一术语乃“必要之恶”（a necessary evil），江弱水回信中坦承“的确是‘必要之恶’”。见江弱水《古典诗的现代性》，生活·读书·新知三联书店 2010 年版，第 307、312 页。

③ 钱锺书：《谈艺录·序》（补订本），中华书局 1984 年版，第 1 页。

④ 钱锺书：《近代散文钞》，见《写在人生边上　人生边上的边上　石语》，生活·读书·新知三联书店 2002 年版，第 320 页。

⑤ 钱锺书：《谈艺录》（补订本），中华书局 1984 年版，第 3 页。

⑥ 钱锺书：《谈中国诗》，见《写在人生边上　人生边上的边上　石语》，生活·读书·新知三联书店 2002 年版，第 167 页。

⑦ 王国维《人间词话》：“客观之诗人，不可不多阅世。阅世愈深，则材料愈丰富，愈变化，《水浒传》、《红楼梦》之作者是也。主观之诗人不必多阅世。阅世愈浅，则性情愈真，李后主是也。”见唐圭璋编《词话丛编》（第五册），中华书局 1986 年版，第 4243 页。

诗”深寂独语的冥想气质与西方现代主义诗歌如瓦雷里的《海滨墓园》、艾略特的《四首四重奏》有相通之处。其实这种内省的视角、冥想的气质在中国古典诗词中并不罕见,早在屈原的《离骚》中就已呈现。创作《离骚》时的屈原也已从外在世界的动荡返回内心深处的大寂寞,在过去经验的回响中复活记忆再埋葬之。从政治生涯的重重挫折,写到孤绝之境中的矛盾挣扎与执着坚守,最后神游天地归于杳渺,诗思逐渐浸淫于幽深奇幻的冥想之中。吴汝纶《十八家诗钞评注》云:“大抵子美所至之地,精神意思能与其山川元气冥合,所以造极渊微,诸诗乃适与夔、巫萧森之境相副耳。”①宇文所安也说:“夔州律诗中,有较多吟咏气候和一日的组成部分(黄昏,半夜)的诗,这些都被处理成宇宙力量交互作用的体现,融合了杜甫对阴阳象征、宇宙要素及代表造化的大江的兴趣。”②《离骚》中亦有这等起于深思默想而发为奇崛壮阔,以一己之心独与宇宙天地之精神相往来的诗句。杜甫有“山归万古春”(《上白帝城二首其一》)和“星月动秋山”(《草阁》),屈原有“日月忽其不淹兮,春与秋其代序”;杜甫有“波乱日华迟”(《暮春题瀼西新赁草屋五首其一》),屈原有“日忽忽其将暮”,“时暧暧其将罢”;杜甫有“遗庙丹青落,空山草木长”(《武侯庙》),屈原有“惟草木之零落兮,恐美人之迟暮”;杜甫有“雷声忽送千峰雨,花气浑如百和香”(《即事》),屈原则有“虽萎绝其亦何伤兮,哀众芳之芜秽”……皆可谓物与我相契,极尽开阖抑扬之变化。

除了以儒家理念为指导的工具主义文论系统,中国传统文论还形成以老庄佛释之学为依托的审美主义文论系统。处于后者影响下的王孟等唐代山水田园诗人及大历诗人的作品,更鲜明地体现出冥想的气质。兹举王维诗为例:“雨中山果落,灯下草虫鸣”(《秋夜独坐》),寂然兀坐时自有相谐之声,“声喧乱石中,色静深松里”(《青溪》),喧腾背景下却有深幽之色,“积翠纱窗暗,飞泉绣户凉”(《从岐王夜宴卫家山池应教》),声色掩映里又有通灵质感;“岸火孤舟宿,渔家夕鸟还”(《登河北城楼作》),坦然置身于客观物象静与动的世界里,“跳波自相溅,白鹭惊复下”(《栾家濑》),蓦然的变动瞬间呈现隐藏于字面之下的深意,“涧户寂无人,纷纷开且落”(《辛夷坞》),身世两忘。王维将抽象思想寓于饱满意象中,一切景致犹在眼前,思致却沉潜而绵远。诗人处于这样价值真空的自由精神状态中,使诗歌的冥想特质更为显著。

与冥想气质相伴而生的是独语的姿态,江弱水细辨“请看石上藤萝月,已映洲前芦荻花”(《秋兴八首其二》)中的“请看”二字,认为这一祈使语气并非对他人而发,而是内倾化的声音,是诗人提醒沉浸于回忆中的自己时光已悄然流逝③。这一分析精密得当,但是我们不能将这种独语式的书写作为古典诗词具有现代性的证明。屈原在《离骚》中即在絮絮独语中挣脱内心的矛盾纠葛,屈原与灵氛的对话实际上也是自问自答,是诗人与内

① 〔清〕吴汝纶:《十八家诗钞评注》,见陈伯海主编《唐诗汇评》(上册),浙江教育出版社 1995 年版,第 1048 页。

② 〔美〕宇文所安著,贾晋华译:《盛唐诗》,生活·读书·新知三联书店 2004 年版,第 241 页。

③ 江弱水:《古典诗的现代性》,生活·读书·新知三联书店 2010 年版,第 123 ~ 124 页。

心分化出来的声音的对话,最后诗人发出“已矣哉”的喟叹,作为全诗尾声。正如 T. S. 艾略特在《诗的三种声音》中所指出的:“在一首既非说教,亦非叙述,而且也不由任何社会目的激活的诗中,诗人唯一关注的也许只是用诗——用他所有的文字的资源,包括其历史、内涵和音乐——来表达这一模糊的冲动。……他烦了那么多神,不是为了与什么人交流,而是要从极度的难受中摆脱出来。”①

颓废是现代性诗歌的另一种精神气质。沉溺于颓靡文字的南朝文学、深受齐梁宫体诗影响的李贺诗、日薄西山的晚唐时代的李商隐诗与温庭筠词,都具有彻骨的颓废气质。具有颓废表征的诗歌未必具有现代性。中国诗歌的颓废气质最早在汉末《古诗十九首》中体现,曹氏父子及南朝文人的颓废情调与之一脉相承。“服食求神仙,多为药所误。不如饮美酒,被服纨与素”(《驱车上东门》),“生年不满百,常怀千岁忧。昼短苦夜长,何不秉烛游。为乐当及时,何能待来兹”(《生年不满百》),人生短促,忧患无常,解脱的方法是及时行乐。马茂元指出:“这类思想是庸俗而粗野的,它的气质是浪漫而颓废的。”②作为汉末社会的一种普遍情绪,颓废不仅体现在文人诗中,也流露于乐府民歌中:“来日大难,口燥唇干。今日相乐,皆当喜欢。……欢日尚少,戚日苦多。以何忘忧,弹筝酒歌。”(《善哉行》)“命如凿石见火,居世竟能几时?但当欢乐自娱,尽心极所嬉怡。”(《满歌行》)至建安时代,便有曹丕的“人生如寄,多忧何为。今我不乐,岁月其驰”(《善哉行》),“为乐常苦迟,岁月逝,忽若飞,何为自苦,使我心悲”(《大墙上蒿行》)。这种及时行乐的思想在李贺诗中就有体现:“劝君终日酩酊醉,酒不到刘伶坟上土。”(《将进酒》)

李贺在其短暂的人生中,时时生发时不我待、未老先衰的幻灭感:“长安有男儿,二十心已朽”(《赠陈商》),“我当二十不得意,一心愁谢如枯兰”(《开愁歌》),“唯见月寒日暖,来煎人寿”(《苦昼短》)。这种因年命之短、光阴之速产生的绝望感,在汉末诗歌中也表现得十分明晰:“人生天地间,忽如远行客”(《青青陵上柏》),“人生寄一世,奄忽若飙尘”(《今日良宴会》),“所遇无故物,焉得不速老。……人生非金石,岂能长寿考”(《回车驾言迈》),“四时更变化,岁暮一何速”(《东城高且长》),“对酒当歌,人生几何?譬如朝露,去日苦多”(曹操《短歌行》)。自小体弱、时有早夭预感的李贺,内心常纠缠于死亡:“王母桃花千遍红,彭祖巫咸几回死”(《浩歌》),“白草侵烟死,秋藜绕地红”(《王浚墓下作》),“离宫散萤天似水,竹黄池冷芙蓉死”(《九月》),“拜神得寿献天子,七星贯断嫦娥死”(《章和二年中》)。汉末诗中也常出现死亡的肃杀,这种危殆的悲凉依然源于“白骨露于野,千里无鸡鸣”(曹操《蒿里行》)的战乱现实:“下有陈死人,杳杳即长暮。潜寐黄泉下,千载永不寤”(《驱车上东门》),“出郭门直视,但见丘与坟。古墓犁为田,松柏摧为薪。白杨多悲风,萧萧愁杀人”(《去者日以疏》)。

基督教的末世论给西方带来颓废意识,对历史终结和末日审判抱有信仰。“同古代

---

① 转引自江弱水《古典诗的现代性》,生活·读书·新知三联书店 2010 年版,第 117 页。

② 马茂元:《古诗十九首初探》,陕西人民出版社 1981 年版,第 24 页。

人更为消极的态度相比（无论这些古代人是赞成斯多噶派的遁世和冷漠，还是培育了享乐主义的'及时行乐'哲学），基督教颓废观中新的东西是一种敏锐而不安的紧迫感。……从世界的终结正在迅速临近的观点来看，每一个单独的瞬间都是决定性的。颓废的意识导致内心不安，导致一种自我审察、全力以赴和作出重大放弃的需要。"①从本质上看，受循环时间观影响的中国传统文学的颓废与现代性颓废是不同的。汉末诗歌的痛感主要源自腐朽战乱、朝不保夕的社会现实。李贺诗歌虽有"世界的终结"的意味，却植根于李贺没落贵族出身、仕途不顺、多愁多病的坎坷身世，加之他对社会人生缺乏理性认识，耽于幻想和苦吟，诗风不免幽奇怪诞。由自我身心之破败遥感宇宙万物之衰亡，确与一般古典诗的历史兴亡感很不相同，但并非现代性的。李商隐的颓废源自对王朝命运的忧思、自身不幸遭际触发的哀感，并受佛道思想与时代绮靡审美趣味的影响。北宋商业发展，城市繁荣，文人士大夫生活多优裕潇洒，声色熏染下的京师文化助长了周邦彦本就风流颓荡的秉性。张新颖强调，要将沉湎于感官享乐的颓废与包含了时间焦虑的现代主义的颓废加以区分②。古典诗词中的颓废色彩不能与"现代性"挂钩。

### （二）艺术理念

"新"是文学现代性的首要特征，波德莱尔推崇新世界里新鲜事物带来的美，卡林内斯库也强调现代性的一副重要面孔即"先锋"。对过去的激进批评与对未来的无限向往也是现代性的重要内涵。

在魏晋南北朝这一文学自觉的时代，文人的实验意识大放光彩。当时的文人不仅在文本立意上凸显个体生命意识的觉醒，在艺术上也极具自由精神。曹丕继桓谭、王充之后，在《典论·论文》中反对贵远贱近的错误态度。刘勰的《文心雕龙》因针对当时的绮靡文风而具有一定的经学色彩和复古性质，但刘勰在《文心雕龙·知音》篇中批评了贵古贱今的倾向。南朝文人多反对征圣宗经，纷纷露才扬己，在诗艺方面追新逐巧。在江弱水看来，南朝文学及唐代杜甫、李贺、李商隐、温庭筠与宋代周邦彦、姜夔、吴文英诗词中的新变是现代性的体现。其实文学艺术本就讲求创新，而复古与创新、故常与新异往往是相对的。《文心雕龙·通变》讲继承与革新，遵循的是"望今制奇，参古定法"③的标准；钟嵘《诗品》也是将南朝文学同祖风骚的观点具体化，从继承关系考察诗歌的嬗变轨迹，对诗人进行沿流溯源的分析。复古未必是陈旧品质的重申，而是给新时代的文学张本。初唐陈子昂反对偏重形式的创作倾向，他借以提倡的"风骨""兴寄"正是汉魏建安的优良传统，又为李白所继承；面对时人或全盘否定六朝文学或仍拘泥于形似的局面，杜甫提出"转益多师是汝师"（《戏为六绝句其六》）。江弱水认为韩孟只是崇尚奇险、奇崛、奇怪之

---

① ［美］马泰·卡林内斯库著，顾爱彬、李瑞华译：《现代性的五副面孔：现代主义、先锋派、颓废、媚俗艺术、后现代主义》，商务印书馆 2002 年版，第 164 ~ 165 页。

② 参见张新颖《20 世纪上半期中国文学的现代意识》，生活·读书·新知三联书店 2001 年版。

③ 周振甫：《文心雕龙今译》，中华书局 1986 年版，第 274 页。

"奇"，元白一派也只是用风格上的浅近平易来矫正韩孟，并未在技巧上求新，且韩、白之诗都有浓厚的说教意味。事实上，韩愈对既定模式的拆解是继承杜甫的；除了字句的求新，"以丑为美"更是一种崭新的审美取向，怪异可怖的意象、血淋淋的场面，带来惊心动魄的审美感受，在野蛮可憎的恶中发掘美，在解构的破坏中开创雄奇恣肆的新境界，迥异于传统的典雅圆融；韩愈或偏于焦躁，下笔放纵，但这也恰好与传统的中正平和相抵牾。若说李贺相信"语言再造世界的魔力"①，"笔补造化天无功"（《高轩过》），具有强烈的主观性，那么韩愈也同样重视心力胆识的能量，所谓"规模背时利，文字觑天巧"（《答孟郊》），"雕刻文刀利，搜求智网恢"（《咏雪赠张籍》），用创造性的诗思对外在物象进行主观化的裁夺。至于白居易诗歌力避书面语而多用口语、俗语，要求解放格律，未始不是技巧上刻意的求新，重建了语言与真实世界的联系。从宋初白体、晚唐体、西昆体对唐诗的师法与模仿到宋诗形成以思理气骨见胜的独特范式，从苏轼"以诗为词"到李清照提出词"别是一家"，从明末公安派对前后七子复古的反拨到竟陵派对公安派的纠偏，以至五四以来各个新诗流派的发展演变，无不表明在不断因革的诗歌史进程中，故常与新异并非对立的两极。

哈罗德·布鲁姆将弗洛伊德理论应用于文艺批评，认为诗歌传统如同父亲，当代诗人如同具有俄狄浦斯情结的儿子，前者试图压抑后者，后者试图用有意识或无意识的"误读"去否定前者，树立自己的形象。布鲁姆把这种反传统的诗歌评论方式称为"逆反式"批评（Antithetical Criticism）。② 这体现的就是"影响的焦虑"（anxiety of influence）。文学必然需要不断打破原有的秩序、拆解既定的结构，才能向前发展；当新的问题出现后，又需要补偏救弊、更新完善，文学由此获得进一步发展。时代审美风气的演变、诗人修养和爱好的差异，都是造成诗歌风貌多样的因素。每一时代都有其特性，现代作品有古典性，古典作品也有现代性，但是就严格意义上的"现代性"来说，我们无法"在一切时代的公约数上来概括出现代性的本质来"③。

### （三）语言形式

在竞新逐异的艺术理念的指导下，语言形式创新成为必然结果，其种种新异现象最易使论者堕入"现代性"的迷雾。

**1. 句法**

句法断裂是文学现代性最显著的语言特质，语义关系的断裂和隐藏直接导致了现代主义文学的晦涩难解。福柯说："当语言作为扩散开了的言语变成了知识对象的时候，却以一种截然对立的形态重新出现：词静静地、小心翼翼地淀积在空白的纸面上，在那里，

① 江弱水：《古典诗的现代性》，生活·读书·新知三联书店2010年版，第102页。

② ［美］哈罗德·布鲁姆，徐文博译：《影响的焦虑·译者前言》，生活·读书·新知三联书店1989年版，第1页。

③ 江弱水：《古典诗的现代性》，生活·读书·新知三联书店2010年版，第308页。

它既无声响又无对话者，在那里，它要讲的全部东西仅仅是它自身，它要做的全部事情仅仅是在自己存在的光芒中闪烁不定。”①由结构主义的视角审视，这种语言能够在抽象中实现自足。它也能够通过偏离获得字词以外的丰富含义，如同弗莱德里克·R.卡尔所说：“词语（或色彩）被填入的是它们自身，而且负荷过重，所以，它们的非线性、非序列形式不是对世界的反映，而是世界本身。”②悬垂结构的字词组合方式赋予文本独特魅力。在杜甫中晚期的七律、李贺梦幻般的歌引中，常见这种词与词之间、能指与所指之间被切断惯常联系而代之以意象聚集的现象。其实这在各个时代的作品中都不鲜见，遑论使用特殊的古汉语书写的古典诗词。以下从倒装、省略和对偶三种修辞手法入手来分析古典诗词句法之断续。

叶嘉莹先生举《秋兴八首其八》中的“香稻啄余鹦鹉粒，碧梧栖老凤凰枝”来说明杜诗的句法超越了传统，开拓了新境界③。将“香稻”和“碧梧”放在句首，突出表现诗人对开元盛世和美好生活的怀念，“鹦鹉啄余”和“凤凰栖老”只是想象性的虚拟的烘托。杜甫有许多这样警策的诗句，如“竹批双耳峻，风入四蹄轻”（《房兵曹胡马》）的虚实转换，“野哭几家闻战伐，夷歌数处起渔樵”（《阁夜》）的先闻其声。杜甫运字琢句境界高妙，但他使用的倒装技法并非前无古人。《文心雕龙·定势》云：“效奇之法，必颠倒文句，上字而抑下，中辞而出外，回互不常，则新色耳。”④南朝骈文中早已出现这种错置技巧：将“想彼君子”颠倒为“君子彼想”（鲍照《石帆铭》），将“孤臣坠涕，孽子危心”颠倒为“孤臣危涕，孽子坠心”（江淹《恨赋》），将“骨折心惊”颠倒为“心折骨惊”（江淹《别赋》），将“衫同草绿，面似花红”颠倒为“草绿衫同，花红面似”（庾信《行雨山铭》）。有时为了符合声律的要求，有时出于增加诗味的考虑，诗人会自觉倒装语序。“竹喧归浣女，莲动下渔舟”（王维《山居秋暝》），前置“竹喧”“莲动”，画面感增强；“行宫见月伤心色，夜雨闻铃肠断声”（白居易《长恨歌》），置“伤心”于“月”“色”二字间，置“肠断”于“铃”“声”二字间，节奏感增强；“香生帐里雾，书积枕边山”（陆游《昼卧》），正常语序为“帐里生香雾，枕边积书山”，原句在叶韵的基础上化平庸为生动。汉语语法不讲究字形、语态等变化，富有弹性，伸缩自如，诗人可以通过颠倒字词，让诗句呼吸起来。英语诗歌中也不乏例证，如莎士比亚的 Sonnet 18，为了强调内容并使整首诗符合莎士比亚十四行诗的押韵方式，莎士比亚将第五行（Sometime too hot the eye of heaven shines）、第七行（And every fair from fair sometime declines）、第八行（By chance or nature’s changing course untrimmed）、第十二行（When

---

① ［法］福柯：《词与物》（节选），见杜小真编选《福柯集》，上海远东出版社 1998 年版，第 113 页。

② ［美］弗莱德里克·R.卡尔著，陈永国、傅景川译：《现代与现代主义——西方文化思潮的历史转型》，吉林教育出版社 1995 年版，第 178 页。

③ 叶嘉莹：《论杜甫七律之演进及其承先启后之成就（代序）》，见《杜甫秋兴八首集说》，河北教育出版社 2000 年版，第 40 ~ 41 页。

④ 周振甫：《文心雕龙今译》，中华书局 1986 年版，第 280 页。

ineternal lines to time thou grow' st)①做了状语提前的处理。句法错置是文学创作的常态，不为“现代性”所专属。在精简的诗歌语言外壳下，将原本不相连属的字词放在一起，表情达意的效果更精妙。《世说新语》中“漱石枕流”②的错置乃口误，经强辩反而妙趣横生，而诗人作诗常刻意为此。诗的破格(poetic license)使诗人得以更圆满地遵循着心理的逻辑。

再看省略。杜甫《春日忆李白》中的“清新庾开府，俊逸鲍参军”与“渭北春天树，江东日暮云”两联，用简省的意象组合表现李白才华之清俊与杜甫思念之深切。温庭筠《商山早行》中的“鸡声茅店月，人迹板桥霜”，将孤立的名词缀连起来表现内在的意义。周邦彦作词也好用实字，造成致密的视觉效果：“清真非不用虚字勾勒，但可不用者即不用。其不用虚字，而用实字或静辞，以为转接提顿者，即文章之潜气内转法。”③省略具体叙述和描写，使字词呈现静态的聚集状态而非动态的流线状态的写法，在古典诗词中很常见。如“桃李春风一杯酒，江湖夜雨十年灯”（黄庭坚《寄黄几复》），拈出几个最富于暗示意味的意象来营造意境，又如“楼船夜雪瓜洲渡，铁马秋风大散关”（陆游《书愤》），“明月别枝惊鹊，清风半夜鸣蝉”（辛弃疾《西江月》），都是通过意象的组合拓展想象的余地，读者可对留白进行再创造。西方语言的主谓核心构架不可或缺，而汉语具有宽式语法特征，特别是在注重意会传神的古典诗词中，语言的准确性常让位于美学性。

对偶也是中式思维的产物。它将看似互无关系的意象放在一起，势必造成诗句的断裂与凝滞，而能使诗句之间产生统一和谐的效果，强化空间感，使诗歌表现的整个世界焕发生命力。周邦彦词多用对偶，如《水龙吟·梨花》中足有五处对偶，句法的断续性自然显现。这与“现代性”并无关联，与古汉语诗词的形态紧密相关。

“现代和现代主义的一个重要方面始终是对现在时刻的强调，即脱离对‘现在’的无时间性的认识。这种对现时性的强调——往往由记忆所强化——就是为什么现代主义运动所运用的语言和声音几无连续性或叙述性的原因之一。”④在句法的断裂性中窥探现代性因素，对时间的强调仍是不容忽视的。

**2. 章法**

理脉不清晰是现代性文本章法层面上的一大特色，也是造成文本费解的重要因素。江弱水分析道：“事先没有一个全盘的考虑，李贺漫步式的写作，是周作人所说的‘乱写’，也就是现代主义者的‘自由联想’(free association)。最后的‘足成之’，便是在零乱的片

---

① William Shakespeare, *The Complete Sonnets and Poems*, Oxford University Press, 2002, 417.

② 《世说新语·排调》：“孙子荆年少时欲隐，语王武子‘当枕石漱流’，误曰‘漱石枕流’。王曰：‘流可枕，石可漱乎？’孙曰：‘所以枕流，欲洗其耳；所以漱石，欲砺其齿。’”见余嘉锡笺疏《世说新语笺疏》，中华书局2007年版，第918页。

③ 夏敬观：《蕙风词话诠评》，见唐圭璋编《词话丛编》(第五册)，中华书局1986年版，第4592页。

④ [美]弗莱德里克·R.卡尔著，陈永国、傅景川译：《现代与现代主义——西方文化思潮的历史转型》，吉林教育出版社1995年版，第24页。

段之间设置一定的联系，使散乱的锦囊妙语稍能统一为整体。"①这种类似蒙太奇的剪辑与组合手法，与李贺过分专注于细节而忽视整体的思维习惯有关。温庭筠词亦有条理不清的特点，为人所讥，俞平伯却认为："飞卿之词，每截取可以调和的诸印象而杂置一处，听其自然融合，在读者心眼中，仁者见仁，智者见智，不必问其脉络神理如何如何，而脉络神理按之则俨然自在。"②由此可见，古典诗词的表层逻辑暧昧并不会妨碍读者的认知，读者可以借助个人体验和诗词常识进行感性把握和理性判断，这与现代派文学有显著不同。

此外，值得一提的是周邦彦词的小说化和戏剧化手法。现代主义文学一反浪漫主义文学以第一人称为标志的强烈抒情写法，刻意使用第三人称打造客观姿态，借描写场景侧面暗示情感。周邦彦的词似与此相通，如《少年游》（并刀如水）有环境背景，有人物动作，甚至有人物对话；《蝶恋花》（月皎惊乌栖不定）从有限视角切入，主观情感十分节制，通过场景和情节烘托心理感觉，更显真切。俞平伯说："吾友浦江清曰：'《东坡词》中时时会跑出一个东坡居士来的。'而《清真词》中固不数见清真先生之迹也。"③周邦彦词以此见长，但此特征并非现代性文本所独具，也不是周邦彦独创。《花间集》中有大量代言体作品，如韦庄的《女冠子》（四月十七），从女子的角度抒写离情别绪。小说化与戏剧化特色在花间词中也有突出表现，和凝的组词《江城子》五阕写的就是男女约会的连属故事，将女子心路的变化表现得曲折优美。周邦彦继承并发展了花间小令的写法。写故事的手法早在《诗经》（如《齐风・鸡鸣》）中即有体现，而且其后的漫长诗词史中也有不少表现生活片段的作品，显然不能将它们统统归入现代性写作。

**3. 意象和典故**

叶嘉莹在评《秋兴八首》时，在指出"句法之突破传统"之外，还提出"意象之超越现实"，如"织女机丝虚夜月，石鲸鳞甲动秋风"，借回忆中昆明池的织女像和石鲸鱼表现空幻飘摇的境界。叶先生认为这也是一种开拓，"使保守者，能自此窥见现代之曙光"④。然而记忆中的事物经过诗人情感的投射而在想象中再现出来，往往会被赋予超越现实的新意义，意境在今昔对比中顿生，原先的实物也就转化为现今的感情的意象。历来不少注诗者好穿凿附会地解密意象的影射含义，反而埋没了纯粹的诗感。

前文已分析过省略手法易使诗词中出现静态语簇。这些静态语簇其实就是意象的罗列。李贺在诗中常用通感手法将感官意象组合，如"宝枕垂云选春梦，钿合碧寒龙脑冻"（《春怀引》），"冷翠烛，劳光彩"（《苏小小墓》）。余光中认为李贺属于现代，其诗风

---

① 江弱水：《古典诗的现代性》，生活・读书・新知三联书店2010年版，第171页。

② 俞平伯：《读词偶得》，见《俞平伯全集》（第四卷），花山文艺出版社1997年版，第15页。

③ 俞平伯：《清真词释》，见《俞平伯全集》（第四卷），花山文艺出版社1997年版，第111页。

④ 叶嘉莹：《论杜甫七律之演进及其承先启后之成就（代序）》，见《杜甫秋兴八首集说》，河北教育出版社2000年版，第51页。

对美国意象派诗人庞德的诗风有影响:“人群中,这些面孔的鬼影;潮湿的黑树枝上的花瓣。”①同样是在浓缩的语句中把握质感,李贺从古汉语的特殊形态中获取灵感,庞德则通过学习中国古典诗歌和日本俳句,提炼出“意象叠加”(superimposition)技法。车站里来往的面孔如同幽灵般湿漉漉的花瓣,流露衰微之中木然的气息,正是20世纪西方人精神的写照。中国古典诗词中的意象,不论是鲜活的还是颓败的,都具有独特的古典风韵,在特殊句法的作用下,意象的密度突显出来,读者想象的跳跃性随之增强,境界自然大开。这与现代派的意象主义、象征主义、印象主义有可以相互参照之处,但适用空间截然不同。

私立象征(private symbol)的使用也常见诸现代主义写作。江弱水认为姜夔词多用私立象征,地名“淮南”和“远望”姿态都与姜夔客居合肥时的一段情事有关,“杨柳”这一具有公约性内涵的文化符号在其笔下也指向隐秘的个人经验(合肥巷陌多柳)。“对于象征主义诗人而言,现代生活的丰富性与复杂性使得公共象征已经不足以反映个人的隐秘经验,其惯用的意象每每具有个人特定的思想与情感内涵,并通过不断的重复积累起力量。”②古典词人写隐衷往往在常见意象中投注自我情绪,却不是时代生活的丰富性与复杂性使然,而是个人经历的曲折性与心理活动的戏剧性使然。有论者指出,李清照南渡前所作词中的核心意象“楼”“月”“琴”“花”,属于对客观具象的直观感兴;南渡后所作词中的“江”“雁”“雨”“梦”等意象则偏于隐示,主观色彩加重③。原型意象“雁”作为公共意象常喻指孤独无依的状态,或包含鸿雁传书的典故。李清照于南渡前作的词,如“云中谁寄锦书来,雁字回时,月满西楼”(《一剪梅》),“好把音书凭过雁,东莱不似蓬莱远”(《蝶恋花·晚止昌乐馆寄姊妹》),“草绿阶前,暮天雁断。楼上远信谁传”(《怨王孙》),运用了“雁”的公共内涵。经历北人南渡之苦后,“雁”被李清照赋予私人化的内涵。“雁过也,正伤心,却是旧时相识”(《声声慢》),即使是往日曾传递书信的鸿雁也无法带来已故夫君的消息,且雁从北方迁徙而来,词人却国破家亡无计可归。“归鸿声断残云碧,背窗雪落炉烟直”(《菩萨蛮》),平静生活难以为继,词人在人日节的归鸿声里听出的是绝望的乡愁。这类意象的言外之意来自作者私人化的生活经历与体验,与现代派的心理机制并不对等。

江弱水还认为古典诗词存在与现代派相通的互文性(Intersexuality)。互文性是现代派的标志之一,《荒原》《尤利西斯》都是范本。但中国古典诗词固有凭历史故事或经籍成辞而触类旁通的用典(allusion)手法。如果以李商隐《牡丹》诗那般用典的繁缛稠密为标准,那么《离骚》中的典故更是不胜枚举。处于所谓“现代性写作”体系之外的辛弃疾亦好獭祭,虽然通常以经史中的生硬字面入词,不同于周邦彦、姜夔和吴文英,好檃栝六朝唐人

① 余光中:《象牙塔到白玉楼》,见《余光中集》(第四卷),百花文艺出版社2004年版,第204页。
② 江弱水:《古典诗的现代性》,生活·读书·新知三联书店2010年版,第239页。
③ 陈玉兰:《论李清照南渡词核心意象之转换及其象征意义》,载《文学遗产》2008年第3期。

的绮字丽句，嘉藻纷缛，其实不过是一心存雄强之抱负，一经营绮艳之欲望耳，从修辞上看，本质一致。

以上从句法、章法、意象和典故三个层面说明古典诗词在语言形式上与现代派貌合神离。诗词作法遵循想象与情感的逻辑，其跳跃性通过跨越时空、互为主客等多种形式展现，在表层语义的断裂之下，动作没有持续性，而是以幽微的思想线索维系之，具有冥想与独语性质的内倾化作品尤其如此。当看到古典诗词那内省的气质、新异的主张、非理性的语言秩序时，我们走入的是古典时代里隐秘的个人世界，而非现代性的城堡。

## 三、祛魅：梦魇下的幻象与迷宫里的遗踪

人们历来对李商隐诗猜想不断，对吴文英词褒贬不一。李商隐诗擅长模仿变化，吴文英词受唐宋诸家的全面影响，在江弱水提出的“现代性写作”传统中最具代表性。前文已说明古典诗词在审美方面不能与现代派作品一概而论的具体原因，本部分只就李商隐诗的意象运用与吴文英词的脉络架构这两个关键问题进行探究，以祛除假相，将作品还原于古典世界与古典心灵。

继韩孟、元白两派之后，李贺开启了晚唐诗歌注重主观心灵与自我释放的新趋向，齐梁声色渐回诗坛。唐诗发展至李商隐，对心灵世界的开掘更为深入，其幽约细美的诗句瑰妍夺目，又能摆脱诡谲的措辞与激烈的韵调，归于温润纯熟。因过重的心理负荷长久以来不断施压，具有内倾气质的李商隐那敏感纤柔的心中，幻化出形形色色的心像，投注于诗中就变为不相连贯的种种意象。这些意象或浓艳或清冷，在一般的咏物意义之外更有寄兴与暗示的意味，借指的甚至不是一时一事，而是多种感知的复合，纷纭意绪牵连渗透，难以指实。

《燕台诗四首》就是这样一组迂回曲折的梦魇之诗。李商隐凭借敏锐的感觉和细致的观察打造一幅幅图像，来表现梦幻般隐微的内在生活。诗以四季的轮转暗喻周而复始的思念与追寻，时空不断变化，角色不断转换，浪漫温情与凄冷哀痛交错写来。诗中有追寻，也有追寻失败的失落，更有失落后继续追寻的执着，以及终究不能如愿的悲哀。西方现代派作品表现的是现代人身处现代世界的孤独与焦虑，是从“上帝死了”到“人死了”的荒诞与绝望，是将纯粹唯美情爱作为依托和安慰的悲凉与空虚，是面对时代变迁的无所适从与软弱无力。而中国古代文人不仅在诗词中表现他们在古典世界里的所见所感，也将自我选择和行动反映出来。现代主义诗人艾略特认为论诗应避免求助于社会背景和作者经历，而时代环境与诗人身世往往是影响古典诗词内涵的要素。

艾略特反对浪漫主义的一味抒情，主张隐藏个性，主张寻找“客观对应物”来表现情绪，以达到情感客观化的效果。李商隐在诗中也将情感寄于客观物象，但他继承的是比兴传统，他笔下的意象是客观之物与主观之心的融合。古典诗歌注重外物感发志意的作

用，“气之动物，物之感人，故摇荡性情，形诸舞咏”①。《燕台诗四首》以诸多景物构图，心与物契，但在写法上倾向于由心及物，心中情感激起想象，敷衍相关物象，使梦境般的心灵幻象由此得以一一展现，使心事得以绵延流淌。这些意象的意义也就不再那么简明，它们属于最私人的领域。李商隐诗难解的原因正在于此。纤细敏锐的性格特点使李商隐能够把握外物的神秘内蕴与残缺美感，在诗歌图景中布置这些假托的物象来传达隐秘情怀。与杜甫运用意象时刻注意前后关照不同，李商隐将一系列意象错综并举以层层加深情感，如《燕台诗四首》中春之“蜜房羽客”“冶叶倡条”“高鬟”“桃鬟”“雄龙雌凤”“絮乱丝繁”，夏之“雨帘”“芳树”“瘴花”“木棉”“银汉”“星妃”“浊水清波”，秋之“孤喇”“风筝”“北斗”“长河”“金鱼锁”“鸳鸯茵”“瑶瑟”“越罗”“双珰”“歌唇”，冬之“雌凤”“女龙”“青溪白石”“冻壁霜华”“楚管蛮弦”“破鬟倭堕”“风车雨马”“蜡烛啼红”等，颇为密集。这是第一种方法。第二种方法是用同一意象演绎不同心绪，比如本组诗中的月亮意象，夏夜“桂宫流影光难取，嫣薰兰破轻轻语”，秋夜“月浪衡天天宇湿，凉蟾落尽疏星入”，冬夜“浪乘画舸忆蟾蜍，月娥未必婵娟子”，将同一意象置于不同季节不同阶段的图景中描绘，逐步展现了诗人从执着追求理想到理想彻底破灭的心灵轨迹。

李商隐的诗通过渲染凄艳的气氛和迷离的情绪，融合往昔与当前，错综跳跃的诗行之间自有内在的充实与浑融，故而重重意象幽微绮密，却不显支离饾饤，一切图像虽朦胧隐约而能布置妥帖，终以沉郁之气升腾出博大气象。其诗看似“无端”，是“所谓善于埋没意绪者”②，但这并非他故弄狡狯，更非闲闲游戏之笔，而是追求至于幻灭、虽幻灭而犹追求的整个心境的写照。这梦魇的图像具有浓厚的非写实色彩，以某一具体事件阐释难免顾此失彼。李商隐的诗提醒我们重新关注语言本身的美，感悟那连缀起图像碎片的深曲的思致。

李商隐的诗虽“新”而不至于“讹”，吴文英的词却似乎具有现代化的全部特征。李商隐的诗以理性提挈组织非理性的意象，“在理性与非理性之间做了一种极其微妙的结合，其非理性之形象既能以其神奇精美之品质予读者以直觉的感动，而其理性之结构则能使其缤纷繁复之意象不致流入于荒诞堆砌，而仍具有说服之力量”③，从章法、句法来看，都有比较清晰的脉络和线索。而历来论者大多认为吴文英的词缺乏这样可循的线路。

张炎《词源》云：“吴梦窗词如七宝楼台，眩人眼目，碎拆下来，不成片段。”④后世词论家奉此语为圭臬，常引此訾议梦窗词。梦窗词被标举姜词、张词的浙西词派批评，也未入选常州词派张惠言编的《词选》。周济却极力褒扬道：“梦窗立意高，取径远，皆非余子所

---

① 〔南朝梁〕钟嵘：《诗品序》，见郭绍虞主编《中国历代文论选》（一卷本），上海古籍出版社 2001 年版，第 106 页。

② 刘学锴、余恕诚：《李商隐诗歌集解》，中华书局 1988 年版，第 93 页。

③ 叶嘉莹：《从中西诗论的结合谈中国古典诗歌的评赏》，见《古典诗词讲演集》，河北教育出版社 1997 年版，第 39 页。

④ 〔清〕张炎：《词源》，见唐圭璋编《词话丛编》（第一册），中华书局 1986 年版，第 259 页。

及。”“梦窗奇思壮采,腾天潜渊,返南宋之清泚,为北宋之秾挚。”①“梦窗每于空际转身,非具大神力不能。梦窗非无生涩处,总胜空滑。况其佳者,天光云影,摇荡绿波,抚玩无斁,追寻已远。”②晚清四大词人倍加推崇梦窗词,况周颐甚至以之为宋词的最高典范。在质疑者看来,梦窗词固能免于放浪空滑,但隶事冷僻、质实晦涩也非正道;且那些眩目的片段零散杂乱,没有章法。王国维在《人间词话》中说:“梦窗之词,余得取其词中之一语以评之,曰‘映梦窗,零乱碧’。”③胡适认为“《梦窗四稿》中的词几乎无一首不是靠古典与套语堆砌起来的”,评论《琐窗寒·玉兰》道:“这一大串的套语与古典,堆砌起来,中间又没有什么‘诗的情绪’或‘诗的意境’作个纲领;我们只见他时而说人,时而说花,一会儿说蛮腥和吴苑,一会儿又在咸阳送客了!”④胡云翼也深加贬抑:“唯其专在用事与字面上讲求,不注意词的全部的脉络,纵然字面修饰得很好看,字句运用得很巧妙,也还不过是一些破碎的美丽辞句,决不能成功整别的情绪之流的文艺作品。”⑤

叶嘉莹在《拆碎七宝楼台——谈梦窗词之现代观》一文中为梦窗词翻案,认为“梦窗词之运笔修辞,竟然与一些现代文艺作品之所谓现代化的作风颇有暗合之处”⑥,传统的叙事、写景和抒情多具有明晰的层次,梦窗词最重要的背弃传统的特色之一,即“叙述往往使时间与空间为交错之杂糅”⑦。如针对《齐天乐·与冯深居登禹陵》中的“寂寥西窗久坐,故人悭会遇,同翦灯语。积藓残碑,零圭断璧,重拂人间尘土”数句,叶嘉莹云:“此种空间与时间之错综,亦非理性可以接受,然而乃竟由于此一错综之结合,而白昼登禹陵时所感到的三千年往事之兴亡悲慨,乃于深宵翦灯共语之际,而一一涌现灯前,且与故人今昔睽隔之人世无常的悲慨,浑然结合而成为一体了。”⑧高阳作《莫“碎”了“七宝楼台”!——为梦窗词敬质在美国的叶嘉莹女士》一文提出质疑,认为“梦窗词的叙述,在时间、空间,乃至人物、情况上,相当清晰,本未错综,此即彊村的所谓‘脉络井井’”⑨,从根

---

① 〔清〕周济:《宋四家词选目录序论》,见唐圭璋编《词话丛编》(第二册),中华书局1986年版,第1644、1643页。

② 〔清〕周济:《介存斋论词杂著》,见唐圭璋编《词话丛编》(第二册),中华书局1986年版,第1633页。

③ 王国维:《人间词话》,见唐圭璋编《词话丛编》(第五册),中华书局1986年版,第4251页。

④ 胡适选注:《词选:胡适选注民国高级中学国语读本》,北京联合出版公司2013年版,第259~260页。

⑤ 胡云翼:《宋词研究》,巴蜀书社1989年版,第165页。

⑥ 叶嘉莹:《拆碎七宝楼台——谈梦窗词之现代观》,见《迦陵论词丛稿》,河北教育出版社1997年版,第62页。

⑦ 叶嘉莹论梦窗词的第二点现代化特色是“修辞往往凭一己之感性所得,而不依循理性所惯见习知的方法”。叶嘉莹:《拆碎七宝楼台——谈梦窗词之现代观》,见《迦陵论词丛稿》,河北教育出版社1997年版,第63页。

⑧ 叶嘉莹:《拆碎七宝楼台——谈梦窗词之现代观》,见《迦陵论词丛稿》,河北教育出版社1997年版,第67页。

⑨ 高阳:《莫“碎”了“七宝楼台”!——为梦窗词敬质在美国的叶嘉莹女士》,见《高阳说诗》,辽宁教育出版社1998年版,第134页。

本上否认了梦窗词时空错综情形的存在。

其实，梦窗词的叙述确实存在交错杂糅的情况，只是这并不影响意脉的绵密。杨铁夫指出："所谓顺逆、提顿、转折诸法，触处逢源，知梦窗诸词无不脉络贯通，前后照应，法密而意串，语卓而律精，而玉田'七宝楼台'之说，真矮人观剧矣。"①《祝英台近·除夜立春》上阕铺叙眼前的热闹喜庆景象，欢笑声中已暗暗逗出其旨，下阕以"旧尊俎"引起追念，写回忆中的场景、梦中归来的假想、现时的孤寂之感，"除夕"是勾连今昔的结点。由今夕实景转入回忆与幻想，复归于现实，层次分明。他人的欢乐与词人的落寞、往日的温馨与今宵的孤寒、结尾的白头落梅与首句的"花信上钗股"，处处对比，结构严谨。《三姝媚·过都城旧居有感》一词也运用回忆与现实交织的结构，且首尾呼应：以"湖山"开篇，以"河桥"作结；从"渍春衫，啼痕酒痕无限"深入，由"斜阳泪满"淡出。《风入松》（听风听雨过清明）的时空设置更为错综复杂，借助联想和幻想，将眼前实景与昔日情事融为一片，一个画面就统摄了不同时空的场景，如梦似幻。叙事时空界线被打破，但整首词并非印象的杂乱拼凑，而是依据心理轨迹与环境气氛，做了虚实互相转化的处理，既有环环相扣的清晰路线，又具遥相呼应的整体性。

梦窗词的时空交错是以词内在的合理性为基础的。《祝英台近·春日客龟溪游废园》上阕从游览幽静古冷的废园写起，忆及当初"斗草溪根，沙印小莲步"，再感怀现今独游故地人已老迈，下阕又将思绪转移到分别之时，情知归期无信，于是回到眼前废园，以"霎时凝伫"的姿态留下悠长余味。《宴清都》（病渴文园久）上阕从年老感怀切入杭州记忆，并以"痛恨不、买断斜阳，西湖酝入春酒"将今日感怀糅于当日情形，下阕写苏州思念，想象别后秋江上的寂寥，全词不仅有时间上从现在到过去再到将来的变换，还有空间上从杭州到苏州又到江上的挪移。这些词作都以贯通全篇的情感将虚实之境与哀乐之景融为整体，气氛惝恍如梦而意脉绵密如缕。

时空交错手法会造成千回百转、柳暗花明的效果，于婉转迂回中见深厚笔力，需要细细品味。《渡江云三犯·西湖清明》首句中的"羞红""浅恨"分别统摄上下两阕。上阕写西湖仙遇，在先舟行、后骑行的顺叙中穿插景语兼情语"千丝怨碧"，接下来着一"渐"字，语势舒缓。终于入得迷津，却不写所见，而以"肠漫回"荡开一笔；终于见到佳人，却不写其正面姿容，而写"隔花时见""背面楚腰身"。至此，情节发展到高潮并戛然而止。"逡巡"二字领起下阕，写词人的迟疑，仍不写佳人正面，词境愈加深邃。"还始觉"从写实转入抒情，"始"字又一曲折。结尾以景结情，韵味深远："明朝事与孤烟冷，做满湖、风雨愁人"，兜头一转，眼界大开，低沉语意忽变苍茫，笔力千钧，此即周济所谓"空际转身"；"山黛暝、尘波澹绿无痕"，前面的重重布置化为"无痕"，浅恨绵绵无绝。留白的手法使词境更显充实，曲折深幽、变幻不拘的结构形式充分展现了故事的

---

① 杨铁夫笺释，陈邦炎、张奇慧校点：《吴梦窗词笺释·选本第一版原序》，广东人民出版社 1992 年版。

波折动人和情感的矛盾苦涩。

梦窗词呈现出多层次的结构。如《宴清都》(病渴文园久)上片写西湖情事,下片写苏州情事;《风入松·桂》上片写苏州之事,下片写西湖之事;《莺啼序·荷(和赵修全韵)》第一、二片咏荷,第三、四片分别写西湖情事和苏州情事。忆旧伤怀的情绪皆贯穿作品始终。抒情笔墨间常穿插叙事,如《扫花游·西湖寒食》中的"乘盖争避处。就解佩旗亭,故人相遇",《惜秋华·木芙蓉》中的"长记断桥外。骤玉骢过处,千娇凝睇",结构因之波澜起伏、摇曳生姿,更显活泼曲折。

刘若愚称:"近来有人宣称吴文英有一种独创性是言过其实的。诚然,吴文英常常使用出人意料的或超现实的意象,也喜爱把过去和现在混为一体,他在词的结构方法上多依赖感情的联系而不是逻辑的连结;但这并不意味着他是第一个使用这些方法的人。"①《诗经》中就有不少采用打乱时空写法的诗作。《卫风·氓》从起初的愿望写到后来的怨怼,思及幼时的欢乐、曾经的誓言,最后回到残酷现实。《豳风·东山》回忆征戍生活,慨叹离家日久,担心家园荒芜,想象妻子盼归,追溯新婚幸福,时空闪回间还穿插"零雨其濛"的实景写照。《周南·卷耳》《小雅·采薇》也是采用类似写法的篇什。梦窗以前的词人词作也有不少使用时空跳跃笔法,譬如《忆秦娥·箫声咽》,先以萧史弄玉的传说写秦台,再由秦台之月过渡到长安之东灞桥伤别,接着写长安东南的乐游原,继之以咸阳古道,最后写汉代宫殿,借古喻今。柳永将单线的时空结构拓展为回环往复式的多重时空结构:在时间上表现为由现在回想过去,再念及现在,然后设想将来,最后回归现在,如"今宵酒醒何处,杨柳岸、晓风残月"(《雨霖铃》),假想别后情景;在空间上表现为自己思念对方并设想对方思念自己,而不仅限于分写双方,如"想佳人、妆楼颙望,误几回、天际识归舟"(《八声甘州》)。周邦彦词的时空结构更为繁复多变,但起承转合处皆有提示。梦窗词中的这种手法臻于极致,看似缺少过渡,实则富有逻辑、脉络不断。

因此"梦窗词之遗弃传统而近于现代化的地方,最重要的乃是他完全摆脱了传统上理性的羁束","这种时空错综的叙写方法,在中国旧文学中,当然是极为新异背弃传统的"②的观点,是值得商榷的。随着词这种文体的发展和成熟,情感的表达从明朗单纯渐渐变得深沉复杂,词的结构形式为适应情感表达的需要而变得曲折。生活在日益衰颓的南宋的梦窗,终生未第,游幕数十年,困踬以死,寄迹江湖本已苦闷,又遭遇悲剧恋情的重创。注重表现主观心灵感受的他下语自然务求深隐,多写幻想,加之多用凝涩浓艳的实字、凄迷奇僻的典故与代字,较少使用虚字作粘连,较少依赖时空的完整与连续,故而其词显得断裂松散、晦涩难解。但其词并非杂乱无章,其词中看似孤立破碎的意象能相互生发,被有迹可寻、情意连绵的暗线串联。

---

① 阎华:《国外学者关于吴文英词的争论》,载《光明日报》1983 年 1 月 18 日。

② 叶嘉莹:《拆碎七宝楼台——谈梦窗词之现代观》,见《迦陵论词丛稿》,河北教育出版社 1997 年版,第 63、67 页。

现代工业的兴起与发展、经济危机与世界大战的破坏、现代哲学的诞生，构成了西方现代主义文学思潮的复杂背景。传统的依循理性逻辑勾勒外部世界的写作方法，已无法深刻表现时代的混乱、文明的衰败、人类的荒谬、精神的危机以及各种尖锐的矛盾和失调的关系。只有打破时空顺序，以大量象征和意识流手法刻画魔幻的梦境与隐秘的心理，才能准确表现现代人潜在、复杂而多变的现代心绪。与反理性的无意识自由联想不同，中国古典诗词借比兴传统演绎出的联想方式，自然会在文本表面将完整的场景切割开来，不必刻意点破物我、时空、虚实的转换。梦窗词固然存在炼字过分尖新、口语流失殆尽、语意蹈袭重复、缺乏现实观照等弊病，瑕瑜互见，其“空际转身法”运用得十分灵活巧妙，“此等笔法，随处遇之。必先知此，始许读梦窗词”①。

我们可以拼接李商隐的幻象、感悟他的梦魇，追寻吴文英的足迹、走访他的迷宫，以实现感性上的体察与理性上的认知。其实李商隐的白描清境之诗与迷离绮艳之诗数量相当，吴文英也多明净疏快不落言筌之词，通篇堆砌辞藻的反占少数。除了时代环境和个人经历，诗词的典雅化倾向也是影响创作的关键因素，只有联系整个诗词史的发展趋势加以考察，才能得出较为公允的评价。在看待诗词的“现代性”问题时，亦当如此。

## 四、新变：时代关口的哲学视角、体验来源和双重压力

一般认为1840年鸦片战争是中国现代化进程的开端，而明清之际，原发的现代性意识就已在孕育之中，新的诉求与古典哲思具有本质性的区别。宋明理学秉承佛教消解时间的理念，割裂了“现在”与日常生活的联系，脱离实际的事务而凭借纯粹的沉思抵达终极。明中叶后，资本主义萌芽，理学的形而上学观念遭到质疑，时间意识改观。王夫之指出：“有已往者焉，流之源也，而谓之曰过去，不知其未尝去也。有将来者焉，流之归也，而谓之曰未来，不知其必来也。其当前而谓之现在者，为之名曰刹那（谓如断一丝之顷）；不知通已往将来之在念中者，皆其现在，而非仅刹那也。”②过去并不停滞于从前，未来也必将到来，在这不可分割的时间之流中，过去与未来“皆其现在”，现在乃时间之中心，过去与现在又共同指向未来这一归宿。鹿善继指出：“只就此日此时此事，求一个此心过的去，便是理也。”③顾宪成的《当下绎》也论述了现在时刻的重要性。④ 这种强调当下的存在意义的时间视角同时也是一种全新的哲学历史视角。人们从此出发，重新衡量自身的位置与时代的价值，以所处时代区分新的时代与历史的时代。人们乐于面向未来，在学

① 杨铁夫笺释，陈邦炎、张奇慧校点：《吴梦窗词笺释》，广东人民出版社1992年版，第6页。

② 〔清〕王夫之：《尚书引义·多方一》，见《船山全书》（第二册），岳麓书社1996年版，第389～390页。

③ 〔明〕鹿善继：《论学语》，见〔清〕黄宗羲著、沈芝盈点校《明儒学案》，中华书局1985年版，第1305页。

④ 见〔清〕黄宗羲著、沈芝盈点校《明儒学案》，中华书局1985年版，第1397～1398页。

术上以"六经皆史"、质疑传统经典权威性的态度，肯定了新时代的高度。"一旦这种面向未来的现时代意识成了价值的中心，未决性与不测性、流动性与非确定性，就变成了思想与文化的关键词，如此一来，试图凝固世界、寻求稳固确定基础的形而上学图式，就必将愈来愈失去其往昔的荣耀。"①

在崭新的时间观念中，人"通已往将来之在念中"，主体意识凸显。"过去，吾识也。未来，吾虑也。现在，吾思也。天地古今以此而成，天下之叠叠以此而生……"②在传统观念中，天时极具客观性，人遵循外在客观条件做选择；在新的时间观念中，"我"的意识极为重要，一切行动从自我出发。晚明思想界在实学思潮的冲击下转型，思想家们以深切的现实关怀之心，清理陈腐观念，将被分割的理和欲重新统一，不空论"道"而落实到"器"，不仅言"性"且重视"情"。人的存在成为根本，对个体的尊重是现代性意识萌芽的显著标志。

王夫之的诗歌理论与其哲学思想有着千丝万缕的联系。他认为诗道性情，主张作诗以意为主，反对拘泥死法。他赞赏以真实呈现审美体验为要的诗作，他的情景相生论体现出对现时的、瞬间的美的关注："'僧敲月下门'，只是妄想揣摩，如说他人梦；纵令形容酷似，何尝毫发关心。知然者以其沉吟推敲二字，就他作想也。若即景会心，则或推或敲，必居其一；因景因情，自然灵妙，何劳拟议哉？'长河落日圆'，初无定景，'隔水问樵夫'，初非想得，则禅家所谓现量也。"③郭绍虞将王夫之视为王士禛神韵派的先驱，指出"船山诗论颇与王渔洋相同，渔洋诗论，实在也是对于李、何诗论的修正"④。王士禛汲取严羽"以禅喻诗"的思维方法，注重"妙悟"，提出"兴会神到"、"伫兴而就"⑤、"偶然欲书"⑥等瞬时性的艺术领悟方法。与强调直写眼前实景而不必用事的钟嵘的"直寻说"不同，"神韵说"强调由眼前景致深入潜意识，通过联想表达言外不尽之意，多用典故无妨。不过二者都主张抓住眼前景致所引起的真实感受，写瞬间感悟到的美。倏忽而起、转瞬即逝的灵感不由意识支配，而有赖于作者的长期积累和当前感情的直接爆发。这些理论都揭示了审美直觉的偶然性、突发性、现在性、非逻辑性，强调通过"悟"发挥主体的能动性。王士禛《冶春绝句十二首之三》中的"日午画船桥下过，衣香人影太匆匆"便是一例，它试图于刹那间捕捉飘忽的气味和身影，寥寥几字使静止的空间在短暂的一刻鲜活流动起来。

晚明诗歌已然发生新变，竟陵派针对公安派末流的俚俗肤浅之弊，另辟蹊径，表现静

---

① 陈赟：《古典世界观的终结与现代性意识的孕育——王船山与中国现代性意识的开端》，载《学术研究》2003 年第 10 期。

② 〔清〕王夫之：《思问录》，见《船山全书》（第十二册），岳麓书社 1996 年版，第 404 页。

③ 〔清〕王夫之：《夕堂永日绪论内编》，见郭绍虞主编《中国历代文论选》（一卷本），第 315 页。

④ 郭绍虞：《中国文学批评史》（下卷），百花文艺出版社 2008 年版，第 590 页。

⑤ 〔清〕王士禛著，张宗楠纂集，夏闳校点：《带经堂诗话》（上册），人民文学出版社 1963 年版，第 67 ~ 68 页。

⑥ 〔清〕王士禛著，湛之点校：《香祖笔记》，上海古籍出版社 1982 年版，第 182 页。

守内敛的心态和幽深奇僻、孤往独来的境界。“龙雨眠一湫,畏人多自匿。百怪靡不为,喁喁如鱼湿”“注目不暂舍,神肤凝为一。森哉发元化,吾见真宰滴”(谭元春《观裂帛湖》)的森然孤峭与公安派“一月在寒松,两山如昼朗”“清韵入肺肝,濯我十年想”(袁中道《听泉》)的萧爽率直大异其趣。“树无黄一叶,云有白孤村”(钟惺《昼泊》),“鱼出声中立,花开影外吹”(谭元春《太和庵前坐泉》),这种打破常规、追幽凿险的文字实验,强化了边缘化的封闭心理,加深了幽寂枯寒、荒诞奇谲之感,走向极端则难免佶屈褊狭。王士禛在作诗时同样向内寻求价值,但他力避七子之空泛和竟陵之纤仄,提倡清新格调。其《秋柳四首》敏锐地把握处在幻灭时代关口的一代知识分子的心灵脉搏与节拍,引起广泛共鸣、翕然唱和。他在诗中刻意拉开空间和时间距离,用较为生僻的典故制造陌生效果,在参差的对照中暗示梦想与现实的距离,展现“远”的艺术。与秋柳相关的意象经由联想而并置,其间的叙述和议论被消解,呈现出意义不确定、指向不确定、彼此关系不确定的特点,语言从时间序列的“线”中脱出而进入空间的“面”,呈现视觉美,遵循微妙的心理逻辑。神思超越物表,神游于感觉的殿堂,“冥想”气质较之杜甫等诗人的诗作有增无减。

在文化转型时期,“不是旧事物被新事物完全取代,而是在旧事物中出现了新的意象,而且这一新的意象带动了所有同时代的旧事物改换其原有的文化意义。用通俗的说法,就是新旧交替,相互渗透,恰好都变成了中国现代性的新文化”①。中国的现代性想象从晚清开始正式确立。五四时期对新文学的提倡带有明确的功利性目的,胡适《文学改良刍议》提出“八事”,指明白话新诗的创作要领。新月派进行新诗的美学建构,一改初期白话诗的浅白无味。30 年代的现代派诗人秉持纯诗的艺术观,消泯诗的教化意味,发出浊世哀音。他们在引介西方现代诗歌和诗学的同时,也从中国古典诗词中汲取资源。卞之琳曾说自己前期的诗作中有花间词、李商隐诗和姜夔词的痕迹,“无心的燕雁”来自姜夔的“燕雁无心”,“潮浪应秋深杨柳的骚萧”由姜夔的“西风门巷柳萧萧”得来②。江弱水用“现代性”的针线将古典诗与现代诗之间的裂隙缝合:“中国古典诗歌已经部分地具有某种历久弥新的现代性特质,而且这些特质已经内化为我们自身固有的诗学传统,它们与西方现代诗形成了合力,从而对现代中国诗歌的写作产生了影响,并使之实现创造性的转换。”③由于新诗引发的争议一直存在,为新诗正名的焦虑感也就越来越深。面对难以逾越的古典诗,要找到新诗的亮点;面对西方现代诗,要找到新诗的中国特色。如果将新诗视为中国诗歌固有“现代性写作”传统的延续与发展,那么文化身份认同的焦虑也就得到了缓解。

但是问题在于,“现代性写作”传统之说立不住脚,现代派新诗中古典成分的含量也

---

① 李欧梵:《晚清小说与中国现代性想像的确立》,见周桂发、周筱赟编《复旦大讲堂》(第一辑),复旦大学出版社 2004 年版,第 31 ~ 32 页。

② 杨景龙、陶文鹏:《论姜夔词对现代诗创作和理论的影响》,载《文艺研究》2008 年第 6 期。

③ 江弱水:《中西同步与位移——现代诗人丛论》,安徽教育出版社 2003 年版,第 7 页。

并非如此之高。将古典诗词的语汇引入新诗,不能表明实现了与传统的衔接。由于多方面的差异,古典诗的语言进入现代诗时,必先发生一定的转换才能体现现代的面貌,而经过转换,就连语汇层面的借鉴量也已大打折扣。现代派的许多手法也的确从传统中来,余光中说:"在某些方面,包括神韵与技巧两者,新诗实在已经把旧诗消化过了。"①但现代派诗人对西方现代主义诗歌的学习是整体而系统的,对古典诗词资源的汲取则是零散而有限的。时代的变化翻天覆地,人们的心理结构不复古典的模样,现代派诗人的现代性意识源自日益复杂纷繁的现代生活以及新的敏锐的时间观念,其诗歌创作的现代感受依赖现代世界产生,在学习西方现代作品的过程中强化,与古典传统联系不大,这从早期象征诗派的李金发和现代派的戴望舒、卞之琳等诗人的创作中可以看出。

西川曾评论张新颖的《中国新诗对于自身问题的现代焦虑》一文,指出张新颖没有对"现代感受"做详细解释,而表现出对"繁复"类的"现代感受"的偏好:"他称赞《秋蝇》'展开了繁复的层次、繁复的主体的视角和变化着的知觉。'称赞卞之琳的许多作品'多能以细密繁复的组织、趋向延伸的内蕴,传达现代人精微、敏锐、复杂的经验、思想和感受。'……李商隐的诗难道没有'细密繁复的组织'?李煜的词难道没有'趋向延伸的内蕴'?杜甫的诗难道不'精致',不'敏锐',不'复杂'?区别在于他们不'现代'。"②现代感受迥异于古典感受,使用模糊的形容词是无法明确区分二者的。现代感受涉及时间、历史、文化、主体等几个层面的问题。时间观念在中国自明清之际开始发生变化,20 世纪初进化论被引入社会历史层面后,进步的时间观得到明确,愈加黑暗的社会现实则使人们的感受更贴近末世论,这在传统文化中由被普遍信奉的轮回之说加以平衡。19 世纪以来的内忧外患不断加剧知识分子的不安,引发他们持久的反思、质疑和批判,"现代意识和现代化的过程、现代性的追求是相生相伴的……它是在进步的过程中发现和揭示进步的异化、反叛和挑战世俗生活进展的信仰的"③。同时伴随的是文化层面的转向,严复译介近代西学,王国维运用叔本华学说,鲁迅撰写《文化偏至论》《摩罗诗力说》以昭示个性解放思想,伯格森的反理性的直觉主义、弗洛伊德的精神分析等学说被引入……新的文化观念对新文艺产生了广泛影响。而现代感受的主体则是具有现代心理模式的现代人。

在中国现代派诗歌的写作中,无论是与传统的衔接还是与西方的对接,都存在着意削弱二者再试为融合的现象,结果对古典语汇的借鉴没能收到更好的效果,对现代性的表达也并不显得十分高明。面对古典的压力,既没有丰富传统,也未能有效地从反拨传统的角度树立自身的价值,现代派与古典诗词的对话并未真正发生;轻率地迎合西方现代诗歌,试图以此为自己佩戴现代性的勋章,无疑是"西方即现代"的观念在作祟。这一

---

① 余光中:《新诗与传统》,见《余光中集》(第七卷),百花文艺出版社 2004 年版,第 94 页。

② 西川:《抹不去的焦虑——读张新颖〈中国新诗对于自身问题的现代焦虑〉》,载《中国学术》2001 年第 1 期。

③ 张新颖:《20 世纪上半期中国文学的现代意识》,生活 · 读书 · 新知三联书店 2001 年版,第 2 页。

切都源于新诗写作者和评论者面对文化身份认同焦虑的心虚与无力。

## 五、对策：在古典与西方、启蒙与审美之间寻找平衡和方向

传统文本对于新诗的写作来说固然具有极为重要的意义，如何发掘其意义并使之更好地发挥效用是当今诗人和学者的任务。在借助西方理论对传统文化思想进行现代复述与阐释工作时，面对古典与西方、启蒙与审美，研究者往往非但没能摆脱文化焦虑，反而陷入矛盾和更深的焦虑之中。“现代性”犹如一道迷障，在打开视界的迷幻中筑起了实实在在的遮蔽。

从新诗与古典诗的固有差异及新诗至今已取得的成就来看，新诗与古典诗的断裂确是客观事实，弥补这裂隙显然不能仅靠美学形式的借鉴，也不能奢望以泛泛的感觉说通，毕竟新诗要实现的是现代性，而古典诗词缺乏这样一个可资援引的系统。我们应首先“把新诗……与古典诗的断裂作为一个基本的前提勇敢地接受下来，同时也勇敢地承受由此而来的文化焦虑”①。新诗的发展完全依靠我们当下的自觉、努力和创造，“现代性”的荣耀应当由作为现代主体的我们在现代世界里体验和把握。

在秩序和局势的巨变中，与现代性进程的深入相伴而生的是反现代性力量的扩散和角逐。从鸦片战争后的中体西用思潮、五四前后的东西方文化论战到80年代末90年代初的人文精神大讨论，现代性的问题一直是论争的焦点。从90年代至今，文化主体性及文化认同问题更加凸显。后发展国家要在短时间内追赶现代化，问题更加集中和复杂，考量现代与传统、与西方的关系，抓住反思和发展的契机，就显得尤为必要。在批判学习的同时树立起自己的身份，是现代性追求的理想结果，但是西方的“现代性”是否就是唯一可能的模式？在“西方即现代”的思维笼罩下，人们陷入又一重焦虑。中国文学的现代性问题应从中国文化自身出发寻找解决的途径。只有在立足自身文化传统、社会环境与国民体验的基础上，再去积极地融入世界全球化的浪潮，才能创造出具有中国本土意义与价值的现代性文本。

“现代性写作”传统并不存在，但江弱水重估摆脱道德说教、注重情绪表达的诗词，提倡重返文艺创作的本真旨趣，是极有价值的。黄维樑赞道：“近三十年来，众多文学研究者一旦为文，不在女性主义中搔首弄姿，就在后殖民性中俯首称臣，文学已沦为文献和记录册，因此文学作品艺术性的重新提倡，具有一种先锋的意义。”②由于时代的需要与诗歌内在发展规律的影响，中国新诗在20世纪30年代现代派的“纯诗”实验之后，又回到工具论性质的启蒙诗歌写作，取得了比现代派更为突出的效果和成绩。诗歌在反映社会内涵与还原审美特质两种选择间容易失衡，如何处理诗与社会生活的关系成为一种新的焦

---

① 季剑青：《现代性：招惹是非的名词》，载《东方早报·上海书评》2011年1月23日。

② 江弱水：《古典诗的现代性》，生活·读书·新知三联书店2010年版，第310页。

虑。事实上，审美现代性不仅可以使诗歌在艺术形式上绽放异彩、免于平庸，也能够更为深入真实地揭示心理情感，它传达个性解放精神和反叛精神，其内在机制同样具有启蒙意义，且能弥补启蒙工具论的一些不足——它并非简单地抵制工具理性的制约，而是纠正过度的理性宰制，以避免人性的缺失和人的物化，使人这一主体更自由。当然，启蒙现代性不能被代替，审美现代性本身也存在问题，个体欲望的泛滥反而会加速社会人性的异化，对人的存在价值的肯定会因此滑向反面——主体的非理性与封闭性。

在长期以社会启蒙为现代性启蒙主潮的情形下，审美的意义、个性的价值往往被遮蔽，文学上“为艺术”的作品被忽视和埋没，甚至由于历史政治等原因产生过一段空白，到新时期才得以接续并引起重视。而今随着大众媒介的飞速发展，大众文化使得审美的人文主义内涵流于浮浅，如何以独立自由的精英文化对日趋商业化、流俗化的大众文化进行纠偏，是另一个重要问题。总之，被赋予过多功利意味而显得刻板畸形甚而压抑个体的叫嚣，不是真正意义上的启蒙现代性；徒有绮靡表象而漠视现实、毫无意义的呓语，也不是我们期待的审美现代性。启蒙的现代性从社会群体层面进行价值建构，审美的现代性从个体精神层面进行意义阐释，二者在当下有着一致的目标。重新提倡优秀文学作品的艺术性，无疑有助于现代性的整体建设。

西方现代派文学否定自然与社会，多的是客观对应物与流亡者、局外人。而中国古典诗词具有独特品格，其中部分作品情思与艺术的新异也生发于古典世界与心灵，具有传统性、继承性。以西律中未必处处扞格不通，但若为摆脱文化身份认同的焦虑，不加辨识地冠以“现代性”之名，就会造成认知的迷障与阐释的混沌。高阳说：“文学的现代化，是我们所追求的目标，但所要做的工作是现代文学的创造，不是在文学遗产中贴上‘现代’的标签。”①推进古典诗词的现代阐释，需要参照西方的理论，但仍应以本土精神为基准，勿伤古典之真美。

① 高阳：《莫“碎”了“七宝楼台”！——为梦窗词敬质在美国的叶嘉莹女士》，见《高阳说诗》，辽宁教育出版社 1998 年版，第 143 页。

# 《幽明录》《宣验记》研究二题

张庆民*

《幽明录》《宣验记》是刘义庆(403—444)编撰的两部志怪书。《古小说钩沉》辑录《幽明录》佚文265则,其中佚文叙事所涉时间最晚者有"征北参军明裔之""南阳乐遐"二则,署时间为"元嘉九年",据此而断《幽明录》成书于元嘉九年(432)至元嘉二十一年(444)间①。《古小说钩沉》辑录《宣验记》佚文35则,其中"孙皓"一则叙事至元嘉十九年(442),是现存佚文叙事时间最晚者,据此而断《宣验记》成书于元嘉十九年(442)至元嘉二十一年(444)间。那么,刘义庆何以在并不长的时间内连续编撰这两部志怪书?考诸文献可以发现,《幽明录》《宣验记》之编撰缘起,当与元嘉时期思想界"白黑论之争"有关;而《宣验记》之编撰,又与宋文帝欲利用佛教以"坐致太平"之重佛政策密切相关,个中不乏迎合文帝之意。从元嘉八年(431)刘义庆"惧有灾祸,乞求外镇"以及"及长以世路艰难,不复跨马"之载述可见刘义庆历显位而小心谨慎,其心态是复杂的。而《幽明录》《宣验记》便是在这样的境况下撰成的。

## 一、《幽明录》《宣验记》与"白黑论之争"

元嘉时期思想界的"白黑论之争"是由释慧琳撰《白黑论》(又称《均善论》《均圣论》)引发的。《白黑论》设白学先生(儒)、黑学道士(佛)之问答,较论周、孔与释迦之优劣异同,认为儒、佛学说各有长处,均善;周、孔之教与释氏之言殊途而同归,均圣。该书

* 张庆民,首都师范大学文学院教授。

① "赵泰"一则,《古小说钩沉》主要辑自《太平广记》卷一〇九,中有"宋太始五年七月十三日夜半,忽心痛而死"语;案,泰始为宋明帝年号,宋泰始五年(469),刘义庆已卒,不当有此载述。《冥祥记》作"晋赵泰",云"时晋太始五年七月十三日也",晋泰始五年即269年,当以《冥祥记》所载为是。

又认为佛教讲“幽冥之途”“来生之化”，并无征验，所谓“释迦辨而不实”，“示来生者，蔽亏于道、释不得已”①，实际上否定了神不灭论②。《白黑论》一出，震动佛教界，史载“旧僧谓其贬黜释氏，欲加摈斥”；而慧琳赖宋文帝刘义隆宠幸，竟参权要，“朝廷大事，皆与议焉”③。衡阳太守何承天颇激赏《白黑论》，将此文送宗炳。宗炳是慧远的忠实门徒，遂著《难白黑论》、《明佛论》（又称《神不灭论》）、《答何衡阳书》（一、二），批驳慧琳的观点，并与何承天往复辩难，何承天乃作《达性论》、《答宗居士书》（又称《释均善难》）、《报应问》等诘难佛教；而颜延之则著《释达性论》、《重释何衡阳》等，与何承天辩《达性论》，何承天著《答颜光禄》、《重答颜光禄》等以驳之；时又有刘少府著《答何衡阳书》，就何承天《报应问》展开论辩。由此足见《白黑论》引发的思想界论争轰动一时，并引起宋文帝的注目。

关于慧琳撰《白黑论》的时间，汤用彤先生认为在“元嘉十年前后”④。纵观“白黑论之争”，争论主要集中于两个问题：一是形神之辩，或曰神灭与神不灭问题；二是因果报应之有无问题。这两个问题实有内在联系，神不灭是因果报应说的理论基础与前提，因果报应、三世轮回则是神不灭的实际表现与证明⑤。事实上，神灭与神不灭、因果报应之有无问题早已为人所关注，惹人争议。成书于三国时期的牟子《理惑论》⑥最早记载了当时人们对神不灭、因果报应说的非难与牟子的回答。该书载：“问曰：孔子云：‘未能事人，焉能事鬼？未知生，焉知死？’此圣人之所纪也。今佛家辄说生死之事，鬼神之务，此殆非圣哲之语也。”又，“问曰：佛道言人死当复更生，仆不信此言之审也。”牟子曰：“魂神固不灭矣，但身自朽烂耳。身譬如五谷之根叶，魂神如五谷之种实；根叶生必当死，种实岂有终亡？”⑦问者显然是站在儒家立场，指责佛家之说不合“圣哲之语”，非难佛教生死轮回之说；牟子则以五谷之根叶、种实为喻，说明人死是身体朽烂，魂神是不死的，即形尽神存，或曰形灭而神不灭。而随着佛教的发展，关于形、神关系以及神灭与神不灭问题的辩论也逐步深化。西晋名士阮瞻、阮修均执无鬼论，无鬼论意味着死者神灭。可能是执神不灭论者不满阮瞻之论，遂造作阮瞻遇鬼传闻，而史臣竟载入正史（见《晋书》卷四九《阮瞻传》）。东晋成帝咸康五年（339），庾阐入湘川，吊贾谊⑧，其辞有云：“夫心非死灰，智必存

---

① 〔南朝梁〕沈约：《宋书》卷九七，中华书局1974年版，第2391页。

② 参见方立天《中国佛教哲学要义》第五章《中国佛教的神不灭论》，中国人民大学出版社2002年版。

③ 〔南朝梁〕沈约：《宋书》卷九七，中华书局1974年版，第2391页。

④ 汤用彤：《汉魏两晋南北朝佛教史》（增订本），北京大学出版社2011年版，第235页。

⑤ 参见方立天《中国佛教哲学要义》第三章《中国佛教哲学的思想体系》，中国人民大学出版社2002年版。

⑥ 关于牟子的《理惑论》，学界存有争议，梁启超、吕澂等认为是伪书，胡适、周叔迦、汤用彤、任继愈等认为并非伪作。任继愈先生推断《理惑论》成书于三国时孙吴初期，见任继愈主编《中国佛教史》第一卷，中国社会科学出版社1981年版，第188页。今采任先生之说。

⑦ 〔南朝梁〕僧佑编：《弘明集》卷一，《四部丛刊》本。

⑧ 《晋书》录庾阐吊贾谊文言“中兴二十三载”，据此推知为咸康五年。参见曹道衡、沈玉成《中古文学史料丛考》，中华书局2003年版，第203页。

形，形托身王，故能全生。”[①]据此而言，庾阐当主张神灭论；他又作《神不更受形论》，已佚，然据篇名言，神不更受形，大概还是持神灭论。被桓温誉为“江左之秀”[②]的罗含（字君章）则持神不灭论，其《更生论》称“神之与质，自然之偶也。偶有离合，死生之变也”[③]，以为神可以脱离肉体而独立存在；其所谓“更生”，即认为事物及其变化过程是在泯然不觉中回复旧有的形体[④]，断言“凡今生之生，为即昔生”，主张佛教宣扬的三世轮回与因果报应之说。孙盛（字安国）则反对罗氏之论，在《与罗君章书》中称：“吾谓形既粉散，知亦如之，纷错混淆，化为异物。”[⑤]所谓形散而知亦如之，即形散而神灭。罗含则作《答孙安国书》以驳之（见《弘明集》卷五）。据曹道衡、沈玉成二先生的考证，孙盛生年当为惠帝永宁二年（302），卒年当在孝武帝宁康元年（373）[⑥]，由此可知孙、罗论辩的时间下限。据《高僧传》卷五“晋京师瓦官寺竺僧敷”：“时异学之徒，咸谓心神有形，但妙于万物，随其能言，互相摧压。敷乃著《神无形论》，以有形便有数，有数便有尽，神既无尽，故知无形矣。”[⑦]神无尽自然意味着神不灭。虽然《高僧传》没有交代竺僧敷著《神无形论》的时间，但是“咸谓”云云似表明其时“异学之徒”对形神关系的辩论已成风气。而慧远关于形神关系及因果报应的论述影响深远，其《沙门不敬王者论》第五篇为“形尽神不灭”，以为形神有别，“夫神者何邪？精极而为灵者也”，“感物而动，假数而行；感物而非物，故物化而不灭；假数而非数，故数尽而不穷”[⑧]；他以薪火为喻，“火之传于薪，犹神之传于形；火之传异薪，犹神之传异形”，强调神不随形灭而传于异形。慧远又有《明报应论》《三报论》，认为因果报应是“自然的赏罚”。《明报应论》称：“故心以善恶为形声，报以罪福为影响。本以情感而应自来，岂有幽司？由御失其道也。然则罪福之应，唯其所感，感之而然，故谓之自然。自然者，即我之影响耳。”[⑨]慧远以为，“如同有形就有影、有声就有响一样，有人心的善恶为因，必有所受的福祸为果。人有了善德恶行，由于心的感召，必有福祸的报应，有感必应，谓之报应”[⑩]；因而报应是“自然”的，而非另有外部的主宰，人不能逃避自己的行为所造成的报应。又，郑道子在《神不灭论》中也以为形、神不同，“神为生本，其源至妙，岂得与七尺同枯，户牖俱尽者哉”。郑氏也以薪火喻形神：“夫火因薪则有火，无薪则无火。薪虽所以生火，而非火之本。火本自在，因薪为用耳。若待薪然后有火，则燧人

① 〔唐〕房玄龄等：《晋书》卷九二，中华书局1974年版，第2386页。

② 〔唐〕房玄龄等：《晋书》卷九二，中华书局1974年版，第2403页。

③ 〔南朝梁〕僧佑编：《弘明集》卷五，《四部丛刊》本。

④ 参见冯契主编《哲学大辞典·中国哲学史卷》“罗含”条，上海辞书出版社1985年版，第409页。

⑤ 〔南朝梁〕僧佑编：《弘明集》卷五，《四部丛刊》本。

⑥ 曹道衡、沈玉成：《中古文学史料丛考》，中华书局2003年版，第189页。

⑦ 〔南朝梁〕释慧皎撰，汤用彤校注，汤一玄整理：《高僧传》，中华书局1992年版，第197页。

⑧ 〔南朝梁〕僧佑编：《弘明集》卷五，《四部丛刊》本。

⑨ 〔南朝梁〕僧佑编：《弘明集》卷五，《四部丛刊》本。

⑩ 方立天：《中国佛教哲学要义》，中国人民大学出版社2002年版，第95页。

之前，岂无火理乎？火本至阳，阳为火极，故薪是火所寄，非其本也。神形相资，亦犹此矣。"[①]因而形有始终，神则无始无终。据《宋书》卷六四《郑鲜之传》，郑鲜之卒于元嘉四年（427）。由此言之，元嘉时期，思想界中《白黑论》引发的关于神灭与神不灭、有无因果报应的争论，也就并非偶然，而是有其历史必然性。

宗炳不满《白黑论》，力倡神不灭，于《明佛论》中云："神也者，妙万物而为言矣；若资形以造，随形以灭，则以形为本，何妙以言乎？夫精神四达，并流无极，上际于天，下盘于地。"[②]"神"既妙万物而为言，不以"形"为载体，故不随形之消亡而消亡；又称"无生则无身，无身而有神，法身之谓也"，于《答何衡阳书》中亦云"无形而神存，法身常住之谓也"。[③] 方立天先生指出，宗炳所谓神不灭有两种含义，"一是生死轮回的神识不灭；二是成佛法身的神识常住，也就是佛性永在。人在轮回中若能逐渐断除情欲、烦恼，轮回的神识就能归于法身的神识，一旦唯有法身神识时，人即成佛"[④]。宗炳在《明佛论》中云"群生之神，其极虽齐，而随缘迁流，成粗妙之识，而与本不灭矣"，强调"众生神识的根本是一样的，由于各自因缘变化的不同，就形成了精妙愚粗不同的神识，而作为根本的神识是不灭的"[⑤]。关于因果报应，宗炳在《明佛论》云"夫万化者固各随因缘，自作于大道之中矣；今所以称佛云诸法自在不可思议者，非曰为可不由缘数越宿命而横济也"，故杀生于前，受报于后；又云，"纳庆后身，受殃三涂之说，不得不信矣。虽形有存亡，而精神必应，与见世而报，夫何异哉？但因缘有先后，故对至有迟速，犹一生祸福之早晚者耳"，肯定三世轮回、因果报应之说。何承天则否定神不灭，在《答宗居士书》中云"形神相资，古人譬以薪火，薪弊火微，薪尽火灭，虽有其妙，岂能独传"[⑥]；在《达性论》中亦云"生必有死，形毙神散，犹春荣秋落，四时代换，奚有于更受形哉"，认为一切均为自然造化，既然形毙神散，"神"也就不可能转移到另一个形体上，这就否定了神不灭论，也否定了"更受形说"。宗炳以为，含识之属，同有性命。何承天则不以为然，于《达性论》中称"人非天地不生，天地非人不灵；三才同体，相须而成者也，故能禀气清和，神明特达，情综古今，智周万物，妙思穷幽"，"安得与夫飞沈蠉蠕并为众生哉？"[⑦]发他在《报应问》中又举例言："夫鹅之为禽，浮清池，咀春草，众生蠢动，弗之犯也；而庖人执焉，鲜有得免刀俎者。燕翻翔求食，唯飞虫是甘，而人皆爱之，虽巢幕而不惧。非直鹅燕也，群生万有，往往如之。是知：杀生者无恶报，为福者无善应。所以为训者如彼，所以示世者如此，余甚惑之。"[⑧]何承天既否定报应之说，又批评宣扬因果报应说者。颜延之不满何承天之论，于《释达性论》中称："然神

---

① 〔南朝梁〕僧佑编：《弘明集》卷五，《四部丛刊》本。
② 〔南朝梁〕僧佑编：《弘明集》卷二，《四部丛刊》本。
③ 〔南朝梁〕僧佑编：《弘明集》卷三，《四部丛刊》本。
④ 方立天：《中国佛教哲学要义》，中国人民大学出版社 2002 年版，第 126 页。
⑤ 方立天：《中国佛教哲学要义》，中国人民大学出版社 2002 年版，第 137 页。
⑥ 〔南朝梁〕僧佑编：《弘明集》卷三，《四部丛刊》本。
⑦ 〔南朝梁〕僧佑编：《弘明集》卷四，《四部丛刊》本。
⑧ 〔唐〕释道宣编：《广弘明集》卷一八，《四部丛刊》本。

理存没,傥异于枯荄变谢。”①荄即草根。颜氏意谓人异于草木,死后“精灵必在”,必当再“受形”。何氏不信杀生受报,“其论之根据,在谓人体仁义,不能比性于畜类”②,颜延之则称“得生之理,故是阴阳邪,吾不见其异”③;颜氏以为因果报应是人的“气数”,于《释达性论》中云:“凡气数之内,无不感对,施报之道,必然之符。”颜延之不仅肯定报应说,还把“气数”与“报应”直接沟通起来。当时又有刘少府反对何承天之论,遂作《答何衡阳书》,指出“善恶之业,业无不报,但过去、未来非耳目所得,故信之者寡,而非之者众耳”④,力主因果报应不虚。而《高僧传》卷七“宋京师灵味寺释僧含”载:“时任城彭丞著《无三世论》,含乃作《神不灭论》以抗之。使夫见闻之者,莫不将坠而更兴矣。”⑤释僧含又著《无生论》《法身论》《业报论》等,皆行于一时。据释慧皎所述可知,彭丞著《无三世论》、释僧含作《神不灭论》的时间在元嘉七年(430)至宋文帝遇杀弑的元嘉三十年(453)间⑥,而二者所论正是当时思想界热议的话题,显然与此时思想界之论争有关。何承天与宗炳、颜延之等辩难自然不能不涉及鬼之有无问题。《重答颜光禄》云:“又云,天下宁有无形之有,顾此惟疑,宜见正定。寻来旨似不嫌有鬼,当谓鬼宜有质,得无惑天竺之书,说鬼别为生类故邪?昔人以鬼神为教,乃列于典经,布在方策,郑乔吴札亦以为然。是以云和六变,实降天神;龙门九成,人鬼咸格。足下雅秉周礼,近忽此义,方诘无形之有,为支离之辩乎?”⑦那么,鬼是否存在?鬼是否有形有质?这些是论辩者难以绕开的话题。据《宋书》卷六九《范晔传》载,“晔常谓死者神灭,欲著《无鬼论》”,又语人“寄语何仆射(案,指何尚之,时为右仆射),天下决无佛鬼。若有灵,自当相报”;范晔因涉入刘义康谋反一案,于元嘉二十二年(445)被诛,距刘义庆卒仅一年;范晔的上述言论自然不是无的放矢,正是针对元嘉时期思想界之争论而发。

尤其值得注意的是,刘宋王室成员亦涉入当时思想界的论争。《弘明集》卷一二收录谯王尚之《与张新安论孔释书》:

> 佛教以罪福因果,有若影响,圣言明审,令人寒心。然自上古帝皇文武周孔,典谟训诰,靡不周备,未有述三世显叙报应者也。彼众圣皆穷理尽性,照晓物缘,何得忍视陷溺莫肯援接,曾无一言示其津径。且钓而不网,弋不射宿,博硕肥腯,上帝是

① 〔南朝梁〕僧佑编:《弘明集》卷四,《四部丛刊》本。

② 汤用彤:《汉魏两晋南北朝佛教史》(增订本),北京大学出版社 2011 年版,第 237 页。

③ 〔南朝梁〕僧佑编:《弘明集》卷四,《四部丛刊》本。

④ 〔唐〕释道宣编:《广弘明集》卷一八,《四部丛刊》本。

⑤ 〔南朝梁〕释慧皎撰,汤用彤校注,汤一玄整理:《高僧传》,中华书局 1992 年版,第 276 页。

⑥ 据《高僧传》卷七,元嘉七年(430)新兴太守陶仲祖立灵味寺,请释僧含居之;含后西游历阳,弘赞正法,是时彭丞著《无三世论》,含乃作《神不灭论》以抗之;顷之,含南游九江,镇守浔阳的南中郎记室参军颜竣见含,含密谓颜竣京师寻有祸乱事,俄而元凶构逆,世祖龙飞,据此而断释僧含作《神不灭论》时间下限为元嘉三十年(453)。

⑦ 〔南朝梁〕僧佑编:《弘明集》卷四,《四部丛刊》本。

享。以此观之,盖所难了,想二三子扬榷而陈,使划然有证,祛其惑焉。①

严可均以为此谯王乃刘宋之刘义宣,而非晋之司马尚之,张新安乃张镜②,此观点已为学界所接受。从张新安《答谯王论孔释书》(见《弘明集》卷一二)看,张氏是信从三世报应说的。据《宋书》卷六八《刘义宣传》,刘义宣"改封南谯王"在元嘉十年(433),则《与张新安论孔释书》当作于元嘉十年或之后,正是慧琳的《白黑论》引发争辩之时。从《与张新安论孔释书》看,刘义宣站在儒家的立场,以先王圣贤不言、典谟训诰不载为据,质疑佛教宣扬的三世轮回说、因果报应说。

明乎元嘉时期思想界有关神灭与神不灭、因果报应有无等之论争,也就易于理解刘义庆编撰《幽明录》《宣验记》之缘起、目的了。《幽明录》之名取自《易·系辞》:"仰以观于天文,俯以察于地理,是故知幽明之故。"东晋韩康伯注称"幽明者,有形无形之象"③,乃指可见和不可见的、无形和有形的事物。元嘉时期思想界关于形神关系、神灭与神不灭之争论,自然涉及"幽明"问题。何承天《重答颜光禄》即称"辩章幽明,研精庶物"④,时人诗歌唱和亦涉之,如颜延之《和谢监灵运》云"人神幽明绝,朋好云雨乖"⑤,颜氏之意,似指人为明,指鬼神为幽。因而,刘义庆所谓"幽明",显然与当时思想界有关此问题的论辩有关。与宗炳、颜延之、刘少府、释僧含辈不同,刘义庆撰《幽明录》《宣验记》,是以另一种形式对元嘉时期思想界有关鬼神之有无、精神之灭否、报应之有无等问题做回答。

## 二、《宣验记》与宋文帝赞扬佛故事

进一步研究则发现,刘义庆撰《幽明录》《宣验记》,不仅是在回应当时思想界之论争,又有其政治用意。这是刘义庆的特殊身份与社会地位决定的,也因此使得《幽明录》《宣验记》有别于六朝其他志怪书。

《弘明集》卷一一收录何尚之《答宋文帝赞扬佛故事》:

> 元嘉十二年五月乙酉,有司奏丹阳尹萧摹之上言……(帝)谓侍中何尚之曰:"吾少不读经,比复无暇,三世因果,未辨致怀,而复不敢立异者,正以前达及卿辈时秀率皆敬信故也。范泰、谢灵运每云,六经典文,本在济俗为治耳。必求性灵真奥,岂得不以佛经为指南邪?颜延年之折《达性》,宗少文之难《白黑》,论明佛法汪汪,尤为名

---

① 〔南朝梁〕僧佑编:《弘明集》卷一二,《四部丛刊》本。

② 严可均谓:"盖以为晋之嗣谯王也,其实非也。刘义宣封竟陵王,改封南谯王,又改封南郡王,固辞。谯王即义宣矣。张新安者,张镜也,僧佑未经考出。"见严可均校辑《全上古三代秦汉三国六朝文》,中华书局1958年版,第2505页。

③ 《周易正义》卷七,见《十三经注疏》,中华书局1980年版,第77页。

④ 〔南朝梁〕僧佑编:《弘明集》卷四,《四部丛刊》本。

⑤ 〔南朝梁〕萧统编,〔唐〕李善等注:《六臣注文选》卷二六,中华书局1987年版,第483页。

理并足，开奖人意。若使率土之滨皆纯此化，则吾坐致太平，夫复何事？近萧摹之请制，未全经通，即已相示。委卿增损，必有以式遏浮淫、无伤弘奖者，乃当著令耳。”尚之对曰：“悠悠之徒，多不信法，以臣庸蔽，独秉愚勤，惧以阙薄，贻点大教。今乃更荷褒拂，非所敢当……所谓人能弘道，岂虚言哉？慧远法师尝云：‘释氏之化，无所不可。适道固自教源，济俗亦为要务。世主若能剪其讹伪，奖其验实，与皇之政，并行四海，幽显协力，共敦黎庶，何成、康、文、景独可奇哉？使周、汉之初，复兼此化，颂作刑清，倍当速耳。’窃谓，此说有契理奥。何者？百家之乡，十人持五戒，则十人淳谨矣；千室之邑，百人修十善，则百人和厚矣。传此风训，以遍寓（笔者按：疑作“寓”或“宇”）内，编户千万，则仁人百万矣。此举戒善之全具者耳。若持一戒一善，悉计为数者，抑将十有二三矣。夫能行一善，则去一恶，一恶既去，则息一刑，一刑息于家，则万刑息于国。四百之狱，何足难错？雅颂之兴，理宜倍速。即陛下所谓坐致太平者也。”①

《高僧传》卷七“宋京师东安寺释慧严”亦载此事，又称：

帝自是信心乃立，始致意佛经。②

综合上述记载可以断定：(1)对于元嘉时期由《白黑论》引发的思想界论争，宋文帝是颇为关注的；(2)文帝颇为推赏宗炳的《难白黑论》、颜延之的《释达性论》，称之“论明佛法汪汪”“名理并足”；(3)文帝采纳何尚之等的建议，“信心乃立”，欲借佛教以“神道助教”“坐致太平”，时间在元嘉十二年(435)。毫无疑问，宋文帝倚重佛教的政策在当时朝野产生了直接影响，那么作为刘宋宗室重要成员的刘义庆撰《宣验记》，“记经像之显效，明应验之实有，以震耸世俗，使生敬信之心”③，不仅是在回应思想界之论争，又有迎合文帝之意。

当然，宋文帝倚重佛教并非偶然，乃与宋武帝刘裕以来的宗教政策有关。晋末孙恩、卢循利用五斗米道起义，沉重打击了东晋统治者，刘裕正是在镇压道教农民起义中起家，并最终取代司马氏；因而五斗米道在刘宋之初，难以被统治者认可，故《幽明录》佚文中多有讥刺五斗米道之载述。武帝永初二年(421)四月，诏禁淫祠：“淫祠惑民费财，前典所绝，可并下在所除诸房庙。”④而《幽明录》佚文正见出刘义庆贬抑巫之倾向。另一方面，在刘宋王朝建立过程中，佛教徒炮制神话、广造舆论，为刘裕取代司马氏推波助澜；刘裕则利用佛教在当时社会上的影响力及崇信佛教之士大夫的力量，最终代晋。譬如，《建康实录》卷一一载：

尝于下邳舍逆旅，会一沙门谓帝曰：“江表方乱，能安之者，其在君乎。”既而忽失

---

① 〔南朝梁〕僧佑编：《弘明集》卷一一，《四部丛刊》本。

② 〔南朝梁〕释慧皎撰，汤用彤校注，汤一玄整理：《高僧传》，中华书局 1992 年版，第 262 页。

③ 《中国小说史略》第六篇《六朝之鬼神志怪书（下）》，见《鲁迅全集》第九卷，人民文学出版社 2005 年版，第 56 页。

④ 〔南朝梁〕沈约：《宋书》卷三，中华书局 1974 年版，第 57 页。

僧所在，帝惊而异之。

此一载述意在突显晋末动荡之际，安江表者非刘裕莫属。据《高僧传》卷七"宋京师祇洹寺释慧义"：

冀州有法称道人，临终语弟子普严云："嵩高灵神云，江东有刘将军，应受天命，吾以三十二璧镇金一鉼为信。"遂彻宋王，宋王谓义曰："非常之瑞，亦须非常之人，然后致之。若非法师自行，恐无以获也。"义遂行。以晋义熙十三年（公元四一七年）七月往嵩高山，寻觅未得。便至心烧香行道，至七日夜，梦见一长须老公，拄杖将义往璧处指示云："是此石下。"义明便周行山中，见一处炳然如梦所见，即于庙所石坛下，果得璧大小三十二枚，黄金一鉼。此瑞详之《宋史》。义后还京师，宋武加接尤重，迄乎践祚，礼遇弥深。①

这显然是佛僧为刘氏取代司马氏编织的"应天受命"神话！刘宋初统治者扶植佛教，以及佛僧与刘宋王室成员交往密切，也就很自然了。明乎此，就易于理解《幽明录》佚文中何以不乏佛胜道、佛胜巫及佛法灵验等内容了。这与刘宋初统治者对道教、佛教的不同态度有关。当然，武帝重佛而不佞佛，《广弘明集》卷二四收录其《沙汰僧徒诏》，其中谓"佛法讹替，沙门混杂，未足扶济鸿教，而专成逋薮；加以奸心频发，凶状屡闻，败道乱俗，人神交忿；可付所在，与寺耆长精加沙汰，后有违犯，严其诛坐"，由此可见，武帝虽然利用佛教，但对佛徒之"败道乱俗"行为并不姑息。汤用彤先生指出，"宋代佛法，元嘉时极有可观"，"当时宰辅，如王弘、彭城王义康、范泰、何尚之，均称信佛"，"而谢灵运、颜延之亦列朝班"②；因而文帝于元嘉十二年"信心乃立"，欲借佛教以神道设教，"坐致太平"，也就并非偶然了：这既是武帝重佛政策的延续，也有宰辅大臣助推之力。

在宋文帝欲借佛教教化天下而"坐致太平"的背景下，作为刘宋宗室重要一员和大臣的刘义庆撰《宣验记》，以世俗之传闻宣扬善恶果报以响应之，实乃正常。然考诸文献则发现，刘义庆撰《宣验记》迎合文帝背后的惧祸心态值得关注。据《宋书》卷五一《刘义庆传》："八年，太白星犯右执法，义庆惧有灾祸，乞求外镇。……义庆固求解仆射，乃许之，加中书令，进号前将军，常侍、尹如故。"又《宋书》卷五《文帝本纪》："秋八月甲辰，临川王刘义庆解尚书仆射。"

那么，刘义庆为何在元嘉八年（431）"惧有灾祸，乞求外镇"？这是需要考究的，而这不能不牵涉元嘉八年朝中的权力格局，尤其是文帝有关朝中权力结构调整的意图。刘义隆乃武帝第三子，永初元年（420）封宜都王。永初三年（422）五月，武帝疾甚，召太子刘义符诫之，司空徐羡之、中书令傅亮、领军将军谢晦、镇北将军檀道济同被顾命；武帝崩，太子即皇帝位，次年春正月，改元景平。景平二年（424）春，因少帝刘义符居丧无礼、亲狎小人，无人主之德，范泰上封事劝谏，帝不听，羡之等遂密谋废帝。是时，南豫州刺史庐陵王

① 〔南朝梁〕释慧皎撰，汤用彤校注，汤一玄整理：《高僧传》，中华书局1992年版，第266页。

② 汤用彤：《汉魏两晋南北朝佛教史》（增订本），北京大学出版社2011年版，第232页。

刘义真多所求索，执政每裁量不尽与，义真深怨之，数有不平之言，又表求还都；羡之等乃因义真与帝有隙，遂奏列义真罪恶，废为庶人，徙新安郡，寻杀之。夏五月，羡之等称皇太后令，废帝为营阳王，以宜都王纂承大统；六月，羡之等使人弑营阳王。秋八月，宜都王至建康，即皇帝位，大赦天下，改景平二年为元嘉元年；徐羡之进位司徒，王弘进位司空，傅亮加开府仪同三司，谢晦进号卫将军，檀道济进号征北将军。元嘉二年(425)春正月，文帝始亲万机；元嘉三年(426)春正月，文帝下诏暴羡之、亮、晦杀营阳王、庐陵王之罪，命有司诛之；羡之自经死，而诛其二子，诛亮而徙其妻子于建安，诛晦及其子、并晦弟皭、遯及其兄弟之子，一并清洗羡之、亮、晦之同党。①。鉴于此前徐羡之等辅政大臣权力过于集中，"是时，宰相无常官，唯人主所与议论政事，委以机密者，皆宰相也"②；文帝宠信、重用者推王华、王昙首、殷景仁、刘湛、谢弘微，当时号曰五臣，又以王华从兄王弘辅政。元嘉五年(428)，范泰谓司徒王弘曰："天下务广，而权要难居，卿兄弟盛满，当深存降挹。彭城王，帝之次弟，宜征还入朝，共参朝政。"③作为老臣，范泰仕晋、宋两朝，他的话颇有意味，王弘遂因旱灾上表引咎逊位，帝不许。《宋书》卷六八《彭城王义康传》载：

> 六年，司徒王弘表义康宜还入辅，征侍中、都督扬南徐兖三州诸军事、司徒、录尚书事，领平北将军、南徐州刺史，持节如故。二府并置佐领兵，与王弘共辅朝政。弘既多疾，且每事推谦，自是内外众务，一断之义康。

刘义康乃武帝第四子，少而聪察，永初元年封彭城王；元嘉六年(429)入朝辅政，"专总内外之务"④，一改此前"宰相无常官"的局面。但刘义康暗于大体、贪得无厌的一面很快暴露出来：

> 彭城王义康与王弘并录尚书，义康意犹怏怏，欲得扬州，形于辞旨；以弘弟昙首居中，为上所亲委，愈不悦。弘以老病，屡乞骸骨，昙首自求吴郡，上皆不许。义康谓人曰："王公久病不起，神州讵宜卧治！"昙首劝弘减府中文武之半以授义康，上听割二千人，义康乃悦。⑤

《资治通鉴》卷一二一系此事于元嘉七年(430)。曹道衡、沈玉成二先生指出，宋文帝聪明猜忌⑥，对于义康入朝辅政不久就表现出的专断、贪婪，文帝心知肚明。《宋书》卷六九《刘湛传》载：

> 先是，王华既亡，昙首又卒，领军将军殷景仁以时贤零落，白太祖征湛。八年，召为太子詹事，加给事中、本州大中正，与景仁并被任遇。

刘湛入朝参政，与殷景仁力荐有关。《资治通鉴》卷一二二亦载：

---

① 〔宋〕司马光编著，〔元〕胡三省音注：《资治通鉴》卷一二○，中华书局1956年版。
② 〔宋〕司马光编著，〔元〕胡三省音注：《资治通鉴》，中华书局1956年版，第3785～3786页。
③ 〔南朝梁〕沈约：《宋书》卷六○，中华书局1974年版，第1622页。
④ 〔宋〕司马光编著，〔元〕胡三省音注：《资治通鉴》卷一二一，中华书局1956年版，第3804页。
⑤ 〔宋〕司马光编著，〔元〕胡三省音注：《资治通鉴》卷一二一，中华书局1956年版，第3827页。
⑥ 曹道衡、沈玉成：《中古文学史料丛考》，中华书局2003年版，第326页。

> 领军将军殷景仁素与湛善，白帝以时贤零落，征湛为太子詹事，加给事中，共参政事。

《资治通鉴》将刘湛入朝的时间系于元嘉八年(431)六月。那么，文帝此时征刘湛入朝，实是为王弘卒后调整朝中权力结构做准备，个中不乏制衡义康之意。刘义庆于永初元年袭封临川王，征为侍中，元嘉元年转散骑常侍、秘书监，徙度支尚书，迁丹阳尹，加辅国将军、常侍并如故，六年加尚书左仆射。刘义庆居朝多年，深知文帝的多疑、猜忌与残忍，又目睹刘义康的不识大体与贪婪，处在文帝与刘义康之间，实难作为，倘遇事处置不当，恐将招致咎责，这当是元嘉八年刘义庆"惧有灾祸"的原因所在。据《宋书》卷二六《天文志四》载，元嘉八年四月太白昼现，在胃；八月，太白入太微右掖门内，犯左执法；义庆遂以天象变化为由，请解仆射而外镇。元嘉九年五月，王弘卒；六月，刘义庆出为使持节、都督荆雍益宁梁南北秦七州诸军事、平西将军、荆州刺史；七月，以领军将军殷景仁为尚书仆射、太子詹事刘湛为领军将军。由此可知，文帝对朝中权力格局的安排实际上是以殷景仁、刘湛制衡刘义康。

出乎文帝、殷景仁意料的是，刘湛入朝后与殷景仁渐生猜隙，时彭城王刘义康专秉朝权，刘湛昔为刘义康上佐，遂以旧情委心自结，欲因宰相之力倾黜景仁，独当时务。元嘉十二年四月，文帝加殷景仁中书令、中护军，刘湛加太子詹事，刘湛愈愤怒，使刘义康毁景仁于帝，文帝遇之益隆。元嘉十三年春，帝久疾不愈，刘义康听信刘湛之说，矫诏执司空、江州刺史檀道济，并其子植等十一人诛之。元嘉十七年夏四月，文帝羸疾积年，义康专总朝权，自谓兄弟至亲，不复存君臣形迹；而刘湛、司徒左长史刘斌(湛之宗)、大将军从事中郎王履、主簿刘敬文、祭酒孔胤秀等以倾谄有宠于义康，见文帝多疾，皆谓"宫车一日晏驾，宜立长君"，刘湛亦曰："天下艰难，讵是幼主所御！"刘斌等密谋，欲使大业终归义康，遂邀结朋党，不与己同者必百方构陷之，自是主、相之势分矣。文帝以刘义康嫌隙已著，十月，下诏暴刘湛罪恶而诛之，并诛其子黯、亮、俨及其党刘斌、刘敬文、孔胤秀等八人，徙尚书库部郎何默子等五人于广州；刘义康上表逊位，诏以义康为江州刺史，出镇豫章。①《建康实录》卷一二载："出义康为江州刺史，实幽于豫章。"《旧唐书》卷二九《音乐志二》载：

> 《乌夜啼》，宋临川王义庆所作也。元嘉十七年，徙彭城王义康于豫章。义庆时为江州，至镇，相见而哭，为帝所怪，征还宅，大惧。妓妾夜闻乌啼声，扣斋阁云："明日应有赦。"其年更为南兖州刺史，作此歌。②

文帝对刘义庆看望幽于豫章的刘义康的行为显然不满。《宋书》卷七五《颜竣传》称"元嘉中，上不欲诸王各立朋党"，实透露出文帝对诸王是严加防范的；而刘义庆又因文帝不满而"大惧"。考虑到与刘义康亲厚者遭受的株连、清洗，那么刘义庆的"大惧"不难理解。

因彭城王刘义康被贬出藩(元嘉二十二年诏免义康及其男女皆为庶人，绝属籍，徙付

---

① 〔宋〕司马光编著，〔元〕胡三省音注：《资治通鉴》卷一二三，中华书局1956年版。

② 〔后晋〕刘昫等：《旧唐书》卷二九，中华书局1975年版，第1065页。

安成郡，元嘉二十八年使人杀之)，宗室诸王莫不震慑。而宗室诸王之心态与行事也因此发生变化。如武帝第五子江夏王刘义恭之小心恭慎，《宋书》卷六一《江夏文献王义恭传》载：

大将军彭城王义康有罪出藩，征义恭为侍中、都督扬南徐兖三州诸军事、司徒、录尚书，领太子太傅，持节如故，给班剑二十人，置仗加兵。明年，解督南兖。二十一年，进太尉，领司徒，余如故。义恭既小心恭慎，且戒义康之失，虽为总录，奉行文书而已，故太祖安之。

再如，武帝第七子衡阳王刘义季之酣纵不事事，《宋书》卷六一《衡阳文王义季传》载：

义季素嗜酒，自彭城王义康废后，遂作长夜之饮，略少醒日。太祖累加诘责……义季虽奉此旨，酣纵如初，遂以成疾。

明乎江夏王义恭、衡阳王义季等之心态与行事，有助于我们理解刘义庆晚年之心态以及编撰《宣验记》之用心。《宋书》卷五一《刘义庆传》载：

少善骑乘，及长以世路艰难，不复跨马。

“不复跨马”之举意在表明自己并无政治野心①。武帝常赞刘义庆曰：“此我家丰城也。”史称刘义庆为“宗室令望”②，那么刘义庆在宗室中如许特出，何以“及长”竟“不复跨马”？这似乎令人费解，又耐人寻味。而联系刘义符被弑(死时年十九)、刘义真被杀(死时年十八)、刘义康被废(废时年三十二)，以及刘义恭之小心恭慎、刘义季之纵酒不事事，则刘义庆之“不复跨马”又不难理解。《宋书》卷五一《刘义庆传》载：

晚节奉养沙门，颇致费损。

《高僧传》多载刘义庆晚年奉养沙门事，如《高僧传》卷三载天竺沙门僧伽达多：

元嘉十八年(公元四四一年)夏，受临川康王请，于广陵结居，后终于建业。③

又，《高僧传》卷一二载释道冏：

宋元嘉二十年(公元四四三年)，临川康王义庆携往广陵，终于彼矣。④

唐释法琳《辨正论·十代奉佛上篇》称：

宋世诸王并怀文藻，大习佛经，每月六斋，自持八戒，笃好文雅，义庆最优……著《宣验记》，赞述三宝。

问题是，如何理解刘义庆供养沙门、撰《宣验记》之举？是出于对佛教的虔诚信仰，抑或其他？南朝齐陆杲撰《系观世音应验记》，载述 69 则应验传闻故事，其中往往流露出对《宣验记》所载传闻故事的不满甚至反感，如第 8 则“释法纯道人”称“临川康王《宣验记》又载竺慧庆、释道听、康兹、顾迈、俞久、徐广等遭风，(杲)谓事不及此，故不取”，第 9 则

---

① 参见周一良《刘义庆传之“世路艰难”与“不复跨马”》，见《魏晋南北朝史札记》，中华书局 1985 年版。

② 〔南朝梁〕沈约：《宋书》卷六八，中华书局 1974 年版，第 1798 页。

③ 〔南朝梁〕释慧皎撰，汤用彤校注，汤一玄整理：《高僧传》，中华书局 1992 年版，第 129 页。

④ 〔南朝梁〕释慧皎撰，汤用彤校注，汤一玄整理：《高僧传》，中华书局 1992 年版，第 463 页。

"梁声"称"临川王《宣验记》又载孙崇、阳元、祖乾、归国人、长安人富阳落水事,(杲)谓事不及此,故不取",第17则"南公子(敖)"称"《宣验记》载上明二劫,(杲)谓事不及此,故不取",第44则"释僧标"称"《宣验记》又载会普贤亦入尸下得活,(杲)谓事不及此,故不取",第55则"有人姓台"称"《宣验记》又载卞说之、丝道德求男事,(杲)谓事不及此,故不取"。① 凡此,均见出陆杲对《宣验记》之载述颇有微词。关于陆杲不满《宣验记》的根本原因,日本学者小南一郎指出:陆杲反复强调刘义庆《宣验记》"不及"自己的《应验记》,也是因为从他的眼光看来,《宣验记》的内容可靠性不够。进一步说,我们能够推测,陆杲对《宣验记》的顽固反感,其根本理由在于陆杲和刘义庆两个人之间在佛教信仰上有质的差异。刘义庆的佛教信仰,归根到底不能离开宫廷佛教。他召集文人和佛僧们,和他们进行格义佛教似的议论,其中很可能也包含许多咒术性因素。相对于此,陆杲的信仰是注重于家常生活中的个人行为和心情的,换言之,是作为一种生活规范的佛教。②

小南一郎先生的分析颇有见地,道出了刘义庆与陆杲在佛教信仰方面质的差异。事实上,如果我们将刘义庆供养沙门与"不复跨马"联系起来,将刘义庆编撰《宣验记》与文帝欲利用佛教以"坐致太平"联系起来,就会意识到刘义庆的向佛实不乏避祸的因素,而撰述《宣验记》又不乏迎合文帝之意。刘义庆屡居显位,知"世路艰难",故小心谨慎,其心态是复杂的,《宣验记》《幽明录》是在这样的境况下撰述出来的。

如果说刘义庆撰《宣验记》不乏迎合文帝之意,那么似有必要补充一点,即文帝对臣下迎合之举的态度如何?《资治通鉴》卷一二五载元嘉二十六年(449)事:

> (夏)帝欲经略中原,群臣争献策以迎合取宠。彭城太守王玄谟尤好进言,帝谓侍臣曰:"观玄谟所陈,令人有封狼居胥意。"御史中丞袁淑言于上曰:"陛下今当席卷赵、魏,检玉岱宗;臣逢千载之会,愿上封禅书。"上悦。

文帝践位以来,即有恢复河南之志;元嘉七年三月诏简甲卒五万给右将军到彦之,统安北将军王仲德、兖州刺史竺灵秀等北伐,而终以败还;至元嘉二十六年,宋虽国力昌盛,然大将零落,北府兵衰微,实不具北伐条件;此时北魏太武帝拓跋焘励精图治,大破柔然,其雄心与实力皆不可低估。因而,不少大臣反对文帝北伐,王玄谟以慷慨之辞,迎合文帝之意,袁淑更以上封禅书自任③,似乎北伐之功指日可待,而文帝的态度是"上悦",由此可见文帝对顺从己意者之推许。由于文帝聪明猜忌、多疑残忍,臣下发言行事不免揣摩文帝之意,以远祸避害或迎合取宠。明乎此,或许易于理解何以认为刘义庆撰《宣验记》不乏迎合文帝之意了。

---

① 引文据〔南朝宋〕傅亮、张演撰,〔南朝齐〕陆杲撰,孙昌武点校《观世音应验记》(三种),中华书局1994年版。

② [日]小南一郎:《观世音应验记排印本跋》,见《观世音应验记》(三种),中华书局1994年版,第79页。

③ 《宋书》卷七〇《袁淑传》载:"淑喜为夸诞,每为时人所嘲。"由此可见其言谈虚夸、不切实际的一面。

# 《莺莺传》中的转折复句及其心理表达趋向

## ——兼论“自传说”

薛海燕*

习惯上认为《西厢记》是一部写出了诸多矛盾的具有“复杂性”的作品，实际上其前身——唐代元稹的传奇《莺莺传》也是一部具有类似性质的作品。而在改编为戏曲作品的过程中，《莺莺传》传奇原作中所凸显的人物内心乃至精神深处的诸多矛盾，相当一部分被忽略而隐没。这样一些矛盾在《莺莺传》中的一种常见句式——转折句式中表现得相当突出。

## 一、《莺莺传》中的转折复句

本文统计，《莺莺传》中的转折句共25个，依次如下：

1. 他人皆汹汹拳拳，若将不及；张生容顺而已，终不能乱。

2. 知者诘之，（张生）谢而言曰：“登徒子非好色者，是有凶行。余真好色者，而适不我值。何以言之？大凡物之尤者，未尝不留连于心，是知其非忘情者也。”

3. 翼日，婢复至，张生乃羞而谢之，不复云所求矣。

4. 婢因谓张曰：“郎之言，所不敢言，亦不敢泄。然而崔之姻族，君所详也，何不因其德而求娶焉？”

5. 婢曰：“崔之贞慎自保，虽所尊不可以非语犯之，下人之谋，固难入矣。然而善属文，往往沉吟章句，怨慕者久之。6. 君试为喻情诗以乱之，不然则无由也。”

---

* 薛海燕，中国海洋大学文学院教授。本文已刊于《励耘学刊》2018年第1辑。

7. 张生且喜且骇，必谓获济。及崔至，则端服严容，大数张曰："兄之恩，活我之家，厚矣，是以慈母以弱子幼女见托。奈何因不令之婢，致淫逸之词。8. 始以护人之乱为义，而终掠乱以求之：是以乱易乱，其去几何？9. 诚欲寝其词，则保人之奸，不义；10. 明之于母，则背人之惠，不祥……"

11. 张生拭目危坐久之，犹疑梦寐，然而修谨以俟。

12. 崔氏宛无难词，然而愁怨之容动人矣。

13. 大略崔之出人者，艺必穷极，而貌若不知；14. 言则敏辩，而寡于酬对；15. 待张之意甚厚，然未尝以词继之。

16.（莺莺）异时独夜操琴，愁弄凄恻，张窃听之。求之，则终不复鼓矣。

17.（崔已阴知将诀矣，恭貌怡声，徐谓张曰："……必也君乱之，君终之，君之惠也；）则没身之誓，其有终矣，又何必深感于此行？然而君既不怿，无以奉宁。……"

18. 崔氏缄报之词，粗载于此。曰："捧览来问，抚爱过深，儿女之情，悲喜交集。兼惠花胜一合，口脂五寸，致耀首膏唇之饰。虽荷殊恩，谁复为容？……19. ……自去秋已来，常忽忽如有所失，于喧哗之下，或勉为语笑，闲宵自处，无不泪零。……20. ……虽半衾如暖，而思之甚遥。……21. ……岂期既见君子，而不能定情，致有自献之羞，不复明侍巾帻。……22. ……倘仁人用心，俯遂幽眇，虽死之日，犹生之年。如或达士略情，舍小从大，以先配为丑行，以要盟为可欺。则当骨化形销，丹诚不泯……"

23. 张之友闻之者，莫不耸异之，然而张志亦绝矣。

24.（稹特与张厚，因征其词。张曰："……）昔殷之辛，周之幽，据百万之国，其势甚厚。然而一女子败之。溃其众，屠其身，至今为天下僇笑。……"

25.（张亦有所娶。适经所居，乃因其夫言于崔，求以外兄见。）夫语之，而崔终不为出。

一般而言，转折复句由两个有转折关系的分句组成。后一个分句不是顺着前一个分句的意思说下来，而是转到相反或相对的意思上去。根据转折复句两个分句之间的具体关系，转折复句可以分为三种不同类型：

第一，相反性转折复句。一般是成对使用关联词语的转折复句。这类复句一般要用关联词语，可以成对使用，前后两个分句的意思往往明显相反，转折、强调的意味比较重。常用的关联词语有"虽然（尽管、固然）……但是（可是、却）……"等。《莺莺传》中的以上25个转折复句，只有句20成对使用关联词语，但句7、8、12、13、14、15、17、18、21、22、24、25也表示相反性转折关系。这样看，相反性转折复句在《莺莺传》传奇中的转折复句中占近半数比例。其中除第25例，其他各句或为叙述语言描述莺莺，或为莺莺的对话语言及书信语言。总之多数直接用于莺莺形象的塑造。其表达功能见下文分析。

第二，差异性转折复句。这类转折复句的两个分句之间有相互对比或相互衬托关系，具体包括直接对比（两个分句表现两个不同事物或一个事物的两个不同方面）、间接对比（一个事物出现在句中，另一个事物或另一个方面则出现在句外）、正衬（作陪衬的偏句与正句之间是相关或相类似关系)、反衬(作陪衬的偏句与正句之间是相反或相区别的关系)等。在《莺莺传》中的25个转折复句中,句1、2、6、19、23大致属此类。除句19,其他各句均为叙述性语言,都是描述张生的,其表达功能见下文分析。

第三,限制性转折复句。即其中的两个分句之间并不对立,后句只对前句做补充或限制说明。在《莺莺传》中的25个转折复句中,句3、4、5、9、10、11、16呈现补充或限制关系。句4、5为人物红娘的对话语言,句4为提问,质疑张生追求莺莺的动机,预埋了崔张婚恋的不圆满结局;句5则为献策,帮助张生追求莺莺。11、16两句叙述崔张爱情进展。以上限制性转折复句增加了叙事的波澜,增强了叙事的曲折性,具体分析见下文。

## 二、转折复句的叙事功能

就其在小说叙事话语中的位置看,《莺莺传》中的25个转折复句,出现于叙事者评述语言层面的共有11句(如1、3、7、11、12、13、14、15、16、23、25),出现于人物语言层面的共有14句(如2、4、5、6、8、9、10、17、18、19、20、21、22、24)。这些转折复句主要具有以下叙事功能。

### (一)增强叙事的曲折性

在出现于叙事语言层面的11个转折句中,3、7、11、16、25五句叙述崔张爱情进展。句3,之前张生见到红娘,向她表示对莺莺的爱慕之情,红娘受惊走开。第二天,红娘又来到张生这里,张生却不敢表达自己的意愿了。句7,张生收到信,以为佳期可待,结果到了约会地点,却被莺莺以礼教道义训诫了一番。句11,佳期终至,张生却怀疑莺莺是否真会来赴约,半信半疑,最后总算天从人愿,喜出望外。句16,张生意外听到莺莺的琴声,震惊于其琴技,请求再听,却未被接受。句25,崔张都已别有婚配,张生路过,要求见表妹崔莺莺,妹夫同意,而莺莺却拒绝见他。以上转折复句勾勒了崔张婚恋故事的波澜,而这些波澜无疑增强了叙事的曲折性和传奇性。

### (二)塑造个性化人物

#### 1. 凸显"善自持"的张生

出现于叙事语言层面的其他6个转折复句的主要功能在于评述人物。其中1、23二句评述主人公张生,这两句都是差异性转折复句,如句1陈述他人见到美女,大多"皆汹汹拳拳,若将不及",而张生则不同,很能自持;句23则交代他人看到莺莺的信大多"耸异"即受到震撼,而张生却很冷静,下定了分手的决心。这两个差异性转折复句凸显了张生这个人物的日常表现及其个性的不同寻常之处,尤其是其超出常人的"善自持"特征。

#### 2. 有个性而纠结的莺莺

前面提到的句7、16、25三个转折复句,主要意在交代故事进展,但也突出了崔莺莺的表现，有人物塑造功能。其中句7、25为相反性转折复句，句16是限制性转折复句：句7陈述张生期待莺莺赴约，莺莺却“端服严容”，毫不客气地批评了张生；句16写莺莺忧伤弹琴，被张生听到，张生表示想听琴，莺莺却不愿意为他弹奏；句25交代张生想要再见莺莺，莺莺的丈夫转告了这个请求，莺莺却拒绝了。这三句极妙，分别写在崔张两人相爱前、中、后三个阶段，莺莺的表现总是不符合张生的期待。这说明莺莺是个即便在两情相悦的爱情关系中，依然有着自己的想法和个性的女子。最后即便无奈接受对方分手的决定，也能在被动被弃的狼狈惨淡中坚持自己的尊严。就此点而言，莺莺是一位具有与常人不同的超强个性的女子，这个女子有着较强的自我意识。

句12、13、14、15四个转折复句评述主人公崔莺莺。句12描写莺莺“宛无难词，然而愁怨之容动人矣”，表明其内心丰富敏感，而言辞谨慎自律。句13、14、15三个复句共用一个主语“大略崔之出人者”，三个复句“艺必穷极，而貌若不知”“言则敏辩，而寡于酬对”“待张之意甚厚，然未尝以词继之”在文中构成排比，都在强调莺莺的表现与其内心活动或实际情况经常相左，似乎有心口不一的情况。用今天的话说，她似乎是个很“纠结”的女性。

## （三）提升意蕴功能

### 1. 隐含张生形象的“成长”主题

在出现于人物语言层面的14个转折句中，句2出自张生。这是个差异性转折复句。张生言：“登徒子非好色者，是有凶行。余真好色者，而适不我值。”前一个单句提到了先秦楚国宋玉《登徒子好色赋》中的著名“色鬼”登徒子，张生此句替登徒子“翻案”，说他并不好色，所以才经常有那种好色的表现（凶行）。而后一个单句说张生自己实际上真的好色，所以才并不如此表现。何以言之？道理何在呢？因为，“大凡物之尤者，未尝不留连于心，是知其非忘情者也”。“物之尤”就是美女中的极致。但凡尤物，从来不会忘怀，足见张生并非对美女无感，而是在品位上追求极高，才不会妍媸不计。所以他之所以不像普通人一样处处留情，并非不好色，而是很难发现令自己动心的美女。而且即便遇到美女，也仅“留连于心”，而不诉诸行为。用后人的观念看，这接近于《红楼梦》所提出的“意淫”，也近似于今人所说的“审美”。张生这样的表述意在回应熟人之“诘”，表明自己并非不好色、不“正常”，而是有更高的追求。这样的表述与其后对红娘自剖时所言“性不苟合……不为当年，终有所蔽”相比，前者将自己凌驾于凡俗，后者则羡慕凡俗的手段和便利，形成了鲜明的对照。

以至于到最后，参照转折复句23（这也是个差异性转折复句），莺莺在信中其实在哀求张生不要抛弃自己。周围的人看到信，都“耸异之”，被莺莺的才情打动；而张生本人却觉得自己是个凡俗之人，驾驭不了这样的“尤物”，从而决定与莺莺彻底断绝关系。不难发现，从全文看，张生对自己求偶能力的判断，前后发生了非常明显的变化。

美国心理学家 David Dunning 教授指出，人们对自己的表现和能力的评估通常并不准确,容易被一种"自上而下的思维模式"限制。在一系列的研究中,他们发现我们对于自己能力的认识,并不是基于实际表现或过去的经验,而是基于一种没有事实依据的、关于自身能力的信念。①

像张生,最初受到朋友嘲笑时,他的确对交往异性没有任何经验,只是凭着精英化的自信,他觉得自己不同于一般好色的伙伴们,他自身并非不好色,只是没发现令自己满意的追求对象。发现莺莺时,他受到很大的震动,"惊为之礼","昨日一席间,几不自持。数日来,行忘止,食忘饱,恐不能逾旦暮"。惶恐之处在于,他真的遇到了佳人,却又不知道该如何追求,于是他后悔平时没有像小伙伴们那样积攒"实战经验"。

张生赴京文战,走正常的仕进之路,潜意识里也想走正常的婚恋之路。他本性"善自持",本质上其实是善于减少自己的损失。他说"予之德不足以胜妖孽,是用忍情",此即言,自己是个凡人,驾驭不了妖孽,因此只好割舍艳情。

在与莺莺交往的过程中,张生实质上完成了自我意识的一次成长:从懵懂时期自认为超人一等,到看到佳人后自惭形秽,到获得佳人放浪形骸,再到立业时决定放弃浪漫、回归平常和凡庸。这条通往平常和凡庸的成长路径,遵行的是从众、低风险的世俗规则。读者如果没发现张生的这个成长过程,很容易一味指责其最后抛弃莺莺的理由——"忍情说"——是一种自利的托词。其实出于自利不假,但这个理由不完全是托词。

**2. 莺莺的耽于"自省"**

莺莺初次赴约时,曾批评张生说:"始以护人之乱为义,而终掠乱以求之:是以乱易乱,其去几何?诚欲寝其词,则保人之奸,不义;明之于母,则背人之惠,不祥……"(转折句7、8、9、10)思维、表达都非常缜密,确有红娘所说"贞慎"之风。而"始以护人之乱为义,而终掠乱以求之:是以乱易乱,其去几何"这个转折复句一语中的,揭破了张生这种求偶方式的不合礼法和不负责任。可惜理性不能替代感情,明知会犯错误,却不能避免,这才是莺莺无法原谅自己之处。

张生声明要再次去参加文战时,"崔已阴知将诀矣,恭貌怡声,徐谓张曰:'始乱之,终弃之,固其宜矣,愚不敢恨。必也君乱之,君终之,君之惠也;则没身之誓,其有终矣,又何必深感于此行?然而君既不怿,无以奉宁。……'"(转折句17)这是非常清楚地告诉张生,自己已了解对方准备结束这段感情。

莺莺所说的这段话蕴含的清醒的判断、巨大的悲伤与冷静乃至冷酷的自责,需要从委屈转折的复句中百转千回地用心体会,才能品味一二。第一个转折,虽然我了解"始乱之,终弃之,固其宜矣",但是如果您能够坚持始终,那就是您的恩惠和大德了;这个转折句的修辞目标在于先放低姿态,再客气乃至卑微地提出请求。第二个转折,如果您准备实践当初的誓言,有始有终,那又何必为小别而伤感呢?然而您既然如此不快乐,我明白

---

① 转引自 Tasha Eurich, *Insight: Why we are not as self—aware as we think, and how seeing ourselves clearly helps us succeed at work and in life*, New York: Crown Business, 2017, 43.

您肯定是准备放弃这段感情了;(其实,您既然已经准备放弃,又何必在我面前表现您的不快乐,掩饰您准备抛弃我的决绝之心呢?)(我什么都明白了,我本想安慰您的不快乐,给您弹琴作别,但我也很难过,)我也做不到快乐地告别。小括号中的话都是我们按照逻辑和语气补足的。这么多的委屈和悲伤都没有表达出来,所以使得这个转折复句中的连接词“然而”有点怪异,有些吞咽,似乎不合逻辑,其实一方面是莺莺过于矜持自守,不习惯表达自己内心的失望和悲伤;另一方面则是心情凌乱,难以终篇。两个转折复句真实传神地表达了莺莺面对巨创时清醒与凌乱交并的状态。

张生离开之后,崔氏回信的内容包括前引转折句18、19、20、21、22,开头还比较矜持,说谢谢您寄给我一些脂粉之类,但谁又有心情妆饰呢?后面就止不住伤感。从“自去秋已来”(即句19)起,莺莺表达了自己的“悲叹”,其实她的悲叹表现了她异常痛苦而艰难的自省心路历程。

**3. 自省中的“迷思”**

美国组织心理学家Tasha Eurich在其新书《洞察力》中说,一般人自我省察容易陷入几种迷思:把自省(introspection)等同于洞察(insight);使自省变成反刍性的思考(rumination);把自我觉察等同于多问自己为什么;等等。[①] 通过分析文本,我们可以发现莺莺陷入类似自省“迷思”的痕迹。

其一,耽于逻辑性自省,忽略自身情感情绪的合理性。自省常常表现出逻辑性、系统性特点,但看清真实的自己又需尊重个人情绪和内心感受。习惯性的自省会带给我们一种“我很了解自己”的感觉,但类似自省如果是重复性、单纯逻辑性的,会让我们一遍遍地伤害过去的自己。[②]

莺莺就具有这种耽于逻辑性自省的个性。被抛弃后,她几乎没有陈述过自己所受的伤害,几乎未曾表达过自己对张生的不满情绪,只是反复说“岂期既见君子,而不能定情,致有自献之羞,不复明侍巾帻”,似乎只有自己应该为这场艳情承担责任。而对于张生,她则说:“倘仁人用心,俯遂幽眇,虽死之日,犹生之年。如或达士略情,舍小从大,以先配为丑行,以要盟为可欺。则当骨化形销,丹诚不泯。”正如前面送行时所表达的“必也君乱之,君终之,君之惠也”,似乎张生如果肯完成盟约娶她,倒是恩赐,是仁人圣贤般的德行。

类似沉思依赖于道德理性,却使她完全忽略了自身的情绪和内心感受。这不仅使她失去了自我——转折复句19、20说明莺莺已经进入一种不正常的精神状态,几乎陷入抑郁恍惚;而且使人不能清晰地了解她的想法,甚至不免“耸异”,促使张生最终做出了对她不利的决定。

---

① 转引自Tasha Eurich, *Insight: Why we are not as self—aware as we think, and how seeing ourselves clearly helps us succeed at work and in life*, New York: Crown Business, 2017, 85 - 92.

② 转引自Tasha Eurich, *Insight: Why we are not as self—aware as we think, and how seeing ourselves clearly helps us succeed at work and in life*, New York: Crown Business, 2017, 85 - 92.

其二,使自省变成反复性的自我伤害。自省容易陷入所谓的"反刍思考",即带着负面的情感去反复咀嚼已经发生的事,并更多地关注自己做得不够完美甚至是自己不能胜任的部分。①

莺莺在张生准备逃离这段艳情开始,就一直陷入负面情绪状态,一味苛责过去的自己,而不是以一种开放、包容和接受的态度对待过去的自己。她在描述自己反思过程时使用的转折复句19,即"常忽忽如有所失,于喧哗之下,或勉为语笑,闲宵自处,无不泪零。乃至梦寐之间,亦多感咽",表现了她的种种痛苦纠结,说明她不能接受和原谅自己的过失。这促使她把解决问题的希望完全寄托在张生的单方面抉择上,因为她并不觉得自己还享有权利。

其三,自问过多,责己过深。自省之所以经常追求逻辑性、贬损自身的情感和情绪,主要在于自省的人经常自问:"我为什么会这样觉得?""我为什么会做那件事?"②正是这些问句使得我们相信自省的深刻性和洞察力,也使自省的我们重复性地否定和伤害自己。

莺莺反思自己犯过失的原因,并将原因归结于:"婢仆见诱,遂致私诚。儿女之心,不能自固。君子有援琴之挑,鄙人无投梭之拒。及荐寝席,义盛意深,愚陋之情,永谓终托。岂期既见君子,而不能定情,致有自献之羞,不复明侍巾帻。没身永恨,含叹何言?"听上去似乎很全面,应该是反复思考的结果。重点却在于其中的转折句:"岂期既见君子,而不能定情,致有自献之羞,不复明侍巾帻。"(句21)这个转折复句的主语是莺莺自己。婢仆、张生都有过失,这不重要。重要的是她自己居然没能克制自己的感情。这才是莺莺无法原谅和接受自己之处。因为她习惯于逻辑性自省,已在自省中练就了较强的思维能力。

**4. 自省与自误**

莺莺本人没有发现,她之所以善于自制、理性思辨能力强,根本原因其实在于她是个情感极为丰富的人。对于这一点,她的婢女红娘的认识显然比莺莺本人清楚,正如红娘在为张生献策时所说:"崔之贞慎自保,虽所尊不可以非语犯之,下人之谋,固难入矣。然而善属文,往往沉吟章句,怨慕者久之。君试为喻情诗以乱之,不然,则无由也。"(句5、6)可见红娘已经看出,莺莺正因为情感丰富,所以才更需要用理智来节制、保护自己;反过来说,莺莺表面的"贞慎",只是多情的她所必须采取的"自保"手段。

由此则不难理解,莺莺出场开始"以郑之抑而见也,凝睇怨绝",到接受张生的一波三折,再到与张生相恋过程中的种种"纠结",这其中诸多的别扭主要来自她个性中理智与情感的强烈冲突。自省通常是一种理性的行为,莺莺耽于自省,同时也就习惯了在自省

---

① 转引自 Tasha Eurich, *Insight*: *Why we are not as self—aware as we think*, *and how seeing ourselves clearly helps us succeed at work and in life*, New York: Crown Business, 2017, 85 – 92.

② 转引自 Tasha Eurich, *Insight*: *Why we are not as self—aware as we think*, *and how seeing ourselves clearly helps us succeed at work and in life*, New York: Crown Business, 2017, 85 – 92.

中压制自己的感情。反思越多,她可能越是误解了自己、委屈了自己。这也引起了张生的误解,使张生以为她不好理解、不易控制、不易驾驭,使得两人最终难免以分手结局。

**5. 两个主人公的“性不苟合”有异同**

综上,通过分析《莺莺传》中的转折复句,我们发现作品中的两个人物都有“不苟合”的个性,而且都善于克制和自省。只是,通过自省,张生的自我意识从崇尚不俗发展到选择从众,以减少个人挫折和损失,所以其自省主要是为了解决个人与集体的矛盾;而莺莺被迫诉诸更严苛的理智,通过克制和牺牲自己的情感来保护自己,她的自省主要是为了处理自身理智与情感的冲突。由此可以发现,《莺莺传》中俨然有着“成长”主题,其中张生的成长呈现出外向化、社会化的特点,而莺莺的成长则呈现出内向化、艺术化的特点。从张生的角度看,莺莺才情双绝而不好驾驭,有点像个“妖孽”;而从莺莺的立场看,张生不免有些虚伪世俗和“忍情”。从不同人物的立场上看,一个爱情故事有不同的内涵和主题,这就使作品具有了某种“复调”的特征。

## 三、《莺莺传》表达诸多转折和矛盾的根本原因

前人大多认定元稹《莺莺传》写的是他自身的经历。宋人王铚《传奇辨正》、赵令畤《侯鲭录》都持此论。近人也大多赞同“自传说”。如鲁迅在《中国小说史略》“唐之传奇文”(下)中就认为“元稹以张生自寓,述其亲历之境”①。陈寅恪在《元白诗笺证稿》第四章附《读莺莺传》中也指出:“莺莺传为微之自叙之作,其所谓张生即微之之化名,此固无可疑。”②贞元十八年(802)冬,元稹第二次参加贡举,考取书判拔萃科第四等,被留在秘书省任九品校书郎,娶曾任从三品京兆尹的韦夏卿之女韦丛。

同期,元稹作《古决绝词三首》,如果与《莺莺传》两相参照,似有针对双文(莺莺)之嫌。如,其诗云:“我自顾悠悠而若云,又安能保君皑皑之如雪。”他甚至还说:“幸他人之既不我先,又安能使他人之终不我夺。”显得相当轻薄。但也有学者认为《古决绝词三首》非元稹所作。因为在元稹在世之时,就已经有关于他的伪作出现。他的《酬乐天余思不尽加为六韵之作》诗云:“元诗驳杂真难辨。”其注云:“后辈好伪作予诗,传流诸处。自到会稽已有人写《宫词》百篇,及《杂诗》两卷,皆云是予所撰,及手勘验,无一篇是者。”③《古决绝词三首》也在难以认定是元稹所作作品之列。有学者认为,即便《古决绝词三首》是元稹所作,也只是拟乐府写轻薄浪子之行,并非元稹自况。进一步说,连《莺莺传》也应被看作艺术虚构,元稹对文中的莺莺充满同情,也就对张生有批评之意。④ 甚至有学者认

---

① 鲁迅:《中国小说史略》,见《鲁迅全集》第九卷,人民文学出版社 2005 年版,第 86 页。
② 陈寅恪:《元白诗笺证稿》,生活·读书·新知三联书店 2001 年版,第 112 页。
③ 〔唐〕元稹著,冀勤点校:《元稹集》,中华书局 1982 年版,第 247~248 页。
④ 吴伟斌:《“张生即元稹自寓说”质疑》,载《中州学刊》1987 年第 2 期。

为,是莺莺抛弃了张生。①

《莺莺传》是否写的是元稹的自身经历?从作品充满转折和矛盾的笔触看,“自传说”还是非常可信的,因为大抵在论及自身的时候,一般人更会思路回转、充满矛盾。宋人王铚(字性之)在《传奇辨证》中推断:“盖昔人事有悖于义者,多托之鬼神梦寐,或假之他人,或云见别书,后世犹可考也。微之心不自抑,既出之翰墨,姑易其姓氏耳。不然,为人叙事,安能委曲详尽如此。”②他这样推断还是很有道理的。如果说这篇作品仅仅是艺术创作,模仿当时的传奇体制,写一个始乱终弃的故事,那也很难说明其中充满转折矛盾的表达来自何处。目前我们找不到传奇作品中有近似的摹本,而元稹本人的大部分诗文也不存在转折句式超多的特点。

那么莺莺究竟是什么人?元稹为什么会对她始乱终弃?

据宋代王铚、赵令畤等人考证,崔莺莺系永宁县尉崔鹏之女,她母亲与元稹的母亲皆是睦州刺史郑济的女儿,所以元稹与崔莺莺是表兄妹。③ 近人多信其说。陈寅恪先生则不完全赞同这个说法。他认为,如果莺莺系崔鹏之女,那么其门第比元稹后来娶的韦氏还要高,这就很难解释元稹为什么会舍此就彼。所以他认为莺莺应该是寒门之女,而崔姓只是假托,正像元稹假托为张生一样。④

但是陈寅恪先生也说,元稹所娶的韦氏,其父韦夏卿虽然是三品大员,但贞元十八年,在元稹登科后娶韦氏时,韦夏卿正做着退休官,是闲职,有名声而无职权。元稹却正是少年得志,并非等闲之辈。总之,元稹娶韦氏并非完全出于攀附之念。⑤ 也就是说,改变门第并不是促使元稹放弃双文的根本动力。从这一点上看,双文不一定如陈寅恪所说,必然是寒门家的女儿。

关于张生抛弃崔莺莺的原因,众说纷纭,据杜晓勤统计,除陈寅恪所持“门阀制度说”外,还有“热衷巧宦说”“情礼矛盾说”“女权说”,甚至还有“莺莺弃张生说”等。⑥

从文本看,如果我们相信此作源自亲身经历,那么文中对张生心理的描述很有可能是元稹的亲身体验,可以帮助我们接近这场情事(包括两个当事人)的真实面貌。

如前所言,张生早年并没有结交异性的经验,正如元稹在遇见双文之前也没有艳遇

---

① 曾祥麟:《张生不是无情种——关于元稹的〈莺莺传〉》,载《贵州民族学院学报(社会科学版)》1989 年第 3 期。

② 〔宋〕王铚:《传奇辨证》,见〔明〕王世贞编《艳异编》卷一七《幽期部一》,上海古籍出版社 1994 年版,第 628 ~ 629 页。另参见〔宋〕赵令畤撰、孔凡礼点校《侯鲭录》,中华书局 2002 年版,第 126 ~ 132 页。

③ 〔宋〕王铚:《传奇辨证》,见〔明〕王世贞编《艳异编》卷一七《幽期部一》,上海古籍出版社 1994 年版,第 628 ~ 629 页。另参见〔宋〕赵令畤撰、孔凡礼点校《侯鲭录》,中华书局 2002 年版,第 126 ~ 132 页

④ 陈寅恪:《元白诗笺证稿》,生活·读书·新知三联书店 2001 年版,第 114 ~ 116 页。

⑤ 陈寅恪遗作,刘隆凯整理:《元白诗证史之〈莺莺传〉》,载《广东社会科学》2003 年第 4 期。

⑥ 杜晓勤:《二十世纪隋唐五代文学研究综述》,北京出版社 2003 年版,第 210 页。

传诸众人之口一样。结识双文(莺莺)这样才色双绝的女子,对元稹(张生)而言是一个巨大的刺激和挑战。出于性别弱势,双文(莺莺)在这场情事中付出的代价和牺牲更大,容易引起同情。但从《莺莺传》中描绘莺莺的众多转折复句来看,这个美丽的姑娘并不容易驾驭和操纵。而元稹(张生)曾向红娘抱怨自己早年为何不从众"好色"积攒经验,向众人陈述自己"德不足以胜妖孽,是用忍情",表露出其个性中的凡俗化倾向。从本质上说,这是因为自信不足和自我保护心理。如果是因为个性中这样一个侧面,放弃外貌个性都很突出的双文(莺莺),转而谋取正常而普通的婚恋,倒也并非完全不可理解。这也给我们一种启示:元稹一生既曾因触犯宦官权贵而被贬江陵府士曹参军,后又曾靠宦官崔潭峻援引而擢祠部郎中、知制诰;既曾写下《遣悲怀》这样深情的诗篇,又有浪漫的情史——这种种抵牾违和,可能就源于其个性中独立和从俗两种不同倾向的矛盾对立。

陈寅恪先生说,《会真记》(《莺莺传》)中这段有关"忍情"的迂腐论调,对莺莺所作的譬喻是欠妥当的,若把它放在杨贵妃身上倒挺合适。白居易看出了这个缺点,写了《长恨歌》。[①] 对比而言,我们认为白居易《长恨歌》中的爱情观是浪漫的,不计风险代价——尽管李杨爱情似乎应该为安史之乱负上一定的责任,但《长恨歌》没有把杨贵妃定位为妖孽,而是对两人之间的真情再三称颂,而《莺莺传》则现实得多。苏轼《祭柳子玉文》云:"元轻白俗,郊寒岛瘦。"[②]通过对比两部作品所展现的爱情观可知,元作更现实、通俗。元白两人之间这次隐性的呼应是就爱情观展开的雅俗之辩。之所以会出现这种现象,可能与"安史之乱"的历史影响有关,可能与盛唐文化向中唐文化的转变有关,甚至可能与"新乐府运动""元和体"有关。而单纯从道德论角度看待《莺莺传》,可能会让我们忽略其中爱情观的雅俗之辩所隐含的丰富的文学内涵、历史内涵和哲学内涵。

虽然元稹与莺莺以分手结局,但与莺莺之间的故事仍然深刻影响了元稹。如果没有留恋,没有怅惘,没有不解,没有遗憾,没有种种复杂难明的情绪,元稹不可能写出这样一篇充满转折和矛盾的作品。专家指出,自我觉察能力强的人在讲述生命中的重大事件时,会采用更复杂的叙事方式——他们更愿意从不同的观点来描述这些事情,其中包括对事件不同的、多样的解释。[③] 读者固然同情莺莺,很难接受张生所谓"善补过"的解释,但不能否认,如果没有其中丰富而深刻的矛盾,《莺莺传》也很难引起后人纷纷解读乃至改写的兴趣。在隐含成长主题和表现人物性格复杂性等方面,《莺莺传》颇为超前,后代作品也罕有其匹。

在《红楼梦》第二回中,贾雨村列举来自正邪两赋的人物,曾经举崔莺莺等为例:"若

---

① 陈寅恪遗作,刘隆凯整理:《元白诗证史之〈莺莺传〉》,载《广东社会科学》2003 年第 4 期。

② 〔宋〕苏轼:《祭柳子玉文》,见孔凡礼点校《苏轼文集》(第五册),中华书局 1986 年版,第1938 ~ 1939 页。

③ 转引自 Tasha Eurich, *Insight: Why we are not as self—aware as we think, and how seeing ourselves clearly helps us succeed at work and in life*, New York: Crown Business, 2017, 85 - 92.

生于公侯富贵之家，则为情痴情种；若生于诗书清贫之族，则为逸士高人；纵再偶生于薄祚寒门，断不能为走卒健仆，甘遭庸人驱制驾驭，必为奇优名倡。如……崔莺、朝云之流，此皆易地则同之人也。"①这个禀"正邪两赋""其聪俊灵秀之气，则在万万人之上；其乖僻邪谬不近人情之态，又在万万人之下"的莺莺，庶几乎只有《莺莺传》中的那个纠结别扭、难免委屈为难自己的孤傲少女近之。在《红楼梦》的作者看来，这个少女不是什么"妖孽"，而是"情痴情种"。《红楼梦》的作者算得上《莺莺传》的异代知音，也是其学习和超越《莺莺传》之处。

---

① 〔清〕曹雪芹、〔清〕高鹗著，中国艺术研究院、红楼梦研究所校注：《红楼梦》，人民文学出版社2005年版，第29～30页。

# 论明代建阳刊小说的地域特征及其生成原因

涂秀虹*

建阳书坊刊刻小说的历史很长，但就现存刊本来看，宋元时代刊刻的小说还不多，大量刊行小说是在明代。而从元代至治年间(1321—1323)虞氏书坊刊刻平话，到明代正德六年(1511)杨氏清江书堂翻刻《剪灯新话》和《剪灯余话》，一百余年间建阳书坊少有小说刊本传世。与明代小说发展潮流相一致，建阳书坊刊刻小说兴盛于嘉靖以后。根据笔者统计，明代建阳刊小说版本至少有131种①，其中绝大多数刊刻于万历和万历以后。

## 一、书坊定位与官方政策

明代小说兴盛于嘉靖以后，这一发展状况固然是由小说创作的情况决定的，但笔者认为与建阳书坊有很大的关系。因为明代前期建阳书坊刻书所占市场份额很大，建阳书坊的刻书与经营状况对图书的市场流通具有重要作用，也影响了明代小说的传播。

从文本流传来看，明代前期小说编撰和传播的主流显然是文言小说。成书于洪武十一年(1378)的《剪灯新话》在文人圈中影响极大，此后仿作很多。明代前期广为流传的另一类文言小说是以元代《娇红记》为发端的中篇传奇，到嘉靖时期至少已出现十几部。这两类小说坊间多有刻本，传播相当广泛。此外，继承前代传统，明代前期更有大量的文言小说集、文言小说丛钞等选编与传播活动。

然而建阳书坊却很少刊刻文言小说，建阳书坊刻书似有明显的语体倾向。宋代建安

---

* 涂秀虹，福建师范大学文学院教授。

① 此就目前所见所知统计，包括一些已佚版本，还包括现存一些上图下文版式的残本(残叶)，学界一般归为建阳刊本。同一种小说若存不同版本，以不同版本数计。以下涉及统计数字，亦以此为标准。

刻书中有《夷坚志》和《类说》,但属于官刻。宋元书坊所刻文言小说现存只有宋麻沙镇虞叔异宅刻印《括异志》十卷、元至正年间建安书肆雕印《新编连相搜神广记》等不多的几种。明代宣德正统间建阳知县张光启刊刻《剪灯新话》和《剪灯余话》,不久遭禁毁,建阳书坊迟至正德六年(1511)才有这两种小说的翻刻,但此后也未见重刊。① 此外,确证为建阳书坊刊的文言小说现存只有数种,即弘治十七年(1504)书林梅轩和江氏宗德书堂刻印雷燮《新刊奇见异闻笔坡丛脞》一卷,万历二十三年(1595)书林熊体忠宏远堂刻印明庄镗实辑《新刊列仙降凡征应全编》二卷,书林陈应翔刻印唐牛僧孺撰《幽怪录》四卷(附宋李复言撰《续幽怪录》一卷),以及书坊承刻乐纯《雪庵清史》等。就是在中篇传奇畅销、书坊争相刻印的万历年间,留存至今的建阳书坊刻书中也仅有双峰堂刊余象斗编《万锦情林》六卷、萃庆堂余泗泉刊《新刻增补全相燕居笔记》十卷两部小说。这在繁盛的建阳刻书中所占的比例实在是很小的。虽然现存刻本并不是当时刻书的全部,但与白话小说等其他类型的刻书相比,就刻书的存佚概率来说,现存各类型刻书的比例基本体现当时刻书的大致情况。建阳书坊很少涉足文言小说的刊刻,当与书坊的读者定位有关。建阳书坊刻书就内容来说以普及为主,偏重于正经正史,多刻经史类普及读物,包括启蒙、科举辅助书,同时多刻与百姓日用密切相关的医书、通俗类书等。元代以后,建阳书坊开始刊刻白话通俗小说,面向下层民众这一普通读者阶层。文言小说使用文言叙事,大量插入诗词文赋,表现文人生活和文人的观念世界,充满文人情趣,与识字量少、关心自己市井经验的下层民众离得很远,不为市井大众所接受,因而面向市井大众的建阳书坊在刻书时也就很少留意这类小说。

但语体的选择只是建阳书坊小说刊刻状况的一个方面。因为明代前期也存在通俗小说的编撰和传播现象,从叶盛(1420—1474)《水东日记》卷二一"小说戏文"的记载来看,当时书坊刊刻了不少"小说杂书"②,而建阳书坊同样少有刊刻。

那么为什么明代前期建阳书坊很少刊刻小说呢?有人认为是刻书业不够发达的原因。事实上,元明之际的战火虽然烧毁了建阳书坊的一些板片,但并没有造成毁灭性的打击。明代前期,据顾炎武《钞书自序》,至于正统年间,"其时天下惟王府官司及建宁书坊乃有刻板"③。洪武二十四年(1391)六月,太祖"命礼部颁书籍于北方学校。上谕之

---

① 国内现存《剪灯新话》明刊本四种,建阳刊本占了两种。在《剪灯新话》的刊刻方面,建阳占有重要地位。而且张光启刻本是《剪灯余话》的第一个刻本,对《剪灯余话》的传播具有重要意义。这与建阳总体上较少刊刻文言小说并不矛盾。根据学界研究可知,《剪灯新话》的明代刊本并非仅此四种,洪武永乐年间已有刊本,但已不存,永乐十九年之后由瞿暹刊刻的本子国内不存,但朝鲜、日本的本子多源于此本。张光启"命工刻梓"时,《剪灯新话》已经是"四海盛传"了。另外,张光启出于文人雅好与推广《剪灯余话》之意合刊二书,具有很大的偶然性,此后"剪灯系列"出现了一系列新作,尚未见建阳书坊刊本。

② 〔明〕叶盛撰,魏中平校点:《水东日记》,中华书局1980年版,第213页。

③ 〔清〕顾炎武:《亭林文集》卷二,《续修四库全书》第一四〇二册,第82页。

曰……向尝颁与五经四书，其他子史诸书未尝赐予，宜于国子监印颁，有未备者遣人往福建购与之”①。清代施鸿保《闽杂记》称：“麻沙书板，自宋著称。明宣德四年，衍圣公孔彦缙以请市福建麻沙板书籍咨礼部尚书胡濙，奏闻许之，并令有司依时值买纸雇工摹印。”②明代嘉靖年间周弘祖《古今书刻》统计各地刻书，以福建最多，而福建又以建阳书坊最多，达367种，比南京国子监和其他省都多。以私人之力统计必然不完全，但由此可见明代前期建阳书坊刻书之盛。

明代建阳书坊刻书如此繁盛，却极少刻小说，当然有着多方面的原因，笔者认为影响建阳书坊明代前期刻书状况的因素首先是官方的政策导向。

一方面，明初建阳书坊的地位很高，明代前期全国的科举应试之书多出于建阳书坊，书坊承接了许多官方委托刻书的任务。如成化二十三年（1487），礼部尚书丘濬进呈《大学衍义补》一书，孝宗命“誊副本下福建书坊刊行”，丘濬《大学衍义补》最早的刊本即弘治元年（1488）建宁府刊本。成化十六年（1480），福建按察司佥事余谅请建阳书坊刻印丘濬辑《文公家礼仪节》八卷。当时福建巡抚、巡按以及建宁府、建阳县的官员、书院大量刻书，其刻书地点多为建阳书坊。

建阳书坊的地位源于明王朝大力提倡程朱理学。元代仁宗延祐年间（1314—1320）恢复科举，就诏定以朱熹《四书集注》试士子。明朝朱元璋推崇朱子学，洪武二年（1369）诏令天下立学，规定：“国家明经取士，说经者以宋儒传注为宗，行文者以典实纯正为主。今后务须颁降《四书五经》《性理》《通鉴纲目》《大学衍义》《历代名臣奏议》《文章正宗》及历代诰律典制等等书，课令生徒诵习讲解，其有剽窃异端邪说，炫奇立异者，文虽工，弗录。”③这一政策对建阳书坊的发展非常有利，因为建阳是闽学中心、理学渊薮，是朱子一生讲学终老之地，而且建阳书坊刻书向来以儒家经典为主，自宋代以来就特别用力于科举考试用书的刊刻，在读书士子中拥有广泛的市场。当时官方还规定理学诸子后裔可优免徭役，万历《建阳县志》卷三《籍产志》之“赋役”载：“本县昔为先贤所萃之乡，故各家子孙俱得优免。朱文公伍拾丁石，而蔡西山壹拾玖丁石，游廌山、张横渠各壹拾陆丁石，刘云庄壹拾肆丁石，刘瑞樟、熊勿轩各捌丁石，黄勉斋伍丁石。盖士夫举监生员吏承之优免，各县所同，而先贤子孙之优免，则本县所独也。”④为了取得这种优惠待遇，建阳刻书世家往往以名贤后裔自居，如刘弘毅慎独斋刻印《十七史详节》，就标明“五忠后裔”“精力史学”。⑤ 在这样浓郁的文化氛围中，当时无论官刻、家刻、坊刻，都以理学名著为主，多刻宋元理学诸子著作。悠久的刻书历史、理学名家的良好声誉和特别有利于建阳刻书发展

---

① 见《太祖洪武实录》卷二〇九，钞本。

② 〔清〕施鸿保撰，来新夏校点：《闽杂记》卷八，福建人民出版社1985年版，第116页。

③ 〔清〕佚名：《松下杂钞》卷下，见孙毓修编《涵芬楼秘笈》第三集，北京图书馆出版社2000年版，第368页。

④ 万历《建阳县志》，见《日本藏中国罕见地方志丛刊》，书目文献出版社1991年版，第350页。

⑤ 方彦寿：《建阳刻书史》，中国社会出版社2003年版，第215页。

的政治文化氛围,吸引了国子监乃至各地名士把经典著作和理学新作寄发建阳书坊刊刻。所以,建阳书坊的稿源相当充足,所刻书籍的销量也大。

另一方面,当时官方对文艺的管理也使得书坊不敢刊刻违禁书籍。明代前期戏曲、说唱传播的禁令已为学界所熟悉,如洪武六年(1373)诏令禁止戏曲扮演历代帝王后妃忠臣烈士先圣先贤神像,这条禁令被写进了洪武三十年(1397)正式颁布的《御制大明律》,永乐九年(1411)又再次出榜禁同类词曲的演出、收藏、传诵、印卖。① 这样的规定对说书同样有效,据褚人获《坚瓠集》辛集卷二记载,就是在后来通俗文艺已经颇为繁荣的嘉靖、隆庆年间,王世贞的儿子王士骕还因为奴仆说平话而致罪。②

而现在所见关于小说传播的禁令似乎与建阳刻书有较为密切的关系。建阳书坊发展繁盛,必然也会产生一些非"经史有益之书",由于建阳和建阳书坊引人注目的地位,"道所从出""文章萃聚",官方对建阳刻书业的管理也较严。如宣德正统间建阳知县张光启刊刻《剪灯新话》《剪灯余话》后不久,明正统七年(1442),"国子监祭酒李时勉言五事……近年有俗儒假托怪异之事,饰以无根之言,如《剪灯新话》之类,不惟市井轻浮之徒争相诵习,至于经生儒士多舍正学不讲,日夜记意以资谈论,若不严禁,恐邪说异端日新月盛,惑乱人心,实非细故,乞敕礼部行文内外衙门及提调学校佥事御史并按察司官巡历去处,凡遇此等书籍,即令焚毁,有印卖及藏习者问罪如律,庶俾人知正道,不为邪妄所惑。诏下礼部议,尚书胡濙等以其言多切理可行,但欲取太医院药于本监治病原无旧例难从。上是其议"③。李时勉的奏疏有可能是针对张光启刊刻《剪灯新话》《剪灯余话》而发的。虽然李时勉在奏书中言"《剪灯新话》之类",而没有直接提《剪灯余话》,但更为直接导致李时勉上书的可能是《剪灯余话》。《剪灯新话》自洪武十一年(1378)成书,至此四海流传四十余年,且已多有刊本。《剪灯余话》大约成书于永乐十七年(1419),张光启刊本是《剪灯余话》的第一个刻本。《剪灯余话》的作者李昌祺与李时勉同乡且为同年进士,曾经是好朋友,李时勉为李昌祺的诗集作过序,永乐十八年(1420)还为李昌祺的《至正妓人行》作过跋,张光启刊本《剪灯余话》附《至正妓人行》及诸名公跋,其中就有李时勉之跋。收入李时勉等名公之跋显然是为了提高《剪灯余话》的身价,但是否正因为如此而更引起李时勉的注意乃至反感呢?历史细节无法还原,但从李时勉为《至正妓人行》写的跋中可以知道,李时勉不赞成李昌祺撰写这样的作品,认为"公为方面大臣,固当以功名事业自期"。对比《剪灯余话》诸篇,《至正妓人行》已属雅正。对于《至正妓人行》,李时勉尚且认为不当用力于此,更不必说《剪灯余话》诸篇的"怪异之事""无根之言";而且比之《剪灯新话》,《剪灯余话》对于男女之情更多露骨描写,触犯时忌的内容也更多,多处讥刺永乐朝"失节"大臣,"同时诸老,多面交而心恶之"④。李时勉是明代著名的理学名臣,《明

① 参见程华平《明清传奇编年史稿》,齐鲁书社2008年版,第2、4页。

② 参见陈大康《明代小说史》,上海文艺出版社2000年版,第144页。

③ 见《明英宗实录》卷九〇,钞本。

④ 〔明〕祝允明:《野记》,商务印书馆1936年版,第86页。

史》有传，为了维护礼教，甚至曾经“廷辱”洪熙皇帝。据说，洪熙皇帝就是被他气死的。可以想见，李时勉若读到《剪灯余话》，必然如鲠在喉。正统六年(1441)，李时勉任国子监祭酒，兢兢业业地教诲国子监学生，终于因为“经生儒士多舍正学不讲”、沉迷于《剪灯新话》一类的小说而慨然上书建议禁毁。而从“上是其议”来看，李时勉禁书的建议必然被采纳了，因为此后二十多年不仅未见《剪灯新话》《剪灯余话》有传本，其他小说也少有流传。从现存刊本来看，成化以后才逐渐开禁。又施鸿保《闽杂记》载：“弘治十二年，给事中许天锡言，今年阙里孔庙灾，福建建阳县书坊亦被火，古今书板尽毁，上天示警，必于道所从出、文所会萃之处，请禁伪学，以崇实用。下礼部议。遂敕福建巡按御史厘正麻沙书板。又嘉靖五年，福建巡按御史杨瑞、提督学校副使邵诜，请于建阳设立官署，派翰林春坊官一员监校麻沙书板……是明时麻沙书板且有官监校矣。”①在建阳书坊这么一个偏僻的小地方设置一名专任官员，可见中央政府对建阳书坊的重视，也可见建阳书坊之繁盛。嘉靖十一年(1532)，福建提刑按察司还专门就建阳书坊刊刻的“四书五经”出了一道牒文，明文规范刻书的文字差讹和版式问题。由此可见，政府的监管是有力的。

所以，明代前期建阳书坊较少刊刻小说，不仅取决于当时小说创作的情况，也与书坊的读者定位和官方的政策导向、文化管理有关。

## 二、题材选择与理学的影响

建阳书坊的经史类典籍和理学著作的刊刻自明代中叶以后有所衰退，一方面是因为统治阶层日益腐败，无力倡导和维护理学，另一方面是心学的兴起使理学热潮减弱。心学的兴起对建阳的文化思想影响不大，但在客观上影响了建阳书坊的刻书稿源和销售。《建阳县志续集·典籍》载：“天下书籍备于建阳之书坊，书目具在，可考也。然近时学者自一经四书，外皆庋阁不用。故板刻日就脱落。况书坊之人苟图财利，而官府之征索偿不酬劳，往往阴毁之以便己私。不可慨叹。故今具纪其所有者，而不全者止录其目。好古而有力者能搜访订正而重刻之以惠后学，亦一幸也。”②由此可见，明代中期建阳书坊刊刻经史类典籍乃至科举参考书的衰退有着诸多具体的原因，其中越来越暴露弊端的八股取士制度对建阳刻书有很大影响。建阳刻书的巨大支柱是辅助科举考试和蒙童学习的经史类普及读物，但八股考试改变了从前士子遍读经史的学习方式，使得建阳刊刻的经史类图书失去了销路。而官府的征索又加重了书坊的负担，加剧了书坊的衰落。

正是在这样的背景下，又由于此时全国小说图书市场逐渐兴盛，建阳书坊因为本来就有着良好的通俗图书刊刻传统，所以通俗小说很快成为书坊刻书的支柱品种。明代建

---

① 〔清〕施鸿保撰，来新夏校点：《闽杂记》卷八，福建人民出版社1985年版，第116页。

② 〔明〕袁铦续修：《建阳县志续集》，《四库全书存目丛书》史部第一七六册，齐鲁书社1996年版，第87~88页。

阳小说刊本现在所知有131种，从万历年间余象斗刊刻《三国志传评林》之《三国辨》、《水浒志传评林》之《水浒辨》来看，现存的刊本只是当时刻书中的一部分，佚失的版本应该比现存的还多。

但是，建阳刊刻的通俗小说仍然体现出建阳这个"闽邦邹鲁""道南理窟"明显的地域特色。这一地域特色充分体现在建阳刊小说的题材选择上。检视目前所知建阳书坊刊刻小说，可见其明显的题材特征，即以讲史、神魔、公案三种类型为主，其中讲史小说刊本69种、神魔小说刊本27种①、公案小说刊本18种。

从现存刊本来看，建阳书坊所刻小说少有人情小说。明代后期，人情小说的主要类型是"艳情小说"。"艳情小说"在嘉靖后期开始出现，到万历后期形成高潮，像《如意君传》《痴婆子传》《浪史》等作品大量出现，但是现存刊本多出于江浙一带，而建阳刻本今见惟有种德堂刊《绣榻野史》。其中"种德堂"是建阳熊氏书坊之一，但此《绣榻野史》不一定刊刻于建阳，因为明代后期熊氏种德堂在金陵有分店，其刊本有一部分刻于金陵。②而此本《绣榻野史》不是建阳刊小说常见的上图下文版式，而是图版夹于正文中间，左右两半叶合成一幅，上下卷各十二幅，是江南刊小说常见的版式。③

我们不能以现存小说刊本情况断言建阳书坊不刊艳情小说，但根据存本在题材类型上的比例可以推断建阳书坊有着较为明显的题材取向。以《三国志演义》《水浒传》为典范的讲史小说无不是以纲常义理为旨归，宣扬忠孝节义、惩恶扬善。建阳书坊组织编撰和刊刻的神魔小说虽然是在《西游记》的影响下产生的，但实际上都融合了讲史小说的影响，是讲史小说发展的一个支流。这些神魔小说显然不同于以鬼神为表现对象、追求怪异叙事趣味的传统的志怪小说，而是通过神仙佛道的修行故事，达到教人向善的目的，所以与讲史小说实异途同归，为儒教之补。而公案小说向来被视为广义的讲史类小说，建

---

① 其中包括近年由潘建国发现的书林文萃堂刊《新刻全像五鼠闹东京》（见潘建国《海内孤本明刊〈新刻全像五鼠闹东京〉小说考——兼论明代以降"五鼠闹东京"故事的历史流变》，载《文学遗产》2008年第5期）、叶明生发现的书林忠正堂刊《显法降蛇海游记传》（现存清乾隆十八年文元堂重刊本，参看叶明生《海游记校注》，见《民俗曲艺丛书》，台湾施合郑民俗文化基金会2000年版）。

② 刘世德：《〈三国志演义〉熊成冶刊本试论》，载《文献》2004年第2期。

③ 当然并不排除此本刻印于建阳。很有意义的是，由此亦可见明代后期建阳书坊与江南书坊的合流。此合流体现在多方面。一是建阳书坊刻书地点的迁移，如建阳叶氏、余氏、熊氏等刻书世家都于金陵设立分肆。二是刻工的合流，建阳的优秀刻工如刘素明既为建阳书坊刻书，又为江南书坊刻书；建阳书坊也聘请江南刻工，如余君召刊本《英烈传》刻工署王少淮；建阳书坊还聘请建阳与江南的刻绘名家联手合作，如萧氏师俭堂刊戏曲《幽闺记》即刘素明与版画高手蔡元勋、刘松年合作。刘素明还与江南很多刻绘名手合作，为江南书坊刻书。三是版面形态，明代后期建阳书坊有不少刊本，如熊飞刊《英雄谱》、人瑞堂刊《隋炀帝艳史》，以及大量的戏曲刊本，都是江南刊本所常见的大幅全图的插图版式，故而学界多认为这些刊本不刻于建阳本地。而建阳书坊刊本的插图形式也影响了江南刊本。江南刊本除有上图下文的版式外，如余季岳刊《按鉴演义帝王御世盘古至唐虞传》所用的月光版插图形式就为后来的李渔刻书所采用。建阳书坊与江南书坊的合流推动了明清刻书业的发展，推动了小说艺术的发展。而在这一发展过程中，由于经济文化中心的转移，建阳书坊在刻书业中的重要地位逐渐被淡化，建阳书坊逐渐消亡了，但建阳书坊的刻书和经营经验融进了以江南为中心的刻书业的长远发展中。

阳书坊刊刻的公案小说还经常与法律文书上下栏刊刻，是普及司法知识的一种手段，也是法律文书的派生物，当然既有益于教育，又符合理学的精神。事实上，结合建阳书坊对通俗小说题材的选择来观照文言小说，我们会发现建阳书坊刊刻小说的语体倾向也主要取决于题材的选择。文言小说中的剪灯系列和中篇传奇在题材上属于人情一类，特别是被称为“话本”的中篇传奇，其题材与通俗小说之艳情一类相接近。正是因为有明显的题材取向，所以建阳书坊极少刊刻艳情小说。

从建阳书坊刊刻小说的题材取向，我们不由得想到程朱理学最为人们所熟知的一句“语录”：“明天理，灭人欲。”在通行的文学史和常见的文学研究论文中，说到程朱理学无不视之面目可憎，古代社会后半段社会生活的所有不合理，乃至文学发展之症结几乎都归之于“理学杀人”“以理害情”。几百年来，人们对朱熹理学有太多误解，朱熹思想在元明清三朝被树为官学、置于至高无上的地位，很多文人又往往因为政治话语的需要而有意曲解朱熹思想。事实上，朱熹集儒学之大成，建立了伦理、哲学、政治三位一体的伦理型理学体系。这一思想体系确实以“三纲”“五常”“明天理，灭人欲”为最高的道德原则，但“三纲”“五常”思想其实早在《尚书》中就已萌芽，《论语》就已提出“君君臣臣父父子子”，故其千百年来成为封建社会普遍遵循的最高道德原则，有其恒久的合理性。特别值得指出的是，朱熹强调“欲”与“人欲”的区别，“欲”是人性的本然，“食色性也”，而“人欲”则是人所追求的私欲邪念，所以朱熹强调以理节欲。有学者指出，这种表彰普遍道德原则的心态在一定程度上反映了人的理性自觉，在天、地、人三才之中，追求理想人格和完善道德原则，以更好地尽人性、尽物性，从而赞天地之化育，使人与天、地并立，以实现当时理学家所向往的那种“为天地立志，为生民立道，为去圣继绝学，为万世开太平”的“以道自任”的理想境界。① 这也是朱子学自南宋至清代为有胆识、有魄力的帝王所推崇、为文人士大夫所普遍认同的重要原因。在建阳刊的很多小说中，我们都能真切地感受到朱子思想对作者的深刻影响。

正因为如此，理学思想成为影响建阳书坊刊刻小说题材选择的重要原因。尽管建阳刊小说在题材类型上的特点是文学发展内、外多种因素作用的结果，与当时的文化政策有关，与书坊长期大量刊刻史部图书以及讲史平话的积淀有关，但最主要的生成动力是建阳地域文化形成的道德基准和书坊主的自觉选择。

在福建乃至全国，闽北地区是一个独特的区域，它分布于武夷山脉建溪一线，包括了建宁府、邵武军、南剑州三州府，建阳则处于这一地域网络的中心。人们把这一地区称为“道南理窟”确实非常形象，因为理学家在这里扎堆出现。至少从南唐时代开始，建安江文蔚、朱弼都是名重天下的儒学名家。宋代闽学的著名理学家从“南剑三先生”（杨时、罗从彦、李侗）、武夷“胡氏五贤”（胡安国、胡寅、胡宁、胡宏、胡宪）以及游酢、刘勉之、刘子翚，到朱熹，其生活地域基本上集中于以建阳为中心的闽北走廊。由于理学家如此密集，

---

① 刘树勋主编：《闽学源流》，福建教育出版社1993年版，第228页。

所以闽学在闽北的影响非常深入,地位极其稳固,在宋代"庆元党禁"中,闽北地区无一人充当反闽学的干将。① 朱熹去世正当党禁最烈之时,庆元六年(1200)十一月,朱熹葬于建阳九峰山大林谷,参加葬礼的有六千人,其中不乏远道而来的朱子门人,但如此多的人数,必然更多的是本地人。《闽学源流》根据历代文献统计,列出朱熹门人有姓名记载的511 人,其中闽北三州府有 84 人,占比最多。通过门人弟子的递相承传,朱子思想源远流长。尤其在建阳,由于政府的扶持与嘉奖,从宋末到明清,大量立祠堂、建书院、修复闽学学者创办的书院,弘扬闽学精神。

元代、明代,朱子著作遍行天下,"天下之学,皆朱子之书"②,建阳作为当时的刻书中心,得天时地利,大量印行朱子等理学家著作。同时,建州由于得天独厚的地理优势,是唐以来世族汇集之地,因为早期移民从中原地区带来崇儒重教的传统,所以教育极为普及,是宋以来福建地区教育最发达的州府,而福建又是全国教育最发达的地区。建阳刻书家很多都有着良好的教育背景和较高的文化修养,宋代以来不少书坊主都能亲自编书,他们很多都是幼读诗书、参加科举考试未能成功而重操父辈祖业的文人,明代余象斗即如此。朱熹等理学名贤使建阳山川为之生色,使建阳人引以为豪。根据嘉靖《建阳县志》记载,小小一个建阳建有 48 座坊表,这些坊表以弘扬理学道统为主,题名多如"南州阙里""道学渊源""世家先哲,力扶道统""道学传心,斯文缵绪"等。最值得注意的是"书坊"坊表,"内八坊,曰崇孝,曰崇弟,曰崇忠,曰崇信,曰崇礼,曰崇义,曰崇廉,曰崇耻"③,由此可见建阳刻书业所处的浓厚的理学氛围。理学对建阳的影响至为深远,教育的普及更使理学深入普通民众,理学成为建阳书坊主自觉的思想意识,由他们编撰和刊刻的小说必然受到理学强调文学的社会政治功能的影响,故建阳刊刻的小说在内容上重视社会性,在风格上则骨力刚健,以"天理"为旨归,着力于教化人心。就是到了天启、崇祯年间,建阳书坊已逐渐走向衰落,对市场极为敏感的建阳书坊也仍然没有改变其道德尺度以挽救自己的衰势。

## 三、编刻类型与稿源

建阳书坊刊刻的小说大致可分为两类,一类是《剪灯新话》《三国志演义》《水浒传》《西游记》等典范作品,一类是在这些典范作品影响下产生的作品。典范作品大体都是江南刊本的重新编刻,如《三国志演义》《水浒传》《西游记》三大奇书的各种版本将近占现存建阳小说刊本的一半,其中绝大多数为简本。在典范作品影响下产生的作品也有一些

---

① 林拓:《文化的地理过程分析——福建文化的地域性考察》,上海书店出版社 2004 年版,第 74 页。

② 〔元〕虞集撰,王颋点校:《虞集全集》上册,天津古籍出版社 2007 年版,第 658 页。

③ 嘉靖《建阳县志》卷四《治署志》附坊表,见《天一阁藏明代方志选刊》,上海古籍书店 1962 年版。

版本来自江南,如三台馆刊杨尔曾编订《新镌全像东西两晋演义志传》,焕文堂印万卷楼刊本《海刚峰先生居官公案传》等,但是绝大多数是建阳书坊组织文人自编的。这些作品因袭模仿,其叙事水平与元刊平话比较接近,但艺术成就远远无法与典范作品相比,因此,时至今日,这些小说已多被遗忘,这是传播史上优胜劣汰的必然规律。

建阳刊小说的编刻类型有其深层的生成原因,最直接的原因在于稿源,特别是小说作者的构成。

对于建阳书坊来说,稿源的问题其实是书坊发展的瓶颈。当闽学发展走过了它的黄金时代,闽北文化复归于山林的偏远和沉寂时,稿源问题特别突出地表现出来,并最终限制了建阳刻书业的持续发展。随着明代弘治、正德以后封建统治能力的下滑,理学在民众生活中的核心地位也逐渐减退,建阳书坊理学著作和经史类著作稿源不足,这是明代正德、嘉靖以后建阳书坊向小说刊刻转型的重要原因。但是,建阳刊刻小说若要持续发展,小说稿源同样是最为关键的因素。而建阳书坊不容易获得高质量的稿源。

从文言小说和白话小说的全部作品和作者来看,典范作品的作者都不出自建阳,如创作"剪灯"系列的瞿佑(《剪灯新话》)和李昌祺(《剪灯余话》),创作中篇传奇的宋梅洞(《娇红记》),创作白话长篇小说的罗贯中(《三国志演义》)、施耐庵(《水浒传》)、吴承恩(《西游记》)。《三国志演义》《水浒传》《西游记》的作者至今存在争议,但这些作者也与福建地区无涉。在典范作品影响下产生的作品的作者或者是建阳文人,包括建阳书坊主,但更多的是建阳书坊聘请的文人,他们多来自江西。笔者对"三国"、"水浒"、《剪灯新话》、《剪灯余话》之外的90种刊本进行统计,除34种不明作者或不明作者籍贯外,32种出自福建文人,其中建阳刻书世家熊大木、余邵鱼、余象斗之作最多;11种出自江西文人,如邓志谟、朱星祚、黄化宇、吴还初等;亦有少量出自浙江、金陵、湖北、河南、安徽、甘肃等地,其中如冯梦龙等可能系伪托。

从已知情况来看,建阳书坊组织编撰小说的作者都是名不见经传的下层文人,文学修养不高。但他们中有的人阅读面很广,所谓"博洽士",善于做编辑的工作。如熊大木,除了编撰《大宋中兴通俗演义》等数种小说,还编校、集成《日记故事》《新刊类纂天下利用通俗集成锦绣万花谷文林广记》《新刊明解音释校正书言故事大全》等。就是《大宋中兴通俗演义》《唐书志传通俗演义》《全汉志传》《南北宋志传》等小说,严格说来也具编辑性质,因为都是据旧本、结合史料及其他传说资料编写而成的,所以我们往往称之为"编撰",而不称之为"创作"。又如邓志谟,其编辑情况与熊大木非常相似,除《铁树记》《飞剑记》《咒枣记》等小说之外,还有《山水争奇》等七种"争奇"、《故事白眉》、《故事黄眉》、《锲旁注事类捷录》、《古事镜》等。他编了很多书,基本都属于类书。利用旧本,大量抄录史料及其他资料,拼凑痕迹比较明显,这是建阳书坊编撰小说的基本特征。甚至如公案小说,也多是转录、拼凑并更换书名。建阳书坊编撰和刊行的很多小说都具有开拓新题材的意义,如《南北宋志传》《唐书志传通俗演义》《大宋中兴通俗演义》《列国志传》《包龙图判百家公案》等小说,开启了杨家将、说唐、说岳、列国志、包公等小说题材的创作。大量同类型小说的刊刻从小说史发展的角度、从小说文体与小说类型形成的角度、从普及小说接受从而推进小说发展的角度来说有其重要意义，但若就每一部小说单独分析，其叙事艺术成就不高。

明代小说的典范之作多已在嘉靖之前产生，但是为数很少的几部作品远远无法满足读者的需求，而此时通俗小说的创作尚处于不自觉的状态，因此建阳书坊主以其商业敏感率先组织文人编撰小说，对小说的发展显然具有重要意义。可惜的是，建阳书坊未能与高水平小说作家合作，未能获得高质量稿源。而这又与建阳当地的经济文化发展水平密切相关。

宋代闽北地区曾为全国文化最发达的地区，这有着天时地利人和多方面的原因，但其中一个不容忽视的因素是带动闽北地区文化发展的理学属于山林文化，它不依赖于城市的发展，甚至必须逃避城市发展的喧嚣，它要求学者远离城市、归于山林，读书思考，涵泳性情，正如李侗传于朱熹的指诀："默坐澄心，体认天理。"闽北由于武夷山的阻隔，有深山大川之静僻，非常适合理学家体认天理的默坐澄心，同时离南宋的政治文化中心临安不太远，若以当时的半壁江山而论，建阳甚至正好处于全国中心的位置，因此又很便于以天下为己任的理学家感触国家民族命脉，适时干预时事。这是闽学能建立集大成的思想体系而又能成为主流意识的客观原因之一。

然而，时至明代中叶，山林文化衰微，城市文化成为主流，而通俗小说是商品经济发展的产物，与城市化的文明程度密切相关。从宋元话本、元刊杂剧来看，很多小说戏曲都是"古杭新编"的。苏杭一带由于城市规模大、经济发达，是小说戏曲之渊薮。而且江南地区当时事实上已初步形成以苏、杭为中心城市的经济区，包括镇江、应天（南京）、松江、常州、嘉兴、湖州等地在内，类似于今日的长江三角洲经济区，构成了都会、府县城、乡镇、村市等多层级的市场网络。江南地区人口密集，在明代时，苏州、杭州与北京、南京是全国人口最多的城市，比如苏州，据《明史》记载，洪武二十六年编户四十九万一千五百一十四，口二百三十五万五千三十；弘治四年，户五十三万五千四百九，口二百四万八千九十七；万历六年，户六十万七百五十五，口二百一万一千九百八十五。① 可以想见，在江南地区这个庞大、密集的人群中，有多少艺术人才，有多少热衷小说戏曲的读者，每天演绎着多少小说戏曲取之不尽的市井故事素材。

而闽北历来以山林文化著称，培育出了唐宋以来大量的诗人和学者，武夷名山曾吸引众多道、释修行者。兴于宋代的建阳刻书正源于此深厚的文化意蕴。但是建阳处于深山，明代时建阳的经济文化都不发达，就城市化的发展程度来说，与杭州、苏州、金陵等地相比，更是望尘莫及。由于计产育子、溺婴等风俗，建阳乃至福建的人口长期增长不大。根据万历《建阳县志》卷三《籍产志》记载，万历二十年建阳人口为户二万五千四十六，内

---

① 〔清〕张廷玉等：《明史》卷四〇《地理志》，中华书局 1974 年版，第 918 页。

寄庄户二百二十三,口八万三千三百七十一。[①] 又由于山水阻隔的地理特征,福建从未形成调控全局的文化中心,闽人善于经商,但是福建的商业贸易也始终未形成统一的区域性市场网络。闽南地区商业贸易发达,宋代泉州刺桐港、明代漳州月港曾经都非常兴盛,甚至一度成为全省的经济中心,但以闽南一带为中心主要向海外辐射,由于交通不便,与闽北、闽西内地的交流相对较少。明代景泰年间至天启年间是漳州月港最为兴盛的时期,这个时期也是建阳刊刻小说的兴盛时期,但是笔者认为两者没有必然联系。闽南对外贸易的商品中也有"建本文字",但是建阳书坊刻书是以江南刻书为向心的,其版本翻刻、编撰取材、图书集散都主要与江南地区交流,从图书销售的角度说,通过江南地区流向全国的市场绝对要比通过闽南流向海外市场更好。所以,在一定程度上可以说,建阳书坊相当于当时全国图书行业的小商品生产(加工)地,小作坊密集,生产成本较低,生产水平也较低,但生产量很大。城市文明和市民文化的发展先天不足,没有喧嚣城市那种家长里短的丰厚积累,天马行空的空旷想象也受阻于触目的群山,缺乏叙事文学发展所需的丰厚土壤,建阳的小说编撰和小说刊刻必然也缺乏原创性大手笔的精品。

建阳经济不发达,在宋元时期尚有银矿和建茶产业,至于明代,则惟以书坊书籍为当地最大产业。万历《建阳县志》卷三载:"今潭产至单微。"[②]万历《建阳县志》卷一记各乡市集:"在乡一十六里乡市各有日期。如崇化里书坊街、洛田里崇洛街、崇文里将口街(每月俱以一六日集)……是日里人并诸商会聚,各以货物交易,至晡乃散,俗谓之墟。而惟书坊书籍,比屋为之,天下诸商皆集。次则崇洛绵花纱布二集为大,余若崇泰里马伏、石街、后山街……则聚无常期,亦不过鱼盐米布而已。"[③]明代建阳产业单一,商业不盛,经济相对落后。

明代,似乎福建文化的辉煌已成过去,特别是闽北地区区域文化呈明显弱化趋势。从一些统计数据来看,明代福建进入政府中枢的官员已经很少了,远远无法跟宋代相比,跟邻近的江西相比也大为逊色。明代时期,闽北乃至福建都已经很少产生著名文人,像明初杨荣那样的名人极少。以科举及第的情况来说,明代与宋代远远无法相比,而嘉靖以后闽北地区更是明显衰落,明前期该地区进士总数 119 人,而嘉靖及其以后只有 66 人,仅占明代该地区进士总数的 35%;从各科平均及第人数来看,嘉靖以前每科及第近 3 人,嘉靖以后则为 1 人左右。而状元、榜眼、探花这三鼎甲中,仅明初洪武十八年(1385)建阳的丁显中状元,其余空无一人。[④] 根据万历《建阳县志》卷二《建置志 · 书院》之"同文书院"条下小字记载,"其地方业儒者少"[⑤],建阳县学生员也不多。

---

① 万历《建阳县志》,见《日本藏中国罕见地方志丛刊》,书目文献出版社 1991 年版,第 342 页。

② 万历《建阳县志》,见《日本藏中国罕见地方志丛刊》,书目文献出版社 1991 年版,第 343 页。

③ 万历《建阳县志》,见《日本藏中国罕见地方志丛刊》,书目文献出版社 1991 年版,第 265 页。

④ 林拓:《文化的地理过程分析——福建文化的地域性考察》,上海书店出版社 2004 年版,第 125 页。

⑤ 万历《建阳县志》,见《日本藏中国罕见地方志丛刊》,书目文献出版社 1991 年版,第 300 页。

显然，由于位置偏僻、文化衰退，闽北本地较少产生人才，也留不住人才，更不能吸引外来人才。这是建阳刊小说作者少名家、层次低的根本原因。建阳经济文化不发达，民间资金积累薄弱，使得建阳书坊主无法大手笔、大魄力地向外地组织高水平的作者和稿源。而建阳之外的经济文化发达地区也许已经具备了创作较高水平小说的力量，但是又缺乏像建阳书坊这样的组织推动力，所以很遗憾，同时期同样未能产生高水平小说。由此可观明代嘉靖、万历时期小说面貌生成之一斑。

## 四、版式特征与刻工及读者

假如说稿源问题还主要取决于客观条件的话，小说的版本面貌、版式特征则不能不说是建阳书坊的自觉选择了，建阳书坊有其明确的读者定位和销售策略。

建阳刻书集中于崇化和麻沙两个乡镇，除熊、刘、余、杨等几大刻书家族之外，还有很多书户，几乎家家刻书。建阳书坊刊小说现存版本都很复杂，版本复杂的原因之一是当时每一部小说行世之后，都有好几家书坊竞相翻刻，现存版本往往是好几家书坊刻本拼凑而成的，或者是书版为别家书坊获得后挖改而成的①。书坊以家庭为单位，各书坊之间虽有合作②，但从同一姓氏有好几家书坊且版面题署常有挖改的情况来看，可能竞争多于合作。这种民间商业经营形式具有优长，小作坊运作，经营方式比较灵活，为求销售、竞争市场，在刻书内容和版式上力求创新；但也有严重的局限性，那就是资金薄弱，资本积累与文化积累层次低，小本经营，会尽量压低成本，甚至会因为恶性竞争而出现盗版、偷工减料等现象，最终彻底毁坏了建阳刊本的声誉。

与建阳刊小说作者少名家相比，刻工水平可更为直观地表现出来。建阳刊本大部分给人这样的印象：图像简陋，多错字、俗字，多字句脱漏，版面较为拥挤，小型开本等。因此，历代文人对建阳刊本多无好评。

就版式而言，建阳刊小说有其明显的特征，即采用上图下文的版式。据笔者统计，在现存131种建阳刊小说版本中，至少有三分之二是上图下文的版式。上图下文的版式几乎是建阳刊小说的标志性版式。人们往往以此为重要标准来判断该刊本是否出自建阳书坊。建阳刊本小说上图下文的版式有其悠远的历史和深厚的传统，是建阳书坊刻书在其发展过程中逐渐形成的特有的版刻风格。从版画艺术的角度而言，人们对宋元建阳本上图下文的版式及其版画的艺术成就，历来评价很高。诚然，在版画艺术发展史上，建阳刊本有其重要的地位。但是插图版画发展至万历时期，金陵、新安等地版画精美佳作如林，相比之下，建阳刊本小说插图比之宋元似乎更为简率了。若将建阳刊本上图下文小说中的一幅图与江浙本同题材小说插图中的一幅进行对比，建阳刊本实在是粗朴稚拙。

---

① 比如《全汉志传》的版本即如此，序文、卷端的题署和卷终的牌记所署书坊不一。

② 如余彰德与余象斗就曾合作刊刻《古今韵会小补》。

建阳刊小说中的大量图像都是略具形似而已，绝大部分图像构图雷同，同样的图像在一本书乃至好几本书中重复出现而用以表现不同的时间、地点、人物、事件是很常见的。房屋无论家居还是酒肆、旅馆、寺庙道观，造型一律，只在门上以"店"字、"庙"字等表明区别。插图很少有背景，往往只有很简略的人物动作，人物造型也没有大的区别，更没有人物表情等细致的刻画，雕刻确实非常粗糙，客观地说艺术价值不高。

那么，是不是由于建阳缺乏优秀的刻工呢？建阳不乏技术精良的刻工，根据方彦寿统计，嘉靖《邵武府志》《建宁府志》《建阳县志》至少有 84 名刻工多次参加雕刻；而崇祯年间何乔远刊刻《闽书》，征集了福州、泉州、漳州、兴化、建宁五府近 120 名刻工，其中有将近 50 名来自建宁府。① 官府主持刊刻的这些方志质量很好，刻工精美。现存宋、元、明建阳刊本无数，绝大多数的经、史、子、集类图书都是刻印精美的善本。这一方面是因为经史子集类图书往往由官方或个人委托书坊刊刻，书坊必须按照委托要求刊刻，同时资金也较为充足；另一方面是由于经史子集类图书的读者定位是较高文化层次的人群，这一人群同时也是经济能力较好的人群，消费能力较强。

建阳书坊刊刻的小说有少量是卷首冠图、单面全幅的形式，如人瑞堂刊《隋炀帝艳史》、熊飞雄飞馆刊本《英雄谱》等，图像精美，多出于明代后期，明显受江南刊本的影响，可能不刻于建阳本地。据方彦寿考证，《英雄谱》插图的刻绘者刘玉明是著名刻工刘素明的弟弟。刘素明长期生活于外地，经常与金陵、杭州、徽州等地的版画家合作，故学界对刘素明的籍贯有多种说法。方彦寿根据建阳书坊《贞房刘氏宗谱》的记载，认定刘素明是明代建阳刻书家刘弘毅的五世孙。《三国志演义》版本中有一种吴观明本，刻工吴观明为建阳人，但一般认为此本也不刻于建阳。从这些情况来看，建阳刻工中的一些翘楚都主要活动于江南一带。这不是偶然的，福建的书画界从来不乏才俊，如宋代的蔡襄、蔡京，影响及于全国，著名画僧惠崇便是建阳僧人，至于明代，书画界亦颇多闽人，但他们多供职于朝廷，或主要活动于福建之外的地区。这种情况正是由当地的经济状况决定的。

明代建阳刊小说有少量标署了刻工名字。这些小说多上图下文，往往将刻工名字标于图像上。这些刻工可能是专门刊刻图像的。如正德六年（1511）杨氏清江书堂刻印《剪灯新话》，署"书林正己詹吾孟简图相"。嘉靖二十七年（1548）叶逢春刊本序言中说明图像刻工是叶苍溪。建阳刊多种《三国志传》版本都题"次泉刻"，万历间乔山堂刘龙田刊本题"三泉刻像"。李仕弘昌远堂刻本《全像华光天王南游志传》末叶插图题"刘次泉刻像"。芝潭朱苍岭梓《唐三藏出身全传》题"书林彭氏□图像秋月刻"。这些刻本中有些图像质量较好，如叶逢春刊《新刊通俗演义三国志史传》，但大多数刻本图像较为简陋。

从建阳刊小说的整体情况来看，建阳刊小说的刻工绝大多数不是名家，而且往往连名字也没有留下。与金陵、新安等地刻工多署名的情况相比，建阳刊小说不署名不是偶然的，这说明一个非常重要的问题：建阳刻工没有专业意识，建阳书坊不重视刻工素质。

---

① 方彦寿：《建阳刻书史》，中国社会出版社 2003 年版，第 378 ~ 390 页。

有论者曾以前人所谓“建阳故书肆，妇人女子咸工剞劂”①为据，说明建阳刻书业是多么发达。而笔者认为，妇人女子都能刻书固然能说明建阳刻书业刻工需求之大，但也恰恰说明建阳刻工不一定是专业刻工，很可能是妇人女子闲时兼作。这是符合建阳地区的经济文化状况的。闽北是福建的粮仓，所以本地的生业结构向来是以农为本，农闲之时帮点工贴补日用，至今如此。由于偏僻闭塞，信息流通少，如《邵武府志》所称，“奇技淫巧，不接于目，故工安其拙，舟车不通，故商贾不集”。有学者认为，闽北长期作为物资输出地的社会经济特征，使当地人民安于本土，勤务农、力稼穑，进而导致商品经济萎缩及民风的变化。② 建阳并不发达的经济状况和建阳书坊的小本经营，使建阳书坊主无力聘请书画名家和著名刻工。以农为本的生业结构使书坊的商业经营成本很低，衣食无忧的小农经济形态使其没有发愤商贾的奋斗精神，又由于相对闭塞，因此书坊和刻工安于现状，只求微利，不思进取，没有强烈的创新意识，不像新安人那样——书坊主有意刊刻传世之作，刻工则立志成为名刻工。

事实上，建阳刻书的地理条件、经济文化状况在其发展之初就已经存在，但宋元时期因为理学的兴盛等各方面的天时地利，所以建阳刻书先天的营养不足没有暴露出来。而书坊主们显然斟酌过自己的实力，包括经济实力、文化实力，所以选择基层读书士子为读者对象，在版本、版面、字体、用纸、刻工等方面都没有太高的要求，唯求实用与普及。对比宋代建阳坊刻（家刻）与官刻以及其他地区的坊刻，就可见出这样的特点。明代建阳书坊的小说刊刻也是如此，把自己的销售群体定位为文化层次较低、消费能力较弱的普通民众。如上图下文的版本形式，就体现了书坊主以图释文、以图补文的刻书理念，也是其经营策略的直观体现，也是有着强烈商品意识的出版手段。事实证明他们的策略在很长时间内是有效的，在元代到明代万历的小说图书市场中，建阳书坊占了很大的份额。我们不可低估建阳书坊商品意识与出版手段的重要意义，他们在竞争市场、拓宽销路的同时也普及了文化。

当然，对于书价，目前未见能直接说明建阳刊小说价格的资料。结合沈津等学者所列举的一些书价，笔者试图做些推论。

建阳刊本中有些书价格不菲，如：《大明一统志》，九十卷，十六册，万历十六年（1588）杨氏归仁斋刻本，刘双松重梓，每部实价纹银三两。《新刻李袁二先生精选唐诗训解》七卷，明李攀龙辑，明万历四十六年（1618）居仁堂余献可刻本。藏美国哈佛，计四册，扉页刻“唐诗训解。二刻。李于麟先生选。书林三台馆梓”。钤有“每部纹银壹两”木记。《新编古今事文类聚》，前集六十卷、后集五十卷、续集二十八卷、别集三十二卷（170 卷），宋祝穆辑；新集三十六卷、外集十五卷，元富大用辑。明万历三十五年（1607）书林刘双松

---

① 〔明〕李维桢：《韵会小补再叙》，见〔明〕方日升《古今韵会举要小补》卷首，《四库全书存目丛书》经部第二一二册，齐鲁书社 1997 年版。

② 林拓：《文化的地理过程分析——福建文化的地域性考察》，上海书店出版社 2004 年版，第 127 页。

安正堂刻本，共三十七册，每部实价纹银三两。① 这些著作的读者定位应该是经济能力较好的读书士子。同时期也有价格略低的书，如叶德辉《书林清话》载，万历三十九年(1611)刘氏安正堂又刻有《新编事文类聚翰墨大全》一百二十五卷，价银一两。此书未注明册数，沈津怀疑有误，认为没有理由会这么便宜。但若以卷数来比较的话，《新编古今事文类聚》二百二十一卷售价三两，此一百二十五卷售价一两，似乎相差也不是特别大；更重要的是从题目和卷数来看，《新编事文类聚翰墨大全》应该是个更为普及的本子，未知版式与《新编古今事文类聚》是否有差异，但其读者定位可能是购买力略差的读者群。又根据方彦寿记载，崇祯元年(1628)陈怀轩刊刻明艾南英编《新刻艾先生天禄阁汇编采精便览万宝全书》三十七卷，扉页有"每部价银一钱"字样。这部书与《新编事文类聚翰墨大全》的读者定位相似，都是普及性著作。所以，这么便宜的价格是有可能的。建阳刊小说定位的读者群与此相似或略低，价格应该也相接近或略低。

还有另一个参照系，即曲词刊本的价格。据沈津介绍，《新调万曲长春》，六卷，明程万里撰，三册，明万历年间书林拱塘金氏所刻，每部价银一钱二分。同类著作，杭本价高。如《月露音》四卷，八册，写刻精美，图尤雅致，万历杭城丰东桥三官巷口李衙刊发，每部纹银八钱。可见，建阳刊本价格不及杭本的一半。曲词较雅，其读者定位应该是比小说读者文化水平略高的人群，消费能力也略高，因此建阳刊小说的价格应该比《新调万曲长春》的价格略低。

综合起来考虑、推测，比如二十卷的《三国志传》，价格是四钱左右。对比《列国志传》姑苏龚绍山刊十二卷本每部纹银一两的价格、《封神演义》舒文渊刻二十卷本每部纹银二两的定价，建阳本的价格优势则很明显。明代文人对各地图书质量与价格多所议论，此推论或许相去不远。

以上从明朝的社会政治与政策导向、建阳的经济文化以及作者、刻工等方面分析了建阳刊小说地域特色形成的诸多原因，对建阳刊小说的艺术价值做了相对客观的评价。然而，建阳刊小说在小说创作和传播史上的重要意义是不容置疑的。建阳丰富的林木资源使建阳刻书具有优越的物质条件，其悠久的刻书传统足以使其在读者心中树立无形的品牌，建阳拥有当时全国数量最多的书坊，由于低成本运作，它能让江浙精雕细刻的书坊难以实现的大批量快速刻书成为现实，这对于通俗小说的传播来说，甚至与高质量的稿源同样重要。《三国志演义》和《水浒传》可能成书于元末明初，但由于没有刊刻，当时知道的人很少，流传相当有限。嘉靖元年到万历中期，《三国志演义》和《水浒传》在江南等地的刊刻还不是太多，可是建阳的版本已经有几十种，有的书坊板片因刷印太多模糊了而新雕。从嘉靖年间开始，建阳书坊大量刊行通俗小说，以刊刻迅速、价格低廉的优势，向最广大民众普及了通俗小说。始于熊大木的通俗小说新编虽然今天看来艺术粗糙，但

① 沈津：《明代坊刻图书之流通与价格》，见《书韵悠悠一脉香——沈津书目文献论集》，广西师范大学出版社2006年版，第94～112页。

当时一再翻印,也为江浙等各地书坊大量翻刻,最大限度地普及了通俗小说。通俗小说的繁荣为小说传播营造了巨大声势,也扩大了《三国志演义》《水浒传》等名著的影响。可以想象,若没有通俗小说繁荣的局面,没有大量的通俗小说培养大量的读者,那么《三国志演义》《水浒传》两部名著独秀于空林,恐怕它们像一些文言小说那样逐渐被遗忘并不是不可能的。以嘉靖之后通俗小说刊刻的盛况反观明代初年通俗小说的刊刻,我们不能不肯定建阳书坊对小说创作与传播所起的巨大推动作用。

# 《金瓶梅》的易学渊源

樊庆彦*

中国古代文人有着强烈的宗经意识。《周易》作为"哲人之骊渊"、群经之首，是形成中国文化特色的元典之一，自然会引起文人们的特别关注。如刘勰曰："故论说辞序，则易统其首。"①颜之推称："序述论议，生于《易》者也。"②叶燮亦认为："因《易》之流而为言，则议论、辨说等作是也。"③《周易》成为诸多文体的渊源，对中国文学的形成产生了巨大影响。因此它也被古代文人奉为必修课程。小说家们同样从中含英咀华，清代评点家张竹坡便认为："谁谓作稗官者不知易也哉？"④在他看来，《金瓶梅》的作者不仅深谙易学之道，而且在创作时巧妙地运用了《周易》思想。《金瓶梅》受到的《周易》的影响是多方面的。本文结合前贤时俊的相关文学研究，择要做一分析。

## 一、善恶报应——《周易》对《金瓶梅》主旨立意及人物命运的影响

善恶报应是我国民间一种极为普遍的思想观念。远古时代先人认为天帝、鬼神具有决定世间吉凶和维护人伦道德的种种属性。《周易·谦卦·彖》曰："天道亏盈而益谦，地道变盈而流谦，鬼神害盈而福谦，人道恶盈而好谦。"这导致人们对报应的不可逃避性有

* 樊庆彦，山东大学文学院副教授、博士生导师。

① 〔南朝梁〕刘勰著，范文澜注：《文心雕龙注》（上），人民文学出版社 1958 年版，第 22 页。

② 〔北齐〕颜之推撰，王利器集解：《颜氏家训集解》卷四，上海古籍出版社 1980 年版，第 221 页。

③ 〔清〕叶燮：《与友人论文书》，见王镇远等编选《清代文论选》（上），人民文学出版社 1999 年版，第 268 页。

④ 〔明〕兰陵笑笑生著，王汝梅等校点：《张竹坡批评金瓶梅》，齐鲁书社 1991 年版，第 1289 页。

所畏惧，由此形成了鬼神崇拜及天命信仰，影响社会生活的各个层面。这就为上古社会采用"神道设教"思想教化民众开辟了广阔的空间。早在春秋时期，人们便已相信：天道和人事相互感应，天道之变化是由人的善恶引起的，也是人间祸福的预兆。因而，个人行为的善恶将引起不同的结果，善有善报，恶有恶报。如《尚书·汤诰》"天道福善祸淫"，《尚书·伊训》"惟上帝不常，作善，降之百祥；作不善，降之百殃"。① 《左传》中亦有记述，如"天祚明德"（宣公三年），"盛德必百世祀"（昭公八年），"神福仁而祸淫"（成公五年），并载有"结草衔环"（宣公十五年）的故事。春秋人还相信子孙也是行为主体的报应承担者，福运如果没有使行善者本人获得，则必定会降临在其后代身上，即所谓"圣人有明德者，若不当世，其后必有达人"（昭公七年）。战国时，孟子引用孔子之言"始作俑者，其无后乎"②，似可表明孟子接受春秋报应的后代说。另如《荀子·宥坐》"为善者天报之以福，为不善者天报之以祸"③，《韩非子·安危》"祸福随善恶"④，也认同善恶有报思想。《易传》在解读《易经》过程中，亦据此作申说和总结。如《周易·文言传》："积善之家，必有余庆。积不善之家，必有余殃。"《周易·系辞下》："善不积，不足以成名；恶不积，不足以灭身。小人以小善为无益而弗为也，以小恶为无伤而弗去也，故恶积而不可掩，罪大而不可解。"《周易》的地位和影响使教化民众行善积德的善恶报应思想深入人心，在某种意义上起到了宗教的作用。

东汉末年，随着佛教的传入和道教的兴起，易学的善恶报应思想与儒家的灾异谴告之说、佛教的因果轮回之说及道教的天道承负之说相结合，形成了古代社会更加系统完整的"天道循环"、善恶有报的传统生命观念。《易传》的善恶报应思想对后世影响很大。如三国蜀主刘备曾教导其子后主刘禅："勿以恶小而为之，勿以善小而不为。"北宋易学家胡瑗也曾以善恶报应说诠释国之存亡，其中更是融合了儒、释、道三家思想。⑤ 这种观念在明代得到进一步强化和广泛流行，成为平民意识结构的组成部分，而在古代小说及戏曲创作中亦是屡屡得以体现，并影响到作品的主旨立意。

《金瓶梅》同样也是处处皆合"天道"，因果轮回、善恶报应思想贯穿全书。小说第一回即已点明主题："善有善报，恶有恶报；天网恢恢，疏而不漏。"⑥作者还不时借用诗句来加以提示，如第四十七回："善恶从来报有因，吉凶祸福并肩行。"第八十七回："善恶到头终有报，只争来早与来迟。"⑦欣欣子于《金瓶梅词话序》中亦云："知盛衰消长之机，取报应轮回之事……祸因恶积，福缘善庆，种种皆不出循环之机……合天时者，远则子孙悠

---

① 李民、王健：《尚书译注》，上海古籍出版社 2004 年版，第 116、125 页。

② 杨伯峻译注：《孟子译注》，中华书局 2013 年版，第 8 页。

③ 〔清〕王先谦撰，沈啸寰、王星贤点校：《荀子集解》，中华书局 1988 年版，第 526 页。

④ 〔清〕王先慎撰，钟哲点校：《韩非子集解》，中华书局 2003 年版，第 198 页。

⑤ 〔宋〕胡瑗：《周易口义》，吉林出版集团有限责任公司 2005 年版，第 75 ~ 76 页。

⑥ 〔明〕兰陵笑笑生著，王汝梅等校点：《张竹坡批评金瓶梅》，齐鲁书社 1991 年版，第 13 页。

⑦ 〔明〕兰陵笑笑生著，王汝梅等校点：《张竹坡批评金瓶梅》，齐鲁书社 1991 年版，第 699、1387 页。

久,近则安享终身;逆天时者,身名罹丧,祸不旋踵。"①评点家张竹坡同样认为:"是知祸福倚伏……天道有然也。"②"亦是天道不深不浅,恰恰好好该这样报应的。""是故我云《金瓶》一书,体天道以立言者也。"③无论是作者还是读者,都将该书视为体现"天道""报应"的立言之作。

而在具体描写中,每一人物的结局命运无不与其起始行迹相呼应。西门庆害人性命,掠夺钱财,媚上凌弱,奸娶妇女,纵欲无度,"造恶非善",必遭报应。小说第七十九回写潘金莲为增强西门庆的性欲,施以猛药,致其"溺血而死"。崇祯本《新刻绣像批评金瓶梅》眉批曰:"此药较武大药所差几何?吃法与武大吃法所差几何?因果循环,读者猛省。"④这不禁使人想起了西门庆在第五回给潘金莲发的誓言"我若负了心,就是武大一般",张竹坡于此评曰:"特特将七十九回一照,使看官知报应不爽。"⑤西门庆死后,韩道国、来保、应伯爵、吴大舅、李娇儿、孙雪娥等无不在谋算其家产,西门家族很快就土崩瓦解、风流云散了。潘金莲、李瓶儿、庞春梅及陈经济等人违背天道人伦,逆时而行,皆受到报应,不得善终。文龙在第八十五回后评曰:"自西门庆死后,不及一年,其间拉拉杂杂,不堪闻,不忍见,不可说之事,纷纭攘攘,层见迭出。至此始知报应之不爽,因果之不诬。"⑥可见作者乃是借"善恶报应"警戒世人,传达作品"劝善惩恶"的主题命意。

《金瓶梅》中的善恶报应在展现现世报的同时,也有多处暗示了来世报。《金瓶梅词话》便不时指出,"欲占后世兴衰理,今日施为可类知"(第三十四回),"善恶到头终有报,只争来早与来迟"(第六十二回)。⑦ 这一思想虽源于《周易》,却又呈现出多家杂糅的特点。如小说第五十七回写永福寺道坚长老为募捐整修寺庙,到西门庆家劝化引动西门庆施舍行善:"以金钱喜舍庄严佛像者,主得桂子兰孙,端严美貌,日后早登科甲,荫子封妻之报。"⑧这其中既有儒家士子"桂子兰孙""早登科甲""荫子封妻"的政治理想和人生目的,又包含着道家善及后代的天道承负之说,却又被佛徒用来宣扬佛教报应之理,可见是杂糅了儒、佛、道三家的思想。又如在第五十九、六十二回,官哥、李瓶儿死后,徐先生通过查看阴阳秘书,道出了此二人的前生、今生、来生。此种轮回转世本是佛教的教义,却被记在了阴阳先生的秘书之中,其间所记轮回虽含有善恶报应的某些根由,但并非完全

---

① 〔明〕兰陵笑笑生原著,白维国、卜键校注:《金瓶梅词话校注》,岳麓书社 1995 年版,第 1 ~ 2 页。:"罹"原作"罗",径改。

② 〔明〕兰陵笑笑生著,王汝梅等校点:《张竹坡批评金瓶梅》之《冷热金针》,齐鲁书社 1991 年版,第 12 页。

③ 〔明〕兰陵笑笑生著,王汝梅等校点:《张竹坡批评金瓶梅》,齐鲁书社 1991 年版,第 2、1410 页。

④ 朱一玄编:《金瓶梅资料汇编》,南开大学出版社 2002 年版,第 363 页。

⑤ 〔明〕兰陵笑笑生著,王汝梅等校点:《张竹坡批评金瓶梅》,齐鲁书社 1991 年版,第 96 页。

⑥ 黄霖编:《金瓶梅资料汇编》,中华书局 1987 年版,第 495 页。

⑦ 〔明〕兰陵笑笑生著,白维国、卜键校注:《金瓶梅词话校注》,岳麓书社 1995 年版,第 909、1725 页。

⑧ 〔明〕兰陵笑笑生著,王汝梅等校点:《张竹坡批评金瓶梅》,齐鲁书社 1991 年版,第 840 页。

符合佛教的六道轮回之说，且夹杂着道教的一些术语。由此可见，《金瓶梅》中的善恶报应、因果轮回观念是《周易》与儒、释、道三教混杂合一的产物，这与宋明时期学术思想三教合一的潮流是一致的。

## 二、阴阳对立——《周易》对《金瓶梅》结构布局及故事情调的影响

《周易·说卦传》曰："昔者圣人之作《易》也，幽赞于神明而生蓍，参天两地而倚数，观变于阴阳而立卦，发挥于刚柔而生爻，和顺于道德而理于义，穷理尽性以至于命。"东汉许慎《说文解字》释"易"曰："《秘书》说：日月为易，象阴阳也。"《周易》将宇宙万物抽象为阴阳二体，用阴阳二爻加以体现。阳爻又称刚爻，代表阳刚、尊崇、男性、奇数以及其他象征积极向上的事物；阴爻又称柔爻，代表阴柔、卑贱、女性、偶数等象征消极向下的事物。这两个符号经过排列组合而成为代表八类自然物质的图式，即八卦。《周易·系辞下》曰："八卦成列，象在其中矣。因而重之，爻在其中矣。刚柔相推，变在其中矣。"八卦重叠搭配，组合为具有内部关系的六十四卦，来象征自然变化和人事现象。两卦为一组，或以同义互作映衬，如革、鼎二卦，前有除旧之意，后含布新之意；或以异义互作对比，如乾、坤二卦，前有阳刚之意，后含阴柔之意。《周易》以此揭示天地、自然、社会存在的永恒规律，从而体现了阴阳互动、对立统一的思想，即所谓"一阴一阳之谓道"（《周易·系辞上》）这也促成了中国古人阴阳二元"对称"型的哲学思维方式。中国传统文化的衍变与发展中一直存在着二元性的结构分野，《金瓶梅》在结构布局及故事情调方面也受到《周易》阴阳对立思想的影响。张竹坡认为，"《金瓶梅》一百回，到底俱是两对章法"①。浦安迪先生则称之为"二元补衬"②。

在《金瓶梅》中，这种"二元补衬""两对章法"主要表现在两个方面。一是小说整体结构前后对比。该书第一回以"西门庆热结十兄弟，武二郎冷遇亲哥嫂"开篇，在张竹坡看来，《金瓶梅》以"冷热"二字开讲，堪称"一部炎凉书"③。这也暗含了该书总体盛衰冷热相照、阴阳对立的格调。浦安迪先生指出："从多种意义上看，以西门庆喜获神奇春药的庆祝进入高潮的第49回就标志着这一道分水岭。"④这与《周易·系辞上》所曰"大衍之数五十，其用四十有九"不无关系。如小说第四十九回写西门庆仕途风头正劲，在生活中放纵情欲，可谓春风得意。而第五十回却转写玳安，实为第一百回写他继承西门家业

① 〔明〕兰陵笑笑生著，王汝梅等校点：《张竹坡批评金瓶梅》之《批评第一奇书〈金瓶梅〉读法》，齐鲁书社1991年版，第26页。

② ［美］浦安迪：《中国叙事学》，北京大学出版社1996年版，第95页。

③ 〔明〕兰陵笑笑生著，王汝梅等校点：《张竹坡批评金瓶梅》，齐鲁书社1991年版，第1页。

④ ［美］浦安迪著，沈亨寿译：《明代小说四大奇书》，生活·读书·新知三联书店2006年版，第61页。

设伏笔、做铺垫,这也预示着西门庆“月满则亏”,即将走下坡路。《金瓶梅》以之为界,可分为前后对称的两大部分。第一回乃“一部大书总纲”,“上五十回是因,下五十回是果”。① 前五十回描写了西门庆发财、升官、纵欲的经过,后五十回描写了众人在西门庆淫欲亡身后分崩离析的过程。

二是小说故事情节前后照应。《金瓶梅》的作者在叙事过程中,注重情节的关联和结构的完整,往往是前面设有伏笔,后面必有照应,“遥遥相照”,“两两相映”。张竹坡便屡屡点明,如:“有玉皇庙之热,方有永福寺之冷。”“夫玉皇庙,皆起手处也;永福寺,皆结果处也。”②而且这些相互照应的情节在书中的位置也基本上是以第四十九至五十回为中心相对称的。如在小说众女性中,唯孟玉楼是有主见、有头脑的“高人”,她尊重自我价值,敢于挣脱封建势力的羁绊,追求个人幸福生活。小说对孟玉楼的重点描写有两处。一处出现在第七回中,孟玉楼初次登场,自择对象,头脑清醒,精细慎重,表现不卑不亢,给人留下了深刻的印象,也预示了她的良好结局。再一处就是第九十一回,孟玉楼瞅准时机,看中了一表人物、风流博浪的李衙内,便又一次自择婚配,从而获得了美满的婚姻。而这两回在该书一百回中的位置是大体相对的。又如,第十八回写潘金莲和陈经济两人初次相逢,便勾搭在一起,“日近日亲,或吃茶吃饭,穿房入屋,打牙犯嘴,挨肩擦背,通不忌惮”。第八十二回写两人在西门庆死后开始放肆起来,相约晚上于荼蘼架下共赴佳期,“自此以后,情沾肺腑,意密如漆,无日不相会做一处”。这两回也是位置相对称的照应。此外,第七十回写西门庆前去东京加官谢恩,第三十回写来保进京押送生辰纲、西门庆升官晋爵,这两回也是首尾呼应。而第五十回生动地刻画了玳安嫖妓的无赖恶霸嘴脸,与第一百回写他接了西门庆的班相照应。这同样可能是作者为了前后呼应的平衡安排。张竹坡亦指出:“却于此回特为玳安一描生面,特特为一百回对照也。”③

为了表现西门庆家庭由盛而衰的变化过程,作者常常将具体的环境描写与抽象的概念阐释联系起来,以追求一种言外之意。比如在描写景物时注重冷热的交替,整个故事起于春而讫于秋,这种季节循环中的冷热变换形成情调的反差,与西门庆家运盛衰的时刻配合也是一致的。而且,“就如中国的传统思想模型里,人有旦夕祸福,正像热冷相互渗透,往往也是热中有冷,冷中有热”④。张竹坡也指出《金瓶梅》“上半热中有冷,下半冷中有热”⑤。杨义先生在分析《金瓶梅》阴阳“二元补衬”的结构时说:“(一)‘热中有冷,

---

① 〔明〕兰陵笑笑生著,王汝梅等校点:《张竹坡批评金瓶梅》,齐鲁书社 1991 年版,第 13、733 页。

② 〔明〕兰陵笑笑生著,王汝梅等校点:《张竹坡批评金瓶梅》,齐鲁书社 1991 年版,第 585、1003 页。

③ 〔明〕兰陵笑笑生著,王汝梅等校点:《张竹坡批评金瓶梅》,齐鲁书社 1991 年版,第 280、1324、732 页。

④ 〔美〕浦安迪著,沈亨寿译:《明代小说四大奇书》,生活·读书·新知三联书店 2006 年版,第 66 页。

⑤ 〔明〕兰陵笑笑生著,王汝梅等校点:《张竹坡批评金瓶梅》之《批评第一奇书〈金瓶梅〉读法》,齐鲁书社 1991 年版,第 47 页。

冷中有热'意味着冷热不是截然分开的,而是互蕴互涵、有所侧重的复合形态。因而(二)在它们的相互推移中,侧重的情调发生质变,但是在变的过程中必须顾及相互连接的榫头,使情调反差之间有一种内在的联系,对比鲜明,却了无痕迹。"①如在第一回中,作者先写玉皇庙西门庆"热结"十兄弟,看到赵玄坛神像中的大老虎,引出景阳冈的虎害,再通过应伯爵之口引出武松打虎,最后引出武二郎"冷遇"亲哥嫂。老虎这一意象在中间起到联结过渡的作用,难怪张竹坡惊叹:"一回'冷'、'热'相对两截文字,然却用一笋(榫)即串拢,痕迹俱无。所谓笋(榫)者,乃在玉皇庙玄坛座下一个虎,岂不奇绝!"②这无疑为故事结构形式增添了魅力,使得整部作品更具有节奏感和韵律感。

正是在阴阳对立的易学思想影响下,《金瓶梅》的作者以第四十九至五十回为中心,构建了小说的情节框架。这种结构既能前后对比,又能前后照应,相互穿插,使得作品融为一个既矛盾又统一的整体;不仅造就了作品的形式美,还对凸现作品的深层含义具有积极的促进作用。周人用卦象为我们展示了一个二元普在的大千世界,用他们无所不包的符号系统诠释了辩证哲学中矛盾无所不在的基本原理。而《金瓶梅》又形象地诠释了这一思想。

## 三、"倚数"结撰——《周易》对《金瓶梅》叙事章法及人物结局的影响

早在上古时代,先民们就形成了以数计量宇宙万物的观念,由直接经验的事物之计数推衍到天象历数的演算,数字成为说明、认识客观世界的起点。因而,在上古哲人的头脑中,数是头等重要的理念、方法。《周易》"参天两地而倚数",而其所倚之数,《周易·系辞上》曰:"天数五,地数五,五位相得而各有合。天数二十有五,地数三十,凡天地之数五十有五。此所以成变化而行鬼神也。"《周易》便是倚此"天地之数五十有五"而作,以象数卜筮人事之吉凶。《周易》之后,文学结撰的"倚数"以"天地之数五十有五"为基础,更扩大到倚用各种历数、礼数、方位、五行之数,特别是在汉代"天人感应"说的笼罩下,象数易学更是糅进了神学的内涵,由"天地之数"交合衍生出各种神秘的定数。这些数字逐渐渗透进世人的知识、信仰意识中,自然也会进入文学的构思和创作中,其在文学结撰中的意义,既有自然数之用,又有历史积淀的形而上的神秘象征作用。《金瓶梅》的作者在创作过程中,也自觉地模仿《周易》"倚数"思想,依据"倚数"成文、因数定象的原则。

首先,《金瓶梅》"倚数"谋篇布局。整部百回作品可以每十回一个单元划分为十个单元,而在每个单元的第九、十回之间,其故事情节比前后部分显得重要,往往具有某种预示意义。浦安迪先生认为:"每 10 回中的第 9、10 回在布局结构中都具有特定的功能

---

① 杨义:《中国叙事学》,见《杨义文存》第一卷,人民出版社 1997 年版,第 73 页。

② 〔明〕兰陵笑笑生著,王汝梅等校点:《张竹坡批评金瓶梅》,齐鲁书社 1991 年版,第 3 页。

……小说的10回一单元可理解为是形成它整体结构的基本构件。”①张锦池先生做了更为详细的分析：“《金瓶梅》，第一回是全书故事的发端，第一百回是全书故事的结穴，皆具寓意性。其他九十八回，逢‘九’多属重要关目，要么是写本‘十回’主体故事的基本结局，要么是含有对尔后情节发展或人物命运有预示意义的故事；逢‘十’多属本‘十回’主体故事的余波或下一个‘十回’主体故事的开端，兼而写之形成‘文字过峡’者尤多。这是作者的叙事板定大章法，也是一以贯串全书的核心大章法。”②

这种叙事布局自然是为了适应小说情节发展的需要，但与数字“九”“十”也存在着易学上的某种关联。在《周易》中，“九”是老阳，筮法中逢“九”则阳爻变阴爻。“十”在十进制的自然数列中也是一个极数，算术中逢十则变。董仲舒认为：“十者，天之数毕也。故数者至十而止。”③孔颖达疏《周易・屯》曰：“十者，数之极。”④可见，在古人的观念中，九和十都被认为是要引起变化的数字。在《金瓶梅》中，每一个十回的第九、十回都具有特殊的意义。如第九回“西门庆偷娶潘金莲”，完成了对潘金莲的第一阶段写照，第十回“是一段过接文字。妻妾玩赏，固是将上文诸事诸人一锁，然却又早过到瓶儿处也”，引出了下一个十回的主角李瓶儿；第十九回“李瓶儿情感西门庆”，嫁入西门大院，第二十回“此上瓶儿传已顿住，此下乃放手写惠莲”；第二十九回“吴神仙冰鉴定终身”，预示了主要人物的命运结局，“乃一部大关键也……下文皆照此结果此数人也”，第三十回“蔡太师覃恩锡爵，西门庆生子加官”，开始转写西门庆走向他人生的辉煌顶点。⑤

不仅每一个十回的第九、十回充满神秘玄机，而且每个十回中间的第五回其实也是一个关键所在。它就像两次相对平静的低潮中间的高峰，“正是在这些表面平静的情景中孕育着一些最有意思的故事情节”⑥，引发人们情感上的变化。如第五回写武大郎被谋害，除掉了西门庆和潘金莲的眼前障碍；第五十五回写西门庆上东京庆寿诞，认了蔡京干爷，仕途顺意；第八十五回写潘金莲和陈经济乱伦堕胎，丑事败露；等等。这些章回都关系着整个故事的发展走向。这表明《金瓶梅》在叙事布局方面与数字“五”也有着密切关联。在易学中，“五”居于阳数之中位，汉代时人们又将易数与“五行”观念结合起来，衍生出了所谓“生数”“成数”等概念，而“五”是具有中点意义的重要数字，被称为生数之主，具有承前启后的作用。同样，在《金瓶梅》中，每一个第五回在每一个十回单元中往往是此间段落中情节的高潮阶段，也被视为先前故事的承续及其后章节的肇始。

---

① ［美］浦安迪著，沈亨寿译：《明代小说四大奇书》，生活・读书・新知三联书店2006年版，第60～61页。

② 张锦池：《论〈金瓶梅〉的结构方式与思想层面》，载《求是学刊》2001年第1期。

③ ［汉］董仲舒著，程郁导读、注译：《春秋繁露》，岳麓书社2019年版，第319页。

④ ［唐］孔颖达：《周易正义》（上），中国书店1987年版。

⑤ ［明］兰陵笑笑生著，王汝梅等校点：《张竹坡批评金瓶梅》，齐鲁书社1991年版，第155、298、432页。

⑥ ［美］浦安迪著，沈亨寿译：《明代小说四大奇书》，生活・读书・新知三联书店2006年版，第61页。

此外,《金瓶梅》也"倚数"结撰人物命运结局。张竹坡认为,西门庆之死与数字"六"有着密切关联。在《周易》中,"六"代表阴爻,也暗指女性。《金瓶梅》中有两个六儿,即潘六儿和王六儿。潘六儿即潘金莲。张竹坡已在第七回中点出:"两六儿合而迷六儿者死,两阴不能当,两斧效立见也。"他于三十三回中又曰:"六者,阴数也。潘六儿与王六儿合成重阴之数,阳已全尽,安得不死?"①这也预示着西门庆将在"三十三岁而去"。待王三官前往东京去拜见六黄公公时,张竹坡又提示曰:"三去而六来,阳气尽矣,故西门死也。"第七十九回写西门庆吃醉酒后与王六儿、潘金莲接连进行两番恶战,在药力的激发下,"灯尽油干肾水枯","到于正月二十一日","挨到巳牌时分","老阳之数,剥削已尽"。② 正如张竹坡所说:"故王六儿、潘金莲有日一齐动手,西门死矣。"③这也是作者有意以易数来表达对西门庆的否定。

## 四、卦象转化——《周易》对《金瓶梅》人物设置及情节发展的影响

中国传统思想注重对立面的相互转化,在《周易》中已初露端倪。《周易・泰卦・九三》即曰:"无平不陂,无往不复。"整部《周易》的卦象爻位及其之卦、变卦都是在展示事物阴阳的相互作用及其变化的状态和规律。周人在言占筮的结果时便常常提及"遇某卦之某卦",即由某卦变为另一卦。这表明古人已用动态的观点来看待万事万物的存在,转化过程就是一个运动和变化的过程,其核心就是生死、盛衰、好坏、大小、福祸等概念的彼此沟通、转移问题。

《金瓶梅》在设置人物时受到了《周易》卦象的影响。如张竹坡便提到王杏庵的两个儿子王乾、王震的命名:"乾为三阳,乃伏羲卦中长子……震为二阳,乃伏羲卦中次子,俱用先天也。"④但《周易・说卦传》曰:"乾,天也,故称乎父……震一索而得男,故谓之长男。"张竹坡的解释似乎并不合乎卦象之义。也有学者认为小说中的李瓶儿与西门庆的名字与井卦有关。⑤ 更重要的是,《金瓶梅》的作者借鉴了《周易》的卦象转化——简单地说就是"贲—剥—复"卦——来结撰作品人物及情节发展。如在小说第十六回中,西门庆勾引李瓶儿,气死花子虚后,为迎娶李瓶儿,扩修房舍,改建园林,让主管贲四负责管工计

---

① 〔明〕兰陵笑笑生著,王汝梅等校点:《张竹坡批评金瓶梅》,齐鲁书社 1991 年版,第 113 ~ 114、503 页。

② 〔明〕兰陵笑笑生著,王汝梅等校点:《张竹坡批评金瓶梅》,齐鲁书社 1991 年版,第 1246、1289 页。

③ 〔明〕兰陵笑笑生著,王汝梅等校点:《张竹坡批评金瓶梅》之《批评第一奇书〈金瓶梅〉读法》,齐鲁书社 1991 年版,第 41 页。

④ 〔明〕兰陵笑笑生著,王汝梅等校点:《张竹坡批评金瓶梅》,齐鲁书社 1991 年版,第 1468 页。

⑤ 刘洪强:《〈周易・井卦〉与〈井底引银瓶〉之关系探微——兼论〈周易・井卦〉对〈金瓶梅〉人物命名的影响》,载《阿坝师范高等专科学校学报》2010 年第 3 期。

账。房子花园建好后，西门庆正准备将李瓶儿娶过门的时候，又因杨戬倒台，他因属“亲党”而惶惶不可终日，无心顾及。李瓶儿忍耐不住，又嫁了蒋竹山。蒋竹山猥琐无能，无法填补李瓶儿空虚的灵魂。李瓶儿更把西门庆看作理想的男子汉，死心塌地地嫁给他。西门庆处理完杨戬“亲党”事件后，腾出手来，雇了流氓无赖痛打了蒋竹山一顿，又将李瓶儿夺娶了回来。作者在这里捻出贲四这个人物，应是有其寓意的。贲四本是为西门庆开解当铺的伙计，后任西门家主管，地位日渐上升，经常在西门庆宴请众兄弟的时候就座，在后期正式成为十兄弟之一。贲四，暗合《周易·贲卦·六四》：“六四：贲如皤如，白马翰如。匪寇，婚媾。”朱熹《周易本义》曰：“‘皤’，白也。‘马’，人所乘，人白则马亦白矣。四与初相贲者，乃为九三所隔而不得遂，故‘皤如’。而其往求之心，如飞翰之疾也。然九三刚正，非为寇者也，乃求婚媾耳，故其象如此。”①学者多认为贲卦六四是描写远古社会婚姻风俗的，贲四的出现就是为了应合西门庆迎娶李瓶儿。《周易·序卦传》曰：“物不可以苟合而已，故受之以贲。”花子虚、蒋竹山和李瓶儿无法相合，就要“受之以贲”，转使西门庆与李瓶儿结合。《贲》卦辞曰：“亨，小利有攸往。”而在贲四负责扩建完房子后，“西门庆自娶李瓶儿过门，又兼得了两三场横财，家道营盛，外庄内宅焕然一新，米麦陈仓，骡马成群，奴仆成行”②。李瓶儿又给西门庆生了官哥，蔡太师赏赐给西门庆的山东提刑所理刑副千户任命书也同时到达，西门庆生子升官，占尽人生两大乐事。《彖传》曰：“贲，亨，柔来而文刚，故亨。分刚上而文柔，故小利有攸往。”虽然西门庆得到了暂时的欢乐和满足，但此际西门庆的一妻五妾及仆妇、丫环、孀妇、娼妓等为邀宠得势，钩心斗角，丧失伦理、礼仪，无法刚柔兼济而和平相处，家反宅乱。《周易·序卦传》曰：“致饰然后亨则尽矣，故受之以剥。”

“剥”即《易经》中之剥卦，其卦象是五阴在下、一阳在上，《彖传》曰“柔变刚也”，阴气盛长，君子道消，小人道长，“不利有攸往”。于是，在《金瓶梅》中，西门庆家庭矛盾百出，潘金莲设计吓死官哥，李瓶儿染病思子，抑郁致死。官哥之死是西门庆家的不祥之兆。至此，西门庆开始走上了灭亡之路。到第七十九回，西门庆已是“灯尽油干肾水枯”，“老阳之数，剥削已尽”③。西门庆死后，他一生所追求的财色也一并散去，此正如《剥卦·上九》中所谓：“硕果不食，君子得舆，小人剥庐。”

但中国人常说“剥极而复”，《周易·序卦传》曰：“物不可以终尽，剥穷上反下，故受之以复。”《复》卦下震上坤，呈现一阳复生之象。《周易》中以“七”为少阳，主成功，故曰：“反复其道，七日来复，利有攸往。”春季生机萌动，即为少阳。《金瓶梅》第一回中便已寓死而复生之意：“九月廿五日起头，九月十七日瓶儿死，自七至五，中余七日，七日来复之意。”张竹坡批曰：“西门三十三岁，正月廿一日死。三十三老阳，廿一少阳。老变少，所以

---

① 〔宋〕朱熹著，柯誉整理：《周易本义》，中央编译出版社 2010 年版，第 82 页。

② 〔明〕兰陵笑笑生著，王汝梅等校点：《张竹坡批评金瓶梅》，齐鲁书社 1991 年版，第 313 页。

③ 〔明〕兰陵笑笑生著，王汝梅等校点：《张竹坡批评金瓶梅》，齐鲁书社 1991 年版，第 1289 页。

有孝哥也。”①第三十三回写到了吴月娘小产，王六儿也初次登场，此回还通过应伯爵之口提到湖州商人何官儿，张竹坡认为“煞有深意”：“又月娘小产，必于王六儿将出之时……幸有一阳隐伏，犹可图来复之机。”“坤尽为复，复之一阳，必须静以保之方可。”“何官人乃爱姐结果之所。”②他在第七十八回中又曰：“又六为老阴，阴极变阳，犹小人败，而君子将进也。”因而作者又推出了爱姐和孝哥以消解冤孽，“一化孝哥，幸而硕果犹存，亦见天命民懿不以恶人而灭绝也。……二十一又是阳数，合三十三又见阳明兴，而阴晦除，君子进，而小人死矣”。③ “《金瓶梅》是部改过的书，观其以爱姐结便知。”④“爱姐与孝哥得同结一百回内，以此一句，盖皆是复卦也。”⑤小说中的西门庆剥削已尽，纵欲丧身之后，爱姐和孝哥两人解除冤孽，一元复始。在第一百回中，西门庆托生为京城富人沈通次子，取名沈钺，潘金莲投胎到京城黎家为女，李瓶儿投胎为京都袁指挥之女，其余众人也都完成来世再生，因果轮回，万象更新。

由此观之，《金瓶梅》的作者以《周易》卦象及其转化思想来设置人物、勾勒情节，对于预示人物的命运结局、揭示人物形象内涵、表现作品的主题思想意义具有独到而重要的作用。

## 结　语

《金瓶梅》作为我国第一部文人独立创作的白话长篇小说，也是独具民族风格而又深受广大人民群众喜爱的文学典范。它在创作方面具有鲜明的特点和突出的成就，若溯其渊源，应是远承中国古代悠久神秘、充满玄机的易学之道，又吸取了《三国演义》《水浒传》《西游记》等小说的创作经验，在主题命意、情节结构、人物设置、叙事笔法等方面皆有《易》理可循，以追求作品内部的体系和谐，达到天人合一的审美效果。这大大拓展了作品的深层含义，也使之呈现出一种独特的艺术风貌，尽管其中有诸多粗疏之处，但它为世情小说的发展奠定了基础，并对其后的《红楼梦》《醒世姻缘传》《儒林外史》《续金瓶梅》及一些艳情小说的创作产生了不同程度的影响。《金瓶梅》这部小说具有承上启下之功，在中国小说史上具有里程碑的意义。

---

① 〔明〕兰陵笑笑生著，王汝梅等校点：《张竹坡批评金瓶梅》，齐鲁书社 1991 年版，第 16 页。

② 〔明〕兰陵笑笑生著，王汝梅等校点：《张竹坡批评金瓶梅》，齐鲁书社 1991 年版，第 492、503、494 页。

③ 〔明〕兰陵笑笑生著，王汝梅等校点：《张竹坡批评金瓶梅》，齐鲁书社 1991 年版，第 1246、1289 页。

④ 〔明〕兰陵笑笑生著，王汝梅等校点：《张竹坡批评金瓶梅》之《批评第一奇书〈金瓶梅〉读法》，齐鲁书社 1991 年版，第 45 页。

⑤ 〔明〕兰陵笑笑生著，王汝梅等校点：《张竹坡批评金瓶梅》，齐鲁书社 1991 年版，第 1545 页。

# “著书者之笔”与清代志怪的演化

## ——以志怪中的西洋元素为线索

王 昕*

“少所见而多所怪”，以叙述怪异的方式记录远方的人事，就是古代志怪中的“殊方异物”。以志怪的方式阐释和接受域外文明，在古代渊源甚远。自《山海经》《博物志》等早期的“地理博物”类志怪开始，华夏之外就是山多怪兽、水多怪鱼和蛇而生翼、能飞能鸣(鸣蛇)的殊方异域。那里的人类也是怪异的：或无肠或结胸或生翼，人首则生长于马、猪、蛇的躯干上，甚或动物身上冒出的人头不止一颗而是三颗或者八九颗。怪异就会带来恐怖与不安。学者因此将《山海经》看作是旅行路上抵御神奸的巫术书。① 王明珂认为，这些志怪中的殊方异域传说反映了中土民众对境外民族的集体想象，潜隐着凝聚本族的文化功能。②

晚清“新小说”的兴起固然是以反对旧小说中的怪力乱神为起点的，将国民之冥顽蒙昧归因于旧小说的神怪内容。如梁启超在《新小说》创刊词中所论：

> 今我国民，惑堪舆，惑相命，惑卜筮，惑祈禳，因风水而阻止铁路，阻止开矿，争坟墓而阖族械斗，杀人如草，因迎神赛会而岁耗百万金钱，废时生事，消耗国力者，曰惟小说之故。③

虽然不少晚清时人将旧小说等同于神怪，大加挞伐：

---

* 王昕，中国人民大学文学院教授。本文为北京市社科基金重大项目“国学子部小说研究”(项目编号:15ZDA36)阶段成果。

① 江绍原:《中国古代旅行之研究》，上海文艺出版社1989年版。

② 王明珂:《华夏边缘:历史记忆与族群认同》，社会科学文献出版社2006年版，第204页。

③ 〔清〕梁启超:《论小说与群治之关系》，载《新小说》1902年第1号。

小说好记神怪，或升天成佛，或祝福忏凶，或学仙而得异术，或战斗而用秘宝。诡怪相眩，惟恐不奇。白莲、八卦诸会匪屡惑于此，因以作乱。至庚子而拳匪之变，几沼中国。观其神人附体，传授宝器诸说，无一非来自小说。①

但这类因愤激而言过其实的判断，所针对的是民间风行的《三国演义》《水浒传》《西游记》一类白话小说。文言志怪小说的解体与白话小说怪力乱神内容的终结，并不总是处在同一条逻辑线索上。志怪在清代的演化与衰落正体现了传统知识话语的困境。在传统学术分类中，“志怪”属于“子部小说家类”，也就是纪昀所谓的“著书者之笔”，是具有某些学术含量的著述。

清中叶之后，志怪因为《聊斋志异》的影响而重振。相当多的知识精英以此为著述方式，创作出100余部志怪小说。其中不仅包括纪昀、俞樾、王韬、薛福成等硕学名家的作品，还有很多掺杂着怪异记录与传说的清人著述、笔记。在这些志怪小说中，西方社会的器物风俗也成为怪异内容的一类。这些西方人物与器物在志怪中的书写方式，恰可作为梳理明清志怪演化的有意味的线索。

因为被定位为文学性的小说，所以在诸多记录中西交流的文本中，志怪化的异域书写常常为研究者所忽略。究其实际，志怪在传统的经史子集四部分类中属于“子部小说家类”，在唐代以前属于“史部杂传”，是位于子史之间的著述。清代主持修纂《四库全书》的学者纪昀把他自己写的《阅微草堂笔记》称为“著书者之笔”，也就意味着志怪是包含某些学术性质的一类著述。这类著述所包含的社会信息要远大于文学性的虚构性叙事，这是我们以清代志怪中的“殊方异物”为线索，探讨志怪小说的著述性质及其在清末民初解体的认知基础。本文试以志怪所表现的西洋作为一条梳理和审视的线索，论述清代志怪文体的特点及其变化。

## 一、志怪模式与西洋的“怪异”

志怪模式是相对固定而简略的“实录”形式。从记述异闻的文本来看，小说所录的异闻虽号称实录，却更具民间传说性质。民间传说是以类型化、模式化为主要特征的。所以志怪故事在其口头流传或成为文本的过程中，都会参照某些“前文本”。所以，出现在清代志怪中的“西洋”因被包裹在志怪模式中，变得熟悉亲切而非可畏怖。

表现陌生的地域与文化即所谓“殊方异物”曾是志怪的主要题材。早期的志怪小说如《山海经》专记“八荒异物”，《穆天子传》言穆天子驾八骏西征，都是以殊方异域为舞台，展示中央帝国的天下秩序。这两部志怪为后来的殊方异域的书写奠定了基调。明清时代，人们以怪诞化、鬼神化手法看待西洋文明，最突出者莫过于以“鬼”来称呼西人。“鬼子”“番鬼”“红毛鬼”以及从明代开始的西人“食小儿”的记载，将西洋人怪异的相貌、

---

① 《小说改良会叙》，载《经济丛编》光绪二十八年第八册。

陌生的举止呼为“鬼类”,怪诞的形象直观地表现了人们的恐惧心理。学者们已从各个角度对此问题进行了论述。① 本文试图以志怪中的西洋为线索,借以梳理志怪文体的特点及其在清代的变化。

清人眼中的“西洋”是一个多重的、不确定的方位。一指西域,如《阅微草堂笔记》中的“西洋贡狮”;一指明代郑和下西洋之沿途国家,主要指东南亚;其三指欧洲列国,是更为常见的意思。这几个地方都是不同于华夏文明的殊方异域,因而成为各种志怪中记录的“怪异”。

志怪者记录怪异。从叙事学的角度讲,记录是外聚焦叙事,而不是内部的观察与阐释,故用夸张与陌生化的手法强调怪异之事的不同寻常之处。在思维逻辑上,所谓怪异产生的基础是泛神论,将陌生的人和事阐释为超自然的、非我族类的力量。这种叙事方式自魏晋到明清已经相对定型化地变成了一个个让人熟悉的怪异母题。这是清代志怪表现西洋文化的文体语境。从作者自身讲,无论是袁枚式的才子、纪昀式的大学者,还是薛福成那样的维新派、王韬这样远游四方诸国者,还是与东洋、西洋人士往来频密的新旧掺半的知识分子,他们一致用志怪这种古旧的壳子来包装新鲜见闻,用“著书者之笔”书写各自的关切与困惑,使清代志怪在古老的类型与个人化的关切间形成矛盾与张力。

进入志怪小说的西洋风物,无论是器物、技艺还是传说,大多是琐碎的片段,作为旧有志怪模式的点缀出现。

**1. 器物与技艺层面的西洋志怪**

以西洋器物佐证鬼神之实有。望远镜之类器物虽让国人看到了更大的星体,但也被士人用来适足渲染鬼神情状之真切。自明代利玛窦将望远镜携入中土,这件西洋器物就给明清小说家带来了各种灵感。清初小说家李渔就以西洋千里镜为机关,构思了拉近才子佳人距离的白话小说《夏宜楼》。在志怪小说中,千里镜成为佐证神怪的用具,使鬼神情态得到更为清晰的描述。

明代曹安的《谰言长语》写士人用千里镜遥观“鬼头风”中的两颗人头相斗。清代东轩主人的《述异记》全文抄录了《谰言长语》的这篇故事。朱翊清的《埋忧集》在为鸦片战争中力抗英军的总兵陈化成立传时,也借助“夷鬼”“千里镜”之类的元素增添可信性:“相传夷鬼,尝于千里镜内照见公形为黑虎。及三月上海火药局灾,盖奸商通夷者为之。有游鱼千万,大者盈丈,浮黄浦至泖。又有巨鼍长蛇,出于炮台外洋面。”②葛洪的《抱朴子》中就有入山道士通过镜子看到妖怪本相的故事,游鱼千万、巨鼍长蛇一类的异常现象也是天人感应说的变相。延至清代,“夷鬼”“千里镜”“炮台”则成为新的志怪元素。

油画技艺所触发的画妖故事是对西洋技艺的志怪化的接受。画图中的妖怪是民间

① 参见孟华《中国文学中一个套话化了的西方人形象——“洋鬼子”浅析》,见《中国文学中的西方人形象》,安徽教育出版社 2006 年版;李华川《“西人掠食小儿”传说在中国的起源及流播》,载《历史研究》2010 年第 3 期。

② 〔清〕朱梅叔著,陈果标点:《埋忧集》,重庆出版社 2005 年版,第 307 页。

故事的母题之一。“画中女”故事是唐宋志怪的一个题材类型。《太平广记》所录《奇闻录》有“画工”一则。这则故事的主要内容是唐进士赵颜见到一幅“神画”，便昼夜不停地呼唤画中的女子，女子终于从画中走出，二人结婚生子；后来，二人生嫌隙，女子乃呕出百家彩灰酒，携子归于画中。这类故事被很多文学家用来构成情节，如汤显祖的《牡丹亭》，杜丽娘因柳梦梅的呼唤，从画中走出；《聊斋志异 · 画壁》中的男子爱慕画中女子而腾身如画，等等。这种画作被称为“术画”，即有法术、魔力的绘画。逼真和立体的西洋油画再次刺激了人们对妖鬼的想象。清代流行着很多以凸凹立体之西洋界画为邪魅产生温床的妖异故事。

《阅微草堂笔记》卷二三中的“僧舍美人画”讲述的便是洋画中的妖怪作祟的故事。曾衍东在《小豆棚》卷一二“怪异类”中也论及“西洋美人画”。画图之所以作怪，是因为西洋人物画的逼真达到了令人恐怖的程度：“灯光寻丈之外，望之若生，流波凝睇，若接若离，可惊可怖。”所谓可惊可怖者，应该是油画阴影明暗的立体画法给明清观众带来的强烈视觉冲击。这种审美体验超出了传统中国画单一的文人画标准。文人画追求神似，苏轼说“论画以形似，见与儿童邻”。西洋画被斥为“匠艺之作”“不入画品”。通过由此产生的画妖故事，也可窥视民间对西洋画艺复杂的接受心理。

**2. 进入话语与主题建构的西洋“怪异”**

志怪发展至清代，其文体、主题和题材类型已经近乎完备，几乎每种故事都经过了多次重写、反复的组合，形成了人们熟悉的类型与意象。志怪的传播与记录者可以很容易地为那些模糊的传闻、断续的故事找到接续组合的材料与框架。如此就形成了志怪中熟悉的、妖魔化的西洋。咄咄而来的红毛番鬼、坚船利炮为书本中怪怪奇奇的食人生番、八方荒怪一类的记忆系列所收编。讲述者用传统的知识资源阐释陌生的西洋，概括起来，其路径主要有三种：

（1）对《山海经》式神话的戏仿。《山海经》描写异域的方式有很浓厚的神话色彩。在时间静止的洪荒之地，存在着不可思议的、史诗般巨大的神迹。袁枚《子不语》中的“黑霜”一则写伍弥泰出使俄罗斯，素闻有海在北界，欲往视。“如是又五六日。有二铜人对峙，高数十丈，一乘龟，一握蛇，前有铜柱，虫篆不可辨。洋人云：‘此唐尧皇帝所立，相传柱上乃“寒门”二字。’”《子不语》中的“盘古脚迹”一则又言：

> 西洋锡兰山，高出云汉。其颠有巨人脚迹，入石深二尺，长八尺，云是盘古皇帝开天落地之脚迹。其国人多裸形，有穿衣者，皮肉必烂。

这类手握龟蛇的“铜人”、巨大的“盘古脚迹”尚遗留着《山海经》中蛮荒宏阔的神话气息，与清代熟软、世俗的谈怪氛围相隔悬殊。

（2）书写个人牢骚的寓言性异域故事。很多志怪小说书写异域殊方并不是为了记录异域的人和物，而是借荒诞之说书写牢骚讽喻，随意性较强。宣鼎《夜雨秋灯录续集》中的“树孔中小人”一则写澳门岛居人仇端，从海外僬侥国小岛上捉回一家十几个“长仅七八寸”的小人，为某公买去豢养在家中。这些小人儿贪财势利，恃宠而骄，让人厌恶。七寸长的小人出于《神异经》:"西海之外,有鹄国,其人长七寸。""僬侥国"则出自段成式的《酉阳杂俎》:"李章武有人腊长三寸余,头项中骨筋成就,云是僬侥国人。"这是一篇骂世的寓言小说。作者叙述殊方人物,实是为发"藐矣幺幺!其所谓小人之尤者与"一段牢骚、詈骂,不脱古代小说中的寓言一派。

(3)志怪母题的再现与变形。志怪自汉魏至明清,形成了由情节、人物和器物构成的各种母题,如因果报应、下凡历劫、人鬼恋、感生异貌、地狱巡游、画妖、胡人识宝、夜叉、桃花源、道士捉妖、龙宫故事等。很多西洋人物和宗教元素也被纳入志怪母题的框架中,以人们熟悉的怪异面目出现,如将天主教徒巫鬼化。这种手法始自魏晋志怪中的"异僧"。《太平广记》有十二卷"异僧"故事,如僧人"慧明"、佛图澄、鸠摩罗什等多以道术咒语显示神通。清人对西洋宗教的认识大多还停留在魏晋志怪对佛道异端的认知模式上。志怪中天主教的神甫还从事放蛊、挖睛一类的邪道行径。《小豆棚》将天主教视为与明代白莲教、清水教同样"诬民惑众"的"邪教"。《女聊斋志异》卷一中的狐精是天主教徒,魅惑书生,劝其入教,书生不从,主者乃遣"狐党魅僧"和"魈僧"前来斗法,那"魈僧""叫号如雷,腹大如彭亨豕,手执利刃,亮如霜雪",一副滑稽模样,天主教所率狐党败给了西山白蛇精,主者乃入官府告状。魏源《海国图志》中的西洋天主教教士就是邪教巫鬼的形象。故事讲京师有贫极无聊的医者,因为只有入天主教可得银钱,就预先准备了药丸交付妻子,然后"至天主堂,西洋人授以丸,如小酥饼,使吞之。予百余金"。此人回家果然如中蛊之状——"手掷神主,口中喃喃",妻子急忙给他灌药,"良久暴下而醒,见厕中有物蠕动,洗而视之,则女形寸许,眉目如生,乃盖之药瓶中"。黎明时分,神甫手持利刀而来,索还原物。此人逼神甫说出真相,原来这个寸许的小人就是"天主圣母",入人腹中稍久,"则手抱人心,终身信向不改教矣"。这明显是《搜神记》卷一二"余外妇姊夫"、《续搜神记》卷二"昙游道人"以及《夷坚志》补志"黄谷蛊毒"等志怪中巫蛊故事的翻版。

西域胡商识宝的故事在唐代流播广泛。石田干之助曾搜集唐代以来各种志怪中的胡人买宝故事近30种。① 从史家立场看,这类故事多少汲取了唐代的史实。在清代,识宝故事的主人公变为西洋人。道光年间慵讷居士的《咫闻录》中有一则"屠板生珠",言广东十三行为西洋诸行贸易之所,一鬼子看中了街上卖肉赵屠的案板,欲出价购买,赵屠恐贱卖,勒至五百金不肯售。珍藏三年以待,鬼子复来时,言其案板中有蜈蚣日饮猪血,含定风珠,为稀世宝。今案板不用已久,蜈蚣死,宝已无用,验之果然。其主题类似戴孚《广异记》中的"破山剑"。两者都是卖家弄巧成拙使宝物丧失效力的一类故事。再如李庆辰《醉茶志怪》卷四"千里井"、《右台仙馆笔记》卷一〇"西洋人识蜈蚣珠",都属此类识宝故事。它们的变化就是以西洋人取代波斯胡人,使西洋人成为识宝故事的主角。这些清代志怪故事只是传统题材的延续,所汲取的"史实"无疑要比唐代的胡人识宝故事稀薄得多。

① 参[日]石田干之助《西域胡商重金求购宝物的故事——关于唐代中国广布的一类故事》《再论胡人采宝谭》《胡人买宝谭补遗》,见钱婉约译《长安之春》,清华大学出版社2015年版。

在清代,新世界的器物、技艺还是以古老、神秘的面目进入志怪书写。这一方面显示了志怪本身并非个人独创的虚构文本,而是始终保持着子部小说琐碎的、“丛残小语”式的“小说”性质。另一方面,志怪的“子部小说”性质也使“著书者之笔”对西洋怪异进行着解构。

## 二、“著书者之笔”的“志”怪到“释”怪

纪昀的《阅微草堂笔记》带动了清代的志怪热,他的“著书者之笔”也使志怪走向解体。纪昀以编纂《四库全书总目》为契机,对“子部小说”的定义和性质进行了系统的梳理与定义。纪昀提出了“著书者之笔”与“才子之笔”这样两个相对的概念。“著书者之笔”包括义存劝诫、辨析名理、引据古义,以示学问根柢。这些要求正合乎一个知识精英的素养。《阅微草堂笔记》的文本基本是由故事出处说明、故事本文和评论三个部分组成,显示了这类“著书者之笔”的两个基本特征:注重实录,事必有征;注重故事的评论和诠解。体式较近于纪氏的志怪小说,如俞樾、王韬、薛福成等的志怪,其关注点虽也在事件背后的义理与教训,但如《阅微草堂笔记》那样以作者议论与诠解周合地安排故事,使个人的见识与议论始终从容地高出怪异之上者,则后无其人。

《阅微草堂笔记》所涉及的西洋元素是清代志怪中最多的。纪昀叙事的重点不在怪异而在考证论断,故传统的异域故事母题极少出现。他所记录的教堂、洋人、西学书籍都表现了一个学人的认知和思考。

**1. 由“志”怪到“释”怪的转化**

清代“著书者之笔”所录的志怪大都有某种征实考据的倾向。这类著述将西洋的知识、器物和技术作为考据和议论的内容,出现了缺乏怪异性的所谓“志怪”。如纪昀用当世见闻,对魏晋地理博物类书中常见的“火浣布”“冰鼠”等物予以考据与辨析:

> 崔豹《古今注》载,火鼠生炎洲火中,绩其毛为布,入火不燃。今洋舶多有之,先兄晴湖蓄数尺,余尝试之。又《神异经》载,冰鼠生北海冰中,穴冰而居,啮冰而食,岁久大如象,冰破即死。欧罗巴人曾见之,谢梅庄前辈戍乌里雅苏台时,亦曾见之。是兽且生于火与冰矣。其事似异,实则常理也。①

即使是在闭关锁国的清朝,处在世界范围内规模空前的物质交流背景下,八荒绝域之传说也变成了可以目见耳闻的“常理”。洋船带来的传说时代的“火浣布”、欧罗巴人看到过的冰鼠……这些中西交流使得纪昀考据式的“志”怪在某种程度上变成了“释”怪。

纪昀在《姑妄听之》中塑造了一个具有某些新知识的道士形象。此人对地球构造、太阳和地球运转等问题展开长篇大论。从其知识来源上看,其论应出自艾儒略的《职方外

---

① 〔清〕纪昀著,韩希明译注:《阅微草堂笔记》卷二四,中华书局2014年版,第1718页。

纪》。纪昀本人对地理知识的更新有很强的敏感性，并将其纳入考据资源，对古代神话志怪进行重新审视。他在《阅微草堂笔记》卷二〇中，以十七世纪的地理版图为据，对古代神话地理中“海中三岛十洲，昆仑五城十二楼”等辞赋家沿用久矣的故事一一考索。纪昀本人曾见过日本地图，并和朝鲜、琉球使臣打过交道，针对“海中三岛十洲”这类自汉魏就一直流传的神仙地理故事，他根据自身经历做了严肃的考辨：“日本，余见其五京地志及《山川全图》，疆界袤延数千里，无所谓仙山灵境也。朝鲜、琉球之贡使，则余尝数数与谈，以是询之……不闻有白银宫阙，可望而不可即也。然则三岛十洲，岂非纯构虚词乎！”至于古代的第一仙山昆仑山，在清代已经完全纳入大清版图，即使是“深岩穷谷，亦通耕牧”，清廷王化之触角，无远弗界，荒怪顿息，已是无奇可言。故纪昀说：“所谓瑶池、悬圃、珠树、芝田，概乎未见，亦概乎未闻。然则五城十二楼，不又荒唐矣乎！”①

晚清文人对西洋的器物、人事有了更多的接触，将西洋知识更广泛地用于考订怪诞之说。他们在与西洋人的当面交流以及西洋书籍中汲取知识，考据历史传说的真伪，揭示怪诞之真相，创作出新型的“志怪”。陈其元的《庸闲斋笔记》考据康熙年间陈鼎游云南时所作《滇黔纪游》中的狗头国一事。陈其元称“余在上海晤各国领事官，与谈地球上之列国，从不知有所谓狗头人者，即据泰西人所记四大土人民”，虽有“短人国”“长人国”，或“黝黑如阿非利加，丑怪如东南洋各岛野番，亦不过白黑、妍媸之别，而五官四体皆无大异于人。乃知长耳比肩之民，飞头贯胸之国，不过古人故为恢奇之说耳，而陈鼎竟谓目见狗头之人，且有解人解之归国，言之凿凿，不太觉荒唐乎？”②

陈其元也将他与各国领事的交往见闻作为引证的依据，如《庸闲斋笔记》中的“泰西制造之巧”“西国近事汇编”等。通过西洋人“极好千里镜”的观测，他说月中只有山川并无传说中的嫦娥一类人物。他在《庸闲斋笔记》卷九“测远镜”中，描述自己用高倍望远镜看到了古人目力未及的星空：

> 远镜至今日之欧洲而精极矣，用以测月，月中显有凹凸之形；测日，则见太阳边体龃龉如锯齿，日面有浮游黑点，大小多寡不一；测金星，则见有消长，亦如月之上弦、下弦。此皆古人所未见者也，然非在上海用西人之远镜，亦不能知也。

这种以用西洋器物来观测、描述宇宙星空为征实手法的笔记，在沿袭着传统宇宙观、鬼神观的清人志怪与笔记中，可以说是一种反向的“志怪”。这和清人志怪所提倡的“著书者之笔”的考据征实是密切相关的。这既是志怪的一种“新变”，也预示了志怪这一文体走向解体的某种端倪。志怪中征实、考据以及议论等理性成分的增加，动摇了志怪的根基——怪异与神秘，势必使志怪走向无怪化。

王韬在《淞隐漫录·消夏湾》中写僧人向嵇仲仙讲瀛洲蓬岛的仙境，嵇仲仙摇头不信：“按之东西两个半球，纵横九万里，有土地处即有人类，各君其国，各子其民，舟楫之所

---

① 〔清〕纪昀著，韩希明译注：《阅微草堂笔记》卷二〇，中华书局2014年版，第1541~1542页。

② 〔清〕陈其元撰，杨璐点校：《庸闲斋笔记》卷五，中华书局1989年版，第105页。

往来,商贾之所荟萃,飙轮四达,计日可至,安有奇境仙区如君所言者哉?"①近代的地理知识使传统仙境、殊方异物的想象再无栖身空间。

清代志怪考据倾向的特点是以所录怪异为话题,多方引录著述与意见,作为观察和讨论问题的一个载体。例如朱翊清《埋忧集》在卷一〇"夷船"后加附录,引《外洋考》及《海录》言"英夷即荷兰遗种,亦即红毛番",其长技惟在造船与铳,奉天主教,只对庙中的白无常鬼瞻拜顶礼。这段话本身就像是志怪,但剥去知识性错误与观察的粗率,我们无法否认朱翊清是认真地在现有知识框架中对未知的西洋进行考据探讨,此为志怪所具"著书者之笔"的学术性。

**2."寄所欲言"与怪异色彩的淡化**

清代志怪兴起的背景是乾嘉考据学盛行,西方的器物与文化也通过志怪者的"著书者之笔"进入辨析明理、探讨学术的范畴。纪昀在《阅微草堂笔记》中就借用志怪躯壳讨论西方的文化与宗教。如在该书卷一二中,他在讨论下围棋以及吊死鬼的两则志怪之间,对万历年间西洋人艾儒略所作《西学》做了考据。纪昀用一个清代知识分子的视野,对这本书做了阐释和比附,他认为《西学》中的六科,"文科如中国之小学,理科如中国之大学,医科、法科、教科皆其事业,道科则彼法中所谓尽性至命之极也。其致力亦以格物穷理为要,以明体达用为功,与儒学次序略似;特所格之物,皆器数之末,所穷之理,又支离怪诞而不可诘,是所以为异学耳"。他又据艾儒略所举《唐碑》,考据小说和类书,如《册府元龟》《酉阳杂俎》,认为天主教即中亚祆教。这样随意的条目归类不伦不类,显示了彼时将西学视为异端的现实。如纪昀在卷一〇中借狐鬼之口议论天主教,认为"其教则变换佛经,而附会以儒理。吾曩往窃听。每谈至无归宿处,辄以天主解结,故迄不能行。然观其作事,心计亦殊黠"。在乾隆文字狱大盛的环境中,借狐鬼议论触及了中西文化比较的敏感话题。这些论述虽误解甚多,但在当时残缺封闭的知识背景下,已经是一个征实的学者所能做出的科学考据和探讨了。

《阅微草堂笔记》一类的志怪主要是"寄所欲言",借怪异表现作者的才识和见解。该书涉及的西洋人事和科技,基本不涉及神怪奇异,志怪的色彩大大淡化。纪昀在卷一〇中借一个狐鬼的口吻,称赞西洋人"其推步星象,制作器物,实巧不可阶"。他在卷一九中写戴亨言其祖先"心思巧密,好与西洋人争胜。在钦天监,与南怀仁忤(怀仁西洋人,官钦天监正),遂徙铁岭",曾造鸟铳,杀伤力巨大,梦神人责备,不敢献于军营。纪昀称得到《永乐大典》所载神臂弓的图说,但纪昀与他的朋友邹念乔都看不明白,"穷数日之力,审谛逗合,讫无端绪"。纪昀想把图拿给西洋人"料理之"。这个向西洋人讨教技术的企图遭到他的老师刘文正公的反对和劝止。刘文正公认为神臂弓的图画"未必后来无解者,何必求之于异国?"纪昀则认为老师"所见者大",保守老祖宗的秘密比向洋人请教更为妥当。志怪的面目下是一个知识分子感时忧世的议论与保守的眼光。

---

① 〔清〕王韬:《淞隐漫录》,黑龙江人民出版社1997年版,第467页。

纪昀并非孤例，后来的志怪作者越来越清晰地借西洋异物，表达民族忧患与个人见解。吴炽昌在《客窗闲话》之“飞车”条下①，记载丙午（1846 年）九月上旬某日，飞车于北京鼓楼上空飞过。这辆飞车应该是飞艇一类的飞行器。在吴炽昌眼中，这样的飞车不再是古代志怪殊方异物的浪漫想象，而是飞临头顶的灾难预告，他以“见所未见”来表达那种震惊。古代志怪中并非没有飞车一类的故事。《博物志》卷二记奇肱国“能为飞车，从风远行”。《玄中记》《金楼子》以及众多仙话中都有神仙乘坐绮丽飞车的情节。王韬在《淞滨琐话》中也认为飞车是神仙的交通工具（《仙井》《辛四娘》）。吴炽昌于此处大可发其思接千古的艳想，他却说“闻诸古而未见于今。乃竟有目睹者”。盖身为知识分子，他已经把恢宏奇特的八荒异域之神话同冷酷严峻的现实区分开来：“……飞车也。泰西人所制，车中人以千里镜窥觇下方，城郭人民历历在目矣。”“他国有如是奇器，恐其以数千辆，载精卒数千人，飞入都邑，将不能御，亦不及防，城郭守具皆无用矣，岂不殆哉？”②

吴炽昌的议论和忧患在晚清的科幻小说中被付诸实践。包天笑发表于 1908 年《月月小说》上的《空中战争未来记》以及陆士谔的《新野叟曝言》，都将飞车写成了新式的战争武器。

在文学进化论的视角下，清代志怪的“著书者之笔”被全面否定，认为它们是文学观念的倒退、宣扬劝惩等。这一文学史观并不符合志怪这一文体的历史与实际语境。志怪本为“子部小说”中的一部分，具有子书立言的特征。作者在故事中发表议论与见解是题中应有之义。清代文言小说之议论，一派如《聊斋志异》在篇末加以评述人角色，如“异史氏”，其他如沈起凤《谐铎》之“铎曰”、曾衍东《小豆棚》之“君子曰”、宣鼎《夜雨秋灯录》之“懊侬氏曰”、吴炽昌《客窗闲话》之“芗厈曰”、李庆辰《醉茶志怪》之“醉茶子曰”等，都是对以人物的口吻在篇末评论之模式的延续；另一派则如《阅微草堂笔记》，既有谈话者随时议论，也有作者对事件的评析判断，这种以诠释为特色的“著书者之笔”是六朝志怪所没有的③。清代志怪“著书者之笔”的这种立言性质同时也包含着对知识性的追求，而这种追求与志怪最终走向解体密切相关。

从汉魏到明清，知识性与学术性始终是被人们忽视的志怪小说的一个文体要素。无论是早先的《山海经》所含的教人应付行途遭逢之神奸的巫术知识④，还是魏晋志怪中的

---

① 陈平原《从科普读物到科学小说——以“飞车”为中心的考察》（载《中国文化》1996 年第 1 期）按照文本出现顺序，认为最早写到飞车的是出游国外的王韬，王韬于 1867 年西行，在《漫游随录》卷二“制造精奇”中首先提及，其后还有张德彝的《三述奇》。吴炽昌《客窗闲话》正集初刻于道光十九年（1839），续集刻于道光三十年（1850），丙午当在 1846 年。故早在王韬之前二十年，就有飞车飞过京城的记录。

② 〔清〕吴炽昌撰，王宏钧、苑育新校注：《客窗闲话　续客窗闲话》，文化艺术出版社 1988 年版，第 438 页。

③ 黄东阳：《“神道设教”预想下的淑世试验——纪昀〈阅微草堂笔记〉对清初灵异传闻之理论组构与评议法式》，载《新世纪宗教研究》2008 年第 7 卷第 1 期。

④ 江绍原：《中国古代旅行之研究》，上海文艺出版社 1989 年版。

地理博物、谶应变怪，还是清代“著书者之笔”的考据、议论，都和古人的世界观与认知模式密切相关。以地理博物类的《山海经》《博物志》《拾遗记》为例，异域殊方是各种奇异法则畅行无阻的世界。那里的人可以半人半兽，那里器物可以匪夷所思，遥远与隔绝是那些殊怪神奇的知识变得可信的保证。在清代，人们把西洋作为“异域殊方”的想象空间强力地收窄塌缩，最后只能黯然谢幕。一个没有地理隔绝的、启蒙时代的来临，使我们得以在志怪濒于解体的历史末梢对它的性质和文化基因有一个更清晰的审视。

## 三、从“殊方异物”看志怪之解体

我们从西洋元素在清代志怪中的表现可以看到清代志怪面临着两方面的困境。一方面是“著书者之笔”使得志怪走向无怪化。志怪的知识性追求和它本身的传闻性、有闻必录的传统是矛盾的。另一方面，用旧有的模式和话语方式表现新的殊方异物，用模糊化的手法消解新的时代元素，也会使志怪消亡。

### 1. 志怪之无怪化

志怪小说在历史上有三个创作的活跃期，分别是以《博物志》《搜神记》等为代表的魏晋南北朝时期、以《夷坚志》为代表的南宋时期以及以《阅微草堂笔记》为代表的清代时期。这三个时期各有不同的新鲜元素汇入小说创作。在魏晋，信仰的因素使民间志怪之风格外浓厚。儒家谶纬事应的神秘主义书写模式催生了大量史家“五行志”一类的志怪小说。佛教的、道教的各种新鲜元素推动志怪之说向各个领域渗透。道教之新神仙说与“蒋济亡儿”一类的志怪主题有关。佛教因素对志怪的全面影响可参见薛克翘的论著。在第二个活跃期，谶应之说与天人感应观念退居其次，理学的道德伦常、教化世俗的观念得到加强。这表现在《夷坚志》中就是宏阔嘈杂的社会生活、各类世俗人物进入志怪之中。志怪而讲骗局、论道德、辨是非，就具有了明显的理性精神；与此同时，庶民生活提供了大量新鲜素材，激发了洪迈撰写《夷坚志》这部卷帙浩繁、类似宋代百科全书式的志怪集。清代的志怪热是在《聊斋志异》的影响下产生的，其立意本在不满蒲松龄“一书而兼二体”①，即“小说类”与“传记类”的混同。纪昀强调“体例”，即事必有征，不能随意装点，更需“辨析明理”“引据古义”。所谓“著书者之笔”，一方面是强调叙事外聚焦，这就降低了情节性在“小说”中的比重与篇幅；另一方面是强调“辨析明理”和“引据古义”，加强了小说中的议论和考据。《阅微草堂笔记》注重考据议论，强调回归“稗官脞记”，旨在通过对怪异现象的记述，显示著书者的见识与学问。在纪昀的小说中，作者的议论、学识得到空前发挥展现的同时，志怪的完整性、模式化的内容与形式被逐步分解。

以《阅微草堂笔记》所写西洋事物为例，纪昀虽坚持志怪之限制叙事、外聚焦手法，但其目的不在渲染域外传说的神奇魅力，而是探究怪异背后的事实与“理路”。不论是道德

① 〔清〕盛时彦：《阅微草堂笔记跋》，见《阅微草堂笔记》卷一八，中华书局 2014 年版，第 1475 页。

教训、肤浅哲理，还是引据古人著书、前贤议论，这些议论、考据文字无疑使志怪故事变得淡泊寡味，乃至无怪可录。志怪之解体在某种程度上是由于“著书者之笔”的强化，它使志怪焕发出某些新的活力，又不可避免地使之走向无怪化。

**2. 变新为旧的因袭，本质上是认知阐释上的路径依赖**

《子不语》一类的小说沿用志怪旧有的主题、框架来表现西洋元素，模糊了西方文明的本来面貌，把西洋世界变形为古代的异域想象，以消解陌生性和恐惧感。从清代志怪的内容看，西方元素和科学知识并不能改变固有的思维与认识。作者往往在疑惑之余，回归志怪的旧“理路”。如俞樾在《右台仙馆笔记》卷九中记录了一则悍妇欲害人遭雷劈的事件，身为清末的学者，俞樾不能无视那个时代精英群体所具有的科学知识，他引用了王充《论衡·雷虚篇》以及泰西人关于云气雷电的解释，他承认这些说法言之凿凿、其理甚精，但是不能将其作为无神论的凭据，否则会引出天变不足畏的结论，使世道人心无法维系，是以君子无取焉。

《醉茶志怪》中扶乩的主题变成了人与降仙关于日食与君德的辨惑。降仙也承认日食之说，自西人论之而始明。至于日食乃各国共见，非为中国一国之君失德而发，降仙就以中国天子为天之长子，四夷之君莫能比伦为辞。这番议论同样是意在修补西方科学知识与天人感应说之间的鸿沟。因为理由太过牵强，殊难弥缝其间，文末“醉茶子曰：扶乩召仙，江湖术士恒为之。大抵皆其手法使然，真仙未必应念而来。故予每扶乩多不验，足征其伪”。

薛福成致力于经世实学，但其《庸庵笔记》尤多怪力乱神之志怪内容，其中多“水神显灵”“雷殛恶人”“狐仙谈历代丽人”一类陈旧志怪。“星变奇验”中所谓“夫天象变于上，人事应于下，有不期然而然者，孰谓天文家占验之说不可尽信乎”的论调同乎两千年前的董仲舒。

**3. 以“释怪”替代志怪的“著书者之笔”**

清代志怪对“西洋”——这个新的殊方异物的书写路径，为我们反思志怪的历史和面貌提供了一个新的视角。清代纪昀以“著书者之笔”创作《阅微草堂笔记》，与他在《四库全书总目》中对“子部小说家类”性质的定位是相同的。自魏晋到清末民初，志怪的类属虽有变化，但从大体例上看，古人对“子部小说”的基本认知是稳定的。纪昀提出的“遵体”是站在古代学术分类的传统上，将“子部小说”视为“成一家之言”的子书著述的一种。现在的研究者仅以文学性的要求来研究志怪，无视其文体根基中所包含的学术性与知识性，导致对志怪的文体范畴、价值意义缺乏理解、认识偏激。从《阅微草堂笔记》中涉及西洋元素的志怪中可以看到，纪昀以学术探讨的形式，引证古人著作，发表个人意见，正显示了志怪本身在古代学者眼中的性质与定位。以“著书者之笔”写志怪，降低事件、故事和人物的重要性，有其文体历史与学术语境的合理性，不应从文学进化史的立场一概予以贬斥。

# 论《聊斋志异》的开篇对传统的暗合和超越

杨林夕*

《聊斋志异》堪称我国古代文言短篇小说的巅峰之作。学界对其的研究成果可谓汗牛充栋。但是就《聊斋志异》的开篇而言,迄今未见有人进行系统的分析、探讨。其实,整理和挖掘开篇艺术,对于尺幅千里、惜字如金的《聊斋志异》来说,更能显示出蒲松龄的匠心独运和苦心孤诣。

## 一、《聊斋志异》的开篇特点

刘勰《文心雕龙·章句》篇云:“启行之辞,逆萌中篇之意。”①意即文章的开端应该预先略微显露文章中心部分的意思,也就是文章开篇要对下文有预示或者导向作用。契诃夫说他写惯了只包括开头和结局的短小小说,那么契诃夫小说的开头就是作品的半壁江山了②,可见开头对于短篇小说尤其重要。虽然《聊斋志异》中的文章题材不一、篇幅不等,但其开篇却各擅胜场、特色鲜明。其开篇特点具体如下:

### (一)《聊斋志异》多以介绍人物尤其是男性作为开篇

《聊斋志异》开篇可分为介绍人物、叙述故事、描写景物、发表议论等几种类型。据统计,《聊斋志异》以介绍人物开篇的有251篇③;以叙述故事开篇的有直接叙述故事的直述

---

* 杨林夕,广东惠州学院文传学院教授。

① 〔南朝梁〕刘勰著,周振甫注:《文心雕龙注释》,人民文学出版社1981年版,第375页。

② 参见雷群明《聊斋艺术通论》,生活·读书·新知三联书店上海分店1990年版。

③ 本文主要依据张友鹤辑校的《聊斋志异(会校会注会评本)》(上海古籍出版社1978年版),收491篇;以下引文多出于此,不再一一标明。也参考朱其铠主编的《全本新注聊斋志异》(人民文学出版社1989年版,收494篇)和蓝翎前言、张式铭标点《聊斋志异》(岳麓书社1988年版,收490篇,《狼三则》和《乱离二则》都只算一篇,附录6篇)。

式、说明故事出处的来源式、记叙梦境的记梦式、介绍风俗民情的风俗式四种，共 194 篇，其中直述式 161 篇和来源式 21 篇也是以人物开篇的，如卷一《王兰》“利津王兰，暴病死。阎王覆勘，乃鬼卒之误勾也”，《画皮》“太原王生，早行，遇一女郎”，在讲述故事时点明王兰和王生的籍贯；《贾儿》“楚某翁，贾于外。妇独居”，用一句话就介绍了男性籍贯（楚地人）和职业（行商）。这些本意不在介绍人物而在讲述故事的开篇，却也简单介绍了人物某一特点或多方面的情况。来源式实际上可隶属于直述式，将之独立开来是因其在作品中常以“某某言”“某某云”“某某说”的形式出现，与直陈故事有所区别，“某某言”之后就是直陈故事。综之，《聊斋志异》中有 433 篇是以人物开端的。

不仅如此，《聊斋志异》的开篇人物多为男性，据笔者统计，《聊斋志异》以介绍女性开头的仅 11 篇①，而以男性开篇的总计有 425 篇②。

### （二）《聊斋志异》的开篇人物多是配角

其实上述以男性开篇的多可改为女性，如《贾儿》，从题目和内容而言，主要是讲贾儿如何灭除祟害母亲之狐的，商人子和商人妇才是主角，因此开头可以变为“楚妇，夫行贾，常独居”；又如《乔女》开篇“平原乔生，有女黑丑”，若改为“平原乔女，（长相）黑丑”，对全篇亦毫无影响，作者却要用一个完全不出场的父亲开头。翻检《聊斋志异》可发现这种现象很普遍，即喜欢以配角和次要人物开篇。根据他们在文中出现次数的多寡和重要性，这种开篇人物可分为如下类型：

功能性人物。这类人物一般出现一两次甚至再也不会出现，如《博兴女》开篇云“博兴民王某，有女及笄”；《蛇癖》开篇云“予乡王蒲令之仆吕奉宁，性嗜蛇”；《龁石》开篇云“新城王钦文太翁家，有圉人王姓”……博兴民、王蒲令和王钦文等在后文中根本没再出现，他们的作用纯粹就是引出主角。《乔女》开篇的平原乔生、《苏仙》开篇的高知州等也都是功能性人物。

过场人物。他们会在后文中再出现，但多是一闪而过或者无关紧要，如《贾儿》中的楚客、《商三官》里的商父、《任秀》中的任父、《邵临淄》中的李生妻等。他们多是引出故事的，因此也被称为引渡人物。

次要人物。这类人物在故事中再出现的次数较多且有一定的作用，但不是主要人物，如《凤阳士人》开头介绍的“凤阳一士人，负笈远游”，凤阳士人虽然是梦境中的人物之一，但主角是他的妻子，故事叙述的重点是他妻子对他的思念以及他妻子的梦境。《邵临

① 《细柳》《真定女》《农妇》《瑞云》《赵成虎》《产龙》《狐入瓶》《绩女》《封三娘》《口技》《化男》。

② 根据篇名和开篇人物的关系可分为三类：不以人物为篇名的 150 篇中以介绍人物开头的有 116 篇，以男性开篇的有 114 篇，只有《口技》《化男》以女性为开篇人物；人物为篇名、篇名和开篇人物不一致的作品中有 198 篇以介绍男性开头，即以女性姓名、称呼等命名而以男性人物开头的有近 200 篇；篇名与开篇人物一致的 117 篇中，只有《细柳》《真定女》《农妇》《瑞云》4 篇以女性人物开头，其余 113 篇都以男性人物开头。因之总计 425 篇。

淄》:“临淄某翁之女,太学李生妻也。未嫁时,有术士推其造,决其必受官刑。”翁婿两人在后文中都出场两次,而且后文对某翁的言行音容进行了翔实描写,但从“异史氏曰”和题名可知,主角是惩治悍妇的邵临淄。

有时候主角出场前,上述几类人物都会出现,如《仇大娘》中仇大娘的父亲、继母和两个兄弟都在仇大娘上场前出场,根据出场次数和重要性,仇父是过场人物,继母和兄弟是仅次于仇大娘的次要人物。

另外,我们还可以从《聊斋志异》开篇介绍的人物与篇名关系证明《聊斋志异》多以配角开篇。

一般而言,篇名人物多是主角,据统计,《聊斋志异》中以人物为篇名的有 300 多篇,其中就有 200 多篇开头介绍的人物与篇名人物不一致,具体如下:

1. 篇名和开篇人物的性别差异

(1)以男主角命名,用男配角引出男主角:甲男—乙男

以甲男(多为狐鬼仙妖)命名、以乙男开头的有 94 篇,如《王六郎》开头写许姓渔父,他饮酒则酹地祭溺死鬼,引出主角溺死鬼王六郎。

(2)女主角命名,男主女配开篇:女—男、女—女

以女主人公命名、以介绍男主人公开头的有 83 篇,如《青凤》《婴宁》《葛巾》等。以甲女命名、以乙女开头(甲女—乙女)的有以范十一娘开头的《封三娘》和以“绍兴有寡媪”开头的《绩女》两篇。这一类总共 85 篇。

2. 篇名和开篇人物是等级关系

(1)长辈—晚辈

以子女命名、以介绍父(母)开头的有 15 篇,如《商三官》(以父亲商士禹开头)、《博兴女》(以父亲博兴民开头)、《周克昌》(以父亲周天仪开头)等。以父祖命名、以介绍儿孙开头的如《龙飞柏公》(以龙飞将军戴潜之孙戴生开头)、《李八缸》(以李八缸之子李月生开头)。

(2)上级—下级:官—吏/民,主—仆,宾—主

《杨千总》的开篇人物毕民部是主角杨千总的上级;《苏仙》以“高公明图知郴州时,有民女苏氏……”开篇,篇名人物苏仙是高知州的治下民女之子;《焦螟》以董侍读家多狐开头,焦螟是董氏请来捉狐的道士;《陆押官》以宫詹官赵公开篇,篇名人物是仆人陆押官。宾主关系的如《宫梦弼》以主人柳芳华开头,宫梦弼是其家宾客;《田七郎》以武承休喜交游开头,田七郎实际上是武承休所养的士。这些篇名人物都是主人公,开篇人物或是第二主角如范十一娘(《封三娘》),或是配角如许渔夫(《王六郎》)、寡媪(《绩女》)、武承休(《田七郎》),或是过场人物如商士禹(《商三官》)、赵公(《陆押官》)、毕民部(《杨千总》),而高知州可算是个功能性人物。

也有很多不以人物命名而以配角开篇的,如《种梨》以卖梨人开头而主角是乞丐,《犬奸》以青州贾者开头而主角是商妇,《狐谐》以万福开篇而主角是狐女。

## (三)《聊斋志异》开篇介绍的人物特征在后文中多有照应

蒲松龄极其重视开篇,虽惜墨如金,但对开篇人物的介绍和描述没有闲笔。开篇介绍的人物外貌、个性、言行大都在后文中有呼应,或者影响其结构和叙事,或者关乎其主题、意蕴,或者预示故事的发展……

**1. 人物个性是故事发展的枢纽**

《聊斋志异》常在开篇对人物做介绍,尤其突出其某方面的特征,将人物按"品藻"描写,通过对人物性情和品格的展示,以合乎逻辑的笔墨,环环相扣地展开故事。人物的个性基调是故事发展的枢纽,最典型的是《阿宝》。文章开头介绍孙子楚"性迂讷",而"痴"是其鲜明个性,并有恰如其分的绰号固定下来,用两个细节加以说明。此"性痴"又不仅是情痴,所以才有他受人捉弄反而以偏题"抡魁"的情节;因孙子楚对阿宝孜孜不倦的追求,故他由性痴变为情痴,孙子楚对阿宝从派媒求婚到断指、离魂、化鸟,其情由浅入深,其痴由表入里,构成小说的三个主要情节。又如《聂小倩》以介绍男主人公宁采臣起笔,"性慷爽,廉隅自重",这一定调对整篇小说叙写宁采臣之所作所为具有宏观统筹作用。宁采臣经受了聂小倩"财""色"的双重考验,以"生平无二色"的自重赢得了女鬼的爱情,使聂小倩由恶到善、由惧怕到惭愧,最后由鬼到仙。《连城》的男主角乔生出场就带有为人"有肝胆"的个性定型:他照顾亡友顾生的妻儿,他因以文相知的县令卒于任而破产扶柩往返千里。这两件证明他"有肝胆"的善事直接导致了后文乔生得顾生相助在阴世复活情节的发生,同时也寄寓了作者更深的用意:这与爱情似不相干的侠肝义胆,将始终伴随乔生的情爱之旅。其他如《细柳》开篇"柳少慧,解文字,喜读相人书"中的"喜读相人书",与后面的成婚晚、给儿子取名、提前准备棺材等故事情节都有直接的关系;《侠女》开篇介绍顾生"博于材艺……为人书画",与后面有只狐狸变成美少女以求画来接近的情节有直接关系;《仙人岛》开头介绍王勉"心气颇高,善诮骂,多所凌折"的个性,后面的故事围绕他的得意忘形以及随意诘责辱骂别人的恶习展开,先是道士告诉他"子相极贵,然被'轻薄孽'折除几尽矣"并试图帮他消除,无奈他自认才高、难忘功名,就从天宫跌落仙人岛,受到侍女"中湿"的挖苦、芳云绿云姐妹的嘲骂针砭和要他"藏拙"的忠告。其小有名气就得意忘形的个性就是小说机趣层出、妙趣横生、场面生动活泼、人物栩栩如生的暗道机关。

**2. 人物外貌、语言关乎小说情节的意蕴和机趣**

蒲松龄在《聊斋志异》开头介绍人物时,常有画龙点睛的外貌描写。而人物外貌又常常关乎小说的深层意蕴。如马骥"美丰姿",其外貌美就涉及媸妍颠倒的社会风气,他在以丑为美的罗刹国的遭遇直刺黑白颠倒的世风。《阿宝》写孙子楚"生有枝指",看似闲笔、细笔,却大有深意。《庄子》"骈拇枝指,出乎性哉",一般人借用此语取"多余"之意,蒲松龄却采"出乎性哉"即个性特异之意,"生有枝指"是对人物个性的隐含诠释,也是小说情节发展重要的伏笔。《狐梦》反复照应开篇说毕怡庵肥重多髭的体貌特征①，增加故事的幽默诙谐和喜剧效果，很符合《狐梦》这篇真幻虚实交错的"柯尔律治之花"类的作品。

《连琐》对"瘦怯凝寒，若不胜衣"，宛然林黛玉"病西子"的连琐的描写，加之她与杨于畏对诗文的喜好，为小说增添一份雅意。小说着重突出了连琐身上不同凡响的文化艺术修养、娇羞可人的外貌气质，使得二人相识后，没有沉湎于容貌吸引的情色相悦，而是陶醉在共同营造的文化情韵之中，志趣相投，纯雅脱俗……由于对诗的共同爱好，加之连琐诗意柔弱的外貌气质，他们以隔墙联吟作为相识、相知、相爱的媒介，因诗传情，彼此相知。二人相互了解的过程一直浸润在浓郁真淳、雅趣融融的文化氛围之中，使小说在整体上呈现出浓郁的诗意氛围。在《辛十四娘》中，蒲松龄对辛十四娘出场的外貌形态描写"容色娟好……蹑露奔波，履袜沾濡"不正似《诗经·野有蔓草》中诗意的氛围和情境吗？

《聊斋志异》中人物的语言还有预示作用，即冯镇峦评《聊斋志异》的"落墨甚远，刻题甚近"的"突阵法"。除有《邵临淄》中临淄某翁之女必受官刑、《陈云栖》中真毓生当娶女道士等预言外，《聊斋志异》中更有一种戏言叙事，如《莲香》中东邻生"独居不畏鬼狐耶"的戏语，果然引来了狐鬼莲香、李氏与桑生的情感纠葛；《阿宝》中孙子楚的求婚阿宝、断指和以偏题中试就缘于听信戏言，等等。此外，《胭脂》《冤狱》等公案小说中也有戏言成案致冤的情节。《胭脂》中王氏的两次戏言酿成命案。《冤狱》中的朱生因戏言卷入一宗谋杀案，差点送命。《霍生》则写霍生开玩笑说朋友严生之妻与己通奸，最终导致严生之妻自杀并复仇的惨案。戏言害人命而遭报复的故事旨在告诫开玩笑要谨慎。

**3. 人物的境况、籍贯也别有深意**

《聊斋志异》的开篇句无剩字，可谓无一字无"来历"。不仅人物的个性特征、语言、动作，甚至人物的境况、籍贯都有照应和伏笔。

一人的境况描述是另一人出场的铺垫。《红玉》开篇介绍男主人公冯相如父子说他们两个都是穷秀才出身，日常生活难以维系，父子两人的妻子都相继死了，一切家务活只好由两个男人来亲自操持。两个男人渴望有女人来慰藉和帮忙，理在其中。于是红玉出场了，他是为帮助冯相如来的。周先慎先生曾经指出，蒲松龄以实映虚，寓无形于有形之中，匠心独运地营构了红玉两次出场的背景。红玉是根据一个家庭的变故和需要而设的，她在冯相如人生的关键时刻两度出场，是顺应男性家庭的急需而来的。红玉先是投冯相如色欲之好，后是在冯相如惨遭豪绅、官府的迫害，悲伤想死的时候，临危受命般地降临。虽然红玉在小说中间一大段隐去未现，但红玉的影像无处无时不在。小说题名《红玉》是因为她是当之无愧的主角，不仅掌控着冯相如的人生，也主导着情节的发生发

---

① 笑曰："肥郎痴重，使人不堪！"……二娘曰："记儿时与妹相扑为戏，妹畏人数胁骨，遥呵手指，即笑不可耐。便怒我，谓我当嫁僬侥国小王子。我谓婢子他日嫁多髭郎，刺破小吻，今果然矣。"……二姊曰："婢子许大，身如百钧重，我脆弱不堪。既欲见姊丈，姊丈故壮伟，肥膝耐坐。"

展和故事的结局。《田七郎》开头介绍说大户武承休“喜交游”、养名士，后面又写他“交游遍海内，皆滥交耳”，这必然预示着最值得交往、能够在最困难的时候使他度过危机的田七郎的出场。《武孝廉》以艰危的处境开头，也为狐妇的出场援救做了铺垫……

《聊斋志异》开篇最常见的是点明人物籍贯的“某地某人”，这于个性和情节也有映照。大而言之，南北性情有粗豪文秀之别，同为情，北方多狂生，南人且痴情。孙子楚是广西人，南方小生的痴情毕现，他为阿宝去枝指几死，沉绵不可复起，一片痴情化为刍灵鹦鹉，迂痴赤诚感动阿宝，“深情已篆中心”，不良之匹成为眷属。《公孙九娘》中的山东莱阳生粗心没有标记坟址而有负归葬尸骨之托，得不到九娘的原谅，终成哀婉悲剧。《花姑子》中的安幼舆为陕人，性情有陕地之人的挥霍好义，因为喜放生，五年前在华山买来放生的猎獐，正是花姑子的父亲，因而牵扯出与花姑子的一段情缘。《青凤》中的耿去病为太原人，狂放宏阔，正是这一性格才促使故事发生。有的籍贯是在后文有照应，如《张诚》写张诚悬鹑百结地寻弟，结果同时找到了长兄，事出意外，但篇首早有伏笔，“豫人张氏，其先齐人”。《娇娜》中的皇甫公子对孔生说“祖居陕”，后来孔生举进士“授延安司李”，得遇公子一家，方知“祖居陕”三字是伏笔。

### （四）姓氏名字决定命运，暗示情节发展和人物个性：人名叙事

在蒲松龄的艺术构思中，姓名为谋篇之一道，姓氏对情节有着重要的作用。

**1. 决定人物的命运和情节走向**

如《乔女》中的“乔”字，“乔”者高矣，“厥木惟乔”（《尚书·禹贡》），有高雅超脱之意，“出自幽谷，迁于乔木”（《诗经·小雅·伐木》）。乔女心气殊高，故评论家们称之为“伟哉乔女”“巾帼丈夫”“侠烈心事如青天白日，侠烈志节如疾霆严霜”。异史氏曰：“知己之感，许之以身，此烈男子之所为也。彼女子何知，而奇伟如是？若遇九方皋，直牡视之矣。”孟生拒绝漂亮的妹妹而非乔女这个丑陋的寡妇不娶。乔女为报孟生的这种知己之恩，在孟生死后为其争讼保全田产，抚孤成人。“乔”又有矫情之意，乔女明明在精神上已经背叛了亡夫穆生，死后偏坚持同穆生合葬。蒲松龄故意只写其姓氏而不写其名，就是以“乔女”之名暗示了后面的情节走向。又如《田子成》开篇对父子的名字进行介绍：“江宁田子成，过洞庭，舟覆而没。子良耜，明季进士，时在抱中。”耜，古代掘土用具也。子良耜果然发冢负父骨归葬，而遗骨他乡者被儿子迁葬，名曰“子成”，合卯合榫。《张鸿渐》之名出自《易·渐》：“鸿渐于干。”渐，进也。“鸿渐”，意指鸿雁由水中进到岸上，喻仕途顺利，故张鸿渐金榜题名。《罗刹海市》中的马骥字龙媒，所以他后来入赘龙宫，鹏飞万里……

**2. 预示情节**

开篇人物的命名对以后的情节发展有预示作用。如《莲香》开篇介绍男主人公“桑生，名晓，字子明”，却是“伤之明”即不明不晓地老是分不清狐鬼……误以为妓女是鬼、狐莲香是妓、鬼李氏是狐；然后写鬼狐相忌，狐治鬼，鬼避狐，狐女莲香欲治鬼李氏，而李氏

鬼却先揭莲香狐之真相,鬼欲避狐,而狐莲香则戳李氏鬼之原形……故事就在桑子明的不明就里、如坠烟云中发展,最后狐鬼羞愧,双双脱胎换骨,重新做人,情节极尽变幻多姿之美。另如《向杲》:"向杲字初旦,太原人。与庶兄晟,友于最敦。"杲者,光明也。杲杲为日出之貌,故壮士光明磊落地为兄报仇,变成猛虎,龁仇人头。

**3. 暗示人物性格**

《聊斋志异》开篇人物的命名带有强烈的性格暗示和导向性。《张诚》中的男主角以"诚"为突出特点,千方百计地保护同父异母的哥哥。《曾友于》以"友于"为字,名曰"悌",把精力全都用在维护兄弟情谊上。《细柳》中的细柳以腰镖袅可爱得名,其夫戏曰:"细柳何细哉:眉细、腰细、凌波细,且喜心思更细。"高生从形体到内心对细柳之名做了诠释,但"细柳"的含义不限于此。她治家井井有条,对子女赏罚分明,训导前妻之子,甘冒恶名而不避嫌。细柳是个贤妻良母,我们据此推断,留仙命名主要取意于《史记·绛侯周勃世家》,汉代周亚夫屯军细柳,军令严明,后人遂以"细柳营"或"细柳"称纪律严明之军。又如《崔猛》中的主人公字"勿猛",人如其名,小说中的崔猛疾恶如仇,性如烈火。

《聊斋志异》重视人名叙事,且上述三方面是相互起作用的,名字既体现着人物特性,又预示着情节发展,如细柳之名,不仅暗示了其形体外貌和杀伐决断、赏罚严明和善于治家的特点,也预示着她相人择婿、助夫名子、教子治家的情节走向。《崔猛》开篇介绍人物的名、字,也为崔猛打抱不平、锄强扶弱的非凡表现奠定了基础……《聊斋志异》中的人名即人生,人名即故事,人名与个性、命运、情节浑然天成。姓氏是人物性格之标识,情节是姓氏的衍化。

总之,《聊斋志异》开篇多以介绍人物尤其是男性为主,开篇人物往往多为配角或功能性人物,这些开篇的人物介绍在后文中多有照应。

## 二、《聊斋志异》开篇与传统的暗合

《聊斋志异》别具特色的开头应该是受传统文学影响或者与传统暗合的结果。关于《聊斋志异》受《诗经》起兴及其兴体思维的影响,可参看拙文《从诗之"兴"到"思之兴"——〈诗经〉的兴与话本入话的关系及其意义》①。《聊斋志异》开篇与神话传说、辞赋和戏曲等开头也不谋而合,尤其深受"史说同质"小说观的影响。

### (一)与神话传说尤其是始祖神话的暗合

《聊斋志异》的开篇特色与史传文学有关,典型地说明了蒲松龄"小说是正史之余"的小说观念。而这种观念首先与神话传说的历史化有关。

---

① 杨林夕:《从诗之"兴"到"思之兴"——〈诗经〉的兴与话本入话的关系及其意义》,载《广西社会科学》2011年第5期。

在中国古代神话的演进过程中，一部分神话被历史化了，变为传说的历史载入文化典籍、沉淀于人民的记忆中。通过黄帝这条线索，将原来互不统属的神话故事串联成一体，成为一个体系，构建出以黄帝为中心的上古五帝（颛顼、帝喾、尧、舜、禹），以及后来如出一脉的夏殷周秦的远祖的帝系。这种寻根问祖就是历史化的表现之一。《聊斋志异》中的很多篇章的主角明明是儿女，却要以介绍其父祖和籍贯开篇，或者在开头简笔点明事情的来龙去脉和人物关系再叙述主要的故事，庶几就受神话传说的影响，或说与之暗合。神话传说的历史化使我国的史官文化发达。在历史化后的神话传说转化为古史材料后，人们就以“宁可信其有不可信其无”的态度将它接受下来，使之兼具小说意味和史料价值。

中国古代的神话小说被纳入史部的范畴，又存在着一种泛史学化的倾向。例如《隋书·经籍志》分经史、子、集四部，其中《穆天子传》《西京杂记》《汉武故事》《搜神记》《幽明录》《山海经》等均被收入史部。这种泛史学使古代小说转化为古史材料。这种疑信参半的东西都被古人网罗起来，使“小说”有很大的包容性。稗官野史在正史面前毕竟不入流，但它找到了一种生存的空间，“为正史之余，可补正史之不足”，即与历史拉上关系方可生存。神话和历史于是互相转变：黄帝可能是神话人物，可能是部落首领被神话化了，神话有历史的影子，神话被历史化从而变成了古史（有些历史源于神话）。史与小说也是互相影响的：小说可补正史之余，正史材料不足时取之于小说杂传。蒲松龄不仅在创作《聊斋志异》的开头时多取现实人物甚至师友亲朋的故事，努力以写史之笔写小说，如《狐梦》言“毕每读青凤传”，好友毕怡庵将《青凤》当作史传读，不仅信以为真且冀乎一遇，更有甚者，狐仙要毕怡庵委托蒲松龄作传；甚至视《聊斋志异》为现实，所以《绛妃》开头则为“癸亥岁，余馆于毕刺史公之绰然堂”，梦见花神绛妃请他撰写“讨封氏”的檄文……这种真幻交织、恍惚迷离、虚实难辨的特点与古代神话与历史的关系类似。

## （二）与赋序“述客主以首引”的暗合

刘勰《文心雕龙·诠赋》篇曰“述客主以首引，极声貌以穷文，斯盖别诗之原始，命赋之厥初也”①，指出了赋序“述客主以首引”的文体特征。在汉以前的对话体散文与赋中，说话者与受话者多表现为师生、君臣，如《高唐赋》《神女赋》，很少直接地表现为主客，只有荀赋中有虚化的君臣；而汉代对话体赋中的说话者与受话者多表现为虚化的主客，如《长杨赋》《天子游猎赋》等。《聊斋志异》的开篇一般介绍次要人物（或者相关的事件），以次要人物引出主角，这与“述客主以首引”手法不谋而合。

初步统计，《聊斋志异》中以配角引出主角的可分为八类：以男人类直接引出男异类主角、以男人类引出男异类配角再引出女主角、以父亲引出儿子、以儿孙引出父祖、以官或主引出民或仆、以施恩人或赏识者引出报恩人或被赏识者、以男性引出女性主角、以女

① 〔南朝梁〕刘勰著，周振甫注：《文心雕龙注释》，人民文学出版社1981年版，第80页。

性引出女性主角。最后一类"以女性引出女性主角"中除《封三娘》和《绩女》篇以"女性"开篇人物引出女性主角,其余九篇均直接以女主角开篇。除了最后一类,其他七类都是以男性为开篇人物亦即引渡人物。《聊斋志异》中的开篇人物多为男性,而书中绝大多数的女性形象较之男性更加鲜活生动。《聊斋志异》中的故事以男性开篇的占主要部分,而大多数故事的主角是女性。蒲松龄更多的是让男主人公先出场,再由事件引出女主人公,并在不知不觉中开始刻画女主人公的形象。这在志怪小说史上是一个首创和独创。如《聂小倩》以聂小倩与宁采臣的爱情为中心线索,着力刻画聂小倩这个改恶从善的可爱的女鬼形象,开头却从宁采臣写起,由远而近地逐渐引出聂小倩,就像电影中的镜头一样,由远景、中景逐步推到近景,既为聂小倩的出场做了足够的铺垫,又为人物的性格、人物之间的关系以及后来的发展方向做了必要的说明、埋下了伏笔,但明伦称这种开头为"先断后叙法"。这与赋序虚设主客并以"客"引出"主"的开头暗合。

### (三)与杂剧"引戏"、传奇的"副末"的暗合

宋杂剧中的"引戏色"是一个一直未被明确的角色,许多著作都提到这个角色,但是始终没有一个公认的说法。"引戏色"在早期是"引舞""舞头"一类的角色,在宋杂剧中成为一个专职的引杂剧的"引戏色",后来发展成类似传奇中的"副末"角色,最终成为戏曲中一个引出故事或推动情节发展的"功能性"角色。虽然人们对引戏功能的认识有争议,但是其引出故事或推动情节发展的作用却得到公认。后来发展了南戏"副末开场"末的"始事"之"引",变成最早出场、随后可以中止交由其他角色演出,"引戏"之"引"则是进行性可持续的表演形态。在南戏中,因为引戏取代了末泥的开场始事,又在开场之后通过"冲场"交由生脚演出,所以也就自然可命名为"末"。

在近似于后来的生旦净末丑五杂剧色类中,最为人熟知的是"副净色发乔,副末色打诨"的表演,根据"发乔""打诨"的特点及与后世戏曲角色的比较可以看出,能够和这一演出方式类同的只有南戏传奇中的净丑打诨戏谑,由于南戏传奇中的末和副末都极少参与科诨式演出,所以就和杂剧色中的副末有了很大不同。李渔在《闲情偶寄》中认为传奇的表演中总有一个戏外之人——"副末"来开场。南戏、传奇的"副末"在行使开场之职时并非角色,"副末"在完成开场的任务后,旋即可进入戏中,成为穿梭奔走于生旦净丑之间的角色。"副末"开场一般是由"副末"与"后台子弟"问答,"副末"念诵一两段词,向观众介绍剧情、作者立意等。

《聊斋志异》开篇设置了很多次要人物、引渡人物,跟戏曲"引戏"和"副末"的功能惊人地暗合。《聊斋志异》中开篇人物的作用有这两种:一是只单纯地引出主角就不再出现,完全是引戏的功能性角色,如《宫梦弼》中的柳芳华、《小二》中的父母、《博兴女》中的博兴民、《邵临淄》中的某翁等;一是引出主角和故事后还有客串,即像杂剧的"引戏"、南戏的"副末"那样,有"做演出的辅助性工作、扮演次要人物"的职能,如《田子成》中的田子成、《任秀》中的任建之、《仇大娘》中的继母和弟弟福生等。《田子成》先写父亲田子成

引出儿子，但是后来又写鬼魂出现且一直影响儿子做官的心情以致儿子寻找父骨等。《任秀》篇先介绍父亲任建之，引出儿子任秀后，写父亲以暗场的形式帮助儿子复仇。

### （四）与“史传之余”小说观的暗合

蒲松龄深受“小说是正史之余”观念的影响，具体表现如下：

**1. 显示为人作传的意识**

篇名为“传”，以《史记》和唐传奇为尤，《史记》以人物为纲，本纪、世家、列传大多在标题中就表明传主的姓名或身份，七十列传多以人物身份再冠以“列传”二字，如《田单列传》《汲郑列传》《游侠列传》《魏其武安侯列传》；唐传奇的《李娃传》《霍小玉传》《东城老父传》《无双传》①等，有明显为人立传的意识（从序跋中亦可证），故事真实与虚构并存。而《聊斋志异》基本上是人物传记，以人名命题的有三百多篇，只是《聊斋志异》去掉了“传”字而保留人名，实际也是个人传记，且开头与篇名结合，即使是讲述故事型也是多以介绍人物起始，表现了对“史传”“传奇”的继承。

**2. 对“史家笔法”的“继承”**

蒲松龄在写作《聊斋志异》时，以史家的规范写作，精确交代时间地点，注意事件的首尾完整。

史传文学尤其是《史记》开篇介绍人物姓氏、籍贯、职业等基本情况的特点非常明显。蒲松龄在创作《聊斋志异》时有继承，又有创新发展，不对主人公的生平做纪年式叙述，而是选取人物的某一故事，交代清楚故事的起因、经过和结局，且情节完整。《聊斋志异》不仅注重凸显故事的曲折离奇、起伏跌宕，使人物形象感人、性格突出，而且通过开篇增加可信性。开篇或者介绍与下文有关的人物特点和轶事，如《阿宝》介绍孙子楚的“诚笃”“痴”，《连城》讲述乔生帮助朋友的故事；或者点明具体的时间地点，《地震》开篇“康熙七年六月十七日戌刻，地大震”，精确到时刻，庶几乎史；《上仙》“癸亥三月，与高季文赴稷下，同居逆旅”，点明年月。《狐梦》篇首即凿凿有据地点明地点“余友毕怡庵……尝以故至叔刺史公之别业”，篇末又写出确切的时间“康熙二十一年腊月十九日，毕子与余抵足绰然堂，细述其异”。据载，“刺史公”毕际有（字载积）曾请蒲松龄在家中坐馆，教他的八个孙子，这是确凿的事实，加之精确到具体某日的时间，因此使人相信作者、毕怡庵和狐狸的故事真的发生在毕家的别墅中。蒲松龄想让读者相信狐鬼的故事甚至整部《聊斋志异》的故事都是真实发生的。另外如直接引用邸抄《李司鉴》开头：“李司鉴，永年举人也。于康熙四年九月二十八日，打死其妻李氏……”精确到日，而且小说记叙了他被审查、到戏台自割自刭及被判死刑的结局，虽然篇幅不到两百字，但故事首尾完整。至于那些长篇的爱情婚恋小说，如《王桂庵》《莲香》等，不仅情节曲折，而且故事更完整。

---

① 唐传奇另有《虬髯客传》《南柯太守传》《补江总白猿传》《柳毅传》《任氏传》《莺莺传》《飞烟传》，宋代有《乌衣传》《王魁传》《谭意哥传》等。

3. 通过声明材料来源和细节的真实等方式来证明故事的真实性，以取信于读者

这与史家“无征不信”的观念有关，在唐宋传奇、“三言”“二拍”和笔记小说中也很常见。蒲松龄喜欢在篇末注明谁说的、谁见的，言之凿凿。如《五羖大夫》和《鸲鹆》篇末都题“毕载积先生志”或“毕载积先生记”，都按以实名（即毕际有），篇末注明题材来源。蒲松龄还喜欢用“实所亲见”，这当然是蒲松龄的夸饰之词，是其受“小说是正史之余”观念影响的结果。《狐梦》说毕怡庵是毕际有的侄子，经查《淄川毕氏世谱》根本没有一个号曰“怡庵”者，这些真真假假的人物、地点、时间往往就成了蒲松龄诱人深信的障眼法。但是大部分人相信“号”假而人物和事件是真的。据专家考证，《狐梦》中的毕怡庵可能就是以毕际有的仲子毕盛钜为原型的。① 这种“以实所亲见”来申明、强调所讲故事真实性的方式多体现在文末，有时也体现在开头。据统计，申明材料来源的来源式开头有 21 篇，篇首多点明主人公。这些故事或者是亲友的亲历，如《考城隍》开篇云“予姊丈之祖，宋公讳焘”；《捉狐》开篇云“孙翁者，余姻家清服之伯父也”；《喷水》开篇云“莱阳宋玉叔先生为部曹时，所僦第，甚荒落”，等等；或者出自亲友的见闻，如《三生》开头记蒲松龄哥哥的好友刘孝廉“尝历历言之”，他们的见闻或者亲历不就是“实所亲见”甚至“实所亲历”吗？《苏仙》中的“高公明图知郴州时，有民女苏氏，浣衣于河”，表面上是交代故事发生的时间，实际上也暗指下文是高公的闻见，这些可以算是暗隐的故事来源，但也是以现实人物开篇。

蒲松龄“史说同质”的小说观念还表现在《聊斋志异》用细节的真实来取信。如在人物出场时，介绍具体姓名、籍贯等背景资料，蒲松龄把聊斋故事当作《史记》来写，煞有介事地强调果有其人，从而增添故事的真实性。因说不清鬼魅的来历，蒲松龄于是就把人物介绍重点放在凡人身上，所以标题为狐鬼仙妖的多，而开篇介绍的却多是凡人。如《陆判》，通过题目就知道文章的中心人物是陆判，但蒲松龄避而不谈其来历，而是介绍与陆判交往的凡人朱尔旦，开篇就道出其家底，让人以假为真，为人物接下来的活动打下现实基础。《聊斋志异》还运用了“假实证幻”的艺术手法，即借用某些似乎真实确凿的细节，证明虚幻的故事整体也是真实可信的。如《白于玉》写吴青庵在梦中被仙人白于玉引至天上，与一仙女极尽欢爱，梦醒后“方将振衣，有物腻然堕褥间，视之，钏也”。何守奇评曰：“否则梦不足凭。”吴青庵梦中的经历及仙女赠钏都是虚幻的，不能让人信以为真，而醒后见钏则使全部梦境具有了艺术真实感。

《聊斋志异》中的很多故事有本事，相关的“本事考”“人物原型考”的论文有很多②。蒲松龄或者将现实人物穿插其中，这样可以使人有亲历感，增强可信度。《杨千总》开端

---

① 章培恒：《〈聊斋志异〉写作年代考》，见山东大学蒲松龄研究室编《蒲松龄研究集刊》（第一辑），齐鲁书社 1980 年版。

② 姜健：《“邵临淄”原型邵嗣尧考》，载《蒲松龄研究》2014 年第 2 期；俞阅：《〈聊斋志异〉中“张道一”人物原型再考》，载《文教资料》2015 年第 29 期；邹宗良：《蒲松龄与王甡交游补考》，见《蒲松龄研究丛稿》，山东大学出版社 2011 年版。各种《聊斋志异》的注本中也有很多某人是某一人物原型的说明。

写“毕民部公即家起备兵洮岷时”“千总杨化麟”之事，文章中所说的“毕民部公”即馆东毕际有之父毕自严，这样安排也是为了证明所记事情的真实可靠。另如《林四娘》开篇的陈公宝钥，冯评夹批“陈公字绿崖，康熙二年观察青州”；《诸城某甲》开头的学师孙景夏，吕湛恩注是诸城举人；《库官》开端的“邹平张华东公，奉旨祭南岳”，吕注“名延登。万历壬辰进士，官南京都察院右都御史，谥忠定”……这些都是以现实人物开篇。另如《上仙》开头提到的高季文和念东先生在乾隆《淄川县志》卷五中都有传。至于他常常提到的师友亲朋，更是为了向读者说明其故事确切可证的真实性。

## 三、《聊斋志异》开篇艺术对传统的超越

《聊斋志异》开篇艺术虽然与传统文化艺术有着诸多暗合，但是更有意义的是继承中的超越。

### （一）对“史传之余”小说观的超越

虽然蒲松龄深受“小说是正史之余”观念的影响，但是《聊斋志异》突出的特点是不避虚构，充满丰富的想象，运用虚幻成分。他一方面千方百计地证明故事不是虚构的，这也许只是他在因小说文体卑下而产生的焦虑中所做的“尊体”努力；另一方面却“有意为小说”，虚构一个个曲折生动、形象鲜明的动人故事。“狐鬼传”中的那些花妖狐魅及其与凡人的纠葛本身就是他荒宅寂寥的想象。《聊斋志异》是一部浪漫主义作品。它的浪漫主义精神主要表现在对正面理想人物的塑造上，尤其表现在由花妖狐魅变来的女性形象上。但是，不仅这些来去自由、在婚恋中占据主动的女子和帮助书生的神女、侠女很难在现实中找到，就连“大仇未报、寸心不死”的席方平、化虎的向杲、死后复生的乔生等也多是虚构的。所以他煞费苦心地用现实人物甚至师友亲朋这些次要人物开篇，以让人信以为真，但是这些实有的开篇人物引出的主角多是虚构的、非现实的人物（运用这种“明修栈道，暗度陈仓”的手法，实现在真实“信史”前提下的虚构，以使人在真实中忘记其虚构）。另外，《聊斋志异》的虚构特点还体现在对浪漫主义手法的运用上。蒲松龄在《聊斋志异》中善于运用梦境和上天入地、虚无变幻的大量虚构情节，冲破现实的束缚，表现自己的理想，解决现实中无法解决的矛盾。最后，《聊斋志异》中的故事大多也不是现实中实际发生的，而是向壁虚构的。总之，《聊斋志异》写的大多是一些花妖狐媚的故事，充满奇思异想，表现了对“史说同质”小说观的超越。

**1. 虚构的意识**

史传重视写实的实录精神，《聊斋志异》却不避虚构，以虚构的故事如《促织》《向杲》《劳山道士》等来讽刺统治阶级的荒淫和人性的弱点，以狐鬼花妖自由来去以及凡人化虎、复生等虚幻的情节来抨击社会、剖析人生。虚构在以前的小说中就存在，尤其是在汉魏六朝的杂史杂传和志怪小说中。虽然六朝志怪记叙了大量的狐鬼怪异故事，但其创作

动机是“发明神道之不诬”且信以为真，所以其虚构是潜意识的；“有意为小说”的唐传奇完成了真正有意的虚构，《聊斋志异》就将其发展到了极致，取其有意虚构幻设的手法，通过种种夸张、想象造意立奇，使情节故事奇峰叠起、变幻无穷。但是蒲松龄搜奇记异不是要读者欣赏传奇或者迷信鬼怪（他自己都不信鬼怪神道），而是要读者领悟其中的意蕴。

**2. 抒愤的目的**

《聊斋志异》还通过有意虚构来反映现实、抒发孤愤之情。《聊斋志异》中画实为虚、谈空说鬼以表达怀才不遇的困厄和怨愤的，如《司文郎》《叶生》《三生》等；抨击社会黑暗的，如《席方平》《梦狼》《促织》；表达对美好婚恋向往的，如《婴宁》《阿宝》《香玉》《连城》。此外，书中还有反映浇薄人情（如《罗刹海市》）、揭露世态险恶（如《念秧》等）的。而其用情最深、感情最愤的是对科举制度弊端的揭露。如在《司文郎》《于去恶》中骂考官有眼无珠、昏聩无能，在《续黄粱》《王子安》中描写考生之精神扭曲、神魂颠倒。又如在《叶生》《三生》中展现了落第者的刻骨之怨，在《考弊司》《神女》《贾奉雉》中抨击了考场的黑暗、贿赂公行、考试荒唐、黜佳进庸等现象，在《胡四娘》《凤仙》《镜听》中揭露了科举使得民风败坏、世风凉薄的现象……

史传主要记叙真实发生的事件和人物经历，而蒲松龄在创作《聊斋志异》时，以超越了其小说观念的虚构和想象的方式，尽设幻语，以反映现实、抒发孤愤，并寄希望于青林黑塞之间的知己。

## （二）对传统开篇艺术的推陈出新

《聊斋志异》中的故事以叙述故事和介绍人物的居多（分别是 251 篇和 193 篇），约占总书的十分之九。这主要是对史传文学和创世神话的继承发扬。其创新处在开头与篇名结合、“以女性命名而以介绍男性开头”的篇章中表现得最为明显，两种方法都是灵活多样而非一成不变。

《聊斋志异》开篇人物和主角不一致的有 200 多篇，开篇人物多是配角和次要人物，主角多是被他们引出的，其中“以男主人公引出女主人公”和“以男人类引出男异类”的在《聊斋志异》中最多（这两类多为爱情类和刺世类），体现了对汉赋“述客主以首引”手法的继承和超越。

**1. 符号化人物与丰盈人物：符号与形象**

汉赋是以主客对话引起全文，主客多为符号化、程式化的人物，目的是引出铺叙即正文。《聊斋志异》中的人物不论主次都是鲜明生动、血肉丰满的，都能给人以真实感。

**2. 主要人物和次要人物：有无主次之分**

汉赋“述客主以首引”中有一个被“屈”的，胜利的往往是“主人”，主客必分主次，即必有一个过场人物，甚至不是次要人物。《聊斋志异》的主客与题名结合起来。有的有主次之分，如《黄英》中的马子才相对于主角黄英只能是第二主角，男女主角有细微的差别。引渡关系是父子的多有主次之分，如《曾友于》中的曾翁和儿子曾友于、《周克昌》中的父亲周天仪和儿子周克昌、《柳氏子》中的柳西川和儿子,等等,这些被父亲引出的儿子才是主角。有时几乎分不清主次,如《封三娘》中的封三娘和范十一娘(两个少女没有主次之分),男女主人公大多没有主次之分,如《庚娘》《阿宝》《葛巾》等篇中的男女主角。若硬要区分,一般则以题名人物为主角,以开头的人物为第二主角。《聊斋志异》开篇体现了一种出场艺术,运用的是一种"千呼万唤始出来"的延宕法。人物有主次之分的典型表现在"题名是人形男异类而开头是男人类"的近100篇、"以女主角题名而以男主、女配角开头"的80余篇和"以子命名而以父开头"的15篇几类作品中。而在"以男(女)主人公命名,以女(男)主人公开头"和"以甲女命名,以乙女开头"这两类作品中,人物多没有主次之分。这两类作品旨在塑造男女主人公(或者两个女性如《封三娘》),通常只写一两个主要人物,先让哪个人物出场,是一个艺术构思的问题。蒲松龄发挥大师的智慧,让男主人公先出场、女主人公后出场,这种"好戏在后头"的方法能很好地抓住读者,层转层深,引人入胜。

**3. 纯为主客和兼有人事**

辞赋"述客主以首引"由客人引出主人,多是对话式,即借一人引另一人的滔滔宏论,主客都只是人物。《聊斋志异》除了以次要角色引出主要人物,还有"人引事"或者"事引事"。蒲松龄在介绍人物的时候,有时讲述与人物个性相关的故事或者事情的背景(类似话本的头回),如《阿宝》中写孙子楚性痴的两个细节,《向杲》和《商三官》中叙述两人复仇故事起因的小故事,或者如《菱角》《庚娘》《张诚》等中对战乱、迁徙背景的介绍。蒲松龄有时通过简单介绍性格品行引出相关的故事,如《林氏》开头介绍林氏的丈夫"济南戚安期,素佻达,喜狎妓。妻婉戒之,不听。妻林氏,美而贤"。丈夫的佻达和妻子的贤惠决定了林氏为戚生置妾的故事。而且戚生的佻达贯穿始终,他表面上因为妻子自杀守贞而收敛自己的放荡行为,却将渔色行为纳入子嗣之中,"居数年,林不育",奇迹般活过来的林氏不能生育,就让丈夫色迷迷地把便宜占尽又装痴装呆、假装正人君子,也许他确实想改过吧,但是林氏的贤惠让他正好就坡下驴。这是因为蒲松龄在开篇介绍人物的时候"逆萌中篇之意"了,让人物的个性等决定后面的情节发展。

**4. "建言""首引"和预示照应**

刘勰还指明了赋序的"建言"和"首引"作用,"序以建言,首引情本"①,意思是开篇设置序言,用来说明作品的主要内容、意义。刘勰在《文心雕龙·论说》篇中又称"序者次事,引者胤辞"②,意思是"序"按一定次序来申述事物的内容,"引"是对正文导引,是引言、导言。《聊斋志异》作为短篇小说的精品,开端就注意首引建言,可谓惜墨如金,每一字都不是闲笔,都有照应,看似平平常常的人物介绍,蒲松龄已在开章明义中埋藏了故事发展的引线和人物个性的基调,后文多处因此而生事,可谓前后相接,惨淡经营。《葛巾》开篇说"常大用,洛人。癖好牡丹",下文即围绕"癖好牡丹"作文章。其他如《连城》开头

---

① 〔南朝梁〕刘勰著,周振甫注:《文心雕龙注释》,人民文学出版社1981年版,第80页。
② 〔南朝梁〕刘勰著,周振甫注:《文心雕龙注释》,人民文学出版社1981年版,第200页。

对乔生帮助亡友顾生寡妻幼子的介绍和《狐梦》开头对毕怡庵貌丰肥和多髭的介绍等在后文都有呼应……可见作者落笔就把握情节的发展和小说的主旨，格外关注情节的集中和连接。这种创造性的手法被评点家们称为"提笔"，即前文提供关键人物性格或主要情节线索的简短话语来开启、连接故事的叙事手法。这一点颇类似于《史记》中以人物小时候的故事来反映人物成人后之性格特征的手法。这种以小见大法或者说前呼后应法，也是对赋序建言、首引的继承发展。

关于《聊斋志异》对唐传奇、话本等民间文学甚至传统思维的超越，前人的论述颇多①，限于篇幅就不一一指出了。

《聊斋志异》的开篇称为"风头"，是当之无愧的。《聊斋志异》的开头服务于人物塑造、情节设置、结构安排。蒲松龄继承和发展了神话传说、史传文学和唐宋传奇的写法，开篇多以简单介绍人物尤其是男性人物的姓名、身世、性格等起笔；多以配角引出主角，与《诗经》的兴和赋序、戏曲的引戏暗合。开篇人物与题名多不一致，尤其是多以女主角为题名而以男性开头和喜欢用次要人物引出主要人物等，更是蒲松龄对传统的继承和超越。因此，对《聊斋志异》开篇的研究关涉古代的小说观念、结构模式甚至人物塑造，对研究原始思维、小说观念和对传统的继承与创新等都有一定的意义。

---

① 吴九成：《聊斋美学》第三章《〈聊斋〉审美创造中的艺术思维》第一节"中国传统的思维模式与蒲松龄思维的一般特征"，广东高等教育出版社 1998 年版，第 99 ~ 100 页；陈国学：《继承、变化、创新与超越：〈聊斋志异〉与唐传奇的比较》，载《蒲松龄研究》2008 年第 4 期；李军锋：《试论宋元话本小说对〈聊斋志异〉的影响》，载《西昌学院学报（社会科学版）》2010 年第 1 期；陈文新：《从宋元话本到〈聊斋志异〉——论讲唱文学对文言小说的渗透》，载《学术交流》2010 年第 7 期；吴波：《明清小说创作与接受研究》，湖南人民出版社 2006 年版，第 87 ~ 89 页。

# 《聊斋志异·香玉》以耐冬为题材之原因

孙文成*

《香玉》是《聊斋志异》中的名篇。古往今来,《香玉》以曲折动人的情节和真挚浓烈的情感吸引了无数读者。《香玉》中有两位花神形象,一位是素衣的牡丹花神香玉,一位是红衣的耐冬花神绛雪。经考证可知,香玉的形象改编自崂山民间传说,而绛雪的形象基本是由蒲松龄自己创造的。蒲松龄以崂山耐冬来塑造一位花神形象与传说中的牡丹花神相对,原因何在?笔者对此有一些思考与猜想,在此提出,不足之处,还望方家批评指正。

《香玉》的故事是蒲松龄依据崂山民间传说创作而成的。明人高弘图在《崂山九游记》中记载了自己游览崂山的经历。在记述自己浏览上清宫时,高弘图写下这样一段文字:"宫有白牡丹一本,近接宫之几案,阅其皴干,似非近时物。道士神其说,谓百岁前,曾有大力者发其本,负之以去。凡几何年,大力者旋不禄。有衣白人叩宫门至,曰:'我今来!我今来!'盖梦谈也。晨视其牡丹旧坎,果已归根吐茎矣。大力者之庭,向所发而负者,即以是年告瘁。事未必然,谈者至今不衰。"①清人纪润在《劳山记》中也写道:"北顶有名烟霞洞,是吾邑马山东刘仙姑修真处也。一派秀色,胜上清宫多多矣。更奇哉,殿前有牡丹一墩,道人相传,吾邑蓝侍郎游此,值花方开,爱甚。迨秋即遣移取。是夜,道人梦一白衣美人告曰:'我今要去,至某年、某月、某日方回。'天明,蓝官持帖来取,道士详记壁上。届期,道士又梦白衣美人告曰:'师傅,我今回矣。'晨起趋视旧窝发芽皆带花蕊。道人即奔县诉之蓝公,同至东园,则花果槁矣。二百年来,此花尚存,花之神也、仙也,千古流传也。"②蒋瑞藻在《小说考证》中引用了一段《劳山丛拾》中的文字,明确指出崂山白牡

* 孙文成,中国海洋大学文学与新闻传播学院。

① 孙克诚:《黄宗昌〈崂山志〉注释》,中国海洋大学出版社 2010 年版,第 256 页。

② 蓝水:《崂山古今谈》,崂山县县志办公室 1985 年印行,第 100~101 页。

丹传说即《聊斋志异·香玉》篇故事的来源："上清宫之北，有洞曰烟霞洞，为刘仙姑修真处。仙姑之史不可考，洞前一白牡丹，巨逾罔抱，数百年物也。相传前明即墨蓝侍郎者游其地，见花而悦之，拟移植园中，而未言也。是夜，道人梦一白衣女子来别曰：'余今当暂别此，至某年月日再来。'及明，蓝宦遣人持柬来取此花。道人异之，志梦中年月于壁。至期，道人又梦女子来曰：'余今归矣。'晓起趋视，则旧植花处，果含苞怒发。亟奔告蓝，趋园中视之，则所移植者，果槁死云。洞前花至今犹存。此则近于齐东野语矣，然《聊斋志异·香玉》一则，即本此而作也。"①这些目前见诸史料的崂山白牡丹传说已经具备了《香玉》一篇的主体情节，如白牡丹被搬移又复生、道士做见证等。将这些传说与《香玉》进行对比，可以发现《香玉》中的牡丹花神形象是由民间传说改编而来的，而耐冬花神绛雪的形象则无所本，基本是由蒲松龄自己创造并添加进故事当中的。

《香玉》篇明确写到绛雪的实体是位于崂山太清宫的耐冬花。这一角色显然是蒲松龄游览崂山之时受山中奇花异草的启发而创作的。笔者在读罢《香玉》掩卷遐思之际，不禁思考聊斋先生为何独具匠心地选择了崂山耐冬来塑造《香玉》中除牡丹花神外的另一位花神形象。要知道，崂山植物繁多，而位于其东南端素有"小江南"之称的太清宫，更是素多瑰奇花木。尤其值得注意的是，《香玉》中的牡丹花与耐冬花均位于崂山下清宫即太清宫，而不是民间传说所说的上清宫或者上清宫附近。崂山多处种有牡丹，以上清宫为最盛。文人墨客在崂山吟咏牡丹时，多会选择上清宫白牡丹吟咏，而鲜少吟咏崂山其他地方的牡丹。上所引明代高弘图《崂山九游记》说上清宫的白牡丹"近接宫之几案"，可见其是极其繁茂的。清人黄宗崇在《赠明霞洞王道人小记》中说："壬辰二月，余游海印遗址。遂自西山至上清宫……小憩殿前双银杏下，观仙植牡丹，为喟息久之。"②清人李佐贤诗歌《上清宫》有句云："百岁牡丹千岁杏，一花一木亦通灵。"③清人蓝恒矩有两首《咏上清宫白牡丹》诗。其一曰："见说返魂花有神，牡丹盛开又逢春。琼楼玉宇贮仙女，翠水瑶池来美人。素眼嫦娥拟奔月，淡妆西子欲含颦。洛阳园里尽凡器，魏紫姚黄何足论。"④其二曰："百合香拥花一丛，白牡丹放上清宫。宿宜粉蝶恨无影，翻向瑶台微有风。林下靓女自适逸，堂前玉佩欲丁东。留仙宜作返魂记，说鬼直如倩女同。"⑤蓝恒矩在吟咏牡丹之美的同时，也提到了《聊斋志异·香玉》。这些资料表明明清之时上清宫确实有白牡丹，且上清宫的白牡丹在崂山牡丹中殊为闻名。"留仙宜作返魂记，说鬼直如倩女同"一句还表明清人认为上清宫的牡丹就是"香玉"的原型。而崂山的耐冬花确乎是以下清宫即太

---

① 蒋瑞藻著，蒋逸人整理：《小说考证》（上册），浙江古籍出版社2016年版，第184页。

② 〔清〕黄肇颚著，即墨市史志办公室点校：《崂山续志》（点校本），山东省地图出版社2008年版，第269页。

③ 〔清〕黄肇颚著，即墨市史志办公室点校：《崂山续志》（点校本），山东省地图出版社2008年版，第266页。

④ 青岛市诗词学会编：《万古崂山千首诗》，新华出版社2002年版，第176～177页。

⑤ 青岛市诗词学会编：《万古崂山千首诗》，新华出版社2002年版，第177页。

清宫所栽的最负盛名。明代黄宗昌《崂山志》载:“耐冬:出海岛中,下清宫所植颇盛。”①清代纪润《劳山记》说:“再转东南至下清宫……三殿内皆有耐冬成树,自十月开至下年三月。予昔冬游,遇雪压花,见夫白者,雪也;红者花也;黄者花之心也;绿者花之叶也。真一径一花色,无处无鸟音,令人终日对赏,实恋恋而不忍舍也。”②韩梦周《崂山其四》有句云“耐冬花发雪初晴,一片晶光入太清”③,黄念昀《下清宫》有句云“地偏浑欲忘长夏,犹自偃红发耐冬”④,曹鸿勋《题太清宫》有句云“耐冬尚开容色艳,梦回愈觉魂魄清”⑤,康有为《崂山》载“山下太清宫,万竹夹道分。……阶前一耐冬,千年尚郁蟠”⑥,宫昱更有《太清宫耐冬花歌》一首。蒲松龄根据崂山民间传说写作《香玉》,却未将故事的发生地点选在与民间传说相同或相近并以白牡丹闻名的上清宫,反而选择了耐冬花最负盛名的太清宫。蒲松龄是如此重视自己所塑造的绛雪形象,甚至让传说中上清宫或上清宫附近明霞洞的第一女主角“香玉”搬了家,来到太清宫与绛雪做伴。这说明蒲松龄并不是因为要与民间传说中的白牡丹简单比附对举才塑造了耐冬花神绛雪的形象,而是在这一形象身上投入了更多的心血,寄予了更多的情思。

如前所述,崂山植物繁多,颇多嘉卉。据明代黄宗昌《崂山志》记载,崂山花卉除耐冬和牡丹外,还有木兰、书带草、篆叶楸、芍药等⑦。《崂山志》还记载了崂山的诸多果木如樱桃、杏、文官果、桃、李、苹果、石榴、梨、枣等⑧,其中绝大多数亦能开出烂漫繁花。清人韩梦周《再为崂山歌奉鉴持》云“至今李白餐霞处,万花争日笑春妍”⑨,康有为《崂山》云“直上崂山巅,夹道万卉繁”⑩,由此可见崂山花卉之盛。在如此多的嘉树名花中,蒲松龄偏偏选择了耐冬为创作题材,并为了它改变了原有民间传说的故事地点,不得不说蒲松龄的这一做法绝非随意或偶然,而是经过精心思考与选择的。

那么,蒲松龄以崂山耐冬为《香玉》创作题材的原因何在?

从《聊斋志异》的艺术构思特点入手,也许能发现蒲松龄的匠心所在。蒲松龄一般怎样塑造花妖形象呢?其中一个特点应是将花卉本身的生物特性与文化内涵拟人化、人格化。如《葛巾》一篇,牡丹花精葛巾有个突出的特点就是体有浓烈香气,而牡丹一般白色

---

① 孙克诚:《黄宗昌〈崂山志〉注释》,中国海洋大学出版社 2010 年版,第 160 页。

② 蓝水:《崂山古今谈》,崂山县县志办公室 1985 年印行,第 101 页。

③ 青岛市诗词学会编:《万古崂山千首诗》,新华出版社 2002 年版,第 161 页。

④ 〔清〕黄肇颚著,即墨市史志办公室点校:《崂山续志》(点校本),山东省地图出版社 2008 年版,第 277 页。

⑤ 青岛市诗词学会编:《万古崂山千首诗》,新华出版社 2002 年版,第 220 页。

⑥ 青岛市诗词学会编:《万古崂山千首诗》,新华出版社 2002 年版,第 296 页。

⑦ 孙克诚:《黄宗昌〈崂山志〉注释》,中国海洋大学出版社 2010 年版,第 160 ~ 163 页。

⑧ 孙克诚:《黄宗昌〈崂山志〉注释》,中国海洋大学出版社 2010 年版,第 165 ~ 177 页。

⑨ 青岛市诗词学会编:《万古崂山千首诗》,新华出版社 2002 年版,第 162 页。

⑩ 山东省崂山县志编纂委员会编:《崂山县志》,青岛出版社 1990 年版,第 825 页。

香浓，紫色香烈[①]；葛巾是华贵雍容的女子，正符合牡丹花中葛巾紫这个品种"花圆正而富丽"[②]的特点。又如《香玉》中香玉初见黄生，说自己"妾小字香玉，隶籍平康巷。被道士闭置山中，实非所愿"。据丁修振先生考证，这一句寥寥数字、看似不甚重要的话既反映了唐宋元文献常以白牡丹代称名妓、艺妓的传统，又似暗合了前代文学作品中并不稀见的"吕洞宾与白牡丹"的题材，还为此后香玉与黄生的频繁幽会提供了解释，真可谓苦心经营。[③] 笔者更猜测香玉形象的塑造与《牡丹亭》有关。女子因书生深情死而复生的情节，跟同样与牡丹密切相关的汤显祖的《牡丹亭》十分相似。蒲松龄在《香玉》末尾有这样一段议论："情之至者，鬼神可通。花以鬼从，而人以魂寄，非其结于情者深耶？一去而两殉之，即非坚贞，亦为情死矣。人不能贞，亦其情之不笃耳。仲尼读唐棣而曰'未思'，信矣哉！"而汤显祖在《牡丹亭》的《题词》部分说："如丽娘者，乃可谓之有情人耳！情不知所起，一往而深，生者可以死，死者可以生。生而不可与死，死而不可复生者，皆非情之至也。"[④]这两段话何其类似[⑤]，让人能够相信蒲松龄以牡丹故事赞颂至深之情的做法，不仅是因为见到了崂山民间传说的素材，更是因为他精心布置，要让自己的故事与《牡丹亭》产生跨越时空的呼应和辉映。

那么，绛雪的形象与崂山耐冬花的生物特性和文化内涵又有何联系呢？笔者认为可以从崂山耐冬之色、香、奇等特点加以分析。

## 一、耐冬之色

耐冬即山茶花，颜色有红、粉红、白等。崂山太清宫的耐冬花有红有白，红花盛放之时红艳如火，与白花相比，更负盛名。清人黄念昀《下清宫》云"地偏浑欲忘长夏，犹自偃红发耐冬"，尹琳基《冬游崂山太清宫》云"灼灼耐冬花，孤芳自高洁"[⑥]，宫昱《太清宫耐冬花树歌》云"千寻古木太清观，四株离离开丹葩"[⑦]，《崂山县志》说耐冬"雪天花红如火，蕊黄如金叶绿如翠"[⑧]。蒲松龄选择红色的耐冬花为素材，毫无疑问是要在外表与性格上与白牡丹"香玉"形成对比。从外在视觉效应上说，中国古典文学中有色彩对比的传统，运用色彩对比描写事物的例子俯拾皆是，如脍炙人口的"接天莲叶无穷碧，映日荷花别样红""一道残阳铺水中，半江瑟瑟半江红""纷纷暮雪下辕门，风掣红旗冻不翻"等。蒲松

① 成善汉等编著：《园艺文化》，中国林业出版社2013年版，第173页。

② 〔南宋〕陆游：《陆游全集》（下），中国文史出版社1999年版，第1424页。

③ 丁修振：《〈聊斋志异·香玉〉探微》，载《蒲松龄研究》2014年第3期。

④ 〔明〕汤显祖著，黄仕忠校点：《牡丹亭》，岳麓书社2002年版，第1页。

⑤ 〔日〕八木章好：《〈葛巾〉、〈香玉〉赏析》，载《蒲松龄研究》2003年第1期。

⑥ 青岛市诗词学会编：《万古崂山千首诗》，新华出版社2002年版，第204页。

⑦ 〔清〕黄肇颚著，即墨市史志办公室点校：《崂山续志》（点校本），山东省地图出版社2008年版，第281页。

⑧ 山东省崂山县志编纂委员会编：《崂山县志》，青岛出版社1990年版，第841页。

龄在《香玉》中以绛雪的红裳对比香玉的素衣，相比选用其他花卉的颜色如白、黄、紫、粉或较淡的红等，能形成更为瑰丽的视觉效果。而在更深层次对人物性格的刻画上，蒲松龄更是要以红白对比，以鲜明显示出两位花神的不同个性。整篇《香玉》其实都在凸显香玉与绛雪的差异。香玉是主动在黄生面前现身的，而绛雪是黄生在凭吊香玉时遇见的。香玉温柔可人，绛雪"性殊落落"，"落落"即孤高、与人难合。香玉因黄生是骚雅之士便愿意与之交往，绛雪却认为年少书生多是薄情之人，在明白黄生是"至情人"之后才同他交往。香玉与黄生亲近狎昵，而绛雪与黄生交往"以情不以淫"，"相见之欢，何必在此"一句话几乎掷地有声。香玉是黄生的"爱妻"，绛雪是黄生的"良友"。香玉知道自己即将遭难，只是哭泣呜咽，但并不向黄生说明事情缘由；而绛雪则主动向黄生求救。绛雪与黄生独处时一直是若即若离，并非每日都要与他相见，不似之前香玉与黄生"夙夜必偕"。绛雪说"妾不能如香玉之热"，道出了她与香玉在性格上最本质的区别：香玉情热，绛雪情冷。这也就是清人但明伦所说的香玉"情浓"、绛雪"情淡"，"浓者必多欲而易散；散而可以复聚，情之所以不死也。淡者能寡欲而多疏；疏则可以长守，情之所以有节也"①。古希腊哲学家赫拉克利特说："互相排斥的东西结合在一起，不同的音调造成最美的和谐；一切都是斗争所产生的。……自然是由联合对立物造成最初的和谐，而不是由联合同类的东西。艺术也是这样造成和谐的，显然是由于模仿自然。"②蒲松龄以花之色泽的白红对比，点明香玉与绛雪完全不同的个性特征，使小说中的两个人物形象交相辉映、相得益彰，达到了"艳丽双绝"的效果，造就了《香玉》一篇"最美的和谐"。

再则，《聊斋志异》中人物的衣着色彩与其人其他方面的特征有时会产生一种颠倒的对应。一个鲜明的例子就是《小翠》。王元丰在小翠离家两年后，在自家花园遇到两位女子，一个穿绿衣，一个穿红衣。按照惯常思维，小翠名"翠"，应当是穿绿衣的女子。然而蒲松龄先不点明到底哪个是小翠，而是先写两名女子的对话，通过对话的内容暗示穿红衣的女子是小翠，引起读者的兴趣与疑问。如此吊胃口之后，他才写明小翠乃穿红衣的女子。聊斋先生显然是把这种颠倒当作一种手法，以增加文章的生趣。《香玉》一篇也是如此。在人们的一般印象中，白色代表高洁脱俗，红色代表娇媚热烈。而《香玉》中一红一白两位花神的性格却与她们的衣着即她们作为植物本体的颜色是相反的。蒲松龄选择红色花朵作为《香玉》的素材，也许正是用了与《小翠》一篇中相同的手法，要造成人物衣着与人物特征的颠倒的对应，以打破人们的惯常思维，使作品奇妙有趣。

并且若将白色、红色放到同一画面中对比，虽然会使白色愈白、红色愈红，但是论夺目鲜明，红色仍然要略胜一筹。例如《红楼梦》第四十九回的回目前半是"琉璃世界白雪红梅"，想象其景，突出的是红梅，而非白雪。而《香玉》中第一女主角是香玉，绛雪的形象

---

① 〔清〕蒲松龄著，〔清〕但明伦评，项纯文辑校：《聊斋志异新评》，华艺出版社 1996 年版，第 169 页。

② 北京大学哲学系美学教研室编：《西方美学家论美和美感》，商务印书馆 1980 年版，第 15 页。

却比其更为灿烂夺目,蕴含着蒲松龄更多的心血。香玉是个"扁平人物",其性格特征是温柔而痴情。而绛雪则更似"圆形人物","性殊落落",孤清高洁。黄生每让香玉邀绛雪同来,绛雪"辄不至";在明白黄生是"至情人"后,绛雪开始与黄生相处,然始终是"以情不以淫"。她又情深义重。香玉死后,她"挥涕穴侧""临穴洒涕",可见姐妹情深。她与黄生交往也是因为被黄生对香玉的痴情感动。黄生死后化成植物被砍,香玉憔悴而死,绛雪随后也死去,更体现出绛雪对朋友的深情厚谊。绛雪在情深义重的同时,又不乏理智。黄生与她一同凭吊香玉,两人都为香玉而哭泣,"更余,绛雪收泪劝止",是绛雪先停止哭泣并劝解黄生的。绛雪又聪慧机敏。小说开头写黄生隐身树丛窥伺两位花神,是绛雪机敏地发现"此处有生人"。绛雪不告诉黄生自己是哪棵树,是因为早就想到黄生寂寥之时会逼自己现身。在"性殊落落"的同时,绛雪并不冷若冰霜,反而幽默可爱。在黄生想要用炷艾灼树逼她现身时,她"遽入,夺艾弃之,曰:'君恶作剧,使人创痏,当与君绝矣!'"香玉复活后初次现身,绛雪说:"妹来大好!我被汝家男子纠缠死矣。"香玉和黄生以搔痒逼绛雪现身,绛雪笑骂:"婢子来,助桀为虐耶!"绛雪的这些动作、语言让一个充满生趣的动人形象跃然纸上。由此可以看出,绛雪的形象承载了蒲松龄更多的笔力和心力,远较香玉生动、丰满。《香玉》开篇第一句是"劳山下清宫,耐冬高二丈,大数十围,牡丹高丈余,花时璀璨似锦",乍一看,对耐冬的描写远不如牡丹华丽,但细细分析,或许蒲松龄正是在暗示香玉美丽烂漫,而绛雪在思想与性格上比香玉更具高度。其实绛雪这个角色的存在,本身就是卓尔不群、出类拔萃的。《香玉》中女子为情死而复生的故事情节,在我国古代文学作品中屡见不鲜。《搜神记》中的《王道平妻》《河间郡男女》、汤显祖的《牡丹亭》、《聊斋志异》中的《莲香》《陈锡九》等都有这样的情节。在这种情况下,绛雪的存在才是《香玉》不落窠臼的原因。蒲松龄通过绛雪这一形象,将"娥皇女英"式的二女共侍一夫模式转变为爱妻良友模式,夫妻之爱浓烈深厚,朋友之爱真挚有节,男女之间亦可以有深挚动人的友情。这种模式是称得上卓尔不群、超尘脱俗的。因绛雪的存在,《香玉》才有如此高度。绛雪才是《香玉》画卷中最明媚夺目的色彩。蒲松龄在《娇娜》中云:"余于孔生,不羡其得艳妻,而羡其得腻友也。观其容可以忘饥,听其声可以解颐。得此良友,时一谈宴,则'色授魂与',尤胜于'颠倒衣裳'矣。"绛雪正是这样一位"腻友",她的地位在蒲松龄心中高过"艳妻"香玉,所以蒲松龄选择了比白色牡丹更灿烂夺目的红色耐冬为素材,来塑造绛雪的形象。

另外,蒲松龄选择红色花朵作为《香玉》的素材,还与多种色彩的搭配相关。在《香玉》中,香玉为白,绛雪为红,书生姓黄,移走香玉的是蓝氏,这显然是经过精心搭配的。《西湖主》中写女子"各以红绡抹额,髻插雉尾;着小袖紫衣,腰束绿锦;一挟弹,一臂青鞲",《白于玉》中宴席的情景是"一衣绛绡者,引爵向客,便即筵前,宛转清歌……一衣翠裳者,亦酌亦歌。尚有一紫衣人,与一淡白软绡者,吃吃笑暗中,互让不肯前",由此可见蒲松龄写《聊斋志异》时是注重色彩搭配的。牡丹之白和姓氏之蓝源于崂山的民间传说。为了让小说的色彩更加鲜艳缤纷,蒲松龄选择了既有色彩意又是常见姓氏的"黄"作为书生之姓,又选择了艳丽的红色花朵来塑造香玉之外的另一女性角色,使《香玉》呈现出缤纷和谐的色彩之美。

## 二、耐冬之性

耐冬花即山茶花,因其能在冬日严寒时节开放,故又名耐冬。耐冬花傲雪凌霜的姿态和个性被诸多文人吟咏,宋人方逢辰《石峡山茶盛开二首(选一)》中有句云"铁叶几经寒暑战,丹心不为雪霜枯"①,清人韩梦周《崂山》其四有句云"耐冬花发雪初晴,一片晶光入太清",清人蓝恒矩《咏太清宫耐冬其一》有句云"时来艳射三冬日,开处气凌六出花"②,《咏太清宫耐冬其二》有句云"未见寻芳走马人,崂山冒雪耐冬新"③。黄生失去香玉之后,"恨极,作哭花诗五十首,日日临穴涕洟",遭受爱情的寒冬。而此时,蒲松龄设计来陪伴他的,是能在冬日绽放的耐冬花,由此使小说情节与植物自然特性形成了奇妙的呼应。因耐冬欺霜压雪,文人雅士也将高洁的性情赋予她。宋人王十朋说山茶花"不是寻常儿女花"④,清人尹琳基说"灼灼耐冬花,孤芳自高洁",这正与绛雪孤清高洁的品格相符合。

耐冬的花期为十月到翌年五月,比大多数花的花期长。宋代陆游《山茶》赞美山茶花曰"雪里开花到春晚,世间耐久孰如君"⑤,明文亨震《山茶》云"飘香送艳春多少,犹见真红耐久花"⑥,清代李渔《闲情偶寄》云山茶花"历春夏秋冬如一日"⑦。香玉遭难而死,而"耐久"的山茶花留下来陪伴黄生,这也是蒲松龄创造的小说情节与植物自然特性的呼应。

## 三、耐冬之奇

崂山的耐冬花本身就带有奇异色彩。山茶花本多见于南方,"青岛是山茶花(耐冬)在我国分布区的最北界"⑧。顾炎武在为黄宗昌《崂山志》所撰的序文中说:"余游其地,观老君、黄石、王乔诸迹,类皆后人之所托名;而耐冻、白牡丹花,在南方亦是寻常之物,惟山深多生药草,而地暖能发南花。"⑨这侧面说明当时的人们因为耐冬与白牡丹在北方不

---

① 雷寅威、雷日钏编选:《中国历代百花诗选》,广西人民出版社 2008 年版,第 844 页。
② 青岛市诗词学会编:《万古崂山千首诗》,新华出版社 2002 年版,第 177 页。
③ 青岛市诗词学会编:《万古崂山千首诗》,新华出版社 2002 年版,第 177 页。
④ 赵方任辑注:《唐宋茶诗辑注》,中国致公出版社 2001 年版,第 551 页。
⑤ 〔南宋〕陆游:《陆游全集》(上),中国文史出版社 1999 年版,第 746 页。
⑥ 雷寅威、雷日钏编选:《中国历代百花诗选》,广西人民出版社 2008 年版,第 847 页。
⑦ 〔清〕李渔:《闲情偶寄》,浙江古籍出版社 2011 年版,第 142 页。
⑧ 齐东:《青岛市山茶花(耐冬)种群恢复和开发利用》,载《山东林业科技》1993 年第 3 期。
⑨ 周至元编:《崂山志》,齐鲁书社 1993 年版,第 296 页。

常见,而将崂山耐冬与白牡丹视为奇异之物。

同时,民间传说崂山耐冬是张三丰从海岛带来的。黄宗昌《崂山志》载:“明永乐间,有张三丰者,尝自青州云门来,于崂山下居之,居民苏现礼敬焉。邑中初无耐冬花,三年自海岛携出一本,植现庭前。虽隆冬严雪,叶色愈翠,正月即花,蕃艳可爱。”①清人蓝恒矩《咏太清宫耐冬其二》说耐冬花“三丰移植近千古”②。《崂山县志》载:“道人张三丰自青州云门山来崂山,据传,在沿海岛屿采回耐冬(山茶),于太清宫及山中居民苏现庭院中种植,日渐繁衍。”③由此可见从明代到现代,关于张三丰与耐冬花的传说一直流传着。崂山耐冬既是张三丰手植,自是别具仙风道骨,充满神异色彩。

山茶花身上还有佛教的神异色彩。山茶花又名“曼佗罗”“曼陀罗”。“曼佗罗”是梵语,意为“悦意”。有种说法是,佛教传说中佛说法时飘散的花雨,以及佛祖拈花微笑时手中的花,就是曼佗罗花。苏轼咏山茶之作《和子由柳湖久涸忽有水开元寺山茶旧无花,今岁盛开二首(选一)》中的“久陪方丈曼陀雨”④,用的应当就是这个典故。

崂山耐冬不仅因为地理位置而被人称奇,还有着道家和佛教的神异色彩。“续幽冥之录”的蒲松龄选择这样一种植物来塑造花神,是顺理成章的。

综上,蒲松龄在《聊斋志异·香玉》中以耐冬花为素材塑造花神形象,并非信手而出,而是经过精心设计的。他因崂山耐冬之色、性、奇,选择以它为原型塑造绛雪,使植物的自然特性和文化内涵与小说紧密结合,从而造就了《香玉》一篇极高的艺术价值,也成就了崂山耐冬百年的幽艳传奇。

---

① 孙克诚:《黄宗昌〈崂山志〉注释》,中国海洋大学出版社2010年版,第139页。

② 青岛市诗词学会编:《万古崂山千首诗》,新华出版社2002年版,第177页。

③ 山东省崂山县志编纂委员会编:《崂山县志》,青岛出版社1990年版,第15页。

④ 雷寅威、雷日钏编选:《中国历代百花诗选》,广西人民出版社2008年版,第839页。

# 贾赦的地位为什么尴尬？

## ——释一桩积年的红学旧案

邹宗良*

## 一、一桩积年的红学旧案

据今本《红楼梦》里冷子兴演说荣国府交代的人物关系，贾赦是荣府中贾代善与贾母的长子，是承袭了荣国公世职的人物。

然而贾赦其人在荣国府中的地位，处处透露着难以言说的尴尬。

作为荣国府长房长孙的贾赦一家不在荣国府内居住，而是住在荣府东花园隔出来的一个黑油大门里边。在计算荣国府将来的几项大花费时，贾赦之女迎春婚嫁的费用是被王熙凤排除在荣府“官中”的预算之外的。除第七十四回邢夫人从贾琏手里讹了二百两银子过中秋节外，贾赦一家在经济上也是独立的。贾赦一家与荣国府的关系，按周汝昌先生的说法是“名虽一家，实分门户”。

荣国府里大大小小事务的决策权掌握在贾赦之弟贾政和弟妇王夫人手里。贾赦的长子贾琏是荣府的大宗之子，但贾琏、王熙凤夫妇只是叔叔家请到荣府里帮助管家的人。虽然贾赦名义上是长房长孙，但荣国府的一应事务并没有他说话的份儿。

贾赦和贾母名为母子，但他们的关系十分冷淡。贾赦甚至要拿一个母亲偏心的笑话来为自己尴尬的处境解嘲。我们说，即便是贾母偏向小儿子贾政，但贾母偏心的说法仍然难以解释这样的事实：贾赦身为贾母嫡子为什么要分门另过？他对荣府的事务为什么竟无权置喙？贾母就算真是一个偏心的母亲，也不至于将大儿子排斥于荣府之外吧？

贾赦的地位为什么如此尴尬？这是一桩积年的红学旧案。

---

* 邹宗良，山东大学文学院教授。

晚清的太平闲人张新之在第三回林黛玉初进荣国府、跟随大舅母邢夫人到其所居别院拜见贾赦一段有评语曰：

敉袭荣爵，则赦当居荣府正室。今居于此，所以隐示削夺。①

张新之觉得，贾赦作为袭爵的荣府宗子，应该住在荣府正室荣禧堂里，他住在荣府之外的别院里显得不伦不类，作者似有难言之隐。但他所作的"隐示削夺"的解释实在有些不着边际。"隐示削夺"是隐示贾赦此时已经被削夺了世职，还是预示贾府后来被抄家一事呢？说贾赦此时已被削职，属无中生有；说预示荣府后来被抄家，则依然难以解释其弟贾政居于荣府正室荣禧堂一事。

对于贾赦地位尴尬的红学旧案，现代的红学研究者也有几种不同的解释。

周汝昌先生主张"过继说"。他认为贾赦和贾政本是同生，都是代善之弟的嫡子②。换言之，贾赦和贾政都不是贾母的亲儿子，他们是过继到贾母这边的一对同胞兄弟。

过继的说法有没有《红楼梦》文本的依据呢？

没有。在今本《红楼梦》里，找不到片言只字说贾赦和贾政是过继到贾母名下的。

周先生主张的贾赦、贾政"过继说"，是胡适提出的"自叙传说"在他那里发展到登峰造极地步的一个结果。在《红楼梦新证》中，周先生事事不忘拿贾府的人物和历史上曹家的人进行比附。曹寅的儿子曹頫是从其弟曹荃那里过继过来的，这有康熙皇帝的谕旨和李煦的《宣示曹頫承继宗祧袭职织造折》为证③。但《红楼梦》里的荣府并不是曹家江宁织造府的原样照搬，贾赦和曹頫、贾宝玉和曹雪芹之间都是不能师心自用地画上等号的。拿曹寅与曹頫的过继关系依样葫芦地比附《红楼梦》里的贾赦和贾政，试问这有多大的可信度呢？

笔者以为，在《红楼梦》里找不到任何文本依据的"过继说"是一种难以成立的假说。

朱淡文女士提出了另一种说法，即"庶长子说"。

按朱淡文女士的解释，贾赦是贾代善之妾生的长子，不是贾母亲生的儿子，只是在名分上以贾母为嫡母④。

贾赦是庶长子的说法有没有《红楼梦》文本的依据呢？

同样是没有的。朱淡文女士解释说，曹雪芹没有"正面交代"贾赦出身的这一细节，这是作者使用了"烟云模糊法"。

由于没有文本的依据，"庶长子说"也只是一种假说。

不仅如此，在《红楼梦》成书的时代和此前的历朝历代，继承制度都是法定的、严格的

---

① 冯其庸纂校订定：《八家评批红楼梦》，文化艺术出版社 1991 年版，第 65～66 页。

② 周汝昌：《红楼梦新证》，中华书局 2012 年版，第 49 页。

③ 《内务府奏请将曹頫给曹寅之妻为嗣并补江宁织造折》，见故宫博物院明清档案部编《关于江宁织造曹家档案史料》，中华书局 1975 年版，第 125～126 页；李煦《宣示曹頫承继宗祧袭职织造折》，见故宫博物院明清档案部编《李煦奏折》，中华书局 1976 年版，第 173 页。

④ 朱淡文：《红楼梦研究》，贯雅文化事业有限公司 1991 年版，第 104～107 页。

嫡长子继承制。贾赦如果是贾代善的庶长子，那么他是不具备承袭荣国公世职资格的。朱淡文女士把荣国府里贾赦、贾政这一代所显现的政治权力和家庭财产继承权分离的情况，解释为贾赦以庶长子的身份承袭世职，而贾政以嫡子的身份继承绝大部分家产，这与中国封建时代的嫡长子继承制是存在矛盾的，因而是难以解释得通的。换言之，贾赦既然能承袭荣国公的世职，那么他一定不会是荣府中的"庶长子"。

所以，笔者认为"过继说"、"庶长子说"都难以正确、圆满地解释贾赦的地位为什么尴尬这一问题。

那么应该如何来认识这一桩积年的红学旧案、悬案呢？

笔者以为，今本《红楼梦》中贾赦的地位问题，是作者在创作过程中变更早期稿本中的人物关系而形成的矛盾。所谓解铃还须系铃人，因成书过程而形成的矛盾，只能通过对成书问题的探索求得解决。

这里，笔者想从《红楼梦》成书的角度提出一种新的解释。那就是，在《红楼梦》一书成书的过程中，贾赦和贾政两个人物的身份、地位是发生过对调性质的变化的。

具体说来，在早期稿本中，贾政的身份是荣国公与贾母的长子，贾赦则是荣国公与贾母的次子。

贾政本来是荣国公与贾母的长子，按照当时的继承制度，贾政对荣国公的世职和荣府中大部分的财产具有法定的继承权。在早期稿本中，曹雪芹正是按照这样的思路来设置、叙写荣国府里文字辈的贾政、贾赦的继承关系的。

可是后来，作者的创作思路发生了改变。

我们知道，在创作《红楼梦》的过程中，曹雪芹对贾府的人物、世系进行过扩容，在荣国公之下增加了贾代善一代。贾政和贾赦身份、地位的变更就发生在贾府扩容的过程中。

就荣国府的情况而言，作者变更人物关系的结果是：贾母的辈分由荣国公之妻降为荣国公之子贾代善的妻子，贾政被变更为贾代善与贾母的次子，贾赦则由荣国公与贾母的次子变更为贾代善与贾母的长子。

这样，贾赦也就取代了早期稿本中贾政的地位，理所当然地成为荣国府的世职和大部分家产的继承者。

但是，由于贾政是贾母长子、贾赦为次子是早期稿本中已经写就的内容，作者变更贾政、贾赦的地位之后，也就面临着一件十分麻烦的事情：为了理顺变更了的人物关系，他须对与贾政、贾赦相关的一系列情节进行改写，甚至要将一些重要情节推倒重写。

这是一个十分艰巨的改写任务。因为工作量巨大，曹雪芹直到逝世也没有完成。

而且我们知道，曹雪芹直到逝世，也没有来得及对前八十回的内容做一次全面的、统一的修订。所以，贾赦地位尴尬的问题，就与其他许多因没有最后完成改写而产生的问题一样，以未完稿的面目保留在了今本《红楼梦》里。

笔者以为，正是上述原因，使得今本《红楼梦》里遗留了贾赦的地位为什么尴尬这样一个长期以来让研究者感到困惑、不得其解的问题。

我们做出的解释合乎不合乎《红楼梦》创作的实际情况？它究竟能不能成立呢？

笔者以为，这一解释是否成立，关键在于贾政是荣国公与贾母的长子而贾赦为次子的说法是不是符合《红楼梦》早期稿本所设置的人物关系。

那么，说贾政本来是荣国公与贾母的长子而贾赦是次子，有什么依据呢？

回答是，有直接的证据，也有间接的证据。

下面，我们来做具体论证。

## 二、贾政本来是荣国府的“大老爷”

所谓直接的证据，指的是《红楼梦》早期稿本中曾经存在的贾政是荣国府“大老爷”的文本事实。

我们知道贾府里人物的称呼习惯，称文字辈的贾敬、贾赦、贾政为“老爷”，称斜玉一辈的贾珍、贾珠、贾琏、贾宝玉、贾环为“爷”。

就“老爷”这个体现贾府人物辈分的称呼而言，贾赦是今本《红楼梦》中荣国府里文字辈的老大，所以又被称为“大老爷”；贾政是老二，所以又被称为“二老爷”。

具体的例证如第十一回写到贾敬的寿辰，荣府并贾氏族中一干人都到宁府来祝寿：

> 正说着，外头人回道：“大老爷、二老爷并一家子的爷们都来了，在厅上呢。”贾珍连忙出去了。①

这里所说的“大老爷、二老爷”，指的就是荣府里的贾赦、贾政兄弟二人。

称贾赦为“大老爷”，称贾政为“二老爷”或“老爷”，这是今本《红楼梦》里普遍存在的文本现象。

但是笔者发现，《红楼梦》里有两处地方，贾政的称呼不是“老爷”或“二老爷”，而是“大老爷”。

第一处见于今本《红楼梦》第十七、十八回。

第十七、十八回的开头写贾珍因为大观园竣工来向贾政禀事：

> 这日贾珍等来回贾政：“园内工程俱已告竣，大老爷瞧了，或有不妥之处，再行改造，好题匾额对联的。”贾政听了，沉思一回，说道：“这匾额对联到是一件难事。论理该请贵妃赐题才是，然贵妃若不亲睹其景，大约亦必不肯妄拟。若直待贵妃游幸过再请题，偌大景致，若干亭榭，无字摽题，也觉寥落无趣，任有花柳山水，也断不能生色。”②

这一段文字，己卯本、庚辰本、蒙府本、戚沪本、戚宁本大致相同。它们属于第一种文

---

① 冯其庸主编：《脂砚斋重评石头记汇校汇评》，北京图书馆出版社 2008 年版。

② 冯其庸主编：《脂砚斋重评石头记汇校汇评》，北京图书馆出版社 2008 年版，第 3140 ~ 3144 页。

本类型。

这一段写的是贾珍与贾政之间的对话。贾珍向贾政回禀修建大观园的工程，于是说到了完工之后的题匾额对联一事。接下来叙写的贾政的沉思与回答都源于贾珍所说的题匾额对联一事。

毫无疑问，引文中的"大老爷"是贾珍对贾政的面称。这里，"大老爷"这一称呼明确是指贾政而不是别的什么人，比如贾赦。这在第一种文本类型中是不存在歧义的。

与以上引文存在较多异文的是舒序本、彼本、梦觉本与梦稿本。它们属于第二种文本类型。

第二种文本类型与第一种文本类型的不同主要体现在具有关键意义的"大老爷瞧了"这几句话上，具体情况如下：

1. 大老爷已瞧过了，只等老爷瞧了，或有不妥之处，再行改造，好题匾额对联的。(舒序本、梦觉本)

2. 大老爷已经瞧过了，只等老爷瞧了，或有不妥之处，再行改造，好题匾额对联的。(彼本)

3. 大老爷已睄过了，只等老爷睄了，或有不妥之处，再行改造，好题匾额对联的。(梦稿本)

第二种文本类型之间的异文出现在"已瞧过了""已经瞧过了""已睄过了"这三种说法上。第二种文本类型表述的意思大致相同，但"大老爷已瞧过(已经瞧过、已睄过)了"之后，都有"只等老爷瞧(睄)了"这一句话。

加进这句话之后，人物的所指也就发生了明确的变化。"大老爷"一语的所指不再是贾政其人，而成了未曾出场的贾赦。贾政的身份不再是"大老爷"，而是"老爷"。

这两种类型的文本，哪一种在先，哪一种在后呢？

这有两种可能。

一种可能是，第一种文本类型出自早期稿本。那时贾赦其人已经存在，但他的身份不是哥哥，而是贾政的弟弟，贾政是荣府里贾母的长子。贾珍来向贾赦之兄贾政禀事，所以很自然地称呼贾政为"大老爷"。

第二种可能是，曹雪芹写这段话的时候，作品中还没有出现贾赦其人。所以，贾珍只向贾母唯一的儿子贾政禀事。

——或问，既然贾政是贾母唯一的儿子，怎么可以称贾政为"大老爷"？

答曰，唯一的儿子是可以称作"大老爷"的，这可以《红楼梦》第十一回里称贾敬为"大老爷"一事为证——后来，作者在贾府的人物序列中增添了贾赦其人，并把他设置为贾母的长子。作者因此对这段文字做了修订，补入了大老爷贾赦"已瞧过了"这一层重要意思，并把贾政的身份降格为"老爷"，于是出现了第二种文本类型。

有没有这样的可能，即早期稿本本来就有第二种文本类型中"大老爷已瞧过(已经瞧过、已睄过)了，只等老爷瞧(睄)了"这两句话，到了后来的改本，作者才把这两句话改为

“大老爷瞧了”一句，让贾政取代贾赦的身份成为“大老爷”，即第一种文本类型是由第二种文本类型演化而来的呢？

笔者以为这样的可能性是不存在的。因为在今本即后来改本的《红楼梦》里，贾赦和贾政的身份已经被作者最后确定下来，曹雪芹不可能在后来的改本中有意制造这样的文本矛盾。

无论哪一种可能性存在，第一种文本类型都应该先于第二种文本类型。

无论哪一种可能性存在，贾政其人在早期稿本中都曾经有过“大老爷”即贾母长子的身份。

也就是说，作者在早期稿本中写下这段话的时候，贾政就是荣国府的“大老爷”，他的身份是贾母的长子。

第二处称贾政为“大老爷”的地方，见于第七十五回。

这一回写到了贾母吃饭的具体细节。作者写道：

> 说话之间，早有媳妇丫环们抬过饭桌来，王夫人、尤氏等忙上来放箸捧饭。贾母见是自己的几色菜已摆完，另有两大捧盒内捧了几色菜来，便知是各房另外孝敬的旧规矩。贾母因问：“都是些什么？上几次我就吩咐，如今可以把这些蠲了罢，你们还不听。如今比不得在先辐辏的时光了。”鸳鸯忙道：“我说过几次，都不听，也只罢了。”王夫人笑道：“不过都是家常东西。今日我吃斋，没有别的，那些面筋、豆腐，老太太又不大甚爱吃，只拣了一样椒油莼虀酱来。”贾母笑道：“这样正好，正想这个吃。”鸳鸯听说，便将碟子挪在跟前……鸳鸯又指那几样菜道：“这两样看不出是什么东西来，大老爷送来的。这一碗是鸡髓笋，是外头老爷送上来的。”一面说，一面就只将这碗笋送至桌上。贾母略尝了两点，便命：“将那两样叫人送回去，就说我吃了。以后不必天天送，我想吃自然来要。”媳妇们答应着，仍送过去，不在话下。①

这段引文，今存第七十五回的庚辰本、蒙府本、戚沪本、戚宁本、彼本、梦觉本、梦稿本皆大同小异。

这里提到了“大老爷”“外头老爷”和王夫人，写到了他们按旧规矩孝敬贾母菜肴的情景。这段文字有三点值得注意。

一是“两大捧盒内捧了几色菜来”孝顺贾母，按的是“各房另外孝敬的旧规矩”。这说明送菜给贾母的是荣府的两房，即贾母两个儿子的房分。

二是这两房的主人分别是“大老爷”和“外头老爷”。

三是从王夫人“笑道”一段文字可知，王夫人包含在这两房之内。但因为她今日吃斋，所以她孝敬贾母的不是菜肴，而是一样素咸菜，即椒油莼虀酱。

可以肯定地说，王夫人的身份或是“大老爷”的妻子，或是“外头老爷”的妻子。

---

① 冯其庸主编：《脂砚斋重评石头记汇校汇评》，北京图书馆出版社 2008 年版，第 16975 ~ 16988 页。

从今本《红楼梦》叙写的居住情况看，"外头老爷"应该是指贾赦，因为他住在荣府外面的一个黑油大门里边。而与贾母一同住在荣府里的，则是他的弟弟贾政。

既然"外头老爷"指贾赦，那么余下的这个"大老爷"自然指贾政。王夫人也应该是与贾政共用一个捧盒来孝敬贾母的。贾政送上的是两道菜，王夫人因为吃斋，送了椒油莼齑酱来。

在今本《红楼梦》里，贾政是贾母次子、贾赦之弟。按贾政后来的身份，第十七、十八回写贾珍称贾政为"大老爷"是不妥的，应当改为"老爷"或"二老爷"。同样的原因，第七十五回的叙述照理也应该改称贾政为"二老爷"或"老爷"才是。

笔者以为，这两处文字之所以称贾政为"大老爷"，是因为它们都是早期稿本文字的遗存。

在早期稿本中，曹雪芹为贾政设置的身份是大老爷，即荣府中贾母的长子；贾赦的身份则是二老爷，即贾母的次子。

后来，出于某种考虑，作者改变了人物身份的设置。贾赦被变更为贾母的长子，成为大老爷；贾政则与贾赦调换了身份，成为贾母的次子，即按辈分所称的二老爷。

第十七、十八回与第七十五回的两段文字性质相同。这两处没有被改掉的"大老爷"的称呼，都应该是曹雪芹在修订增删书稿的过程中删改未尽的"漏网之鱼"。

这两段文字作为直接的证据，可以说明贾政在早期稿本中的身份是大老爷，"外头老爷"贾赦是二老爷。而在今本《红楼梦》里，两个人的身份已经对换了，在作者修订书稿的过程中被对调过了。

除了这两条直接的证据，还有没有旁证呢？

有的。笔者可以举出两项旁证。

## 三、旁证之一：王夫人与邢夫人的位次

在今本《红楼梦》里，贾赦是荣国府里的大老爷，邢夫人是他的妻子；贾政是二老爷，王夫人是他的妻子。

所以，在经过作者修订增删的《红楼梦》里，在邢夫人和王夫人同时出现的场合，作者对两个人物位次的安排是邢夫人在前、王夫人在后。这是今本《红楼梦》里正常的、普遍存在的文本现象。

但笔者发现，在有些地方，邢夫人和王夫人的排列次序出现了与普遍现象不一致的情况。这种与普遍现象不一致的情况在今本《红楼梦》里有三处。

第一处出现在第十三回中。第十三回写到秦可卿死后，诸王侯或诰命夫人前来拜祭：

> 接着便又听喝道之声，原来是忠靖侯史鼎的夫人来了。王夫人、邢夫人、凤姐等刚迎入上房，又见锦乡侯、川宁侯、寿山伯三家祭礼摆在灵前。少时三人下轿，贾政

等忙接上大厅。①

“王夫人、邢夫人、凤姐等”，甲戌本、己卯本、庚辰本、舒序本、蒙府本、戚沪本、戚宁本、彼本、梦稿本、梦觉本文字皆同。

第二处出现在第十四回中。

第十四回和第十五回写到了秦可卿出殡的铺张场面。邢夫人和王夫人都在为秦可卿送殡的行列之中。出现在送殡行列中的邢夫人和王夫人，是按邢夫人在前、王夫人在后的次序排列的，但第十四回写到送殡之前，听说有一位缮国公的诰命死了，两位夫人去打祭送殡的时候，两个人的位次出现了变化。作者写道：

> 目今正值缮国公诰命亡故，王邢二夫人又去打祭送殡。②

“王邢二夫人”五字，甲戌本、己卯本、庚辰本、舒序本、蒙府本、戚沪本、戚宁本、彼本、梦觉本和程甲本皆同。存在异文的是梦稿本。“王邢二夫人”五字，梦稿本作“邢王二夫人”。

梦稿本又称杨本、杨藏本，原由清人杨继振收藏，今藏中国社会科学院文学研究所。梦稿本是一个什么性质的钞本？目前学界存在歧说，至今莫衷一是。俞平伯先生说梦稿本是一个“百衲本”，它的一般的改文，皆越程甲而同程乙。③ 笔者以为这种说法是不争的事实。

在程乙本中，这两句话与梦稿本相同，“王邢二夫人”也作“邢王二夫人”。

王佩璋、俞平伯、刘世德先生先后对程甲本与程乙本的关系做过考察。他们通过大量的例证，说明了程乙本是在程甲本的基础上进行修订的重要文本。④

梦稿本是一个名副其实的“稿本”。它保留了整理者大量的增删修订的痕迹，与程乙本关系密切。由于这里的“邢王二夫人”一语只见于梦稿本和程乙本，而程乙本又是在程甲本的基础上修订而成的，笔者以为它不是作者的原文，而是后来的整理者的改笔。

第三处出现在第四十四回中。

这一回写了凤姐过生日的场面。邢夫人和王夫人都参加了为凤姐庆贺生日的荣府家宴。两位夫人的位次是怎么排列的呢？作者写道：

> 王夫人和邢夫人在地下高桌上坐着，外面几席是他姊妹们坐。⑤

以上引文见于庚辰本、彼本、梦觉本。

---

① 冯其庸主编：《脂砚斋重评石头记汇校汇评》，北京图书馆出版社 2008 年版，第 2484 ~ 2486 页。

② 冯其庸主编：《脂砚斋重评石头记汇校汇评》，北京图书馆出版社 2008 年版，第 2672 ~ 2673 页。

③ 俞平伯：《谈新刊〈乾隆抄本百廿回红楼梦稿〉》，见《俞平伯论红楼梦》，上海古籍出版社、三联书店（香港）有限公司 1988 年版，第 1049 ~ 1105 页。

④ 参见王佩璋《〈红楼梦〉后四十回的作者问题》，载《光明日报》1957 年 2 月 3 日；俞平伯《谈新刊〈乾隆抄本百廿回红楼梦稿〉》，见《俞平伯论红楼梦》，上海古籍出版社、三联书店（香港）有限公司 1988 年版，第 1049 ~ 1105 页；刘世德《从〈红楼梦〉前十回看程乙本对程甲本的修改》，见《三国与红楼论集》，中国社会科学出版社 2013 年版，第 289 ~ 313 页。

⑤ 冯其庸主编：《脂砚斋重评石头记汇校汇评》，北京图书馆出版社 2008 年版，第 9143 ~ 9144 页。

蒙府本、戚沪本、戚宁本的文字稍有不同,前一句作"王邢二夫人在地下高桌上坐着"。蒙府本、戚沪本、戚宁本将"王夫人和邢夫人"改作"王邢二夫人",但王夫人与邢夫人的排列次序并没有发生改变,她们在家宴上的位次仍与庚辰本、彼本和梦觉本所记一样。

就性质而论,上引第十三回、第十四回、第四十四回中的这三处文字,同样应该是早期稿本遗留的文字,也是作者在修订增删书稿过程中删改未尽的"漏网之鱼"。

笔者以为,第十三回、第十四回、第四十四回中的这三处文字同样可以说明,在早期稿本中,王夫人是荣国府里大老爷贾政的妻子,所以她的位次排列在邢夫人之前;邢夫人是二老爷贾赦的妻子,所以她只能排列在王夫人之后。

在今本《红楼梦》里,贾赦变成了大老爷,贾政是二老爷,所以邢夫人和王夫人的位次也发生了变化。邢夫人排列在王夫人之前,这是作者在变更了人物关系后做出相应改动的结果。

## 四、旁证之二:贾宝玉本来是荣国公的嫡孙

在今本《红楼梦》里,按照第二回中冷子兴交代的荣府世系,贾宝玉是荣国公的重孙。

在早期稿本中,贾宝玉的身份却是荣国公的嫡孙。

在对《红楼梦》成书问题的研究中,张爱玲、朱淡文、陈庆浩、沈治钧都曾论及创作过程中出现的贾府扩容的问题。①

仅就贾宝玉本人的情况而言,在贾府扩容之前,他是荣国公的孙子;扩容之后,他的身份被作者变更为荣国公的重孙。

为说明贾宝玉在早期稿本中是荣国公的孙子一事,朱淡文、陈庆浩、沈治钧都引用了见于《红楼梦》第十六回、第二十九回和第五回的三条证据。

第十六回回末写弥留之际的秦钟曾向前来拘捉他的鬼判明言,贾宝玉是荣国公的孙子。

第二十九回写贾宝玉跟随贾母等人去清虚观打醮,荣国公的"替身"张道士说宝玉"同当日国公爷一个稿子",贾母则说,"我养了这些儿子孙子,也没一个像他爷爷的,就只这玉儿像他爷爷"。"国公爷"自然是指荣国公。贾母在这里明说荣国公是宝玉的爷爷。这里的贾母也分明不是后来改稿中荣国公长子贾代善的妻子,而是荣国公本人的妻子。

贾母是荣国公的妻子,宝玉是荣国公的孙子,这是早期稿本中荣府的世系。

作者在创作过程中对贾府进行了扩容。扩容的情况如朱淡文女士所言:

---

① 参见张爱玲《四详〈红楼梦〉——改写与遗稿》《五详〈红楼梦〉——旧时真本》,见《红楼梦魇》,北京十月文艺出版社 2007 年版,第 207 ~ 346 页;朱淡文《从荣国公的孙子到重孙》,见《红楼梦研究》,贯雅文化事业有限公司 1991 年版,第 81 ~ 82 页;陈庆浩《八十回本〈石头记〉成书再考》,载《红楼梦学刊》1995 年第一辑;沈治钧《红楼梦成书研究》,中国书店 2004 年版,第 274 ~ 308 页。

作者扩大了旧稿的规模,在贾氏家族世系中增加了贾代化、贾代善这一代,于是贾宝玉就变成了荣国公重孙,贾母亦嬗变为荣国公的儿媳了。①

贾府的扩容和贾宝玉身份的改变,是《红楼梦》成书过程中存在的显见的事实。

这里,我们作为"贾政本来是贾母长子而贾赦是次子"这一问题的旁证而举出并进行论证的,即早期稿本中贾宝玉的身份不仅是荣国公的孙子,而且是其嫡孙的问题。

今本《红楼梦》第五回写贾宝玉梦游太虚幻境,警幻曾向众姊妹解释宝玉来到太虚幻境的原委:

今日原欲往荣府去接绛珠,适从宁府所过,偶遇宁、荣二公之灵,嘱吾云:"吾家自国朝定鼎以来,功名奕世,富贵传流,虽历百年,奈运终数尽,不可挽回者。故近之子孙虽多,竟无一可以继业。其中惟嫡孙宝玉一人,禀性乖张,生情诡谲,虽聪明灵慧,略可望成,无奈吾家运数合终,恐无人规引入正。幸仙姑偶来,万望先以情欲声色等事警其痴顽,或能使彼跳出迷人圈子,然后入于正路,亦吾弟兄之幸矣。"②

"宁、荣二公之灵"一语,见于甲戌本、庚辰本、蒙府本、戚沪本、戚宁本、舒序本和卞藏本。梦稿本独作"宁、荣二公",无"之灵"二字。已卯本与梦觉本存在异文,"宁、荣二公之灵"作"荣、宁二公之灵"。

那么原本的文字究竟应该是"宁、荣二公之灵",还是"荣、宁二公之灵"?

笔者以为,无论是"宁、荣二公之灵"还是"荣、宁二公之灵",都不是作者初稿中原有的文字。

我们知道,宁国公与荣国公是兄弟二人。所以贾宝玉要么是宁国公的嫡孙,要么是荣国公的嫡孙,二者是不可能兼居的。

贾宝玉不可能是宁国公的后代。因为宁国公的后代是贾代化、贾敬、贾珍、贾蓉这一系,冷子兴在第二回里明白交代的宁府世系如此,《红楼梦》叙写的宁府的人物关系同样如此。

贾宝玉是荣国公的孙子,相关记叙见于《红楼梦》第十四回、第二十九回。这是早期稿本中遗留的文字,情况已见前述。

既然可以确认贾宝玉在早期稿本中是荣国公的孙子,那么这里的"宁、荣二公之灵"或"荣、宁二公之灵",显然都是早期稿本中"荣国公之灵"的改文。也就是说,"宁、荣二公之灵"这句话,是经历了"荣国公之灵"→"荣、宁二公之灵"→"宁、荣二公之灵"几次递修而最后改定的。递修的文字反映了作者创作不同阶段的文本面貌。

值得注意的是,这段话提到了我们要引以为证的荣国公"惟嫡孙宝玉一人"的交代。

何为嫡孙?清人梁章钜在《称谓录》一书中做过这样的解释:

《仪礼·丧服》期服章:"適孙。"贾《疏》:"此谓適子死,其適孙承重者,祖为之

---

① 朱淡文:《红楼梦研究》,贯雅文化事业有限公司 1991 年版,第 82 页。

② 冯其庸主编:《脂砚斋重评石头记汇校汇评》,北京图书馆出版社 2008 年版,第 1004 ~ 1009 页。

期。”……朱子《家礼》：“有丧主。”《注》：“谓死者长子，无则长孙承重者，专奉饮奠。”毛奇龄曰：“古无承重之称，惟《丧服传》有传重、受重诸字，而其所谓重，则又单指爵位言，谓祖父以爵位授之于我，是传我以重物也。而我从受之，是重物为我所受也。其所付托者，虽指爵位，而必假之以宗庙之名。曰：主鬯甚重，传受匪轻，故谓之重。非如今世所云三年重服，子死未服，孙必承而服之也。盖古有承重之称，谓其承大宗之重，非专指丧服也。”①

所谓嫡孙，即朱熹《家礼》注所说的“长孙承重者”，是封建时代具有法定的优先继承权的大宗之孙，即嫡长孙。《汉语大词典》收录“嫡孙”一词，释曰“嫡长孙”，可谓甚确。

上引第五回的这段话可以说明，在早期稿本中，贾宝玉本来是荣国公的嫡孙，即嫡长孙。

嫡孙或曰嫡长孙是封建时代具有法定继承权的长房长孙。贾宝玉是荣国公的嫡孙，这同样可以作为一项旁证来证明本文第一节所提出的问题，即他的父亲贾政在早期稿本中是荣国公与贾母的嫡长子。

同样的道理，贾宝玉是荣国公的嫡孙、嫡长孙，贾琏就不会是嫡孙、嫡长孙，贾赦也就不会是荣国公与贾母的长子。

说贾宝玉本来是荣国公与贾母的嫡孙、嫡长孙，有的读者难免会生出这样的疑问：在早期稿本中，贾宝玉是荣府长房的贾政之子似乎是没有问题的，但他上面不是还有哥哥贾珠吗？

贾珠同样是贾政与王夫人之子，他才是具有嫡长孙身份的人。贾宝玉明明有哥哥，嫡长孙怎么会是弟弟呢？

这又牵涉关于《红楼梦》成书研究的另一个问题，即贾府扩容的细节问题。具体说来，《红楼梦》早期稿本的人物序列中并没有贾珠其人。贾珠作为宝玉之兄，是一个在贾府扩容过程中新增添的人物。

说贾珠这个人物是后来增添的，证据见于《红楼梦》第二十八回。

第二十八回写贾宝玉赶上因为被丫鬟关在怡红院门外而疏远自己的林黛玉，对她说了这样一番话：

我心里想着：姊妹们从小儿长大，亲也罢，热也罢，和气到了儿，才见得比人好。如今谁承望姑娘人大心大，不把我放在眼睛里，倒把外四路的什么宝姐姐、凤姐姐的放在心坎儿上，倒把我三日不理，四日不见的。我又没个亲兄弟亲姊妹。——虽然有两个，你难道不知道是和我隔母的？我也和你是的独出，只怕同我的心一样。谁知我是白操了这个心，弄的有冤无处诉。②

贾宝玉在这里明明白白地告诉林黛玉，他没有“亲兄弟亲姊妹”。所谓“亲兄弟亲姊

---

① 〔清〕梁章钜著，王释非、许振轩点校：《称谓录》（校注本），福建人民出版社2003年版，第109页。

② 冯其庸主编：《脂砚斋重评石头记汇校汇评》，北京图书馆出版社2008年版，第5771～5775页。

妹”，指的是一母所生的同胞兄弟姊妹。虽然贾宝玉有探春、贾环一妹一弟，但那是庶出的姊妹和兄弟，他们与贾宝玉是“隔母”的。宝玉用自己的话为“亲兄弟亲姊妹”一语做了注脚。

贾宝玉说自己和黛玉一样是“独出”之人，也就全然否定了他一母所生的胞兄贾珠和胞姊元春的存在。

可以肯定，在作者写下这段文字的时候，贾宝玉的胞兄贾珠、胞姊元春都还没有进入作者所构想的《红楼梦》人物序列中。

我们现在知道的是，贾珠这个人物出现在甲戌本中。也就是说，最晚在甲戌（乾隆十九年，1754）这一年，贾珠这个人物已经出现在作者笔下。贾珠是未出场的人物，与后面的情节关涉不多，这个人物的出现也就意味着人物的定型。

在甲戌本出现之前，在作者写下第五回中荣国公“惟嫡孙宝玉一人”这段话的时候，贾珠这个人物还没有出现。

## 结　语

第一，贾赦的地位为什么尴尬？周汝昌先生、朱淡文女士分别做出了“过继说”、“庶长子说”两种解释。

第二，周汝昌先生主张的“过继说”没有《红楼梦》文本的根据，是将曹家的人和贾府的人物进行比附的结果。《红楼梦》里的贾府不等于曹家的江宁织造府，贾赦、贾政也不等于曹寅过继的儿子曹頫。所以，“过继说”是一种难以成立的假说。

第三，朱淡文女士主张的“庶长子说”同样没有《红楼梦》文本的根据，且与中国封建社会的嫡长子继承制存在明显的矛盾，因而是难以说通的。

第四，笔者从《红楼梦》成书的角度出发，对这一积年的红学旧案做出了新的解释。

在早期稿本中，贾政是荣国公与贾母的长子，贾赦是荣国公与贾母的次子。

按照当时的继承制度，贾政对荣国公的世职和荣府中的大部分财产具有法定继承权。在早期稿本中，曹雪芹正是按照这样的思路来设置、叙写荣国府里文字辈的贾政、贾赦的继承关系的。

后来，作者的创作思路发生了改变。贾政和贾赦的身份、地位在贾府扩容的过程中发生了变更。贾母的辈分由荣国公之妻变更为荣国公之子贾代善的妻子，贾政变更为贾代善与贾母的次子，贾赦则变更为贾代善与贾母的长子。这样，贾赦就取代了早期稿本中贾政的地位，成为荣国府的世职和大部分家产的继承者。

但是，由于贾政是贾母长子、贾赦为次子是作者在早期稿本中已经写就的内容，作者变更了贾政、贾赦的身份后，要对与贾政、贾赦相关的一系列情节进行改写，甚至要将一些重要情节推倒重写。曹雪芹直到逝世也没有完成这一艰巨的改写任务。也就是说，曹雪芹直到逝世，也没有来得及对前八十回的内容做一次全面的、统一的修订。所以，贾赦地位尴尬的问题，就与其他许多因没有最后完成改写而产生的问题一样，以未完稿的面目保留在了今本《红楼梦》里。

第五，《红楼梦》第十七、十八回以及第七十五回中有两处称贾政为“大老爷”。它们都是早期稿本文字的遗存，是作者在修订增删书稿过程中删改未尽的“漏网之鱼”。

作为直接的证据，它可以说明，在早期稿本中，贾政是大老爷，即荣府中贾母的长子，而贾赦是二老爷，即贾母的次子。

第六，第十三回、第十四回、第四十四回中有三处文字，皆把王夫人的位次排列在邢夫人之前。它们同样是早期稿本遗留的文字，是作者在修订增删书稿过程中删改未尽的“漏网之鱼”。

这三处文字同样可以说明，在早期稿本中，王夫人是荣国府里大老爷贾政的妻子，所以她的位次排列在邢夫人之前；邢夫人是二老爷贾赦的妻子，所以她排列在王夫人之后。

第七，第五回中有一段文字，称贾宝玉为“宁、荣二公之灵”的嫡孙。这里的“宁、荣二公之灵”是早期稿本中“荣国公之灵”的改文。

嫡孙或曰嫡长孙是封建时代具有法定优先继承权的大宗之孙，即长房长孙。贾宝玉是荣国公的嫡孙，这同样可以证明，他的父亲贾政在早期稿本中是荣国公与贾母的嫡长子，而贾赦只是次子。

# 四十年来中国小说研究之理论指引

李桂奎*

文学研究要注意万变不离其宗地从文献、文本、文论、文化等层面展开。其中,文学研究与文学理论之间更是相辅相成、互动共进的。对此,袁世硕先生曾经指出:“文学史——古代文学研究需要掌握文学理论,借助文学理论,对作品把握得准确,解析得深切,论述有新的开拓、创造性,正是得力于研究者的理论素养,积极汲取新的理论成果……研究文学史并不只是要掌握和借助文学理论,也可以反转来丰富、深化、修正文学理论,至少说是可以为丰富、深化、修正文学理论,提供过去理论家未曾察知的、概括不周到的现象,或者说是有待于理论概括的素材。”①根据袁先生的看法,精深的文学研究离不开理论的推进与创新。纵观改革开放四十年来的文学研究可见,文学理论研究一直是与文学文本、文献研究相伴而行的。若论这四十年来中国小说研究的走势,可以说是从重点关注“人”,到重点关注“事”,再到“人”“事”并重。而就中国小说及相应理论研究砥砺前行的历程而言,它既踏着西方理论的脚步,又立足于本土文论。尽管值得研究的方面较多,但人们的关注点要么集中于以往所谓“人物”“情节”“环境”旧三大要素,要么聚焦于所谓的“时间”“视角”“模式”新三大要素,要么将新旧三要素转型简化为“叙事”“写人”两大关键要素。回顾四十年来中国小说及相应理论研究的风云变幻及风雨历程,既有许多行之有效的经验值得总结,也有不少教训需要汲取。

## 一、从旧“三要素”到“性格组合论”

改革开放伊始,如同其他人文社会学科研究一样,中国小说及相应理论研究也开始

---

* 李桂奎,山东大学文学院教授。

① 袁世硕:《文学史和文学理论的双向交流》,载《社会科学战线》1998 年第 5 期。

敞开怀抱，积极接受外来理论。具体说，即秉承此前的“情节”“人物”“环境”三要素观念，有所推陈出新。尤其是恩格斯那句纲领性的话语——“据我看来，现实主义的意思是，除细节的真实外，还要真实地再现典型环境中的典型人物”①，一言九鼎，掷地有声，引领起重视社会环境、典型人物的小说社会学研究潮流。

20 世纪 80 年代初，虽然马列文论那套“典型”理论一统天下的格局开始被打破，但小说及相应理论研究基本上依然沿承“三要素”格局。“情节”研究备受重视，“人物”研究更是如火如荼。特别是在英国小说家爱德华·摩根·福斯特的《小说面面观》的影响下，人们重拾“情节”与“人物”研究。学界一方面把“情节”探讨当作重头戏，另一方面高度重视小说中的“人”，并运用其所谓的“圆形人物”“扁平人物”等观念解读《三国演义》《水浒传》《红楼梦》等小说中的人物，令人耳目一新。随后，刘再复在继承鲁迅评《红楼梦》等小说反对“把好人写得都好，坏人写得都坏”思想的基础上，致力于从“人”这一根本点出发，并借鉴《小说面面观》中的某些观点，推出了轰动一时的《性格组合论》，从而把小说人物分析建立在“复杂性格”理论的基础上，强调人物性格的“复杂性”“丰富性”“人的个性丰富性的内在机制”“性格张力场”“在性格核心规定下的两种性格可能性的统一”。②相对于以往简单化地把小说人物泾渭分明地贴上“好”或“坏”、“正面”或“反面”等标签，这种以“性格分析”为主体的“二重组合说”一度凭着更为科学合理而振聋发聩，对打破“典型环境下的典型人物”一统天下的情形也有一定的意义。但由于这种“人物性格二重组合”有从抽象的概念出发之嫌，况且这一学说根据德国心理学家弗洛姆的所谓“性格元素”理论，又成为用预先做成的善与恶、美与丑、勇与怯等“性格元素”模子去套文艺作品中人物性格的新枷锁，自然免不了只是昙花一现，未得进一步深化，也不可能升华为行之有效、屡试不爽的学理。

关于中国小说及相应理论研究的系列史述或史论著作，也或多或少地打上了那个年代“三要素”理论的印记，尤其是针对文本评点的理论探讨，几乎无不以“三要素”贯穿。如敏泽《中国文学理论批评史》（人民文学出版社 1981 年版）、王先霈与周伟民《明清小说理论批评史》（花城出版社 1983 年版）、黄霖《古小说论概观》（上海文艺出版社 1986 年版）、陈谦豫《中国小说理论批评史》（华东师范大学出版社 1989 年版）、方正耀《中国小说批评史略》（中国社会科学出版社 1990 年版）、刘良明《中国小说理论批评史》（武汉大学出版社 1991 年版）、陈洪《中国小说理论史》（安徽文艺出版社 1992 年版）等著作，在勾勒古代小说理论的来龙去脉时，都自觉不自觉地以“情节”“人物”“典型”为框架。这种研究路数虽然带有时代局限性，但总体上并没有顾此失彼，是兼顾了“情节”与“人物”的。此外，有的学人把中国小说及相应理论研究纳入“文学创作论”框架审视，对“人物塑

---

① ［德］恩格斯：《恩格斯致玛·哈克奈斯》，见《马克思恩格斯选集》第四卷，人民出版社 1995 年版，第 683 页。

② 刘再复：《关于〈性格组合论〉的总体构思——与魏世英同志的谈话记录》，载《当代文艺探索》1985 年第 2 期。

造”研究有较大推动。如张少康《中国古代文学创作论》(北京大学出版社 1983 年版)从艺术构思、艺术形象、创作方法、艺术表现的辩证法和艺术风格五方面对包括情节、人物等问题在内的中国古代文学创作基本理论进行了探讨;孙绍振《文学创作论》(春风文艺出版社 1987 年版)也在充分讨论“情节”的同时,注重“人物”研究,除了在第四章“形象论”部分集中探讨了人物的情趣创作问题,还在第九章“小说的审美规范”部分讲了“把人物推出正常轨道以外”“性格因果律”“性格与环境的关系”等有关写人的问题。

概括地说,近四十年的前十年,中国小说及相应理论研究所依托的理论主要还是此前从西方输入的关于小说人物、情节、环境的“三要素”说。其间,在英国爱德华·摩根·福斯特的《小说面面观》以及本土刘再复的《性格组合论》等理论的影响下,小说及相应的理论研究有所推陈出新。当然,这种“情节”“人物”“环境”并重研究的格局,也为今后“叙事”与“写人”研究争奇斗妍奠定了基础。

## 二、“形式主义”指引下的小说“艺术”研究

西方文论曾将文学一分为二:内容和形式。受此影响,包括小说理论在内的中国文论研究也通常采取两种路数:探讨思想内容与探讨艺术形式。在这种二元论下,人物形象分析与人物描写方法得以并驾齐驱。同时,随着美学热的兴起,小说理论被当作美学理论得到系统总结、探讨。大约到了 20 世纪 80 年代中期,西方形式主义思潮澎湃而入,中国小说及相应理论研究出现了偏重艺术形式的逆转,特别注重从“文学性”“陌生化”“修辞性”等视角立论。20 世纪 80 年代后期,随着美国学者艾布拉姆斯的专著《镜与灯——浪漫主义文论及批评传统》(北京大学出版社 1989 年版)的译介,文学本质论、文学创作论、作品构成论、文学接受论等各种视野也在小说及相应理论研究方面被打开。艾氏理论对文学之“人”有较多关注。对此,《以文行事:新阅读诸理论》的编者迈克尔·费希尔曾在选集的“编者前言”中指出:“文学面向作为人类的读者,并涉及人关注的各方面……文学批评……不能只限于本身的形式的或结构性因素……但是他强调文学作品是属于人、为了人、关于人。”①胡经之主编的《中国古典文艺学丛编》(北京大学出版社 1988 年版)借鉴了这套理论框架,不仅凸显了“结构”问题,而且涉及“气韵”“形神”“真幻”“情理”等写人问题,对当时乃至后来的小说写人理论研究产生了较大影响。

随着西方各种文艺理论的引进,尤其是美学研究热潮的兴起,人们的研究视野得以拓展,有的研究也开始注重通过对中国本土文论话语的还原来研究小说及相应理论。影响较大者有贝尔在《艺术》一书中提出的“艺术乃是有意味的形式”的命题。李泽厚在《美的历程》(文物出版社 1981 年版)中以审美积淀论阐释“有意味的形式”,认为美之所

① [美]M. H. 艾布拉姆斯著,赵毅衡、周劲松等译:《以文行事:艾布拉姆斯精选集》编者前言,译林出版社 2010 年版,第 3 页。

以是所谓“有意味的形式”，正在于它是积淀了社会内容的自然形式，“也就是积淀的自由形式，美的形式”，这成为后来探讨小说美学的基调。孙逊在《我国古典小说评点派的传统美学观》①中从塑造典型的辩证法（“特犯不犯”）、艺术创作中的“白描”和“传神摹影”、语言的个性化（“一样人，便还他一样说话”）等方面总结了中国古典小说评点的美学观。叶朗的《中国小说美学》（北京大学出版社 1982 年版）在兼顾小说“情节”“结构”的同时，对“写人”问题给予了相应的关注，对金圣叹、毛宗岗、张竹坡、脂砚斋所提出的“典型性格”“个性化”“人物塑造的辩证法”“化隐为显”以及人物性格的“复杂性”“缺陷美”等理论问题进行了探讨。随后，吴功正的《小说美学》（江苏文艺出版社 1987 年版）也在着力小说“情节”“结构”研究的同时，用了较大篇幅总结探讨小说写人理论。尽管如此，“三要素”以及“典型”理论的威力犹在。尽管那个年代有关小说及相应理论的研究在力求有所突破，但难以超越“典型”理论和小说“三要素”框架。学者们在各种研究著述中仍然念念不忘地运用恩格斯的“典型环境中的典型人物”以及别林斯基的“熟悉的陌生人”等相关理论话语。

中国小说写人文本研究依托于传统小说理论，并打上了深受“典型”理论影响的烙印。过去四十年的前十年，人们在关于小说理论的梳理与研究过程中，自然会不断地涉及情节、人物以及性格等理论。其中，关于人物塑造理论的研究往往更是以写人理论为实证。如王德勇在《我国古代文学评点中的人物塑造理论》②中，将古代小说评点中的人物塑造理论概括为四种：人物性格“同而不同处有辨”说，性格单纯而丰富的人物塑造说，假中见真的人物塑造说，重“至之情”的人物塑造说。1984 年《中国文艺思想史论丛》（第一辑）同时刊出了黄霖的《中国古代小说批评中的人物典型论》、杨星映的《中国古典小说批评中的人物塑造理论初探》两篇论文。前者通过总结中国古代的“人物典型理论”，提出了中国古代写人理论的三个重心，即“坚持绘形传神”“强调性格对比”“主张从实到虚”。后者则集中探讨了传统小说写人理论涉及的“小说中的人物形象是从哪里来的”“人物是不是无中生有、凭空而来的”等理论问题，并对“以形传神”理论、“犯避”理论以及“虚实相成”理论进行了较为系统的探讨。在中国小说理论史的撰写过程中，有的学者在突出“典型”“性格”“情理”等理论、关注到以“叙事”为主体的“文法”理论的同时，也看到了“写人”同样是传统“文法”理论的有机构成。方正耀在《中国古典小说理论史》中指出，金圣叹的“文法”理论是涉及塑造人物的具体方法与塑造人物之间的关系的，除了金圣叹的“先声夺人”说，还有毛宗岗父子的“于无处写”说、张竹坡的“主宾对衬”说、脂砚斋的“摄总一写”说、哈斯宝的“拉来推去”“点睛”“牵线动影”等说法，都从构思、情节、结论和叙事等角度与人物刻画相连，丰富了小说创作的理论。

当年，那些直面小说及相应理论的研究多冠以“艺术”的名义。如马振方的《小说艺

---

① 载《文学遗产》1981 年第 4 期。

② 载《承德师专学报》1984 年第 1 期。

术论稿》、张稔穰的《中国古代小说艺术教程》、傅腾霄的《小说技巧》、刘上生的《中国古代小说艺术史》、宁宗一等人的《中国小说学通论》、孟昭连与宁宗一的《中国小说艺术史》等论著中的相关内容，重在探讨实现某种写人效果的艺术手段和技巧，并提出了一些新见。只是这些探讨常常被人们冠以“艺术成就”“艺术特色”等名义，而且往往只被分解为“人物”“情节”“环境”三个板块，难以有跨越性的突破。

需要特别指出的是，二十世纪八九十年代，两位“汪”姓学者对写人理论研究贡献较大：汪远平执着于《水浒传》写人研究，汪道伦热衷于《红楼梦》写人研究，不随波逐流于那个年代的“以西释中”潮流，而是借助文论话语的传统回归实现了别开生面的本土研究。较早对“以比兴写人”这一问题进行系统阐发的学者是汪道伦。他在 20 世纪 80 年代曾发表《比兴与写人》一文。该文一开始就讲了这样一个道理：“从中国文学史上看，历来就是把比兴作为诗歌的正宗表现手法来对待的。从《诗经》开始，一直到近代的诗歌，都继承了比兴手法。朱自清先生认为，《诗》中的赋、比、兴是我国古代诗论的‘开山的纲领’，这当然是对的。不过，若从美学的角度看，比兴除了是古代诗论的‘开山纲领’外，它还是其他文学艺术产生艺术美的重要条件。因此，比兴问题，不仅限于诗歌的美学范畴，就是在整个文学艺术范围内，它的生命力都是十分旺盛的。中国小说的写人传统，有它自己的民族基础。不管是写形、传神、寓意，都和比兴的运用有很大关系。”①在“典型”理论尚未退席，人们热衷于引进各种西方方法论的年代，汪道伦先生的这种看法特立独行，他把比兴如何运用于写人讲得比较透彻，有回归民族话语传统的意味。当然，在那个众人目光一直向外看的年代，这一成果并未引起人们的足够重视。事实上，岂止“比兴”，连同“赋”在内，统统是中国文学写人的根本性大手法。汪远平的写人研究也颇具创意，单从“态”这一术语，就拟出了下列题目：《〈水浒〉的哭态描写》《论〈水浒〉的醉态描写》《〈水浒〉的怒态描写》《百种情怀百般笑——〈水浒〉的笑态描写》等，并进行了富有启发性的阐发。

回过头来看，尽管人们也曾将西方“美术”统筹下的“写人”话语与本土的“形神”话语体系进行过融会贯通，但毕竟仍然存在一个“隔”的问题。尤其是每当谈到“人物描写”时，人们总会搬弄肖像描写、动作描写、语言描写、心理描写等，导致这套话语陈陈相因，沦为老生常谈。前些年，红学大家周汝昌在讲到《红楼梦》的写人艺术时指出：“讲说《红楼》艺术，特别是传人造境的高超神妙，就很难只用时下流行的那些‘形象塑造’、‘心理刻画’、‘描写逼真’、‘分析细密’等等文艺观念来‘说明’他，表彰他，因为雪芹写书，是中国人想中国事，不会像现代人时时夹杂上西方的文化理论。现在一般青年人，心中目中除了‘塑造’、‘刻画’、‘描写’这套词语概念之外，几乎不知还有别的道理，拿它们来‘套’一番《红楼梦》，有时真是如入五里雾中，莫名其妙之安在，雪芹之

---

① 汪道伦：《比兴与写人》，载《阴山学刊（社会科学版）》1988 年第 3 期。

伟大何来，甚至以为中国的曹雪芹并不真懂文学艺术。”①周先生对生搬硬套西方文化观念来阐释中国经典的做法感到不对味，也提出了写人研究应该立足于本土与本体问题。另外，许多关于写人问题的探讨基本是从作家维度立论的，对写人文本理论本身的关注还远远不够。

经过不断地探索，人们已经意识到，优秀文学作品的思想性和艺术性是不可分割的。宏观研究与微观研究，文本细读，阐幽发微是基本出发点。因此，小说及相应的理论研究应立足于文本，着眼于审美与艺术，同时要注意从思想高度发掘形式背后的意义。

## 三、从旧“三要素”到新“三要素”

20 世纪 80 年代中期之后，随着各种形式主义的著作尤其是结构主义“叙事学”著作得到广泛引入，“叙事”研究一跃成为小说及相应理论研究的重心。以往的人物、情节、环境“三要素”被新的时间、视角、话语模式这一新“三要素”取代。中国小说“叙事”研究也通过把人物当作“行动素”而侵占了“写人”理论研究的领地，人物沦为“叙事”的手段和工具，成为小说叙事的一个功能性元素。相应地，传统“形神”“情理”等写人问题受到冷落。

先是各种小说文本以及理论研究论著逐渐向“叙事”倾斜。陈平原在《中国小说叙事模式的转变》（上海人民出版社 1988 年版）中对小说文本的内部研究与外部研究进行了有效勾连，把纯形式的叙事学研究与注意文化背景的小说社会学研究结合起来，从关注传统小说人物、情节、环境“三要素”转变为只关注“叙事”的时间、视角、模式这一新“三要素”。其《小说史：理论与实践》也明确把“叙事”视为小说史编撰的主要视角。

而后，石昌渝的《中国小说源流论》（生活·读书·新知三联书店 1994 年版）将小说史的研究从题材引向文体，重视对“叙事”问题的探讨，开阔了小说史研究的视野。杨义在《中国古典小说史论》（中国社会科学出版社 1995 年版）中更是以深邃的文化学思考和精湛的叙事学解释对中国古典小说的文本演变进行了论述，突出了中国小说的发展与儒、佛、道文化及诸子文化、民间信仰、地域文化的关系。鲁德才在《古代白话小说形态发展史论》（南开大学出版社 2002 年版）中从历史的发展角度，讲述了各个时期的小说及相应理论，深入系统地研究了中国古代白话小说的艺术形式和叙事形态。林岗在《明清之际小说评点学之研究》（北京大学出版社 1999 年版）中对明清之际的小说评点做了系统的爬梳，运用现代美学的观念将小说评点上升到文化高度，并做了深入且有独到见解的分析，阐释了小说评点文体的价值，清理出一个有着内在思维理路、大体完整的评点学体系，并将其分为结构论、文理章法论和修辞论三个核心层次，尤其是在统一的“文本意识”下，对这三个层次的内涵和意义做了进一步发掘，还运用中西比较研究的方法，将明清小

① 周汝昌著，周伦玲编：《红楼艺术的魅力》，作家出版社 2006 年版，第 27 页。

说评点所体现出来的美学观念与西方叙事文学的美学观念做了比较分析。另外，高小康的《市民、士人与故事：中国近古社会文化中的叙事》（人民出版社 2001 年版）对中国近古社会文化中的叙事进行研究，包括通俗叙事艺术与市民文化的新地位、市民文学中的士人趣味、从《金瓶梅》看叙事意图的演变、精神分裂的时代、清代的文人与文学等内容。张世君的《明清小说评点叙事概念研究》（中国社会科学出版社 2007 年版）对“中国特色的叙事概念”进行了梳理辨析，为建构中国叙事学做了铺垫。

当然，运用“叙事学”理论研究各大经典名著的研究成果也相继出现。如王彬的《红楼梦叙事》（中国工人出版社 1998 年版）、郑铁生的《三国演义叙事艺术》（新华出版社 2000 年版），刘绍信的《聊斋志异叙事研究》（中国社会科学出版社 2012 年版），等等。“叙事学”之于中国小说研究之功可谓大矣！刘勇强在总结叙事学对中国小说研究的推动作用时指出，叙事学对于古代小说研究最重要的意义是改变了以往小说艺术分析的单一思路。20 世纪统摄于思想内容之下的艺术分析是以人物为中心的，而叙事学之于小说研究则是以情节为中心的，它赋予了中国古代小说研究新的视野，表现出了它在中国古代小说研究中的适应性、有效性。① 从此，关于小说及相应理论的“叙事”研究一跃成为主流和大潮。

在号称“显学”的西方“叙事学”的影响下，关于中国小说及相应理论的研究再次跟风逐浪于叙事研究。刘勇强认为，小说及相应理论的研究不应该是抽象的，而应该贯彻文本策略的问题。中国古代小说的叙事艺术及古人的评论蕴含着丰富的经验、规律，对这些经验、规律的总结过程，就是中国叙事学的建设过程。② 以此规划中国小说研究的走势，自然符合中西文论建设的时代潮流，可为当今文学研究打开思路，有助于实现小说等文体理论研究的全球性转型。

## 四、叙事写人文论建构与小说研究走势

无论是“文学是人学”这个富有包容性而又备受争议的命题，还是“文学是人写的，是写人的，是为人而写的”这句似乎早已成为老生常谈的话，都在强调“写人”在文学创作中举足轻重的地位。尤其是戏曲小说等文体的创作，更是把“叙事”与“写人”当成安身立命的根本。然而时至今日，“写人”并未能像“叙事”那么幸运地被升华到学理的高度。为什么“写人”问题非但没有获得充分的独立，甚至沦落到被视为为“叙事”服务的功能要素？为什么“写人”理论至今未能创造“叙事学”那样的辉煌？“中国写人学”有没有可能脱颖而出？这些问题需要我们深思熟虑。回顾四十年的风雨历程，总结小说及相应理论发展的利弊得失，关键还是要从“典型理论”的反思入手。

---

① 刘勇强：《中国古代小说的叙事学研究反思》，载《明清小说研究》2011 年第 2 期。

② 刘勇强：《小说史叙述的文本策略》，载《北京大学学报（哲学社会科学版）》2007 年第 3 期。

从历史上看，“叙事”与“写人”乃古今中外文学创作之两大要领，二者常并行于各种文学艺术作品中。古往今来，“叙事”与“写人”经常被相提并论。如金圣叹在评说《西厢记·琴心》“张生待莺莺前来夜烧香，趁机琴挑”一段文字时这样说：“有时写人是人，有时写景是景；有时写人却是景，有时写景却是人。”①金圣叹将“写人”与“写景”对举，并解说了二者之间的交融关系。与此同时，传统小说评点者总是把“写某某人，如何如何”等写人问题作为关注点，以与“叙什么事，怎样怎样”等叙事问题分别加以评说，以体现写人问题的相对独立性。② 且不说毛宗岗父子、金圣叹在分别谈到《水浒传》《三国志演义》的“读法”时兼论“叙事”“写人”，就是其他一些不被人重视的小说评点也通常兼顾二者。如题名“东岭学道人”所作的《〈醒世姻缘传〉凡例》云：“本传其事有据，其人可征，惟欲针线相联，天衣无缝，不能尽芟傅会。然与凿空硬入者不无径庭。”③为证明小说的可信，这里强调的是“传事”与“传人”两个方面都有现实依据。古人眼里的“叙事”与“写人”两个话题并行不悖。延及20世纪20年代，胡适撰述《建设的文学革命论》时也是同样重视“叙事”与“写人”的。他将千头万绪之“描写”的方法概括为“写人”“写境”“写事”“写情”四条。④ 其实，这四条可以归结为“写人”“写事”两条：“写人”居首，“写情”可以合并其中；“写境”通常服务于“写人”或“写事”，未必具有独立性。

20世纪通行的“人物分析法”主要借力于西方18世纪以来黑格尔、马克思、恩格斯等人所持的“人物中心论”；应用广泛的小说“三要素说”既来自英美小说理论家，又受到苏联高尔基等理论家的影响，引发了运用“典型”理论分析人物的热潮。20世纪80年代后，人们的热情已从情节分析转向叙事研究，环境同时被视为叙事的“时空”因素，为叙事研究所包揽；人物却沦落为叙事的功能要素，受到遮蔽。在西方各种形式主义批评及结构主义“叙事学”视野中，人物性格只是被看作引出故事的导线，也就是说，人物塑造的目的在于展开故事，它被当作叙事主体的功能性手段。这种只是强调“叙事”而忽略“写人”的研究，未免顾此失彼。

在形式主义潮起潮落之后，人们已经意识到，只强调形式因素，忽视历史因素、人文因素、文化因素和审美因素，进行孤立封闭的理论研究，显然是不科学的，也是行不通的，最后还是要走向开放。随着语言符号形式向人的情感开放，苏珊·朗格的情感符号主义得以大行其道；随着文本的结构和模式向社会、历史、政治、种族和性别开放，20世纪后期，新历史主义、文化诗学、文化殖民主义和反文化殖民主义、女权主义以及不同种类的新马克思主义等分别以现实生活中男女之间、种族之间和某时代各种不同意识形态之间

---

① 《贯华堂第六才子书西厢记》，见《金圣叹全集（修订版）》（二），凤凰出版社2016年版，第980页。

② 如金圣叹评《水浒传》使用了诸如“写出至人至性”“写李逵如画”“写鲁达为人处，一片热血直喷出来”等术语，专门讲写人问题。我们不能笼而统之地将其纳入叙事理论框架内来讨论。

③ 〔明〕西周生撰，黄肃秋校注：《醒世姻缘传》附录，上海古籍出版社1981年版，第1537页。

④ 《胡适文存》卷一，上海书店出版社1989年版，第91～92页。

的权力关系为参照系解释小说及相应的理论问题，多种理论各领风骚。女性主义、后殖民主义、新历史主义等学派，尤其是女性主义批评、性别文化，对中国小说写人理论研究产生了渗透与较大影响。另外，在绘画、雕塑、工艺美术、建筑艺术等在空间开展的、表态的、诉之于人们视觉的"美术"观念的统筹下，小说研究一度连绵不断地运用"人物描写""人物塑造""人物刻画"那一套话语，并出现了一系列成果。

本来，小说写人研究有一次发达的机遇，即20世纪90年代随着美国学者韦勒克、沃伦的《文学理论》一书接踵而至地被译介进来，其中的"内部研究"与"外部研究"的二分观念引发了人们对"文学是社会生活的反映"等命题的反思。小说写人被视为艺术形式，小说写人研究也一度取得了一系列成果。但是人们的研究视角是重视形式、文法、结构等关系"叙事"的问题。经过不断巩固和张扬，重视"情节"或"事件"的西方话语传统逐渐发展为今天西方结构主义叙事学的"功能性"人物观。如法国符号学家A. J. 格雷马斯在《行动元、角色和形象》一文中"建议对戏剧人物从语言学角度进行再解释"，从而"区分行动元和角色两个概念"，并根据人物做什么，将普洛普的七种角色组合成由"主语"与"宾语"、"授者"与"受者"决定的若干"行动元"(octants)之间的功能关系。这样，"人物"已经越出了通常含义的边界，他的"行动元"可以是人，也可以是物，如民间故事及寓言中的神灯、魔咒等。[①] 在各种形式主义批评及结构主义叙事学视野中，人物性格只是引出事端的导线，也就是说，人物塑造的目的在于展开故事，它是"功能性"的，而叙事的主体地位则不可动摇。于是，西方"叙事学"确定了将人物视为"功能"要素、服务于叙事的理论基调。如法国叙事学家罗兰·巴特在《叙事作品结构分析导论》中明确强调人物从属于行动："结构分析十分注意避免用心理本质的语言来给人物下定义，至今为止一直力图通过各种假设，不是把人物确定为'生灵'，而是'参加者'。"他还明确表示："应当重申，主要的是用人物参加一个行为范围来确定人物。"基于此，他索性把叙事作品结构中的"人物层"改称为"行为层"。[②] 于是乎，在叙事学强调"行动""功能"的理论体系中，人物辅助于行动而存在，不具有独立性。如此这般一味地强调"叙事学"，使写人研究沦为叙事研究的附庸，不利于小说文本意义的解释和审美意蕴的发掘。

事实上，中国古代小说写人研究仍然大有文章可做，且不说形神、情理、气韵等传统理论可以服务于写人研究，就是当今许多观念也可以成为写人理论重构的佐料。如何研究写人，袁世硕先生曾经给我们提供过很好的示范。如他在探讨《聊斋志异·叶生》一篇中叶生这个人物的创构时指出，叶生与蒲松龄自身一样，文章"冠绝当时"却"困于名场"，死后还要借别人的"福泽"中举，"为文章吐气"，实不过是作者心造的幻象，最后又不得不面对现实，以无奈的惆怅结束魂游。篇后一大段"异史氏曰"重复了作者《大江东去·寄王如水》《水调歌头·饮李希斋中》两词的愤激之语，泄露了作者作此魂游小说的秘密，因

---

① 张寅德编选：《叙述学研究》，中国社会科学出版社1989年版，第119~120页。

② 参见张寅德编选《叙述学研究》，中国社会科学出版社1989年版，第25~26页。

而清代评点家冯镇峦认为此篇即聊斋作者小传，故言之痛心。① 这种写人研究思路开阔，提醒人们小说所塑造的叶生这样的人物既是作为审美客体的人被写的，而又带有作者主体的影子，是主客观的统一。这种人物塑造也是借助叙事、抒情来完成的。

前些年，在“叙事”研究的强势挤兑下，加之“写人”研究本身没有新式的强大理论支持，中国小说及相应理论的研究出现了一边倒态势。而今需要强调的是，“叙事学”也必须中国化，才能在中国落地生根、延年益寿。“写人”理论也应该在本土化研究潮流中独立门户，并最终走出国门，这是一种不甘臣服的本土理论所发出的回应。健全的小说及相应理论研究应当是“叙事”研究与“写人”研究两种理论研究全面开花。眼下的当务之急是，必须立足本土，瞄准本体，通过话语还原加快“写人学”建构的步伐，以使之与“叙事学”研究争奇斗妍。只有这样，基于这两大理论体系的小说及相应理论研究才会全面繁荣。

① 袁世硕：《我与〈聊斋志异〉》，载《山东大学学报（人文社会科学版）》2002 年第 3 期。

# 反思:南戏先熟论的逻辑思维方式

## ——答胡雪冈教授

杨　栋*

四年前,笔者发表《〈张协状元〉编剧时代新证》①一文,证明《张协状元》剧编写在元初关汉卿之后,重建王国维最早主张的"元剧先熟论",并进一步确证《张协状元》剧中与北曲同名的《山坡羊》等二十多个本生曲调源出元曲,认为明人所说"北曲变而为南曲"并非空穴来风。② 这些有关古代戏曲史暨文学史转折节点的敏感话题,自然会招致"南戏先熟论"派的反驳与批评。前年、去年陆续拜读到徐宏图、马骕两位研究员发表的专题质疑文章③,笔者刚从"学理行规"与"事实真相"方面做完答辩④,又读到胡雪冈教授的《南戏〈张协状元〉的编剧时代——对〈《张协状元》编剧时代新证〉的商榷》⑤一文,颇有应接不暇之感。一篇学术文章竟引致如此激烈反应,还是多少出乎我的意料。

* 杨栋,河北师范大学教授。

① 杨栋:《〈张协状元〉编剧时代新证》,载《文艺研究》2010 年第 8 期。

② 〔明〕王世贞《曲藻序》:"曲者,词之变。自金、元入主中国,所用胡乐,嘈杂凄紧,缓急之间,词不能按,乃更为新声以媚之……东南之士……稍稍复变新体,号为'南曲'。"《曲藻》曰:"词不快北耳而后有北曲,北曲不谐南耳而后有南曲。"〔明〕沈德符《顾曲杂言》:"自北有《西厢》,南有《拜月》,杂剧变为戏文。"见《中国古典戏剧论著集成》(四),中国戏剧出版社 1959 年版。

③ 参见徐宏图《中国戏曲的成熟标志是南戏而不是元杂剧——对〈《张协状元》编剧时代新证〉一文的商榷》,载《戏曲艺术》2012 年第 1 期;马骕《曲牌研究的舛误及歧途——杨栋〈《张协状元》编剧时代新证〉之异议》,载《戏曲研究》2013 年第 1 期。

④ 杨栋:《学理、方法与事实真相——对〈《张协状元》编剧时代新证〉质疑者的答辩》,载《戏曲艺术》2013 年第 4 期。

⑤ 胡雪冈:《南戏〈张协状元〉的编剧时代——对〈《张协状元》编剧时代新证〉的商榷》,载《温州大学学报(社会科学版)》2013 年第 4 期。

首先让笔者感觉烦琐而且难以习惯的是，胡文多有与徐文、马文的重复批评，亦如马文大量重复徐文。他们甘冒互相抄袭之嫌，可能是认为笔者的观点太过荒唐，必须轮番上阵轰炸才能清除影响。其实现代学术研究的第一条行规就是“只要接着说，不要从头说”，因为发明一百次并不比发明一次值钱。假如笔者的新证是谬论，只要戳穿一次就足够了。可是万一笔者说的是真相呢？马、胡二位大概太过相信中国人所传“曾参杀人”与“指鹿为马”之类的故事——谎言重复三次就可成为真理。

也许上述两猜都不中，那还存在另一种可能，胡文其实是自我预设为“南戏先熟论”的代表与权威发言，因此带有总结性与集中性味道是必须的。这一点从胡先生宣判式与指教性的口气中可以直接感受到。胡文多处指责拙作“仅凭主观臆断”“缺乏逻辑的必然性”“这种将‘时光倒流’式的推断，是不够科学慎密的”，并指教笔者应当进行“辩证的分析”。看来笔者与胡先生等在“逻辑”与“科学”的根本路向上确实存在重大分歧，亟须进行彻底反思澄清。以下针对胡文展开答辩，旨在清理当前文学研究中普遍存在的前逻辑、非理性基因，把中国戏曲史的研究提升到现代科学水准，寻真踏实，而非为辩而辩也。

## 一、倒换概念与转移论题

（一）拙作根据孟珙或岳飞“复襄阳”的史实，认定剧中两支【复襄阳】曲牌“根据曲名，应当出自南宋军队收复襄阳战役的一支凯歌”，并且预言“除此似难有其他解释”。胡先生发强非要别解不可，于是罗列汉乐府、李白诗与金院本等以附会之。《张协状元》剧中明明是“复襄阳”，竟被胡先生切换为“襄阳乐”“襄阳歌”“襄阳会”，仅仅因为都有“襄阳”二字，就把这些风马牛不相及的东西牵扯在一起。这类手法在逻辑学上叫作“偷换概念”。胡先生也明白只说“襄阳”二字不妥，还丢掉一个“复”字，于是再捡回来，竟写出如下妙文：“‘复’字与‘覆’字通，‘覆’者据《汉语大词典》可作‘覆盖’及‘遍及’解，证之《康熙字典》引‘《说文》盖也。《诗·大雅》鸟覆翼之’。鄙意《张》剧中的【复襄阳】盖覆盖襄阳也。”①这类移花接木、张冠李戴的文字游戏非常眼熟，其实就是旧红学家玩弄过的那套“索隐法”。试与旧红学的一个有名的论证比较：红者朱也，朱者明也。《红楼梦》之主旨为表达反清复明的“民族主义”。② 这种逻辑思维程式是：《红楼梦》＝红＝朱＝明＝民族主义。其实其间任何一项都不对等，全是一系列的概念偷换。胡文的调包计反而不及旧红学高明，把【复襄阳】拆分成“复”加“襄阳”，然后再各自加以牵扯附会。“复”训诂取义的正常次序首先是恢复、回复、又、再等选项，为什么偏偏却是排序最末、备选才用的“覆”之假借字？经过一串眼花缭乱的闪转腾挪，“复襄阳”就变成了“盖襄阳”。那么又是什么

① 胡雪冈：《南戏〈张协状元〉的编剧时代——对〈《张协状元》编剧时代新证〉的商榷》，载《温州大学学报（社会科学版）》2013 年第 4 期。

② 蔡元培《石头记索隐》：“作者持民族主义甚挚，书中本事在吊明之亡，揭清之失……书中红字多影朱字。朱者明也，汉也。”见朱一玄编《红楼梦资料汇编》，南开大学出版社 2001 年版，第 899 页。

东西“覆盖襄阳也”？只要学过一点文法知识，就可看出这是个无主语残废句。调包计或障眼法也有高低之分，胡先生远没有旧红学家们技术纯熟，反把自己绕了进去。

【复襄阳】就是“复襄阳”，这是一个《张协状元》剧产生时代的历史元话语，不容任意割裂牵扯。现在我再补充两条材料。南宋后期，即宋元联手灭金之后，南北争夺逐渐聚焦于襄阳一城，南宋王朝把生灭存亡之命运也全系于此城之破全得失。历史事实正是如此，史无前例的六年襄阳保卫战最终落败，南宋王朝也立告崩溃。因此，“复襄阳”三字成了当时政论流行语，使用频率极高，所以可以简称为“复襄”，与之相应，“失襄”也成为一个常用词。证据：时人魏了翁《鹤山集》中计有5个用例①，又宋末权相贾似道的奏章中有“命臣复襄”②之语。胡文的“商榷”反驳非常及时，对笔者“除此似难有其他解释”的预测做了一次穷尽式极限验证，从证伪方面支持了我明知“说有容易说无难”而偏要说无的一次学术冒险。

（二）《张协状元》剧用“大影戏”一调，我根据宋末元初文献《武林旧事》的唯一记载，推断编剧时间不能早于南宋中期。马骕著文最先反对，说自北宋就有影戏的真人表演，叫“乔影戏”。这是第一次把“大影戏”调包偷换成“乔影戏”。马先生说得一点不错，影戏的真人表演不就是“大影戏”吗？且慢，捅穿这个障眼法，马先生正好帮了笔者的大忙，而反驳了他们自己。《张协状元》剧写为“大影戏”而不写“乔影戏”，不正说明笔者的“元初编剧说”有理有据吗？因为此前的编者只会写“乔影戏”，绝无可能未卜先知或玩“穿越”，而写出后出的“大影戏”三字来。

胡先生再一次倒换这个概念，竟拉扯成“肉傀儡”，理由是“与以‘人’表演的‘大影戏’，应该说亦相近似，显然都属于真人扮演一类”。胡先生用“肉傀儡”来证明“‘大影戏’产生年代之久远，只（至）少可以作为否定‘南宋之末’说的一个有力的佐证”。笔者只请教胡先生：我们讨论“大影戏”，是因为《张协状元》剧中有此三字，《张协状元》剧中存在你说的“肉傀儡”吗？这跟我们的讨论八竿子都打不着嘛。

（三）拙作确认《张协状元》剧43出存在一首“带过曲”，并根据带过曲出于元曲的常识，断定该剧编写于元曲之后。徐、马、胡三人一无例外，全将“带过曲”与南曲的集曲混为一谈，把“带过曲”偷换成“集曲”进行反驳。徐先生说“凡带过曲无论合二曲为一曲或集各牌句韵为一牌者”，马先生跟着说“带过曲系集曲，即集二曲为一曲”。胡先生在文章中先说：“如《旧编南九宫谱》于【破齐阵】曲牌下注：‘前二句【破齐阵】，后六句【齐天乐】’，实即带过曲。”这是把集曲说成带过曲。他又接着说：“……集曲往往将二三支宫调相同而音律相协的串联使用，如【雁儿落带得胜令】、【十二月带尧民歌】等。”这是把北曲

---

① 〔宋〕魏了翁《鹤山集》卷二九《奏备别之杰申到刘廷美等复襄阳事宜》、卷三〇《奏缴别之杰书施行复襄事宜》、卷三一《左丞相》（“或谓未暇议复襄，何可遽置不问”）、卷三一《李大著（心传）》（“大抵自失襄后，西而均、房、光、化不可复”）、卷三一《丁制置》（“近日失襄之后，督府虽能募士复樊城，而襄为北人所据”）。

② 〔宋〕周密撰，吴企明点校：《癸辛杂识》，中华书局1988年版，第307页。

的带过曲说成了集曲。带过是带过，集曲是集曲，二者早由已故曲学大师任二北先生区分得一清二楚①，现在反被胡先生等搞乱了。

附带指出，胡先生反对笔者的带过曲出元曲说，竟提出一个奇怪的探源方向，实在让人不解："'带过曲'在北曲中流行较为普遍，这是事实，但流行普遍并不等于其源于北曲，这要以其关键是否具有较为稳定的艺术表现力，并不断取得新的改造和进展，从来丰富和完善曲牌声腔的文化积累。""源"之"关键"为何非得以"改造和进展"为根据？这是扯流驳源，属于偷换论题之类，本应放到下面的相关问题下再说，为集中篇幅而在此提前论说，后不再赘。

（四）拙作采用最简单的统计归纳法，发现《张协状元》剧51出皆无【尾声】，占96%以上；仅有其他两出用【尾声】，不到4%。而这例外的两出恰好又都用了【赚】牌。于是得出结论：《张协状元》剧及早期南戏无【尾声】，"【尾声】及【赚】同出自唱赚，而唱赚则是南宋的特有产物"。这个证明与结论接近生物学的DNA检测的极高概率，其中刚性事实与逻辑显然难以反驳——反问：如果不是这样，那为什么《张协状元》剧96%以上的主体部分无【尾声】，亦不用【赚】，而仅有的不足4%有两支【尾声】，又正好都跟在两支【赚】曲之后？

请看胡先生的反驳："认为【尾声】出自唱赚，实误。"于是，他做"考证"状，重复宋金有关【尾声】的文献，最后判定："足证【尾声】绝非杨文所称'是南宋的产物'。"我这里讨论的是"《张协状元》剧中【尾声】的出处"，却被胡先生掐头去尾，当面就变换成了"【尾声】出处"之争。难道还有谁不知道【尾声】出北宋"缠令"与"缠达"的曲学常识？这种手法在逻辑学中叫"偷换论题"，根本不是什么"辩证的分析"，而是古代早就有的一种诡辩术。

笔者说《张协状元》剧的【尾声】随唱赚带入，原是否证《张协状元》剧编于"北宋说"与"南宋初期说"的，并不影响胡先生主张的"南宋中期说"。那他为何非要用这类障眼法以抹杀消弭之？这是因为胡先生力顶《张协状元》剧代表着早期南戏的"艺术价值"，有"质的飞跃"，代表着"温州腔的形成"，"为南宋中期之作，才能显示出南戏在综合中发展的轨迹"，乃至标志着中国古代戏剧最先成熟等观点，而我的无【尾声】说是他的"南戏先熟论"成立的一道不可逾越的障碍。业内无人不知，元代著名曲乐理论家燕南芝庵说过一个著名定理，叫作"有尾声名'套数'"②。试想，《张协状元》剧唱腔无"尾声"，连"套数"都尚未形成，还奢谈什么成熟？笔者现在请胡先生与其他持南戏先熟论者直接回答：《张协状元》剧中例外的两出【尾声】是直出北宋缠令还是南宋唱赚？早期南戏原产自生

① 任讷《散曲概论》卷一《体段》："集曲犹词中之犯与摊破，专属于南，可与北之带过曲相当，而内容绝异。盖带过曲乃许多整个之调相连续，其名亦即用各调原名相连。集曲则撷取各调之零碎句法相连续，而另为定一新名。"见《散曲丛刊》本，中华书局1930年版，第18～19页。

② 〔元〕燕南芝庵：《唱论》，见《中国古典戏曲论著集成》（一），中国戏剧出版社1959年版，第160页。

就有【尾声】、套数吗？请不要故意打岔，顾左右而言他。

（五）偷换概念或论题，就是俗语说的“扯皮抬杠”。你说东，他扯西；你说同，他以异驳；你说起源，他“杠”以流变。这严重违背了“同一律”的逻辑学第一规则。笔者认为，由《张协状元》剧与元曲共有的【叨叨令】【红绣鞋】【山坡羊】【斗蛤蟆】等这些同名“原生曲牌”可知，南北必有渊源关系。胡先生与徐宏图、马骕等主张南戏先熟论者一样，都采用以流责源、以后驳前的思路，强调这些牌子都属“同名实异”。胡先生说“可说是调名相同，格律全不同，两者判然有别”，声称“据我初步的考察，《张》剧中的【红绣鞋】已经别是一支新曲”，“由此可见【山坡羊】虽源自北曲，但在流传过程中则有所变异、提升”。笔者讨论的是同、源，他却偷换成异、流来反对。笔者实在搞不明白，“同源”与“异流”在逻辑上是矛盾对立的吗？有什么可反驳的？笔者不是已经用“北曲南化”说明了流变的内在规律吗？主张南戏先熟论者之驳全是鸡同鸭讲，驴唇不对马嘴，故意扯皮抬杠。胡先生比徐宏图、马骕新增的所谓“辩证的分析”，除了补充南北词格律形式的区别，就是大做上述各牌在南北曲中所属宫调不同的文章。众所周知，“南曲固无宫调”①，宋元南戏剧本都不标宫调；早期南戏原无【尾声】，不成套，更遑论宫调。南曲的宫调系统是明人依照北曲仿造的。动不动就把明清南北曲同名牌子宫调有别的事实搬出来，跟讨论宋元南戏的论题有关系吗？

（六）把格律形式的讨论倒换成文学审美的争执，是胡先生的一大发明。拙作指出《张协状元》剧与关汉卿杂剧《望江亭》同用了南曲的【马鞍儿】一牌，而一用诗词雅格，一用民间曲的俗格，有的曲律家因此主张分别为【马鞍子】与【马鞍儿】二牌。“格俗”“俗格”这些概念也不是笔者完全捏造的，沈璟等明清曲律学家早就在使用。“俗格”指与“古雅”相对的时行的通俗格。

笔者在对曲牌早期词格的分析中，发现有的牌子还保持着原始的、俗曲的标志性句格，如《张协状元》剧中的【字字双】隔句一用“一担担”，【复襄阳】首句的“一步行一步”，北曲【叨叨令】的“也么哥”、【一半儿】的“一半儿”，等等。所谓“俗格”，无非指这类出身俗曲且保留着原始形式特征（如词语俚俗重叠与句型句式的口语化等）的通俗格。【马鞍儿】恰好两格皆备，一格首二句为“想着想着跌脚儿跳，想着想着我难熬”，另一格是“唱彻阳关斟别酒，这一景最清佳”。笔者认为“雅俗词格说”旨在揭示这一客观存在的对立现象，说明前俗后雅的时序规律。

胡先生抄录马骕之文反问笔者：“每一曲牌格律基本上是固定不变的……何来雅、俗之别？”他知道马骕的不懂装懂之问否认不了雅俗格存在的事实，于是别出心裁，用关汉卿作剧要“适合人物性格，以及插科打诨的舞台表演需要”的理由来解释雅俗格存在的原因，批评笔者“犯了一些常识性的错误，至少是悖离了原作的实际”，并加以嘲弄说：“如果

---

① 〔明〕徐渭：《南词叙录》，见《中国古典戏曲论著集成》（三），中国戏剧出版社1959年版，第241页。

要求李梢、张千和杨衙内唱出《张》剧那种‘素朴原始’的曲情腔调来，那可说不仅违反戏剧创作最起码的规则，而且必将贻笑大方于后人而谬种流传。”这就把格律的讨论拉扯为文学的审美品鉴。要是你也跟着胡先生去争辩人物形象与曲情，那就上当了。笔者现在只问胡先生，关剧用俗格，适合他的人物品性，跟【马鞍儿】一牌存在雅俗二格有矛盾吗？扯进文学审美，就可以把【复襄阳】【字字双】【马鞍儿】【叨叨令】【一半儿】【山坡羊】等一类曲牌所带有的“句型句式重叠格口语化”等市井俗曲的形式胎记抹杀掉吗？

（七）据说胡先生还是一位文艺理论名家，有专著传世，难怪他经常喜欢把事实问题倒换成文学审美问题。拙作批评“北宋说”“南渡说”“宋代说”的用宋代人事证明为宋人作的习惯思路，提出“寻找晚点”的断代原则。这本来是历史学、考古学等科学研究共同遵守的一条基本规则。胡先生公然反对，说“虽然艺术作品按照人的审美观进行创作，但必然是客观现实生活的反映，从而揭示出一定社会现实的性质和内容……因此杨文提出‘因为作品中的时代标志，只可说明他早于此时，而不能证明它产生于此时’。这对于了解剧本的历史面貌和历史演变无疑是片面因而也是不确切的”。胡先生在这里做了两次调包，先把考证作品时间的微观具体研究倒换成宏观理论的抽象研究，这已经不属于同一逻辑层次上的讨论了。他之后又把“文学是生活的反映”的文艺理论第一公理倒换成“艺术作品必然是客观现实生活的反映”。据笔者这文艺理论门外汉掌握的半瓶子醋知识，文学作品除了写实再现、反映“客观现实生活”的一派，还有写主观理想的浪漫派，此外还有反映历史生活的历史剧、历史小说等，更有借历史人事写现实的，如南戏名著《琵琶记》就是。退一万步，就以你这以偏概全的文学理论为准，也不能否定笔者说的“晚点决定论”断代原则呀。假如作品叙述“客观现实生活”，叙述从早到晚一天中发生的一个事件，那么测定作品的创作时间是取早点还是取晚点，不是显而易见的吗？

胡先生不只拿理论反驳笔者的考证原则说，还当真运用于其他作品断代的实践，改判公认的金代诸宫调《刘知远》为北宋之作，理由正是《刘》剧所反映的社会背景多与北宋有关。依胡先生的逻辑，《西厢记诸宫调》《三国演义》这类名著的断代定谳，都非重新改判不可，前者的“社会背景”是唐代，后者的“社会背景”是汉末三国，那董解元就非得是唐人、罗贯中必须是三国人不可了？

（八）现代学术理念认为文学研究必须去文学化。因为什么问题一扯入审美，那必然是“诗无达诂”“一千个人有一千个哈姆雷特”，把认知判断切换成价值判断，就等于陷入什么都说不清楚的“黑洞”“灰箱”。胡先生深谙其道，所以就连笔者发现的《张协状元》剧中存在的北方方言，他也用文学审美论予以搪塞：“我的看法却正好相反，戏曲语言是所有剧种的艺术组成部分，除方言外，还须根据各脚色身份的需要，谭使节是关西人，故称‘洒’、‘洒家’，正适合其身份。”其他两例是“秋采”和“李巡”，也被胡先生用“无必要加以深文周纳”与“前后不相呼应”等文学理由加以推脱抹杀了。

现在笔者要补充新发现的更多例子，试看胡先生等主张南戏早熟论者还如何用文学审美去搪塞。

1.《张协状元》剧中有18支曲文存在“入派三声”现象，已由韩国汉学家梁会锡先生著文讲明。笔者又发现道白中也不乏例。如“没”“每”通假①，“合”“和”通用②，“鹿”“路”谐音③。这种现象只有在北语入派三声的情况下才有可能发生，吴语方言至今都不存在。

2.“恁”与“恁地”。这是元曲中的常用语，在《张协状元》剧中的运用频率极高。恁，第二人称，你，您。《张协状元》剧第十出【五供养】：“尊神恁试听。”第二十出【绛罗裙】：“怎知奴便揍来助恁。”徐渭《南词叙录》：“恁，你每二字，合呼为恁。”不确，本义本字就是“你”，一声之转；再转为敬称“您”。恁地，就是今北语“那么地”“那样地”，用作状语。第五出：“（外）妈妈，为何恁地发怒。（末）县君每常恁地。”《张协状元》剧用得很灵活，有时省作“恁”，如第一出：“似恁唱说诸宫调，何如把此话文敷演。”徐渭《南词叙录》：“恁的，犹言‘如此’也。吴人曰‘更箇’。”徐渭是浙江人，这是用吴语解释北语，讲给南方人听。

3.“旦出科介”④。这个证据非常厉害。北剧用“科”，南戏用“介”，人所共知。徐渭《南词叙录》：“今戏文于科处皆作‘介’，盖书坊省文，以科字作介字，非科、介有异也。”徐渭是明朝浙江人，他总结比较宋元南北戏剧“科”与“介”的异同是具有历史权威性的。《张协状元》剧如果是早于元剧的宋人所作，如何预先使用元杂剧的表演术语“科”，难道该剧作者能未卜先知或有“穿越”本事？从用字法说，这二字同音同义，其实是同字异写，所以不能联用。徐渭说“省文”没有道理，是错解。笔者的解释是二字系一词同音异写，“介”与“科”系一音之转，发音相近⑤，其实就是“科”之南音拟字，读如“个”。《张协状元》剧第二出内证“净有个”，是剧本指示语“有介”的拟音字，钱南扬先生以为是误写，直改为“介”。科就是介，介也是科，“科介”连用，则成词费，做剧本指示语不通，犹如说“科科”“介介”。北剧中有“科”“科范”，这是本字，表示舞台表演动作与表情的类别与标准，即类型化，根本不会有“科介”连用者。《张协状元》剧连用“科介”，表明作者不明字义，是模仿北剧而生出的误会。无独有偶，《小孙屠》既用介，也用科，更有两处“科介”连用例⑥，而该剧公认是最晚的，因其中用了三套“南北合套”，故可认为是元末作品，明显是受了北杂剧的影响。以此相参，《张协状元》剧虽比《小孙屠》早，但也不会早过元人北杂剧。

（九）胡文中还有一种特别的偷换手法，就是把未知的有待证明的意见当作不证自明、不言而喻的公理或常识证据。这种把未知待证的材料当证据的手法在逻辑学中叫“预期理由”。如拙作说南戏【斗黑麻】【斗蛇麻】就是北曲【斗蛤蟆】的“南人拟音”，胡先

---

① 《张协状元》剧第四出丑白“成都府自家唤做每对手”，本字应是“没”。
② 《张协状元》剧第八出末白“都说得一合”，“你说一和”。
③ 《张协状元》剧第四十八出净白“曾共乌门上画个白鹿——青霄有路”。
④ 《张协状元》剧第二十出。
⑤ 《广韵》中“科”为“溪”母，“介”为“见”母，同属牙音，发音部位相同。
⑥ 《小孙屠》剧第九出“作听科介”，第十五出“扣门科介”。

生认可笔者的"拟音说"，但以南人拟南音反驳，说笔者"是把《中原音韵》以前的北化音字音误作北曲时期的'南北音'之'北音'了"。众所周知，周德清《中原音韵》为近代语音的代表与开山之作，有谁听说过在此之前还有一套"北化音"？这种故弄玄虚的、对未知的猜想也能拿来当理由、做证据吗？

又，胡先生说"元初期"的张可久做过26首北曲【山坡羊】，"从一个侧面也反映了南曲散曲的艺术水平"。有谁听说过宋元之间的"南曲散曲"？这种说不清道不明的东西根本不能拿来作南曲中早已有散曲【山坡羊】的证据。

又，胡先生抄录徐宏图之文、马骕之文，从钱南扬先生《宋元戏文辑佚》一书中穷搜出【三字令过十二娇】【扑灯蛾过】【八声甘州过】三首标有"过"字的作品，来反对笔者的《张协状元》剧带过曲为宋元南曲之"孤证"说。胡先生与徐、马二人不同的是他明知这三首"虽未写明过入何曲"，却仍然强说"但仍是'带过曲'的一种表现形式"，这等于说既然谁也弄不清是不是，那就先按"带过曲"算吧。笔者在之前的答辩文中已初步弄清，后二首中的"过"是"过曲"之意，与"带过曲"无关。【十二娇】无此牌，究竟为何性质之曲，历代曲律学家有说为【三字令】之增句者，有说为【四边静】者，至今弄不清楚。用未知解释未知是典型的"预期理由"，不仅无效，反而是节外生枝，把已经澄清的问题又搅乱了。

胡先生似乎特别喜用这种手法，他曾用此法反驳外国专家，还真把对方唬得无话可说。韩国汉学家梁会锡曾著文指出《张协状元》剧中的18首曲文存在"入派三声"现象，并引据周德清《中原音韵》的权威证言：宋元南戏全用平上去入的诗韵，与江浙吴语相同，跟北曲"入派三声"的新声韵相对。他最后得出结论：《张协状元》剧必作于元代①这真是铁证如山，万难翻案。胡先生却略施节外生枝小计，拉来万树《词律》"宋词也用'入派三声'"为托词，轻松脱套。② 因为众所周知，南戏音乐的两大主源是"宋词益以里巷歌谣"，《张协状元》剧存在"入派三声"不是可以理解为含有唐宋词的遗传基因吗？别说这位外国专家，就是中国人也多被蒙住，其实是中了胡先生"预期理由"的套子。据笔者所知，"宋词用否入派三声"是个非常麻烦且至今也未搞清楚的难题。明清词韵专家如戈载等主张"词用诗韵"，入声单列五部，并未否认入声的独立存在。笔者无暇评判词韵家与词律家的是是非非，只需指出万树原说混乱不清且当时就有人表示反对的事实真相。《词律》卷一收石孝友的入声韵【南歌子】下注："愚谓入声可作平，人多不信，曰：'入声派入三声，始于元人论曲，君何乃移其说于词？'余曰：声音之道，古今递传，诗变词，词变曲，同是一理……故知入之作平，当先词而后曲矣……有本是平韵，而以入代叶者，如金谷此篇之类。"首先，南宋词论家沈义父《乐府指迷》创"以入代平"说，实为歌唱之事，与语音学的"入派三声"不是一回事，那是"代"，而非"派"。第二，词有原定押平声韵者，有的改为"入韵体"，如这首石孝友的入声【南歌子】就是。这又不可混同于一般的"以入代平"说，

---

① ［韩］梁会锡：《〈张协状元〉写定于元代中期以后》，载《艺术百家》2000年第1期。

② 胡雪冈：《〈对《张协状元》写定于元代中期以后〉一文的商榷》，载《艺术百家》2003年第2期。

因为除了句中字与押韵的区别，还有相反的“以平代入”式，如【满江红】原押入声韵，后生出“平韵体”。第三，“古今递传”的遗传说不通。万说自身就是反证：唐诗既无“入派三声”，也无“以入代平”，“诗变词”，显然违背“同是一理”。第四，宋词中确有真正的“入派三声”，那是个别的例外情况，或者为“乡音入词”，如南宋的北方籍词家辛弃疾等偶然用过。再有，南宋与金元共时，南宋中后期不排除有人受北语中原新音韵的影响，作词杂入北音。结论：第一，宋词中存在北音的“入派三声”现象，究竟属于何种具体情况、达到何种程度，这是必须具体研究分析的问题。第二，就算宋词中存在“入派三声”，怎么能够传播到南戏故乡——偏居海隅的温州，还要为《张协状元》剧的作者和观众所接受，这更是一个不可证明的问题。第三，根据周德清《中原音韵》的权威证言确认南方戏文的音韵为吴语，跟平上去入四声齐全的传统“诗韵”一致，而与元曲所用“入派三声”的北方通语新音韵有严格的对立区别。拉清人万树来与周德清抗辩，怎么可以说服了解真相的外国专家？

## 二、自相矛盾与逃避矛盾

（一）徐宏图、马骕等主张南戏先熟论者极力否定笔者对南北同名本生曲【山坡羊】【叨叨令】等南出于北的证明。他们不约而同地采用“摘钩法”与“指远法”加以反驳，一方面坚持说这些南北同名曲“名同实异”，了无关系，另一方面又说就是有关系，也是远在唐宋之时。笔者在之前所作的答辩文中指出，他们不仅违背了王国维发明的词曲牌名相同必同源的定理，而且是“裸证盲断”。现在笔者要进一步指出，他们还违背了逻辑学的“矛盾律”，有自打嘴巴之嫌。既然一口咬死这些南北同名曲“名同实异”，怎么又“远指”到唐宋时同源呢？如果说曾经同源，就不能说了无关系。这不是自相矛盾是什么？

胡先生不但延续了徐宏图、马骕这种两相抵牾的反驳思路，而且进一步制造出更加混乱的三角冲突和四重矛盾。这是因为他又接受了笔者的南源自北之说，希望能调和折中各种对立的观点，结果就弄成一个混乱不堪、破绽百出的大杂烩。他说：“杨文所举之【山坡羊】、【叨叨令】、【红绣鞋】等三支南北曲同名的曲牌，源于北曲似属无疑，但从曲牌本身进行考察仍属同名实异，所以承认【山坡羊】、【叨叨令】、【红绣鞋】等源自北曲，但北曲对南曲的影响尚未发现、证实彼此之间关联的确实证据。”他明确肯定并接受了笔者的结论：“南曲【山坡羊】源自北曲并深受北曲的影响，这是不争的事实。”第一，既为“不争的事实”，怎么又“似属无疑”“名同实异”？怎么又说“北曲对南曲的影响尚未发现”？第二，“不争的事实”不就是“彼此之间关联的确实证据”？第三，同名牌子不就是同源、影响、“证实彼此之间关联的确实证据”？舍此词曲学常识、公理、定理以及他自己都认可了的“不争事实”，笔者搞不明白他还要什么样的所谓“确实证据”。

（二）胡先生反对南北同名【红绣鞋】南出于北的证明，认为两者同名而实异，这种情况的出现主要是两者渊源各自以及南北曲经历了长期的交流、融合及转换等多种因素造成的。请看其中的三角冲突。首先，同名牌子必有渊源关系，说“渊源各自”，已是悖理不通。其次，既说“渊源各自”，名同实异，怎么又经历“长期的交流、融合及转换”而造成同名？又怎么能说“南戏不直采其曲，而是往往变换其（北曲）曲格、曲式”？他这是既否定又肯定。这就是胡先生在文章中示范的所谓“辩证的分析”，实是一团乱麻、连他自己都理不出个头绪的绞缠之法。

（三）主张南戏先熟论者所说的“名同实异”，确切指意就是马骕所说的“不代表彼此之间具有血缘关系”。胡先生反驳笔者的“【叨叨令】论”说：“南北曲【叨叨令】除曲调同名外，并不能说明两者之间具有内在的必然的相承及影响关系。”既然没有必然关系，怎么也叫【叨叨令】呢？同名牌调必有关系，如有例外，就请你拿证据来。此外，胡先生认同笔者说的“也么哥”就是这个牌子的“定格字”。王力先生说重叠的定格两句“真有叨叨的意味”①，显然是【叨叨令】之得名所由，正如北曲【一半儿】与南曲【字字双】得名于其定格。南曲【叨叨令】诚如胡先生所言，“既无叠句，也无定格字”，那胡先生为何还称其为【叨叨令】？胡先生采用笔者的论据论证，却否定笔者的结论，要么是笔者在自打嘴巴，要么是他自相矛盾，二者必居其一。

（四）胡先生与徐宏图、马骕一样，坚决反对笔者说南曲的【斗黑麻】【斗蛇麻】出自北曲的【斗蛤蟆】，是南人的拟北音异写。本来各自观点对立，旗帜鲜明，并无逻辑混乱之病。但胡先生笔锋一转，说：“【斗黑麻】‘黑’的声母可能为‘拟’清化后的‘虾’声母，但‘黑’和‘虾’的韵母、声调都不同。”不许笔者说是拟音，只许你说拟音，刚说了拟音又自己一口吞食。笔者万万没有料到，胡先生绕了一个大圈子，最后却回到笔者的结论：“总之，【斗蛇麻】、【斗黑麻】可能出于杂技，是早期南戏分别对【斗蛤蟆】、【斗虾麻】的别写‘拟音’。”这段文字诡谲离奇，忽东忽西，出尔反尔，矛盾百出，其实是胡先生写出了自己在探讨试错过程中四处碰壁、自设自否的真实遭遇。违背事实、强词夺理的辩驳在逻辑上必定破绽百出，前言不搭后语。

（五）最幽默的是胡先生在文章中罗列汉乐府的《襄阳乐》、李白的《襄阳歌》与南曲中的【襄阳会】以附会《张协状元》剧中的【复襄阳】一调。汉乐府传到李白，还不知道能否歌唱，再传给南戏，就算还能唱，也不该是唱【襄阳会】。【襄阳会】的主角是刘备，有元剧家高文秀改编的《刘玄德独赴襄阳会》可证。相声大师侯宝林先生有个著名的段子叫《关公战秦琼》，如果一定要李白唱【襄阳会】，那刘备肯定会气得非唱“你在唐朝我在汉，咱俩合唱为那般”不可。笔者理解胡先生可能是故意编制这个滑稽链接，跟笔者“难有其他解释”的预判开个小玩笑。

（六）《张协状元》剧一出中有一句演出广告语：“绯绿可同声。”绯绿社是南宋杭州的一个业余票友组织，全称“豪富子弟绯绿清音社”，见载于《梦粱录》《武林旧事》《西湖游览志》等多种宋末有关杭州的文献中。胡先生据此质问笔者，“如果一在宋而一在元，那

---

① 王力：《汉语诗律学》，上海教育出版社 2005 年版，第 781 页。

有什么‘同声’之可言”。胡先生问得好，直刺要害，且容笔者在后文解释。现在笔者只要“以子之矛陷子之盾”。胡文开篇与结尾高调重复《张协状元》剧为南宋中期戏文且只能产生在南戏故乡温州，反对笔者提出的该剧编于杭州说。倘如此一在温而一在杭，“那有什么‘同声’之可言”？胡先生总不能把杭州的票友社搬到温州去“同声”吧？

（七）胡先生否定笔者的孟珙“复襄阳”说，提出一个主要理由，“就是曲牌涉及历代军事战争的不多，就我所知仅此一例”。而胡先生在同文第三节中反驳笔者的“带过曲出元曲说”时，却列出南曲的【破齐阵】与北曲的【得胜令】，难道它们不是“涉及历代军事战争的”？怎么前边说的后边就忘了？根据胡先生的启发，我们想起南曲还有【破金兵】【铁骑儿】【踏阵马】【征胡兵】等，北曲中则专门列有“凯歌”与“铁骑”两大类曲目①。这里不仅是自相矛盾，而且还有隐匿反证、逃避矛盾之嫌。

（八）胡先生独家发现两条文献，非常珍贵。一是《通俗编》，一是宋人的《道山清话》。以这两部文献做证指出，人称代词“你们”“我们”，南北宋时写作“懑”“门”“们”，“而元时又借为‘每’”。如此明确、毫不含糊的文献记载简直就是极其稀见的古代试金石，足可与现代的 DNA 检测技术媲美，一经测试，真假立见，一证即可定案。这就把复杂问题变简单了，还要什么“辩证的分析”。我们不妨先拿《永乐大典戏文三种》的另外两个元剧做一测试，看其效验如何。查《错立身》第一出有“贤每雅静看敷演”，第二出有“我每等候在书帏”，第六出有“恐把我每连累”，《小孙屠》第九出有“和相识每吃酒”“休只管恋它每”等，果然屡试不爽，百灵百验。有此利器，何患《张协状元》剧编写时间之疑案不破！当胡先生宣布对《张协状元》剧“本剧未出现‘懑’字，而普遍使用‘门’或‘们’字”的最终检测结果时，笔者顿时感到绝望透顶。面对如此钢铁证据，还有什么可狡辩的？笔者只能宣布认败服输，向胡先生等主张南戏先熟论派低头认错。

且慢，笔者随手一翻《张协状元》剧文本，到处可见用“每”例，比“门”“们”要多得多。下面据钱南扬校注的《永乐大典戏文三种校注》本罗列笔者的检测结果：第 44 页有“斯打你每早先输”，第 78 页有“不消得我每为媒主”，第 88 页有“我每吃得十来碗”，第 99 页有“说与我每一和”，第 104 页有“谁肯近傍你每”“不道我每要出路”，第 105 页有“我每把头发便来剪”，第 120 页有“我每等来”，第 148 页有“我每好笑”。既有那么多元代人才能写得出的“你每”“我每”，仅据此已足可断定《张协状元》剧为元人编写。胡先生隐瞒如此重要的大量内证、反证，显然很清楚宋人除非未卜先知或玩“穿越”才能预先写出这么多“你每”“我每”来。胡先生总不好意思推托说从没有读完过《张协状元》剧文本吧。

（九）胡先生在最后的结论中提出一个否定笔者的“元初编剧说”的重要理由：“总之在元代初期，不可能出现以负心婚变为主题的《张协状元》，更何况《张》剧是从‘前回曾演’与‘这番书会’《状元张叶传》的基础的翻腾改作，因此完全可以排除杨文所谓‘《张》

---

① 〔元〕燕南芝庵：《唱论》，见《中国古典戏曲论著集成》（一），中国戏剧出版社 1959 年版，第 160 页。

剧的编写时间可确定在元代初期’之说。”胡先生自说自驳，前后打架。元初虽不可能出现，但“翻腾改作”“前回曾演”的不就可以有了吗？怎么能排除笔者的“元初编剧说”？此其一。其二，元初怎么就不可能出现负心婚变剧，杨显之的名剧《潇湘夜雨》不是吗？

（十）时间与时序是纯粹的逻辑演算，只用加减法足够，而胡先生经过“辩证的分析”，反而弄得时序颠倒错乱，把宋元戏曲史的重要节点搅和得一塌糊涂。笔者在此仅举三例。

例一，胡先生质问笔者“一在宋而一在元，那有什么‘同声’之可言”。历史朝代有“历时”相承者，如秦汉、隋唐；有“共时”并存者，如南北朝；还有先“共时”，后“历时”者，如宋金元三朝。从逻辑上说，凡并存者则有“同声”之可能。胡先生这样问一定是把宋元误会成前后相承关系了。

例二，胡先生一口咬定《张协状元》剧编定于南宋中期，而对其时间断限却含糊不清、任意指划。他说“关汉卿是元大德年间人，迟于南宋中期相隔已将近百余年”。作为元剧的创始者，关氏究竟是一般戏剧史家认定的金末元初人，还是胡氏个人随意指定的“大德年间人”，笔者不参与讨论，这里只要搞清胡氏所谓“南宋中期”的下限。元成宗大德元年为 1297 年，上推“相隔已将近百余年”，那是 1197 年，为宋宁宗庆元三年。为何南宋中期“相隔”于这一年？

南宋先与金朝对峙，然后与金元鼎立，最后与元联手灭金后又与元并立，终于为元朝所灭。依照南宋政治格局的变迁节点，如果划分为三期，中期与后期的分界点理应为 1234 年灭金。这个节点与大德元年（1297）“相隔”不过六十余年，何来“将近百余年”之久？

如果胡先生不同意上述划分法，那还有一个最简单、最公平而且让谁也不能再有话说的除三法，南宋自 1127—1279 年共计 152 年，均切三段，各得 50 年。奇异的是除三平均法的结果（1227 年）与笔者主张的灭金切分点非常接近，只有 7 年之差。这还是离胡先生所谓“相隔已将近百余年”差了好大一截。

例三，胡先生拉出曾作过 26 首【山坡羊】的浙江籍元曲名家张可久与关汉卿、陈草庵对抗，说张可久是元初期（1270—1340）庆元路（浙江鄞县）人，略后于关汉卿、杨显之，与陈草庵可谓同时期人。众所周知，元曲史分期最为通行的方法有三分法与二分法，无论哪一种分期法，张可久都是公认的元曲后期的代表作家，而不可能混入前期关、杨、陈的队伍。这里只说“三分法”。“三分法”为学术大师王国维所发明①，具有权威性。王国维根据钟嗣成《录鬼簿》著录元曲家分为“前辈已死”“方今已亡”“方今”三代人，而划分元曲为三期：初期或前期叫“蒙古时代”，开始于“太宗取中原”即 1234 年灭金，终结于元朝灭宋一统天下即 1279 年，共计 46 年。可见这个时段正好与“南宋后期”相当，而与“南宋中期”前后衔接。王国维所分元曲的中期与后期分别叫“一统时代”与“至正时代”，顾名

① 王国维撰，叶长海导读：《宋元戏曲史》，上海古籍出版社 1998 年版，第 73～74 页。

寻义，年限都是清楚确定的。关、杨、陈在《录鬼簿》中被列入“前辈已死”群中，当然属于元初作家。张可久在《录鬼簿》中被列入元曲家第三代的“方今”一辈，相当于王国维划定的元末“至正时代”。他是个别生年可考的元曲家之一，生于 1280 年①，“元初期”的最末一年 1279 年，他还未出世呢。就依胡文给他提早 10 年，一个九岁的孩童就能与关、陈“前辈”平起平坐，算作“元初人”了？

## 三、循环论证与证断不应以及其他

（一）胡文中普遍存在一类“不说理”的论证与反驳，其中之一种是把论点、论题当证据。这在逻辑学中叫作“循环论证”。胡先生这样反驳笔者的【山坡羊】出于元曲说，他说：“南曲【山坡羊】源自北曲并深受北曲的影响，这是不争的事实，但北方【山坡羊】传入南方其时期较早，此有产生于南宋中期的《张》剧可证。”《张协状元》剧“产生于南宋中期”是你正在寻据证明的论点与论题，你怎么可以反过来当证据使用呢？这等于说要问为什么俺比你早，就是因为俺早于你。用这种战法攻击论敌，那必然天下无敌，所向披靡矣。

胡先生把他主张的“南宋中期说”当成证明“南戏先熟论”的“万能法宝”：“总之《张协状元》为南宋中期之作，才能显示出南戏在综合中发展的轨迹来，同时使我们窥知宋代南戏的真实面目和历史价值，也可以直接回答杨文‘一是中国古代戏剧究竟何时成熟’的‘疑案’。”这种循环论证贯穿全文，是胡先生最后一击而致论敌于死地的“撒手锏”。他说关汉卿杂剧引用的南曲【马鞍儿】：“我可断言在《张》剧之前，曲牌未见【马鞍儿】。”他在一条一条反驳笔者的【叨叨令】【斗蛤蟆】【红绣鞋】等南北同名曲出自元曲的行文中都不忘重复一句：“何况《张》剧产生于南宋中期，远在北曲之先，更不存在‘元曲南化所致’的问题……更何况《张》剧是南宋中期时的作品，远在元北曲之前……（杨文）得出的结论就有些南辕而北辙了。”“何况（喜用【红绣鞋】的）关汉卿是元大德年间人，迟于南宋中期相隔已近百余年，这种将‘时光倒流’式的推断，是不够科学慎密的，是依据不足的。”胡先生还真被他自己编织的“循环论”幻象折腾迷惑了，如同从习惯的“地心说”立场看“日心说”，正好与太阳的东升西降相反，地球是自西向东的“倒转”。胡先生说笔者的北剧先熟论是“时光倒流”或“南辕北辙”，以他的南戏先熟论为判断标准，倒是没有说错。

现在笔者要提请胡先生注意，你无论采用什么证据反驳《张协状元》剧编写于元代都可以，都有一定概率的可能性，唯独绝对不可以用“南宋中期说”循环为证，因为这条“证据”的逻辑效力不仅等于零，而且还很容易让别人猜出你手中根本没有证据和可拿的底牌。

（二）胡文中另一类“不说理”的考据是专门罗列《张协状元》剧中的北宋材料来证明

---

① 贯云石为张可久作《今乐府序》，说“小山以儒家读书万卷，四十犹未遇”。此序署“延祐己未”（即 1319 年），据此可考定张可久的生年为 1280 年。

“南宋中期说”。如说“51 出下场诗”，“实是北宋晏几道《小山词·鹧鸪天》中句”；“弓手”，“此北宋真宗年间(1002 年)事”；“乡荐”，引宋王禹偁诗“可证”；“保甲”，系“宋代王安石推行新法，变募兵为保甲”；“堂后官”，据《事物纪原》可知，为北宋“太平兴国九年五月”事。请问这些北宋材料与“南宋中期”的论题诉求有何联系？逻辑学揭露有一种诡辩术叫“论据与论断实不相干”，就是指这类风马牛不相及的证明。

以前有人用北宋人事论证《张协状元》剧为北宋之作，多少还有些字面关联。马骕先生是第一个挪借北宋为南宋中期之证的人。他说“据此，仅【紫苏丸】出于北宋一条，便不能排除‘南宋中期说’”①。胡先生只不过是效法马氏并做了大面积推广而已。

(三)逻辑学告诉人们，任何有效的证明与反驳都须建基于不言而喻、不证自明的公理、公认的常识与事实之上。胡先生在引据这些公理与常识时，经常存在歪曲捏造之嫌，如他说“南曲的【拴搐艳段】就有【襄阳会】一支”。笔者只听说金院本中有《襄阳会》一个节目，演的是刘备的故事，从未听说南曲中有什么“拴搐艳段”，更未听说过叫作【襄阳会】的一支曲牌，不知胡先生是从什么南曲书中引来的，如果不是捏造，就请注明出处。

又如他说：“南曲并对唱赚有了发展，称为‘覆赚’。”请问“南曲覆赚”的文献根据何在？

又如他说：“每一曲牌格律基本上是固定不变的，如字数、句数、音韵、平仄、对偶及衬字等。”不知道胡先生听说过增字、增句、摊破、减字、减句以及“又一体”、“变体”这些词曲格律学的传统概念术语没有，建议先生千万不要轻信马骕“固定不变”“八百年不变”的个人担保，最好还是依沈璟、吴梅等历代曲律学的权威著作为准。

又如胡先生为了证明【斗黑麻】是南人拟南音，说“‘蛤’在‘蛤蟆’中读‘há’……其音当读‘古沓切’。又《洪武正韵》入声：‘蛤：古沓切。’可证”。蛤，别说古代，就是今天的吴语方言也不可能拟读作“há”。只要学点音韵学，练读过“见溪群疑”三十六字母的，都不可能把“古沓切”的上切字“古”之声母读成“h”。《广韵》“古”字，公户切，见母，读如“g”(音哥)，跟今天的普通话读音近同。“古沓切”当读如“gá”(音嘎入声)。

胡先生在文中把元后期作家张可久说成“元初人”，说同名曲牌在宋元南北曲中所属宫调不同，说金代《刘知远诸宫调》为“北宋”的“《刘》剧”等，均属于歪曲捏造证据，已从其他角度论析，此不再赘。

(四)胡先生最“不讲理”的地方在于裸证盲断，就是零证据论断。前述“循环论证”“证断不应”及“歪曲捏造证据”等，其实多属这类无证而断。无论是把论点当作论据，还是牵扯似是而非的不相干材料，这样的“证据”有如同无，都只是摆出一个证明的架势，并不是真正的证明。这里说的裸证盲断，是指连“证明”的架势也不要，干脆赤膊上阵，空口武断。而这些又往往都处于直接牵涉《张协状元》剧编写时间、地点的关键节点上。

---

① 马骕：《曲牌研究的舛误及歧途——杨栋〈《张协状元》编剧时代新证〉之异议》，载《戏曲研究》2013 年第 1 期。

如南戏专家徐顺平先生最早考定《张协状元》剧道白“村南村北梧桐角，山后山前白菜花”两句，出自南宋诗人曹豳《题括苍冯公岭二首》，并根据曹氏生平履历，论断此诗为曹氏主政浙东时所作，时在宋理宗端平二年（1235）之后，正届于南宋中后期节点1234年之下一年。故徐顺平先生做出一个非常科学严谨的结论：《张协状元》剧的编写时间是“南宋中期以后”。① 南京大学吴新雷教授对徐考进行引据补正后，断定《张协状元》剧确是南宋后期的作品。② 胡先生无视此前学人所做的这些科学严密论证，不顾曹诗的“思乡”主题内容与曹氏生平事迹，一上来就直断曹诗作于“嘉泰二年（1202）”，从而使他的“南宋中期说”逃过被证伪的灭顶之灾。这是典型的裸证盲断。

胡先生似乎特别喜欢大言武断，“我可断言在《张》剧之前，曲牌未见【马鞍儿】”这类句式在胡文中可以经常看到。笔者多年探究【斗虾蟆】曲牌的渊源。胡先生说：“总之，【斗蛇麻】、【斗黑麻】可能出于杂技。”固然破解笔者的终生困惑，但证据呢？笔者只等下文看胡先生的独家材料，却什么都没有。原来是信口开河，想当然耳。

胡先生作为温州本地人，辨识《张协状元》剧中的温州方言自比我们外人具有得天独厚的优势，理应握有确凿无疑、令人信从的证据，然而遗憾的是他列举的温州方语词汇，也多是裸证盲断。如“老鼠拖猫儿”中的“拖”，肯定是古今南北通行语，怎么可能是只有温州人才说而外人不说的“温州方言”。证据一，李白名诗《丁都护歌》中有“拖船一何苦”。证据二，当代北方农村“穿拖鞋”“开拖拉机”的可是太普遍了。胡先生随口列举的第三人称“渠”、形容土气的“村”、太阳的俗称“日头”等，也都是南北通语，根本不是什么温州方言。

上述循环论证与裸证盲断等显然都严重背离了逻辑学的一条基本规则——充足理由律，更与现代学术是探求知识、真理之事的本质属性与精神背道而驰。所谓真理，其第一表征就是举证说理，而非自吹自擂。所以胡适先生生前到处讲学术方法，有一句口头禅，叫作“拿证据来”。据其自承，这是出自英国大科学家赫胥黎的口号。其实，在我国先秦时期，孔子坚持“无征不信”，荀子则说过“其持之有故，其言之成理”。这些话蕴含的道理与近代科学的实证主义精神相通。而当代西方著名科学哲学家波普更进一步提出“证伪主义”，揭示科学与真理更为本质的特征是可以而且必须经历证伪的程序。他发现实证主义存在自说自话、自拉自唱式的只说一面理，就是最荒唐的谬论也可找出一百条证据来“强词夺理”。胡适先生是聪明人，信奉实证主义哲学，却早把做学问比做打官司，真是精警之极，与波普的证伪论精神相通。现在一般人都知道“打官司就是打证据”的格言，其要义不仅要举证，更关键的是“打”——质证，原、被两方对抗“互掐”，最后由第三方中立者裁判。总之，敢于、肯于“上法庭打官司”的才有可能是科学真理。笔者现在发挥胡适先生的学术观提出，我们文学、文化研究人其实也是靠“上法庭打官司”吃饭的，一定

① 徐顺平：《现存〈张协状元〉剧本不会早于南宋中叶》，见《南戏探讨集》第五辑，1987年版。

② 程千帆、吴新雷：《两宋文学史》，上海古籍出版社1991年版，第676页。

要学习遵守“如无证据，敬请缄默”的行业规则，彻底清除“裸证盲断”等“不说理”之学风，就是拒绝反证、逃避证伪的自拉自唱式的“说一面理”，尚且距离科学真理十万八千里，更遑论裸证盲断乎。

公平地说，作为地方学术派的代表，胡先生还不属于最“蛮不说理”的那一种。即使在主张“南戏先熟论”的圈子中，与徐宏图、马骕那种“不管你说什么，我只要反对”的全盘否定论相比，胡先生还是相当温和平允的。至少他没有完全否认“真相只有一个”“真理必须实证”的根本学理与科学信念，因此他对笔者的不少不直接威胁他的“南宋中期说”的刚性论证则多予认可，如承认【山坡羊】南曲出自北曲是“不争的事实”，【斗黑麻】就是【斗蛤蟆】的“拟音”等。

最后，笔者必须感谢胡先生的争鸣质疑，不仅为笔者提供了申述、补正的机会，还推进了笔者对戏曲史重大疑案难题的深入探索。真理越辩越明，只有竞争，才有利于提高学术水平。而且笔者非常幸运，是胡先生的质疑争鸣，倒逼笔者对自己一贯遵信的“真理至上主义”与科学方法论的文学研究理念做出扼要的告白与交代，希望能够消除此前及今后因论证“北剧先熟论”而容易发生的一些误会。已有论者指责说笔者“偏向北曲”，其实从笔者遵奉的“真理至上主义”理念进行合乎逻辑的推导，保持“学术独立与自由”，拒绝堕落为他力的附庸及各种利益之工具自是题内应有之义。笔者的学术座右铭是“只问真不真，不管用不用”。

# 关汉卿现存杂剧的结构艺术及戏曲史的伟大贡献

许建中*

2018 年是关汉卿戏剧活动 760 周年,世界和平理事会确定他为"世界文化名人"60 周年。

关汉卿是我国戏曲史上第一位伟大的戏曲家。朱权在《太和正音谱·古今群英乐府格势》中尊其为"杂剧之始"①。他的杂剧作品与存世作品在元杂剧作家中都是最多的。进一步研讨关汉卿杂剧的结构艺术方式与成就,有利于更全面、深入地认识关汉卿杂剧结构艺术的伟大贡献与影响,也有利于更加深刻地了解元杂剧结构的特色与形成。

关汉卿杂剧现存十五种②:《西蜀梦》《拜月亭》《调风月》,有《元刊杂剧三十种》本;《哭存孝》《陈母教子》,有脉望馆钞校本;《单刀会》,有元刊本、脉望馆钞校本;《救风尘》《鲁斋郎》《蝴蝶梦》《谢天香》,有脉望馆钞校本、《元曲选》本;《金线池》《玉镜台》,有《古杂剧》本、脉望馆钞校本、《古今名剧合选》本、《元曲选》本、《柳枝集》本;《窦娥冤》,有脉望馆钞校本、《元曲选》本、《酹江集》本;《望江亭》,有《古杂剧》本、脉望馆钞校本、《元曲选》本;《绯衣梦》,有《古杂剧》本、脉望馆钞校本。后十种不同版本间差异不等,但戏剧情节大同小异,不致影响本论题的讨论。

* 许建中,扬州大学文学院教授。

① 〔明〕朱权著,姚品文点校笺评,洛地审订:《太和正音谱笺评》,中华书局 2010 年版,第 24 页。

② 另有《孟良盗骨》《风流孔目春衫记》《唐明皇哭香囊》三剧存有残曲。脉望馆钞校本《山神庙裴度还带》《刘夫人庆赏五侯宴》《尉迟恭单鞭夺槊》三剧均题关汉卿,前人已有考辨,第一种当属贾仲明,后二种宜入无名氏。参见邵曾祺编著《元明北杂剧总目考略》(中州古籍出版社 1985 年版)相关综述与考辨。《鲁斋郎》,脉望馆钞《古名家杂剧》本属无名氏,此从《元曲选》本。

## 一、注重现实的题材分类

罗锦堂先生在《元杂剧本事考》中较早地对关汉卿现存十五种杂剧进行了分类:

历史剧:乙　以个人事迹为主而其事与史事相关联者:《单刀会》《西蜀梦》《哭存孝》;

社会剧:乙　公案　决疑平反:《绯衣梦》《蝴蝶梦》;

　　　　　　　　压抑豪强:《鲁斋郎》;

家庭剧:《陈母教子》《窦娥冤》;

恋爱剧:甲　良家男女之恋爱:《拜月亭》;

　　　　乙　良贱间之恋爱:《金线池》;

风情剧:《玉镜台》《望江亭》《调风月》《救风尘》《谢天香》。①

据此而言,关汉卿杂剧题材广泛,也颇具特点。三种历史剧都不以尊崇历史为归,而是改动史实,以寄感慨:《单刀会》盛美关羽英豪,《西蜀梦》褒扬关、张高义,《哭存孝》悲悼存孝功高谗枉而死。三种社会剧均为公案剧,剧中的决疑抑强者,如《蝴蝶梦》《鲁斋郎》中的包公、《绯衣梦》中的钱可,均为元人乐道之人。《蝴蝶梦》《绯衣梦》犹间杂神鬼灵异,要之为平民说法、劝善惩恶;惟《鲁斋郎》全凭包公智慧,虽近游戏,触目惊心。两种家庭剧属于家庭伦理的作品,《陈母教子》写母教之重要,《窦娥冤》写家人骨肉聚散离合。两种恋爱剧中的"良家男女之恋爱"即才子佳人剧,"良贱间之恋爱"即青楼士子剧。五种风情剧以男女风流而兼有滑稽情趣的故事为主,虽写艳情,但带有潇洒诙谐之趣,因此与态度庄雅、情感热烈的恋爱剧相区别。其中,写良家妇女的有《玉镜台》《望江亭》,写侍婢的有《调风月》,仍不出才子佳人的范畴;写妓女的有《救风尘》《谢天香》。《救风尘》在风情剧中最为出色,表面上为充满滑稽趣味的喜剧,内容则暗含妓女生活的悲苦和心中的哀情,不可以寻常风情剧观之。

换个角度考察,关汉卿现存杂剧本事可考者,有《西蜀梦》《哭存孝》《单刀会》《玉镜台》《窦娥冤》《陈母教子》六种。惟《玉镜台》据《世说新语·假谲》,表现了传统文人的一件艳羡之事。《西蜀梦》《哭存孝》《单刀会》三种当据民间传说。《陈母教子》虽据史而作,但重点写陈母教子有方;《窦娥冤》据《汉书·于定国传》、刘向《说苑·贵德》、王歆《孝子传》、干宝《搜神记·东海孝妇》所载之东海孝妇故事而作,也由赞颂于公决狱无冤转写窦娥冤屈情怀。此类作品的特点是缘事而发,借题发挥,用他人之酒杯浇自己之垒块,其现实社会的指向性十分鲜明。其他剧目也大都源于生活,独出机杼:《拜月亭》或据南戏《拜月亭》改写,突出了女子内心对"父母之命"的强烈反抗;《调风月》虽然以燕燕通

---

① 参见罗锦堂《元杂剧本事考》第三章《现存元人杂剧之分类》。不过,他以为关汉卿杂剧有14种,将《鲁斋郎》收入第一章《现存元人杂剧总目》第三节《无名氏作品　上》。

过抗争成为小夫人结局,但侍婢对人生出路的思考十分深沉。《救风尘》《谢天香》《金线池》当出于妓院故事,各有命意:《救风尘》表现了妓女在士子与衙内之间的选择矛盾,《谢天香》《金线池》都用"误会"法写出了妓女无法掌握自己命运的无奈。《望江亭》则用游戏笔墨赞美了妇女的抗争努力。《绯衣梦》《蝴蝶梦》《鲁斋郎》都是公案故事,《蝴蝶梦》《鲁斋郎》表现了现实政治的黑暗和正直官员的艰难,《绯衣梦》歌颂了贤官能吏在判案过程中的剔隐抉微、秉持公正。此类作品的特点是取材于现实,着重展示特定历史时期民众的社会生活状态,表现了作家对现实社会的体察、认识与感悟。

虽然关汉卿现存杂剧的取材较广泛,但他不创作仕隐剧、道释剧、神怪剧,不创作"以历史事迹为主者"一类的历史剧,也不创作朋友剧和水浒剧等社会剧,可见也是有所为、有所不为的。

关汉卿现存杂剧的题材特色,一是多取材于现实社会问题及古史小说中的豪侠英烈故事,以表现元初汉民族下层民众的生活与情感,富于现实色彩和常人趣味,首开中国古典戏曲现实主义创作风气;二是题材多样精彩,情调丰富,悲剧慷慨,喜剧风趣,正剧庄重,为中国古典戏曲创作的题材丰富性与多样性做出了样板;三是由于"驱梨园领袖,总编修师首,捻杂剧班头"①的特殊经历,独创风情剧,数量最多,质量亦高,兼顾雅俗,为中国古典戏曲提供了一种崭新的题材类型,为以后风情剧的发展,尤其是明清文人传奇风情剧的创作奠定了基础。

## 二、设置完美的结构类型

受到元杂剧"一本四折"或曰"四折一楔"的文体制约,关汉卿现存杂剧主要采用单线结构,总体呈现"开端—发展—高潮—结局"的框架,重点展示主要人物命运的一个阶段或全过程,促进了元杂剧形式体制的定型成熟。但这种结构构架具体落实到每一个剧目,却各呈其妙。戏剧高潮是戏剧矛盾或戏剧冲突发展的最紧张、最尖锐阶段,是决定戏剧冲突中人物命运和前途发展的关键时刻,因此从剧情高潮的设置可以看出关汉卿的精心布局。

高潮在第三折者 6 剧:《西蜀梦》《望江亭》《玉镜台》《陈母教子》《绯衣梦》《金线池》;

高潮在第四折者 6 剧:《单刀会》《救风尘》《谢天香》《调风月》《蝴蝶梦》《鲁斋郎》;

高潮在第二折者 3 剧:《窦娥冤》《拜月亭》《哭存孝》;

相应而言,关汉卿现存剧作的剧情结构大致也可以分为三种类型。

1. 依势而行、孤枝独上型。这是依照生活中正常的事理逻辑编排剧情、积蓄矛盾,戏

---

① 天一阁本《录鬼簿·关汉卿》贾仲明补【临江仙】挽词,见《中国古典戏曲论著集成》(二),中国戏剧出版社 1959 年,第 151 页。

剧高潮置于第三折,后多以团圆结束。《西蜀梦》第一折末写扮使臣知关羽、张飞已死,急返复命;第二折写诸葛亮观天象知关、张已死;第三折为高潮,写关、张两魂相遇,诉说悲情,应题"关张双赴西蜀梦";第四折写关、张鬼魂正面表演,设伏笔,托梦刘备,剧情上并无新的推进。《望江亭》第一折演白士中与谭记儿成婚;第二折演杨衙内陡生风波;第三折重点表现谭记儿的勇敢聪慧,应题"望江亭中秋切鲙",智取势剑金牌;第四折写杨衙内阴谋失败,宣圣旨明辨善恶。《绯衣梦》第一折写王闰香约赠财物;第二折写裴炎杀人劫财,李庆安血手印门;第三折写钱可见苍蝇抱笔,得狱神庙庆安梦语,捉拿裴炎,应题"智勘绯衣梦";第四折写定罪裴炎,闰香、庆安团圆。第三折引入的开封府尹钱可的破案为剧情的关键与枢纽。

2. 蓄势而发、曲终奏雅型。这类作品是着重渲染戏剧情境与复杂的戏剧情节,以蓄积戏剧矛盾,直至第四折才掀起高潮,揭晓主要人物的命运,然后多以断语、判词迅速收结。《单刀会》前二折交代乔国老、司马徽劝阻鲁肃设计索取荆州,第三折写关羽训子,慨然答应赴宴,第四折写过江赴会,应题"关大王单刀会"。前三折铺设悬念、制造紧张气氛,第四折达到高潮。《救风尘》前二折交代宋引章嫁周舍后方才悔悟,向赵盼儿求救;第三折写赵盼儿携财自嫁,诱骗周舍休妻,应题"虚脾瞒俏倬";第四折一场二段:周舍休妻,赵盼儿携引章同归,周舍骗回休书咬碎,但真休书早被赵盼儿收藏;撕扭到官,李公弼惩恶扶善,应题"风月救风尘"。戏剧矛盾之尖锐、戏剧冲突之激烈、人物命运之决定尽在第四折,前三折全为展开与推进。《鲁斋郎》剧情更为复杂:楔子表演鲁斋郎夺李四妻,第一折写鲁斋郎索张珪妻,第二折写张珪送妻到鲁家,得赏李四妻,第三折写张珪让李四夫妻团圆,自己入道;第四折写包拯收养的张、李两家的儿女成人,写智斩鲁斋郎应题;写张、李儿女云台观设斋荐父母,二家父子团圆;写包拯劝张珪还俗,夫妻团圆,二家互结亲缘。前三折为蓄势,重在表现鲁斋郎的恶行和恶果,第四折中的智斩鲁斋郎为高潮,二家团圆是收结。

3. 由事抒情、强势而终型。戏剧情节发展迅速,第二折便达到高潮,揭示主人公命运,但剧情继续发展,在新的戏剧情境下进一步展开人物情感的抒发和后续情节的递进,着重表现主人公命运对当事人与相关人物的影响,终获善果。这一类以《窦娥冤》为代表作。窦娥在第二折被判死刑,为剧情高潮;第三折怨气冲天,抒发悲情,达到全剧的情感高潮,应题"感天动地窦娥冤";第四折鬼魂诉冤,并表达了"将滥官污吏都杀坏,与天子分忧,与万民除害"的政治理想,主动态戏剧动作贯穿始终。王国维认为此是中国古典悲剧的代表作之一:"其最有悲剧之性质者,则如关汉卿之《窦娥冤》,纪君祥之《赵氏孤儿》。剧中虽有恶人交构其间,而其蹈汤赴火者,仍出于其主人翁之意志,即列之于世界大悲剧中,亦无愧色也。"①在《哭存孝》中,李存孝是中心人物,但在第二折中已被诬杀,第三折莽古歹报告,刘夫人悲痛,第四折写邓夫人哭吊,应题"邓夫人苦痛哭存孝",达到悲剧性

---

① 王国维:《宋元戏曲考》,见《王国维戏曲论文集》,中国戏剧出版社1984年版,第85页。

情感高潮。后二折均表现存孝死后对相关者的影响。《拜月亭》较为特殊：第二折写蒋世隆、王瑞兰旅店病中被强行拆离，为剧情的悲剧性高潮；第三折写瑞兰拜月，因事抒情，祈求团圆，应题"闺怨佳人拜月亭"；第四折写夫妻、兄妹团圆，虽用误会法错配鸾凤，又迅速以"发现"纠正，形成了喜剧性结局。全剧由悲转喜，但戏剧冲突的高潮仍在第二折，烈度最强，也直接影响了第四折的错配。

第三类较之上二类的特别之处在于：剧情高潮与情感高潮不一致。也就是说，剧情高潮决定主要人物命运，情感高潮则相对延宕，成为人物命运决定之后当事人或相关者的情绪反应。《窦娥冤》第三折写当事人在第二折被判死刑后悲诉冤屈，《哭存孝》第四折写存孝死后其妻邓夫人的哀哭苦痛。《拜月亭》的特殊性是戏剧情节的双高潮设置：商旅离鸾是第一个段落的剧情高潮，喜剧团圆是第二段落的剧情高潮。但此双高潮仍有主次、强弱之分：前一高潮不仅规定了此后的具体戏剧情境，而且戏剧冲突的强度也超过了后一高潮。

就此而言，元杂剧的剧情高潮多出现在第三折，关汉卿却未做简单化处置，而是根据故事的情理逻辑，强调和突出人物的情感与精神风貌，或用蓄势手法将高潮后置，或迅速完成戏剧冲突，着重表现决定主要人物命运后的巨大影响。究其目的，他不仅仅是在表演一个离奇的故事，重点在于揭示出这个故事的意义——不是这个故事的自然意义，而是别出新意，表达出在社会生活中对这个故事的独特体察和认识。如《救风尘》为写宋引章与安秀实的才子佳人题材作品，却突出了赵盼儿；《蝴蝶梦》为包拯公案剧，却颂扬了王婆婆的继母大贤。《单刀会》《鲁斋郎》《窦娥冤》等剧都极好地体现了这一特点。王国维曾评元杂剧："彼但摹写其胸中之感想，与时代之情状，而真挚之理，与秀杰之气，时流露于其间。"①以此认识关汉卿的杂剧创作，也颇恰切。

关汉卿现存杂剧大都以扬善惩恶或重逢团聚结束，最早呈现出"大团圆"的格局。但具体分析，其剧并没有将"大团圆"模式化。这其中既有剧情发展的自然结局，如《单刀会》《陈母教子》；又有好人好报的道德支配，如《望江亭》《救风尘》《调风月》；又有社会生活的理想设置，如《窦娥冤》《拜月亭》《绯衣梦》《蝴蝶梦》《鲁斋郎》；还有调笑滑稽的爱情喜剧，如《玉镜台》《金线池》《谢天香》。而《西蜀梦》是不能归入兄弟团圆的，《哭存孝》全剧笼罩着悲剧气氛，第四折末尾的惩恶扬善只是给观众一个安慰性说明，算不得以喜庆收结。可见关汉卿杂剧在结局设置上兼顾剧情发展、冲突处理和社会理想，并未做简单的格式化统一处理，不需为后世戏曲形成的"大团圆"格套承担责任。

从不同视角考察关汉卿杂剧的结构类型，可以获得不同形态的认识。其杂剧结构类型并不是僵化凝固的，也不具有唯一性。如果以戏剧人物的动作划分，则可分为以下四类：

主线推进型：主要人物以主动态戏剧动作推进剧情的发展，直至收结，有《望江亭》

① 王国维：《宋元戏曲考》，见《王国维戏曲论文集》，中国戏剧出版社 1984 年版，第 85 页。

《陈母教子》《救风尘》《调风月》《窦娥冤》；

辅线助推型：以辅助性人物戏剧动作的介入，推动与强化主要人物的主动态运作，直至收结，有《西蜀梦》《单刀会》《拜月亭》；

辅线扭转型：主要人物的戏剧动作已入窘境，通过辅助线索的介入，引进次要人物，以“发现”“突转”等戏剧手段，推动戏剧情节的收结，有《玉镜台》《绯衣梦》《金线池》《谢天香》《蝴蝶梦》《鲁斋郎》；

辅线收结型：主要人物的剧情已经结束，以辅助性人物的戏剧动作收结剧情，有《哭存孝》。

戏剧线索以主要人物贯穿始终、孤枝独上者仅有5种，而以辅助线索和次要人物为穿插或助推主线递进发展或扭转戏剧冲突方向者有10种，可见关汉卿擅于利用辅助线索和次要人物来渲染和激化戏剧矛盾，在主要人物陷于困境时又另辟蹊径、巧妙引导，并走向终点。关汉卿是一位擅长讲故事的高手。他的作品故事性极强，引人入胜，这在元杂剧作家中是十分突出的。《望江亭》《救风尘》《调风月》《窦娥冤》《拜月亭》等剧，情节曲折宛转、摇曳多姿；《谢天香》《绯衣梦》《金线池》《蝴蝶梦》《鲁斋郎》等剧，运用误会、发现、突转、延宕等戏剧手法，波澜起伏，扣人心弦。但关汉卿现存杂剧最为感人的，仍是特定戏剧情境中人物情感的抒发。白以叙事，曲以抒情；情节递进，情感深化；一人主唱，尽情无遗。在元杂剧本分旦末的体制规定下，妥善处理了“剧”与“曲”的辩证关系，呈现出抒情诗剧的典型形态，引领了元杂剧的正确发展。

总体而言，关汉卿在杂剧结构方面对后世的历史贡献主要有三点。一是开创了元杂剧剧情的许多结构类型。如《蝴蝶梦》的“继母大贤”，启发了后之《救孝子》；《谢天香》因友人激励而误会，影响并促进了后世《王粲登楼》《渔樵记》《举案齐眉》等“丈人激婿”格套的形成；《窦娥冤》的鬼魂诉冤、《蝴蝶梦》的托梦和《绯衣梦》的异象显灵，也成为后来《朱砂担》《盆儿鬼》《神奴儿》等公案剧的常见结构方式。二是在爱情剧和风情剧中精心设计了不同的结构形态。《望江亭》是单回合喜剧性冲突，《拜月亭》则为悲欢离合的双重冲突；《玉镜台》的矛盾缘于骗婚，《金线池》的冲突出于误会，都用宴罚扭合的方式收结全剧。《救风尘》的错配改正有赖于主人公赵盼儿的智慧果敢，《调风月》中的痴情善终则出于主人公燕燕的坦率力争。三是丰富各异的结构方式多在元杂剧中独树一帜，如《望江亭》《救风尘》《玉镜台》《金线池》等。许多作品对后世元杂剧结构产生了直接或间接、全局或局部的影响，如《墙头马上》《梧桐叶》的悲欢离合之于《拜月亭》，《潇湘雨》的负心团圆之于《调风月》，《竹坞听琴》《红梨花》的拆离终合之于《谢天香》，等等。《绯衣梦》中指腹为婚的娃娃亲预设了男女历经坎坷后的最终团圆，《东墙记》《㑇梅香》中的婚约终成也明显秉承其绪。

## 三、规范创新的剧情配套

剧情配套是中国古典曲牌联套体戏曲结构的重要构成。元杂剧的“折”既是戏剧情节具有一定长度的一个片段，在音乐上又使用一个完整套曲。所谓"一本四折"，指在音乐上，一本使用四套，以与全部剧情相配合。关汉卿现存杂剧的剧情配套情况详见表1。

表1　关汉卿现存杂剧剧套使用情况简表①

| 序号 | 剧名 | 楔子 | 第一折 | 第二折 | 第三折 | 第四折 |
|---|---|---|---|---|---|---|
| 1 | 西蜀梦 | | 【仙吕·点绛唇】9曲 | 【南吕·一枝花】7曲 | 【中吕·粉蝶儿】13曲 | 【正宫·端正好】12曲 |
| 2 | 拜月亭 | 【仙吕·赏花时】2曲 | 【仙吕·点绛唇】10曲 | 【南吕·一枝花】11曲 | 【正宫·端正好】15曲 | 【双调·新水令】15曲 |
| 3 | 单刀会 | | 【仙吕·点绛唇】12曲 | 【正宫·端正好】10曲 | 【中吕·粉蝶儿】15曲 | 【双调·新水令】10曲+2 |
| 4 | 调风月 | | 【仙吕·点绛唇】16曲 | 【中吕·粉蝶儿】16曲 | 【越调·斗鹌鹑】14曲 | 【双调·新水令】12曲 |
| 5 | 玉镜台 | | 【仙吕·点绛唇】14曲 | 【南吕·一枝花】11曲 | 【中吕·粉蝶儿】15曲 | 【双调·新水令】14曲 |
| 6 | 谢天香 | 【仙吕·赏花时】2曲 | 【仙吕·点绛唇】8曲 | 【南吕·一枝花】7曲 | 【正宫·端正好】14曲 | 【中吕·粉蝶儿】10曲 |
| 7 | 救风尘 | | 【仙吕·点绛唇】14曲 | 【商调·集贤宾】9曲 | 【正宫·端正好】11曲 | 【双调·新水令】9曲 |
| 8 | 鲁斋郎 | 【仙吕·端正好】2曲 | 【仙吕·点绛唇】8曲 | 【南吕·一枝花】7曲 | 【中吕·粉蝶儿】14曲 | 【双调·新水令】11曲 |
| 9 | 金线池 | 【仙吕·端正好】2曲 | 【仙吕·点绛唇】9曲 | 【南吕·一枝花】9曲 | 【中吕·粉蝶儿】13曲 | 【双调·新水令】8曲 |
| 10 | 窦娥冤 | 【仙吕·赏花时】1曲 | 【仙吕·点绛唇】9曲 | 【南吕·一枝花】11曲 | 【正宫·端正好】10曲 | 【双调·新水令】10曲 |
| 11 | 望江亭 | | 【仙吕·点绛唇】10曲 | 【中吕·粉蝶儿】7曲 | 【越调·斗鹌鹑】9曲+1 | 【双调·新水令】7曲 |
| 12 | 蝴蝶梦 | 【仙吕·赏花时】2曲 | 【仙吕·点绛唇】13曲 | 【南吕·一枝花】12曲 | 【正宫·端正好】12曲+2 | 【双调·新水令】11曲 |
| 13 | 哭存孝 | | 【仙吕·点绛唇】11曲 | 【南吕·一枝花】9曲 | 【中吕·粉蝶儿】10曲 | 【双调·新水令】8曲 |
| 14 | 绯衣梦 | | 【仙吕·点绛唇】7曲 | 【南吕·一枝花】7曲 | 【越调·斗鹌鹑】6曲 | 【双调·新水令】4曲 |
| 15 | 陈母教子 | 【仙吕·赏花时】2曲 | 【仙吕·点绛唇】9曲 | 【南吕·一枝花】8曲 | 【中吕·粉蝶儿】6曲 | 【双调·新水令】4曲 |

① 前四剧用元刊本，次八剧用《元曲选》本，后三剧用脉望馆钞本。

剧首用楔子者有7种，其中《拜月亭》《鲁斋郎》等剧情复杂，《陈母教子》《蝴蝶梦》等剧情简单，但都使用了楔子。由此可见楔子之使用全在作者的谋篇布局，并不以剧情繁简为前提。楔子用【仙吕·赏花时】或【仙吕·端正好】1～2支，为元杂剧通例①，实始于关汉卿。

第一折全用【仙吕·点绛唇】套，多在10曲左右。最多为《调风月》16曲，次是《救风尘》14曲，都与相对复杂的剧情相配合；最少是《绯衣梦》7曲，其次是《谢天香》8曲，主要是介绍故事缘起、规定戏剧情境。一般而论，用楔子者，由于已说明故事缘起，故第一折曲数较少；未用楔子者，第一折有介绍缘起、展开剧情的双重任务，故曲数较多。当然不可一概而论，主要还在于作家的整体考量与布局。【仙吕】唱"清新绵邈"②，或正与第一折故事发端、冲突未起时的人物情绪相应。元杂剧首折用此套最多，共139式、167例，例外者仅3例③。

第二折主要用【南吕·一枝花】套，有11剧；用【中吕·粉蝶儿】套的有《调风月》《望江亭》，用【正宫·端正好】套的有《单刀会》，用【商调·集贤宾】套的有《救风尘》。值得注意的是，剧情高潮在第二折的3剧全用【一枝花】套，正与【南吕】唱"感叹伤悲"④的基调相合。元杂剧用此套者有80种，用于第二折的有68种⑤，为第二折使用最多的套数。【南吕·一枝花】套可兼用于剧情推进与戏剧高潮。在元杂剧中，【商调·集贤宾】套用于第二折的有9种，用于第三折的有15种，用于首折与五折之第四折的各有1例⑥。《救风尘》中赵盼儿悲叹妓女生涯、痛惜引章被打、埋怨执意出嫁的情感，与【商调】"悽怆怨慕"⑦的基调亦相映衬。

第三折主要用【中吕·粉蝶儿】套，有7剧；用【正宫·端正好】套的有5剧，用【越调·斗鹌鹑】套的有3剧。在元杂剧中，【中吕·粉蝶儿】用于第三折的最多，有55例；不用于首折，用于第二折的有30例，用于末折的有19例。【越调·斗鹌鹑】亦然，用于第三折的有33例；不用于首折，用于第二折的有12例，用于第四折的有7例。【正宫·端正好】套用在首折为破例，仅有3种；用于第二折的有43例，用于第三折的有37例，用于第四折的有14例⑧。郑骞先生认为：

> 多数元杂剧均以第二三两折为剧情发展转变之中心；【正宫】及【中吕】两宫调，所属曲牌既多，套式变化亦较活泼，长套短套咸宜，故第二三两折用此两宫调者居大

---

① 郑骞《北曲新谱》卷三《端正好》："楔子例用此章或【赏花时】，一支或二支。"台湾艺文印书馆1973年版，第76页。

② 〔元〕燕南芝庵：《唱论》，见《中国古典戏曲论著集成》(一)，中国戏剧出版社1959年版，第160页。

③ 郑骞：《北曲套式汇录详解》，台湾艺文印书馆1973年版，第11、39页。

④ 〔元〕燕南芝庵：《唱论》，见《中国古典戏曲论著集成》(一)，中国戏剧出版社1959年版，第160页。

⑤ 郑骞：《北曲套式汇录详解》，台湾艺文印书馆1973年版，第70页。

⑥ 郑骞：《北曲套式汇录详解》，台湾艺文印书馆1973年版，第128页。

⑦ 〔元〕燕南芝庵：《唱论》，见《中国古典戏曲论著集成》(一)，中国戏剧出版社1959年版，第161页。

⑧ 郑骞：《北曲套式汇录详解》，台湾艺文印书馆1973年版，第89、139、11页。

多数。第二折用【南吕】者亦多，大抵剧中气氛较为紧张，情调较为刚劲者多用【正宫】，气氛较为缓和、情调较为柔细者多用【南吕】：因【正宫】“惆怅雄壮”，【南吕】“感叹伤悲”故也。①

第四折主要用【双调·新水令】套，有13剧。郑骞先生认为：“【双调】用于杂剧，大多数在第四折。……杂剧高潮，多在第三折；至第四折，因一人独唱之故，唱者已感疲乏，听者亦已倦怠，故此折不过收拾情节，结束全局，其曲文遂多为短套，且无论长短套甚多不用【尾声】。如《梧桐雨》《范张鸡黍》等剧，第四折曲套甚长，且为全剧精彩处，反为变例。”值得注意的是此下一句：“此等多是案头之书而非场上之曲。”②关汉卿将高潮置于第四折的剧作有7种，故以10曲以上的长套居多，新奇独特，尤擅场上，却为常例。《西蜀梦》第四折表现兄弟英雄人鬼相逢的悲痛，与【正宫】“惆怅雄壮”的基调相统一。《谢天香》中最终解除误会、夫妻团圆的戏剧情节也与【中吕】“高下闪赚”的基调相吻合。

关汉卿是精通音律的戏曲家，其现存杂剧的剧情配套为元杂剧剧情配套主流形态的完成奠定了基础。其杂剧剧情配套的特殊之处有二。一是戏剧情节与套式的宫调选配妥帖恰当，剧情与声情相得益彰。特例之折的配套择取更能体现其精妙，如《救风尘》第二折用【商调·集贤宾】套，《西蜀梦》第四折用【正宫·端正好】套。二是关汉卿对第四折的套式处理十分重视、颇下功夫，精选宫调，多用长套，曲终奏雅，神气贯穿。除《绯衣梦》《陈母教子》第四折均以4曲短套收结，显出疲弱，不免强弩之末之讥，其他诸剧均可圈可点，颇耐玩味。

关汉卿现存杂剧共有7个宫调60个剧套：【仙吕·点绛唇】15套，【双调·新水令】13套，【南吕·一枝花】11套，【中吕·粉蝶儿】10套，【正宫·端正好】7套，【越调·斗鹌鹑】3套，【商调·集贤宾】1套。对比元杂剧所用9宫调，没用【黄钟宫】【大石调】。对比考察之，杨显之《潇湘雨》第三折、尚仲贤《气英布》第四折均用【黄钟·醉花阴】套，李文蔚《燕青博鱼》首折、马致远《黄粱梦》第三折均用【大石·六国朝】套，可知【黄钟】【大石】的套数在元杂剧早期已有使用；关汉卿散套也有【黄钟·侍香金童】“春闺院宇”、【大石调·青杏子】《离情》和【大石调】失牌名“律管飞灰”。因此，关汉卿创作剧曲时没有采用【黄钟】【大石】表现出他的一种选择，是他对剧情与声调完美结合的综合考量的结果。因此，关汉卿现存杂剧的剧情配套既表现出丰富性，又体现出选择性，绝非草率相配。

元代宫调与杂剧剧情关系的实际情形可能并不像今人想象的那样严谨。例如第一折都用【仙吕·点绛唇】套，《西蜀梦》表现了使臣急切哀痛的悲情，《拜月亭》表现了王瑞兰惊恐忐忑的复杂情感，《调风月》则充满了燕燕甜蜜憧憬的暖意；第四折多用【双调·新水令】套，《单刀会》英雄慷慨，《调风月》《拜月亭》都由埋怨经“突转”和“发现”而转入喜庆，《哭存孝》则悲凉凄怨。同一宫调的套曲其实可以相配不同的剧情，以表达人物不同

---

① 郑骞：《北曲套式汇录详解》，台湾艺文印书馆1973年版，第11页。

② 郑骞：《北曲套式汇录详解》，台湾艺文印书馆1973年版，第154～155页。

的情感。也就是说,《唱论》所论十七宫调的唱法,虽然在声律上或当配合,但都是一些抽象的形容词,很难说明其义理;如果联系元杂剧的作品内容,这些宫调在歌唱上并不具有固定不变甚至相对稳定的情调。《唱论》对每一宫调所注四字,如【正宫】【商角调】【商调】,不是声调而是声情,故不能离开曲文内容而只按宫调的类别来唱;四折所用套数大致稳定,而情节变化则无一定,绝不能用这几个形容词来衡量①。进一步讲,宫调的意义在于调式,是以调式音即终止音为标志的音列组合,并不等于"音乐(曲调、作品、种类)";歌唱可以择用不同乐律系统的各种调式,各种调式可为歌唱及各类各种音乐作品所择用②。就关汉卿现存杂剧的实际情形而言,宫调的使用既关声调,更关声情;虽然追求声调与声情、内容的配合,却并无严格紧密的对应关系。因此,关汉卿是元杂剧剧情配套常格的开创者,并直接影响了以后剧情配套的习惯用法。

另外,关汉卿杂剧中于套末用赠曲的共有 3 例:

《单刀会》第四折:【双调·新水令】套+【沽美酒】【太平令】

《蝴蝶梦》第三折:【正宫·端正好】套+【端正好】【滚绣球】

《望江亭》第三折:【越调·斗鹌鹑】套+【马鞍儿】

《单刀会》2 支为周仓唱③,《蝴蝶梦》2 支为王三唱,《望江亭》1 支为李稍、张千与杨衙内唱,都不入套,且是主唱者以外次要人物插入的歌唱。关汉卿认为这是"曲尾"④,孙楷第先生认为是"剧末楔子"⑤,徐师沁君先生认为是套末"余文"⑥,邵曾祺先生认为是剧本结尾处赠曲。邵先生的意见与徐师的意见相近。为与戏文【余文】相区别,"赠曲"的判断比较符合实际,当是演出时演员随意增加,以调剂场上的单调气氛⑦。所唱曲调大致使用前套的同宫调曲牌,惟《望江亭》用南戏曲牌:"[衙内云]这厮每扮南戏那。"⑧较之《张协状元》第 42 出【马鞍儿】,用减句格:第四句后减省两个六字句。这是最早见于元杂剧的南戏曲牌,可为徐师沁君先生"关汉卿的《望江亭》,当作于扬州"⑨的观点补一证。

关汉卿之后,套末用赠曲的情形渐多。仅元刊杂剧三十种就有 4 例:

石君宝《紫云亭》第四折:【双调·新水令】+【鹧鸪天】

王伯成《贬夜郎》第四折:【双调·新水令】+【后庭花】【柳叶儿】

---

① 参见周贻白辑释《戏曲演唱论著辑释·〈唱论〉注释》,中国戏剧出版社 1962 年版,第 53~54 页。

② 洛地:《律词之唱,"歌永言"的演化》,见《词体构成》,中华书局 2009 年版,第 285~287 页。

③ 孙楷第先生认为是关羽唱,参《元曲新考:北曲剧末有楔子》,见《沧州集》,中华书局 1965 年版,第 325 页。刘知渐在《读〈单刀会〉札记》中认为是周仓唱:"语气非常粗鲁,极似周仓。大约关羽上船后,周仓发现自己的坐骑被鲁肃部下偷去,因而愤怒地对偷马者唱出这支曲文。"后之意见多从之。

④ 《蝴蝶梦》第三折:"[张千云]你怎么唱起来?[王三云]是曲尾。"见《元曲选》,中华书局 1989 年版,第 644 页。

⑤ 孙楷第:《沧州集》,中华书局 1965 年版,第 325 页。

⑥ 徐沁君校点:《新校元刊杂剧三十种》,中华书局 1980 年版,第 87 页。

⑦ 邵曾祺编著:《元明北杂剧总目考略》,中州古籍出版社 1985 年版,第 5、15 页。

⑧ 见《古本戏曲丛刊》第四辑。《元曲选》本改为"这厮每扮戏那"。

⑨ 徐沁君:《关汉卿小传》,见《元曲四大家名剧选》,齐鲁书社 1987 年版,第 15 页。

孔文卿《东窗事犯》第四折:【正宫·端正好】+【后庭花】【柳叶儿】

范康《竹叶舟》第四折:【节节高】【元和令】【上马娇】【游四门】【胜葫芦】【幺篇】【后庭花】【柳叶儿】+【正宫·端正好】

此四人都是元代中后期作家。前三例同关剧,也属套外赠曲,当由主唱者之外的次要人物所唱;惟《竹叶舟》第四折是正末吕岩打愚鼓先唱道情【仙吕宫】8 曲,再续唱一套。剧套之外可加赠曲,可加于第三折或第四折套数之后,为规范严整的北曲剧套增添了一抹自由灵动的亮色,是对严谨套数和"一人主唱"定制的些许突破与调剂,表现出在规范之中寻求变化的极大艺术勇气。这种做法最早始于关汉卿,也是关汉卿的一种天才创新。

## 四、妥帖简明的排场派脚

元杂剧由"一人主唱",即由正旦或正末通唱全本四大套,贯穿始终,故本分旦末。但正旦或正末并不一定是戏剧冲突的主要人物,如《单刀会》即无正旦;《鲁斋郎》中戏剧冲突的主角是鲁斋郎,一切矛盾由他引发并激化,矛盾的终结者是包公,他促成了李张两家的最后团圆,主唱者正末张珪只是受到鲁斋郎欺压的一个代表人物。这就涉及对元杂剧结构中"排场派脚"这一重要构成的研讨。关汉卿现存杂剧之主唱者情况见表 2。

**表 2　关汉卿现存杂剧之主唱者情况简表**

| 序号 | 剧名 | 性质 | 楔子 | 第一折 | 第二折 | 第三折 | 第四折 |
|---|---|---|---|---|---|---|---|
| 1 | 西蜀梦 | 末本 | | 蜀国使臣 | 诸葛亮 | 张飞魂 | 张飞魂 |
| 2 | 拜月亭 | 旦本 | 王瑞兰 | 王瑞兰 | 王瑞兰 | 王瑞兰 | 王瑞兰 |
| 3 | 单刀会 | 末本 | | 乔国老 | 司马徽 | 关羽 | 关羽 |
| 4 | 调风月 | 旦本 | | 燕燕 | 燕燕 | 燕燕 | 燕燕 |
| 5 | 玉镜台 | 末本 | | 温峤 | 温峤 | 温峤 | 温峤 |
| 6 | 谢天香 | 旦本 | 谢天香 | 谢天香 | 谢天香 | 谢天香 | 谢天香 |
| 7 | 救风尘 | 旦本 | | 赵盼儿 | 赵盼儿 | 赵盼儿 | 赵盼儿 |
| 8 | 鲁斋郎 | 末本 | 张珪 | 张珪 | 张珪 | 张珪 | 张珪 |
| 9 | 金线池 | 旦本 | 杜蕊娘 | 杜蕊娘 | 杜蕊娘 | 杜蕊娘 | 杜蕊娘 |
| 10 | 窦娥冤 | 旦本 | 窦天章 | 窦娥 | 窦娥 | 窦娥 | 窦娥 |
| 11 | 望江亭 | 旦本 | | 谭记儿 | 谭记儿 | 谭记儿 | 谭记儿 |
| 12 | 哭存孝 | 旦本 | | 邓夫人 | 邓夫人 | 莽古歹 | 邓夫人 |
| 13 | 绯衣梦 | 旦本 | | 王闰香 | 王闰香 | 茶三婆 | 王闰香 |
| 14 | 陈母教子 | 旦本 | 陈母 | 陈母 | 陈母 | 陈母 | 陈母 |
| 15 | 蝴蝶梦 | 旦本 | 王母 | 王母 | 王母 | 王母 | 王母 |

旦本性质的有11剧，末本性质的仅有《西蜀梦》《单刀会》《玉镜台》《鲁斋郎》4剧，明显表现出关汉卿对旦本剧的偏爱与擅长。与元刊杂剧30种中仅有3种旦本相比，这一特点更显突出。正旦都是正面形象，虽身份各不相同，地位也悬殊，但关汉卿都能体会入微，细腻准确地描绘出特定人物的心理，歌咏她们喜怒哀乐的情感，这应当得益于他"偶倡优而不辞"①的生活体验，表现了他对女性特别是被压迫女性的同情与理解。有意味的是《玉镜台》以温峤主唱，对比关汉卿以【南吕·一枝花】为代表的相关散曲的描述，直可视作风情雅谑的自画像。此剧也深得明人青睐，是明人元曲选本选录最多的关剧之一。

其现存杂剧中有11剧严守"一人主唱"的定制，甚至除了《窦娥冤》，另外6剧连楔子所唱都不借他人，而楔子不用套曲，唱者原是不论的，由此可见其严谨。《西蜀梦》《单刀会》《哭存孝》《绯衣梦》4剧的主唱者与主要人物有所分离，一色改扮多个人物，可分作3类：《西蜀梦》《单刀会》前二折均由次要人物扮正末而唱，渲染、铺垫剧情，为此后主要人物登场蓄势；《哭存孝》第三折由小厮莽古歹向主要人物"报告"剧情；《绯衣梦》第三折则由次要人物参与剧情，推进剧情发展。正旦或正末分别扮演不同人物，以次要人物和次要剧情线索介入矛盾冲突主线和主要人物命运的发展，使剧情递进波澜叠起、摇曳多姿，这是关汉卿对元杂剧排场派脚艺术做出的重要贡献。

关汉卿杂剧的脚色排场对此后元杂剧的发展产生了较大影响。就《元曲选》而论，先由次要人物蓄势然后转入主要人物表演的第一类，有《合同文字》《小尉迟》《勘头巾》《陈州粜米》《赚蒯通》《看钱奴》《货郎旦》《生金阁》等；在剧情展开过程中由穿插性人物"报告"剧情的第二类，有《儿女团圆》《渔樵记》《酷寒亭》《单鞭夺槊》《薛仁贵》《气英布》《抱妆盒》《柳毅传书》等；在剧情展开过程中由次要人物介入推进剧情发展的第三类，有《朱砂担》《虎头牌》《张天师》《神奴儿》《黄粱梦》《竹叶舟》《红梨花》《东坡梦》《盆儿鬼》《萧淑兰》《碧桃花》《张生煮海》等。如果转换一个角度考察，元杂剧由"一人主唱"在历史发展中其实有了许多变化和发展。如果将这个"人"理解为剧中人物的话，一本二人唱者有《谢金吾》《魔合罗》《后庭花》《两世姻缘》等，一本三人唱者有《昊天塔》《薛仁贵》《神奴儿》《酷寒亭》《张生煮海》《生金阁》等，一本四人唱者有《黄粱梦》《赵氏孤儿》等。由此可见：戏剧情节相对封闭、一线贯穿者，则多是一人主唱；戏剧情节相对开放，必须解决局部的、具体的戏剧矛盾才能最终解决总的矛盾与冲突者，则多是一色改扮多人演唱。一色改扮多人演唱的方法，无疑是对"本分旦末"规范严谨体制的有效调节与补充，极大地拓展了元杂剧排场派脚的艺术张力。关汉卿的杂剧创作无疑为此奠定了基础，提供了范本。

考察元刊本关汉卿杂剧，还有其他一些脚色人物，见表3。

---

① 〔明〕臧晋叔：《序二》，见《元曲选》（第一册），中华书局1958年版。

表3　元刊本关汉卿杂剧脚色人物统计简表

| 性质 | 剧名 | 正末 | 正旦 | 其他脚色人物 | 龙套 | 备注 |
| --- | --- | --- | --- | --- | --- | --- |
| 末本 | 西蜀梦 | 使臣,诸葛亮,张飞魂 | | 关羽魂,刘备 | | 科白全无 |
| 旦本 | 拜月亭 | 蒋世隆 | 王瑞兰 | 孤:王镇,夫人:王镇妻,小旦:蒋瑞莲,外末:陀满兴福,外:祗候 | 哨马,店家,大夫,梅香,媒人,使命 | 科白不全。第四折孤称老孤,夫人称老夫人 |
| 末本 | 单刀会 | 乔国老,司马徽,关羽 | | 驾:孙权,外末:鲁肃,净:周仓,关舍人:关平 | 道童,将,卒子 | 科白极简。第一折“驾末云住”,则驾由末扮 |
| 旦本 | 调风月 | 小千户 | 侍妾燕燕 | 老孤:小千户父,卜儿:小千户母,夫人:燕燕主人,外孤:莺莺父,外旦:莺莺 | 六儿,书童,众外 | 科白极少 |

除去跑龙套的杂色,《西蜀梦》只有3个脚色,最少;《调风月》有7个脚色,最多。综合考察元刊本关汉卿杂剧,其剧中共有9个脚色:正末、外末、末,小末,正旦、小旦、外旦、老旦,净。孤、外孤、驾、卜儿、夫人均为人物身份,当由末、外末、老旦等脚色扮演,故《调风月》有2外末、2老旦。元杂剧的演员表演体制是“旦末净杂”,但“旦末净”并非三个脚色,而是三个脚色系列,脚色配置具有相当灵活的弹性。

如果将高文秀至杨梓视为元杂剧前期作家,将郑光祖及以下视为元杂剧后期作家,则可获得元刊本关汉卿杂剧与其他26种元刊本杂剧在脚色使用方面的对比情况,见表4。

表4　元刊本关汉卿杂剧4种与另外26种元刊本杂剧脚色使用对照简表

| 脚色 | 关汉卿4种 | 元前期18种 | 元后期8种 | 备注 |
| --- | --- | --- | --- | --- |
| 正末 | 8人/4剧 | 31人/18剧 | 12人/8剧 | 使用最多,绝无空缺 |
| 外末 | 2人/2剧 | 18人/12剧 | 7人/5剧 | 使用渐增 |
| 末 | 1人/1剧 | 1人/1剧 | / | 极少使用 |
| 外 | 1人/1剧 | 5人/4剧+众外/1剧 | 5人/4剧 | 使用渐多 |
| 外孤 | 1人/1剧 | / | / | 极少使用 |
| 正旦 | 2人/2剧 | 9人/8剧 | 4人/4剧 | 旦本较少,使用几半 |
| 小旦 | 1人/1剧 | 2人/2剧 | / | 较少使用 |
| 外旦 | 1人/1剧 | 2人/2剧 | 2人/1剧 | 较少使用 |

（续表）

| 脚色 | 关汉卿4种 | 元前期18种 | 元后期8种 | 备注 |
| --- | --- | --- | --- | --- |
| 净 | 1人/1剧 | 7人/6剧 | 6人/3剧 | 使用一直较低 |
| 老旦 | / | 1人/1剧 | / | 极少使用 |
| 禾旦 | / | 1人/1剧 | / | 极少使用 |
| 小末 | / | 3人/3剧 | / | 有2人/2剧为改扮 |
| 冲末 | / | 1人/1剧 | / | 极少使用 |
| 外净 | / | 1人/1剧 | / | 极少使用 |

在30种元刊本杂剧中，末本最多，达27种，旦本只有关汉卿的《拜月亭》《调风月》和石君宝的《紫云亭》。这或许与选编者的审美趣味有关，但也体现了元人杂剧欣赏的一种风尚。元人选取的关汉卿旦本最多，从侧面表现出关汉卿旦本剧的成就与影响。

受此制约，正末使用最多，每剧皆有；正旦使用近半，有16种杂剧中无正旦。这或许与元刊本科白简略甚至全无有关，如《看钱奴》中的周荣祖妻张氏原作旦儿，在第四折中改称卜儿，则卜儿原由旦扮。又据《元曲选》本、脉望馆本等元杂剧可知，《楚昭公》中的旦儿扮昭公夫人，《赵氏孤儿》中的旦儿扮公主，《汗衫记》中的旦儿扮张孝友妻等，元刊本中的相关人物也当由旦扮，使用的旦脚的数量一定不至于这样少。但每一剧必有正末而不必有正旦，这是可以肯定的。

由此可知，正末与外末使用最多。《老生儿》中的外末刘瑞在第三折中简称“外”，外末可简称为“外”或“末”。《单刀会》第一折写“驾末云了”，则末可扮驾；《调风月》中的外孤扮莺莺父，则外可扮孤；《拜月亭》第二折写“孤交外扯住了”，《遇上皇》第三折写“孤交外推转了”，则外可扮祗候；《贬夜郎》第三折中的禄山称外末，则外末所扮亦可以人名相称，可见外末所扮之广泛。《气英布》第三折中的二外末分扮张良、随何，《薛仁贵》第四折写“众外做叩正末了”，则一剧甚至一场可有多个外末。大概元代杂剧戏班中男色较多，随剧情穿插改扮，较女色更为方便①。

末脚系列还有小末、冲末。《看钱奴》中的周长寿在第二折中称俫儿，在第四折中改称小末，则小末可扮俫儿；《汗衫记》中的张文秀孙始称俫儿，后改称小末，最后称孤，则小末可扮俫儿、孤。元刊本4种关汉卿杂剧虽未标明这些脚色，其实似未缺位：《单刀会》中的关舍人当由小末扮演；《调风月》中的老孤小千户父当由老末扮演，与正末小千户、外孤莺莺父相对应。

---

① 王国维在《古剧脚色考》中认为：“盖宋元以后，男可装旦，女可为末，自不容有合演之事。或据宋六嫂事，谓元剧有男女合演者，殆不然矣。”见《王国维戏曲论文集》，中国戏剧出版社1984年版，第199页。教坊承应，或“各自为曹”；但民间戏班，家庭组合，势必男女合演。考之元杂剧《蓝采和》和元代戏文《错立身》，男女合演，其事甚明。

净的使用较少,且系列单薄。关剧《单刀会》中的周仓,为正面人物;另《窦娥冤》中的赛卢医、《望江亭》中的杨衙内、《哭存孝》中的康君立①、《绯衣梦》中的裴炎②、《蝴蝶梦》中的葛彪,已为反面人物;《谢天香》中的张千、乐探与祗候,《鲁斋郎》中的云台观主③,都属龙套人物。净扮周仓,当与相貌有关,后期《竹叶舟》中净扮三仙,亦承此绪;其他元刊本如《周公摄政》中净扮管叔、霍叔和蔡叔,《追韩信》中净扮恶少,《看钱奴》中净扮贾弘义、《赵氏孤儿》中净扮屠岸贾、《汗衫记》中净扮陈虎等,则承净扮恶人一脉。由此可见,净的使用频率较低,在杂剧中的作用与功能其实有限,与"末旦净杂"脚色体系似乎并重的传统认识相去甚远。也就是说,净在早期元杂剧中尚未获得与旦、末比肩并列的脚色地位,也未像旦、末那样形成脚色系列。

比较而论,关汉卿杂剧的排场派脚颇有特点,主要表现为以下三点。

擅长旦本排场。《拜月亭》《调风月》旦末完备,空间转换跳跃灵动,表现了较为广阔的社会生活场景,次要人物特别是龙套人物众多,排场穿插渲染剧情、映衬主脚,因需而设,繁简适当。这较之后《紫云亭》的相对封闭自足,立判高下。这从侧面表明关汉卿对元杂剧旦末表演体制的建立厥功至伟。

精心使用末脚。元杂剧采用"一人主唱"体制,因此排场派脚要兼顾戏剧情境的设定,按照生活逻辑统筹设置,脚色人数较之宋元戏文,总量上仍为简练。《西蜀梦》《单刀会》都以正末分扮三人:《西蜀梦》叙述关张西蜀托梦刘备,却从旁侧抒情起笔;《单刀会》叙述关羽单刀赴会,也从东吴计谋展开。通过派脚排场展示了更为阔大的戏剧场景,体现了作家的精心构思与谋篇布局,极大地拓展了元杂剧末脚表演的艺术张力,无疑是对"一人主唱"的杂剧表演的巨大改造与调剂。后之《三夺槊》《薛仁贵》《魔合罗》等秉承其绪,而《看钱奴》《气英布》《赵氏孤儿》《介子推》《东窗事犯》《追韩信》《竹叶舟》《焚儿救母》等中的末脚虽也分别扮演 2 ~ 3 人,已明显限于故事情节的自然转换与递进。

注意历时变化。《拜月亭》中的王镇在出场时扮"孤",在第四折中改扮"老孤",王镇妻也由初之"夫人"改扮后之"老夫人"。脚色排场中的这种细致体察与改扮标注,表现了关汉卿对生活逻辑的尊重与呈现。后之《看钱奴》中的周长寿由俫儿改扮小末,《汗衫记》中的赵兴孙由外净改扮邦老、张文秀孙由俫儿改扮小末和孤,《介子推》中的重耳由太子改扮驾等,都秉承了这种对人物年龄与身份转换的重视,有助于表现生活的真实性。

---

① 《哭存孝》中的李存信在第一折中称冲末,在第四折中又称净。此仅有脉望馆钞本,无从检校。

② 裴炎注"邦老",但净旦扮裴妻,可知当由净扮邦老裴炎。

③ 邵曾祺先生认为《鲁斋郎》即《云台观》,参见《元明北杂剧总目考略》,中州古籍出版社 1985 年版,第 566 页。但《云台观》中的云台观主当为重要人物,而此云台观主却由跑龙套的净扮,仅出场一次,故当非一剧。

## 五、简要小结

关汉卿现存杂剧15种,在结构艺术上取得了极高的成就,主要体现在以下几个方面。

1. **整体布局**

其杂剧在整体布局方面的成就主要有三点。一是大胆打破历史故事或传说的原有结构,自铸主题。将《关张双赶西蜀梦》由"如何"赴梦改造为"为何+如何"西蜀赴梦,将《单刀会》由"如何"赴会改造为"为何+如何"单刀赴会,不仅讲究故事的新奇,更注重深入挖掘故事的意义,突出主人公的英雄形象。二是更多地从社会生活中提炼故事,精心谋划。如《鲁斋郎》,对于如何智斩鲁斋郎只以寥寥数语交代,重点在于表明"为何"要斩鲁斋郎:不斩则民不聊生,不斩不足以平民愤;《救风尘》也兼顾"为何"与"如何"风月救风尘,所谓"安秀才花柳成花烛",其实只是因人成事。三是充满理想主义的光辉。《调风月》中的婚礼抗争,《窦娥冤》中的鬼魂诉冤,《望江亭》中的夜赚金牌等,主人公秉持主动态动作,以顽强努力和聪明智慧,最终都争取到了自己应有的权益。与此后的杂剧相比,这种突出较为深刻与独到主题的创作能较好地讲述一个离奇故事,在主旨与立意上是有高下之分的。

2. **结构类型**

其杂剧在结构类型方面主要有以下几点贡献。一是正面描绘了悲剧,如《西蜀梦》和《哭存孝》①。虽然《哭存孝》最终也斩佞祭灵,但悲啼终卷,仍当归于悲剧无疑。这在以中庸为主流文化背景的元杂剧创作和中国古代戏曲史中是极为少见的。相对而言,喜剧的数量更多,如《救风尘》《玉镜台》《谢天香》《望江亭》等,也多是优秀之作。《窦娥冤》《鲁斋郎》等都由悲剧描写而归结于正义伸张,今天可归于悲喜剧,现实苦难与理想照耀兼备,体现了这位伟大戏曲家的深刻生活体察与深厚人文关怀。二是多写以女性为主人公的爱情剧,如《调风月》《拜月亭》《谢天香》《金线池》等,写女主人公经历挫折与坎坷,终归团圆。《绯衣梦》也可纳入此类:王闰香与李庆安历经磨难,终结良缘,与最初的腹婚交代相应,公案剧情只是这个爱情剧的剧中剧。相对而言,《望江亭》重点表现男女成婚以后的磨难,故当归于家庭剧。此后之《墙头马上》《潇湘雨》《鸳鸯被》等杂剧,以《荆钗记》《白兔记》《琵琶记》为代表的元代戏文创作,承此一路。由于受传统礼教制度的制约,中国古代爱情故事多叙写家庭夫妻的悲欢离合,较少叙述男女青年如何相爱结合。但元杂剧中有更多爱情剧,如《西厢记》《紫云亭》《倩女离魂》《红梨花》《两世姻缘》《柳毅传书》《张生煮海》《萧淑兰》等,佳作层出。在这一方面,关汉卿无疑具有开创引领之

---

① 王国维《宋元戏曲考》:"明以后,传奇无非喜剧,而元则有悲剧在其中。就其存者言之,如《汉宫秋》、《梧桐雨》、《西蜀梦》、《火烧介子推》、《张千替杀妻》等,初无所谓先离后合,始困终亨之事也。"见《王国维戏曲论文集》,中国戏剧出版社1984年版,第85页。郑振铎先生1938年方得《脉望馆钞校古今杂剧》242种,王国维著述时当未曾得见,故未及《哭存孝》。

功。只是比较而言,后之作品中女性的作用减弱,而男子地位渐长。如果说元杂剧更多爱情剧,宋元戏文、明清传奇更多家庭剧,大致成立。

3. **剧情设计**

关汉卿极擅编写故事,善于运用一种或多种编剧手法。他经常运用的手法主要有如下几种。一是悬念法。《窦娥冤》的悬念为片段式:面对张驴儿“官休私休”的条件设置,窦娥毅然选择官休,引发了对官府黑暗、司法腐败的描绘。运用这类手法的还有《拜月亭》第四折中的瑞兰错配婚姻、《救风尘》第四折中的周舍撕破休书、《蝴蝶梦》中的王三终获赦免等。《谢天香》中的悬念则一直延续到终场:从第二折钱可收纳谢天香入内宅,一直到第四折向柳永“说明”方揭示真相,悬念成为使剧情引人关注、扣人心弦的主要手段。二是误会法。《金钱池》中的杜蕊娘从第二折起误以为韩辅臣移情别恋,怨不能释,到第四折济南府君石好问佯加刑罚,韩辅臣说情求免,方成就姻缘。此是主人公的误会。《救风尘》中的“虚脾瞒俏倬”、《望江亭》中的“洞庭湖半夜赚金牌”,却是主人公主动运用了误会。误会法成为这些戏剧作品构成主要矛盾与冲突的基本方法。三是延宕反复法。《单刀会》围绕东吴设宴、关羽是否赴会,引而不发,左盘右旋,反复延缓节奏,竭力铺垫渲染,到第四折方才正面表演赴会,在极为严峻的戏剧情境中凸显了关羽的英雄形象。《西蜀梦》也采用了近似的手法。《陈母教子》反复表演了陈母对三子陈良佐恃才狂傲的抑制和收受民财的责打,而楔子中的培埋窖银、二位兄长和郎舅的状元及第,恰好构成了母子冲突主线发展的不同戏剧情境。四是发现与突转。《玉镜台》至第二折末尾才写姑母发现所选女婿竟是侄儿温峤,第三折即表演刘倩英在新婚之日的抗拒。《救风尘》也属此类:宋引章直至遭到周舍的虐待才发现所嫁匪人,写信求救,引出赵盼儿“救风尘”的戏剧动作。发现是剧情前后转折的重要关目。《调风月》有二重发现:先由燕燕发现小千户私藏女子手帕,美好爱情顿时转入怨怒;燕燕在婚礼上揭示隐情,家长发现情事真相,遂允婚团圆。与后者相似,《拜月亭》第四折写瑞兰发现文状元竟是丈夫蒋世隆,引发了夫妻最终团圆的情节。发现是剧情突转的基础,突转是剧情发展与收结的必要环节。五是神启法。《窦娥冤》《绯衣梦》《蝴蝶梦》等剧都采用了这种方法,即所谓“戏不够,神仙凑”。在中国古典戏曲中,关汉卿最早在公案的平反雪冤部分采用了这种方法,遂为此后杂剧公案剧所普遍使用。比较而言,早期戏文遵循生活情理逻辑,如《赵贞女》《王魁》等,因此都是惨烈悲剧;一旦使用了这种方法,如《小孙屠》《陈叔文》《东窗事犯》等,均果报无爽。综上而言,关汉卿不仅擅长编排曲折离奇的剧情,而且善于运用各种手法使得剧情的演绎引人入胜。此外如注意剧情细节严密,重视体贴物态人情,以生活逻辑和情理逻辑贯穿始终等,稳妥设置,精心安排,又自不待言。

4. **剧情配套**

关汉卿现存杂剧最早体现了本分旦末、“一人主唱”的体制规范,剧情之折与歌唱之套精心选配、完美结合、融为一体,是元杂剧剧情配套的典范。就“剧”与“曲”而言,关汉卿杂剧更重视“剧”；就场上与案头而言，关汉卿杂剧更重视场上。音乐与歌唱服从于戏剧冲突与人物塑造，因此“实较王派更富于戏曲之生命”①。关汉卿在遵循“一人主唱”、一折一套体制规范的同时，又尝试有所创新、突破与丰富，本分旦末，却可改扮多人歌唱；一套一折，但套末可加赠曲。这就极大地改善了杂剧歌唱较为僵硬呆板、单调拘束的痼疾。这是他对元杂剧音乐结构艺术的两大贡献。

**5. 排场派脚**

关汉卿高度重视正旦的功能，塑造了王瑞兰、燕燕、窦娥、赵盼儿、谭记儿、陈母、王母等女性系列人物，每一个人物都成为一种生活典型或道德类型的代表，形象鲜明，主旨突出，这在元杂剧中是十分突出的。正末的地位极高，而改扮不同人物则同中有变，极具艺术创新性，极大地丰富了杂剧的艺术表现力。关汉卿对元杂剧旦末表演体制的建立厥功至伟。净在早期元杂剧中尚未获得与旦、末比肩并列的脚色地位，也未像旦、末那样形成脚色系列。但关汉卿使用的三种净脚类型——用周仓表现正面人物的形象与性格，用赛卢医、杨衙内、葛彪、裴炎等塑造坏人形象，兼跑龙套，奠定了净脚此后在杂剧舞台上扮演的基本定位。对于孤、驾、夫人、卜儿、俫儿、邦老等次要人物，采用了金院本中的身份性称呼。这些次要人物具有辅助主要人物表演和主要线索展开、递进与转折的重要作用，是后世旦、末、净脚色系列生成与丰富的基础。哨马、店家、大夫、梅香、书童、将卒等龙套人物的主要功能在于渲染、营造情境，根据剧情的基本需要而设置，只体现身份，招来挥去，力求简明。关汉卿杂剧所体现出的这些排场派脚的基本原则，为此后的杂剧创作所继承。

王国维曾批评元杂剧：“关目之拙，固不待言。”如果从社会生活逻辑考察关汉卿现存杂剧，确有一些剧情设置有违情理，如《望江亭》中之赚取势剑金牌、《蝴蝶梦》中以赵驴儿替换王三、《绯衣梦》中之苍蝇爆管、《鲁斋郎》中之改笔智斩等，形同游戏。其杂剧结构也有一些欠缺与不足，如《玉镜台》中一场骗婚全靠帝王之尊与官府之威收结，谐谑喜剧掩藏了老夫人知道真相后的不情愿和刘倩英被迫而从的无奈；《金线池》中造成戏曲冲突的误会，直到最终也未得以澄清。此两剧的戏剧矛盾都以转换冲突的方式予以消解，收结勉强。《陈母教子》《绯衣梦》等收结匆忙，无耐唱之曲。这些关目设置虽有“草草为之”之讥，实“由当日未尝重视此事”②，当时并不为忤。从戏曲发展史的角度考察，联系同时高文秀、郑廷玉、马致远等人杂剧和早期《张协状元》《错立身》等戏文作品，这些问题在元杂剧与宋元戏文中大都存在，表明当时的戏曲家对情理逻辑完整性与人物性格统一性的要求尚未严格，相对于今人的认识而言，有历史发展和时代鉴赏认识的差异。对此，我们应当持有历史的“理解之同情”。当然，在此之间既有一剧之中整体与局部之分，也有一人全部之作与单部作品之别，不能一概而论，更非定评。王国维对《救风尘》等剧评价极

---

① 罗锦堂：《元杂剧本事考》，陕西师范大学出版社 2017 年版，第 401 页。

② 王国维：《宋元戏曲考》，见《王国维戏曲论文集》，中国戏剧出版社 1984 年版，第 85 页。

高:“其布置结构,亦极意匠惨淡之致,宁较后世之传奇,有优无劣也。”①王国维的认识其实是相当辩证的。

关汉卿作为中国最早的一位伟大戏曲家,王国维从文章角度激赏其曲:“关汉卿一空倚傍,自铸伟词,而其言曲尽人情,字字本色,故当为元人第一。”②就杂剧结构艺术而言,关汉卿创制杰构,佳作累叠,而其杂剧作品聚焦现实题材,情节曲折委婉,场上声情并茂,脚色分派妥帖,注重在冲突中彰显人物,特色鲜明,贡献巨大,示范垂则,影响深远,亦当为元人第一!

---

① 王国维:《宋元戏曲考》,见《王国维戏曲论文集》,中国戏剧出版社1984年版,第85页。

② 王国维:《宋元戏曲考》,见《王国维戏曲论文集》,中国戏剧出版社1984年版,第90页。

# 早期南曲谱的“北曲化”

魏洪洲 *

蒋孝于嘉靖二十八年(1549)编撰完成的《旧编南九宫谱》,连同之前问世的陈、白二氏的《九宫谱》《十三调南曲音节谱》(下文简称《十三调谱》)①,最早对南曲的音律规则进行了集中建构,开启了南曲曲谱编纂之先河。其宫调设置、曲牌分类乃至例曲选择等照搬、借鉴北曲的痕迹明显,是明清戏曲宗元崇北思想在南曲谱中的初步实现。在此意义上,南曲的格律化就是“北曲化”。对这几部早期曲谱进行专门探讨,不仅有助于揭示南曲格律体制的建设过程,还可借之审视宗元观念在曲谱编撰中的具体呈现和影响,进而讨论格律谱制作过程所涉及的诸多戏曲史问题。

## 一、早期南曲谱的编撰动机

南戏最后完成于元代,但始终以一种地方小戏的形式流行于民间,文人甚少关注。正如徐渭所言:“其(南戏)曲,则宋人词而益以里巷歌谣,不叶宫调,故士夫罕有留意者。”②直到明代前期,北曲挟元代戏曲之余威,仍牢牢占据着曲坛,南曲却经常被轻视、批评。如周德清的《中原音韵》、陆容的《菽园杂记》等直斥南戏为“亡国之音”③,胡侍的

---

* 魏洪洲,河北师范大学副教授。

① 笔者拙文《陈、白二氏〈九宫谱〉〈十三调谱〉考原》(载《社会科学辑刊》2015 年第 2 期)已对二谱相关情况有所考述。

② 〔明〕徐渭:《南词叙录》,见《中国古典戏曲论著集成》(三),中国戏剧出版社 1959 年版,第 239 页。

③ 〔元〕周德清:《中原音韵》,见《中国古典戏曲论著集成》(一),中国戏剧出版社 1959 年版,第 219 页。

《真珠船》更是嘲讽南曲是“令人不欢”的“老婢声”①。与此相应，此前问世之曲论、曲谱等也几乎都是专为北曲而设，如《中原音韵》《太和正音谱》等，未提及任何一位南曲作家，未引录一支南曲作品。明中叶，伴随南曲四大声腔的繁兴以及以南曲为主体的传奇戏曲之崛起，“北转南风”已是大势所趋。杨慎曾不无惋惜地谈道：“近日多尚海盐南曲，士夫禀心房之精，从婉娈之习者，风靡如一。甚者北土亦移而耽之，更数十年，北曲亦失传矣。”②南曲风靡天下，一方面促使文士在欣赏之余，积极参与到传奇戏曲的创作之中③，另一方面也迫使他们投入更多的精力以更为严肃的态度去审视、研究、规范南曲。这正是包括陈、白二谱及《旧编南九宫谱》等在内的众多南曲曲学论著产生之重要契机。

早期南曲谱的编纂更为直接的动因与对元代戏曲的崇尚有关，是以“北”律“南”的必然结果。《旧编南九宫谱》自序曾言：

> 《国风》郑、卫之变，而南宫北里，竞为靡曼。开元、天宝之间，妙选梨园法曲，温李之徒，始著《金筌》等集。至宋，则欧、苏大儒，每每留意声律，而行家所推词手，独云黄九、秦七。是则声乐之难久矣。完颜之世，有董解元者以北曲擅场，骚人墨客，一时宗尚。类能抒思发声，下至优倡贱工，亦皆通晓其义。于是乐府之家，有门户，有体式，有格势，有剧科，有声调，有引序，作者非是莫宗，歌者非是不取。以故音韵之学行于中州。南人善为艳词，如“花底黄鹂”等曲，皆与古昔媲美。然崇尚源流，不如北词之盛。故人各以耳目所见，妄为述作。遂使宫徵乖误，不能比诸管弦，而谐声依永之义远矣。……适陈氏、白氏出其所藏《九宫》《十三调》二谱。余遂辑南人所度曲数十家，其调与谱合，及乐府所载南小令者汇为一书，以备词林之阙。④

蒋孝的上述话语非常明显地体现了其宗元尚北的意识。他在回顾音乐文学发展的基础上，提出声律之学孕育于《诗经》，虽又经后人特别是唐、宋两代词人的共同建设，但直至元代北曲才始称大备。而元曲音律体制的成熟与金代诸宫调（如董解元的《西厢记》等）关系密切。正是因为文人和歌者对董解元《西厢记》的普遍尊崇和自觉学习，董解元《西厢记》的分宫设调、联套成篇等结构体制为北曲所袭取，北曲音律体制才得以建立和完善。南曲与之相比，不知崇尚经典，亦未能构建起自己的宫调体系等，致使作品音律大坏，不能与管弦相谐和。为此，蒋孝在《九宫谱》的宫调系统基础上，寻找例曲，树为典范，制成曲谱，初步建构了南曲音律体制。而将北曲作为榜样和标尺，以之衡估南曲，借机对南曲提出律化，并非蒋孝一人之主张，实为明清曲学家的一种普遍性诉求。但完全站在北曲立场上批评南曲音律，未必符合后者实际，难免有失公允。引入祝允明和王骥德的

---

① 〔明〕胡侍：《真珠船（辑录）》，见《历代曲话汇编·明代编》第一集，黄山书社 2009 年版，第 207 页。

② 〔明〕杨慎：《词品》，见《历代曲话汇编·明代编》第一集，黄山书社 2009 年版，第 254 页。

③ 据郭英德《明清传奇史》统计，从成化至万历前期 120 余年中，传奇作家中略知生平经历者凡 21 人，无一例外全是文人或士大夫。

④ 蒋孝：《旧编南九宫谱》，见《善本戏曲丛刊》第三辑，台湾学生书局 1984 年版，第 3 ~ 6 页。

相关话语，可以对此有更清晰的认识。

今人间用乐，皆苟简错乱。其初歌曲丝竹，大率金、元之旧略存，十七宫调亦且不备，只十一调中填辏而已。虽曰不敢以望雅部，然俗部大概较差雅部不啻数律。……数十年来，所谓南戏盛行，更为无端，于是声乐大乱……盖已略无音律腔调。愚人蠢工，徇意更变，妄名余姚腔、海盐腔、弋阳腔、昆山腔之类，变易喉舌，趁逐抑扬，杜撰百端，真胡说耳。若以被之管弦，必至失笑。①

南、北之律一辙。北之歌也，必和以弦索，曲不入律，则与弦索相戾，故作北曲者，每凛凛遵其型范，至今不废；南曲无问宫调，只按之一拍足矣，故作者多孟浪其调，至混淆错乱，不可救药。不知南曲未尝不可被管弦，实与北曲一律，而奈何离之？夫作法之始，定自毖昚，离之盖自《琵琶》、《拜月》始。②

至元人谱曲，用韵始严。德清生最晚，始辑为此韵，作北曲者守之，兢兢无敢出入。独南曲类多旁入他韵，如支思之于齐微、鱼模，鱼模之于家麻、歌戈、车遮，真文之于庚青、侵寻，或又之于寒山、桓欢、先天，寒山之于桓欢、先天、监咸、廉纤，或又甚而东钟之于庚青，混无分别，不啻乱麻，令曲之道尽亡，而识者每为掩口。北剧每折只用一韵。南戏更韵，已非古法，至每韵复出入数韵，而恬不知怪，抑何窘也！③

祝允明、王骥德的话语策略与蒋孝几乎一致，对南曲音律的评判均始于对北曲的赞赏，或言其入律，“凛凛遵其型范”；或言其用韵，“兢兢无敢出入”。王骥德在“南、北之律一辙”的假想下，强行用北曲的声韵概念、规则、形式等来检讨南曲，并对后者有颇多非议。祝允明直接否定了南曲音律体制的存在，认为南曲“略无音律腔调”，“徇意更变”，简直就是“杜撰百端，真胡说耳”。此论太过武断。北曲的诸多声律规定很早就得到了《中原音韵》《太和正音谱》等著作的全面总结和有效阐发，故易知易见。南曲长期在民间流行，文人关注甚少，未有学者对其创作、表演等规律进行必要考察，这是南曲研究的不足之处。但这并不意味着南曲本身“略无音律腔调”，可随意杜撰。徐渭曾言：“南曲固无宫调，然曲之次第，须用声相邻以为一套，其间亦自有类辈，不可乱也，如《黄莺儿》则继之以《簇御林》，《画眉序》则继之以《滴溜子》之类，自有一定之序，作者观于旧曲而遵之可也。”④可见其曲牌连接“自有一定之序”。此后南曲格律谱多剪取早期南戏之曲作为曲样，也证明有律存乎其中。

王骥德对南曲音律体制的批评主要集中在两点：一是南曲不用宫调，不能“被管弦”；

---

① 〔明〕祝允明：《猥谈》，见《历代曲话汇编·明代编》第一集，黄山书社 2009 年版，第 225 页。

② 〔明〕王骥德：《曲律》，见《中国古典戏曲论著集成》（四），中国戏剧出版社 1959 年版，第 104 页。

③ 〔明〕王骥德：《曲律》，见《中国古典戏曲论著集成》（四），中国戏剧出版社 1959 年版，第110 ~ 111 页。

④ 〔明〕徐渭：《南词叙录》，见《中国古典戏曲论著集成》（三），中国戏剧出版社 1959 年版，第 241 页。

二是南曲用韵混乱,"不啻乱麻"。其说亦可商榷。南北曲产生地域不同,渊源有自,语言声调、演唱形式、伴奏乐器等差异明显,故其音律结构各有特点。北曲上承金代的诸宫调,弦索是其主奏乐器,表演时人声与器乐相谐和就显得尤为重要,否则就会"跑调"。二者配合之关键在于调高一致,而宫调本来就是主要表示调高的概念。这是北曲宫调系统不可或缺的主要原因。南曲产生于民间,是"宋人词而益以里巷歌谣"①,演唱形式非常简单:只是用鼓板控制节奏,没有管弦伴奏的徒歌,所以无须宫调来作为协调歌者演唱与乐师伴奏的桥梁,其"本无宫调"亦在情理之中。王氏用北曲宫调森严和可被管弦的特点来指责南曲,明显是强人所难。正如张凤翼所言:"北词有黄钟、大石等调,然不可以律南词也。南词果有之,则东嘉诸君当先为之矣。"②王氏指责南曲用韵混乱也并非孤例,如雪蓑渔者批评"南戏之祖"《琵琶记》"用韵差池,甚有一词四五韵者"③,沈璟也认为"高则诚惯于借韵",批评其"用韵甚杂,不可为法"。进一步考察就可以发现,这些责难都是在以北曲用韵为典范和"南与北声调虽异,而过宫下韵一也"④的观念下,以北曲之韵即《中原音韵》规范南曲的结果。王骥德所提之韵目——"支思""齐微""鱼模""家麻""歌戈""车遮"等均来自《中原音韵》之十九韵部便是明证。但南曲毕竟植根于南国,演唱、说白必然考虑南方的语音声调。王骥德等严格以元代中原之音强行规范之,未能令人信服,反遭后人嘲讽:"且有以南曲无韵,强将《中原音韵》北曲之韵责之南曲(如《西楼记》以《中原音韵》注每折下,《南词新谱》反判古曲为失韵之类),是欲冠夏人以幧头、衣周嫔以穷袴也。"⑤

总之,陈、白二氏及蒋孝正是在尊崇北曲的曲坛背景下,开始编纂南曲曲谱。所以这些曲谱的体制形式、内容结构等均与北曲经验及其理论密切相关。

## 二、南曲宫调系统的建立

宫调是古代表示乐曲调高、调式的音乐术语,后来逐渐进入包括戏曲在内多种艺术形式中。以宫调来统率曲牌,曲牌后再缀以例曲是戏曲格律谱的基本体例,几无例外,故曲学家编撰曲谱往往从确定宫调开始。在此过程中,明清曲谱表现出强烈的宗元意识。北曲格律谱的这种倾向尤为明显。朱权《太和正音谱》以十二宫调统率三百三十五章曲

---

① 〔明〕徐渭:《南词叙录》,见《中国古典戏曲论著集成》(三),中国戏剧出版社1959年版,第239页。

② 〔明〕张凤翼:《处实堂续集》卷四,《四库全书存目丛书》集部第一三七册,齐鲁书社1997年版,第498页。

③ 〔明〕雪蓑渔者:《宝剑记序》,见《历代曲话汇编·明代编》第一集,黄山书社2009年版,第442页。

④ 〔明〕臧晋叔:《元曲选序》,见《元曲选》(第一册),中华书局1958年版。

⑤ 〔清〕梁廷楠:《曲话》,见《中国古典戏曲论著集成》(八),中国戏剧出版社1959年版,第292页。

牌,完全抄袭了《中原音韵》,未有任何增删修订。此后,程明善的《啸余谱》和王奕清等人的《钦定曲谱》依然如此。清初,《北词广正谱》改宫调为十七种,在《中原音韵》十二宫调的基础上增加了道宫、高平调、歇指调、宫调和角调,但此十七宫调同样来自元人著作——燕南芝庵《唱论》。可见,北曲谱中重要的宫调系统均承袭元人,明确表现出宗元的特点。

南曲最重要的宫调系统非南九宫和十三调莫属。它们分别来自陈、白二氏《九宫谱》和《十三调谱》,并由蒋孝最早引入格律谱中。关于陈、白二谱的问世时间,学界争论颇多①,考虑到《十三调谱》“尾声格调”中出现了高明的《琵琶记》和李景云的《西厢记》剧曲,而且翻阅《永乐大典戏文三种》、陆贻典本《琵琶记》以及成化刻本《白兔记》等能够反映宋元戏文原貌的南戏古本,曲牌均未标注宫调。因此,我们有理由相信陈、白二谱及其所确立的南曲宫调系统的出现时间不会早于明初,远远落后于成熟在元代的北曲宫调系统。那么,“南九宫”和“十三调”抄袭、借鉴北曲就有了时间上的可能。

“南九宫”由九大宫调组成,分别为仙吕、正宫、中吕、南吕、黄钟、越调、商调、大石调、双调。② “十三调”实际包括十四个宫调,即仙吕调、羽调、商调、黄钟调、正宫调、大石调、小石调、中吕调、道宫调、南吕调、般涉调、高平调、越调、双调。③ 为了弄清这两套宫调系统的渊源出处,需要将其与历史上曾出现过的重要宫调系统进行对比。因曲乐属于俗乐,下表从最早的俗乐宫调系统,即唐燕乐二十八调列起。

| 唐燕乐 | | 宋初大曲 | 南宋《词源》 | 金末董解元《西厢记》 | 元初芝菴《唱论》 | 元杂剧 | 元散曲 | 明代“十三调” | 明代“南九宫” |
|---|---|---|---|---|---|---|---|---|---|
| 宫声七调 | 正宫 | 正宫 | 正宫 | 正宫 | 正宫 | 正宫 | 正宫 | 正宫 | 正宫 |
| | 高宫 | | 高宫 | | | | | | |
| | 中吕宫 | 中吕 | 中吕 | 中吕宫 | 中吕宫 | 中吕 | 中吕 | 中吕 | 中吕 |
| | 道宫 | 道宫调 | 道宫 | 道宫 | 道宫 | | | 道宫 | |
| | 南吕宫 | 南吕宫 | 南吕 | 南吕宫 | 南吕宫 | 南吕 | 南吕 | 南吕 | 南吕 |
| | 仙吕宫 | 仙吕宫 | 仙吕 | 仙吕宫 | 仙吕宫 | 仙吕 | 仙吕 | 仙吕 | 仙吕 |
| | 黄钟宫 | 黄钟宫 | 黄钟 | 黄钟宫 | 黄钟宫 | 黄钟 | 黄钟 | 黄钟 | 黄钟 |

① 参看[日]青木正儿著、王古鲁译著、蔡毅校订《中国近世戏曲史》(中华书局 2010 年版,第 403 页)和钱南扬《论明清南曲谱的流派》(见《汉上宧文存续编》,中华书局 2009 年版,第 168 页)。

② 《九宫谱》所列仙吕入双调,实非宫调,进入宫调系统乃讹误所致。见笔者《陈、白二氏〈九宫谱〉〈十三调谱〉考原》,载《社会科学辑刊》2015 年第 2 期。

③ 《十三调南曲音节谱》中还有“商黄调”一名,但其实为集曲集合,无独立的调性。其后注曰:“此系合犯,乃商调、黄钟各半支,或各一支合成者,皆是也。”参蒋孝《旧编南九宫谱》,见《善本戏曲丛刊》第三辑,台湾学生书局 1984 年版,第 42 页。

（续表）

| 唐燕乐 | | 宋初大曲 | 南宋《词源》 | 金末董解元《西厢记》 | 元初芝菴《唱论》 | 元杂剧 | 元散曲 | 明代“十三调” | 明代“南九宫” |
|---|---|---|---|---|---|---|---|---|---|
| 商声七调 | 越调 | 越调 | 越调 | 越调 | 越调 | 越调 | 越调 | 越调 | 越调 |
| | 大食调 | 大食调 | 大石 | 大石调 | 大石 | 大石调 | 大石调 | 大石调 | 大石调 |
| | 高大食调 | | | | | | | | |
| | 双调 | 双调 | 双调 | 双调 | 双调 | 双调 | 双调 | 双调 | 双调 |
| | 小石调 | 小石调 | 小石 | 小石 | 小石 | | 小石调 | 小石调 | |
| | 歇指调 | 歇指调 | 歇指调 | | 歇指 | | | | |
| | 林钟调 | 林钟商 | 商调 | 商调 | 商调 | 商调 | 商调 | 商调 | 商调 |
| 角声七调 | 越调 | | | | | | | | |
| | 大食角 | | | | | | | | |
| | 高大食角 | | | | | | | | |
| | 双角 | | | | | | | | |
| | 小石角 | | | | | | | | |
| | 歇指角 | | | | | | | | |
| | 林钟角 | | | | 商角 | | 商角调 | | |
| 羽声七调 | 中吕调 | 中吕调 | 中吕调 | | | | | | |
| | 正平调 | 正平调 | 正平调 | | | | | | |
| | 高平调 | 南吕调 | 高平调 | 高平调 | 高平 | | | 高平调 | |
| | 仙吕调 | 仙吕调 | 仙吕调 | | | | | | |
| | 黄钟羽 | 黄钟羽 | 黄钟羽 | 羽调 | | | | 羽调 | |
| | 般涉调 | 般涉调 | 般涉调 | 般涉调 | 般涉 | | 般涉调 | 般涉调 | |
| | 高般涉调 | | | | | | | | |
| 总计 | 七宫二十一调 | 六宫十二调 | 七宫十二调 | 六宫八调 | 六宫九调 | 五宫四调 | 五宫七调 | 六宫八调 | 五宫四调 |

据上表可知,“南九宫”和“十三调”既不同于唐代燕乐、宋初大曲以及元代散曲所用宫调,又与《词源》《唱论》所载宫调有差异。“南九宫”与元杂剧宫调完全一致,不仅数量相同,均为五宫四调,具体名称也分毫不差,分别是正宫、中吕、南吕、仙吕、黄钟、商调、越调、大石调、双调。二者存在着明显的承续关系,因元杂剧出现在前,所以“北九宫”为源,“南九宫”为流。“十三调”则与金末董解元《西厢记》的宫调系统完全相同,二者均为六宫八调,宫调名称亦相吻合。总之,“南九宫”和“十三调”应该是分别照搬了元杂剧和董解元《西厢记》的宫调系统。

明清以来,笛子不仅为南曲主奏,还是其定调乐器。笛子共有六孔,计有七音,理论上仅能演奏七种调高,即“笛声七调”:小工调、凡字调、六字调、正工调、乙字调、尺字调、上字调。南九宫系统则包括九个宫调,十三调系统更多,共有十四宫调,故无论是“九宫”

还是“十三调”,都不符合南曲的用调实际。从渊源上看,南曲和宋词的关系应该更为紧密,南曲本来就是“宋人词而益以里巷歌谣”①,吸收了大量宋词牌调。故徐渭尝言南曲“必欲穷其宫调,则当自唐、宋词中别出十二律、二十一调,方合古意”,或“当取宋之《绝妙词选》,逐一按出宫商,乃是高见”②。但《九宫谱》和《十三调谱》既未遵从《绝妙词选》之宫调,也没有依据记录南宋词乐宫调系统的《词源》,偏偏依从了元杂剧和董解元《西厢记》的宫调系统。

南九宫抄袭北九宫,以“北”律“南”的思路明显。而《十三调谱》刻意模仿董解元《西厢记》的宫调系统,其实也是宗元观念的鲜明体现。诸宫调与元曲关系甚为密切,郑振铎在《宋金元诸宫调考》中曾言:“但诸宫调的更为伟大的影响,却存在元人杂剧里。元代杂剧、宋代的‘杂剧词’并非一物。……就文体演进的自然的趋势看来,从宋的大曲或宋的‘杂剧词’而演进到元的‘杂剧’,这其间必得要经过宋、金诸宫调的一个阶段;要想蹿过诸宫调的一个阶段几乎是不可能的。”③可见,诸宫调在元曲的成熟中起了不可替代的作用。董解元及其《西厢记》尤受后人重视,甚至被视为北曲的创始者和开山作品。早在元代,钟嗣成《录鬼簿》“以其创始,故列诸首”④。入明,董解元又被收入《太和正音谱》“古今群英乐府格势”之中。朱权对此特意解释道:“仕于金,始制北曲。”⑤与此相应,其《西厢记诸宫调》被尊为“北曲之祖”,张羽《古本董解元西厢记序》曾言:“《西厢记》者,金董解元所著也,辞最古雅,为后世北曲之祖。迨元关汉卿、王实甫诸名家者,莫不宗焉。”⑥胡应麟亦言其“精工巧丽,备极才情,而字字本色,言言古意,当是古今传奇鼻祖,金人一代文献尽此矣”⑦。蒋孝认为董解元的《西厢记》以其深刻的思想内容和完美的艺术形式,为北曲创作提供了范式。北曲题材内容之丰富、鲜明风格之形成、演唱方法之齐备、音律声调之成熟,乃至曲牌和对偶形式的多样化等均离不开对董解元《西厢记》的宗尚。南曲文辞虽美,但由于没有董作这样的样板作品,在创作时不知所宗,致使作品“不能比诸管弦”。顺着这一思路进一步发展便是:南曲若要同北曲一样具有成熟的形式和完备的体制,也必须将董解元《西厢记》作为自己崇尚、学习的对象。故南曲在创建自己宫调的过程中,自然将董解元《西厢记》作为借鉴的对象之一。

---

① 〔明〕徐渭:《南词叙录》,见《中国古典戏曲论著集成》(三),中国戏剧出版社 1959 年版,第 239 页。

② 〔明〕徐渭:《南词叙录》,见《中国古典戏曲论著集成》(三),中国戏剧出版社 1959 年版,第 240、241 页。

③ 郑振铎:《宋金元诸宫调考》,见《郑振铎全集》第五卷,花山文艺出版社 1998 年版,第 127 页。

④ 〔元〕钟嗣成:《录鬼簿》,见《中国古典戏曲论著集成》(二),中国戏剧出版社 1959 年版,第 103 页。

⑤ 〔明〕朱权:《太和正音谱》,见《中国古典戏曲论著集成》(三),中国戏剧出版社 1959 年版,第 20 页。

⑥ 见〔金〕董解元《古本董解元西厢记》,上海古籍出版社 1984 年版,第 2 页。

⑦ 〔明〕胡应麟:《少室山房笔丛(辑录)》,见《历代曲话汇编·明代编》第一集,黄山书社 2009 年版,第 647 页。

总之,“南九宫”和“十三调”均产生于明代,是在当时戏曲宗元思想的影响下,以元杂剧与董解元《西厢记》为模仿对象而构建起的两套南曲宫调系统。

## 三、南曲曲牌的分宫设调

宫调系统的设置只是南曲格律建设与曲谱编撰的开始,辑录曲牌,对其进行适当分类,并归入相应宫调之中,更是南曲家迫切需要解决的问题之一。在此过程中,陈、白二氏的《九宫谱》《十三调谱》都曾对北曲相关经验有直接的模仿和借鉴。

《九宫谱》共包括宫调九种、曲牌五百一十一章,其中仙吕六十六章、正宫四十五章、中吕六十章、南吕九十八章、黄钟四十八章、越调五十章、商调三十七章、大石调十三章、双调九十三章,基本上涵盖了南曲所有常用牌调。这套系统在曲谱发展史上影响巨大,不仅为《旧编南九宫谱》所承袭,还成为后世南曲格律谱宫调曲牌系统之基础。与此相对,蒋孝将《十三调谱》附于《旧编南九宫谱》之中,主要出于保存文献的目的,此后虽然有部分内容进入了曲谱正文,也多是九宫系统的补充而已。鉴于《九宫谱》在南曲格律建设方面的重要作用,笔者以之为考察对象,揭示南曲曲牌与宫调建立联系的最初情境。

《九宫谱》编撰情况不详,其牌调体系问世时代难以确考。有确切时间标识,最早为南曲集中标注宫调者当属曲选《词林摘艳》。此书由张禄刊于嘉靖四年(1525),是在正德十二年(1517)问世之曲选《盛世新声》的基础上增删补订而成的。全书凡十卷,其中北曲九卷、南曲一卷。南曲卷有宫调九种,套数五十三篇,其中越调五篇、黄钟五篇、商调十九篇、南吕七篇、双调五篇、仙吕三篇、大石调一篇、中吕六篇、正宫二篇。《九宫谱》的编订者在编订时极可能参考过南曲卷。将二者所涉牌调进行对照,可发现南曲卷中之牌调几乎全为《九宫谱》所收。统计显示,该卷有曲牌一百三十二章,其中一百二十四章重现于《九宫谱》中。剩余八章的情况为:“大明一统”套之【圣药王】本为北曲,为《九宫谱》所弃,在情理之中;“暗思金屋”套之【二犯斗宝蟾】、“暗想娇质”套之【醉罗歌】、“紫陌红径”套之【四团花】三章,名称有误,实为【山麻秸】【醉罗袍】【满园春】三调,且已为《九宫谱》所载;“暗香金屋”套之【恨薄情】【怨东均】、“自沉吟”套之【佳人捧玉盘】三章,后世南曲诸谱均未载,恐亦非南曲;仅“喜遇吉日”套之【三十腔】一调为《九宫谱》应收而未收。南曲卷所含曲牌如此集中地出现在《九宫谱》中,有力证明了二者之间可能存在的传承关系。另外,通过考察《九宫谱》中曲牌之排列次序,亦可看出其参考过南曲卷的极高可能性。如南曲卷越调套数《题丹桂》,由九支曲子连缀而成,依次为【绣停针】【祝英台】【望歌儿】【斗宝蟾】【四般宜】【山麻客】【忆多娇】【江神子】【尾声】。《九宫谱》越调过曲中,恰好有九章相邻牌调与之吻合。除了【尾声】改为【余音】,二者所入宫调、曲牌名称、前后顺序完全一致。南曲卷黄钟“团团皎皎”套由【绛都春】【出对子】【闹樊楼】【滴滴金】【画眉序】【啄木儿】【三段子】【双声叠韵】【下小楼】【耍鲍老】【余音】十一章曲牌顺序组成。除去【余音】,其余十章紧密衔接,悉数进入《九宫谱》,且所属宫调、曲牌名称、排列顺序等与“团团皎皎”套毫无二致。总之,《九宫谱》的编撰者在编撰时很可能借鉴过《词林摘艳》。若这一结论能够成立,《九宫谱》问世的时间就非学者通常所主张之明初,而是嘉靖四年(1525)至嘉靖二十八年(1549)之间,即从《词林摘艳》之刊行到《旧编南九宫谱》之成书。当然,《九宫谱》对《词林摘艳》的利用仅限参考,绝非完全照搬,因为二者所辑牌调之宫调归属大多不同。例如【二郎神慢】【字字锦】【金落索】【山坡里羊】【月儿高】【一封书】【绣带儿】【恨更长】【梁州序】【春云怨】十章,在《词林摘艳》南曲卷属商调之“骨干”,均以套式首曲的身份统率其他曲牌。反观《九宫谱》的曲牌归宫,仅有四章即【二郎神慢】【字字锦】【金落索】【山坡里羊】与南曲卷相同,其余六章中的【月儿高】【一封书】被归入仙吕,【绣带儿】【梁州序】被归入南吕,【恨更长】【春云怨】则被归入黄钟。可见,《九宫谱》中曲牌的分宫设调并非完全依从南曲卷。那么,《九宫谱》为曲牌确定宫调的根据何在?

周德清《中原音韵》之“乐府三百三十五章”是戏曲宫调曲牌系统的最早完成形态,虽专为北曲而设,却成为《九宫谱》建立南曲曲牌和宫调关系的逻辑起点。《九宫谱》在参考“乐府三百三十五章”的基础上,确立了南曲曲牌之宫调归属的第一条原则,即南北曲同名者归入相同之宫调。例如北曲【女冠子】【出对子】【神仗儿】【水仙子】【刮地风】【黄龙衮】【侍香金童】,在“乐府三百三十五章”中属黄钟,其同名南曲亦被《九宫谱》黄钟收录;《九宫谱》【念奴娇】【醉太平】二调为大石调过曲,亦根源于其同名北曲在“乐府三百三十五章”中的宫调归属。通过这一方法,与北曲曲牌同名者率先在《九宫谱》中找到了所属宫调,并作为最早一批与宫调发生联系的南曲牌调,在整个南曲宫调曲牌系统形成中又起到了重要的“支点”作用,即《九宫谱》借用南曲套式和“同韵曲组”,将这些“支点”曲与其他牌调广泛联系起来,以便将其与宫调之归属关系传递给同套或同组的其他曲牌,至此南九宫系统初步形成。

南曲套数率先成为《九宫谱》搭建“支点”曲与其他曲牌联系的桥梁。《九宫谱》通过“同一套数曲牌入同一宫调”的原则,将套数中“支点”曲所属之宫调固定为整套曲牌之宫调,这就将单个曲牌与宫调的关系辐射给更多曲牌。例如《词林摘艳》有“暗想江南”套,包括【步步娇】【沉醉东风】【忒忒令】【好姐姐】【桃红菊】【园林好】【川拨棹】【锦衣香】【浆水令】【尾声】十章。其中【步步娇】【沉醉东风】【川拨棹】三调为“支点”曲,根据“南北曲同名者归入相同之宫调”的原则,它们已被《九宫谱》载入双调中。除去【尾声】,其余六章的主要牌调也紧随“支点”曲进入双调。再如,上文提到的“团团皎皎”套,不论【余音】,其主要牌调有【绛都春】【出对子】【闹樊楼】【滴滴金】【画眉序】【啄木儿】【三段子】【双声叠韵】【下小楼】【耍鲍老】十章。其中【出对子】属“支点”曲,其宫调为黄钟,其余九章的牌调也跟随它进入黄钟。而这些牌调一旦确定了所属宫调,又成为新的“支点”,通过相同的操作将更多曲牌圈连进特定宫调。《九宫谱》借用套数作为串连、确定同宫曲牌的纽带,明显受北曲的影响。北曲套式大多是由同一宫调的不同曲牌连缀而成的,其中虽有个别曲牌“借”自其他宫调,总体上同套曲牌在宫调归属上具有统一性。《九宫谱》以北套的这一特性来理解南套，这正是同套南曲归入同一宫调原则的根源所在。

《九宫谱》以南套作为纽带来判定曲牌之宫调面临一大难题，即从元代至明代嘉靖时期，问世之曲选多专为北曲而设，即便附有南套，其数量也不多且所涉牌调有限，如《词林摘艳》南曲卷仅有南曲套数五十三篇、曲牌一百三十二章。这一方面缘于当时“重北轻南”的曲坛风气，另一方面则与南曲套数出现较晚、其本身数量不甚丰富密切相关。【尾声】是套数最主要的标志，燕南芝庵《唱论》曾言：“有尾声名‘套数’。”①故唱套曲又有“唱尾声”的说法。翻检《张协状元》发现，这本长达五十一出的现存最早的南戏仅有两支【尾声】，分别出现在第十四出和第二十出。这两出不但占据了全剧仅有的两个【尾声】，同时还包揽了全剧仅有的两个【赚】曲。这一【赚】和【尾声】“共进退”现象，有力证明【尾声】及其所属之套数是由唱赚带入剧本的，非南曲固有。虽然在北曲的影响下，真正的带尾之套出现在后世的南戏中，但数量有限，一直未能成为南戏主体。故曲籍中之南套不足以独自担负起勾连绝大多数南曲曲牌、建立完整宫调曲牌体系的重任。

为了解决上述难题，《九宫谱》开始启用“同韵曲组”作为联通曲牌的另一媒介。南戏换韵现象非常普遍，因此一出中之牌调会形成数个用韵单元，其中某些单元是由押同一韵部的不同曲牌连缀而成，我们称这样的曲牌单元为“同韵曲组”。例如《拜月亭》第十出，其曲牌用韵情况如下表：

| **曲牌** | 丞相贤 | 梨花儿 | 番鼓儿 | 侥侥令 | 东风第一枝 | 催拍 | 一撮棹 |
|---|---|---|---|---|---|---|---|
| **韵部** | 萧豪韵 | 齐微韵 | | | 寒山韵 | | |

以所用韵部为标准，上述七章牌调可分为三个单元：【丞相贤】押萧豪韵，为一单元；【梨花儿】【番鼓儿】【侥侥令】三调衔接，同押齐微韵，为一单元；【东风第一枝】【催拍】【一撮棹】三调相连，均押寒山韵，为一单元。其中后二者分属两个独立的“同韵曲组”。《九宫谱》建立宫调曲牌体系时，将“同韵曲组”之牌调归入同一宫调也是常用确定曲牌宫调之方法。如上表中属“同韵曲组”之【东风第一枝】【催拍】【一撮棹】三调，在《九宫谱》中同入大石调。

总之，《九宫谱》宫调曲牌体系是在借鉴北曲经验的基础上，结合南曲用调实际建立起来的。当然，南曲本无宫调，与北曲相比，其曲牌衔接更为灵活、自由，甚至有些杂乱，而且规则本身有时也存在抵牾之处。故某些曲牌不能严格按照上述程序分宫设调，《九宫谱》对此有一定程度的调整和妥协。

① 〔元〕燕南芝庵：《唱论》，见《中国古典戏曲论著集成》(一)，中国戏剧出版社1959年版，第160页。

## 四、《旧编南九宫谱》例曲的选择

例曲作为格律谱必备的构成要素，具体规定了每一牌调的句格、字格、用韵等格律细节。甄选哪些曲子入谱往往取决于作者的曲学观念和制谱目的。《旧编南九宫谱》在选择例曲时就表现出强烈的宗元尚北意识。

依据蒋孝所述，入选《旧编南九宫谱》的作品主要有两类。一是“乐府所载南小令者”，即元明时期的南散曲，全谱共八十九首，均为单支。因这类作品不标题目和作者，很难考证其产生的具体时代，故对此类曲作暂且不论。二是“南人所度曲数十家，其调与谱合”者，即流传于嘉靖年间的戏文作品，全谱共四百一十五首，分属三十一种戏文作品，剧名中见于《南词叙录》“宋元旧篇”者凡二十五种：

| | | | | |
|---|---|---|---|---|
| 拜月亭94曲 | 蔡伯喈77曲 | 王祥56曲 | 杀狗38曲 | 江流33曲 |
| 陈巡检29曲 | 荆钗26曲 | 王焕8曲 | 吕蒙正7曲 | 玩江楼5曲 |
| 刘盼盼4曲 | 东墙记4曲 | 唐伯亨4曲 | 百花亭4曲 | 锦香亭3曲 |
| 刘智远2曲 | 刘孝女2曲 | 诈妮子2曲 | 冤家债主1曲 | 乐昌公主1曲 |
| 教子1曲 | 生死夫妻1曲 | 宝妆亭1曲 | 苏秦1曲 | 鸳鸯灯1曲 |

选自“宋元旧篇”者合计达三百九十五支，占《旧编南九宫谱》所引剧曲的95%以上。明人剧曲仅有二十支入选。《五伦全备记》《香囊记》《宝剑记》等曾风行天下的明人之作，竟没有一支入选蒋谱。蒋孝对宋元旧曲的崇信程度可见一斑。尤其值得注意的是，《拜月亭》力压名望日隆的《琵琶记》，将多达九十四支曲子送入《旧编南九宫谱》，将近占例曲总数的20%，成为蒋孝择例最多的剧本。这固然离不开《拜月亭》本色当行的语言成就以及由此获得的巨大声誉①。蒋孝对《拜月亭》曲之重视缘于“其声之和”，即该剧是宋元戏文中唯一一部可全本“上弦索”者：“《拜月》则字字稳帖，与弹搊胶黏，盖南词全本可上弦索者惟此耳。”②何良俊也曾云：

> 南戏自《拜月亭》之外，如《吕蒙正》“红妆艳质，喜得功名遂”，《王祥》内“夏日炎炎，今日个最关情处，路远迢遥”，《杀狗》内“千红百翠”，《江流儿》内“崎岖去路赊”，《南西厢》内“团团皎皎”、“巴到西厢”，《玩江楼》内“花底黄鹂”，《子母冤家》内“东野翠烟消”，《诈妮子》内“春来丽日长”，皆上弦索。此九种，即所谓戏文，金、元人之

---

① 如何良俊曾力荐该剧，称其“高出于《琵琶记》远甚。盖其才藻虽不及高，然终是当行”[《曲论》，见《中国古典戏曲论著集成》（四），中国戏剧出版社1959年版，第12页]。徐复祚言其“自始至终，无一板一折非当行本色语”[《曲论》，见《中国古典戏曲论著集成》（四），中国戏剧出版社1959年版，第235～236页]。李贽也赞其为“天之所生，地之所长，百卉具在，人见而爱之”的化工之作（《杂说》，见《历代曲话汇编·明代编》第一集，黄山书社2009年版，第535页）。

② 〔明〕沈德符：《顾曲杂言》，见《中国古典戏曲论著集成》（四），中国戏剧出版社1959年版，第210页。

笔也，词虽不能尽工，然皆入律，正以其声之和也。①

何良俊醉心戏曲，对此颇有研究，又得到曾为宫廷曲师顿仁的指点，故其有关言论有较强的可信性，值得重视。他提到的"皆上弦索"之九种宋元戏文，即可用琵琶、筝或三弦等弹拨乐器来主奏，且能与乐声相配合的早期南戏。翻检《旧编南九宫谱》可知，蒋孝亦格外重视这九种戏文。"红妆艳质"等十一套曲子亦为蒋孝择例之首选：

| 套数 | "红妆艳质" | | | "喜得功名遂" | | | "夏日炎炎" | | | "今日个最关情" | | | | 『千红百翠』 | 『崎岖道路赊』 | "东野翠烟消" | | | |
|---|---|---|---|---|---|---|---|---|---|---|---|---|---|---|---|---|---|---|---|
| 曲牌 | 摊破金字令 | 夜雨打梧桐 | 金水令 | 道和 | 鲍子令 | 梅花酒 | 昼锦堂 | 红林檎 | 醉翁子 | 山桃红 | 斗宝蟾 | 绣停针 | 江头送别 | 长生道引 | 拗芝麻 | 好事近 | 千秋岁 | 越恁好 | 红绣鞋 |
| 蒋谱收录情况 | 已选 | 已选 | 已选 | 已选 | 已选 | 已选 | 已选 | 已选 | 已选 | 未选 | 未选 | 未选 | 未选 | 已选 | 已选 | 已选 | 已选 | 已选 | 已选 |

| 套数 | "团团皎皎" | | | | | | | | | | | "春来丽日长" | | | "花底黄鹂" | | | | 『巴到西厢』 |
|---|---|---|---|---|---|---|---|---|---|---|---|---|---|---|---|---|---|---|---|
| 曲牌 | 瑞云浓 | 绛都春 | 出对子慢 | 闹樊楼 | 滴滴金 | 画眉序 | 啄木儿 | 三段子 | 双声叠韵 | 下小楼 | 耍鲍老 | 金落索 | 香归罗袖 | 醉罗袍 | 夜行船序 | 斗虾蟆 | 锦衣香 | 浆水令 | 聚八仙 |
| 蒋谱收录情况 | 已选 | 已选 | 已选 | 已选 | 已选 | 已选 | 已选 | 已选 | 已选 | 已选 | 已选 | 已选 | 已选 | 已选 | 已选 | 已选 | 未选 | 未选 | 已选 |

"红妆艳质"等套共包括南曲牌调三十八章②，为《旧编南九宫谱》输送了三十二支例曲。其中很多套曲几乎被《旧编南九宫谱》整体采用，如《南西厢》"团团皎皎"套，除尾声【尚按节拍煞】外，引子连同过曲共有十一支曲子被蒋孝择取。总之，蒋孝将《拜月亭》等这些弦索南曲如此集中地选入《旧编南九宫谱》绝非偶然，体现了他在寻找合律之作时对

① 〔明〕何良俊：《曲论》，见《中国古典戏曲论著集成》（四），中国戏剧出版社1959年版，第12页。
② 数字不含各套尾声。

弦索之曲的格外重视。这其中也有“尚北”的影子。

北曲伴奏乐器较为多样，既有琵琶、三弦等弹拨乐器，又有箫、笛等吹奏乐器，还有鼓、板等打击乐器。其中弹拨乐器即弦索为其主奏乐器，明人视其为北曲之标志，将之作为北曲异于南歌的重要因素。明人对此一再申明，如魏良辅云：“至于北曲之弦索，南曲之鼓板，犹方圆之必资于规矩，其归重一也。”①王世贞云：“北力在弦，南力在板。”②沈德符云：“箫、管可入北词，而弦索不入南词。”③

与箫管相比，弦乐伴奏时，在节奏、手法上有诸多“定则”，对曲牌乐音的高低、快慢、轻重等具有极强的规定性，能够起到“固定”其腔调旋律的作用。曲师顿仁曾言：“况弦索九宫之曲，或用滚弦、花和、大和钐弦，皆有定则，故新曲要度入亦易。若南九宫原不入调，间有之，只是小令。苟大套数，既无定则可依，而以意弹出，如何得□？□□管稍长短其声，便可就板；弦索若多一弹，或少一弹，则𠆭板矣，其可率意为之哉！”④而且弦索对曲调的节制必然会对歌者演唱产生约束效果：“弦索不惟有助歌唱，正所以约之，使轻重疾徐不至差错耳。”⑤这就是曲家将能上弦索视为曲作声律和谐的重要原因。明代作家早已意识到弦索之于北曲的意义，王九思制曲前曾“以厚资募国工，杜门学按琵琶、三弦，习诸曲”⑥；王寅制成乐府后，最为关心的是“未审其能尽协律得被之鹍弦否也”⑦。那些满足了这种要求、较好适用弦索伴奏的作品，则有可能被奉为音律和谐的典范。如谷少岱因为李开先小令“音叶弦索”，而称其“真可为作者之法”⑧；王世贞称朱有燉“晓音律”，赞其杂剧、散曲“音调颇谐”，亦缘于“至今中原弦索多用之”⑨。

借力于宗元尚北观念的影响，对“音叶弦索”的重视也渗透到南曲的创作、研究和评述中。王世贞曾引何元朗言：“北人之曲，以九宫统之。九宫之外，别有道宫、高平、般涉三调。南人之歌，亦有南九宫，然南歌或多与丝竹不协，岂所谓土气偏诐，钟律不得调平者耶？”⑩此言转述自何良俊，在与北曲的对比中，表达了对南曲与管弦不能协奏之现实的深深遗憾。其实，尝试为本为徒歌的南曲配上弦索，早在明初已经开始。开国之君朱元璋非常喜欢高明《琵琶记》，“寻患其不可入弦索”，色长刘杲“撰腔以献，南曲北调，可于

---

① 〔明〕魏良辅：《曲律》，见《中国古典戏曲论著集成》（五），中国戏剧出版社 1959 年版，第 6 页。

② 〔明〕王世贞：《曲藻》，见《中国古典戏曲论著集成》（四），中国戏剧出版社 1959 年版，第 27 页。

③ 〔明〕沈德符：《顾曲杂言》，见《中国古典戏曲论著集成》（四），中国戏剧出版社 1959 年版，第 205 页。

④ 〔明〕何良俊：《曲论》，见《中国古典戏曲论著集成》（四），中国戏剧出版社 1959 年版，第 11 页。

⑤ 〔明〕李开先：《词谑》，见《中国古典戏曲论著集成》（三），中国戏剧出版社 1959 年版，第 354 页。

⑥ 〔明〕王世贞：《曲藻》，见《中国古典戏曲论著集成》（四），中国戏剧出版社 1959 年版，第 39 页。

⑦ 〔明〕王寅：《乐府小序》，见《历代曲话汇编·明代编》第一集，黄山书社 2009 年版，第 571 页。

⑧ 〔明〕李开先：《中麓小令跋语》，见《历代曲话汇编·明代编》第一集，黄山书社 2009 年版，第 415 页。

⑨ 〔明〕王世贞：《曲藻》，见《中国古典戏曲论著集成》（四），中国戏剧出版社 1959 年版，第 34 页。

⑩ 〔明〕王世贞：《曲藻》，见《中国古典戏曲论著集成》（四），中国戏剧出版社 1959 年版，第 27 页。

筝琶被之;然终柔缓散戾,不若北之铿锵入耳也”①。此次改革以失败告终,但此后类似的实验并未断绝,如刘良臣为使所作南曲“以合丝竹”,不惜对其进行了北曲化的改造:“予西北鄙人也,不敢从东南之说为软美之调,林野咏歌,恒为是体,间成南词,亦略兼北音,歌之始得和平,以合丝竹,畅幽怀。”②到了万历时期,“吴下皆以三弦合南曲”③了。随着越来越多的弦索南曲的问世,“入弦索”也上升为曲家评判南曲音律优劣的一条重要标准。王世贞指出陈大声散曲之所以成功主要在于“字句流丽,可入弦索”④。沈璟在《南曲全谱》中甄别曲牌句字合律与否时,也将“入弦索”作为重要参考:“即如【江头金桂】第二曲内‘存亡不审’‘不’字亦然,今人改作‘未审’,文理未尝不通,但音律欠调,不可入弦索耳。”⑤蒋孝正是在如此环境下,开始了南曲格律谱的建构工作。他自然也将改变南曲“宫徵乖误,不能比诸管弦”的伴奏现实作为撰谱的主要目的。这正是《拜月亭》等九种“皆上弦索”的南曲戏文受到蒋孝青睐的原因。总之,蒋孝在为《旧编南九宫谱》选择曲例时,无论是对早期南戏剧曲的推崇,还是对弦索南曲的重视,均与其宗元尚北思想一脉相承。

综上所述,在南曲谱早期的建构过程中,无论是宫调系统的确立、曲牌的分类、例曲的选择,还是术语使用等,主要是借用北曲经验和理论对南曲格律规则进行重塑,南曲的格律化实质上就是“北曲化”。而北曲的这些规则又借助南曲谱的传播,广泛地运用于传奇戏曲的创作、演唱等活动中,并产生了深远影响。

---

① 〔明〕徐渭:《南词叙录》,见《中国古典戏曲论著集成》(三),中国戏剧出版社 1959 年版,第 240 页。

② 〔明〕刘良臣:《西郊野唱引》,见《历代曲话汇编·明代编》第一集,黄山书社 2009 年版,第 249 页。

③ 〔明〕沈德符:《顾曲杂言》,见《中国古典戏曲论著集成》(四),中国戏剧出版社 1959 年版,第 205 页。

④ 〔明〕王世贞:《曲藻》,见《中国古典戏曲论著集成》(四),中国戏剧出版社 1959 年版,第 36 页。

⑤ 〔明〕沈璟:《增定南九宫曲谱》,见《善本戏曲丛刊》第三辑,台湾学生书局 1984 年版,第 709 页。

# 明清戏曲“宗元”观念及相关问题探赜

杜桂萍*

以元代戏曲为戏曲文体的最高标准和典范形态建构戏曲话语范式，进而指导当代戏曲创作，是明清时期戏曲创作和研究领域普遍存在的一种观念与形态。笔者将这种以元代戏曲为矩范的尊体意识与皈依心态统称为“宗元”，并以之含括戏曲史中曾出现的“尚元”“崇元”“尊元”“趋元”“佞元”“遵北”等说法。与诗文领域鼓吹“文必秦汉，诗必盛唐”相仿，明清两代的戏曲创作与批评总是以“元曲”为标榜，如李开先所揭示：“传奇戏文，虽分南北，套词小令，虽有短长，其微妙则一而已。……俱以金、元为准，犹之诗以唐为极也。”①“颇得元人三昧”“彻元人之髓”“可追元人步武”等话语往往是对当代作家或优秀戏曲作品的最高褒奖。同时，“抑元”“反元”“去元”“黜元”等以类似复调的形式发挥作用，形成与“宗元”相反相成、交相为用的结构关系，在对元曲的重新阐释和批判性理解中，助力于新的戏曲文体认知理念和创作轨则的构建，推进了明清戏曲创作的繁荣和理论的发展，并确立了以北曲杂剧和南曲戏文为代表的“元曲”在戏曲史中的经典地位。笔者认为，明清戏曲“宗元”，类同于诗、词、文领域的“宗唐”“宗宋”“宗汉”等，是体现在戏曲创作与批评领域的一种具有复古倾向的观念、思想与风尚，其以复古为策略，以创新为诉求，完成了明清时期传奇戏曲的文体建构；同时，“元曲”本身也在这一过程中获得了再生性，与汉文、唐诗、宋词一样，具有难以企及、垂范后世的经典价值。

---

* 杜桂萍，北京师范大学文学院教授。本文系国家社科基金一般项目“明清戏曲宗元研究”（项目编号：11BZW061）成果。

① 〔明〕李开先：《西野春游词序》，见《历代曲话汇编·明代编》第一集，黄山书社 2009 年版，第 412 页。

## 一、戏曲“宗元”：作为一种文学史观念与现象

戏曲“宗元”倾向在元代已然发生，时人有关文章或著述中的推崇话语足可为证。胡祇遹《赠宋氏序》赞赏杂剧：“上则朝廷君臣，政治之得失，下则闾里市井，父子、兄弟、夫妇、朋友之厚薄，以至医药、卜筮、释道、商贾之人情物理殊方，异域风俗语言之不同，无一物不得其情，不穷其态。”①周德清《中原音韵序》所说更为明确：“乐府之盛，之备，之难，莫如今时。……其备，则自关、郑、白、马一新制作，韵共守自然之音，字能通天下之语，字畅语俊，韵促音调；观其所述，曰忠，曰孝，有补于世。”②罗宗信在《中原音韵序》中进一步表示：“世之共称唐诗、宋词、大元乐府，诚哉。学唐诗者，为其中律也；学宋词者，止依其字数而填之耳；学今之乐府，则不然。儒者每薄之，愚谓：迂阔庸腐之资无能也，非薄之也；必若通儒俊才，乃能造其妙也。”③元末明初人叶子奇《草木子》则云：“传世之盛，汉以文，晋以字，唐以诗，宋以理学。元之可传，独北乐府耳。”④此言出自入明以后，具有反观一个时代文学史的意义，更有说服力。凡此，构成了明清戏曲“宗元”观念展开的前提与演进的基础。

元代人非常注重通过对杂剧教化功能的强调提升戏曲的地位、突出其价值，显示出对主流文统表述的策略性趋同。“厚人伦，美风化”⑤的特质不断被有意撷出，表现了他们更乐于借助君臣、父子、夫妇、兄弟、朋友之戏曲题材来诠释人的社会关系，强调教化之于现实文化建构中担负的重要使命；正是由于这一类佳作的艺术性呈现，元曲之盛、之备的局面方能真正形成，并达到高峰状态。致力于将杂剧文体之源追溯到《诗经》，并通过与《诗经》等经典文本的比对提升其地位，是一种独特的叙事方略，也是元人最被明清戏曲家认可的一个方面。邓子晋《太平乐府序》言：“乐府本乎诗也。三百篇之变，至于五言。有乐府、有五言、有歌、有曲，为诗之别名矣。”⑥虽然主要就散曲而论，但考虑到元人并不严格区分剧曲与散曲的实际，多表现为概括性的曲学观念，以之蠡测同为元曲的杂剧同样被置放于经典文体链条上的用意，应该是合适的；罗宗信“世之共称唐诗、宋词、大元乐府，诚哉”的表述可以证实这一点，即元人眼中的元曲与诗歌的同源关系是包含了杂

---

① 〔元〕胡祇遹：《赠宋氏序》，见《历代曲话汇编·唐宋元编》，黄山书社2006年版，第217页。

② 〔元〕周德清：《中原音韵序》，见《中国古典戏曲论著集成》（一），中国戏剧出版社1959年版，第175页。

③ 〔元〕罗宗信：《中原音韵序》，见《中国古典戏曲论著集成》（一），中国戏剧出版社1959年版，第177页。

④ 〔明〕叶子奇：《草木子》，中华书局1959年版，第70页。

⑤ 〔元〕夏庭芝：《青楼集志》，见《中国古典戏曲论著集成》（二），中国戏剧出版社1959年版，第7页。

⑥ 〔元〕邓子晋：《太平乐府序》，见〔元〕杨朝英选、隋树森校订《朝野新声太平乐府》，中华书局1958年版，第3页。

剧的。也就是说,他们刻意从溯源的角度,主动将关于元曲文体的认知与唐诗、宋诗并列提起,自然地将其提升至雅文学的行列中,使元曲在一定程度上享有与唐诗、宋词同等的待遇,突出其作为元代文学代表性文体的合理性与必然性。罗宗信还特别阐明需"通儒俊才"方能尽曲之妙,借助对曲家特殊才能的强调凸显戏曲这一文体的不同寻常,抬举其地位高于诗词之用意十分明显。不仅如此,钟嗣成《录鬼簿》、夏庭芝《青楼集》通过记录戏曲作者、艺人的名字、事迹等,强调他们作为"不死之鬼"的文化价值和历史地位,有意识地改善正统观念中鄙薄和轻视这一群体及其创作的现实,同样是对元曲地位的刻意提升。事实上,只有戏曲创作和演出高度繁荣的局面形成后,才会出现如此标准统一、分类细致、品评翔实的专门性著录,这从另一方面反映了元人对当代戏曲地位与价值的认可,以及"宗元"观念发生的必然性及雄厚基础。后来王国维"一代有一代之文学"①思想的成熟表达,实际上是对与"宗元"观念伴随而生的一种经典性认知的综合性论定。

明初,元曲的地位已初步具有文化结构上的权威性。朱权、朱有燉等以藩王身份大力提倡元曲,这对元曲地位的稳定与价值的不断被确认具有引领意义。朱权《太和正音谱》"采摭当代群英词章,及元之老儒所作,依声定调,按名分谱,集为二卷……为乐府楷式"②,以"乐府楷式"凸显"宗元"之趣尚。朱有燉因创作大量杂剧作品以及超越一般作家的影响力而著称于戏曲史,相关行为本身亦彰显了对戏曲文体的弘扬。他十分倾慕元人创作,表示:"予观近代文人才士,若乔梦符、马致远、宫大用、王实甫之辈,皆其天材俊逸,文学富赡,故作传奇清新可喜,又其关目详细,用韵稳当,音律和畅,对偶整齐,韵少重复,为识者珍。国朝惟谷子敬所作传奇尤为精妙,诚可望而不可及也。"③关于元曲的地位,他如是理解:"古诗亦曲也,今曲亦诗也,但不流入于秾丽淫伤之义,又何损于诗曲之道哉!"④朱有燉承继元代以来戏曲与《诗经》同源的看法,继续推动其向雅文学靠拢,还推崇戏曲为《诗经》中之"正音",认为戏曲尤其是杂剧与《诗经》具有同样的社会功用。朱氏叔侄有关元杂剧的认知促成了"宗元"理念的形成与进一步传播。

明中期开始至明末,随着诗文领域诸复古流派的此消彼长,复古与反复古的思潮相互激荡,明代文学的主流形态呈现为以复古为创新的纷繁表达。戏曲作家亦涉入其中,有关复古的观念、知识乃至思维方式都反射到关于元曲的多元理解之中,"宗元"观念也呈现出复杂性。当时出现了一种集体无意识特征的行为,即人们在积极介绍、评定元代作家、作品时,首先表达对"元"的充分认可,李开先《词谑》、何良俊《曲话》、王世贞《曲

① 王国维:《宋元戏曲史》,见《王国维全集》(第三卷),浙江教育出版社2009年版,第3页。

② 〔明〕朱权:《太和正音谱序》,见《中国古典戏曲论著集成》(三),中国戏剧出版社1959年版,第11页。

③ 〔明〕朱有燉:《清河县继母大贤引》,见《历代曲话汇编·明代编》第一集,黄山书社2009年版,第199~200页。

④ 〔明〕朱有燉:【北正宫白鹤子】《咏秋景有引》,见谢伯阳编《全明散曲》,齐鲁书社1994年版,第278页。

藻》、吕天成《曲品》论及元代戏曲及其作者的评论多是如此；谈论当代戏曲作家作品时，也往往以元曲名家、名作为参照或依归。如王骥德评徐渭《四声猿》"高华爽俊，秾丽奇伟，无所不有，称词人极则，追躅元人"①，沈德符赞扬王衡杂剧"大得金、元本色，可称一时独步"②，孟称舜评王子一《误入桃源》则云"元人高处，在佳语、秀语、雕刻语络绎间出，而不伤浑厚之意。王系国初人，所以风气相类，若后则俊而薄矣，虽汤若士未免此病也"③。"宗元"复古的表达在在皆是，不胜枚举。有关当代戏曲名作和成绩的总结，也多归功于元代作品的滋养，乃"熟拈元剧"④的结果："近惟《还魂》二梦之引，时有最俏而最当行者，以从元人剧中打勘出来故也。"⑤祁彪佳也有同样的认知："先生（汤义仍）手笔超异，即元人后尘。"⑥时人不仅认为《牡丹亭》的成就得益于汤显祖对元人戏曲艺术的汲取，还以此为立足点阐释其他戏曲作品的重要性和独特价值，如孟称舜在表达对元杂剧《倩女离魂》的喜爱时指出："此剧余所极喜……酸楚哀怨，令人肠断。昔时《西厢记》，近日《牡丹亭》，皆为传情绝调，兼之者其此剧乎！《牡丹亭》格调祖此，读者当自见也。"⑦正是在与《西厢记》等元代杂剧名作的反复比照中，《牡丹亭》传奇的经典地位得以有效确立。

此际，对元代戏曲杂剧进行反思和质疑的声音已经出现并不断增强，其旨归主要是借助对元代戏曲的批评甚至否定审视、指导当代戏曲创作，戏曲文体的形态及相关理念、创作方法亦因之获得新的认知与讨论。类似的话语并不少，如李开先云："《梧桐雨》中【中吕】，白仁甫所制也，亦甚合调；但其间有数字误入先天、桓欢、监减等韵，悉为改之。"⑧何良俊云："《西厢》内如'魂灵儿飞在半天'，'我将你做心肝儿看待'……语意皆露，殊无蕴藉。如'太行山高仰望，东洋海深思渴'，则全不成语。此真务多之病。"⑨尽管着眼点多在于对音韵、语词等的纠正，但这种基于个别、技术层面的批评其实正是批评家

---

① 〔明〕王骥德：《曲律》，见《中国古典戏曲论著集成》（四），中国戏剧出版社1959年版，第167页。

② 〔明〕沈德符：《顾曲杂言》，见《中国古典戏曲论著集成》（四），中国戏剧出版社1959年版，第214页。

③ 〔明〕孟称舜：《古今名剧合选评语（辑录）》，见《历代曲话汇编·明代编》第三集，黄山书社2009年版，第484页。

④ 〔明〕吕天成：《曲品》，见《中国古典戏曲论著集成》（六），中国戏剧出版社1959年版，第213页。

⑤ 〔明〕王骥德：《曲律》，见《中国古典戏曲论著集成》（四），中国戏剧出版社1959年版，第138页。

⑥ 〔明〕祁彪佳：《远山堂曲品》，见《中国古典戏曲论著集成》（六），中国戏剧出版社1959年版，第17页。

⑦ 〔明〕孟称舜：《古今名剧合选评语（辑录）》，见《历代曲话汇编·明代编》第三集，黄山书社2009年版，第468页。

⑧ 〔明〕李开先：《词谑》，见《中国古典戏曲论著集成》（三），中国戏剧出版社1959年版，第337页。

⑨ 〔明〕何良俊：《曲论》，见《中国古典戏曲论著集成》（四），中国戏剧出版社1959年版，第8页。

对戏曲韵律、语言一类问题格外重视的反映，而题材、文体乃至观念层面的讨论也是以此为路径不断深入或借此为端而逐渐展开的。如王骥德的结论："元人杂剧，其体变幻者固多，一涉丽情，便关节大略相同，亦是一短。"①他又云："元人作剧，曲中用事，每不拘时代先后。"②借助对元杂剧之"短"的批评，探讨戏曲艺术"关节"诸问题，以"复古"为创新的深层用意十分明显。对于一味"沉酣于古"，沈自晋也颇为不满，认为尤其应该重视当代"名流"，指出："如范如王，以巧笔出新裁，纵横百变，而无逾先词隐之三尺，固当多取芳模，为词坛鼓吹。"③抛去对"先词隐"即沈璟作为"名流"的有意识塑造，可以理解这其实是普遍存在之"宗元"的另一面向。进入清代，这一理念宣示得更为清晰。最具代表性的是李渔《闲情偶寄》中的有关论述。如就戏曲文本构成的分析，李渔认为："然传奇，一事也，其中义理，分为三项：曲也，白也，穿插联络之关目也。元人所长者，止居其一，曲是也；白与关目，皆其所短。吾于元人，但守其词中绳墨而已矣。"④将来自元杂剧文本的经验认知与对当代戏曲创作的判断结合起来，理性地分析了古今之优劣不同，这种因循基础上的反拨与创造，其实是促成"宗元"思想丰富性的主要路径。李渔"立主脑"的著名论点同样来自对元杂剧的关切："一部《西厢》止为张君瑞一人；而张君瑞一人，又止为白马解围一事。其余枝节，皆从此一事而生……"⑤如是，他反对"事事当法元人"，更看重戏曲之"变"："变则新，不变则腐。变则活，不变则板。至于传奇一道，尤是新人耳目之事，与玩花、赏月，同一致也。"⑥只有在新变的前提下，传奇戏曲才能形成独立的文体特性与功能属性，具有自己的发展空间，而元代戏曲也应当以这样一种话语形式参与到有关的文体建设中。也就是说，在明清两代戏曲文化的建设中，元代戏曲始终以"当下的"状态存在着，并作为一种特殊的戏剧遗产供明清文人取资和利用。同时，也正是在这一维度，明清文人更容易表现出"宗元"视野下的超迈意识。何良俊评王九思《杜甫游春》"虽金、元人犹当北面，何况近代"⑦，沈璟赞吕天成《二淫记》"足压王、关"⑧等，均表现出对当代创作的极大自信，这是大量文人染翰戏曲创作并取得成就的重要原因。当时最为著名的

---

① 〔明〕王骥德：《曲律》，见《中国古典戏曲论著集成》（四），中国戏剧出版社 1959 年版，第 148 页。

② 〔明〕王骥德：《曲律》，见《中国古典戏曲论著集成》（四），中国戏剧出版社 1959 年版，第 147 页。

③ 〔明〕沈自晋：《重定南词全谱凡例续纪》，见《南词新谱》卷首，中国书店 1985 年版。

④ 〔清〕李渔：《闲情偶寄》，见《中国古典戏曲论著集成》（七），中国戏剧出版社 1959 年版，第 17 页。

⑤ 〔清〕李渔：《闲情偶寄》，见《中国古典戏曲论著集成》（七），中国戏剧出版社 1959 年版，第 14 页。

⑥ 〔清〕李渔：《闲情偶寄》，见《中国古典戏曲论著集成》（七），中国戏剧出版社 1959 年版，第 76 页。

⑦ 〔明〕何良俊：《曲论》，见《中国古典戏曲论著集成》（四），中国戏剧出版社 1959 年版，第 10 页。

⑧ 〔明〕沈璟：《致郁蓝生书》，见《历代曲话汇编 · 明代编》第一集，黄山书社 2009 年版，第 727 页。

论曲话语之一:"汤义仍《牡丹亭梦》一出,家传户诵,几令《西厢》减价。"①清初也有类似的表达:"今玉茗《还魂记》,其禅理文诀,远驾《西厢》之上,而奇文隽味,真足益人神智,风雅之俦,所当耽玩。此可以毁元稹、董、王之作者也。"②两相对比,足可见出明末至清初时期,时人对《牡丹亭》与《西厢记》关系认识的递变过程,其创作自信于此更可昭示一斑。也正是在这一过程中,《西厢记》《琵琶记》高下之争、"元曲四大家"排序之争、戏曲文辞与音律之争等,皆因之被唤起,文体意识日益明晰的文人对于相关讨论乐此不疲,明清戏曲史的繁复多姿以及文体、雅俗等理念也在一次次往复回旋的话语波荡中趋向成熟。

有清一代,追慕汉唐、返诸六经的复古风尚继续表现为当代文化建设与文学观念、形态之主导,具有经学意义的理论性思考也更为文人所青睐。于戏曲创作与研究而言,"不废元人绳墨"③依旧是多数作家孜孜以求的理念。《西厢记》《琵琶记》作为元代戏曲的代表,仍会引发不同声音的喧嚣争论,但其经典之地位基本获得确立:"自古迄今,凡填词家咸以《琵琶》为祖,《西厢》为宗,更无有等而上之者。"④或进一步云:"《琵琶》为南曲之宗,《西厢》乃北调之祖,调高辞美,各极其妙。"⑤评价戏曲作品,二者往往成为参照之首选。借重于元代戏曲来评价当代戏曲作家及其创作更是成为常态,如凌廷堪评价洪昇:"元人妙处谁传得? 只有晓人洪稗畦。"⑥梁廷楠评价万树:"阳羡万红友(树)寝食元人,深入堂奥,得其神髓,故其曲音节嘹亮,正衬分明。"⑦在梳理明代戏曲与元代戏曲关系时,对汤显祖及其创作成就的探讨也是清人反观元曲时非常感兴趣的一个话题,如张大复云:"论前明作家,首推汤临川,临川多读元曲,一力规模,尽有佳处。"⑧叶堂云:"临川汤若士先生,天才横逸,出其余技为院本,瑰姿妍骨,斫巧斩新,直夺元人之席。"⑨作为连接元代戏曲和清代戏曲的血脉和桥梁,《牡丹亭》的经典地位也借助其对清代戏曲的浸淫获

① 〔明〕沈德符:《顾曲杂言》,见《中国古典戏曲论著集成》(四),中国戏剧出版社 1959 年版,第 206 页。

② 〔清〕林以宁:《牡丹亭还魂记题序》,见〔明〕汤显祖著,〔清〕陈同、〔清〕谈则、〔清〕钱宜评,夏勇点校《吴吴山三妇合评牡丹亭》,浙江古籍出版社 2016 年版,第 6 页。

③ 〔清〕凌廷堪:《与程时斋论曲书》,见《历代曲话汇编·清代编》第三集,黄山书社 2009 年版,第 241 页。

④ 〔清〕刘廷玑:《在园杂志(辑录)》,见《历代曲话汇编·清代编》第一集,黄山书社 2009 年版,第 728 页。

⑤ 〔清〕黄图珌:《看山阁集闲笔(辑录)》,见《历代曲话汇编·清代编》第二集,黄山书社 2009 年版,第 94 页。

⑥ 〔清〕凌廷堪:《论曲绝句三十二首之三十二》,见《历代曲话汇编·清代编》第三集,黄山书社 2009 年版,第 247 页。

⑦ 〔清〕梁廷楠:《曲话》,见《中国古典戏曲论著集成》(八),中国戏剧出版社 1959 年版,第 271 页。

⑧ 〔清〕张彝宣:《寒山堂曲话》,见《寒山堂新定九宫十三摄南曲谱》,《续修四库全书》第一七五〇册,第 638 页。

⑨ 〔清〕叶堂:《〈纳书楹《四梦》全谱〉自序》,见蔡毅编著《中国古典戏曲序跋汇编》,齐鲁书社 1989 年版,第 157 页。

得了确认:“《长生殿》传奇,非但藻思妍辞,远接实甫,近追义仍。而宾白科目,具入元人阃奥。”①而被称为“一部闹热《牡丹亭》”②的《长生殿》,正是在与这些前代戏曲佳什的比参中,迅速成长为一部当代戏曲名著。只不过通过梳理有关文献可以发现,对明人一贯看重的“才情”“文采”等一类关键词,清人并没有表现出太多的兴趣,关乎“学问”以及由此彰显出的才学修养、文章功力等更被看重,且日渐演化为与元人比较过程中的话语兴奋点。如俞樾《读元人杂剧诗之二十》附注云:“洪昉思《长生殿·小宴》剧中‘天淡云闲’一曲脍炙人口,今读元人马仁甫《秋夜梧桐雨》杂剧,有【粉蝶儿】曲,与此正同,但字句有小异耳,乃知其袭元人之旧也。”③对元人的模仿不仅是单纯的文本发现,更是一种知识、趣味尤其是判断能力的表达,以剧为学问之意图因之被刻意彰显。

在反观前代的理念下祛除浮躁、深入肌理、发掘根源、尚好归纳总结等,几乎是清代文人较为普泛性的思维方式。这种思维方式在戏曲批评领域中不仅表现为将“元”作为汲取精神资源和创作经验之首选,而且表现为更加注意梳理、甄别戏曲的题材、本事,考辨、校正戏曲的韵律、宫调,审视作品的体制、人物,乃至于格外在意编选、评点、创作等范式,“元”之于清代戏曲创作与批评的影响方式和程度已与此前有明显不同。而以著录和考略为中心内容的“曲目”“曲话”类专书之多成了清代戏曲研究领域的一个重心,也是“以学问为剧”和“以剧为学问”之于清代戏曲创作的一个鲜明特色。这当然也得益于乾嘉学派的深刻影响,还原经典的诉求、“凡古必真”的思想逻辑促使他们始终目光回溯,“元”的价值也因之得以进一步凸显,进而再次证明了元代戏曲作为戏曲文体辉煌期之代表的经典价值。史实之真伪、故事之渊源、词语之音义等,都在严谨的释读、勘误和校正中成为关注的重点,这自然有利于对剧本思想乃至艺术特色的深入理解,诸多戏曲史问题或因之有了进一步讨论的空间,如题材的演变轨迹及其所导致的主题嬗变问题、艺术真实和历史真实的处理方略及与史传文学传统的关系问题等。然而此种探索也如一把双刃剑,在一定程度上忽视了戏曲艺术规律。如王昭君题材,焦循指责马致远《汉宫秋》的艺术处理有乖史实,第四折“以元帝一梦作结”④实为败笔,进而肯定明代陈与郊《昭君出塞》的结局安排:“写至出玉门关即止,最为高妙。”⑤在如何处理史实立论、看重叙事的虚实关系方面,以“实”为高,追求“有所本”,并感叹:“始知元人杂剧,无一字无来处也。”⑥对作家的艺术提炼、加工等则多给予否定,忽略了戏曲叙事的虚构特征。实际上,这关涉明清杂剧文体变迁的诸多思考。《昭君出塞》是对历史片段的白描式书写,体制短

---

① 〔清〕王晫:《长生殿跋》,见蔡毅编著《中国古典戏曲序跋汇编》,齐鲁书社 1989 年版,第 1593 页。

② 〔清〕洪昇:《长生殿例言》,见《历代曲话汇编·清代编》第一集,黄山书社 2009 年版,第 657 页。

③ 〔清〕俞樾:《春在堂诗编》卷二一,见《春在堂全书》第五册,凤凰出版社 2010 年版,第 306 页。

④ 〔清〕焦循:《剧说》,见《中国古典戏曲论著集成》(八),中国戏剧出版社 1959 年版,第 190 页。

⑤ 〔清〕焦循:《剧说》,见《中国古典戏曲论著集成》(八),中国戏剧出版社 1959 年版,第 190 页。

⑥ 〔清〕焦循:《剧说》,见《中国古典戏曲论著集成》(八),中国戏剧出版社 1959 年版,第 158 页。

小，情节简单，抒情性强，看起来更贴近历史，实际上更看重抒情性原则，其实已经疏离了作为戏剧艺术应该具有的叙事诉求。① 元代戏曲叙事艺术不断被悬置乃至忽略的现实，是“宗元”过程中最应该解决而未能解决的问题，而戏曲本质日益被消解的现实恰恰昭示了明清戏曲最终走向衰落的必然。

由此可以看出，清代戏曲家对“元曲”反思与批判的方式，已经不再富有明人的论辩激情，不再对高下、先后、优劣一类问题纠缠不休，具体的话语兴奋点乃至格局与气度等亦有新的特点。清代戏曲家对题材之本事汲汲考究，对术语类文献格外关注，对涉及情节结构、宾白与曲词关系等的分析尤感兴趣。而这正好与明人有关戏曲文体认知的理性反思接续，契合于善于析义与省思的时代风尚。如梁廷楠评关汉卿《玉镜台》杂剧：“温峤上场，自《点绛唇》接下七曲，只将古今得志不得志两种人铺叙繁衍，与本事没半点关照，徒觉满纸浮词，令人生厌耳。律以曲法，则入手处须于泛叙之中，略露求凰之意，下文情歆彼美，计赚婚姻，文义方成一串；否则突如其来，阅之者又增一番错愕也。”②很多评论往往带有总结性特征，如焦循评明代戏曲：“明人南曲，多本元人杂剧：如《杀狗》、《八义》之类，则直用其事；玉茗之《还魂记》，亦本《碧桃花》、《倩女离魂》而为之者也。”③梁廷楠评乔吉《金钱记》杂剧：“以白引起曲文，曲所未尽，以白补之，此作曲园密处，元人百种多未见及。《金钱记》第三折韩飞卿占卦白中，连篇累牍，接下《红绣鞋》一曲，并未照应一字。后人每事胜前人，即此一节已然矣。”④由此出发，清人对当代戏曲作家作品的认知也往往更为理性，更能从历史的、逻辑性的角度发表见解。如杨恩寿评价李渔作品：“《笠翁十种曲》，鄙俚无文，直拙可笑，意在通俗，故命意、遣辞力求浅显。流布梨园者在此，贻笑大雅者亦在此。究之：位置、脚色之工，开合、排场之妙，科白、打诨之宛转入神，不独时贤罕与颉颃，即元、明人亦所不及，宜其享重名也。”⑤所谓的“流布梨园者在此，贻笑大雅者亦在此”，客观、准确地评价了李渔戏曲艺术探索的得失，正确评定了其文学史、戏曲史地位。

至于清代戏曲家普遍表现出的对“风教”的关注，所谓“文字无关风教者，虽炳耀艺林，脍炙人口，皆为苟作”⑥，亦达到了前所未有的程度。这与其时社会文化的总体走向最为相关，也得益于考据学兴盛所带来的宗经传统，又恰恰契合了戏曲雅化过程中不得不以功能论阐释见长的基本原则。溯源之话语依然以能关联到元代戏曲最为权威。如俞樾评余治戏曲作品时指出：“盖君之为教，皆在因势而利导之，其后遂有劝善杂剧之作，大

① 杜桂萍：《抒情原则之确立与明清杂剧的文体嬗变》，载《文学遗产》2014年第6期。

② 〔清〕梁廷楠：《曲话》，见《中国古典戏曲论著集成》（八），中国戏剧出版社1959年版，第257页。

③ 〔清〕焦循：《剧说》，见《中国古典戏曲论著集成》（八），中国戏剧出版社1959年版，第113页。

④ 〔清〕梁廷楠：《曲话》，见《中国古典戏曲论著集成》（八），中国戏剧出版社1959年版，第256页。

⑤ 〔清〕杨恩寿：《词余丛话》，见《中国古典戏曲论著集成》（九），中国戏剧出版社1959年版，第265页。

⑥ 〔清〕张三礼：《〈空谷香〉序》，见周妙中点校《蒋士铨戏曲集》，中华书局1993年版，第433页。

意以俳优侏儒最害风俗，然由来久远，既不能废，则莫如因而用之。乃仿元人杂剧，采取近事，被之管弦，使善者可以为法，恶者可以为戒。”①李调元反观《琵琶记》时亦表示：“此曲体贴人情，描写物态，皆有生气，且有裨风教，宜乎冠绝诸南曲，为元美之亟赞也。”②如此渊源有自，得益于正宗，固然为戏曲致力于“风教”之诠释提供了文体传统的依据，其实也是对元人宗尚自我策略的一种自觉呼应，非常有力地指向了戏曲地位的继续攀升；只不过实际效果甚微，戏曲文体走向消解的历史命运并未因之而有所缓解。

## 二、“元曲”内涵变迁与明清戏曲文本的结构形态

“以歌舞演故事”③是中国古典戏曲的独特演述方式，这决定了戏曲文本形态的特殊性，既包含了以曲词和宾白为主体的文学结构，以及因之形成的一本四折的基本结构方式；又具有以宫调和曲牌为一般表征的独特音律结构，及以唱为主的舞台展演形态，这在一定程度上也能动地制约了演员对相关故事的体验性阐释。如是之文本结构形态对作家也有较高的要求，必须“通儒俊才，乃能造其妙也”④，即实现以文学结构为表征的文学性和以音律结构为表征的舞台性之相得益彰。而反观明清时期流传的元代戏曲文本，发现彼时的“通儒俊才”对“元曲”的理解已与元人多有不同。一方面，发现与还原“元曲”成为复古思潮下很多文人乐此不疲的当代文化建设工作，“杂剧”与“南戏”合璧以及与传奇戏曲的互动关系已然成为理解“元曲”的一个历史维度；另一方面，元曲乃至传奇戏曲的文本构成，彼此以一种类似“互文”的方式共同彰显了文人作家之于文学结构的刻意营建，以曲词为中心的文学性的旁逸横出日益成为文人戏曲的显性特征，而文人作家对需借助舞台性彰显的音律结构则逐渐失去兴趣，以致“案头化”“雅化”竞相发展，民间戏曲创作只能与其分道扬镳，走上了另外一条以舞台性为表征的发展路径。这也促成了“元曲”内涵的变迁，即更多来自元曲文本文学结构的信息被积极选择和接受，并指向一种越来越浓郁的诗性理解；而如何成为“合律”的文本、文学结构与音律结构如何契合、音律系统怎样适应“可唱”的表演要求并为观众认可等同样应该借鉴的戏剧遗产，则受到忽视并逐渐淡出了元曲概念的逻辑视野。如是，本来集聚了诸多艺术要素并以综合性为基本特征的元曲被片面地理解为具有文章学意义的文学文体，其以彰显舞台性为旨归的音律结构则只能作为一种有意味的文学“形式”存在着；古典戏曲的戏剧性及相关问题也被逐渐

---

① 〔清〕俞樾：《余莲村墓志铭》，见《春在堂全书》第四册《春在堂杂文》续编卷四，凤凰出版社 2010 年版，第 100 页。

② 〔清〕李调元：《雨村曲话》，见《中国古典戏曲论著集成》（八），中国戏剧出版社 1959 年版，第 16 页。

③ 王国维：《戏曲考源》，见《王国维全集》（第一卷），浙江教育出版社、广东教育出版社 2009 年版，第 613 页。

④ 〔元〕罗宗信：《中原音韵序》，见《中国古典戏曲论著集成》（一），中国戏剧出版社 1959 年版，第 177 页。

放弃，而这一点恰恰是中国戏曲有别于西方戏剧的一个不可或缺的审视维度。

元曲的最初文本显然是朴拙的、粗陋的、简单的，从侥幸存世的《元刊杂剧三十种》足以推断出这一结论。郑骞在评价这部大约于元末问世的刊本时即指出："这部书是元代书坊所印的'小唱本'，刻工非常草率拙劣，错字、掉字、同音假借字、简体俗字满纸都是，有时简直刻得不成字形。讲到行款格式，则宾白与曲文常是混在一起，分不出来，曲调牌名也常有误刻或漏刻。此外还有一种毛病，就是宾白不全，只有正末或正旦的简单说白，或竟全无宾白。于是，别无他本诸剧的情节常是弄不清楚。有了这两个缺点，对于元剧修养有素的人，读此书也有时颇感吃力，更不必说初学。"①元曲剧本自身的粗糙、不易阅读，影响了后来者的了解与认可，这显然是其存世较少的原因之一；不过更重要的原因可能还要归结为戏曲"无关经史"②的社会地位，以及相应而来的以演出为主的戏剧观念、刊刻水平的低下等。随着明清两代传奇戏曲创作和演出的繁荣，早熟的元曲作为中国古典戏曲发展的第一个高峰，必须担当"戏剧典范"与"文学遗产"的双重功能，为当代戏曲创作提供经验和标本，于是发现与还原元曲成为彼时文人乐此不疲的一个文化活动。而明代复古运动的此起彼伏、不断激荡，不仅为元曲的发现提供了观念上的依据，也为其助力于传奇戏曲的文体建构与观念认知拓展了话语空间。有关元代戏曲的概念、思想乃至观念都在这一过程中得到了重新理解和有意识的认定，最后，不仅元曲的权威性地位得到了认可和提升，元曲之概念也得到了丰富和拓展，甚至发生了变迁。

明中叶前，"宗元"多指戏曲对元代杂剧的宗尚，在曲调上认可北曲，在体制上遵循一本四折，在语言上追求本色，审美属性则偏于俚俗，并不包含以南曲为主的长篇戏曲形式南戏。虽然南戏亦最后完成于元代，但时人嫌其鄙陋，不以之为尊，当然也不认可其为一代文学之代表。虞集"自是北乐府出，一洗东南习俗之陋"③之言，正道出了元人以南方戏曲为"习俗之陋"的排斥心理。入明以后，朱元璋赞美《琵琶记》"如山珍、海错，贵富家不可无"④，但又令其"入弦索"⑤，抑南戏而扬杂剧的思路依然在在可表，元杂剧作为一代文学之代表的地位并未动摇。而洪武八年(1375)初步编订的《洪武正韵》，以中原雅音为正的编纂原则也给定了一个无可辩驳的遵北信号，"酷信北曲，至以伎女南歌为犯禁"⑥

---

① 郑骞校订：《校订元刊杂剧三十种·序》，世界书局1962年版，第2页。

② 〔清〕陈栋：《北泾草堂曲论》，见《历代曲话汇编·清代编》第三集，黄山书社2009年版，第535页。

③ 〔元〕虞集：《中原音韵序》，见《中国古典戏曲论著集成》(一)，中国戏剧出版社1959年版，第173页。

④ 〔明〕徐渭：《南词叙录》，见《中国古典戏曲论著集成》(三)，中国戏剧出版社1959年版，第240页。

⑤ 〔明〕徐渭：《南词叙录》，见《中国古典戏曲论著集成》(三)，中国戏剧出版社1959年版，第240页。

⑥ 〔明〕徐渭：《南词叙录》，见《中国古典戏曲论著集成》(三)，中国戏剧出版社1959年版，第241页。

实际上是徐渭《南词叙录》之前一个相对普泛的现实。显然，在明初有关“宗元”的思想观念中，同样完成于元代的南戏其实处于一个相当尴尬的境况。

伴随着以南曲戏文为基础的传奇戏曲的蓬勃发展，有关戏曲文体、南北曲调、“本色当行”等的讨论不断被唤起，并日趋深入，南戏也在这一过程中逐渐进入批评家的视野。以邵灿《香囊记》为代表的时文风和骈俪化创作所造成的“南戏之厄”①，反而促使人们对早期南戏进行反观和历史性认可，使南戏逐渐获得了与北曲杂剧相提并论的境遇和机缘。至明代后期，二者不分轩轾的话语已经比比皆是，如王骥德云：“曲之始，止本色一家，观元剧及《琵琶》、《拜月》二记可见。”②又如：“剧之与戏，南北故自异体。北剧仅一人唱，南戏则各唱。一人唱则意可舒展，而有才者得尽其春容之致。”③再如：“作北曲者，如王、马、关、郑辈，创法甚严。终元之世，沿守惟谨，无敢逾越。而作南曲者，如高如施，平仄声韵，往往离错。作法于凉，驯至今日，荡然无复底止，则两君不得辞作俑之罪，真有幸不幸也。”④可见，南戏已经取得了与杂剧并驾齐驱的地位，不断在比较中发生相生互文的关系，并促成了有关当代戏曲的诸种认知。也正是在这个时期，借助于整个文化现实中的复古思潮及话语策略，南戏代表性作品《琵琶记》在与《西厢记》的高下优劣比对中脱颖而出，拥有了更为广泛的声誉，并被认定为传奇戏曲的源头，获得了“南曲之祖”的资格。魏良辅肯定其“自为曲祖，词意高古，音韵精绝”⑤；王世贞赞赏其“体贴人情，委曲必尽；描写物态，仿佛如生；问答之际，了不见扭造，所以佳耳”；毛纶父子推举其为“第七才子书”，基于“文章之妙”的评点使之更加名重文坛，以致“凡从事倚声者，几奉为不祧之祖”⑥，其作为元曲文本典范的地位也得以确立。正是在这一过程中，元曲的概念也发生了结构性变化，南戏作为元曲的有机构成，与杂剧一道构成了元曲的两种体式，元曲的概念也在内涵获得有效修复的基础上，有了外延方面的实际拓展，更加丰富，兼具了历史与逻辑相统一的特征。而这一点其实也还原了作为大一统国家表征的元代戏曲的实际，具有对元代戏曲创作和演出的总体状况进行总结的特殊意义。

明清两代，剧本的发现是认知元曲的主要和重要方式，尤其是对于一种曾以“舞台性”为繁盛方式的艺术形态而言，这几乎成了当时最为重要的认知途径。而作为文人世

---

① 〔明〕徐渭：《南词叙录》，见《中国古典戏曲论著集成》（三），中国戏剧出版社 1959 年版，第 243 页。

② 〔明〕王骥德：《曲律》，见《中国古典戏曲论著集成》（四），中国戏剧出版社 1959 年版，第 121 页。

③ 〔明〕王骥德：《曲律》，见《中国古典戏曲论著集成》（四），中国戏剧出版社 1959 年版，第 137 页。

④ 〔明〕王骥德：《曲律》，见《中国古典戏曲论著集成》（四），中国戏剧出版社 1959 年版，第 151 页。

⑤ 〔明〕魏良辅：《曲律》，见《中国古典戏曲论著集成》（五），中国戏剧出版社 1959 年版，第 6 页。

⑥ 〔明〕杨恩寿：《续词余丛话》，见《古典戏曲论著集成》（九），中国戏剧出版社 1959 年版，第 308 页。

界的话语增长点，“剧本”的文学性标识似乎更得文人之心，有关文体种种问题的思考多以此为门径。实际上，伴随着传奇戏曲的繁荣及相关意识的强化，元曲的日渐淡出曾经是很多文人非常忧虑的一个现实。如何良俊云：“近日多尚海盐南曲，士夫禀心房之精，从婉娈之习者，风靡如一，甚者北土亦移而耽之，更数世后，北曲亦失传矣。”①这一切当然与欣赏趣味的变迁有关，剧本保存主要为民间形式也是一个不可忽视的因素。② 从明人的有关记载可以发现，所谓的元杂剧“古本”在当时一直处于“被发现”的地位，嘉靖年间李开先在编辑《改定元贤传奇》时已感叹“元词鲜有见之者”③，在《〈张小山小令〉后序》中又云：“人言宪庙好听杂剧及散词，搜罗海内词本殆尽。又武宗亦好之，有进者，即蒙厚赏。如杨循吉、徐霖、陈符所进，不止数千本。”④可见，宫廷与民间存在着同样的问题。如是，借助选本的编纂保存而还原元曲的面貌，就成了新时代思潮下那些拥有先进观念和刊刻能力的文人的主要行动方略。这其实是此后元杂剧的整理及选本编纂日益繁荣的主要原因。

在众多选本中，后出之《元曲选》所占地位最为特殊，在重塑元曲内涵方面起到了决定性作用。关于《元曲选》的编纂目的，编者臧懋循曾表示：“予故选杂剧百种，以尽元曲之妙，且使今之为南者，知有所取则云尔。”⑤明确自己编纂《元曲选》是为了展示“元曲之妙”，让当代作者“知有所取则”，更好地进行传奇戏曲的创作。那么他是如何彰显“元曲之妙”的呢？通过对比《元刊杂剧三十种》及《元曲选》之前的重要戏曲选本如《改定元贤传奇》《古名家杂剧》《元人杂剧选》《古杂剧》等可以发现，在曲词、宾白、科范、题目、脚色、结构乃至内容等方面，臧懋循多参考了《改定元贤传奇》等选本的“修改”，又进行了一定程度的以文学性追求为目的的细致改动，所谓“删抹繁芜”⑥也，如规范了杂剧的文本体制形态，更正了文本题材内容和主题表达等方面的“错误”，加强了语言的修辞性和叙事的戏剧性，甚至对戏曲的文化功能和舞台演出的实际效果也基于自己的理解给予了充分关注。如《汗衫记》杂剧写张文秀夫妇见到失散多年的儿子时，元刊本之科范为：“正末叫有鬼科。”《元曲选》本改为：“（卜儿云：）哎哟！有鬼也！有鬼也！”将喊“有鬼”者改为张妻，更符合人物性格与逻辑，而将“叫有鬼科”改为宾白，也更贴合科范表现动作神态的要求。凡此，让本来粗糙、简陋的元杂剧文本呈现出规范、统一、生动的面貌，彰显出作为

---

① 〔明〕何良俊：《曲论》，见《中国古典戏曲论著集成》（四），中国戏剧出版社 1959 年版，第 6 页。

② 从《永乐大典》等有关文献看，明初宫廷保存杂剧不少，但其秘不示人的方式也致普通人不易看到。

③ 〔明〕李开先：《改定元贤传奇序》，见《历代曲话汇编·明代编》第一集，黄山书社 2009 年版，第 406 页。

④ 〔明〕李开先：《〈张小山小令〉后序》，见卜键笺校《李开先全集》（修订本），上海古籍出版社 2014 年版，第 644 页。

⑤ 〔明〕臧晋叔：《序二》，见《元曲选》，中华书局 1958 年版，第 4 页。

⑥ 〔明〕臧懋循：《寄谢在杭书》，见《历代曲话汇编·明代编》第一集，黄山书社 2009 年版，第 624 页。

文学文本的定型状态。臧懋循对元曲的“还原”赢得了时人的认可。《元曲选》后来居上，很快超越其他戏曲选本而成为一时之翘楚，颠覆了关于元杂剧的想象与认知。进入清代，其一枝独秀的局面更为突出，彼时曲家对元杂剧的了解和批评主要是通过《元曲选》实现的。清初问世的《奕庆藏书楼书目》（祁理孙编）著录的元杂剧主要有《元剧百种》（臧懋循《元曲选》）、《古今名剧选》（孟称舜《古今名剧合选》），而黄文旸编的《曲海总目》之“元人杂剧”部分所录剧目一百种也直接来自臧懋循的《元曲选》。李渔在首肯《牡丹亭》传奇的部分曲词时表示：“此等曲则纯乎元人。置之《百种》前后，几不能辨。以其意深词浅，全无一毫书本气也。”①其后的戏曲家李斗则云：“元人唱口，元气淋漓，直与唐诗宋词争衡；今惟臧晋叔编《百种》行于世。”②梁廷楠有关元曲的批评如：“以白引起曲文，曲所未尽，以白补之，此作曲园密处，元人百种多未见及。《金钱记》第三折韩飞卿占卦白中，连篇累牍，接下《红绣鞋》一曲，并未照应一字。”③至晚清，俞樾《读元人杂剧之一》亦云：“乔马关王各擅长，须知杂剧即文章。流传百种元人曲，抵得明时十八房。”④由此可见，有清一代，人们有关元曲的认知基本上源自《元曲选》的深刻影响。

相应地，元曲的内涵实际上也融入了以臧懋循为代表的明代戏曲家的多维建构，在其丰富性得以增加的同时，其距离“元”的本质也渐行渐远。一如戏曲语言，元刊本曲辞相对俚俗，口语、俗语的使用非常广泛，具有浓郁的生活气息和时代特征；李开先时尚侧重于“句句用俗而不失其为文”⑤，臧懋循则认为“元曲妙在不工而工，其精者采之乐府，而粗者杂以方言”⑥，主张戏曲创作应摒除“靡”“鄙”“疏”等特点，并据此标准修改了曲文，“雅俗兼收，串合无痕”⑦逐渐成为元杂剧文本的基本艺术风貌。二如文本形态，元刊本之粗率、杂乱非常明显：宾白较少，有的杂剧甚至没有；脚色安排不够规范，个别剧本没有脚色；科范混杂，数量不多，往往于重要关节处才有简单提示等。经《改定元贤传奇》到《元曲选》，这一切日趋规范、有序、圆熟，进而成为元杂剧文本的必要构成元素，元曲原初形态的“杂乱无章”日渐淡出人们的视野。三如杂剧结构，元刊本多不分折，至朱有燉《诚斋乐府》依然如故；也并非每个剧本都有题目正名，且题目正名的使用亦不规范；然到《元曲选》时，已基本形成了一本四折一楔子的标准结构。郑振铎等学者认为杂剧的这一结

---

① 〔清〕李渔：《闲情偶寄》，见《中国古典戏曲论著集成》（七），中国戏剧出版社 1959 年版，第 24 页。

② 〔清〕李斗：《扬州画舫录（辑录）》，见《历代曲话汇编·清代编》第三集，黄山书社 2009 年版，第 687 页。

③ 〔清〕梁廷楠：《曲话》，见《中国古典戏曲论著集成》（八），中国戏剧出版社 1959 年版，第 256 页。

④ 〔清〕俞樾：《春在堂诗编》卷二一，见《春在堂全书》第五册，凤凰出版社 2010 年版，第 304 页。

⑤ 〔明〕李开先：《乔梦符小令序》，见《历代曲话汇编·明代编》第一集，黄山书社 2009 年版，第 404 页。

⑥ 〔明〕臧晋叔：《元曲选序》，见《元曲选》，中华书局 1958 年版，第 3 页。

⑦ 〔明〕臧晋叔：《序二》，见《元曲选》，中华书局 1958 年版，第 4 页。

构体制当起于明代中叶①,实际上,真正将其固定下来的应该是《元曲选》。晚明戏曲开始出现的追求"短"的创作诉求或许也与《元曲选》的风行有关。邹式金《杂剧三集》非常在意"杂剧足以极一时之致。辟之狭巷短兵,杀人如草"②的功能和效果。李渔又参照舞台演出的实际提出了传奇"缩长为短"的问题:"全本太长,零齣太短。酌乎二者之间,当仿《元人百种》之意,而稍稍扩充之,另编十折一本,或十二折一本之新剧,以备应付忙人之用。"③很多作家以具体作品响应了这一号召,使短剧创作一时蔚然大观。这种"缩长为短"的体制标志着文人传奇文学体制的杂剧化倾向④,无疑也体现了戏曲宗元的思想旨趣。四如杂剧文本音律结构的完备,也有"知律当行在沈伯英之上"⑤的臧懋循的功劳。就牌调的造语、选字、用韵、阴阳、平仄、典事、对仗等文辞、格律问题,他往往依《中原音韵》之规则给予改正,借以干预当时戏曲创作"音韵少谐"的普遍现实;尤其是补足、校正了宫调、曲牌,而元刊本杂剧并非都有相应的标识。故张大复赞赏曰:"晋叔精通律吕,妙解音声,尝梓《元人百种曲》,无一调不谐,无一字不叶,是诚元人功臣也哉!"⑥总之,《元曲选》中的杂剧作品并未能如实地还原元刊本原始、朴拙、本色的形态,反而处处显现出明清戏曲发展高峰时期文本的雅化特征,促成了有关"元杂剧"作为一代文学之完整、成熟的认知。也就是说,明清戏曲所宗之"元"在一定程度上已疏离了"元"之本义,元曲俗、真、本色、当行的艺术传统在不断减损,雅化的内涵则日益丰富多元,当代性和时尚价值十分突出。

立足于戏曲的文本结构,问题的发生则应该从与文学结构彼此依存、互相契合的音律结构谈起。梳理有关文献,与音律结构最为相关的知识与理念主要来自曲谱。明清格律谱的编纂既得益于"宗元"视野下对前代格律文献的梳理和认知,更有对传奇戏曲蓬勃发展而带来的趋新与求旧矛盾的思考。其投射于戏曲文本音律结构上的经验及其理论性总结,则与最为作家们所看重的《中原音韵》密切相关。彼时,戏曲创作多以周德清的《中原音韵》为楷范,借以表达对北曲音韵的认可,宣示一种"宗元"的态度,所谓"德清之韵,不独中原,乃天下之正音也"⑦。朱有燉杂剧创作以《中原音韵》为尚,"调入弦索,稳

---

① 郑振铎在《西厢记的本来面目是怎样的?》中认为杂剧的分折人约是始于万历时代,至早也不能过嘉靖的晚年。见《中国文学研究》(上册),人民文学出版社2000年版,第544页。钱南扬也认为分出、折的事大概是起于明朝中叶。见《戏文概论》,中华书局2009年版,第153页。

② 〔清〕邹式金:《〈杂剧三集〉小引》,见《杂剧三集》卷首。

③ 〔清〕李渔:《闲情偶寄》,见《中国古典戏曲论著集成》(七),中国戏剧出版社1959年版,第78页。

④ 郭英德:《明清传奇史》,人民文学出版社2012年版,第661页。

⑤ 〔明〕凌濛初:《谭曲杂札》,见《中国古典戏曲论著集成》(四),中国戏剧出版社1959年版,第260页。

⑥ 〔清〕张彝宣:《寒山堂曲话》,见《寒山堂新定九宫十三摄南曲谱》,《续修四库全书》第一七五〇册,第638页。

⑦ 〔元〕琐非复初:《中原音韵序》,见《中国古典戏曲论著集成》(一),中国戏剧出版社1959年版,第179页。

叶流丽，犹有金、元风范"①，对后世作家影响很大；朱权《太和正音谱》照抄《中原音韵》的宫调曲牌系统而不进行任何辨正，呈现的也是一种"宗元"的态度。对音律要求最为谨严的沈璟更是"每制曲必遵《中原音韵》、《太和正音》诸书，欲与金、元名家争长"②。围绕着宫调的分合标准、曲牌的组织规则、曲韵的使用规范等，音律家们总是以元为标的、依托，不断进行建构与拆解。北曲谱之编纂多"采元人各种传奇、散套，及明初诸名人所著中之北词，依宫按调，汇为全书"③，本是应有之义。蒋孝、魏良辅等对南曲音律系统的初步构建，也完全袭用了元代的宫调系统。沈璟在编纂《南曲全谱》时尽量选择"古剧""古本"为谱例，亦时时不忘以"北"为依据。随着南曲的流行以及传奇戏曲中"南北合套"类音乐模式的生成，北曲的昆腔化日益成为时尚认可的现实。为改善弦索北曲演唱的诸种弊端，沈宠绥甚至专门就北曲的字音、口法等问题进行"辨讹"："取《中原韵》为楷，凡弦索诸曲，详加厘考，细辨音切，字必求其正声，声必求其本义，庶不失胜国元音而止。"④也就是说，时人从来没有放弃对《中原音韵》的崇尚。即便到了已经颇为通达开放的明清之际，李渔依然坚定类似的理念："既有《中原音韵》一书，则犹畛域画定，寸步不容越矣。"⑤这使得在曲牌体行将没落的乾嘉时期，四库馆臣们还一致认定其"所定之谱则至今为北曲之准绳"，堪称"一代之学"⑥。

明清格律谱著述之于《中原音韵》的刻意借鉴与模仿，强化了以北曲音律为创作典范的话语方式，"遵北"一度成为曲家创作的不二法则。但随着以早期南戏为代表的南曲音乐风行于世并逐渐汇入"元曲"系统，南曲与北曲的关系首先成为一个必须正视的问题，而如何看待北曲并以之作为"典范"与"遗产"建构新的南曲音律系统的困扰也日渐突出。在这方面，明清人的睿智之举是首先将有关认知与对文学统绪的理解联系起来，承认南曲为北曲之变。这不仅源自一种基于"宗元"观念的思维惯性，其实也得益于大一统的国家观念与文化共同体的建设诉求。相关论述并不少。如王骥德说："而金章宗时，渐更为北词，如世所传董解元《西厢记》者，其声犹未纯也。入元而益漫衍其制，栉调比声，北曲遂擅盛一代；顾未免滞于弦索，且多染胡语，其声近噍以杀，南人不习也。迨季世入我明，又变而为南曲，婉丽妩媚，一唱三叹，于是美善兼至，极声调之致。始犹南北画地相角，迩

① 〔明〕沈德符：《顾曲杂言》，见《中国古典戏曲论著集成》（四），中国戏剧出版社1959年版，第206页。后来王国维认为："其词虽谐稳，然元人生气至是顿尽，且中颇杂以南曲，且每折唱者不限一人，已失元人法度矣。"见《宋元戏曲史》，《王国维全集》（第三卷），浙江教育出版社、广东教育出版社2009年版，第145页。由此可见，所谓"宗元"，在不同人的理解中有不一样的内涵。

② 〔明〕沈德符：《顾曲杂言》，见《中国古典戏曲论著集成》（四），中国戏剧出版社1959年版，第208页。

③ 〔清〕吴伟业：《北词广正谱序》，见《善本戏曲丛刊》第六辑，台湾学生书局1987年版，第10页。

④ 〔明〕沈宠绥：《弦索辨讹序》，见《中国古典戏曲论著集成》（五），中国戏剧出版社1959年版，第19页。

⑤ 〔清〕李渔：《闲情偶寄》，见《中国古典戏曲论著集成》（七），中国戏剧出版社1959年版，第37页。

⑥ 〔清〕永瑢等：《四库全书总目》卷一九九，中华书局1960年版，第1829页。

年以来，燕、赵之歌童、舞女，咸弃其捍拨，尽效南声，而北词几废。”①后七子领袖王世贞的相关言论影响更为深远：“三百篇亡而后有骚、赋，骚、赋难入乐而后有古乐府，古乐府不入俗而后以唐绝句为乐府，绝句少宛转而后有词，词不快北耳而后有北曲，北曲不谐南耳而后有南曲。”②通过对北曲—南曲的谱系梳理来确定传奇戏曲为当代文学之正声的地位，“美善兼至，极声调之致”③的南曲也顺理成章地被阐释为一代之正、中原雅音的承继者；所谓的“亡国之音”④一类的话语因之被逐渐淘汰，同时，其必须接受以北曲为宗的诸多改造也就成了历史的必然选择。后来，徐复祚、张琦、吴伟业、尤侗等皆沿袭王世贞之语意，虽话语方式略有不同，但意义指向大体相近，使作为传奇戏曲主体的南曲的文体地位和文化价值得到了确认，而北曲则作为“元”的表征以一种互文式的存在发挥着指导与建构的作用。如是，理论上与元杂剧本色、当行之义高度契合的早期南曲，一方面在与北曲雄健、高亢、粗犷的积极互动中建构了以柔媚、工丽、雅致为特色的传奇戏曲音乐风格，又以“南北合套”的艺术形式、“南北词韵脚，当共押周韵”⑤的音韵追求彰显了“元曲”始终在场的文学史意义；而北曲的南化也自然呈现为一种符合艺术规律的现实选择，成为明清传奇戏曲音律结构的必要构成。已在潜移默化中悄然发生变异的杂剧也积极接受了这一现实，以“南杂剧”⑥的文本形态呈现为明清杂剧创作的主体；在与传奇戏曲的互动融合中，“南杂剧”日渐疏离了元杂剧的文体规范，文人化、雅化跃然成为其文本的标志性特征。很多作家已不再刻意强调音律结构的重要意义，对于戏曲应借助演出完成的文体规定性表现出一种有意无意的忽略，清初尤侗甚至直言自己的杂剧作品“只藏箧中，与二三知己，浮白歌呼”⑦，并非为了登场演出。这种彰显自我的高调姿态背后，其实是“以作文之法作曲”⑧的创作理念在发生作用，如后来梁廷楠所云“盖自明中叶以后，作者按谱填字，各逞新词，此道遂变为文章之事，不复知为律吕之旧矣”⑨。这反射到元曲的理解上，则多为关乎文本词采、曲意、结构等的讨论多从抒情、形象、教化等文学性或功能性视角切入，与之相关的音律结构乃至舞台性实现方式等不再作为题中应有之义。这当然与

① 〔明〕王骥德：《曲律》，见《中国古典戏曲论著集成》（四），中国戏剧出版社 1959 年版，第 55 ~ 56 页。

② 〔明〕王世贞：《曲藻》，见《中国古典戏曲论著集成》（四），中国戏剧出版社 1959 年版，第 27 页。

③ 〔明〕王骥德：《曲律》，见《中国古典戏曲论著集成》（四），中国戏剧出版社 1959 年版，第 55 页。

④ 〔元〕周德清：《中原音韵》，见《中国古典戏曲论著集成》（一），中国戏剧出版社 1959 年版，第 219 页。

⑤ 〔明〕沈宠绥：《度曲须知》，见《中国古典戏曲论著集成》（五），中国戏剧出版社 1959 年版，第 235 页。

⑥ 即以南曲或南北曲并用创作的短篇戏曲作品，或称为“短剧”“小剧”，也有“案头剧”之谓。

⑦ 〔清〕尤侗：《西堂乐府自序》，见郑振铎编《清人杂剧初集》，1931 年影印本。

⑧ 吴梅：《清人杂剧二集序》，见《吴梅全集 · 理论卷》（中），河北教育出版社 2002 年版，第 1019 页。

⑨ 〔清〕梁廷楠：《曲话》，见《中国古典戏曲论著集成》（八），中国戏剧出版社 1959 年版，第 278 页。

北曲演出的极度衰落有关①,更源自戏曲文人化风尚的持续浸染②,明清杂剧文本的"南"化便是这一风尚影响创作的必然结果。

对于传奇戏曲文本的音律结构而言,戏曲文人化所施之作用同样不可小觑,二者之关系或可理解为传奇文体建构过程中的一个正反合运动。事实上,源于对南北音韵的不同理论思考和实践选择,南曲音律系统的构造与被认同并不是一帆风顺的。《中原音韵》之巨大影响让"作北曲者守之,兢兢无敢出入"③,相当谨严的用韵规则在一定程度上规限了杂剧的创作;对于"既无定则可依,而以意弹出"④的南曲而言,如何遵守并借鉴"中原"音韵及其相关规则,并在南曲宫调系统内进行具体的创造性运用,当时人的看法也不一致,相关争论几乎持续了整个明清时期,带动了有关戏曲文体音律构成的诸多认知。王骥德认为《中原音韵》是为北词设也,南曲当用南韵⑤,冯梦龙也表示"南韵又当与北稍异"⑥,一味地遵从《中原音韵》并非得当;而另外一些文人则质疑:"曲有南北,韵亦有南北乎?"⑦沈自晋甚至表示:"夫曲也,有不奉《中原》为指南者哉!"⑧最具代表性的当然还是沈璟,他认为传奇戏曲创作必须遵守周韵,在造语、用事、选字等方面以元曲名作为典范,努力以字定声腔,通过对句数、字数、韵位、板式等的确定和强调来规范曲调的旋律、节奏,进而影响曲子的落音以及音乐内在的调性调式等,借以为昆山腔建立律度,助力于传奇戏曲的创作和演出。凡此,与沈璟为改造南曲"也不寻宫数调"⑨的历史而尽力完善南曲宫调曲牌体制一样,都属于"宗元"理念下的传奇戏曲文体建构工作。应该说,这种艺术实践顺应了传奇戏曲蓬勃发展的现实,对晚明以后戏曲创作和演出的繁荣确实有"中兴之功,良不可没"⑩的贡献;尤其是沈璟力求借助音韵的沟通寻找一种与曲牌格律相配的最佳文辞样式,有意呼应《中原音韵》所彰显的"文律兼美"的创作诉求,是对以元曲为代表体式的中国古典戏曲之戏剧性的一种认同与强调。

---

① 如沈宠绥云:"惟是北曲元音,则沉阁既久,古律弥湮,有牌名而谱或莫考,有曲谱而板或无征,抑或有板有谱,而原来腔格,若务头、颠落,种种关捩子,应作如何摆放,绝无理会其说者。"《度曲须知》,见《中国古典戏曲论著集成》(五),中国戏剧出版社1959年版,第198页。

② 郭英德:《明清传奇史》,人民文学出版社2012年版,第48页。

③ 〔明〕王骥德:《曲律》,见《中国古典戏曲论著集成》(四),中国戏剧出版社1959年版,第110页。

④ 〔明〕何良俊:《曲论》,见《中国古典戏曲论著集成》(四),中国戏剧出版社1959年版,第11页。

⑤ 〔明〕王骥德:《曲律》,见《中国古典戏曲论著集成》(四),中国戏剧出版社1959年版,第112页。

⑥ 〔明〕冯梦龙:《太霞新奏发凡》,见《历代曲话汇编·明代编》第三集,黄山书社2009年版,第9页。

⑦ 〔明〕徐复祚:《王骥德〈题红记〉》,见《历代曲话汇编·明代编》第二集,黄山书社2009年版,260页。

⑧ 〔明〕沈自晋:《重定南词全谱凡例》,见《南词新谱》卷首,中国书店1985年版。

⑨ 〔元〕高明著,钱南扬校注:《元本琵琶记校注》,上海古籍出版社1980年版,第1页。

⑩ 〔明〕王骥德:《曲律》,见《中国古典戏曲论著集成》(四),中国戏剧出版社1959年版,第163~164页。

一般认为,传奇戏曲的音律建设借力于《中原音韵》之处,主要在于改变"不遵其律"①的艺术现实。实际上,达成曲词和音节彼此契合、协调统一的文本状态,是周德清编撰《中原音韵》的具体目标,也是魏良辅、沈璟们刻意"宗元"所追求的最终目标。所以,如同周德清有意精选带有"协音俊语"②特征的曲子入谱一样,沈璟对文理清晰、文意顺畅、文采适度的曲文也非常看重,偏爱早期戏文《琵琶记》《拜月亭》即有这方面的因素;初步统计,《南曲全谱》中的相关例曲数量高达233曲,远超其他南戏作品。显然,在看重"古意""古雅""本色"的同时,文采可观的"佳词"也是沈璟选曲的重要标准。不仅如此,沈璟还选录了唐宋文学名家冯延巳、柳永、苏轼、张先、贺铸等人的30支词作入谱,具体理由则是相关曲例"句字不美,录此易之"③。这与他在给吕天成的信中言"音律精严,才情秀爽,真不佞所心服而不能及者"④显然是一致的。只是在涉及曲词与格律的关系时,这位本多"藻语"后又"专尚本色"的"词林之哲匠",过分执念于"宗元"的认知而呆板地理解"按字摸声"⑤,不免以"文从格律"的严苛要求规范曲词,在一定程度上忽视了作为"乐"的戏曲格律还有"文从乐"乃至文乐互生等适应性问题,尽管这与演员表演时声音演绎的"自然"原则也密不可分。细究相关的话语,沈璟、汤显祖的认知应该没有本质上的不同,只是当词、乐发生矛盾时,过于迷恋格律视野下"依字行腔"的沈璟往往绌词从律,汤显祖则更看重文乐互生前提下的灵活通变,故他高调表示《牡丹亭》之演唱并不会"拗折天下人嗓子"⑥。多年以后,著名音乐家叶堂确认了这一事实,指出:"'吾不顾捩尽天下人嗓子。'此微言也,若士岂真以捩嗓为能事?嗤世之盲于音者众耳。"⑦因此,汤显祖的愤激之语应包含了对沈璟的固执不通即所谓"安知曲意"⑧的讥讽,是一位真正"知音者"的自信表现。而沈璟所谓"宁使时人不鉴赏,无使人挠喉捩嗓"⑨之言也是另一种带有愤激情绪的极端性表达,也不足以说明他对富有一定文采的曲词是有意排斥。

---

① 〔元〕罗宗信:《中原音韵序》,见《中国古典戏曲论著集成》(一),中国戏剧出版社1959年版,第177页。

② 〔元〕周德清:《中原音韵序》,见《中国古典戏曲论著集成》(一),中国戏剧出版社1959年版,第176页。

③ 〔明〕沈璟:《增定南九宫曲谱》,见《善本戏曲丛刊》第三辑,台湾学生书局1984年版,第95页。

④ 〔明〕沈璟:《致郁蓝生书》,见《历代曲话汇编·明代编》第一集,黄山书社2009年版,第728页。

⑤ 〔明〕汤显祖:《答吕姜山》,见徐朔方笺校《汤显祖全集》,北京古籍出版社1999年版,第1302页。

⑥ 〔明〕汤显祖:《答孙俟居》,见徐朔方笺校《汤显祖全集》,北京古籍出版社1999年版,第1392页。

⑦ 〔清〕叶堂:《〈纳书楹《四梦》全谱〉自序》,见蔡毅编著《中国古典戏曲序跋汇编》,齐鲁书社1989年版,第157页。

⑧ 〔明〕汤显祖:《答孙俟居》,见徐朔方笺校《汤显祖全集》,北京古籍出版社1999年版,第1392页。

⑨ 〔明〕沈璟:【商调·二郎神】《论曲》,见《历代曲话汇编·明代编》第一集,黄山书社2009年版,第726页。

事实上，彼时与沈璟观点类似者大有其人，何良俊即有“夫既谓之辞，宁声叶而辞不工，无宁辞工而声不叶”①的话语，在谈论《拜月亭》等南曲戏文时曾表示：“此九种，即所谓戏文，金、元人之笔也，词虽不能尽工，然皆入律，正以其声之和也。”②所谓“词虽不能尽工”，表达了对曲词未能达成“尽工”之境界的遗憾，并非否定其“工”，而“正以其声之和”，也不应简单理解为仅仅关乎“声则平上去入之婉协，字则头腹尾音之毕匀”③的格律要求，更是“宗元”视野下一种理想性文、律形态的描述，具体所指则应包括了“意”与“调”即曲意与曲律的平衡和谐，与沈璟的“合律依腔”其实也包含了对“文理”即曲意的重视之内涵大体是一致的。总结而言，为了强调音律结构之于戏曲文体的重要性，突出“名为乐府，须教合律依腔”④的文体特性，何良俊、沈璟们的言论多数时候都含有扭转过于偏重文辞风尚的具体旨趣。其时愈演愈烈的藻丽之风是促成他们这一类“矫枉过正”言论的时代背景。只不过，习惯于借助文辞率意表达的文人们往往更愿意超越格律结构所形成的“镣铐”，为任性驰骋争取空间，为高标自许彰显姿态，并不在意沈璟们的良苦用心。从传奇戏曲的发展而言，南曲格律谱的编纂规范确立了其文体音韵、格律，也为文人作家投入创作提供了施展才华的机遇、空间、权利，不过，他们怎么愿意在获得一种权利的同时又丢失另外一种权利呢？所以，音律结构之束缚所带来的文律分离其实在传奇戏曲这一话语权利进入文人之手时已经开始，曲词与音律的互动关系构成了明清戏曲史演进过程中一个深隐其中的矛盾运动。如讨论较多的本色当行之论，始终不仅仅是语言层面的问题，还有格律之于曲词是否契合、如何对应、怎样适应演出等一系列问题，这关涉戏曲舞台性功能的实现，而这一点恰恰是元曲最为本质的属性之一。可惜多数文人作家并未理解这种从格律、语言入手所进行的回归元曲艺术传统的努力，往往对借助于“意趣神色”来表达自我的曲词更为心仪，所谓的“文辞派”作家一直是晚明以后戏曲创作的主力军足以说明这一点。

于此再来反观元曲之内涵，其变迁之路径、走向皆十分明晰。晚明时期，其文学性与舞台性兼擅的文体属性已经似是而非，二者失衡所促成的结构性缺损在入清以后的创作实践与批评话语中彰显得日益清晰。与此同时，对曲词以及相关问题的关切成为非常普遍的内容，以致在戏曲文本的结构、语言、人物塑造乃至题材本事诸方面都形成了较为系统、精深的论述体系；对戏曲文体音律结构的关注则日益转向对字音的正讹、曲牌的纠偏等实用性、技术性分析，对戏曲文体音律结构与文学结构的互动性关系则很少置词，遑论创造性论述。许多文人有意无意忽略音律结构之重要意义，廖燕甚至表示：“文人唱曲，

---

① 〔明〕何良俊：《曲论》，见《中国古典戏曲论著集成》（四），中国戏剧出版社 1959 年版，第 12 页。

② 〔明〕何良俊：《曲论》，见《中国古典戏曲论著集成》（四），中国戏剧出版社 1959 年版，第 12 页。

③ 〔明〕沈宠绥：《度曲须知》，见《中国古典戏曲论著集成》（五），中国戏剧出版社 1959 年版，第 198 页。

④ 〔明〕沈璟：【商调·二郎神】《论曲》，见《历代曲话汇编·明代编》第一集，黄山书社 2009 年版，第 726 页。

岂效优人伎俩，把手拍着桌子，应应腔就是了。”①以戏曲表演行家里手著称的李渔也认为“遵守成法”即可：“至于引商、刻羽，戛玉、敲金，虽曰神而明之，匪可言喻，亦由勉强而臻自然，盖遵守成法之化境也。”②其因循、守成的态度非常具有代表性，以至于在许多作家的笔下，音律结构与文学结构之间形成了一种皮毛疏离的状态。晚清时期的王国维更是越过了格律而仅仅关注元曲的“文章之妙”：“然元剧最佳之处，不在其思想结构，而在其文章。其文章之妙，亦一言以蔽之，曰有意境而已矣。何以谓之有意境？曰写情则沁人心脾，写景则在人耳目，述事则如其口出是也。古诗词之佳者，无不如是，元曲亦然。”③视“元曲”为“古诗词之佳者”，定位不可谓不高，然其为戏剧的本质属性已被忽略到了极致，以孤傲之姿存在的“文学性”无力打造以叙事为目的的代言体话语方式，日渐萎弱的舞台性也无力完成本来需要与“文学性”联袂支撑的“戏剧性”。概括而言，中国文学根深蒂固的抒情传统的持续发力、反复打造，“元曲”的核心性特征不断殒失、异化，“本来”面目被日益遮蔽，并带动古典戏曲文体最终衍变为一种抒情言志之载体——“拟剧本”④。

## 三、戏曲“宗元”观念与明清时期的文学复古

“贵远贱近，慕古薄今，天下之通情也。”⑤李渔之语道出了中国人业已形成的“贵古贱今”的文化情结，也揭示了文学创作与批评一向讲究借复古而创新的合理性。在文学史上，诗文领域不断以宗汉、宗唐、宗宋等相号召，后出之戏曲则主要体现为以“元”为宗，这源于对元曲成绩及其高峰地位的认可，又受到明清两代文学复古思潮的有力激发。所促成的经验总结与纷繁的理论认知皆因之更具逻辑的力量，深刻影响了传奇戏曲乃至南杂剧的创作及相关理论的建构。通过梳理相关文献可知，如果没有率先兴起的明代诗文复古运动之汪洋恣肆，以及其于戏曲创作的浸染、催化、完善乃至整合，帮助传奇戏曲创作提取可资借鉴的经验、选择符合审美特征的范本，促成其以概念的方式审视、评价戏曲史现象，明清时期的戏曲创作不会取得如此优秀的成绩，也不会形成如此丰沛的理论资源；而戏曲家以创作、评点、编纂选本、制作格律谱等形式表达出的经验认同与观念呼应，也在一定程度上助益于诗文复古运动的视界拓展与理论深化。具体论之，“宗元”思想的普及与观念的确立是复古运动持久开展影响下的必然文化选择，而彼此的同构互动关系

---

① 〔清〕廖燕：《柴舟别集自序》，见郑振铎编《清人杂剧二集》，1934 年影印本。

② 〔清〕李渔：《闲情偶寄》，见《中国古典戏曲论著集成》（七），中国戏剧出版社 1959 年版，第 10 页。

③ 王国维：《宋元戏曲史》，见《王国维全集》（第三卷），浙江教育出版社、广东教育出版社 2009 年版，第 114 页。

④ 许祥麟：《“拟剧本”：未走通的文体演变之路——兼评廖燕〈柴舟别集〉杂剧四种》，载《文学评论》1998 年第 6 期。

⑤ 〔清〕李渔：《闲情偶寄》，见《中国古典戏曲论著集成》（七），中国戏剧出版社 1959 年版，第 35 页。

为戏曲文体建构提供了经验、经典和方法，也为晚明至清代戏曲各种题材体式的繁荣及古典戏曲趋向文人化的发展路向提供了理论准备和思考维度。

文学上的“复古”往往将尊崇对象溯源至文体的鼎盛期乃至发生期。与“文必秦汉，诗必盛唐”的思路一样，刚刚由高峰期延绵而来的明代戏曲很自然地向元曲表达尊敬、崇尚之意。元代既是戏曲文体的成熟期，又是杂剧创作的鼎盛期，拥有丰富的艺术经验以及声誉甚高的名家名作，理所当然地为后人所青睐、膜拜，何况明代初期的戏曲史对这一点有过明晰且有力的确认。最为有名者当然是朱权、朱有燉叔侄，他们的创作、批评均从元代戏曲创作实践入眼，在综合元代曲家开辟的批评领域的基础上进行。朱有燉的戏曲创作已自觉融入来自诗文一道的“雅”意，如对改编元杂剧《继母大贤》目的的解释：“虽不能追踪前人之盛，亦可以少涤其张打油之语耳。”①“涤”的理念和具体手段显然借取于诗文领域。朱权《太和正音谱》以“乐府十五体”指称杂剧的行文策略，虽有“将剧曲纳入‘乐府’，改变了‘乐府’概念的内涵”②的嫌疑，实际上却开启了以诗论思维审视戏曲之端，具有非比寻常的理论意义。历来有关其“乐府格势”的品评褒贬不一，不过“格”“势”概念的引入以及用华美的四字语评点戏曲作品的方法一如诗评，对后来曲话的形态及其诗化特征的形成影响深远。③ 换句话说，朱权模仿诗学分体的戏曲品评拓展了明清曲学的视野，为“宗元”复古语境中的戏曲批评寻找了一个便于操作的路径。

诗文与戏曲从来都不是两条完全平行的轨道，在文人染指戏曲创作以后，彼此纠结重合之处更多。也正是这一类历史节点的选择，让诗文复古运动与戏曲“宗元”的理念蘧然而合，走上了一条互文相生的道路。明代初年，以“三杨”为代表的台阁体雄踞文坛，性理之作一时成为风尚，戏曲创作亦转而偏爱文辞与理学，邱濬的《伍伦全备记》、邵灿的《香囊记》先后应时而生，因曲文多套用《诗经》、杜诗等，专求华丽，“宾白亦是文语”④而饱受讥议。与复古派的横空出世几乎同时，戏曲批评家也注意到这一现实并起而驳之。较为重要的曲论家李开先、何良俊、徐渭等多具有或深或浅的复古思想，都在此际或之后参与其中。李开先首倡戏曲创作应“以金、元为准”⑤，何良俊认为“然既谓之曲，须要有蒜酪”⑥，均以金元杂剧与旧南戏的质朴通俗之作为标的，批判戏曲创作中的绮丽藻绘之

---

① 〔明〕朱有燉：《清河县继母大贤引》，见《历代曲话汇编·明代编》第一集，黄山书社 2009 年版，第 200 页。

② 姚品文：《宁王朱权》，艺术与人文科学出版社 2002 年版，第 262 页。

③ 学界较早关注了《诗品》对他的影响，认为朱权的品题方式不是凭空结撰，而是对中国民族诗歌批评方法的继承。参姚品文《朱权“群英乐府格势”得失论》，载《江西师范大学学报（哲学社会科学版）》1993 年第 2 期。

④ 〔明〕徐渭：《南词叙录》，见《中国古典戏曲论著集成》（三），中国戏剧出版社 1959 年版，第 243 页。

⑤ 〔明〕李开先：《西野春游词序》，见《历代曲话汇编·明代编》第一集，黄山书社 2009 年版，第 412 页。

⑥ 〔明〕何良俊：《曲论》，见《中国古典戏曲论著集成》（四），中国戏剧出版社 1959 年版，第 11 页。

气。徐渭鄙弃当时文风的甚嚣尘上,指责“效颦《香囊》而作者,一味孜孜汲汲,无一句非前场语,无一处无故事,无复毛发宋、元之旧”①。徐复祚则表示:“《香囊》以诗语作曲,处处如烟花风柳。……丽语藻句,刺眼夺魄。然愈藻丽,愈远本色。”②他们前后相继,起而和之,既为以“本色”开其端的“宗元”观念之确立做出了贡献,又有意无意彰显了诗学思维在建构戏曲批评话语时的强势介入。

明代复古运动的领军人物前后“七子”及其追随者对戏曲多持肯定态度,不少人在致力于诗文创作的同时推出了引起广泛关注的戏曲作品。康海的《中山狼》、王九思的《杜甫游春》杂剧为一时之翘楚,后被收入《盛明杂剧》,影响深远;“后五子”之一汪道昆所作《大雅堂乐府》四种,为其后的杂剧创作提供了一种典范性体式,论及所谓“南杂剧”形态之确立,其所进行的艺术尝试难以忽略;“末五子”之一屠隆亦是戏曲名家,所作传奇《昙花记》《修文记》《彩毫记》三种,诗性气质浓郁,当时大行于世。他们均表达过对元代戏曲的崇尚之意,如屠隆认为元人戏曲“以其雄俊鹘爽之气,发而为缠绵婉丽之音。故泛赏则尽境,描写则尽态,体物则尽形,发响则尽节,骋丽则尽藻,谐俗则尽情。故余断以为元人传奇,无论才致,即其语之当家,斯亦千秋之绝技乎!”③前后七子的领袖人物李梦阳、何景明、李攀龙皆不善戏曲,王世贞更被讥“于词曲不甚当行”④,然其“主持海内风雅之柄者四十余年”⑤,“片言褒赏,声价骤起”⑥,其审美趣味及价值取向对曲坛产生了不容忽视的影响。《西厢记》在经历了出于不同目的的激烈论争后终于胜出,获得“北曲故当以《西厢》压卷”⑦的地位,与这句话出自王世贞之口不无关系;梁辰鱼之所以凭《浣纱记》而“一时词名赫然”,与王世贞“以维桑之谊,盛为吹嘘”⑧也因缘颇深;从“吴阊白面冶游儿,争唱梁郎雪艳词”⑨之诗语对当时盛况的夸饰足可见出明人式吹捧的效应,昆山腔传奇也借势蔓延,推衍至全国。因此,无论凌濛初怎样讥《浣纱记》“为工丽之滥觞”,“以藻绘为

---

① 〔明〕徐渭:《南词叙录》,见《中国古典戏曲论著集成》(三),中国戏剧出版社 1959 年版,第 243 页。

② 〔明〕徐复祚:《曲论》,见《中国古典戏曲论著集成》(四),中国戏剧出版社 1959 年版,第 236 页。

③ 〔明〕屠隆:《章台柳玉合记叙》(节录),见《历代曲话汇编·明代编》第一集,黄山书社 2009 年版,第 589 页。

④ 〔明〕徐复祚:《曲论》,见《中国古典戏曲论著集成》(四),中国戏剧出版社 1959 年版,第 235 页。

⑤ 〔清〕陈田辑撰:《明诗纪事》,上海古籍出版社 1993 年版,第 1867 页。

⑥ 〔清〕张廷玉等:《明史·王世贞传》,中华书局 1974 年版,第 7381 页。

⑦ 〔明〕王世贞:《曲藻》,见《中国古典戏曲论著集成》(四),中国戏剧出版社 1959 年版,第 29 页。

⑧ 〔明〕凌濛初:《谭曲杂札》,见《中国古典戏曲论著集成》(四),中国戏剧出版社 1959 年版,第 253 页。

⑨ 〔明〕王世贞:《嘲梁伯龙》,见朱彝尊《静志居诗话》卷一四,康熙年间刻本。

曲，譬如以排律诸联入《陌上桑》、《董妖娆》乐府诸题下，多见其不类”①，均未能影响其成为昆腔创始期定鼎之作的历史地位。而王世贞所赞誉的郑若庸、张凤翼、屠隆等也都以曲词典丽见长，昭示出不久后发生的戏曲作品本色与藻丽之争此际已埋下伏笔。具体言之，即王世贞等复古派诗文作家之“宗元”，本包含着对元曲以朴拙本色为主体的审美风貌的认可，却又于言语间表现出对富有情采的戏曲作品《西厢记》《浣纱记》等的格外欣赏，观念与言论的这种龃龉显然根源于他们对诗文领域重伦理轻情感、重说理轻文采现象的批判。而以得自诗文领域的复古主张评判戏曲领域的诸多现象，不免会使理论与实践发生错位乃至矛盾，让甚为在意“辨体”的复古派阵营内部对本色与藻丽产生了分歧，又怎能不引发反复古派的强力批驳？如徐复祚表示：“王弇州取《西厢》‘雪浪拍长空，诸语，亦直取其华艳耳，神髓不在是也。语其神，则字字当行，言言本色。”②王骥德说得更为直白：“世无论作曲者难其人，即识曲人亦未易得。《艺苑卮言》谈诗谈文，具有可采，而谈曲多不中窾。”③值得注意的是，类似批评多基于“宗元”的立场，无论怎样的表达指向都不能达成消弭复古影响的目的。尤其是在相关表述中，复古派们的理论话语与其行为实践的龃龉之处，还不限于认知上的不成熟，也有出于人事关系上的私心萌动、门户之争：“各分町畦，互相攻击，虽文人相轻，亦小人党习也。”④这又与明代政治文化领域公共话语的匮乏密切相关。

复古思潮的持久与深入促使很多戏曲家或深或浅地卷入其中，有意识地效法诗文“复古”，寻找戏曲之源，以期通过“古”的观照探讨戏曲之本、形成新的法度要求，打造标志性范本，解决当代戏曲理论与创作中存在的诸多弊端。复古首先体现为一种因循与模仿，这是彼时文人言说中的常见模式；最有创意的策略则是从前代经典中寻求论述之依据，创造一种话语方式，这也是明人十分擅长的手段。相比于“文必秦汉，诗必盛唐”，对于以杂剧与早期南戏为代表体式的元曲的宗尚似乎没有产生多少异议，但以元曲哪一家为宗却见仁见智。《西厢记》《琵琶记》高下之争持续最久，一方面反映了相比于杂剧，南戏在“元”的概念构成中的地位波荡，更多的时候是谁为“祖”或“宗”的源流判断、何为“高”或“下”的优劣衡量，以及连带而来的关于“本色”“文辞”“声律”“才情”等的体制之辨。明万历时胡应麟已经确认了“今世盛行元曲，仅《西厢》、《琵琶》而已”⑤的名家典范，

---

① 〔明〕凌濛初：《谭曲杂札》，见《中国古典戏曲论著集成》（四），中国戏剧出版社 1959 年版，第 253、255 页。

② 〔明〕徐复祚：《曲论》，见《中国古典戏曲论著集成》（四），中国戏剧出版社 1959 年版，第 242 页。

③ 〔明〕王骥德：《曲律》，见《中国古典戏曲论著集成》（四），中国戏剧出版社 1959 年版，第 178 页。

④ 〔清〕李调元：《雨村曲话》，见《中国古典戏曲论著集成》（八），中国戏剧出版社 1959 年版，第 20 页。

⑤ 〔明〕胡应麟：《少室山房笔丛（辑录）》，见《历代曲话汇编·明代编》第一集，黄山书社 2009 年版，第 645 页。

但直到康熙时刘廷玑云“自古迄今，凡填词家咸以《琵琶》为祖，《西厢》为宗，更无有等而上之者”①，这一争论的终结式认知才算基本完成。这期间始终不乏另外一种声音，何良俊认为“《西厢》全带脂粉，《琵琶》专弄学问，其本色语少。盖填词须用本色语，方是作家”②，只有《拜月亭》才“终是当行”③，复古派阵营的中坚胡应麟起而辩之：“《西厢》主韵度风神，太白之诗也。《琵琶》主名理伦教，少陵之作也。”④王骥德则认为二者并无轩轾：“《西厢》，风之遗也；《琵琶》，雅之遗也。《西厢》似李，《琵琶》似杜，二家无大轩轾。然《琵琶》工处可指，《西厢》无所不工。《琵琶》宫调不伦，平仄多舛；《西厢》绳削甚严，旗色不乱。《琵琶》之妙，以情以理；《西厢》之妙，以神以韵。《琵琶》以大，《西厢》以化，此二传三尺。”⑤以李白、杜甫来比附、评价《西厢记》《琵琶记》，之前何良俊也有类似的话语：“近代人杂剧以王实甫之《西厢记》，戏文以高则诚之《琵琶记》为绝唱，大不然。夫诗变而为词，词变而为歌曲，则歌曲乃诗之流别；今二家之辞，即譬之李、杜，若谓李、杜之诗为不工，固不可；苟以为诗必以李、杜为极致，亦岂然哉。”⑥凡此，不仅包蕴了“元”相当于“唐”的高峰地位，“宗元”复古之思路径迹可辨，其中出自审视诗词经验的发展和辩证态度也透视出对复古派标立门户的极大反感，言在曲坛而意指诗坛的用心一目了然，正是借助这样一种逻辑力量的推动，许多戏曲作家有意无意地介入了泾渭分明的文学流派纷争。

在阐述具体戏曲观点时，无论是复古派文人还是非复古派文人，普遍表现出对诗学逻辑驾轻就熟的借用和概念移植。王骥德论及戏曲文体优长时曾表示：“晋人言：‘丝不如竹，竹不如肉。’以为渐近自然。吾谓：诗不如词，词不如曲，故是渐近人情。夫诗之限于律与绝也，即不尽于意，欲为一字之益，不可得也。词之限于调也，即不尽于物，欲为一语之益，不可得也。若曲，则调可累用，字可衬增。诗与词，不得以谐语方言入，而曲则惟吾意之欲至，口之欲宣，纵横出入，无之而无不可也。故吾谓：快人情者，要毋过于曲也。”⑦从“渐近人情”的维度肯定戏曲创作的必要性，用以校正一般文人对戏曲的偏执态度，所依凭者其实是他最为得心应手的诗词创作经验。胡应麟在反驳何良俊之推许郑光祖时说：“郑德辉杂剧尚传，神俊不若王，高古弗如董也。”⑧“神俊”“高古”乃至上文提及

---

① 〔清〕刘廷玑：《在园杂志》（辑录），见《历代曲话汇编·清代编》第一集，黄山书社2009年版，第728页。

② 〔明〕何良俊：《曲论》，见《中国古典戏曲论著集》（四），中国戏剧出版社1959年版，第6页。

③ 〔明〕何良俊：《曲论》，见《中国古典戏曲论著集成》（四），中国戏剧出版社1959年版，第12页。

④ 〔明〕胡应麟：《少室山房曲考》，见秦学人、侯作卿编著《中国古典编剧理论资料汇辑》，中国戏剧出版社1984年版，第101页。

⑤ 《新校注古本西厢记》卷六附评语十六则。

⑥ 〔明〕何良俊：《曲论》，见《中国古典戏曲论著集成》（四），中国戏剧出版社1959年版，第6页。

⑦ 〔明〕王骥德：《曲律》，见《中国古典戏曲论著集成》（四），中国戏剧出版社1959年版，第160页。

⑧ 〔明〕胡应麟：《少室山房笔丛》卷四一《庄岳委谭》下，上海书店出版社2001年版，第429页。

的"韵度""风神""风雅"等范畴，显然均源于诗文领域的探取和移用，暗含着将戏曲史之董、王等同于诗歌史之汉魏、盛唐的逻辑，进一步表明了复古派文人思考诗文与戏曲关系时的常见方式。类似之溯源话语还有很多，如凌蒙初说："曲之有《中原韵》，犹诗之有沈约韵也。"①沈泰评点朱有燉《香囊怨》杂剧云："大约国初风致，仿佛元人手笔，犹初唐诸家，不失汉魏遗意。"②孟称舜在评价元代戏曲发展时指出："元设十二科取士，其所习尚在此。故百年中，作者云涌，至与唐诗、宋词比类同工。"③李渔宣称："填词非末技，乃与史传诗文同源而异派者也。"④在曲本的编选方面，李开先编选《改定元贤传奇》之目的，即"夫汉、唐诗文，布满天下，宋之理学诸书，亦已沛然传世，而元词鲜有见之者"，"欲世之人得见元词，并知元词之所以得名也"⑤。与他多次将元曲与唐诗同观十分契合："诗须唐调，词必元声，然后为至。如水之源、射之的，修养家之玄关妙窍也。"⑥邹式金父子在编选《杂剧三集》时也有类似的表达："余既有《百名家诗选》，力追盛唐之响，兹复有三十种杂剧，可夺元人之席，庶几诗乐合一，或有当于吾夫子目（自）卫反鲁之意乎。"⑦相距不过百年，两位选家一以贯之地强调元曲与唐诗相提并论的必要性，足可见出"诗必盛唐"对戏曲编选的重要指导意义。而为了进一步说明《杂剧三集》的特殊性，邹漪又不惜用"可夺元人之席"这样的评价来提高其地位，"唐"与"元"在复古的逻辑接榫中获得了同等的价值期待，其理想与号召力可想而知。词语的援引和转用如此普泛、高频且熟稔，足以证明诗文话语对戏曲创作及批评领域的强势入侵，其作用和影响则是这一类概念堂而皇之地进入戏曲批评领域，促成晚熟的中国戏曲早早地完成了富有诗学特色的理论建构，而因之形成的诸多缠绕不清的问题也在一定程度上遮蔽了有关曲体本质的探求。一方面，"论真正之戏曲，不能不从元杂剧始也"⑧；另一方面，又囿于诗学传统的视野和目光，不断以唐诗宋词作者与元曲名家相比拟："以唐诗喻之，则汉卿似白乐天，仁甫似刘梦得，东篱似李义山，德辉似温飞卿，而大用则似韩昌黎。以宋词喻之，则汉卿似柳耆卿，仁甫似苏东坡，东篱似欧阳永叔，德辉似秦少游，大用似张子野。"结论则是："虽地位不必同，而

---

① 〔明〕凌濛初：《南音三籁凡例》，见《历代曲话汇编·明代编》第三集，黄山书社2009年版，第200页。

② 〔明〕沈泰：《香囊怨》总批，见《盛明杂剧》，崇祯年间刊本。

③ 〔明〕孟称舜：《古今名剧合选自序》，见蔡毅编著《中国古典戏曲序跋汇编》，齐鲁书社1989年版，第445页。

④ 〔清〕李渔：《闲情偶寄》，见《中国古典戏曲论著集成》（七），中国戏剧出版社1959年版，第8页。

⑤ 〔明〕李开先：《改定元贤传奇序》，见《历代曲话汇编·明代编》第一集，黄山书社2009年版，第405～406页。

⑥ 〔明〕李开先：《题〈高秋怅离卷〉》，见卜键笺校《李开先全集》（修订本），上海古籍出版社2014年版，第266页。

⑦ 〔清〕邹漪：《〈杂剧三集〉跋》，见《杂剧三集》卷首。

⑧ 王国维：《宋元戏曲史》，见《王国维全集》（第三卷），浙江教育出版社、广东教育出版社2009年版，第74页。

品格则略相似也。”这与王国维更信服“元剧自文章上言之,优足以当一代之文学”①之语勾连映照,说明诗学思维对戏曲的影响已深入骨髓,古典戏曲走上雅化的道路与明代复古运动对元曲的塑造有相当深厚而复杂的渊源关系。

戏曲批评领域对诗文批评范式的吸纳也十分自觉,且日见昭彰。品评是明代文人介入诗文批评最为得心应手的方式之一,高棅《唐诗品汇》、杨慎《词品》、何良俊《四友斋丛说》等都是《诗品》范式的模仿者,戏曲品评则在朱权《太和正音谱》开其端后连绵不绝,杰出代表作有吕天成的《曲品》、祁彪佳的《远山堂曲品》和《远山堂剧品》。《曲品》“仿钟嵘《诗品》、庾肩吾《书品》、谢赫《画品》例,各著论评,析为上、下二卷”②,《远山堂曲品》亦是“见吕郁蓝《曲品》而会心焉”③,品鉴作品的等第则以“妙”“雅”“逸”“艳”“能”“具”区分,在吕天成四品(“神”“妙”“能”“具”)的基础上去除“神品”,另增“雅”“逸”“艳”三品,保留了“妙”“能”“具”三品,显示出对诗学批评的借鉴和认同日益深入。也就是说,诗文品评的范式、形态也已堂而皇之地进入戏曲批评领域,丰富了其外在形式和理论内涵;溯源得委的流派意识、品第高下的比较意识、意象譬喻的审美意识、论说得失的史家意识等,均借助对戏曲作品、作家的观照而获得了透彻利用、纵横论说,明代戏曲理论也因这一类诗学批评方式的激荡而更加深入、精细、完善。至于具体的讨论内容,“宗元”话语策略的运用可谓得心应手。在《远山堂剧品》中,仅“妙品”目下就有十余处类似评语。如评朱有燉《风月姻缘》:“酷似元剧中语,恐亦未免蹈元人之谿径。惟其气韵高爽,胸有成竹,便能自我作古,即以元人拟之,作者不屑也。”④评徐渭《翠乡梦》:“迩来词人依傍元曲,便夸胜场。文长一笔扫尽,直自我作祖,便觉元曲反落蹊径。”⑤评陈继儒《真傀儡》:“境界妙,意致妙,词曲更妙。正恨元人不见此曲耳。”⑥评苏澹《独乐园》:“即在元曲,亦称上乘。”⑦声口略有不同,心态则大致趋同,在与“元”的比较衡估中研判当代戏曲作品的价值、特征乃至优劣,所持之标准则不越“韵”“调”“词”“事”之类范畴,而这正是诗学思维统御下祁彪佳等最为看重的戏曲品鉴原则。

---

① 王国维:《宋元戏曲史》,见《王国维全集》(第三卷),浙江教育出版社、广东教育出版社 2009 年版,第 120 页。

② 〔明〕吕天成:《曲品·曲品自序》,见《中国古典戏曲论著集成》(六),中国戏剧出版社 1959 年版,第 207 页。

③ 〔明〕祁彪佳:《远山堂曲品·曲品叙》,见《中国古典戏曲论著集成》(六),中国戏剧出版社 1959 年版,第 5 页。

④ 〔明〕祁彪佳:《远山堂剧品》,见《中国古典戏曲论著集成》(六),中国戏剧出版社 1959 年版,第 141 页。

⑤ 〔明〕祁彪佳:《远山堂剧品》,见《中国古典戏曲论著集成》(六),中国戏剧出版社 1959 年版,第 141 页。

⑥ 〔明〕祁彪佳:《远山堂剧品》,见《中国古典戏曲论著集成》(六),中国戏剧出版社 1959 年版,第 143 页。

⑦ 〔明〕祁彪佳:《远山堂剧品》,见《中国古典戏曲论著集成》(六),中国戏剧出版社 1959 年版,第 145 页。

探索不断涌起的诗学论争对戏曲领域的深刻影响，还可从“本色”“真情”一类戏曲论著的关键词着眼，这也是《古今名剧合选》等选本评点中习见迭出的词汇。本色论应是明代曲学讨论最为充分的话题，重要的戏曲批评家如李开先、何良俊、徐渭、沈璟、徐复祚、冯梦龙、凌蒙初等几无回避。无论是关于戏曲语言的朴拙自然，还是与本色相连的声律合调、当行搬演，抑或是就审美风格、理想的相关论述，各家对本色内涵的理解多有不同，其实皆来自关于“体”的认知及其规定之语言、宫调、曲牌、关目、人物等要素的“乃为得体”①。这一规定性当然与明人强烈的辨体意识相关。从根本上看，这却是宗尚元曲的观念基础，以语言的俚俗不文为表征的所谓“金元风范”始终是本色论的核心题旨。晚明张岱认为应创作出如《琵琶记》《西厢记》一样的作品，于“布帛菽粟之中，自有许多滋味。咀嚼不尽，传之永远”②，表达的就是这样的意思。明初以来复古运动对主流文化语境的自觉掌控也强化了这一点。前后七子所倡导的秦汉之文、盛唐之诗都是以朴实无华、不事雕琢、反映现实、感情充沛见长，在一般层面上与元代戏曲以“蛤蜊味”“蒜酪味”为基准的质朴通俗存在着诸多契合；诗文理论足以为这一尚有些陌生的讨论提供理论资源，戏曲家们的自觉配合则彰显了一种基于时代语境的“天作之合”。如王骥德表示：“当行本色之说，非始于元，亦非始于曲，盖本宋严沧浪之说诗。”他又云：“夫曲以模写物情，体贴人理，所取委曲宛转，以代说词，一涉藻绘，便蔽本来。然文人学士，积习未忘，不胜其靡，此体遂不能废，犹古文六朝之于秦、汉也。”③“犹古文六朝之于秦、汉”的思维惯性让戏曲可以毫无障碍地与诗文接榫，自如地取用诗文评价的话语方式和择取标准，并由此开始本色论的建构。事实也的确如此。明清时期的许多戏曲理论问题都可借助本色问题的多维度切入找到门径，并可以渐入佳境。吕天成谈论“传奇之派，遂判而为二：一则工藻绘少拟当行，一则袭朴澹以充本色”④，揭示了流派纷争还与文人传统有关，所谓“积习未忘”也；著名的汤沈之争迁延时间之长、辐射空间之广，以及借助本色讨论所呈现出的诸多戏曲本体问题，揭示出“宗元”视野下的文体建设还来自逆向性思考中的创新诉求。戏曲批评家一贯关注名家名作，并好为“求疵”之论，也与这样的风尚密切相关。不过，或许因为戏曲领域“宗元”复古权威的相对空缺，为众声喧哗提供了空间，晚明时期王骥德、吕天成、祁彪佳、李渔等呈现的是“你方唱罢我登场”的态势，谈诗论曲，畅所欲言，形成一种势力相对均衡的论争局面，为许多戏曲理论问题的最后“和解”提供了平台。清代戏曲以总结与守成的姿态给予继承，正是因为承继了后论争时代所形成的创作局面及所依凭的思想资源。

---

① 〔明〕徐渭：《南词叙录》，见《中国古典戏曲论著集成》（三），中国戏剧出版社 1959 年版，第 243 页。

② 〔明〕张岱：《答袁箨庵》，见于民编《中国美学史资料选编》，复旦大学出版社 2008 年版，第 402 页。

③ 〔明〕王骥德：《曲律》，见《中国古典戏曲论著集成》（四），中国戏剧出版社 1959 年版，第 152、122 页。

④ 〔明〕吕天成：《曲品》，见《中国古典戏曲论著集成》（六），中国戏剧出版社 1959 年版，第 211 页。

与复古派理念密切相关的“情”，是戏曲创作和批评领域持续最久的热门话语。李攀龙、王世贞们虽多以“格调”论诗，但最为看重的其实还是作为诗歌根本特征的“情”。李梦阳说：“天下无不根之萌，君子无不根之情，忧乐潜之中而后感触应之外，故遇者因乎情，诗者形乎遇。”①尽管“情”与“格调”之龃龉最终成了复古派为人诟病之端口，“情”的真正表达并没有被普遍认可，但这丝毫不影响他们之于“情”的阐释热情，直至晚明，陈子龙还在强调：“夫风骚之旨，皆本言情。”②此“情”与“心学”思维塑造下出自“最初一念之本心”的“情”固然有内涵外延的种种不同，但皆能与戏曲创作“渐近人情”③一类的诉求发生某种层面上的同构，“近情动俗”④成为戏曲文体为各类文人所认可的原因之一，所谓“夫曲者，谓其曲尽人情也”⑤。只不过不同个人理解之“情”及其所形成的丰富性结构，都在戏曲史这棵枝繁叶茂的大树上结出了硕果而已。在这一点上，复古派与反对者之间并没有什么根本的分歧。李梦阳由“情真说”而倡导“真诗乃在民间”，表明复古派对文体趋“俗”并不反感的真正原因是“音之发而情之原也”⑥，这是他们认可戏曲创作并有所偏爱的深层动因，并在这一层面与心学对情的倡导发生同构，以不同的方式和言说策略影响到戏曲文体言情特征的建构。徐祯卿说：“情能动物，故诗足以感人。”⑦孟称舜则云：“盖词与诗、曲，体格虽异，而同本于作者之情。”⑧这些都是从不同维度对这一思想进行的阐释。而他们对“情”的发现也借助了元代的戏曲作品。毛奇龄在评点《西厢记》“愿普天下有情的都成了眷属”时表示：“《墙头马上》剧，亦有‘愿普天下姻眷皆完聚’类。但此称‘有情的’，此是眼目，盖概括《西厢》〔全〕书也。”⑨只是戏曲更重视对本体之情的表达，其所秉有的角色制不仅为才子佳人的登场“言情”提供了文体支持，也保障了一向以抒发胸臆为尚的文人话语的“代言”策略，以“情”抗“理”甚至演化为他们对抗现实的

---

① 〔明〕李梦阳：《梅月先生诗序》，见《空同集》卷五一，文渊阁《四库全书》本。

② 〔清〕陈子龙：《三子诗余序》，见《安雅堂稿》卷三，《续修四库全书》第一三八七册。

③ 〔明〕王骥德：《曲律》，见《中国古典戏曲论著集成》（四），中国戏剧出版社 1959 年版，第 160 页。

④ 〔清〕高奕：《新传奇品序》，见《中国古典戏曲论著集成》（六），中国戏剧出版社 1959 年版，第 269 页。

⑤ 〔明〕陈继儒：《秋水庵花影集叙》，见《历代曲话汇编·明代编》第二集，黄山书社 2009 年版，第 239 页。

⑥ 〔明〕李梦阳：《诗集自序》，见《空同先生集》卷五〇，明刊本。

⑦ 〔明〕徐祯卿：《谈艺录》，见何文焕辑《历代诗话》（下册），中华书局 1981 年版，第 766 页。

⑧ 〔明〕孟称舜：《古今词统序》，见〔明〕卓人月汇选、徐士俊参评《古今词统》卷首，辽宁教育出版社 2000 年版。

⑨ 〔清〕毛奇龄：《毛西河论定〈西厢记〉》，见秦学人、侯作卿编著《中国古典编剧理论资料汇辑》，中国戏剧出版社 1984 年版，第 281 页。

一种话语范式;“演奇事,畅奇情”①则发展成为传奇戏曲的曲体标志之一,甚至发展成了戏曲创作中“情”的一度泛滥,不仅与心学的倡导旨趣大为舛异,与复古派的初衷也极为疏离。入清以后,孔尚任、洪昇、蒋士铨等戏曲家继续了“情”的主题,但同时开始了有关的纠偏工作,基本指导思想则依旧来自“尊经复古”②的文化理路。明末张溥的这一提法当然是对“宗经”文学传统的强调,近师前后七子的旨趣更为明显,复古从来也摆脱不了“经”的文化渊源,而“宗元”成为明清戏曲领域的重要问题也可作如是解。

复古派的论争阵营历来都不仅仅来自内部,反动者的声音亦汇聚为众生喧哗之有力构成,形成强有力的复调。李贽、公安派、竟陵派等一贯被视为反复古的人群,但在涉及戏曲“宗元”及其相关问题的理解时,有时与复古派并无冲突。如他们同样将元曲置于一个经典的位置,只不过其目的既不是简单的“宗元”得“元”,也不仅仅是复杂的“宗元”得“诗”,往往上升到“宗元”得“心”的层面。譬如同样关注“情”,李贽等认为表现“绝假纯真”的“童心”之作才是值得提倡的,正是通过“达性情”③的路径,戏曲才具有了与《诗经》一样的地位和价值:“《西厢记》所写事,便全是《国风》所写事。”④具体到元代作品,如他对《拜月亭记》的评论:“此记关目极好,说得好,曲亦好,真元人手笔也。首似散漫,终致奇绝,以配《西厢》,不妨相追逐也,自当与天地相终始,有此世界,即离不得此传奇。”⑤他从情感的自然无伪与表达的流畅顺达入眼,推崇《西厢记》《拜月亭记》为“不见斧凿痕,笔墨迹也”⑥的“化工”之作,“直如家常茶饭,绝无一点文人伎俩”⑦;而《琵琶记》之所以为“画工”之作,则在“穷巧极工,不遗余力”⑧,“正中带谑,光景不真”⑨。如此,基于对富有“童心”之天下至文的推崇而介入戏曲名著的高下之争。论及戏曲文体的演进时,李贽又指出:“诗何必古《选》,文何必先秦。降而为六朝,变而为近体;又变而为传奇,变而为院本,为杂剧,为《西厢》曲,为《水浒传》,为今之举子业,大贤言圣人之道皆古今至

---

① 削仙□:《〈鹦鹉洲〉小序》,见吴毓华编著《中国古代戏曲序跋集》,中国戏剧出版社1990年版,第157页。

② 〔明〕张溥:《五经征文序》,见《七录斋诗文合集》,《续修四库全书》第一三八七册,第473页。

③ 〔明〕冯梦龙:《太霞新奏序》,见《历代曲话汇编·明代编》第三集,黄山书社2009年版,第7页。

④ 〔清〕金圣叹:《贯华堂第六才子书西厢记记法》,见陆林辑校整理《金圣叹全集》(二),凤凰出版社2008年版,第856页。

⑤ 〔明〕李贽:《李氏焚书·拜月》,见《历代曲话汇编·明代编》(第一集),黄山书社2009年版,第541~542页。

⑥ 〔明〕李贽:《李卓吾先生读〈西厢记〉类语》,见《历代曲话汇编·明代编》第一集,黄山书社2009年版,第543页。

⑦ 〔明〕李贽:《荆钗记总评》,见《历代曲话汇编·明代编》第一集,黄山书社2009年版,第544页。

⑧ 〔明〕李贽:《杂说》,见《历代曲话汇编·明代编》第一集,黄山书社2009年版,第535页。

⑨ 〔明〕李贽:《琵琶记卷末评》,见《历代曲话汇编·明代编》第一集,黄山书社2009年版,第548页。

文,不可得而时势先后论也。"①从"尊体"入手肯定戏曲的发展及其具有历史必然性的社会地位,又几乎与复古派殊途同归。也就是说,无论复古与否和如何复古,明人对许多戏曲理论问题的深度辨正都建立在以元为尊的前提下,借助对元杂剧传统的倡导和认知,探讨戏曲艺术的本质,进而确立戏曲发展的新方向。以"复古"为创新,为元曲经典化提供了机遇,也是元曲文学史序位得以稳定的理论保障和美学背景。

## 结　语

在"宗元"的历史上,关于文本气质与艺术精神的追摹即所谓遗貌取神式的宗尚亦绵延不绝,且往往与人格、时代契合而立足于一种文化诉求的表达。这当然与中国古代关于"气""神"的认知传统有关,也源于元代文人之于"大元乐府"的高度自信②。虞集云:"乐府作而声律盛,自汉以来然矣。……我朝混一以来,朔南暨声教,士大夫歌咏,必求正声,凡所制作,皆足以鸣国家气化之盛,自是北乐府出,一洗东南习俗之陋。"③"我朝混一"的背景、"鸣国家气化之盛"的功用与在明初获得的金元—北宋的统绪认可前后呼应,使元曲作为大一统国家音律之正的地位获得了上下普遍的认可;以"北"为节点的音乐、声韵、曲词等地域性文化想象的介入,进一步凸显了元杂剧慷慨豪壮的主体风格以及作为"正声"的特殊地位。"元"不仅具有一代文体的标志性特征,还日益凝结为一种富有文化精神内涵的载体,并在"北"与"南"的潜在对话中成为复古的首要对象。明代复古运动有关格调、精神的论述无疑促成了这一表达的更加深入,尤其是在涉及南北曲的思考时,相关论述往往上升为这一层面的探讨。如徐渭评价南北曲之不同时云:"听北曲使人神气鹰扬,毛发洒淅,足以作人勇往之志,信胡人之善于鼓怒也,所谓'其声噍杀以立怨'是已。"④徐翙后来又从创作本体的维度予以补充:"今之所谓南者,皆风流自赏者之所为也;今之所谓北者,皆牢骚肮脏、不得于时者之所为也。"⑤曲之南北竟然成为评价文人精神向度的重要标尺。王骥德则从内在精神的维度肯定元杂剧的外在气质:"夫元之曲,以摹绘神理,殚极才情,足抉宇壤之秘。"⑥清初周亮工评嵇永仁《扬州梦》传奇也有类似的

---

① 〔明〕李贽:《童心说》,见《历代曲话汇编·明代编》第一集,黄山书社2009年版,第538页。

② 〔元〕罗宗信:《中原音韵序》,见《中国古典戏曲论著集成》(一),中国戏剧出版社1959年版,第177页。

③ 〔元〕虞集:《中原音韵序》,见《中国古典戏曲论著集成》(一),中国戏剧出版社1959年版,第173页。

④ 〔明〕徐渭:《南词叙录》,见《中国古典戏曲论著集成》(三),中国戏剧出版社1959年版,第245页。

⑤ 〔明〕徐翙:《盛明杂剧序》,见蔡毅编著《中国古典戏曲序跋汇编》,齐鲁书社1989年版,第460页。

⑥ 〔明〕王骥德:《〈古杂剧〉序》,见吴毓华编著《中国古代戏曲序跋集》,中国戏剧出版社1990年版,第137页。

表达："至其填词，规橅元人处，在神采而不在形迹。"①落脚点也在于元曲精神质素之于当代戏曲创作的精神涵泳。也就是说，作为一种对前代的追慕与幻想，"元"在明清戏曲作家心理结构中不仅占据着规范性的中心地位，其曾作为一代之正的文化内涵及迈今越古的历史向往也常常被提炼为一种精神自由和生命存在状态的表征，隐示一种对自由灵性与人格价值的认可，并在特殊时期上升为一种国家想象。明清易代之际，北曲的强势复归之态十分明显，"宗元"观念在此际突出表现为有关家国的现实理想和反清复明的感伤情绪。有更多的杂剧用北曲创作，刻意选用北曲，宫调、曲牌的连缀也大致依循元杂剧的规范，如王夫之的《龙舟会》杂剧②，其目的皆在于强调北曲的正宗地位，凸显其所担负的政治功能和文化意义。邹式金编辑《杂剧三集》的目的是："迩来世变沧桑，人多怀感，或抑郁幽忧，抒其禾黍铜驼之怨；或愤懑激烈，写其击壶弹铗之思；或月露风云，寄其饮醇近妇之情，或蛇神牛鬼，发其问天游仙之梦。云璈叠奏，玉屑纷飞，以至字忌重押，韵黜互犯，固足踵元人之音，夺前辈之席矣。"③在少数民族入侵并建立政权之际编选《杂剧三集》，借对杂剧正宗地位的认知表达"天地元音，亦藉此复振"④的旨趣，"宗元"之思想内涵被注入了强烈的故国之思及恢复之志。尤其是前有《盛明杂剧》彰显盛明气象之号召，《杂剧三集》接续初集、二集而承继文脉、因元而明的思路就更为明晰。借助精神追摹而来的文化意义为"宗元"注入了"文学经世"的复古内涵，再次显示了戏曲与诗歌的合璧已指日可期。换句话说，无论从哪个维度"宗元"，明清戏曲都没能摆脱抒情言志观念的强力吸附，以诗骚传统为灵魂的言志抒情最终消磨了"元"的本色当行诉求，驱使中国古典戏曲成为类似于诗文的以逞才写心、率意表达为主的"拟剧本"。这是一种戏曲文体无法摆脱的宿命。

---

① 〔清〕周亮工：《〈扬州梦〉传奇引》，见蔡毅编著《中国古典戏曲序跋汇编》，齐鲁书社1989年版，第1546页。

② 杜桂萍：《遗民品格与王夫之〈龙舟会〉杂剧》，载《社会科学辑刊》2006年第6期。

③ 〔清〕邹式金：《〈杂剧三集〉小引》，见《杂剧三集》卷首。

④ 〔清〕邹漪：《〈杂剧三集〉跋》，见《杂剧三集》卷首。

# 论元曲曲牌与金代道士词

时俊静*

词曲之变是重要的学术话题，词曲同名牌调的比较是研究词曲关系的重要视角。这一统计始自王国维《宋元戏曲史》，而元曲曲牌出于唐宋词者75章的结论则成为探讨词曲关系的基石而被后来者辗转相引。但诸家在讨论词曲关系时往往限于唐宋词，实际上，金代词牌与元曲曲牌之间存在着更大的相关性，值得重新审视。①

金代词坛呈现二水分流的格局，可分为传统文人词和道士词。传统文人词阵营除元好问等少数作家间或吸收新声外，在词调发展上几无贡献。他们往往选取传统词牌，音律也多因循宋词，按律填词。金代道士词以王喆及其弟子的作品为代表。他们把词作为普及全真教教义的工具，为了让民众喜闻乐见，往往选取当下有活性、尚流行的词调。时调新声主要是通过他们进入金词的。因而在牌调的研究方面，金代道士词较之传统士大夫词具有更高的文献价值。

## 一

我们可以把金代道士词与元曲同名的牌调分为两种情况，一是金代首次出现的词

---

* 时俊静，河北师范大学文学院副教授。本文为国家社科基金青年项目“元曲曲牌传播研究”（项目编号：11CZW037）阶段性成果。

① 论及金元词用调的重要论文有：赵山林《从词到曲——论金词的过渡型特征及道教词人的贡献》，载《山东师大学报（社会科学版）》1992年第3期；周玉魁《金元词调考》，载《词学》1990年第1期；王昊《“词曲递变”初探———兼析“唐曲暗线说”和“唐宋词乐主体说”》，载《吉林大学社会科学学报》2009年第3期；田玉琪《论金词的用调》，载《江苏大学学报（社会科学版）》2009年第6期等。这些研究成果是本文立论的重要参考。

牌;二是前代词中虽有相同或相近牌名,而格律与金词大不相同者。我们先看第一类。

1.**《酴醾香》**

金词中仅见王喆所作一首。

自在随缘,信脚而无思没算。召清飙,邀皓月,同为侣伴。步长路,成欢乐,唇歌舌弹。忽经过、洞府嘉山,堪一玩。正逢著、祥瑞频赞。异果名花滋味美,馨香撒散。对良辰,虽好景,难为惹绊。任水云,前程至,天涯海畔。便遭遇、清净神舟,超彼岸。这回做、真害风汉。①

唐圭璋《全金元词》对此词的断句与潘慎《中华词律辞典》所断有所不同,参照元无名氏的《酴醾香》,当以《全金元词》为是。此调上下片句格相同,单片句格可标示为:4,3/4。3,3,4。3,3,4。3/4,3。3/4。

曲牌【荼蘼香】仅见关汉卿【大石调·青杏子】《离情》散套,有幺篇:

【荼蘼香】记得初相守,偶尔间因循成就,美满效绸缪。花朝月夜同宴赏,佳节须酬,到今一旦休。常言道好事天悭,美姻缘他娘间阻,生拆散鸾交凤友。

【幺】坐想行思,伤怀感旧,各辜负了星前月下深深咒。愿不损,愁不煞,神天还祐。他有日不测相逢,话别离情取一场消瘦。②

其句格为:5,3/4。5。7,4。5。3/4,3/4,3/4。幺篇与始调有较大差距,其句格为:4,4。7。3,3,4。3/4,3/4。虽然曲牌句格较之词调颇多参差,但还是能看出3,4或3,3,4及其变体交替变化的腔格所在。

2.**《胜葫芦》**

金词中仅见王喆所作一首,原名《圣葫芦》:

这一葫芦儿有神灵,会会做惺惺。占得逍遥真自在,头边口里,长是诵仙经。把善因缘,却腹中盛。净净转清清。玉杖挑将何处去,紧随师父,云水是前程。

该词辞咏本调,或许为王喆的创调始辞。若果然如此,牌名当以"圣葫芦"为本意,在传播中讹为【胜葫芦】,陶宗仪《辍耕录》"杂剧曲名"即著录为【圣葫芦】。

曲牌【胜葫芦】首见于第一代曲家商道【仙吕·赏花时】"秋水粼粼古岸苍"散套,为套数专用曲牌,而无小令用例。曲牌句格为7,5,7,4,4,5。这与金词基本相同,而仅在第四句后再增一"4"字句而已。但曲第三句入韵,韵脚较词加密。

3.**《转调斗鹌鹑》**

《全金元词》收王喆所作一首:

一个灵明,作仙子材。响彻瑶宫,蕊金自开。为忒玲珑出蓬莱。降下来,谪在凡间,托生俗胎。只恐身便,酒色气财,混一回。风流此心便灰。复悟前真免轮回。没甚灾。看看却得,重上玉台。

---

① 唐圭璋编:《全金元词》,中华书局1979年版,第216页。

② 隋树森编:《全元散曲》,中华书局1964年版,第176页。

此调上片句格为:4,4,4,4,7,3,4,4。下片稍不同。

元曲有中吕【斗鹌鹑】与越调【斗鹌鹑】之别,列于《中原音韵》“名同音律不同者一十六章”之中。王喆词与元曲【斗鹌鹑】的句格比对如下:

王喆词:4,4,4,4,7,3,4,4。

中吕【斗鹌鹑】:4,4,4,4,7,3,4,4。①

越调【斗鹌鹑】:4,4,4,4,4,4,3,3,4,4。

由上可见,元曲中吕【斗鹌鹑】与王喆《转调斗鹌鹑》词单片句格完全相同,而与越调【斗鹌鹑】虽有小别,但细审,不过是增加了一“4”字句,另外将第五句的“7”字句摊破为“4,3”句式。词曲之间在句法上的渊源关系显而易见。越调【斗鹌鹑】现存最早用例是王修甫(约生于金末,卒于元世祖至元十年)【越调·斗鹌鹑】“阙盖荷枯”散套,中吕【斗鹌鹑】现存用例首见于关汉卿杂剧,年代均晚于王喆词。

4.《**迎仙客**》

《全宋词》收南宋史浩所作1首,题为《洞天》。史浩,生于崇宁五年(1106),绍熙五年(1194)卒,南宋名臣。淳熙十年(1183)史浩致仕后,孝宗在竹洲建了一座“真隐馆”为史浩府第,垒石为山,引泉为池,又书“四明洞天”四字相赠。史浩在府第时有诗词创作活动。除《洞天》之外,尚有《喜迁莺·四明洞天》《南浦·洞天》《水龙吟·洞天》《南浦·洞天》等多首。由此推知,此词当写于1183年史浩致仕后,大致相当于金大定、明昌间。

金代王喆也作有《迎仙客》,其中一组词前有小序,云:“或曰,既是修行,因何齿落发白。答云,我今年五旬五,尚辛苦为收获耳。”②该组第一首为:

五旬五,过半百。诸公把我频搜索。眼如遮,耳如闻,口中齿豁,颏上髭须白。外容苍,内容黑,金花地上真粟麦。杆儿钐,穗儿摘。三车搬过,便是迎仙客。

王喆生于政和二年(1112),由上引词序及词中所云“五旬五”可推知该词作于1166年,即金大定六年,早于史浩所作十几年,也是今见最早的《迎仙客》词,为北地新词调南传入宋的例证之一。由该词最后一句“便是迎仙客”来看,也不排除此首即始辞的可能。此调在《刘知远诸宫调》中未见,而见于《董西厢》,这也正与词调的流行时间相吻合。词曲句法、格律相同,元曲首见关汉卿杂剧用例,远晚于王喆词。

5.《**白鹤子**》

金词中仅见马钰《赠吴知纲》二首,原名《白观音》,自注曰“本名《白鹤子》”,现将原词引录一首于下:

谑号不勤勤,名为养拙人。穿衣慵举臂,吃饭懒抬唇。面垢但寻水,头蓬倦裹巾。尘劳不复梦,悟彻个中真。

---

① 依吴梅《南北词简谱》。郑骞《北曲新谱》厘定的第六句与此有异,全篇句格为:4,4,4,4,7,3/3,4,4。以现存用例看,当以《南北词简谱》为是。

② 唐圭璋编:《全金元词》,中华书局1979年版,第175页。

此调为五言律体，其格律为：仄仄仄平平（或仄仄平平仄），平平仄仄平。十（“十”表示可平可仄，下同）平平仄仄，十仄仄平平。仄仄平平仄（或仄仄平平平），平平仄仄平。十平十仄仄，仄仄仄平平。曲牌【白鹤子】则取其一半，句格为：5，5（韵）。5，5（韵）。但格律有异，为：十平平仄仄，十仄仄平平（前两句或为：平平仄仄平，仄仄平平仄）。十仄仄平平，十仄平平去。元曲中的【白鹤子】较早见于白朴《梧桐雨》杂剧、关汉卿小令，时间远晚于马钰词。

6.《**耍三台**》

金代长筌子《洞渊集》卷五收录1首《玩瑶台》，词牌下原注：“本名《耍三台》。”①《鸣鹤余音》卷一又题为冯尊师作，未知孰是，《全金元词》两属，原文如下：

直指玄元路。叹苦海、迷人不悟。在目前、平平稳稳，又无些、险难相阻。把万缘、一齐放下，他自然有圣贤提举。似断云、野鹤飞腾，向物外、青霄信步。庆会神仙语。渴时饮、蟠桃醁醑。出入在、星楼月殿，笑人间、死生今古。跨彩凤祥鸾玩太虚，归来卧、碧霞深处。这逍遥活计谁传，分付与、蓬莱伴侣。

曲牌【耍三台】之句法与此句法略异：金词首句为五字句，在元曲中变为3/3句式，其他句法同。在用韵上，曲牌与词牌单片相同，均为8句5韵，曲牌平仄通押，第四句、第六句须用平声韵，这与上引金词通篇用仄韵不同。曲牌【耍三台】为剧套专用，首见于关汉卿《尉迟恭单鞭夺槊》杂剧。

## 二

除以上金代道士词新增6调外，还有6调虽然前代已有相同（或相近）牌调出现，但与元曲格律相比，有一定差异，而金词才是曲牌的真正“近亲”。

1.《**豆叶黄**》

宋词《忆王孙》，又名《豆叶黄》，其句格为7，7，7，3，7。而曲牌【豆叶黄】的句格为：4，4，4，4，7，4，4，4。这与《忆王孙》有一定差异，但仍能寻找出变化的规律：

词牌《忆王孙》：7，　7，　7，3，　7。

／＼　／＼　　　／＼

曲牌【豆叶黄】：4，4，4，4，7，4，4，4。

词曲《豆叶黄》的变异集中体现了摊破手法的运用。而这种变异早在金代王喆词中就已经出现。

奉报英贤，早些出路。卜灵景，清凉恬淡好住。开阐长生那门户。便下手修持，真功真行，真性昭著。姹女骑龙，婴儿跨虎。把珠玉琼瑶，颠倒换取。正是逍遥自在处。结一粒明珠，金丹金镜，金耀攒聚。

---

① 唐圭璋编：《全金元词》，中华书局1979年版，第587页。

如将第三句中的“卜”字、第六句中的“便”字作衬字看,词、曲句格全合,只不过一为双调、一为单片而已。而元曲【豆叶黄】最早见于第一代曲家商道【双调·新水令】“彩云声断紫鸾箫”散套,与王喆词流行的时间正好衔接。

2.《**川拨棹**》

唐《教坊记》有《拨棹子》曲名。宋吕益柔辑有唐释德诚(号船子和尚)《拨棹歌》39首,或以为《拨棹歌》即《拨棹子》①。唐五代词人尹鹗作有2首《拨棹子》,宋词中则仅见黄庭坚、无名氏各1首。以上《拨棹子》传作之间格律各有差异,词谱一般以尹鹗词为正体,双调61字,上片5句5仄韵,下片4句4仄韵。自王国维以来,学界在探讨曲牌【川拨棹】之源时,大都追溯至此。因二者格律相去甚远,所以往往被归入“名同而实不同”的牌调中。而被前辈们忽略的是,除《拨棹子》外,金代道士词中另有《川拨棹》,王喆有作。试举一首如下:

酆都路。定置个、凌迟所。便安排了,铁床镬汤,刀山剑树。造恶人有缘觑。造恶人有缘觑。鬼使勾名持黑簿。没推辞、与他去。早掉下这尸骸,不借妻儿与女。地狱中长受苦。地狱中长受苦。

此调的句法结构为:3,3/3。4,4,4。6,6。与《拨棹子》相比,这种句法结构已有很大变异,但与曲牌【川拨棹】极为相似。据《北曲新谱》厘定,【川拨棹】的句格为:3,5。4,4。7,5。此为正格,还可以在第四句后增句,多少不拘,以增一到两句者为多。金元词曲在句法上大同小异,变异之处也是有迹可循的。

金词:3,3/3。4,4,4。6,6。

元曲:3,5。4,4,(4……)7,5。

曲之第二句是将词的两个三字句合并为一个五字句,末尾两个六字句变为一个七字句、一个五字句。曲牌【川拨棹】即王喆《川拨棹》词上片稍有变异而得。金词才是曲牌【川拨棹】的真正来源。

3.《**金盏儿**》

宋词中已有《金盏子》一调,北宋晁端礼及南宋史达祖、吴文英、蒋捷等人有作。此词可分平韵、仄韵两体,平韵者见于《高丽史·乐志》,仄韵者见于《词谱》,以史达祖、吴文英词为正体。试引吴文英一首如下:

赏月梧园,恨广寒宫树,晓风摇落。莓砌扫珠尘,空肠断、熏炉烬销残萼。殿秋尚有余花,锁烟窗云幄。新雁又、无端送人江上,短亭初泊。　　篱角。梦依约。人一笑、惺忪翠袖薄。悠然醉魂唤醒,幽丛畔、凄香雾雨漠漠。晚吹乍颤秋声,早屏空金雀。明朝想,犹有数点蜂黄,伴我斟酌。②

元曲【金盏儿】仅存最早用例见于杨果【仙吕·翠裙腰】散套:

---

① 参见施蛰存《船子和尚〈拨棹歌〉》一文,载《词学》1983年第1期。

② 唐圭璋编:《全宋词》,中华书局1988年版,第2909~2910页。

【金盏儿】减容姿，瘦腰肢，绣床尘满慵针指。眉懒画，粉羞施，憔悴死。无尽闲愁将甚比？恰如梅子雨丝丝。

宋词之格律与此格律显然差别较大。

《全金元词》所收王吉昌《金盏子》、刘志渊《金盏儿》与宋词诸体均不同，试引王吉昌一首如下：

锁猿心，虑沉沉。冥冥杳杳玄机运。南天火，北渊金。开汞鼎，虎龙吟。滋九气，剥群阴。　酒勤斟，韵风琴。断送木童洪醉饮。六腑畅，五神歆。济圣域，脱凡襟。清净体，鬼神钦。

虽然这首《金盏子》与元曲【金盏儿】仍然有诸多不同，但二者开篇三句均为“3，3，7”句式，这也是【金盏儿】与【高过金盏儿】【低过金盏儿】等曲调的共通之处①，当为此调的标志性句格所在。所以，与宋词相比，金词应该和曲牌【金盏儿】有更直接的渊源关系。

4.《**黄莺儿**》

《黄莺儿》之调名始见于北宋，今存柳永、王诜、晁补之、陈允平、无名氏各1首。该调为96字体，其中柳永所作最早，且辞咏本调，可能为创始之词。试引柳永《黄莺儿》于下：

园林晴昼春谁主。暖律潜催，幽谷暄和，黄鹂翩翩，乍迁芳树。观露湿缕金衣，叶映如簧语。晓来枝上绵蛮，似把芳心、深意低诉。　无据。乍出暖烟来，又趁游蜂去。恣狂踪迹，两两相呼，终朝雾吟风舞。当上苑柳秾时，别馆花深处。此际海燕偏饶，都把韶光与。

清代《钦定词谱》即以此作为《黄莺儿》词调正体。金代王喆也作过该调，所用格律与柳词之格律大同小异。

元曲【黄莺儿】只用于散套，今存4例，其格律与柳永词的格律相差甚远。兹引庾吉甫一首于下：

无语，无语，闷人怕到，江天日暮。大都来一种相思，柔肠万缕。（庾吉甫【商角调·黄莺儿】散套）

值得注意的是，金词中另有《黄莺儿令》，又名《水云游》《黄婴儿》，王喆、马钰、谭处端、丘处机、侯善渊等有作。此调格律与宋词《黄莺儿》的格律迥然不同。试引谭处端一首如下：

活鬼活鬼，日日市廛，争名竞利。为恋他好女娇儿，把根源轻弃。早早不肯寻出离，大限来何计。想你也没分升天，却有缘入地。

很显然，曲牌【黄莺儿】即金词《黄莺儿令》的上片。开篇二字句相叠，故笔者臆断，原音乐或为模拟黄莺叫声，遂成为该调的标志性音腔。

5.《**憨郭郎**》

【憨郭郎】在曲中的用例极少，今存用例首见于马致远【大石调·青杏子】《姻缘》散

---

① 依郑骞《北曲新谱》，元曲【金盏儿】的句格为：3，3，7，7，5，5，5，5。【高过金盏儿】的句格为：3，3，7，7，3，3，3，7，7。【低过金盏儿】的句格为：3，3，7，7，5，5，3，4，4。

套，另见于朱庭玉【大石调·青杏子】《归隐》《思忆》散套（各1例）。依《北曲新谱》，曲牌【憨郭郎】的句格为：5，5，5，3。北宋柳永作有《郭郎儿近拍》，金代王喆作有《郭郎儿慢》，但其格律与曲牌格律大异。如柳永《郭郎儿近拍》：

帝里。闲居小曲深坊，庭院沈沈朱户闭。新霁。畏景天气。薰风帘幕无人，永昼厌厌如度岁。　愁悴。枕簟微凉，睡久辗转慵起。砚席尘生，新诗小阕，等闲都尽废。这些儿、寂寞情怀，何事新来常恁地。

王喆另有《憨郭郎》3首，试引1首如下：

深憎憎愈甚，深爱爱尤多。两般都在意，看如何。　他欢如自喜，他病似身痾。心中成一体，各消磨。

元曲与王喆此词句法全同①，不同之处仅在于曲牌首句需入韵，韵脚加密。可见曲牌与金词《憨郭郎》有更直接的血缘关系，而与《郭郎儿近拍》《郭郎儿慢》并无直接关系。

**6.《月上海棠》**

该调首见于宋徽宗所作，当是北宋末产生的新调，南宋则有陈允平、姜夔、陆游等人有作。《词谱》以无名氏“昨夜南枝”一首为正体，双调，上、下片各6句5仄韵。《中华词律辞典》共列十二体，而曲牌【月上海棠】与金代段成己68字体全同。较之“昨夜南枝”一首，上下片第二句俱减一字，作七字句，第二句各添一字，作五字句，第四句各减一字，作六字句。

以上对《豆叶黄》《川拨棹》《金盏儿》《黄莺儿》《憨郭郎》《月上海棠》等词调的讨论至少可以给我们两方面的启示。

一是在确定词曲同名牌调之间的关系时应名实兼顾。笔者在梳理词牌异名时发现，有些牌调的命名带有很大的偶然性、随意性。如词调《玉交枝》又名《忆秦娥》，但与寻常《忆秦娥》全不同；《朝天子》中有一式又名《思越人》，而《鹧鸪天》也名《思越人》，二者实不相干。要想在这些名同实不同的词牌中找到曲牌的真正源头，除重视调名本身提供的线索外，更应该注重比对实际句法、格律、用韵，这样，曲牌的真正来源才不会被“冒名顶替”。

二是要将探寻曲牌在词调中的远源与“近亲”相结合。我们在对元曲曲牌来源进行归属时，总是自觉不自觉地按照从古至今的顺序排列前后，比如唐曲、宋词均有的牌调则认为来自唐曲。这种思路虽然具有追根溯源的学术品格，但与元曲作为流行歌曲求新求变的本性相悖。王骥德《曲律》云：“世之腔调，每三十年一变。”②唐教坊曲至金元曲已经走过了五百余年的历程，这些同名曲调不知凡几变矣，早已名同实异。在探讨词曲关系时，如果过远向前追溯，有时难免会使牌调研究限于名字游戏。如曲牌【粉蝶儿】，任半塘

---

① 王喆另一首《憨郭郎》“牛子却如浇墨”之句法与此稍有不同，但只不过是将上下片首句加一衬字变为六字句，上片第三句摊破为3/3句式。

② 〔明〕王骥德：《曲律》，见《中国古典戏曲论著集成》（四），中国戏剧出版社1959年版，第117页。

先生在《教坊记笺订·曲名流变表》中就追溯至唐教坊曲中的《胡蝶子》,向后则是唐五代、北宋词中的《玉蝴蝶》;实际上,毛滂《粉蝶儿》才是曲牌【粉蝶儿】的真正来源。《玉蝴蝶》至金元时仍有人作,与《粉蝶儿》二水分流,了无干涉。所以与其追溯至唐,不如就把毛滂《粉蝶儿》作为我们探讨的起点,这样的讨论可能更为切实些。笔者对金代道士词的重视也正是出于这样的考虑。

## 三

以上我们对12个金词与元曲同名牌调的情况进行了详细探讨。从现存作品的时间上看,词牌大多早于曲牌。这似乎是我们判断曲牌来自词牌的证据。学者们也大多持这样的观点。但笔者以为问题并非如此简单,发生在前的未必是因和源。道士们的关注重心在传道,而非创制推广新声。上述曲牌除少量可能为王喆等人新创外,大部分应是取自民间曲,从词牌名所带有的明显世俗气息即可推知。道士们只是将当时民众喜闻乐见的乐调拿来为我所用,如果将金词作为元曲之源,无疑是认错了路头。① 金代道士词背后的民间曲才是元曲曲牌的渊薮。

笔者在梳理词曲同名牌调时发现词曲之变中有一个重要现象:文人词中的热门牌调往往不入曲。根据学者们的统计,《全唐五代词》《全宋词》中使用频率最高的前十位词牌依次是:《浣溪沙》《水调歌头》《鹧鸪天》《菩萨蛮》《念奴娇》《满江红》《临江仙》《蝶恋花》《西江月》《减字木兰花》。② 其中只有《菩萨蛮》《念奴娇》《蝶恋花》《减字木兰花》四调入元曲③,且在元曲中现存用例不多。【念奴娇】仅存郑光祖《翰林风月》第二折1处用例。【菩萨蛮】仅存侯正卿《客中寄情》散套1处用例。【减字木兰花】仅存贯云石【双调·醉春风】"羞画远山眉"散套1处用例。【蝶恋花】在《全元散曲》中共有3处用例,分别见于马致远【双调·蝶恋花】"鸥鹭同盟曾自许"④、曾瑞【双调·蝶恋花】《闺怨》散套、周文质【双调·蝶恋花】《悟迷》散套。

同样,芝庵《唱论》记载的当时流行的大乐十首中,《望海潮》《摸鱼子》《鹧鸪天》《雨

---

① 同样的问题还有对于柳永的认识。在很多词史、文学史中,新调的创制往往成为柳永的重要贡献之一。而笔者以为,这样的表述是不够恰切的。北宋叶梦得《避暑录话》卷下云:"柳永……善为歌辞,教坊乐工每得新腔,必求永为辞,始行于世,于是声传一时。"由此可见,柳永只是为新声填写歌词,而非新曲调的创作者。这与姜夔的自度曲不可相提并论。金代道士词中的新词调也应作如是观。后人所谓柳永为元曲之祖、金元道士词为元曲之源等说法,正是误以流为源。

② 参见白静、刘尊明《唐宋词调之冠——〈浣溪沙〉初探》一文的统计,载《湖北大学学报(哲学社会科学版)》2004年第2期。

③ 元刊本石君宝《诸宫调风月紫云庭》杂剧结末有一首《鹧鸪天》,用于散场。杨立斋【般涉调·哨遍】散套前也有一首《鹧鸪天》,郑骞《北曲新谱》云:"此曲与正套不谐同韵,盖念而不唱,与套中之曲不同。"所以我们认为《鹧鸪天》并未进入元曲曲牌系统。

④ 此套见罗振玉藏明钞本《阳春白雪》后集卷二,署马致远作。《北词广正谱》只收【蝶恋花】一支,署杜仁杰作。虽然作者的记载有分歧,但一致认为是元人作品。

霖铃》《春草碧》《生查子》《石州慢》都未进入元曲曲牌系统，只有《念奴娇》《蝶恋花》《天仙子》入曲，其中【念奴娇】【蝶恋花】的使用情况如上，【天仙子】(【天仙令】)用例稍多，但与词调格律大异，已名同实异。

与此相反，一些文人词中的冷僻牌调，甚至仅有一人一作，在曲中却成为流行曲牌。如《滚绣球》(《辊绣球》)，在宋词中仅见赵长卿1首，在元曲中为正宫首曲，现存100余例；《后庭花》，在北宋词中仅见张先作，在南宋词中仅见许棐作，而元曲中现存180余例；《天下乐》，在北宋词中无作品流传，在南宋词中仅见扬无咎作，而元曲现存作品中有170余例；《新水令》，《全宋词》依《岁时广记》收无名氏1首，而元曲现存作品中有180余例。以上提到的这些牌调，词曲格律均大不相同。我们的推想是：这些宋词中的作品大概是文人取当时民间曲调试作一两首，但并无后继者；而民间曲潜流仍旧向前演变，至元代蔚为大观，但与宋代文人试作之时相比，已面目全非。

另外，我们还可以看到，许多牌调在文人词创作中并非代代相传，而是时断时续，如《柳青娘》，首见于《教坊记》“曲名”表，今仅存2首，见于敦煌写卷《云谣集杂曲子》，宋词无传作，至《刘知远诸宫调》、金院本，才重见【柳青娘】名目。而《逍遥乐》在北宋词中仅见黄庭坚有作，南宋词、金词无传作。这一现象也说明，许多牌调并不是靠非文人词延续不坠而后进入元曲的。

文人词中的热门牌调大多不入曲，冷僻词牌却又成为热门曲牌，两相比较，我们的结论是：许多词牌入曲并不是途经文人词实现的，而是另有路径，这个路径在民间。在探讨元曲曲牌之源时，必须充分重视民间歌曲的传统。虽然今天流传下来的宋词大多出自文人之手，但宋代以来关于民间歌曲的记载也并不鲜见。

《宋史》卷一四一《乐志》：“又民间作新声者甚众，而教坊不用也。”①

宋吴处厚《青箱杂记》卷五：“又今世乐艺，亦有两般格调：若教坊格调，则婉媚风流；外道格调，则粗野嘲哳。至于村歌社舞，则又甚焉。兹亦与文章相类。”②

宋曾敏行《独醒杂志》卷五：“先君尝言，宣和间客京师，时街巷鄙人多歌蕃曲，名曰《异国朝》、《四国朝》、《六国朝》、《蛮牌序》、《蓬蓬花》等，其言至俚，一时士大夫亦皆歌之。”③

金刘祁《归潜志》卷一三：“故尝与亡友王飞伯言：‘唐以前诗在诗，至宋则多在长短句，今之诗在俗间俚曲也，如所谓《源土令》之类。’”④

由此可见，无论南方还是北方，与文人、宫廷教坊相对峙的民间唱曲的传统一脉相承，从未断绝。只是这种“粗野嘲哳”的鄙俚风格入不得文人“法眼”，而为文献书写所忽视，因此少有作品被记载下来。材料的缺乏造成了元曲形成过程的蒙昧不清，给人元曲

---

① 〔元〕脱脱等：《宋史》，中华书局1977年版，第3356页。

② 〔宋〕吴处厚撰，李裕民点校：《青箱杂记》，中华书局1985年版，第46页。

③ 〔宋〕曾敏行著，朱杰人标校：《独醒杂志》，上海古籍出版社1986年版，第45页。

④ 〔金〕刘祁撰，崔文印点校：《归潜志》，中华书局1983年版，第145页。

“突然”兴起的错觉。

而金代道士词正可弥补元曲之起源阶段的资料空白。除上述讨论过的十几调之外，金代道士词中还有《茶瓶儿》《金鸡叫》《俊蛾儿》《拾菜娘》《蜀葵花》《瓦盆歌》等不见于元曲所用的新牌调。这些道士词像一面镜子，透过它的投射，我们可以看到在民间歌唱中，新牌调源源不断产生，原有牌调在演唱中又不断变异的真实情况。这些在民间流传的牌调作为有待文人加工的“素材”，有流入词、成为曲两种可能，它们是道士词和元曲同名牌调的共同源头。同一曲调的唐宋词、金代道士词、元曲可谓民间歌曲在流变中不同时段的“取样”。时空距离越大，变异就越大。通过比较元曲曲牌与唐宋词牌可知，两者格律相同者极少，大多名同实异，而元曲曲牌与金词则有更大的相似性也就在意料之中了。

# 论清代苏州织造与苏州演剧繁荣

裴雪莱*

戏曲剧种声腔及其盛衰发展不仅与经济文化有关，而且与政治势力的介入关系密切。明代中晚期以来，昆山腔之所以能从南戏四大声腔中脱颖而出，最终成为流播全国、盛极一时的一大剧种①，除与苏州地区在中晚明以来经济文化强势有关外，还与政治势力的深度介入有关。此外，明清江南三大织造中，苏州织造与昆剧的关系更为紧密。究其原因，一是明清苏州经济规模更大，手工业水平等更高；二是清代苏州织造曾一度由皇帝倚重、办事干练的人员如曹寅、李煦等人负责。总而言之，苏州昆剧演出繁荣是经济文化发展状况、时代氛围以及官府力量介入等多种因素共同作用的结果。② 其中，官府甚至皇权力量与城市功能的结合对昆腔传奇的影响利弊兼有，而且利大于弊。

## 一、苏州织造的渊源与功能

苏州织造最早设立于明洪武年间，与江宁织造、杭州织造并称江南三大织造。《昆剧发展史》提到梨园总局设在苏州城内镇抚司前的老郎庙，它创建于何时不清楚。③ 清代吴县顾禄《清嘉录》云："老郎庙，梨园总局也。凡隶乐籍者，必先署名于老郎庙。庙属织造府所辖，以南府供奉需人，必由织造府选取故也。"④学者在总结江南三大织造的渊源时说，清代在江宁、苏州、杭州三地设立官局织造，乃是沿袭自宋以来历代封建官府在江南

---

* 裴雪莱，浙江传媒学院戏剧影视研究院助理研究员，浙江大学人文学院博士后在站。

① 南戏四大声腔指的是余姚腔、海盐腔、弋阳腔和昆山腔，如果算上杭州腔则为五大声腔。

② 文中所指"苏州演剧"指"苏州昆曲演出"。

③ 胡忌、刘致中：《昆剧发展史》，中华书局2012年版。

④ 〔清〕顾禄撰，来新夏点校：《清嘉录》卷七《青龙戏》，上海古籍出版社1986年版，第122页。

经营丝织业的旧制。但文徵明《重修苏州织染局记》载："苏郡织染之设，肇创于洪武，鼎新于洪熙，载于郡志，虽简略未详，而碑文所记，历历可考。京师惟尚衣监所司其事，然织染惟建局于苏、杭者何？夫大江之南，苏杭财赋甲他郡，水壤清嘉，造色鲜美；矧蚕桑繁盛，因产丝纩，迄今更盛。"①此文作于明嘉靖二十六年(1547)，不但指出苏州织造早在明洪武年间即已设立，而且点明"织染惟建局于苏、杭"。

清代苏州织造府虽为皇家采办机构，却兼有政治、经济和文化三重功能，在文化功能方面与苏州演剧关系之密切为其他任何官府机构所不及。清廷的演剧机构南府创办于康熙时期，扩充于乾隆年间，一直以来从苏州引入大量优秀昆伶。帝王在南巡之际甚至亲自物色昆伶并带回皇宫充当供奉。包括苏州织造在内的苏州地方官商购置或进献昆伶蔚然成风，在一定程度上是对苏州演剧人才的掠夺，但客观上刺激了苏州演剧人才的培养和输出，扩大了苏州昆班、昆伶的剧坛声望。可以说，苏州织造的官方影响客观刺激了苏州演剧的持久繁盛。道光年间，南府降为昇平署而不再通过苏州织造征调江南伶人，包括昆剧大本营苏州在内的昆剧舞台已经面临严峻挑战。这两种因素共同作用的结果就是昆剧失去了官方的密切参与，市场生存空间受到挤压。而苏州织造的主要身份有如下三种。

**1. 皇家采办**

元、明以来，建都北京的清廷同样依赖江南的人力和财赋，而苏州地区同时又是丝绸布匹生产基地，所产绸缎工艺精美，为皇家所青睐。延至清代，苏州织造作为联系北京皇室与清朝经济文化腹地吴中的枢纽角色定位进一步加强，它的第一身份是皇家纺织作坊，负责向北京输送各种宫用、官用优质丝织品。此外，苏州织造还要物色优秀昆伶输送宫廷，负责禀报江南米价、气候以及官员举动等繁杂事项，即负责输送苏州地区的人力与物力入京。②

皇室对苏州的戏剧资源同样有需求。清代宫廷演出活动例由内务府承应，这就需要采购置备戏剧行头和大量优秀演员，而具体执行就由官居五品的苏州织造等负责。苏州织造通常由内务府郎中或员外郎兼任，负责为皇宫采购丝绸衣料等事务，同时兼管苏州梨园，及时挑选崭露头角的优秀昆伶，更好地负责迎銮接驾事务，是苏州地区戏曲事务的最高长官。从康熙二年(1663)内务府即派官员赴苏州任织造职务起，到道光元年(1821)苏州织造密折特权全面废除为止，苏州织造一直具有极其特殊的地位。

王芷章在《清升平署志略》中谈到乾隆时南府(有人认为，南府设置于康熙二十五年)时说，"盖设立之初，原为悉用内臣等充演剧之人，自南巡以还，因善苏优之技，遂命苏州织造挑选该籍伶工，进京承差"③。由此可见，苏州织造负责为帝王挑选苏州籍伶人充当

① 苏州历史博物馆等合编：《明清苏州工商业碑刻集》，江苏人民出版社1981年版，第1页。

② 譬如苏州织造与江宁织造、杭州织造三年一期轮流护送丝绸成品从江南抵达北京。

③ 王芷章编：《清升平署志略》，上海书店出版社1991年版，第8页。

宫廷供奉。乾隆因慕羡“苏优之技”高超而指定苏州织造应承挑选昆伶的任务，并未提江宁、杭州两织造。这自然是因为苏州是昆曲基地和丝绸重地，并且赋税远高于全国各府。另据《雍正大清会典》卷二〇一《工部·织造》统计，苏州织造局上用缎机 378 张、部机 332 张，共 710 张；而江宁织造局上用缎机 365 张、部机 193 张，共 558 张，杭州织造局上用缎机 379 张、部机 376 张，共 755 张。① 由此可见，此时苏州织造局的规模最大。此后，乾隆时期，苏州织造弱于杭州织造，但光绪时期，其规模又为最大。总体来说，清代苏州织造于江南三织造中占据优势。这自然与该地的生产能力、技术以及人力资源等有关。

**2. 地方官员**

苏州织造并非科举制度中的常规职位，没有一定品秩，对地方军政、赋税、诉讼等事务没有管辖权。据《钦定大清会典事例》卷二六三所载，清雍正之后，总督年俸一万二千两白银，布政使年俸九千两白银。而苏州织造年俸一万两，介于二者之间，可见虽无品第，但实为要职肥差。苏州织造府等为了接驾奉承皇帝历次南巡，也为了自身官场应酬，必须备置出色的昆班和昆伶。从这一点来说，苏州织造之所以参与苏州剧坛，政治因素大于市场因素，实质是出于地方官员对皇权的讨好。身为钦命地方官员的苏州织造，竭尽心力与苏州其他官员负责康、乾二帝先后数次南巡的迎銮接驾事务。例如，康熙四十四年(1705)农历三月十七日，康熙第五次南巡至苏州的次日，恰逢玄烨五十二岁寿辰，城外数里即有戏台。康熙帝南巡至苏均驻跸织造署行宫。李煦与江苏巡抚宋荦奏请入城。除江南、山东、福建等地官员前来见驾之外，李煦照例呈现昆曲演出以供天娱。同年 5 月 12 日，康熙自杭州回銮至苏州又停留六日。②

至于地方事务，如乾隆四十八年(1783)，苏州梨园总局苏州老郎庙《翼宿神祠碑记》载，“苏之以伶为业者，旧有庙，以祀司乐之神，相沿曰‘老郎神’。其名不知何所出，其塑象服饰亦不典。近适有重修之役，予为易其祠曰‘翼宿之神’。……近奉厘正乐曲之命，凡害道伤义者有禁”。此碑落款署名“钦命督理苏州织造部堂兼管浒墅关税务内务府员外郎加三级四讳德立”。这已明确说明苏州织造拥有直接管理苏州地区戏曲活动的权力，而且职责明确，即“厘正乐曲之命，凡害道伤义者有禁”。③ 苏州织造要保证苏州地区戏剧演出符合封建道德教化的总方针，否则就要出面禁止。

**3. 帝王亲信**

清廷鉴于明朝宦官乱朝的教训，限制宦官的权力，而皇帝家臣成为新宠，苏州织造的地位由此愈发特殊，成为皇帝掌控江南财赋人力等资源的特殊手段。织造一职由皇室家臣出任，直至兼任两淮盐运使。康熙此举一方面避免使用宦官，一方面有利于绕开常规

---

① 参《雍正大清会典》卷二〇一，雍正年间刻本。

② 参《圣祖仁皇帝实录》(乾隆年间刻本)卷二二〇以及《同治苏州府志》(凤凰出版社 2008 年版)卷一相关记载。

③ 江苏省博物馆编：《江苏省明清以来碑刻资料选集》，生活·读书·新知三联书店 1959 年版，第 281 页。

官僚系统,直接掌握经济命脉,使皇权专制进一步加强。包括康熙、雍正和乾隆三朝在内的清代没有宰相、首辅等官职,雍正时设立军机处,皇帝全面控制朝政的能力达到顶峰,同时没有放松对江南文士思想举动的密切监控,比如使用密报和笼络等手段。清代苏州织造基本来自皇帝钦点的较为信任的上三旗包衣,直接听命于皇帝,并享有密折禀奏权。驻跸苏州的地方官员如江苏巡抚、江苏布政使、江苏按察使以及苏州知府等,均知苏州织造能够直接密折上奏,能获得皇帝的耳提面命,自然对其畏忌三分。

## 二、苏州织造与苏州戏剧演出

清代历任苏州织造都与昆曲演出活动关系紧密。例如康熙朝曹寅、李煦,雍正、乾隆朝海保、四德等,不仅积极选送优秀昆伶入京,在皇帝南巡时负责迎驾以及皇帝的观剧活动等,而且织造部堂本身蓄养家班并有串班,正如周秦所言,"历任织造使曹寅、李煦、海保等曾先后蓄养戏班,都是昆曲的痴迷者和倡导者"①。苏州现存与戏剧相关的碑刻资料显示,织造府与苏州地区戏剧演出活动关系紧密,对苏州剧坛的影响利弊皆存。有利的一面即可维护苏郡伶人的权益。例如雍正年间,苏州伶人联名要求禁止"奉宪永禁差役梨园扮演迎春碑文""苏州织造府禁止老郎神庙管事人徇私弊混碑",得到苏州织造署的支持,并最终取得胜利。不利的一面即苏州昆伶的人身自由具有相对性,而且有可能被征调入府甚至入京。

具体来说,清代苏州织造对苏州剧坛产生的积极影响主要分为以下三点:

**1. 主持梨园**

伴随着北京皇权力量的逐步加强,隶属于北京南府的苏州织造对苏州地区昆班、昆伶的影响也达到空前。这个时期,昆曲得到统治阶层的赏识扶持,继续称霸全国剧坛。一方面,苏州织造负责苏州梨园界重要事务。例如,苏州织造牵头修建、修葺梨园会所等。吴县顾禄《清嘉录》卷七《青龙戏》载:

> 老郎庙,梨园总局也。凡隶乐籍者,必先署名于老郎庙。庙属织造府所辖,以南府供奉需人,必由织造府选取故也。②

乾隆四十八年,苏州重修老郎庙,"合郡梨园"捐助银钱并立碑记。苏州织造成为这种修庙、捐钱、立碑等系列活动的组织者和负责人。张伯行为曹寅所写祭文提到曹氏于苏州织造期间的成就,"初莅姑苏,则清积弊,节浮费,其轸匠而恤民者,盖颂声洋溢而仁闻之昭宣"。尤侗于康熙三十二年(1693)所作《司农曹公虎丘生祠记》载:

> 偶然相遭,如宾客然,夫岂有赫赫之名,煦煦之惠哉?然而公之来也,人皆喜而迎之;其居也,人皆悦而安之;及其去,莫不泣而留之;留之不得,莫不讴而思之;思之

① 周秦:《苏州昆曲》,苏州大学出版社2004年版,第241页。

② 〔清〕顾禄撰,来新夏点校:《清嘉录》,上海古籍出版社1986年版,第122页。

不已，则相与庙而貌之，尸而祝之。

……

惟上以诚感下，故下以诚应上；至诚而不动者，未之有也。盖公之学问优裕，意思深长，亦于此见一斑矣。公之移镇江宁也，天子以公乃父，宣力斯土者，二十余年，功绩犹著人耳目间，故俾公嗣服，克成厥终。吾知公在金陵，一以治吴之道治之，方沐浴咏歌之不暇，而抑知吴之人思公者，流连不忘，至于此极也？①

苏州织造一般自觉维护或修理苏州郡城重要的昆曲演出场所。据民国《吴县志》等载，李煦于康熙五十二年(1713)修建清嘉坊与郡庙之前的火神庙。该庙门头楼是当时昆曲的演出场所之一。同时，苏州织造还注重维护苏州梨园界共同利益。《吴郡岁华纪丽》也有类似的记载，并说"国初犹竞召伶妓、乐工，为梨园百戏，如《明妃出塞》、《西施采莲》之类"②。这"竟召"之人自然是苏州织造之职。康熙八年(1669)，此役只有乞儿应承。雍正时，又命伶人为之。昆伶金永锡、陈义先等人具呈苏州织造府，称"切永等生当盛世，欣戴尧天，业习梨园，家传清白"，"恭颂皇仁宪德，革除非分之差徭，超豁良民之苦累，公侯万代"。经苏州织造移文抚藩后，获得批准，"除行苏州府转饬长、元、吴三县迎春扮演故事，既往例系丐户，不系梨园扮演。嗣后仍照旧例行，并饬金永锡等自行捐资勒碑，毋许胥役借端滋扰外，相应咨复"③。昆曲艺人为了维护自身利益和社会声誉，向苏州织造请求并最终实现目的。金永锡等人呈述于雍正十二年六月，经江宁巡抚到苏州府以及吴、长、元三县，一番周折批复下来，立碑时间为同年仲秋谷旦，这种办事效率在封建官僚体制中并非低下。由此可见苏州织造对其所管辖苏州梨园界的有意庇护。二者互生共荣之关系显而易见。

**2. 助长风气**

苏州织造蓄养昆曲家班，始自康熙二十九年(1690)曹寅(1658—1712)出任苏州织造时。康熙三十一年(1692)，曹寅家班曾于织造署分别搬演尤侗(1618—1704)《李白登科记》和其本人剧作《北红拂记》。曹寅虽任苏州织造，但是诗酒风流，奉命编纂，选演昆曲，联络名宿，俨然发挥着江南文坛盟主的作用，将苏州织造一职的作用发挥到最大程度。这也是苏州织造历史上最为光彩夺目的一段。《清史编年》载：

康熙五十一年　壬辰(公元 1712 年)：二十三日甲辰(8 月 24 日)，江宁织造曹寅病故。织造衙门历年亏欠钱粮九万余两，两淮盐课亏欠二十三万两。本日，苏州织造李煦奏请代管盐差一年，以所得余银偿还曹寅之亏欠。从之。五十二年正月奉旨，江宁织造郎中缺，著即以曹寅之子曹颙补放。④

---

① 〔清〕尤侗：《艮斋杂稿》文集卷一〇，天津图书馆藏本。

② 〔清〕袁景澜撰，甘兰经、吴琴校点：《吴郡岁华纪丽》卷一，江苏古籍出版社 1998 年版，第 1 页。

③ 江苏省博物馆编：《江苏省明清以来碑刻资料选集》，生活·读书·新知三联书店 1959 年版，第 276 ~ 277 页。

④ 中国人民大学清史研究所编：《清史编年》第三卷，中国人民大学出版社 2000 年版，第 391 页。

长期蓄养昆班，所需银两并非普通家庭所能承受。康熙中晚期，苏州织造由曹寅姻亲李煦担任。顾公燮《丹午笔记》二四二《李佛公子》记载了李煦父子的事迹：

康熙三十一年，织造李公煦莅任。在苏有三十余年，受理浒关税务，兼司扬州盐政。恭逢圣祖南巡四次，克己办公，工匠经纪，均沾其惠，称为李佛。公子性奢华，好串戏。延名师以教习梨园，演《长生殿》传奇，衣装费至数万。以致亏空若干万。吴民深感公之德，而惜其子之不类也。①

上文记载了康熙年间苏州织造李煦父子的事迹。李煦之子奢华习性并不足取，他"延名师以教习梨园，演《长生殿》传奇，衣装费至数万"，可谓极尽奢华之典型。清代苏州织造兼有宫廷采办、地方官员和皇帝亲信等多重身份，因而对苏州剧坛持续产生了最大程度的影响。总体而言，苏州织造对苏州剧坛的影响利大于弊，对整个清代苏州剧坛的繁盛起到了推动作用。此外，苏州昆班、昆伶对苏州织造所能提供的庇护等具有一定的依赖性，他们之间的命运紧密相关。

雍正、乾隆年间，苏州织造海保为承应官差、接驾南巡而创办昆班，简称为"海府内班"②。乾隆元年(1736)老郎庙《感恩碑记》中使用的"织造部堂海府内班"班名，为官方称谓。此外，织造部海府还有串班。《扬州画舫录》卷五提到海府串班成员数位：

老旦费坤元，本苏州织造班海府串客，颐上一痣，生毛数茎，人呼为一撮毛。歌喉清腴，脚步无法。

汪颖士本海府班串客，后为教师，论没手身段，如《邯郸梦·云阳》、《渔家乐·羞父》最精。善相术，间于茶肆中为人相面。

洪班半徐班旧人，老生张德容之后为陈应如。应如本织造府书吏，为海府串客，因入是班。③

康乾时期，成立最早、规模最大的苏州串班首推织造海府串班。上文提到的扬州老旦费奎元、小丑汪颖士、老生陈应如都出身于海府串班。

**3. 奉承帝王**

苏州织造办班除了为满足官府应酬和自身观赏的需要，主要还是为了应承皇帝南巡。例如，康熙二十三年(1684)，玄烨首次南巡，驻跸苏州织造署行宫。当晚演戏，次日再次演出。康熙二十八年(1689)二月，圣祖南巡至苏州，江苏织造臣以寒香、妙观诸部承应行宫，甚见嘉奖，每部中各选二三人，供奉内廷，命其教习上林法部。在康熙帝观看寒香、妙观等姑苏四大昆班的演出后，角直名净陈明智被选入内廷供奉。四年后，李煦奏禀康熙："寻得几个女孩子，要教一班戏送进，以博皇上一笑。"④康熙即派出宫中弋阳腔教师叶国桢南下教唱。康熙还曾指出，但缺乏做器好竹，尔等传于苏州清客周姓的老人，他

---

① 〔清〕顾公燮撰，甘兰经等校点：《丹午笔记》，江苏古籍出版社1999年版，第179页。

② 海保，字万涵，满洲镶黄旗人，雍正八年(1730)以内务府"奉宸苑郎中"的头衔出任苏州织造。

③ 〔清〕李斗撰，汪北平、涂雨公点校：《扬州画舫录》，中华书局1997年版，第126、125、125页。

④ 故宫博物院明清档案部编：《李煦奏折》，中华书局1976年版，第4页。

家会做乐器的人,并各样好竹子多选些进来,还问他可以知律吕,有人一同送来。但他年老了,走不得,必打发要紧人来才好。可见,康熙对戏剧的兴趣非同一般,对苏州地区相关人才比较熟悉,希望能够继续从苏州地区引进戏剧人才进宫。

至乾隆时期,苏州织造一直成为最高统治者与苏州剧坛互动的重要桥梁。苏州昆曲资源成为苏州织造奉承帝王的重要筹码和常规传统。例如乾隆四十九年(1784),弘历第六次南巡,“江南尚衣、鹾使争聘名班”。苏州织造与杭州织造、扬州盐运争先恐后地组织名班接驾,并采用吴县名伶金德辉的建议,“合苏、杭、扬三郡数百部”顶尖人才组成集秀昆班。最终,“队既成,比乐作,天颜大喜”①,从此确定了集秀班在昆曲界的王牌地位。与扬州七大盐商不同,苏州织造只有昆班,没有花部戏班,并邀请吴县沈起风和全椒金兆燕编撰迎銮大戏,取得成功。

当然,苏州织造对苏州地区的戏剧演出也存在一定的消极影响,主要有以下几点:

**1.限制演员市场流动**

苏州织造府班内人员并非随意流动。《扬州画舫录》卷五载:“徐班散后,脚色归苏州,值某榷使拘之入织造府班。迨洪班起,诸人相继得免,惟吴大有、朱文元二人总管府班,不得免。……逾年,文元逸去,入洪班三年乃归。大有侦知之,拘入府班十年。”②当时,扬州徐班散后,回苏的人员包括余维琛、王九皋、山昆璧、陈云九、孙九皋、董美臣、陈嘉言等著名苏州昆伶二十人左右。他们的人生际遇和悲苦具有历史典型性。此外,吴大有、朱文元二人之间的恩怨是非,也通过苏州织造与苏州剧坛发生联系。苏州昆伶与苏州织造并非人身财产关系,但在封建官僚体制下,市场因素受到官办体系的控制,他们之间不可能是平等地位,也就不能实现市场对苏州剧坛人力等资源的调配。

海保于雍正十一年(1733)冬出任苏州织造,扩大织造府家班规模。据乾隆元年(1736)《梨园会所感恩碑》载,该班主要演员有梁绍芳、褚广文等35人,均为苏州昆伶。直到乾隆四十五年(1780)左右,海保离任,织造府班的昆伶部分转移至扬州剧坛。他们的命运和生存方式通过苏州织造这种官府机构与苏州剧坛发生联系。如胡忌谈道,在苏州的织造府依仗管家的权势,府下有一个当地规模很大、演剧水平很高的昆班,雍乾年间叫作“织造部堂海府内班”。“海府”指时任织造监海保的官府,“内班”指部内备制的戏班,主要任务是承应官场、上演大戏。这个内班集中优秀昆曲演员三十五人。③

康乾时期的小说作品也反映了苏州地区昆曲、昆伶的状况,《红楼梦》第十七回至十八回《大观园试才题对额　荣国府归省庆元宵》载:“原来贾蔷已从姑苏采买了十二个女孩子——并聘了教习——以及行头等事来了。”④小说内容与康乾时期的社会风貌有关,

---

① 〔清〕龚自珍:《定盦全集》,清光绪二十三年万本书堂刻本。

② 〔清〕李斗撰,汪北平、涂雨公点校:《扬州画舫录》,中华书局1997年版,第125页。

③ 胡忌、刘致中:《昆剧发展史》,中华书局2012年版,第265页。

④ 〔清〕曹雪芹、高鹗著,中国艺术研究院、红楼梦研究所校注:《红楼梦》,人民文学出版社2005年版,第234页。

由此可知康乾时期苏州地区成为豪门富室采购昆伶的基地，豪门仕宦在苏州购买娈童、女乐成为一种社会风气。曹家三代长期担任江宁织造，曹寅曾于康熙年间担任苏州织造三年。当然此处不能认为是苏州织造所为，但身为苏州梨园总局的管辖者，比任何外地官商更有挑选一流昆曲演员的优势。苏州昆伶需要从小培养。不管苏州昆伶个人的主观愿望如何，也不论选为宫廷供奉如何风光，背井离乡、远离亲人的悲哀成为封建时代艺人们必须承受的人生遭遇。到了嘉庆年间，宫廷大量裁员，很多艺人即使没有年老色衰，也要被遣送回苏。

**2. 查禁剧本**

乾隆四十五年(1780)，弘历第五次南巡当年，“十二月，弘历着两淮巡盐御史伊龄阿、苏州织造全德查禁和删改有碍清朝统治的戏曲剧本”①。苏州织造不仅开始参与清廷对戏曲剧本的查禁举动，而且组织戏剧人才全面清理。例如，乾隆四十六年(1781)，吴县沈起凤受苏州织造全德之聘，查阅戏曲七百余种，并分批送往扬州进行删改。由苏州送往扬州词曲馆的剧本总数多达一千零八十一种。这个数目与今日传世剧本相当。可见，苏州织造参与的这场朝廷查禁剧本运动给本已走向下坡路的戏剧创作带来了雪上加霜的打击。

**3. 打压外来声腔**

经过乾隆后期北京、扬州等南北剧花部乱弹与雅部昆曲的数次交锋，清政府一边倒地扶持雅部，打压乱弹。例如，嘉庆三年三月，苏州老郎庙《翼宿神祠碑记》云：

> 其所扮演者，非狭邪媟亵，即怪诞悖乱之事，于风俗人心，殊有关系。此等腔调，虽起自秦皖，而各处辗转流传，竞相仿效。即苏州、扬州，向习昆腔，近有厌旧喜新，皆以乱弹等腔为新奇可喜，转将素习昆腔抛弃，流风日下，不可不严行禁止。嗣后除昆弋两腔，仍照旧准其演唱，其外乱弹梆子弦索秦腔等戏，概不准再行唱演。②

由此可见，清政府对乱弹之压制言之凿凿，振振有词，禁演剧种范围颇广。紧接着，该年五月份，苏州织造又立“苏州织造府禁止演唱淫靡戏曲碑”重申立场，并采取驱逐外来乱弹戏班出城的具体办法：

> 查向来苏郡止有昆弋两腔，其扮演故事，亦皆谈忠说孝，足以观感劝惩，其乱弹等戏，俱系外来之班所演，淫亵怪诞，最为风俗人心之害。……如有外来乱弹等班，潜住郡城，及官绅士商违禁唱演等事，除密访查办外，并转行地方官严密查拿，一经败露，即将起班头人照违制例定罪。其余在班脚色，各予枷责，仍行递解原籍收管，断不轻纵。③

由此可知，苏州织造对苏州地区戏剧演出市场具有监控权力，采取的排挤乱弹班出城的措施细致周密，显然是经过深思熟虑的决定。苏州织造颁布戏班责任追究制说明其

---

① 苏州市文化局、苏州戏曲志编辑委员会：《苏州戏曲志》，古吴轩出版社1998年版，第39页。

② 江苏省博物馆编：《江苏省明清以来碑刻资料选集》，生活·读书·新知三联书店1959年版，第295～296页。

③ 江苏省博物馆编：《江苏省明清以来碑刻资料选集》，生活·读书·新知三联书店1959年版，第297页。

熟悉戏班体制，也可能与苏州昆班谋划其中有关。不过这种狭隘的依靠行政力量打压舞台竞争对手的做法或许可以维持苏州城这一小范围的昆曲市场，但不可能在全国范围内长期如此。总之，以上二碑立于嘉庆三年，也就是隆帝禅位但仍然主持朝政的第三年，表明苏州织造在阻止外来剧种或者地方声腔进入苏城。如嘉庆三年（1798）仍是乾隆执政时期，依旧可见对违禁剧目的勒令公告，如"苏州织造府禁止演唱淫靡戏曲碑"。当然，这种举措的主要目的在于维持苏州昆曲在剧坛的霸主地位。因此，若就苏州昆曲的演出、创作等而言，清代苏州织造对其的影响利大于弊。

## 三、苏州昆班、昆伶演艺生涯与苏州织造的关系

苏州织造府管辖梨园总局老郎庙，而老郎庙管理诸多行会，如永安会、如意会等。苏州郡城内外昆曲艺人组成的昆班则分属不同的行会。《奉宪永禁差役梨园扮演迎春碑文》所列雍正十二年（1734）时苏州昆班艺人名录如下：

金永锡　陈义先　张玉成　马武功　詹子望　汪尚玉　陆彬文　李御臣
陈吾省　顾寿眉　沈天如　杨九如　许奕侯　金天祥　金瑞侯　曹六吉　李舜华
钱云从　孙玉卿　金瑞卿　曹茂兰　龚闻衣　毛仲卿　顾九恒　吴祺玉　陈旭明
朱学源　徐御天　王尚宗　王尚志　马锦云　陆良臣　张上詹　汪宏升　张升仙
沈瀛仙　郭继辉　王汉臣　张弘文　浦明周　富石渠　朱瑞林　李兆祥　王九皋
顾松龄　朱瑞琛　沈约如　吴天益　沈天玉　奚天质①

以上共50人，金永锡牵头。

《梨园会所感恩碑记》则记录了乾隆元年（1736）时的苏州昆班艺人，名单如下：

汤鸣卿　丁瑞珍　吴尔发　沈子德　李腾霄　陆瑞生　陆子云　殷子成
徐洪先　施子宾　杜宪章　龚在丰　周公凡　金瑞生　王必荣　汤武候　徐子仲
马胜如　吴御天　朱在明　徐柱臣　王丹山　潘嗣岳　朱茂芳　潘载岳　林天佑
董美臣　张御升　杜宪甫　王德新　祝御臣　陈云九　朱子璜　金茂宛　宋廷甫
曹义成　马继美　曹连碧　杜玉琪　王大生　周德敷　金瑞麟　王碧如　陈允文
徐秉臣　王天球　张灿如　张殿仙　费清远　吴在文　金鸣一　孙上珍　王清远
潘永年　王尚荣　王尚佐　王观山　任瑞玉　任瑞珍　马晋臣　王佐天　陈翼九
王九如　李仲候　吴在明　王尚珍

以上共66人。该碑紧接着罗列了织造部堂海府内班昆曲艺人37人，名单如下：

梁绍芳　褚广文　唐瀛公　盛辅臣　钱崇璧　赵御章　孙云翰　金玉如
许九龄　章天益　马文兆　陈圣嘉　戴元臣　沈九锡　徐国梁　闵汉候　张子吉

---

① 江苏省博物馆编：《江苏省明清以来碑刻资料选集》，生活·读书·新知三联书店1959年版，第277～278页。

绍德升　陈麟祉　薛天嘉　姚国珍　孙大成　陈茂芳　沈绍华　柏尊三　刘灿文
杨玉麟　周谦益　胡廷玉　陈汉文　陶士成　张德嘉　孙天成　徐绍芳　徐绍荣
曹晋臣　刘陈锡①

以上演员年齿愈高，技艺愈精。这正是重艺不重色、谨守师承规范的“姑苏风范”成熟的标志。刘陈锡同时还是部堂小甲之一。刘陈锡虽然身份多样，但碑文演员名录确实有他，陆萼庭先生的《昆曲演出史稿》未将刘陈锡列入，未知何解。徐绍芳和徐绍荣极有可能是兄弟关系。

苏州织造有利于提升苏州昆伶的品牌效应，与苏州昆伶个人命运的起伏有密切关系。最为典型的案例便是苏州城南的角直大净陈明智。他自入郡城寒香班一举成名以后，又被康熙在南巡时看中，被选入宫廷供奉二十年返苏。而他之所以被皇帝赏识缘于苏州织造等地方官员为娱天颜的选送。而这种经历又造就了陈明智的传奇人生。在他尚未成名时，寒香班竟然怀疑他能否成功顶替告缺人员。成名后，他受众人瞩目。及至选入宫廷后，天下皆知。但对于陈明智的结局，不同人有不同记载。一代名净尚且难以掌控自身命运，遑论其他。以上所列当然并非雍乾时期苏州剧坛全部昆班艺人，只是部分优秀代表。此后，嘉庆三年、光绪六年均有立碑记名，但艺人队伍远远不及康乾时期壮大。他们是苏州昆曲演出黄金时期的优秀代表和见证人，也是康乾时期苏州昆曲繁盛的决定性力量。清初以来，苏州织造或者苏州梨园所立之碑共有24座，保存至今的有6座，目前所见碑刻名录并非康乾时期苏州剧坛的全部伶人名录。不仅如此，清代北京、广州等南北昆曲演出的繁盛同样是以大量优秀苏州昆班、昆伶的输入为前提的。

综上所述，清代苏州织造具有宫廷采办、皇帝心腹和梨园总管等多重身份，对苏州演剧产生了深远影响，并在康熙、乾隆二帝先后六次南巡接驾中调集、整合江南各地昆剧资源，选拔昆伶，参与组建代表江南昆剧顶级水平的昆班，从而组建了享誉南北、影响剧坛近半个世纪之久的昆班集秀班。官府势力对苏州演剧繁荣的正面影响为其他任何民间力量所不及。当然苏州织造对苏州剧坛的影响利弊兼有，但综合此段历史看，实为利大于弊，对苏州剧坛的繁盛起到了推动作用。清朝国力最为鼎盛的康乾盛世130年时间，正是苏州织造地位较为突显、苏州剧坛昆剧演出最为繁盛的历史时期。此外，苏州昆班和昆伶群体对苏州织造所能提供的庇护具有一定的依赖性，他们的生存命运与苏州织造紧密相关。所有这些共同促成了清代苏州剧坛与扬州、北京等迥然有别的独特面貌。

---

① 江苏省博物馆编：《江苏省明清以来碑刻资料选集》，生活·读书·新知三联书店1959年版，第278～279页。

# “小径探幽”

## ——浅论地方戏曲研究

甄飒飒*

## 一、地方戏曲研究现状

与元明清的杂剧、传奇等文艺作品相比，地方戏曲在古代文学的研究中长期处于边缘位置，这种边缘位置表现在很多方面。

从概论性文学史来看，古代文学史的书写往往采用宏观叙事的方式，几千年的文学成就压缩于片段之间，地方戏曲这种“末技小道”不足以成为文学史书写的对象。在诸多权威或者较为普及的文学史版本中，地方戏曲是“隐身”的。

而在地域文学史的书写中，地方戏曲依然无法占据优势。研究者们会将视线首先投射于诗词文的地域性创作上。文学史的书写传统还是以诗词文为主，对小说的关注也超过戏曲。而在研究地方戏曲的专著中，名家力作较少，这也使得地方戏曲的研究并不为人瞩目。地缘文学本身的地理壁垒使地方戏曲以省际为界限呈现出了相对独立性，难以出现全国性的地方戏曲概论专著。

总体来说，无论是从研究成果的数量上看，还是从质量上看，地方戏曲的研究远远无法与其他文艺作品的研究相抗衡。地方戏曲在概论性文学史中处于“隐形”地位，在地域文学史中作为“配角”，本身也没有形成完整独立的研究体系。学界尚未对地方戏曲进行全面的深入研究。虽然同属“古代文学”，但与元明清的杂剧、传奇等相比，“地方戏曲”始终处于边缘位置。

---

* 甄飒飒，山东省艺术研究院助理研究员。

## 二、地方戏曲研究边缘化的原因探析

地方戏曲研究边缘化是由多重因素造成的。

### (一)地方戏曲地缘性的深刻影响

与诗、词、赋等古典作品相比,地方戏曲具有较强的地缘性特征。相对封闭的地理环境使地方戏曲具有以下特点:

**1. 因地而异,种类众多,创作往往使用方言俗语,乡土味浓厚**

以山东为例,山东地方戏有吕剧、柳子戏、大弦子戏、柳琴戏、茂腔、两夹弦等,这些剧种分布的地域不同,产生的时间各异,在唱腔和表演方面也有自己的特点,所以对地方戏的研究往往难以系统化,难以形成一个统一的结论。

地方戏曲中有大量的方言俗语,往往会影响究者对戏曲作品内容的理解和艺术的体味。方言中特殊语词、句式的使用,使戏文含有了特殊的表达意味和情绪特征,而这也给使用其他语言的观众和研究者造成了理解障碍。

**2. 封闭性造成的地方戏曲的相对独立性**

很多地方戏曲长期扎根于小镇村落之中,戏曲编剧和演员多是底层艺人,有的甚至是当地农民,山东冠县小戏蛤蟆嗡就是这样的存在,根据相关资料,蛤蟆嗡在冠县的发展壮大就是民间艺人带动了当地农民的结果。“因为这种戏好听、好学、好唱,不少爱戏的农民就趁劳作之余跟着学上几段”,后来“众人就凑钱为孙和顺在魏辛庄安了家。每逢秋收一过,冬闲时节,人们便自动组织起来跟他学戏”,“孙和顺见自己的技艺已经传授得差不多,便又请河北大名县的彰彩荣前来教戏。后来,会唱的人多了,行当齐全了,会唱的戏码也多了,便在春节过后组织戏班子外出演戏,居然大受欢迎”。①

而地方戏曲在方言区发展,一方面稳定了观众来源,将戏曲与地域文化牢牢结合在一起;另一方面也禁锢了自身发展,囿于方寸之地,难以有创新和突破,使地方戏曲艺术的流通性弱、艺术创造力低,使其艺术性始终在低位徘徊,深深影响了自身的向上发展。在家乡附近区域内活动的地方戏曲,自然无法吸收到外界优秀的文化资源以获得新的发展。

同为山东地方戏,冠县小戏蛤蟆嗡的文艺辐射区域为艺术源流地及周边几个市镇,最远就是临近省份,如河南省的南乐以及河北省的馆陶、大名等地。而胶东地方戏茂腔就在艺术交流中获得了发展。山东胶东地方戏茂腔在形成初期,“依旧保持了纯朴自然的花鼓秧歌演出形式,不少剧目是以‘三小’(小旦、小生、小丑)为主的”,“早期的‘行头’

---

① 任金光等主编:《蛤蟆嗡 罗子戏 渔鼓戏 坠子戏 扽腔》,见《山东地方戏丛书》,山东友谊出版社2012年版,第4页。

十分简单”,“只用简易装束,就可演唱”,但清朝光绪末年,茂腔开始进入城市。清末民初,茂腔艺人“先后在青岛广兴里、东海楼演唱”,也有一些在“北京路口小饭市搭棚演出”,“当时的演出形式,仍是极为简单”,但是“在这个时期,由于不断和京剧、河北梆子等兄弟剧种接触,有时甚至同台合班演出,在身段、武打等方面,学习吸收不少新的程式,丰富了传统剧目的演出内容”,就在此时,“茂腔受到评剧等剧种的影响,已经开始演出‘时装戏’”。“当时的脚色行当已经具体分为:生、旦、净、末、丑等行”。①

所以,对于地方戏曲而言,突出的地缘性特征是一把双刃剑。地方戏曲确实能在短期内占领当地的文化娱乐阵地。但长期来看,因为缺乏艺术的交流与碰撞,不利于自身的突破与发展。

## (二)社会审美的外在影响

### 1. 地方戏曲较难进入文人阶层的审美视野

诗词文属于“雅文学”范畴,属于文人士大夫群体。而地方戏曲却属于平民百姓。“雅”与“俗”之间壁垒分明的“身份区别”,意味着它们得到的关注度是不一样的。这种区别正显示出了文献典籍记录的重要性,也显示出了文化话语权的重要性。

> 然《三百篇》之有尼父也,骚之有紫阳也,五言之有《选》也,律之有高棅氏诸家也,词之有草堂也,非恃传者,恃传之者也。而独元之曲类多散逸,而世不尽见。②

民间艺术进入文人阶层的审美视野就意味着能在艺术品质上得到提升,也能在典籍中留下更多的相关文字记录,有利于更好地流传。虽然戏曲小说常常被统一到“俗文学”名下,杂剧和传奇的命运与地方戏曲的命运还是有较大区别的。明传奇的作者多是文人士大夫出身,不仅使明传奇在明代广为流传,也留下了诸多的传奇刻本和关于其演出情况的文字记录。元杂剧得以部分保存也得益于明代文人在发现了元杂剧的美学价值后所作的收集刊刻工作。李开先曾在《改定元贤传奇序》中说:“欲世之人得见元词,并知元词之所以得名也。”③如果明人不认可元杂剧,那么就像现在的南戏一样,元杂剧留给我们的也许只是一些断简残篇而已。

而地方戏曲很难有元杂剧那样的艺术魅力,很难进入文人士大夫的审美视野。这是地方戏曲“先天不足”之处。地方戏曲的受众和从业者以普通百姓为主,也很难有能力和意识去记录存留剧本。地方戏曲的传播依靠的是代际传承,而代际传承的缺点在于一旦传承人出现断代,地方戏曲就会消亡,连剧本都很难保存下来。因此地方戏曲的研究往

---

① 中国戏曲志编辑委员会等:《中国戏曲志·山东卷》,中国 ISBN 中心 2000 年版,第 109 ~ 110 页。

② 〔明〕陈与郊:《〈古杂剧〉序》,见蔡毅编著《中国古典戏曲序跋汇编》,齐鲁书社 1989 年版,第 423 页。

③ 〔明〕李开先:《改定元贤传奇序》,见《历代曲话汇编·明代编》第一集,黄山书社 2009 年版,第 405 ~ 406 页。

往缺乏原始资料，增加了地方戏曲研究的难度。

京剧是地方戏曲中为数不多的例外。京剧诞生于京城，有较好的艺术流通环境和诸多水平较高的艺术从业人员作为支撑，与其他囿于田间地头的地方小戏形成了鲜明对比。徽剧是京剧的前身。清代乾隆五十五年(1790)起，三庆、四喜、春台、和春四大徽班陆续进京，时值秦腔艺人魏长生被逐出京城，秦腔在京城由盛转衰，秦腔艺人加入徽班，实现了徽秦合流。乾隆末年至道光初年，湖北汉剧名家李六、余三胜等先后入京，加入徽班，实现了徽汉合流。道光二十年至咸丰十年，京剧同时又接受了昆曲、京腔之长，且吸收了一些地方民间曲调，通过不断的交流、融合，最终得以形成。

京剧在形成发展的过程中享有更多的文化资源，能实现资源内部整合，因此也有更大的成长空间。很多文人参与了京剧发展的过程，齐如山就是其中一位，他出身书香门第，曾进入同文馆学习德语与法语。作为梅兰芳的至交，他为梅兰芳编排了大批剧本，如《天女散花》《洛神》《霸王别姬》《太真外传》等。梅兰芳之所以名列“四大名旦”，正是因为《太真外传》这一部戏。除此之外，齐如山还极力促成梅兰芳出国访问，增强、促进其与国外艺术家的交流沟通，推动了京剧文化的传播。他为梅派京剧的发展立下了汗马功劳。

所以京剧虽然一开始也是一种地方戏曲，但有了持续发展的可能性，最终在艺术领域实现了拓展，进入了文人阶层的审美视野，在艺术上获得高层次的提升，最终成为“国粹”。而这正反衬了大部分地方戏曲的困境，没有更高层次文化资源滋养的地方小戏只会在岁月的流逝中，日益衰落或消亡。

**2. 社会审美发生了较大变化**

从20世纪末期开始，文艺大环境发生了巨大变化，戏曲整体的生命力日益衰竭。在戏曲日益衰微的形势下，地方戏曲自然也面临着危机。

这首先是由戏曲的性质和受众群体决定的。虽然戏曲无法超越诗词文在文人圈中的位置，但普通百姓将它视为日常娱乐生活的重要组成部分。吴江陆文衡《啬庵随笔》卷四载：“我苏民力竭矣，而俗靡如故。每至四五月间，高搭台厂，迎神演剧，必妙选梨园，聚观者通国若狂。”①与诗词文不同，戏曲的接受与欣赏不需要太高的文化素养，高深莫测的辞藻、令人费解的典故在戏曲中并不多见，所以戏曲更容易受到普通百姓的喜爱，具有强大的传播效用。一直到20世纪中叶，戏曲仍是群众喜闻乐见的重要娱乐项目之一。

但随着新时代的到来，随着新文艺样式的产生和审美价值观的变化，戏曲面临的危机到来了。电影、电视等文艺样式带来了崭新的视听感受，带来了新鲜刺激的感觉，使大众审美慢慢发生了变化。戏曲多有“古典”的意味，而电影和电视意味着现代。诗

---

① 转引自王利器辑录《元明清三代禁毁小说戏曲史料》(增订本)，上海古籍出版社1981年版，第286页。

词文在古典文艺中始终占据着“经典”的位置，而戏曲在古典文艺中更多地从属于大众，具有“娱乐”的功能。尤其是地方戏曲，很多作品不具备文艺审美的经典价值，主要作用就是娱乐大众。地方戏曲的主题往往是历史故事、家庭伦理、爱情婚姻、乡间故事等。很多主题是大众喜闻乐见的，但常常缺乏深刻性。地方戏曲的故事往往有很强的地域或时代特征，这也是地方戏曲的局限所在。例如山东柳琴戏、五音戏中都有的题材《王小赶脚》，讲述的是一位农村小媳妇为回娘家，雇了一个脚夫赶毛驴，在回娘家的路上，和赶毛驴的小孩一路说笑、逗乐、打情骂俏的故事。可以说，这部戏在创作之初，因富有浓厚的生动活泼的生活气息而受到大众的喜爱，但随着时代的变迁和生活的变化，“赶毛驴”这种事业逐渐消失，贴近生活的剧本反而有了时代的隔阂，对普通观众失去了吸引力。

总而言之，地方戏曲的地缘性特征决定了它的发展、繁荣与衰落。大部分地方戏曲生于斯、长于斯、成于斯，在本土方言区内牢牢占据了领地，“分地而治”，例如淄博的五音戏、枣庄的柳琴戏、菏泽的大弦子戏等。但地缘性又是一种局限，使囿于一地的地方戏曲无法在艺术上有巨大突破，而照拂普通百姓审美的剧目又缺乏深刻性，使地方戏曲与经典艺术存在着较大差距。地方戏曲本身的局限使它的研究价值常常不及传统的诗词文作品。同时，地方戏曲的生存环境又限制了原始资料的存留，给研究造成了困难。当新的文艺样式伴随着新的审美理念席卷而来时，地方戏曲的受众群体在不断缩减，地方戏曲的影响力也在不断减弱。这更使地方戏曲对研究者的吸引力降低。地方戏曲在文学史中被“边缘化”既是地方戏曲本身的特点造成的，也是时代发展的结果。

## 三、地方戏曲研究的价值与意义

地方戏曲隐身于古典文学研究似乎是顺理成章的事情，那为什么要关注地方戏曲的研究呢？

### （一）研究地方戏曲有助于梳理戏曲艺术发展的脉络

这主要体现为两点，一是戏曲变化的时间维度，即地方戏曲对古典戏曲的继承；二是戏曲变化的空间维度，即地方戏曲在不同地域的嬗变。

上文曾经说过，地方戏曲的从业者们多是底层艺人和农民，没有足够的艺术修养和文学基础去进行优秀剧目的创作。所以地方戏曲的很多剧目源于元明的传统剧目。比如《吕蒙正赶斋》这出剧目，是河北梆子、秦腔、评剧、花鼓戏、河南坠子、武安落子、四股弦、柳琴戏、楚剧等多剧种演出。此剧源自元朝王实甫的杂剧《破窑记》和明代王凌的传奇《彩楼记》，虽然元杂剧现在仅存剧本，但吕蒙正的传奇故事依旧活跃在不同地方戏的舞台上。

实际上，现存地方戏的很多剧本是对元明戏曲故事的继承与改编，尤其是涉及传奇故事和历史人物的剧本。地方戏有很强的地域性特征，而超越地域的历史故事往往是戏曲艺人对既有故事的改编。这就使地方戏曲保存了许多源自古典戏曲的故事，对于我们了解古典戏曲故事尤其是剧本已经散佚的戏曲故事是大有裨益的。

地方戏曲因地域性而呈现出独特性，而地方戏曲的独特性又不是绝对孤立的，地方戏之前会因为某些联系而具有相似特征和亲缘关系。我们在研究山东冠县的小戏蛤蟆嗡时发现，地方戏曲随着人的流动而传播，到达新的地域时，会根据当地当时的情况变化发生嬗变，甚至可能产生新剧种。

蛤蟆嗡的产生就是典型的例子，它发源于冠县东南部桑阿镇一带，迄今已有一百多年的历史。据相关文史资料和老艺人的口述，"蛤蟆嗡源于'武安落腔'"，"大约在清朝末年，河北省南部一带遭遇天灾……其中有不少民间艺人也难逃此劫，他们身背鼓板，手拿胡琴，浪迹四方，卖艺求生。当时，有个河南南乐县的民间落子艺人孙和顺，讨饭来到冠县桑阿镇一带"①，带来了武安落腔这种文艺形式，在后来的发展中，武安落腔逐渐与当地文化融合，发生了变化，形成了一种新的地方戏曲，这就是蛤蟆嗡。

《中国戏曲志・河北卷》载："落子又名落儿腔。流行在河北省南部武安、涉县、磁县、沙河、临漳、魏县，山西省的黎城、潞城、左权以及河南的内黄、安阳、林县、汤阳等地。流行在河北邯郸地区漳河以西的称武安落子（又称沙西落子），漳河以东的称沙东落子；在河南省内黄县的称内黄落子，在山西省黎城县的称上党落子。"②这其中隐含着一个非常重要的线索，落腔是依漳卫河流域而传播的。文中提到的落腔流传的地方，无论是河北的还是山西的、河南的，都位于漳卫河沿岸。同时，冠县也符合这一地理特征。"冠县县城西边是漳卫河，是由漳河、卫河、卫运河、漳卫新河和南运河等五条河道组成的水域河系。"③

由此可见，"落腔"在不同地域产生了不同的变化，在地域文化的滋养下，形成了新的曲种，这就是戏曲空间维度的变化。研究这种变化对梳理地方戏曲的亲缘关系、了解地域性的文艺特征有积极意义。

### （二）研究地方戏曲有助于了解并保存当地特有的文艺样式和文化特色

地方戏曲具有鲜明的民俗特征和文化印记。即使是同一个故事，出现在不同地域的戏曲中，也会得到不同的演绎。这些演绎深刻体现了当地的文化风貌。

梁祝故事耳熟能详，但在不同的地方艺术中，梁祝故事又有不同的演绎。

---

① 任金光等主编：《蛤蟆嗡　罗子戏　渔鼓戏　坠子戏　扽腔》，见《山东地方戏丛书》，山东友谊出版社 2012 年版，第 4 页。

② 中国戏曲志编辑委员会等：《中国戏曲志・河北卷》，中国 ISBN 中心 2000 年版，第 84 页。

③ 刘铭：《山东省漳河上游是浊漳河　冠县水质未污染》，2013 年 1 月 8 日，http://roll.sohu.com/20130108/n362743219.shtml。

| 山东冠县“蛤蟆嗡” | 越剧 | 东北二人转① |
|---|---|---|
| 梁祝下山② | 梁祝十八相送 | 梁祝下山 |
| 走一洼,又一洼,<br>洼洼里边有庄稼。<br>高的是高粱,<br>矮的是棉花。<br>不高不矮的是芝麻,<br>芝麻地里带着打瓜。(带着:套种)<br>小孩偷瓜不从大道走,<br>顺着桑沟往里爬。(桑沟:墒沟)<br>蒺藜扎着不敢哭,<br>一偷偷来个大打瓜,<br>打开它红瓤沙又沙。<br>梁兄啊,我有心偷瓜叫你用,<br>还恐怕,你吃上甜头再偷瓜。 | 过了一山又一山,<br>前面到了凤凰山,<br>凤凰山上百花开,<br>缺少芍药共牡丹。<br>梁兄你若是爱牡丹,与我一同把家还。我家有枝好牡丹,梁兄你要摘也不难。<br>你家牡丹虽然好,可惜是路远迢迢怎来攀?<br>青青荷叶清水塘,鸳鸯成对又成双。<br>梁兄呀!<br>英台若是女红妆,梁兄你愿不愿配鸳鸯? | 走过一山又呀么又一山,<br>山路两旁百花鲜。<br>采来一朵头呀么头上戴,<br>你送何人下山来?<br>走过一山又一山哪,<br>山路两旁百花鲜百花鲜那。<br>采来呀一朵头上戴呀,<br>贪花恋草讨人嫌哪!<br>哎嗨呦讨人嫌哪!<br>(白)贤弟,快扔了!贤弟,快扔了吧!快扔了吧!挺大个小子,也不怕人家笑话! |

从这三组片段中,我们能够看出同一题材在不同文艺作品中的演绎情况。地方文艺鲜明而突出的地域色彩主要表现在如下方面:

首先,曲文中的意象或者说物象具有鲜明的本地特色。以越剧和蛤蟆嗡为例,南北方的地域特征就在戏文中表现出来了。越剧的物象是“牡丹”“芍药”“荷叶”“鸳鸯”“清水塘”,后三种明显带有江南水乡的特点。而蛤蟆嗡中的“高粱”“棉花”“芝麻”“庄稼”等物象明显表现出北方乡村的特征,尤其是“高粱”这种农作物,主要分布在北方。具体来看,越剧这段文字是诗意化的、唯美的,用各种物象组合成了一幅青山秀水、鲜花繁茂、鸳鸯成趣的画面。而蛤蟆嗡这段曲文则充满了乡土特色,描绘的是田间地头作物旺盛的场景。这种场景对常年从事农业劳作的农民来说很有现实感和真实感,但是与诗意化特征相去甚远。

其次,从语言表达来看,地方文艺的区别是十分突出的。与越剧相比,二人转和蛤蟆嗡都更偏重于“俗”。二人转的“俗”体现在地域语言的使用上。极具生活特色的词组的使用体现出了二人转的重要特点,如“讨人嫌”“挺大个小子”等。二人转在表达上体现出鲜明的情绪化特点,口语气息浓厚。蛤蟆嗡的“俗”体现在物象罗列和语句形容上。蛤蟆嗡曲文展现的是一幅生机勃勃、有声有色的乡村景色。但是从语句表达来看,无论是二人转还是越剧,都是以采花之类稍微文雅的行为演唱入戏的,而蛤蟆嗡曲文中出现的却是“小孩子偷瓜”,这种俗真是“俗”得真实、“俗”得现实。综合来看,蛤蟆嗡无论是在语

---

① 东北二人转应属于曲艺类,因为它演绎的梁祝故事特点较为突出,故一起比较,突出地方特色。

② 任金光等主编:《蛤蟆嗡 罗子戏 渔鼓戏 坠子戏 扽腔》,见《山东地方戏丛书》,山东友谊出版社 2012 年版,第 13 页。

言表达方面还是在物象使用方面，都表现出鲜明的北方乡村特色。这也是我们所说的戏文中隐匿的地域文化特色和民间文化特征。

我国幅员辽阔，地域文化丰富多彩，方言多种多样，而地方戏曲与方言直接相关。地方戏曲不仅与方言有着紧密联系，也体现了当地的生活习惯、审美特征和文化特色。正如上文列举出的蛤蟆嗡与越剧的例子，正是南北方戏曲体现当地特色的很好例证。在地理距离不断“拉近”、地域限制不断削弱、地域文化特色日渐消失的今天，很多地方戏曲依然保留了方言的原始表达，蕴含着文化的历史基因。

“俗”是地方戏曲的重要特色。“俗”可以解释为“世俗”。地方戏曲更关心普通百姓的生活，充满了人间的烟火气，所以有《小姑贤》《观灯》《走娘家》等剧目。“俗”又可以理解为“通俗”。通过舞台变化，复杂的历史故事和各类历史人物变得易于为百姓理解又喜闻乐见，所以有了包公铁面，有了唐皇多情，有了诸葛机谋。“俗”又可以理解为“俚俗”。粗俗浅白的措辞、大胆爽利的表达使戏文中多了人情风俗、群相世故。地方戏曲与普通百姓精神文化生活直接相关，也是他们审美观念的重要体现。关注与研究地方戏曲，也是关注与研究地域文化和民俗文化。

很多地方戏曲出自底层艺人和普通百姓之手，作品的文学性和艺术性往往无法与精心雕琢的诗词文等作品抗衡，自然也无法吸引更多研究者的目光。研究地方戏曲就像走了一条草木丛生、幽深曲折的小道，难以窥见气势磅礴的风景，但也可见包含有几分野趣的风光。走近地方戏曲也是走近了文化的微观形态，走近了文艺的民间形态。地方戏曲中蕴含的是原生态的中国文艺，也是未经精雕细琢的最底层的中国文学。研究地方戏曲有助于我们全面而深刻地理解我国文艺作品的风貌。

# 经典诗文的视频传播：重形还是重神

## ——兼与央视《经典咏流传》节目组商榷

林　晖

在互联网新时代，传媒平台迅速增多，功能愈发强大，信息鱼龙混杂，使观众眼花缭乱。此时，舆论传播如何把握正确导向，主流媒体如何精准引领就显得特别重要。经典诗文是中华传统文化的骄傲，经典诗文在民间的扎根和流传是中华文化几千年绵延不断的原因之一。中央电视台作为我国受众广、渠道多的重要视频媒体，近些年在传播中华优秀传统文化方面做出了重要贡献，创造出不少高质量栏目，如《中国诗词大会》《朗读者》《信中国》等，均起到了典范和标杆作用，值得点赞和致敬。但这毕竟是一项前人没有做过的事业，难免在某些方面存有缺陷与不足。2018 年正月初一至初三，央视综合频道的大型诗词文化节目《经典咏流传》以和诗以歌的形式抢夺眼球，后来居上，以至在网络上力压春晚，持续刷屏，但笔者以为这一节目存在着几点值得探讨之处。笔者曾利用闲暇时间看了 10 期节目。本着传播传统文化人人有责的态度，不揣浅陋，斗胆直言，以与《经典咏流传》节目组商榷。

作为新时代中国电视创造性转化和创新性发展的文化节目，CCTV－1 黄金时段新鲜出炉的《经典咏流传》在时空选择、国际化策划、时尚化手法、破局与创新效果诸方面几乎没有悬念地赢得好口碑。在演出现场方面，主持人提要、舞美造势、传唱人表演、观众亮灯、鉴赏团评点等，一时效果亮眼。如四国音乐家用中英文演唱的完整的唐诗《登鹳雀楼》，就让人大开眼界。有人誉其超出想象，替全国电视台做出了一个示范；有人称其是中华优秀传统文化传播的一张有声名片。《经典咏流传》节目以“和诗以歌”的形式将部分古诗词、近代诗词配以现代流行音乐，让经典具有新时代属性，带领观众在一众唱作歌手的演绎中领略诗词之美。节目的亮点之一在于将现代汉语与古文结合，创作歌词，在古人的智慧中加入当代哲思，谋求用传统文化与当代读者交流、与外来文化沟通。据相关资料披露，央视还准备以这种形式让人物和故事体现出家国情怀，以起到价值引领的作用，把这档节目做成全民传唱经典的标杆，试图让传统经典再次成为当下的流行。

以清代袁枚的《苔》诗为例，“白日不到处，青春恰自来。苔花如米小，也学牡丹开”。这本是一首普通的咏物诗，20 个字如此畅晓、平实、诙谐、率真，尽显出大文豪的“性灵”本领，使人一下子就联想到唐代王之涣的《登鹳雀楼》“白日依山尽”、杜甫的《闻官军收河南河北》“青春作伴好还乡”、刘禹锡的《赏牡丹》“惟有牡丹真国色，花开时节动京城”。诗中“青春”的本意就是青苔，“牡丹”则代表富贵。所以，在末句生发励志之意后，鉴赏者引申出青春梦想和向上情怀，编导者着力挖掘其思想深度和现实意义。说实话，当《苔》诗出现在节目的刹那，笔者脑海中浮现出故乡盛传的一个关于对联的故事。其大意是，杜甫的好友、诗书画三绝的广文馆博士郑虔被贬为台州司户参军后，曾设馆授徒，但当时“台州地阔海冥冥，云水长和岛屿青”（杜甫《题郑十八著作丈故居》），人文闭塞，学生受教困难。郑先生负气出走，学生锲而不舍地追随，最后在一个小山村里，以先生考对联的方式决定去留。当先生吟出上联“石压笋斜出”时，学生中即有人接出下联“谷阴花后开”。结果自然是广文先生留在了台州，而台州的教育从此启蒙，村子也遂以“留贤”命名。上述对联与《苔》诗可谓异曲同工、千古共义。

不过，笔者在兴奋之余、深思之后，总觉得整个节目偏于经典之形，不及《中国诗词大会》《朗读者》《信中国》注重经典之神那样纯粹、清爽、雅正。尤其是《经典咏流传》的创作方法和编排艺术尚有以下六点值得商榷。

第一，突出传唱人故事，偏重明星效应，在客观上有喧宾夺主的缺点。借用鉴赏团成员的话，这里的每一首歌和每一首诗的背后都有一段人生，都与亘古绵延的文化传统相接，无论承载的是辉煌还是失落，都变成无以复加的精神财富和文化遗产，成为我们民族文化的自信和骄傲。但很遗憾，这里所说的背后的故事多数是传唱人的。例如，奥运冠军孙杨、香港娱乐圈大腕汪明荃和罗家英、台湾“民谣之父”胡德夫、88 岁的中国第一代钢琴家巫漪丽、74 岁的传奇音乐人陈彼得、围棋天才柯洁等，他们的故事盖过了经典作品本身的故事。而且在演绎过程中，多首经典作品被有意无意地引导、放大到传唱人的故事上。

第二，经典作品的界定标准需要统一。当然，这涉及编导的偏好，所谓“萝卜青菜，各有所爱”，但总应该以千古流传、前人反复筛选的各种经典版本作借鉴和参考吧。从已播的节目看，似乎喜好有现成流行曲和有传唱人的作品。这里就不举具体的例子了。

第三，改编的方式肢解原著、曲解本意。从第一季 10 期播出的节目来看，57 首经典诗词中有 31 首是改编的，改编作品占 54%。改编的方式有三种：一是在经典诗词中加入现代歌词，并将其作为创新亮点，即对经典诗词语句任意加减，在前面或中间或后面加入现代汉语，拉郎配般糅合成流行歌曲。此类改编作品的数量最多。如三国魏刘桢的《赠从弟（其二）》、北朝民歌《木兰诗》《敕勒歌》、宋秦观《鹊桥仙》、宋苏轼《定风波》、元王冕

《墨梅》、明钱福《明日歌》、汉乐府《江南》、唐李白《清平调》等都被改得面目全非。唐杨炯《从军行》、唐王维《送元二使安西》、唐张九龄《望月怀远》、唐王之涣《凉州词》、唐白居易《长恨歌》、晋陶渊明《杂诗》、唐崔护《题都城南庄》则分别变成歌曲《真英雄》《别君叹》《天涯共此时》《黄河长江》《一生一阕歌》《岁月不待人》《桃花缘》，令人莫名其妙。该节目甚至还把唐代白居易《钱塘湖春行》中的“几处早莺争暖树，谁家新燕啄春泥”，与宋代苏轼的《饮湖上初晴后雨》拼凑在一起，命名为《梦西湖》，然后谱成流行歌曲，宣传广告语还美其名曰：“杭州两位老市长联袂作词，一首歌唱尽最美是西湖。”该节目还把唐无名氏《铜官窑瓷器题诗》与当代阎肃《化蝶》的歌词结合，命名为《梁祝》并演唱。这种东施效颦、画蛇添足的行为，把一些家喻户晓的经典变成了四不像的俗品。唐杨炯的《从军行》、唐王维的《送元二使安西》、清纳兰性德的《长相思・山一程》如此，唐李白传唱度、传播度最高的“中华第一诗”《静夜思》、元马致远的“秋思之祖”《天净沙・秋思》亦如此。曾记否，在我国戏剧舞台上，曹操曾被塑造成千夫所指的奸人。戏剧、电视的普及力度十分强大，极易以讹传讹、误导后人，以至于今天众多百姓对曹操还是这样的看法。如果经典诗词也被这样处理的话，那历史覆辙会不会被重蹈？流传下来的还是经典原著吗？这种掐头去尾、割裂原作的动手术行为让人难以理解和接受。二是借经典诗词的由头，重新改（填）词。如把唐李白的《宴陶家亭子》改成用德文作词的《尘世之歌第三乐章：青春》。三是改题目。如把唐李白的《三五七言》改名为《秋风词》。随着节目的推进，被糟蹋、被毁弃的经典诗文越来越多，久而久之，真不知道哪一个是古代经典原作。正如面具戴久了，自己也变成了面具中人。这类改编的经典如果进入校园，那不仅仅是娱乐搞笑、误人子弟，而且还会歪曲经典，掘了经典的根。例如，现在社会上广为流传且被人频频引用、津津乐道的“春风十里不如你”“愿你走出半生，归来仍是少年”等，其实都不是古人原作，与诗词原意也不符。

第四，炫配乐唱技，不利于流传。舞台上的伴奏乐器“丰富时尚”，在声乐演唱方法方面，美声、民族、通俗、原生态以及戏曲唱腔混搭，新老、中外、长幼参与者各显神通，令人耳目迷离。诗词内容难免为歌曲、器乐、演员的表演形式所掩盖、冲淡，诗词的韵味和意境也难免跑调、走味。观众坠入五彩缤纷的综艺大观中，而作品本来的面貌被弄得模模糊糊，不知经典在哪个云深处，经典又怎能真正流传。尽管编导主观上是为了体现“咏流传”，但太强的现代感、表演化、综艺性反而让经典的厚重多有缺失，且易使观众陶醉于表演而忘记经典。

第五，古典诗词天生就是用来唱的，且前人自有前人之唱法。伴奏乐器本来也简单，根据诗词的内容，在埙、笛、箫、阮、古琴、古筝等民族乐器中选取一二种即可。据我所知，我国经典诗词研究前辈如吴梅、唐圭璋、施蛰存、万云骏、华钟彦、叶嘉莹等均有师承有序的精彩唱法，且已把这些唱法传授给学生，如钟振振等。现在节目所选的当代流行曲谱虽然本意上基于中国古典诗词因可唱而诞生、借可唱而流传的本来面貌，但在客观效果上丢失了传统唱法的原汁原味，掩盖了经典本身的许多光芒。尤其是对师承有序的现代自家唱法选择忘却和抛弃，很有可能造成古法吟唱的断层和永久失传。要知道那也是珍贵的经典啊，怎能不令人惋惜?！如果节目能把这些吟唱方法介绍和演示出来，经典传唱才能真正“咏”流传，否则，只是断代的咏、隔代的传。况且，在现场演示的部分中，现代传唱流于浅薄，没有表现出经典之高雅，大煞风景。虽然有的曲子的确好听，很鼓舞人，但这样往往更容易误导观众。

第六，鉴赏人的解读多在经典外围浅尝辄止，有如蜻蜓点水、隔靴搔痒，只是泛泛而谈，缺少对字词句的诠释、对典故运用的品味以及对诗意词境的点化，也缺少对写作背景的解说、对现实意义的阐发，难免有哗众取宠之嫌。个别地方或剥或享，或肆或将，任性套用现代政治意义去诠释唐宋诗词。该节目甚至还有意宣传或突出某个鉴赏人。说得极端些，这套节目只是在借经典之名而已，在现代演唱上却花了大力气、下足了功夫，对经典内涵的传承则没有起到太大的推动作用。

经典诗文如何以演艺的形式流传？除了学术界同仁在日复一日地研究探讨，以及诗词学者在身体力行、不懈努力，文艺界的朋友们也在锲而不舍、创新尝试。1983 年初，邓丽君女士选取了 12 首唐诗宋词，在当代乐坛上第一次演唱古典诗词，并出版了音乐专辑《淡淡幽情》。至今，该专辑已再版发行 30 多次，共有 43 个不同版本。其忠实于原著的深情演唱赢得不断赞誉。谷建芬老师更是孜孜不倦，克服重重困难，不忘初心，值得敬仰。其所谱曲的 50 首《新学堂歌》基本保留了经典诗词的意境，又吻合了时代的韵律，好听易唱，是认可度高、影响范围广、大获成功的经典诗文现代传播范本。笔者以为，当下类似的节目是一种潮流游戏，无须回避，电视以娱乐为手段来吸引观众也无可厚非，但快餐文化得宠、泛娱乐化时尚、追随外来文化而不知其弊病，以及轻视传统文化却又偏偏打着传承旗号的陋习，唐人刘长卿早在《听弹琴》一诗中感叹过的“泠泠七弦上，静听松风寒。古调虽自爱，今人多不弹”的现象，倒是我们今天必须要高度警惕的。

新时代传播历史文化的前提必须是保真，前人的知识产权必须要保护，否则就会导致娱乐至死的问题。作为音乐歌舞综艺节目，如此编导，如此天马行空般作词谱曲，如此肆意挥洒表演，且美其名曰“经典咏流传”，那是不伦不类的。换句话说，经典之传承必须首先尊重经典，敬畏前人。若用现代曲子歌咏古代经典，要以有灵魂触动、由心而生为前提，吟唱要传神达意。反之，搞异化改编则是对前人的大不敬、对经典的亵渎。一味追求流传而不考虑保真，光知道争取“90 后”“00 后”，忘却了“30 后”至“80 后”，这样的节目恐怕是要贻笑大方的；如此传播经典诗文，会毁掉经典的精华。如果真得让《经典咏流传》节目原封不动地进校园（《新学堂歌》除外），那后果十分可怕。诚然，《经典咏流传》节目以电视作载体，用流行时尚开路，借网红偶像吸引青少年的关注，从而传承经典诗文的做法用心良苦，做出一些无奈的下策之举可以理解，但移花接木、断章取义的急功近利之法是万万不可取的。说句玩笑话，像现在这样演下去，即使作品不失传，其经典真身也很快会变成化身。经典非小事，传媒要谨慎，更何况央视的一举一动都有引领作用。笔者的故乡有一首流传千古的禅诗：“通玄峰顶，不是人间。心外无法，满目青山。”传承经典欲避免缘木求鱼、泥牛入海之虚空，而得到羚羊挂角、香象渡河之真意，唯有在经典内用功。

同样，也以《苔》诗作喻，尽管《经典咏流传》节目处于阳光灿烂、春风和煦的环境中，但目前仍属“苔花”。笔者以为，第一季节目中能够流传的曲目恐怕也就是《临江仙（滚滚长江东逝水）》《登鹳雀楼》《苔》《枉凝眉》《将进酒》《山居秋暝》《卜算子·咏梅》《青玉案·元夕》《陋室铭》《行香子》《使至塞上》《琵琶行》《在那东山顶上》《念奴娇》《关雎》《金缕衣》《沁园春·长沙》等。因此，需要寻求两全之法，假以时日完善提高，以期使其真正演变为牡丹。笔者相信，有行业领域顶级团队参与节目，那国色天香的盛开一定指日可待。如果可能，建议这档节目改用“经典咏叹调”命名，这样更契合音乐节目原义。因为“咏流传”是主观意愿，所选的经典作品却是客观性存在，并不以“一众唱作歌手”的意志、喜好为转移。现在的节目热闹是热闹，好看也好看，而且凭借声光电科技抢眼球，十分煽情，但鲜衣怒马总归是过眼云烟，难以持久。

“胜日寻芳泗水滨，无边光景一时新。等闲识得东风面，万紫千红总是春。”此刻，在电视机前听到节目中播放的咏叹调，不免有些怅然。如果这档节目能做改进和完善的话，那经典咏流传的梦可能就会圆满。笔者对此充满信心，且已听到经典诗文的春天那铿锵有力、渐行渐近的脚步声。让我们一起努力，共同珍惜这美好的新时代，更好地感受前人馈赠的诗文之真善美，虔诚地学习、传播中华优秀传统文化。